KÖHNLEIN

SACHUNTERRICHT UND BILDUNG

SACHUNTERRICHT UND BILDUNG

von
Walter Köhnlein

VERLAG JULIUS KLINKHARDT
BAD HEILBRUNN 2012

Bibliografische Information der Deutschen Nationalbibliothek
Die Deutsche Nationalbibliothek verzeichnet diese Publikation
in der Deutschen Nationalbibliografie; detaillierte bibliografische Daten
sind im Internet abrufbar über http://dnb.d-nb.de.

Druck und Bindung: AZ Druck und Datentechnik, Kempten.
Printed in Germany 2012.
Gedruckt auf chlorfrei gebleichtem alterungsbeständigem Papier.

ISBN 978-3-7815-1855-1

Inhaltsverzeichnis

Teil IV: Bildung und Kompetenz 243

Vorwort

Sachunterricht ist der Bereich in der Grundschule, der die Kinder in ihrer Weltwahrnehmung unterstützt und ihrer Weltdeutung Richtung und Methode gibt. Sein Auftrag ist Bildung durch klärende Auseinandersetzung mit Sachen der physischen und sozialen Welt. Die Didaktik des Sachunterrichts ist eine junge Disziplin, aber ihr Gegenstand, das schulisch angeleitete Sachlernen, hat eine lange Geschichte, die mit der Entwicklung von Schulen seit Ratke und Comenius eng verknüpft ist.

Eine Fachdidaktik entsteht, wenn das Lehren und Lernen in einem bestimmten Inhaltsbereich systematisch untersucht und die Erschließung seines Bildungswertes zum Gegenstand wissenschaftlicher Forschung gemacht wird. Die Didaktik des Sachunterrichts hat seit Beginn des letzten Drittels des zwanzigsten Jahrhunderts einen beachtlichen Korpus an Forschungsliteratur, konzeptionellen Entwürfen sowie an Lehr- und Handbüchern hervorgebracht. Als dringendes Desiderat wurde ein zusammenhängender, das ganze Lernfeld umgreifender Theorieentwurf empfunden.

Das vorliegende Buch ist ein Versuch, die bildungstheoretischen Grundlagen des Sachunterrichts darzustellen und nach Maßgabe einer genetischen Gestaltung des Curriculums in einer didaktischen Theorie aufeinander zu beziehen. Damit ist es zugleich ein Beitrag zu einer über die Grundschule hinausgreifenden Theorie des Sachlernens. Beispiele zu gelingenden Verstehensprozessen bei Kindern haben eine exemplarische Funktion: Sie sollen nicht nur Anregungen für den Unterricht geben, sondern theoretische Überlegungen und daraus abgeleitete Postulate empirisch fundieren und die Möglichkeit der Realisierung von Vorschlägen in der Praxis belegen.

Danken möchte ich allen Kolleginnen und Kollegen, die mich durch freundliche Ermutigung unterstützt haben. Mein Dank gilt Herrn Andreas Klinkhardt, der als Verleger das Entstehen des Werkes mit großer Geduld begleitet und gefördert hat.

Herzlich danke ich meiner Frau Walfriede Köhnlein, die an dem langen Entstehungsprozess mit Interesse und großem Verständnis teilgenommen und mich bei den Korrekturen zuverlässig unterstützt hat.

Hildesheim, im Februar 2012 Walter Köhnlein

Sachunterricht ist die ursprünglichste Art,
den Kindern den Weg in diese Welt zu bereiten.

Jan-Hendrik Olbertz (2003, S. 33)

Einleitung

Mit der Frage nach dem *Bildungswert* stellt sich unsere junge Disziplin selbst auf den Prüfstand. Es muss uns bewusst bleiben, dass „Bildung für alle" eine kostbare kulturelle Errungenschaft ist und Schulzeit, Zeit für Schule, Lernzeit, ein wertvolles Gut. Was also leistet der Sachunterricht im Hinblick auf eine Bildung, die lebensweltliche Kompetenz einschließt? Was sollte er erreichen?
Schon die selbstkritische Frage zeigt, dass die Didaktik des Sachunterrichts mit den gesellschaftlichen Bedürfnissen, die sich im Bildungssystem manifestieren, verbunden bleibt und sensibel ist für die Fragestellungen, die aus dem Praxisfeld kommen, und interessiert daran, was an Wirkung aus ihr hervorgeht. Dabei muss sie ihren eigenen Prinzipien und Aufgaben folgen, ohne die Referenz auf die je handelnden Subjekte und die gesellschaftlichen Bedingungen zu vernachlässigen.
Sachunterricht ist Einführung in die Welt des Wissens; er eröffnet den Kindern in einem Alter Denkräume und Handlungsoptionen, in dem sie von sich aus fragend und untersuchend auf die Welt zugreifen und in dem Neugierde noch das unmittelbare Motiv des Erkennens ist; er trägt dazu bei, den Anspruch der Kinder auf kulturell gegebene Entfaltungsmöglichkeiten, die Voraussetzung für Selbstständigkeit, Selbstbestimmung und verantwortliche Lebensführung sind, einzulösen. Mit dem Sachunterricht beginnt für Kinder die Lesbarkeit der Welt.
Es kann nicht darum gehen, erneut gute Absichten gegen schlechte Erfahrungen zu setzen, die Realität des Unterrichts zu mystifizieren oder den Bildungsbegriff nur als große programmatische Formel (Luhmann 2002) einzusetzen. Vielmehr kommt es darauf an, im Rahmen eines konzeptionellen Entwurfes zu untersuchen, wie Bildung im Sachunterricht produktiv werden kann und damit auch einen Beitrag zu einer konsistenten Identität dieses weitgespannten Lernfeldes und zur Bildungsforschung zu leisten. Wir brauchen eine Theorie des Sachunterrichts um zu wissen, wie wir ihn gestalten sollen. Als akademische Disziplin muss die Didaktik des Sachunterrichts Geistigkeit und empirische Festigkeit gewinnen.
Der Entwurf selbst – die Konzipierung eines durch seine Merkmale näher zu bestimmenden genetischen Sachunterrichts – beruht auf pädagogischen Entscheidungen. Er hat im genetischen Lehren und Lernen seine Basis und integriert geprüfte didaktische Theorieelemente und empirisch gesicherte Erkenntnisse.

Der Versuch einer Annäherung an eine sachunterrichtsdidaktische Theorie kann sich nicht auf Aussagen beschränken, die durch Forschung schon gedeckt sind. Vielmehr sollte er, um Anregungen geben und wünschenswerte Entwicklungen anstoßen zu können, auch weitergehenden Vermutungen und Optionen Raum geben. Durch die dabei zur Sprache kommenden Bildungsvorstellungen wird normativ ausformuliert, welche Kulturzwecke im Auftrag des Sachunterrichts liegen. Das erübrigt nicht die Notwendigkeit, Einzelerkenntnisse zu ordnen und gedanklich zu vervollständigen, Sachverhalte durch den Aufweis von Zusammenhängen zu klären, neue Impulse argumentativ zu stützen und Hypothesen zu wagen, die dann der empirischen Überprüfung unterliegen. Der theoretische Entwurf als ein möglichst konsistenter Begründungszusammenhang wird fruchtbar, wenn er der Praxis und der Forschung Anstöße gibt.

Unsere Überlegungen folgen insofern der Tradition der geisteswissenschaftlichen Pädagogik, als eine Theorie der Grundlegung der Bildung durch Sachunterricht der Praxis, die ihren Sinn und Zweck in sich selbst trägt, keine Rezepte geben, sondern zur Aufklärung über Voraussetzungen und Ziele beitragen, potenzielle Lösungen begründen und Hilfen für konsistente Entscheidungen anbieten will. Möglich wird das, wenn die Theorie Erträge empirischer Forschung produktiv aufnimmt, die Situation der Praxis reflektiert und im Prinzip an ihrer Verantwortung teilnimmt. Orientierung auf Praxis, das heißt, eine Konzeption humanen (weil sinnerschließenden und auf Verstehen verpflichteten) Lehrens und Lernens zu inaugurieren. Dabei macht es der Bezug des Sachunterrichts auf eine sich wandelnde, immer auch von gesellschaftlich-aktuellen Strömungen beeinflusste Lebenswelt schwierig, eine scharf umrissene Disziplingestalt zu gewinnen.

Der konzeptionelle Entwurf ist also nicht als abgeschlossen zu verstehen, vielmehr bedarf er selbst der kritischen Weiterentwicklung, und seine verwirklichten Ausprägungen unterliegen der erfahrungswissenschaftlichen Kontrolle. Didaktik findet nicht in einem abgeschlossenen System ihre Erfüllung, sondern ist eine im Ergebnis offen bleibende Bemühung um die Lösung der sich unter veränderten Voraussetzungen immer wieder neu ergebenden Probleme von Lehren, Lernen, Unterricht und Bildung. Als Wissenschaft von institutionalisiertem Lehren und Lernen verbindet sie bildungstheoretische Ansprüche mit empirisch gestützter Optimierung des Unterrichts. Im Hinblick auf die Realisierung in den Schulen ist das Konzept des genetischen Unterrichts auf Kontinuität und Nachhaltigkeit angelegt. Da es um Sachunterricht geht, steht das didaktische Interesse mit Bezug auf die Sachen im Zentrum der Untersuchungen.

Vielleicht ist es hilfreich, wenn wir uns der Frage nach dem *Bildungswert des Sachunterrichts* in einem offenen Kreisgang nähern um schließlich zu der zentralen These zu gelangen, dass es die charakteristische Aufgabe dieses Lernbereichs ist, mit den Kindern *Anfänge und Möglichkeiten des Welterschließens und Weltverste-*

hens zu erarbeiten, die sich über die je situativ gegebene Lebenswelt hinaus in den Domänen des gesellschaftlichen, historischen, geografischen, ökonomischen, physikalischen und chemischen, technischen, biologischen und ökologischen Weltbezugs konstituieren und damit für alle Lernenden eine Basis gemeinsamer Bedeutungsinhalte geben. Diese Dimensionen des Weltzugriffs bilden in einem integrierten Curriculum Sachunterricht eine *Einheit.* Sie repräsentieren nicht nur geprüftes Wissen, sondern auch – über die Intentionen des Sachunterrichts hinaus – die mit Wissenschaftsdisziplinen verknüpften theoretischen Ansprüche, und sie sind verbunden mit einer Einführung in methodisches Denken, mit einer „Kultivierung von Lernfähigkeit" (Tenorth 1994, S. 166) und einer „erkennende(n) Beziehung zur Welt" (Langeveld 1960, S. 104).

Die Einheit des Sachunterrichts liegt im Bezug auf das zentrale Element des genetischen Lehrens und Lernens. Der konzeptionellen Einheit steht das Bemühen um inhaltliche Differenzierung gegenüber, die in Vielperspektivität ihren deutlichsten Ausdruck findet und darauf gerichtet ist, Horizonte zu erweitern. Der spezifische Bildungswert des Sachunterrichts bezieht sich entsprechend auf eine *Öffnung von Denkräumen und Denkweisen,* auf das *Erschließen elementarer Fragestellungen,* auf eine *„Erweiterung des Sinnhorizonts"* (Giel 2000) und speziell auf die *Initiierung und Entwicklung des sachbezogenen Wissens und Denkens sowie des verständigen Handelns und einer angemessenen Sprachfähigkeit* in einer mehr denn je wissenschaftsbedingten Kultur. Die Kultur, zu deren Mitgestaltung die künftigen Erwachsenen befähigt werden sollen, ist der Referenzrahmen für Bildung, und Bildung ist das individuelle und gesellschaftliche Fundament für Zukunftsentwürfe und die Genese der Persönlichkeit. Aus seinen Bildungsaufgaben, inhaltlich ausgefüllt durch die genannten, auf Wissensdomänen bezogenen Dimensionen, gewinnt der Sachunterricht seine Identität und „Grenzstärke".

Zur Bildung gehört die Ausprägung der Persönlichkeit. Um zu erkennen und zu verstehen wer wir sind, ist die erfassende, sinngebende und entwerfende Auseinandersetzung mit „Welt" nötig. Diese Welt – in ihrer unmittelbaren Präsenz und in ihrer kulturellen Ausgestaltung –, der wir angehören und in der wir uns spiegeln, die Wahrnehmung der Phänomene, die Beziehungen zu anderen Menschen sind die primären Sachen des Sachunterrichts. Das erschließende, ordnende, Zusammenhänge herstellende, begrifflich abstrahierende und modellbildende Erfassen von Welt und das Gewinnen von Möglichkeiten methodischer Zugriffe eröffnet immer weitere Horizonte des Denkens und Handelns und richtet den Blick auf neue Ziele. Insofern ist es eine Quelle von Freiheit und Weltoffenheit.

Unsere junge Fachwissenschaft aber, die *Didaktik des Sachunterrichts,* ist eine multifaktorielle und vielperspektivische Didaktik. Ihr Gegenstand ist das vorfachliche Bildungsfeld des Sachlernens, zu ihren Aufgaben gehört die Fundierung und Vorbereitung fachspezifischer Perspektiven. Aus diesem Potenzial sollte sie noch stärker das in ihr angelegte innovative Moment und ihre ursprüngliche Verbundenheit mit den Interessen der Kinder an den Sachen für biografisch und gesellschaftlich bedeutsame Bildungs- und Erziehungsprozesse nutzen. Aufgabe des Unterrichts ist dann eine *rationale, durch das Prinzip Verantwortung* (Jonas 1984) *geleitete Orientierungsleistung* in der Welt der Erfahrung und des Wissens. Damit verbunden ist immer eine *Förderung der geistigen Entwicklung* und ein *Beitrag zum Welt- und Selbstverständnis des Menschen.* Bildungsprozesse betreffen das Verhältnis von Mensch und Welt; sie zielen auf „Übersicht, die Wahrung des historischen und systematischen Zusammenhangs, die Verfeinerung und Verfügbarkeit der Verständigungs- und Erkenntnismittel, die philosophische Prüfung des Denkens und Handelns“ (v. Hentig 1996, S. 56). Deshalb müssen sie sachbezogen sein, den Anspruch der Sachen zur Geltung bringen und in Kulturleistungen einführen, gerade dann, wenn Antworten auf Sinn- und Wertfragen nicht mehr gesellschaftlich vorgegeben sind. Und sie sollten so gestaltet werden, dass sie nicht als Zwang oder Last empfunden werden, sondern mit Freude verbunden sind und mit der Lust am Suchen, Entdecken, Verstehen und Können, d.h. die unterrichtliche Realisierung schulischer Bildung muss ihrem Zweck entsprechen.

Das Programm, eine konzeptionelle Gestalt für den Sachunterricht zu entwerfen, seinen Bildungswert zu entfalten, die daraus folgenden Aufgaben zu identifizieren und zu begründen, folgt nicht dem linear-systematischen Anspruch eines Lehrbuchs, sondern der Intention, Sachverhalte von verschiedenen Seiten zu beleuchten und sie unter verschiedenen Aspekten immer wieder in den Blick zu nehmen. Der „Kreisgang“ verläuft nach dem Muster einer spiraligen Wendeltreppe, die Ausblicke nach allen Seiten und unter verschiedenen Perspektiven sowie verweilende Vertiefungen auf gestaffelten Plattformen ermöglicht. – Dieses Bild sollte aber nicht so verstanden werden, als würden Elemente einer Theorie des Sachunterrichts im aufsteigenden Kreisprozess sich erweiternder Horizonte nur besichtigt oder registriert, vielmehr werden sie auf dem Wege des Suchens erst „erzeugt“, indem Vorhandenes geprüft, geordnet, modifiziert, ergänzt und nach aktuellem Bedarf als Baustein in neue Zusammenhänge eingefügt wird. Wir sehen immer nur bis zu unserem gegenwärtigen Horizont, müssen aber annehmen, dass dahinter neue Möglichkeiten liegen. Deshalb sind auch utopische Vorgriffe nicht nur erlaubt, sondern geboten.

Im *ersten Teil* beginnt unser Rundgang mit der Frage nach der Bedeutung der Phänomene und des exemplarischen Zugriffs für Erkennen und Verstehen. Dazu gehören die inhaltlichen Dimensionen; sie enthalten die Ansatzpunkte für den Fächerkanon nachfolgender Schulstufen, dabei liegt ihre Bedeutung nicht nur in den Kenntnissen, die durch sie erschlossen werden, sondern zugleich in der disziplinären Rahmung des Lernfeldes. Schließlich wenden wir uns Fragestellungen und Ergebnissen gegenwärtiger Unterrichtsforschung mit dem Ausblick auf anstehende Desiderata zu.

Der *zweite Teil* ist zentriert um die Begründung und Konzipierung eines exemplarisch-genetischen Unterrichts, in dem das Gespräch eine zentrale Stellung einnimmt, der Elemente aus der konstruktiven Philosophie aufnimmt und einen vielperspektivischen Zugriff auf die „Sachen" intendiert. Das genetische Prinzip – in der Moderne von Dewey formuliert und von Wagenschein konzeptionell ausgestaltet – gehört zu den großen Ideen der Pädagogik und liegt als zentrales Muster allen auf konstruktives und kreatives Denken ausgerichteten Theorien des Lernens zugrunde.

Im *dritten Teil* geht es um die Beziehung von Kindern zu den Sachen, wie sie in maßgeblichen anthropologischen, pädagogischen, psychologischen und didaktischen Entwürfen des zwanzigsten Jahrhunderts erscheint. Die Sichtung und Aufarbeitung vorliegender Bestände gibt eine Basis für weiterführende Überlegungen.

Der *vierte Teil* stellt den Aufbau von Bildung und das Gewinnen von Kompetenz in den Mittelpunkt. Dabei haben die Sachen didaktische Priorität, verbunden mit den unterrichtsmethodischen Grundlagen sachgemäßer Arbeit und eingebettet in eine begründete Struktur des Curriculums. Sachkompetenz, Sprachkompetenz und Begriffsbildung bezeichnen übergreifende Ziele schulischer Bildung, für die im Sachunterricht grundlegende Arbeit geleistet wird.

Im *fünften Teil* werden die Sachen des Sachunterrichts „von einem höheren Standpunkt" aus in den Blick genommen und in neun Dimensionen ausführlich dargestellt. Inhalte und Methoden, Wissen und Verfahrensmuster sind nicht nur das Medium von Bildung, sondern geben ihr belastbare Substanz.

Zum *Schluss* werden der aisthetische Zugriff und das Bemühen um Verstehen als wesentliche formale Beiträge des Sachunterrichts für die Grundlegung einer allgemeinen Bildung hervorgehoben.

Der Text enthält viele Ergänzungen und Hinweise in den Fußnoten. Es wäre möglich gewesen, einen großen Teil dieser Anmerkungen in den laufenden Text aufzunehmen. Im Interesse einer konzentrierten Darstellung wurde darauf verzichtet.

Teil I: Bildungsperspektiven im Sachunterricht

Für die konzeptionelle Auskristallisation einer sachunterrichtsspezifischen Theorie des Lehrens und Lernens sind immer auch Überlegungen und Erkenntnisse maßgeblich, denen lernbereichsübergreifende Bedeutung zukommt. Eine Fachdidaktik wie die *Didaktik des Sachunterrichts* integriert pädagogisches und fachliches Wissen ihrer Bezugsdisziplinen, und sie kommt zu neuen Fragestellungen, die weder von der Pädagogik noch von den Fachwissenschaften allein bearbeitet werden können. Als eine spezielle Didaktik erscheint sie als jener Teil der Pädagogik, welcher die Bildung und Erziehung junger Menschen durch deren lernende Auseinandersetzung mit einem Inhaltsbereich zum Gegenstand hat. In ihren Bezügen zu den Fachwissenschaften umfasst sie deren *pädagogische Dimension,* die sich kurz durch das Begriffspaar *Bedeutsamkeit* für Bildung und *Zugänglichkeit* für die Lernenden charakterisieren lässt. Fachdidaktik muss ihre fachwissenschaftlichen Bezugsdisziplinen als pädagogische Aufgabe wahrnehmen, mit allen Implikationen, welche das Lehren und Lernen betreffen.[1]

Im Sachunterricht geht es um das Gewinnen von Welt durch die Wahrnehmung von Sachen; die Welt wird zum Gegenstand von Lehren und Lernen. Für die Lernenden bedeutet das zunächst eine *Orientierung in der Welt der Phänomene,* die uns vielfältig umgeben und deren erkundende Durchdringung ein Fundament weiterführenden Lernens und Verstehens ist [Kap. 1]. Für die Theoriebildung in der Didaktik des Sachunterrichts ist es von vorrangiger Bedeutung, Ansatzpunkte eines sachbezogenen Bildungsfeldes zu rekonstruieren und die *Grundlegung des genetisch-exemplarischen Unterrichts* (Wagenschein) vorzubereiten [Kap. 2]. Das kann nur gelingen, wenn der konzeptionelle Entwurf mit *lernbereichsspezifischer Forschung* eng verzahnt wird [Kap. 3].

---

1 Das kann nicht durch eine am Allgemeinen des Lehrens und Lernens orientierte Wissenschaft, wie z.B. die Grundschulpädagogik und -didaktik geleistet werden, die zwar prinzipiell offen sein muss für mögliche Inhalte, aber nicht selbst in sie eindringt und die pädagogische Dimension der fachlichen Disziplinen nicht ermessen kann. Aber auch die Fachdidaktiken können die Aufgaben des Sachunterrichts nicht übernehmen, weil ihnen die gegenseitige Verflechtung und zumeist auch die Aufmerksamkeit auf die Anfänge fachbezogenen Denkens fehlt.

1 Orientierung in der Welt der Phänomene

Die Sachen des Sachunterrichts erscheinen zunächst anschaulich als Phänomene, die wir zu erkennen und zu deuten, zu erklären und zu verstehen versuchen. Im nicht nur sinnlichen, sondern geistigen Zugriff nehmen wir auch Bewusstseinsinhalte und -vorgänge als Phänomene wahr, über die wir als Sachverhalte Aussagen machen können. Der Begriff des Phänomens bezieht sich ebenso auf Humanoria wie auf Realien [1.1]. Ihre Vielfalt erfordert schon am Anfang ein wenigstens grobes Raster von curricularen Zuordnungen und Kriterien der Auswahl [1.2].
Die Möglichkeiten und Modalitäten des erkundenden Zugriffs auf Phänomene entwickeln sich mit dem Fortgang der Kultur. Das ist besonders im Bereich der Naturwissenschaften von Interesse, in deren Geschichte die Genese des wissenschaftlichen Denkens paradigmatisch aufscheint. Im Ursprung dieses Denkens, in der vorsokratischen Welt, greifen die Frage nach dem Menschen und die Frage nach der Natur noch unmittelbar ineinander. Das Aufkommen der Naturwissenschaften in der frühen Neuzeit wirkte entscheidend auf das geistige und soziale Gefüge der Gesellschaft zurück. In Gestalten wie Leonardo und Galilei verbinden sich Kunst, Wissenschaft und Technik. Die Aufmerksamkeit auf diese Verflechtung zwischen Humanoria, den Wissenschaften und Institutionen mit Blick auf den Menschen, und den Naturwissenschaften ist in der Folgezeit auch im Bildungswesen immer wieder verloren gegangen. Aber gerade in der Moderne wird der von Naturwissenschaft und Technik geprägte Charakter der Lebenswelt durch das wachsende Maß ihrer Manipulierbarkeit und rationalen Lenkung immer erkennbarer. Es ist eine weitgehend durch die Ergebnisse der Naturwissenschaften bedingte Welt, in der und für die der Mensch gebildet werden soll [1.3].
Das Vertrautwerden mit Phänomenen, ihre Einordnung und Erklärung bilden für das Individuum, aber auch für die Gesellschaft ein Fundament für Denkwelten. Didaktische Bemühungen sind zunächst auf die einzelnen Lernenden und Lerngruppen gerichtet. Sie sind aber auch von der Hoffnung getragen, dass das in der Schule aufgebaute Wissen und die mit ihm verbundenen Haltungen produktiv in die Lebenswelt eingehen [1.4].

1.1 Phänomene im Horizont des Sachunterrichts

1.1.1 Ansatzpunkte des Denkens

In einem ersten Zugriff kann man vielleicht – und jedenfalls probeweise – sagen: *Der Einstiegs-Horizont des Sachunterrichts ist die Welt der Phänomene;* seine Sachen sind zuerst die sozialwissenschaftlich, naturwissenschaftlich und technisch deutbaren Gegenstände, Vorgänge und erlebbaren kulturellen Institutionen, sodann die Relationen, Funktionen und Strukturen in der physischen und sozialen Welt, zu der wir selbst gehören und die wir durch Handeln, Denken und Sprechen nach ihren Ursachen befragen und rekonstruieren, um sie zu verstehen und zu gestalten.[2] Die Teilhabe an der gesellschaftlichen Konstruktion der Wirklichkeit ermöglicht es den Lernenden, individuelle Anlagen und Interessen persönlich befriedigend zu entfalten und sich Lebensräume zu schaffen, die wohnlich sind. Dabei ist die klärende Durchdringung von Phänomenen seit dem Erwachen des wissenschaftlichen Denkens in der Antike der vorzüglichste Weg, um Wissen über die Welt zu gewinnen, Erkenntniszusammenhänge aufzubauen, neue Phänomene und Probleme wahrzunehmen und dadurch Horizonte zu verändern, höhere Standpunkte zu gewinnen und den Blick zu erweitern. Mit zunehmender Übersicht entstehen neue Formate der Möglichkeiten des Wissens und Verstehens. Dabei sind wir geleitet durch die Frage nach dem Warum und von der Hoffnung, Regeln, Gesetze, Prinzipien hinter den Phänomenen zu erkennen, die *Verstehen und begründetes Handeln* erleichtern (Köhnlein/Lauterbach 2004).

Phänomene sind es, die Fragen herausfordern und eine forschende Haltung evozieren. Sie liegen aber nicht einfach in der Außenwelt vor, gleichsam in gegenständlicher Invarianz, sondern werden von den Individuen durch Aufmerksamkeit und mentale Konstruktion als strukturelle Einheiten erst hervorgebracht, d.h. sie beruhen nicht allein auf sinnlicher Wahrnehmung, sondern zugleich auf Denktätigkeit, also auf Vorstellen, erfassendem Begreifen, auf – zumindest beginnender – begrifflicher Konzeptualisierung, Symbolisierung und Repräsenta-

2 Die Metapher des Horizontes drückt nicht Geschlossenheit aus, vielmehr verweist sie auf Durchlässigkeit zu weiteren Horizonten. Im Horizontbegriff liegt Überschreitbarkeit; das „Draußen" und die Möglichkeit anderer Horizonte ist mit ihm konstituiert. – Als Phänomen kann alles das konzipiert werden, was in der Welt der Fall ist und von uns nach Maßgabe unseres Zugriffs wahrgenommen wird. In didaktischer Hinsicht ist ein Phänomen ein Ereignis, dessen Ursache in Frage steht und das einer Erklärung bedarf. Wagenschein spricht von „Naturerscheinungen, die uns unmittelbar (oder auf einfache, durchschaubare Weise vermittelt) sich selbst sinnenhaft zeigen; und zwar so, dass wir sie als ein Gegenüber empfinden und auf uns wirken lassen noch ohne Vorurteil und Eingriff, auch wir also unbefangen, noch nicht festgelegt auf einen bestimmten Aspekt, sei es der physikalische, der ästhetische oder sonst einer. [...] Wir nehmen das Phänomen wahr als Menschen, das heißt: als Fragende" (Wagenschein 1989, S. 136). Das Nachdenken und Nachforschen über Phänomene greift dann auch auf das aus, was der Fall sein könnte und was sich uns als Aufgabe stellt, nicht nur im Hinblick auf Natur und Technik, sondern ebenso im Bereich des Menschlichen. – In einem ersten Zugriff muss der Sachunterricht substantielle Phänomene als Gegebenheitsbasis, die sich der Erkenntnis darbietet, hinnehmen. Eine erkenntnistheoretische Positionierung der Didaktik ist damit noch nicht bestimmt, und auf Grenzerfahrungen wird hier nicht Bezug genommen. Vom Phänomen muss zur Konstruktion begrifflicher Zusammenhänge fortgeschritten werden; das Lernen bezieht sich dann auf Kontexte und anspruchsvollere kognitive Konzepte. – Neben den primären kommen dann auch nichtsubstantielle Phänomene in unser Blickfeld, z. B. Denken, Sprechen, Lernen, Bewusstsein, Freiheit, Moral usw., die nur in Zusammenhängen auftreten, sowie Phänomene der inneren Erfahrung, z.B. des ästhetischen Genusses.

tion. Überindividuell, z.B. in der Schulklasse, werden sie durch kommunikative Prozesse (etwa im Zuge einer Exposition durch den Lehrer) konstituiert, in denen sich Interessen bündeln und gemeinsame Beziehungen zu einem Gegenstand entstehen. Immer muss das Phänomen aus einem Hof von Erscheinungen herausgearbeitet und gekennzeichnet werden. Im Zuge des Curriculums fungiert es dann als konkretes Beispiel, an dem sich weitgreifende, allgemeine und abstrakte Erkenntnisse verankern lassen.

In der Auseinandersetzung mit Phänomenen kommt die Welt dem Menschen als eine Vielfalt von Sachverhalten zu Bewusstsein; wir erfahren die Mannigfaltigkeit der Sinnesqualitäten, z.B. der Farben, der Töne, der haptischen Eigenschaften der Materialien; wir machen sie benenn- und beschreibbar und verbinden sie u.U. mit sinngebenden Intentionen. Diese basalen Erfahrungen und Bewusstseinsvorgänge gehen nicht verloren, sie verlieren nicht ihren Reiz und ihren Wert, wenn wir später – unter dem Aspekt der Physik – z.B. optische Erscheinungen als quantitativ bestimmte elektromagnetische Wellen modellhaft zu erfassen, zu messen und zu reproduzieren lernen.

Mit dem Zugang über ergiebige Phänomene deutet sich eine weitgreifende didaktische Strategie an: Auffällige Erscheinungen treten aus dem Strom der Eindrücke hervor, wir werden gewahr, dass es „so etwas" (wie z.B. „bunte Farben" am „Prisma" oder „Freundschaft") gibt. Schon das erste Aufmerksamwerden erschließt die Welt in einer vorbegrifflichen Weise und überschreitet das sinnlich Erfassbare. Die vorbegriffliche Wahrnehmung eröffnet den Raum für bewusstes Erkennen, für Bewertungen, für Begriffsbildung, Abstraktion und verallgemeinertes Wissen; die Bekanntheit der Phänomene wird im Sachunterricht ergänzt durch den Aufbau von tragfähigen Vorstellungen, Modellen des Denkens und von Begriffen. Von der Kenntnis relevanter Erscheinungsweisen führt der Weg zur Elaboration elementarer Wissensdomänen und genereller Formen und Prinzipien für die Entwicklung von Einsichten. Diese dienen dann als Grundlagen weitergreifender Erklärungen und des Verstehens.

1.1.2 Herausforderungen des erkundenden Handelns

Phänomene erwecken Achtsamkeit und Interesse, manchmal auch Staunen oder Irritation, nicht nur in Netzwerken menschlicher Handlungsverflechtungen, sondern auch im unvermittelten Aufmerksamwerden oder in wahrheitssuchender Distanz. Inhaltlich beziehen sie sich auf Menschen, Tiere und Pflanzen, auf Eigenschaften und Vorgänge in der physischen Welt, auf technische Konstrukte, auf Situationen und Ereignisse in Vergangenheit und Gegenwart, auf zukünftige Erwartungen, auf mitmenschliche Beziehungen, auf Handlungen, Ordnungen und Institutionen, Empfindungen, Wünsche und Widerstände; die Fülle der Phänomene, die unser Denken und Handeln bewegen, ist nicht auszuschöpfen. Das lebendige Bedürfnis, uns auf „Sachen" einzulassen und Vorstellungen aufzubauen, die sich in der Erfahrung bewähren, Handlungsoptionen eröffnen und sich im Denken als konsistent erweisen, treibt uns an, die Welt zu erkunden.

Dabei sind es nicht die abstrakten, schon in einer Systematik präparierten Dinge, die unsere Neugier herausfordern, sondern eben auffällige Phänomene: Nicht „der Goldhamster" erweckt ursprüngliches Interesse, sondern einige seiner Eigenschaften und Verhaltensweisen, die ihn zum „Partner" unserer Zuwendung machen. Schon dieses kleine Beispiel zeigt, dass bereits in die aktuelle Perzeption Vorkenntnisse, Bilder und Projektionen, Hoffnungen und Ängste, Phantasien und Träume einfließen. Das gilt insbesondere für komplexere Phänomene, die wir dann auch mit abstrakterer Begrifflichkeit erfassen: Das Wissen um die besondere soziale Beziehung, die wir „Freundschaft" nennen, gründet sich auf Vorstellungsinhalte (etwa über Vertrauen und Verantwortung), die Kinder aus differenzierender und integrierender Verarbeitung von Umgang und Erfahrung gewinnen, also vor allem durch emotionale Zuwendung und Dezentrierung vom Einzelfall sowie durch wechselseitige Perspektivenübernahme und reflexive Entwicklung des Selbstbildes; d.h. der Aufbau des Begriffs ist eine operative kognitive Koordinationsleistung und ein Prozess der Versachlichung.

„Die Welt der Phänomene ist genau die Welt ... in der wir uns vorfinden, wenn wir zum bewußten Leben erwachen." (Jung 1979, S. 13) Ob wir Erwachsene oder Kinder sind: Phänomene reizen unsere Aufmerksamkeit, wir nehmen sie affektiv wahr ehe wir sie betrachten, beobachten und untersuchen; und weil wir sie verstehen wollen (manchmal auch nur: weil wir spielen wollen) versuchen wir sie selbst hervorzubringen. Das kann z.B. in der Nachahmung, auch in der verfremdenden Darstellung oder im Spiel (sozialer Bereich) oder auch durch Probieren, durch Nachbau im Modell und durch Experimentieren geschehen.[3] Durch explorierendes Handeln erweitern und strukturieren wir zunächst unsere Anschauung, wir überwinden situative Fixierungen, vermehren das Potential unserer Intuition und gewinnen Erfahrungen, wenn wir dabei in abgewogenen Vermutungen denken.

---

3 Vielleicht sollte man schon an dieser Stelle anmerken, dass damit nicht nur der Bezug zu den Sachwissenschaften angesprochen ist. Ebenso bedeutsam für die produktive Auseinandersetzung mit den Phänomenen, zumal auch mit Naturphänomenen, sind die Philosophie und die Kunst. Die Öffnung des Sachunterrichts für das Philosophieren mit Kindern (Schreier 1993; 1999, Ganter 1997) und für das Ästhetische (Aissen-Crewett 1997, Kahlert u.a. 2006) erweitern die Möglichkeiten des forschenden Zugriffs auf die Phänomene bis hin zu den Phänomenen des eigenen Bewusstseins. Damit steht der Sachunterricht weniger als die meisten anderen Fächer in der Gefahr, dass wir Aspekte der Welt deshalb übersehen, weil sie in der Begrifflichkeit der Sachdisziplinen nicht präsent sind. – Vgl. dazu die frühen Ansätze des Mehrperspektivischen Unterrichts (Giel/ Hiller/ Krämer 1974; Giel u.a. 1975).

Wir verstehen leichter, was wir selbst hervorbringen können.[4] Deshalb kommt dem erkundenden und probierenden Handeln, das – eingebettet in den kommunikativen Austausch mit anderen – (nach eigenen Präferenzen) von geistigen Operationen geführt wird, eine grundlegende Bedeutung für das Erkennen und den Aufbau von Vorstellungen und damit für den Sachunterricht zu.

Die neunzig „Geschichten", die Wagenschein in seinem Buch *Kinder auf dem Wege zur Physik* aufgeschrieben hat, sind neunzig Beispiele zur Illustration dieser These und für die Art, wie Kinder als sinnlich-empirisch interessierte Beobachter und in ursprünglichem Vertrauen in die eigene Wahrnehmungsfähigkeit von sich aus in die Welt des Wissens einzutreten versuchen. Sie zeigen, dass Phänomene für Kinder *die Sache* sind, von der ihr Interesse angeregt wird, aber auch, wie schon Kinder das Vorgefundene überschreiten und in eigenen Entwürfen das ausführen und erproben, was sie denken (Wagenschein 2003).

Im Vorgriff zu weiteren Ausführungen sei hier eine Begebenheit, auf die Wagenschein an verschiedenen Stellen seines Werkes zurückkommt, als Beispiel eingefügt:

> Es ist das Erlebnis jener Fünfjährigen, „der es auffällt, daß ein Rabe, der weit entfernt auf einem Zaune sitzt, seine schöpfende Kopfbewegung vor jedem Rab-Rab-Ruf macht und nicht gleichzeitig. Sie denkt sich etwas aus: läuft weiter weg vom Raben (der zum Glück ruhig weitermacht), bleibt stehen, horcht wieder und blickt: es ist wie vermutet: die Verspätung ist etwas länger! – Das Kind ist beruhigt: der Ruf läuft her, ‚wie ein Ball'." (Wagenschein 1989, S. 104; ausführlicher in Wagenschein 2003, S. 38 f. und 1970a, S. 346–350. Das Problem der Rekonstruktion einer Episode aus der Kindheit muss hier nicht erörtert werden.)

> Die Geschichte beschreibt, wie ein Kind in spontanem Weltzugriff und selbstgesuchter Erfahrung zum Konstrukteur seines eigenen Wissens werden kann. Es will das Phänomen nicht nur sehen, sondern deuten und begreifen, getrieben von dem Bedürfnis nach erkundender Durchdringung und geistiger Erfassung des Sachverhalts. Es will die Welt verstehen. Das ist ein Ansatz über alltagsweltliche Neugier hinaus zu einem gleichsam wissenschaftlichen Interesse. Bemerkenswert ist die Fähigkeit des Kindes, eine neue, nicht vorgegebene Testbedingung selbstständig herzustellen. In der konstruktiven Herangehensweise zeigt sich eine dynamische Kontinuität des Denkens beim Herausfinden neuer Informationen und Einsichten:

4 Durch den Einfluss des (methodischen) Konstruktivismus ist die Didaktik heute dem Gedanken, dass wir dasjenige besser begrifflich beherrschen und verstehen, was wir grundsätzlich auch hervorbringen können, aufgeschlossener denn je (vgl. dazu Vico 1974, S. 41 und das Nachwort von C.F.v. Weizsäcker, S. 159 ff., außerdem Kant, Kritik der Urteilskraft, § 68, B 310). Verbunden ist damit der neuzeitliche Optimismus, dass man schließlich auch kann, was man will, und den Willen hat, zu lernen, was man noch nicht kann (Sloterdijk).

- Der Anfang liegt in der *Wahrnehmung* eines für das Kind neuen Sachverhaltes, der Aufmerksamkeit erregt und dem subjektiv Bedeutung zugemessen wird: Optischer und akustischer Sinneseindruck fallen nicht zusammen.
- Aus der zunächst rätselhaften Wahrnehmung kommt das Kind zu einer *Frage,* die dem Erkenntnisprozess Richtung und Dynamik gibt: Die *Beobachtung* wird durch einen – nach den Umständen klug erdachten – *Versuch* erweitert. Dadurch gelingt eine vorläufige *Bestätigung* der Vermutung und ein erster Schritt der Verallgemeinerung.
- Das Kind ist sich seiner Entdeckung bewusst; es wird diese Entdeckung selbst und die Methode ihrer Absicherung als eine weiterwirkende Episode seiner Lerngeschichte verinnerlichen. Das konkrete Einzelphänomen gewinnt die Qualität einer exemplarischen Erfahrung.

Das Mädchen hat eine Entdeckung gemacht. Wahrgenommenes wird zu einer neuen Einsicht transformiert. Dabei geht es ihm konkret darum, für den Vorgang der Schallausbreitung verschiedene Vorstellungsbilder, die der Einordnung in Bekanntes dienen sollen, zu erproben: „... wie ein Ball". Bemerkenswert ist der Wille zur Herstellung kognitiv befriedigender Ordnungsbeziehungen. Im Erkennen der Fraglichkeit rätselhafter Erscheinungen liegt eine Wurzel der theoretischen Haltung. (vgl. Teil V; 6.4)

Der eingeschlagene induktive Weg des Erkundens führt probeweise zu größerer Allgemeinheit und schließlich zur Anbahnung einer Begrifflichkeit, die durch den exemplarischen Fall induziert wird. Die hypothetische Setzung allgemeinerer Realitäten (dass Schall Zeit braucht) macht kausale Vorgänge potentiell vorhersehbar. Mit der Handlungsintention, d.h. mit dem gedanklichen Entwurf des Experiments als methodische Strategie, wird zunächst in der Erwartung, dann im Versuch eine Erkenntnis eröffnet; das Kind imaginiert (unbewusst) in seiner Analogiebildung die physische Welt als konsistent in der Weise, dass exemplarische (übertragbare) Erfahrungen möglich sind. (vgl. Teil III; 1.1.2, Teil V; 6.4)

Um Phänomene zu begreifen und zu durchschauen, versuchen wir sie zunächst in tastenden Annäherungen zu reproduzieren, zu modellieren und zu variieren. Im sozialen Bereich kennen wir die Bedeutung der *Nachahmungen,* durch die sich junge Kinder Möglichkeiten der Kommunikation und der Handhabung von Dingen erschließen. Um Prozesse der Natur zu erfassen, hat die neuzeitliche Naturwissenschaft des 16. und 17. Jahrhunderts zuerst damit begonnen, sie genau zu beobachten, zu beschreiben, Daten zu sammeln, um dann Hypothesen zu konstruieren und experimentell zu verifizieren. „Daß Physik möglich wurde, liegt wesentlich daran, daß man einfache Vorgänge isoliert betrachten" und komplexere Sachverhalte am einfachen Fall erschließen kann (Hund 1969, S. 226)[5].

5 Von entscheidender Bedeutung für die Möglichkeit des Verstehens ist also, dass sich ein Phänomen unter bestimmten Aspekten „in Stücke" auflösen und nach den Graden der Zugänglichkeit – wobei wir das Sicht- und Tastbare an den Anfang stellen – Stück für Stück entschlüsseln lässt. – Erst im Rückblick (auf Newton) konnte Kant die weitere Entwicklung emphatisch skizzieren: „Als Galilei seine Kugeln die schiefe Fläche mit einer von ihm selbst gewählten Schwere herabrollen ... ließ ... so ging allen Naturforschern ein Licht auf. Sie begriffen, daß die Vernunft nur das einsieht, was

– Was dann aber bekannt ist, gibt Mittel geistiger und selbst materieller Macht: „*Natura ... non nisi parendo vincitur*", schreibt Bacon (1620) in seinem Novum Organum; „die Natur ... läßt sich nur durch Gehorsam bändigen", und er fährt fort: „Was bei der Betrachtung als Ursache erfaßt ist, dient bei der Ausführung als Regel" (Aph. 3, S. 80/81). Herrschaft über die Natur sei nur mit dem Mittel eines methodisch erarbeiteten Wissens möglich. Der Satz, dass wir etwas verstehen, weil wir es hervorbringen können, lässt sich nun auch im umgekehrten Sinn lesen: Weil wir etwas verstanden haben, können wir es auch bewusst und planmäßig hervorbringen. Technische Produkte sind ein Beleg.[6]

Der Gedanke kann auch noch anders gewendet werden: In dem, was wir hervorbringen, begegnen wir uns selbst. Es sind unsere Produkte, Gedanken, Konstrukte, Begriffe und Konzepte, die als Folgen unserer Zuwendung zu den Phänomenen schließlich entstehen. Als Beobachter und als Gestalter, als Konstrukteur und als Zweifler ist der Mensch das Subjekt der von ihm betriebenen Behandlungs- und Verstehensweise. Für eine Didaktik, die dem Leitprinzip Bildung folgt, ist die Einsicht wichtig, dass die konstruktive, vom Subjekt selbst geleistete Durchdringung der Sachverhalte der Weg zum Verstehen ist.

1.2 Inhaltliche Bezüge des Sachunterrichts

Die Menge der Phänomene in unserer Welt ist unüberschaubar. Wir sehen uns einer verlockenden Fülle von Möglichkeiten gegenüber und erfahren dabei oft schmerzlich die Zeitknappheit. Im Hinblick auf eine notwendige *Auswahl* ist zuerst der konstitutive humane Zweck der Didaktik in der modernen „Wissensgesellschaft" zu bedenken, nämlich den Menschen durch Bildung den Zugang zum Wissen, also die Teilhabe an der Produktion und der Nutzung des Wissens zu eröffnen; das bedeutet, sie beim Verstehen ihrer Umwelt zu unterstützen, sie mit Neuem bekannt und mit Methoden des Wissenserwerbs vertraut zu machen, ihnen Kompetenzerfahrung zu ermöglichen und Interessen zu stiften. Dabei ist zu berücksichtigen, dass es in einer Kultur notwendig zur Aneignung aufgegebene Gegenstände gibt, deren Bearbeitung Voraussetzung für Kompetenz ist.[7]

---

sie selbst nach ihrem Entwurfe hervorbringt, daß sie mit Prinzipien ihrer Urteile nach beständigen Gesetzen vorangehen und die Natur nötigen müsse, auf ihre Fragen zu antworten ...". (Kant, Kritik der reinen Vernunft, Vorrede zur zweiten Aufl., B XII–XIV) Vgl. Teil V; 6.4.

6 Um zu verstehen, warum das Leben so ist, wie es ist, versuchen Molekularbiologen z.B. Biomoleküle zu variieren und zu manipulieren, künstlich „unnatürliche" Aminosäuren zu erzeugen und – zunächst auf der Ebene der Bakterien – „unnatürliche Organismen" hervorzubringen.

7 In gesellschaftlicher Hinsicht ist mit Kultur kein geschlossenes Konzept gemeint, sondern das zentrierende, auf die Normen demokratisch-freiheitlicher Verfassungen und Institutionen verpflichtete Gemeinsame, das alle Netzwerke von Werten, Einstellungen und kognitiven Konzepten sowie die Pluralisierung von Lebensformen und ethnische Bindungen übergreift.

1.2.1 Bereiche grundlegender Bildung in der Grundschule

Die generelle Aufgabe der Grundschule ist von Anfang an als *Grundlegung der Bildung* angegeben worden (Ministerium für Wissenschaft und Kunst 1921[8]; Lichtenstein-Rother 1970; Glöckel 1988; Köhnlein 1990, Klafki 1992; Einsiedler 1994, 2000). Unter diesem übergreifenden Ziel ist der gesamte Unterricht als eine Einheit anzusehen, als Sinnganzheit. Seine Aufgabe ist die Wahrnehmung *des Ganzen der Sachen,* die im lebensweltlichen Horizont der Kinder liegen und die wir als bedeutsam für unsere Kultur hervorheben.

Demnach besteht für die Grundschuldidaktik ganz wesentlich die Aufgabe der Erschließung und Darstellung des Bildungswertes möglicher Unterrichtsgegenstände und Verfahren, d.h. ihrer Orientierungsleistung im Hinblick auf Natur, Gesellschaft und Kultur sowie ihrer Potenz für die Persönlichkeitsentwicklung. Es geht immer um den Wunsch und das Recht der Kinder, die Welt, in der sie leben, geistig zu erfassen (Wagenschein 1970b, S. 180 ff.) und zugleich um den gesellschaftlichen Auftrag, Kultur zu vermitteln. Der Begriff der Bildung verlangt von der Schule eine Integration des Erwerbs von grundlegendem Wissen und Können sowie der Erziehung zu tragenden Werten unserer Kultur. Das erscheint nicht möglich ohne einen durchgängigen Bezug zu sinnlicher Wahrnehmung und Ästhetik wie auch zu wissenschaftsbezogener Weltdeutung und Ethik.

Der Prozess grundlegender Bildung schließt die Grundlegung des weiterführenden Lernens ein. Im Verlauf der Grundschulzeit gewinnen das Eigengesetz und der bildende Wert der Lehrfächer zunehmende Bedeutung; Schule muss über die Erfahrungen der Lebensumgebung hinaus neue Anregungen und Zielsetzungen schaffen und diese betreffen zuerst die Grundlagen und die großen Bereiche der Kultur.

In der Grundschule stehen folgende Bereiche im Vordergrund:

- der *ästhetische Bereich* und die Erfahrung des Schönen (Kunst und Körpererfahrung),
- der *sprachliche Bereich* und die Erfahrung von Kommunikation, Bedeutung und Verständigung,
- der *soziale Bereich* und die Erfahrung des mitmenschlichen Umgangs (Individuum, Gruppe, Gesellschaft), des historisch Gewordenen, der Politik und des wirtschaftlichen Handelns,
- der *naturwissenschaftliche und technische Bereich* und die Erfahrung der lebendigen Natur, der objektivierenden Problemlösungsverfahren und der Naturgesetze, des Konstruierens und instrumentellen Handelns (Natur, Arbeit, Technik),
- der *mathematische Bereich* und die Erfahrung der objektiven Gültigkeit,

8 Richtlinien zur Aufstellung von Lehrplänen in den Grundschulen. In: Zentralblatt für die gesamte Unterrichtsverwaltung in Preußen, 63. Jg., S. 185 ff., hier S. 186

- der *religiöse und philosophische Bereich* und die Erfahrung des Guten und des moralischen Handelns (Weltdeutung und Nachdenken über sich selbst).

Sachunterricht hat in den Bereichen *Gesellschaft* und *Natur* sein eigenes Feld: dieses in seinen inhaltlichen Dimensionen exemplarisch zu durchdringen (vgl. Abschnitt 2.2.3) und sinnvoll zu pflegen ist sein spezifischer Auftrag. Aber dieser Auftrag ist nicht isoliert, sondern nur in vielfältiger Verknüpfung mit den anderen Bereichen wahrzunehmen. Der ursprüngliche, den Kindern gemäße Zugriff auf die Wirklichkeit – wenn er nicht oberflächlich bleiben soll – schließt in der Regel die sinnliche Erfahrung, die sprachliche Durchdringung und begriffliche Fixierung, die mathematische, speziell auch geometrische Bearbeitung und die Deutung des Sinnes ein, wenn auch – je nach Thema – in unterschiedlicher Akzentuierung.

Das Ganze der Welt, wie sie in unserer Kultur erscheint, ist der umfassende Gegenstandsbereich des Unterrichts. Für den Sachunterricht wählen wir einzelne Themen, Probleme und Erscheinungen aus, die von dem Ganzen umgriffen werden, aus dem sie hervorgehen. Jede Auswahl wird nur eine Möglichkeit unter vielen darstellen. Lerneinheiten sind immer kontingent, d.h. sie können auch anders geschnitten und akzentuiert werden, als es in jedem einzelnen Fall geschieht.

1.2.2 Kriterien der Auswahl von Inhalten

Bewährte Kriterien für die Auswahl von Inhalten sind bekannt. Durchgängig sind die Fragen der Kinder als der Subjekte des Lernens und die legitimen Interessen der Gesellschaft an angemessener Enkulturation der nachwachsenden Generation zu berücksichtigen. Einen Satz von Auswahlkriterien hat die KMK in ihrem Bericht *Tendenzen und Auffassungen zum Sachunterricht in der Grundschule* (1980) vorgeschlagen. Dort heißt es: Es „wird eine Auswahl exemplarischer Lerngegenstände getroffen, die für den Grundschüler zugänglich, ergiebig und bedeutsam sind und zu denen am besonderen Beispiel das Allgemeine sichtbar gemacht wird."[9]

Rahmenrichtlinien und Lehrplänen, die über mehrere Jahre Gültigkeit behalten sollen, wird durch einen Satz konsistenter Kriterien wie *Bedeutsamkeit, Zugänglichkeit und Ergiebigkeit* die für die Stoffauswahl erforderliche Flexibilität gegeben, denn diese Auswahlgesichtspunkte öffnen Möglichkeiten für aktuelle Weiterentwicklungen und sind zugleich Barrieren für trivialisierenden Wildwuchs.

Die einzelnen Kriterien umfassen ihrerseits eine Reihe von Aspekten, die an dieser Stelle nicht detailliert begründet werden müssen. Zu *Bedeutsamkeit* hat Klafki

9 Abgedruckt in Einsiedler/Rabenstein (1985), hier S. 121. – Auswahlkriterien erzeugen keine neuen Themen für den Unterricht, aber sie geben den notwendigen Entscheidungen angesichts der Fülle der Möglichkeiten eine rationale Basis.

in seiner Studie über „Exemplarisches Lehren und Lernen" unüberholt Gültiges gesagt (Klafki 1985, S. 87 ff.; vgl. Kahlert 2009, S. 204 ff.). Bedeutsam werden Dinge und Sachverhalte durch individuelle oder gesellschaftliche Akte von Sinngebung in einem kulturellen Kontext, in dem ihre Typik, Qualität und Beispielhaftigkeit erscheint. Sie erhalten dadurch einen gewissen Anspruch auf intersubjektive Verbindlichkeit. Das „Eigenrecht" der Sachen ist also jenes, das wir ihnen auf der Grundlage erkenntnistheoretischer Positionen, bildungstheoretischer Intentionen und praktischer Notwendigkeiten zuweisen. Bedeutsamkeit meint also die Bedeutung eines Lehrinhaltes

- nach Maßgabe der allgemeinen und der speziellen Ziele des Sachunterrichts im Hinblick auf grundlegende Bildung (normativer Aspekt),
- für das gegenwärtige und zukünftige Leben und Lernen der Kinder (curricularer Aspekt),
- für die Orientierung in der Welt und für das Verstehen relevanter Sachverhalte mit dem Ziel einer verständigen Teilhabe an der Kultur (exemplarischer Aspekt),
- für das Gewinnen von Kompetenz und die praktische Bewältigung von Alltagssituationen, z.B. die Benutzung moderner Verkehrs- und Kommunikationsmittel (pragmatischer Aspekt).

Das Kriterium der *Zugänglichkeit* verlangt in curricularer Hinsicht, dass wir das Sicht-, Tast- und unmittelbar Erfahrbare an den Anfang stellen, insbesondere da, wo unser erkundendes Handeln eingreifen und eine wenigstens vordergründige Durchschaubarkeit erreicht werden kann, ohne dass Entscheidendes bereits vorausgesetzt wird. Wir fragen also nicht sogleich nach den Ursachen, sondern zuerst nach den Bedingungen, unter welchen bestimmte Phänomene erscheinen.[10] Zugänglichkeit bedeutet: die Lehrinhalte

- sind in der Lebenswirklichkeit der Kinder anzutreffen oder können ihnen in fasslicher Weise vorgestellt werden, z.B. durch Medien (interessenbezogener Aspekt),
- sollen der Verstehensfähigkeit der Kinder entsprechen oder können ihr entsprechend aufbereitet werden (methodischer Aspekt),

10 Ein herausragendes Phänomen ist der Regenbogen. Das Verständnis seines Zustandekommens setzt zumindest Wissen über Lichtbrechung, Dispersion und Spiegelung voraus. – Im Sachunterricht können wir die wechselnden (Spektral-) Farben an Seifenblasen oder an Wassertröpfchen beobachten, die bei tiefstehender Sonne an Büschen hängen, wir können einen kleinen Regenbogen am Sprühstrahl (Gartenschlauch, Sprühflasche) erzeugen, und wir können die richtige Konstellation zwischen Sonne, Beobachter und Regenbogen herausfinden. Mit einem Prisma lassen sich die Spektralfarben an eine Wand projizieren. Sind die Farben immer die gleichen? – Man muss mit einfachen Beobachtungen beginnen, Fragen stellen, Vermutungen ausdenken und prüfen; unsere Erkenntnisse können wir in Bildern und Texten festhalten (ikonische und symbolische Repräsentation).

- enthalten fruchtbare Möglichkeiten für die Ausgestaltung und weiterführende Anknüpfungen (lehr- und lernstrategischer Aspekt).

Zugänglichkeit verweist zudem auf den Umgang mit Zeichensystemen (Sprache, Symbole, Zeichnungen, Diagramme), mit Arbeitsmethoden (Strategien des Sammelns, Verarbeitens und Darstellens von Informationen) und auf Erkenntniswege (z.B. Verfahrensschritte des Problemlösens). Das Kriterium bezieht sich aber auch auf unterrichtsmethodische Komponenten, z.B. ob das Lernarrangement interessen- und erkenntnisfördernden Bedingungen genügt und von den Kindern mitgestaltet werden kann.

Der Gesichtspunkt der *Ergiebigkeit* weist im Wesentlichen drei Aspekte auf:

- Unter mehreren möglichen Lerninhalten wird bei gleicher Bedeutsamkeit und Zugänglichkeit derjenige ausgewählt, welcher der Intention der Lernziele und dem Erfordernis der Nachhaltigkeit des Gelernten am besten entspricht (intentionaler Aspekt).
- Der zeitliche und materielle Aufwand muss in einem vertretbaren Verhältnis zum erwarteten Unterrichtsergebnis stehen (ökonomischer Aspekt).
- Der Unterrichtsgegenstand muss ergiebig sein für das Weltverstehen und für Verwendungssituationen des privaten und öffentlichen Lebens (funktionaler Aspekt).

Damit werden die Bindungen an die übergreifenden Ziele von Schule und Unterricht sowie an einen überschaubaren curricularen Aufbau hergestellt und auf die Notwendigkeit einer wohlbedachten Lernökonomie verwiesen. Wir haben nur wenig Zeit für sehr viel Welt.

Unterricht konfrontiert Kinder mit ausgewählten Phänomenen; das Sich-Einlassen auf ein Phänomen ist Anlass für die Entwicklung von Fragen und die Entdeckung von Problemen. Die Professionalität von Lehrerinnen und Lehrern zeigt sich dabei im Erkennen und Wahrnehmen von fruchtbaren und ergiebigen Momenten und Ereignissen, die sich – situativ oder geplant und vorbereitet – in der Auseinandersetzung mit Sachverhalten ergeben. Curricula müssen unter diesem Gesichtspunkt als Netze so konstruiert werden, dass sie aus dem Aufweis von Zusammenhängen einen zusätzlichen Gewinn an Einsicht ermöglichen.[11]

Die Frage nach den Bildungsinhalten, nach Gegenständen und Erkenntnismethoden, kann also nicht allein von Seiten des *Stoffes* her, etwa von Beständen der Fächer aus, noch allein vom *Subjekt* her, also nach dessen gegenwärtigen Interessen oder erwünschten Kompetenzen, noch von den aktuellen gesellschaftlichen

---

11 Ein geordnetes Arsenal wichtiger Inhalte enthält der Perspektivrahmen Sachunterricht (vgl. GDSU 2002). Vgl. dazu Teil I; 2.2.3 und 2.2.4 und Teil II; 3.1.2.

oder ökonomischen Bedürfnissen her befriedigend beantwortet werden. Vielmehr müssen solche Aspekte als legitime Komponenten in einen Begriff von *grundlegender Bildung* (als Vorstufe von Allgemeinbildung) in produktiver Weise aufeinander bezogen, d.h. im Bildungsbegriff „aufgehoben“ werden.

1.3 Genese des wissenschaftlichen Denkens aus den Phänomenbereichen

1.3.1 Ansätze bei Faraday und Lichtenberg

Als Fragehorizont von Kindern finden wir die *Welt der Erfahrung,* die ihnen als Gegenstandsbereich des Probierens und Nachdenkens in spontanen oder provozierten Zugriffen an den verschiedensten Punkten zum Problem wird. Ich halte es nicht für abwegig, die Möglichkeit eines Vergleiches zwischen historischen Ansätzen wissenschaftlichen Fragens, die paradigmatische Bedeutung gewonnen haben – in unserem Kulturkreis bei den Vorsokratikern und dann noch einmal im 16./17. Jahrhundert – und dem Erwachen des Fragens der Kinder nach dem Wieso, Woher und Warum zu erwägen (vgl. Piaget/ Inhelder 1981, S. 82 f.). Auch wenn Gleichsetzungen von Vorstellungsbereichen schon wegen der Tiefendimension des Denkens früher Naturphilosophen naiv und unangemessen wären, so könnte ein Blick auf die Anfänge der Versachlichung des Weltbildes doch Anregungen für den Sachunterricht geben: einmal zur Überwindung allzu trivialer Ansätze und Praktiken, welche die eigene Kraft des Erkennens verleugnen, das kritische Erheben und Prüfen von Fakten, das Suchen nach Gründen, nach Zusammenhängen und das methodische Denken vernachlässigen, sodann als Hinweis auf tiefgreifende Schwierigkeiten, die Kinder zu bewältigen haben und die im Unterricht oftmals zu wenig beachtet werden, weil sie uns nicht mehr bewusst sind. Denn vieles, das heute gelernt werden muss, ist schon in den Anfängen der wissenschaftlichen Entwicklung, d.h. in der Ursprungssituation seines Entstehens, durchdacht und mit den Mühen des Verstehens konfrontiert worden.[12]
Vielfältige Anregungen könnten wir zudem aus der Botschaft gewinnen, die in Michael Faradays exemplarischem Lehrstück *„Naturgeschichte einer Kerze“* steckt, vor allem die faszinierend-anschauliche Darstellung vielfältiger Phänomene im Zuge eines Werdens- und Vergehensprozesses, in dem die Vorstellung Heraklits

12 Das mit diesem Rückgriff verbundene naturwissenschaftliche Paradigma erscheint insofern gerechtfertigt, als die seit Bestehen der Grundschule über fünf Jahrzehnte dominierende Heimatkunde von Anfang an ein gestörtes Verhältnis zu Naturwissenschaft und Technik hatte. Die Romantik-Zeit der Jugendbewegung und die Reformpädagogik fürchteten die „Dämonie der Technik“ im „Maschinenzeitalter“, das eine künstliche Welt an die Stelle der stillen, gewachsenen Natur stelle. Mit dem Rückgriff auf reformpädagogische Ideen wurden im letzten Viertel des zwanzigsten Jahrhunderts Ansätze eines naturwissenschaftlich-technischen Sachunterrichts wieder verdrängt.

von Verwandlung („alles verändert sich") wie auch die des Parmenides („nichts verändert sich") aufscheint (Faraday 1979). Zu wenig ausgeschöpft für die Naturwissenschaftsdidaktik ist außerdem das Potential der sinnlich-ästhetischen Anschauungskraft und des dialogischen Charakters einer Experimentalphysik, wie sie Georg Christoph Lichtenberg in seiner bevorzugten Reflexionsform des bildlichen Denkens vorgezeichnet hat (vgl. Sautermeister 1993). Insbesondere für das „anfängliche Denken" erscheint die Art, wie er sich offen den Phänomenen nähert und seine Beobachtungen tastend in Fragen nach den Ursachen überführt, von didaktischer Relevanz.

Die gegenwärtige Anfänger-Physik in den Schulen, wie sie künftige Grundschullehrerinnen und -lehrer kennenlernen, ist noch immer – ohne dass die kulturgeschichtliche Perspektive in den Blick käme – weitgehend dem newtonschen Weltbild verpflichtet, vielleicht auch deshalb, weil die Ausarbeitung der modernen Physik für die Anfänge des naturwissenschaftlichen Denkens noch aussteht. Schulphysik ist wesentlich analytisch-ungenetisch; die Entstehung der Ideen und die Ausarbeitung der Gedanken haben zu wenig Raum und Aufmerksamkeit.[13] Vielleicht ist es auch deshalb hilfreich, an Initiationen in der Wissenschaftsgeschichte zu erinnern.

1.3.2 Zugriffe in der klassischen Antike

Es sind hier nur Andeutungen möglich. Wo das Gefühl seine Sicherheit in der Einschätzung des in der Welt Begegnenden verloren hat und der Schritt vom Mythos zum Logos vollzogen wird (vgl. Cassirer 1989, erste Studie), drängt der erwachte Verstand überall nach rationaler Ergründung und Erklärung der Erscheinungen. Daher die Warum-Frage. Die Emanzipation vom Wirken geheimnisvoller Mächte, von Magie und Animismus und schließlich vom Anthropomorphismus, die wir auch bei Kindern kennen (vgl. Piaget 1978, Mähler 1995, Gebhard 1997, Gadamer 1999, S. 153), ist eine beträchtliche rationale Orientierungsleistung, verbunden mit einem allmählichen Aufstieg zu kausalem Denken und zu abstrakten Vorstellungen von Gleichförmigkeit und Wiederholbarkeit, von Ursachen und Folgen, von Veränderung und Verlässlichkeit in natürlichen Prozessen. Wo Erklärungen gesucht werden geht es um Beziehungen, die im funktionalen Denken hergestellt werden. Ursachenforschung führt hier wie dort zu einer Schritt für Schritt komplexeren Wirklichkeitsstrukturierung. Ordnungsprinzipien der Ähnlichkeit, der zeitlichen Folge und räumlichen Lage und des Wirkungszusammenhangs sind Mittel der rationalen, kategorialen Durchgliederung der Welt.[14]

---

13 In den Grundschulen (und auch in den Kindergärten) beginnt man zwar, „spannende Experimente" durchzuführen (zumeist nach einer vorgegebenen Anleitung), aber das selbstständige Entdecken, das als primäre kindliche Lebensäußerung spontan, emotional und ästhetisch ist, und das nachdenkliche Verarbeiten werden zu wenig gepflegt. Waren die Vorbilder Siegfried Thiels für die Grundschuldidaktik ein Anfang oder bloß eine vergessene Episode? (Thiel [1973] 2003)

14 Der sich hier andeutende Gesichtspunkt einer Bildung durch (Natur-) Wissenschaftsbezug kann

Die Vorsokratiker sehen die (später sog. kanonischen) Elemente Feuer, Wasser, Luft und Erde als fundamentale Ursachen für andere Dinge (vgl. Graeser 1994, S. 16). Es kann hier offen bleiben, ob Kindern diese Einteilung, die sich in der Kulturgeschichte als bedeutsam erwies („Elemente des Lebens“) und auch in der Didaktik immer wieder aufgegriffen wurde, besonders naheliegt; sie mag ihnen aber als „natürlich“ erscheinen. Außerdem unterschieden nach Graeser die frühen griechischen Philosophen noch nicht ausdrücklich zwischen „Dingen“ und „Sachverhalten“ und entsprechend auch nicht zwischen individuenartigen „Dingen“ und „Eigenschaften“. So werden Eigenschaften wie kalt, heiß, feucht, trocken wie dingartige Gebilde behandelt. Erst Aristoteles trifft solche Unterscheidungen in allgemeinen Begriffen zwischen substantiell und nicht-substantiell Seiendem. Mit dieser Tendenz zur Verdinglichung war die Neigung verbunden, „Wissen als eine Art Bekanntschaftsbeziehung zu denken“, also nicht in abstrakten Sachverhalten, sondern eher im begrifflichen Status von Dingen unserer direkten Erfahrung (Graeser 1994, S. 17).

Es gibt im aufklärerischen Denken und im Bemühen um ein begriffliches Erfassen der Welt in der vorattischen Zeit der klassischen Antike viele Aspekte, die unter didaktischem Interesse von Bedeutung sind, weil sie auch beim Aufbau des Weltbildes bei Kindern – wenn auch cum grano salis und unter anderen Voraussetzungen – vorkommen. So finden wir bei Heraklit den Gedanken, dass die Natur der Dinge nicht offen zutage tritt, sondern erst über die Einsicht in generelle Struktur- und Sinnbezüge und die Artikulation im *logos* ausfindig gemacht werden kann. Empedokles führt mit „Liebe“ und „Streit“ oder Hass zwei Kräfte ein, die auf die Elemente (Erde, Luft, Wasser, Feuer) einwirken und dadurch Veränderungen herbeiführen, d.h. menschliche Gefühle und Verhaltensweisen werden auf die Natur übertragen. Bei Leukipp und Demokrit kristallisiert sich der Atomismus als vielleicht folgenreichste naturphilosophische Annahme heraus.[15]

Die Grundlegung von Einsichten, z.B. dass Sinneswahrnehmungen wichtig sind, aber auch Täuschungen unterliegen und noch keine Erklärungen liefern, dass die

---

schon in der Grundschule Bedeutung gewinnen: Nämlich wie über die Reproduzierbarkeit die Allgemeinheit von Ergebnissen, d.h. ihre Geltung zustande kommt. – Mit Rückgriff auf die Psychoanalyse weist Gebhard (1997, S. 61) mit Recht darauf hin, dass kindliche Denk- und Fühlformen auch im Erwachsenenalter ihre Bedeutung für das Welt- und Persönlichkeitsbild nicht verlieren und als innere Bilder in Akten symbolischer Sinngebung dazu beitragen, Erkenntnis zu konzeptualisieren (Gebhard 1999).

15 Aber auch andere, über die Jahrhunderte fortwirkende Hypothesen, wie z.B. das heliozentrische Weltsystem (Aristarch) und die Bestimmung der Entfernungen und Größenverhältnisse zwischen Erde, Mond und Sonne wurden schon in der Antike erarbeitet, auch wenn sie sich lange Zeit – vorwiegend aus weltanschaulichen Gründen – nicht durchsetzen konnten. So wurde die Vorstellung von einem Blutkreislauf (Galenos) nicht anerkannt, weil in Griechenland offenbar die Meinung vorherrschte, dass irdische Bewegungen von Natur aus geradlinig sein müssen und Kreisbewegungen ein Vorrecht des Himmels seien.

Natur Gesetzen folgt, die wir erforschen aber nicht beeinflussen können, oder dass ein „Teilchenkonzept“ ein fruchtbares Modell (d.h. zunächst ein „Denkbild“) für das Verständnis vieler Phänomene ist (ohne dass wir jedes Naturphänomen auf Korpuskularwirkungen reduzieren), bedarf im Sachunterricht ihrer Schwierigkeit und Bedeutung wegen einer sorgfältigen strategischen Planung.
Stärker noch als bei den Vorsokratikern wird bei den Philosophen der attischen und hellenistischen Zeit, insbesondere bei Platon und Aristoteles deutlich, dass noch vor aller Erklärung schon die Beschreibung der Phänomene von geistigen Grundhaltungen und fundamentalen Annahmen abhängt.

Ein bekanntes Beispiel bezieht sich auf die Bahn eines geworfenen Steins. Nach Aristoteles ist jedes sich Bewegende ein Bewegtes, das mit dem Beweger verbunden sein muss (Kontaktkausalität). Beim Wurf eines Steines ist der Werfer der Beweger. Warum aber fliegt der Stein weiter, wenn er die Hand verlassen hat? Die Rolle des Bewegers übernimmt nun das Medium (Luft), das den Stein weitertreibt. Würde Kindern das einleuchten? (vgl. Galilei 1982, S. 158) – Wie schwer es aber war, eine bessere „Theorie“ zu finden, zeigt sich an der auf Platon zurückgehenden Meinung, die von dem Stein verdrängte Luft gelange hinter ihn und treibe ihn dann weiter (vgl. Lorenzen 1960, S. 115 f.). In der Spätantike erklärt Johannes Philoponos († um 660 in Alexandrien) die Bewegung des fliegenden Steines nicht durch die Wirkung eines Mediums, sondern er nimmt an, dem Stein selbst werde eine Kraft „eingeprägt“: So wie Steine im Feuer Hitze in sich aufnehmen und diese dann allmählich wieder verlieren, so nimmt der Stein auch bei der Wurfbewegung Kraft in sich auf und fliegt weiter, solange diese Kraft anhält. Ist sie aber erloschen, so fällt der Stein senkrecht (!) herunter (a.a.O., S. 125).[16]
Auch im Mittelalter tritt diese Impetustheorie wieder auf,[17] und offenbar hatte selbst ein Genie wie Galilei große Schwierigkeiten, sich von der Vorstellung zu lösen, dass ein mitgeteilter Antrieb (eine eingeprägte Kraft) allmählich erlösche, d.h. es war schwer, eine dem „Geiste eingewurzelte Vorstellung aus[zu]rotten“ (vgl. Galilei 1982, S. 148 f. und 521 ff.) und das Konzept der Trägheit allgemeingültig zu fassen (was erst Newton gelang). Lorenzen weist darauf hin, dass in der Wissenschaft ein relativ festgefügtes System, das mit widerstreitenden Beobachtungen konfrontiert ist, allenfalls peripher (durch

16 Nur am Rande: Entwirft das Gehirn Bilder von dem, was wir erwarten zu sehen? – Mit Verweis auf psychologische Experimentalliteratur schreibt Kuhn, es komme der Verdacht auf, „daß für die Wahrnehmung selbst etwas Ähnliches wie ein Paradigma vorausgesetzt werden muß. Was ein Mensch sieht, hängt sowohl davon ab, worauf er blickt, wie davon, worauf zu sehen ihn seine visuell-begriffliche Erfahrung gelehrt hat. Bei mangelnder Übung kann es nur, wie William James es ausdrückt, ‚eine verteufelt wilde Verwirrung‘ geben.“ (Kuhn 1973, S. 153 f.)

17 Hans Blumenberg referiert, wie im Rahmen der scholastischen Naturphilosophie der Franziskaner Franciscus de Marchia um 1320 das Phänomen der Wurfbewegung abgehandelt hat. Blumenberg betont, dass der Erklärungsversuch durch das Ökonomieprinzip der Einfachheit, nicht durch Experiment und Erfahrung bestimmt war. (vgl. Blumenberg 1965, S. 23 ff.) Offenbar war Galilei nicht der Erste, der es wagte, die Welt so zu beschreiben, wie wir sie nicht erfahren (vgl. v. Weizsäcker 1973, S. 107). – T.S. Kuhn behauptet sogar: „Der Wettstreit zwischen Paradigmen kann nicht durch Beweise entschieden werden.“ (Kuhn 1973, S. 196, ferner S. 160 ff.)

Zusatzannahmen) verändert wird, solange man keine Prinzipien für die Konstitution eines neuen Systems hat (Lorenzen 1960, S. 115; vgl. Kuhn 1973). – Heutige Kinder und Jugendliche können die Flugkurve geworfener Steine auch nicht immer befriedigend aufzeichnen, weil sie von falschen Bildern beeinflusst sind (vgl. Hartinger/Mörtl-Hafizović 2004, S. 62).

Für das Lernen von Kindern – ob durch eigenen Zugriff oder bei der exemplarischen Präsentation von Phänomenen – scheinen am Anfang eher kontingente Erfahrungen aus relativ isolierten „analytischen" Erkundungen im Vordergrund zu stehen. Das zunächst noch „wilde Denken" sucht nach Zusammenhängen durch Transduktion, also „eine Folgerung von Einzelnem auf Einzelnes ohne allgemeines Gesetz" (Piaget 1981, S. 191), die den Gegenstand nur in seinem phänomenalen Aspekt erfasst.

Für weiterführendes Erkennen und die mentale Verarbeitung von Phänomenen und Problemen gewinnt das mit der Mäeutik des Sokrates verbundene heuristische Verfahren besondere Bedeutung. Von Handlungszwängen entlastet können auf den Wegen des „sokratischen Gesprächs" wechselseitig Impulse, Bedeutungen und Widersprüche ausgetauscht und neue Denkräume – auch über die Kette etablierter Meinungen hinaus – eröffnet werden.

1.3.3 Neuorientierung bei Galilei

In der Frühzeit der neuzeitlichen Wissenschaftsentwicklung fragt Galilei nicht mehr nach Erklärungen im Rahmen der traditionellen Naturphilosophie, sondern in direktem Zugriff auf Phänomene, die ihm geeignet erscheinen, Aristoteles und das ptolemäische Weltsystem zu widerlegen und zu überwinden. Mit Vehemenz wendet er sich gegen Autoritätsgläubigkeit in Dingen, die den Sinnen und dem Verstand zugänglich sind (vgl. z.B. 1982, S. 115 ff.) und verstärkt damit in der Phase der Formierung der Neuzeit in nachhaltiger Weise den Prozess der Selbstbegründung eines autonomen wissenschaftlichen Denkens. Es geht Galilei (der durchaus an praktischen Problemen interessiert und mit der in Norditalien besonders fortgeschrittenen Ingenieurskunst seiner Zeit vertraut war) auch darum, die Forschung für eine von neuen Prinzipien geleitete Erfahrung zu öffnen und mit dem praktischen Wissen und den technischen Bedürfnissen in Beziehung zu setzen. Durchgängig war sein Denken darauf gerichtet, das Spiel der natürlichen Kräfte auf ein System mathematischer Relationen zurückzuführen. Er hob die Naturwissenschaft über ein bloßes Gemenge von Spekulationen und isolierten Detailuntersuchungen hinaus, indem er das systematisch konzeptionelle Moment der Idealität (z.B. die geometrische Idealisierung bei den „Fallversuchen") mit dem empirischen Moment der experimentellen Prüfung verband. In seinen sachbezogenen Untersuchungen steht vor dem Experiment die evident erscheinende Annahme (Hypothese), für die „natürliche Gründe" sprechen und die sich mit logischen Argumenten rein gedanklich ableiten lässt. Das wird besonders deutlich im *Dialog über die beiden Weltsysteme* (1632), in dem an mehreren Stellen ein jeweils „eigens hierfür ersonnener Versuch" (d.h. ein gut vorstellbares Arrangement, nicht schon die reale Ausführung) als Grundlage der Argumentation dient. Ein Beispiel ist das Problem, ob ein Stein, der von der Spitze des Mastes eines fahrenden Schiffes herabfällt, am Fuß des Mastes aufschlägt (Galilei 1982, S. 131 und 148 ff.).[18]

Bei Galilei erscheint der Erkenntnisprozess als dramatisches Geschehen, das an die sokratisch-platonischen Dialoge erinnert; scheinbar einfache Beispiele sind so gewählt, dass sie eine produktive Verwirrung auslösen. Überlegungen und Ergebnisse werden im *Gespräch* hervorgebracht, in dem nicht nur die progressiv-findige Idee, sondern auch die kritische Prüfung und Bewährung in der Realität sowie auch das retardierende Verhaftetsein in überkommenen Vorstellungen durch charakteristische Personen repräsentiert sind.[19] Dabei kommt es ihm nicht allein auf richtiges Wissen, sondern vor allem auf das Begreifen an: Die Menschen sollen selbst sehen, denken und verstehen.

Es geht bei der Verteidigung des kopernikanischen Weltsystems um eine völlig neue Art und Weise, die Probleme der Physik und der Astronomie zu betrachten. „Erde" ist nicht mehr „feste Position", „Bewegung" ist nicht „vom Beweger bewegt", d.h. mit dem neuen Zugriff werden auch Begriffe verändert. Für Galilei hängt das Fallen nicht mehr von der Beschaffenheit der Körper ab: Alles was fällt würde gleich schnell fallen, wenn nicht Luftwiderstand und Reibung wären. Mit dem Überschreiten des vordergründigen Augenscheins tritt ein neues, analytisch-konstruktives Denken, das den Weg öffnet für eine mathematische Analyse, welche die Komplexität der Phänomene in einzelne Elemente zerlegt (v. Weizsäcker 1973, S. 107), an die Stelle des unmittelbar-anschaulichen. Der Wechsel von der geozentrischen zur heliozentrischen Auffassung führt – über die Wissenschaft hinaus – zu einer tiefgreifenden Veränderung des Weltbildes, und innerhalb dieser

18 Hintergrund des Problems ist die Behauptung der täglichen Achsendrehung der Erde. Die aristotelische Mechanik lehrte, dass ein Körper, auf den keine Kraft wirkt, ruhe. Deshalb dürfte ein fallender Stein an der Bewegung des Schiffes nicht teilnehmen; sein Aufschlagspunkt läge demnach hinter dem Mast (Galilei 1982, S. 157; vgl. dazu auch das Beispiel S. 197 ff., das sich auf alle wesentlichen Phänomene bezieht, die von Aristoteles vorgebracht wurden). – Das hier genannte Beispiel findet sich als Argument gegen die kopernikanische Lehre schon vor Galilei bei Tycho de Brahe und bei Giordano Bruno (a.a.O., S. 519). Der entscheidende Punkt des neuen Verständnisses ist das Trägheitsprinzip, das Galilei in seinen Beispielen berücksichtigt, aber noch nicht allgemeingültig formuliert hat (vgl. Fischer 1983, S. 162). – Ebenso wie im Dialog über die Weltsysteme verfährt Galilei auch in den Unterredungen (1638), vgl. z.B. die Argumentation zur Fallgeschwindigkeit (Galilei 1973, S. 56 ff.).

19 Galilei selbst weist darauf hin und spricht sogar von „Komödienspielen ... auf der Bühne" (1982, S. 137). Vgl. dazu die Bemerkungen Wagenscheins (1997, S. 95). – Zur Bedeutung für die Dramaturgie des Unterrichts vgl. Giel 1998, S. 171 f.

zur Notwendigkeit, etablierte und vertraute, z.T. aus der Tradition metaphysischer Spekulation stammende Begriffe in neuer Weise zu konstituieren und zu verbinden. Erneut – wie schon im griechischen Denken – wird deutlich, dass die Naturwissenschaft in fundamentaler Weise unsere Vorstellungen von uns selbst und von der Welt beeinflusst. Hypothetische Konstruktion, Idealisierung und Abstraktion, die Suche nach Ursachen und durchgängig gültigen Gesetzen und Prinzipien, die nicht anschaulich gegeben sind, eröffnen die Möglichkeiten der Quantifizierung, der Systematisierung und des Übergangs vom naturphilosophischen Denken in die Perspektive der Physik.

Dabei sind die Merkmale dieses Paradigmenwechsels nicht nur eine Steigerung der Beobachtungsgenauigkeit, die Erfindung des Fernrohrs, das Arrangement präzisierter Experimente und eine Erweiterung des mathematischen Könnens, sondern es ist vor allem die Idee, dass der Forscher mögliche Zusammenhänge erst hypothetisch konstruieren muss, ehe er sie experimentell prüfen und nachweisen kann. Die Erkenntnis kommt aus dem Vergleich von Erdachtem und Beobachtetem.

Kuhn (1973) wertet diesen Umbruch als eine der großen wissenschaftlichen Revolutionen (vgl. Gadamer 1999, S. 174). Für die Didaktik sind die enormen emotionalen und kognitiven Schwierigkeiten, die mit solchen Umbrüchen verbunden waren, ein starker Hinweis auf jene Probleme, die auch im Zuge des Unterrichts mit dem Umbau von scheinbar bewährten und zudem von vielen Menschen geteilten Vorstellungen auftreten:[20] Die Lernenden müssen in oftmals mühevollem Ringen um ein tieferes und konsequenteres Erfassen der Tatsachen und ihrer Verknüpfung alte Vorstellungen überwinden und die Dinge neu „sehen“ lernen. Das gelingt, wie ebenfalls die Wissenschaftsgeschichte zeigt, selten in einem Sprung oder kühnem Entschluss, sondern – in belastbarer Weise – wohl in der Regel erst dadurch, dass neue, der methodisch geleiteten Erfahrung besser entsprechende Vorstellungen und Kalküle mühevoll aufgebaut werden.[21]

---

20 Bis heute mag es für viele Menschen verwirrend sein, dass wir keine mechanischen Wirkungen der Bewegung der Erde wahrnehmen (vgl. Galilei 1982, S. 119). Wagenschein behandelt in einem Dialog die Frage, warum ein vom Baum fallender Apfel nicht im Garten unseres übernächsten westlichen Nachbarn landet (Wagenschein 1965, S. 32 ff.; vgl. ders.: Die Erfahrung des Erdballs, 1970b S. 25–58). Ähnliche Schwierigkeiten macht z.B. die Einsicht, dass die Mondphasen durch die wechselnden Konstellationen zwischen Erde, Mond und Sonne zustande kommen (und nicht etwa durch den Erdschatten). – Von hohem Interesse für die Didaktik wäre die Erforschung von Entwicklungen, durch die Irrtümer, besonders jene, die von vielen geteilt werden, zustande kommen. In vielen Fällen scheinen sie – wie schon Galilei gezeigt hat – von einer oberflächlichen Interpretation des Anscheins auszugehen. Man „sieht“ etwas, aber die Beobachtung ist unvollständig.

21 Dementsprechend ist die didaktische Strategie Galileis in den dialogischen Werken angelegt (vgl. dazu 1982, S. 135). Einer differenzierten Argumentation unter Einschluss von Einwänden folgt immer wieder eine übersichtliche Zusammenfassung.

Aufmerksame Beobachtungen sind für Galilei oft der Ansatzpunkt für das Nachdenken gewesen; die Synthese von Konstruktion und Empirie, von Ästhetik und Mathematik zeichnet seinen methodischen Zugriff aus. Unser knapper Rückblick auf Phasen des Entstehens wissenschaftlichen Denkens in der europäischen Geistesgeschichte zeigt, dass es immer wieder *Phänomene* waren – natürliche oder erdachte –, die Anstöße für Staunen, Fragen und das Konstruieren denkbarer Zusammenhänge als Erklärungsversuche gaben. In den Phänomenen liegen die Ansatzpunkte unseres Nachforschens und das empirische Material, das zu Vorstellungen, Theorien und Weltbildern führt. Was ein relevantes, die Aufmerksamkeit reizendes Phänomen ist, was als fragwürdig und einer Erklärung bedürftig oder einfach als intuitiv evident erscheint, hängt weitgehend von einem schon vorhandenen Vorverständnis ab, von dem Paradigma, das unseren Zugriff auf die Welt leitet.[22]
Galilei versucht, Phänomene unter möglichst einfachen experimentellen Bedingungen zu erforschen und einen sicheren Weg der Untersuchung zu finden, der naive Induktionen oder unkontrollierte Verallgemeinerungen vermeidet. Er ist überzeugt, dass die physische Welt von allgemeinen Gesetzen bestimmt wird und deshalb allgemeingültige Urteile und Voraussagen möglich sind.[23] Beobachtungstatsachen sollten schließlich durch Folgerungen aus allgemeineren Gesetzen erklärt werden können. Dafür werden für speziell arrangierte (Gedanken-) Experimente alle unwesentlich erscheinenden Umstände und Wechselwirkungen als Störfaktoren eliminiert. Erst diese Reduktion erlaubt es, hypothetische Voraussetzungen für das Auffinden mathematischer Beziehungen und für praktische Folgerungen zu schaffen und diese an anderen Phänomenen zu überprüfen. Die für das Verfahren typische Abstraktion rechtfertigt er in einem Vergleich: Auch der Rechner mit Handelswaren muss in seiner Kalkulation Kisten, Säcke und anderes Packmaterial abziehen; in ähnlicher Weise seien materielle Hindernisse (z.B. der Luftwiderstand) zu berücksichtigen.
An einer bemerkenswerten Stelle wendet sich Galilei gegen die Auffassung, dass man Naturerkenntnis erreichen könnte, indem man Phänomenen nur Namen gibt. So lässt er den Hinweis auf die „Schwere" als Ursache für das Fallen nicht gelten, weil die bloße Bezeichnung der gängigen Erfahrung nur verdeckt, dass ein Verständnis fehlt (Galilei 1982, S. 249 ff.; vgl. Freiesleben 1968, S. 19 f.).

22 So war Galilei selbst noch in der antiken Vorstellung befangen, dass die Bewegungen der Himmelskörper gleichmäßig und kreisförmig sein müssen. Die Arbeiten Keplers über die Gesetze der Planetenbewegungen (Astronomia nova, 1609) beachtete er nicht.

23 Galilei wusste, wie bestimmte Experimente (quantitativ) ausgehen werden, bevor er sie gemacht hat, d.h. dass Voraussagen in der Physik möglich sind und einer numerischen Falsifizierbarkeit unterliegen. Wer immer sich den Stand der wissenschaftlichen Erkenntnisse vergegenwärtigte, musste zu gleichen Ergebnissen kommen. Damit war die seit der Antike gesuchte Intersubjektivität erreicht.

Begriffe, die mehr als nur Leerstellen bezeichnen sollen, müssen aus ihrem Inhalt aufgebaut werden.

1.3.4 Didaktische Strategie im Dialog

In seiner *Einladung, Galilei zu lesen,* analysiert Wagenschein (1970a, S. 515 ff.) dessen didaktische Strategie des gemeinsamen Suchens an dem Eingangsbeispiel der „Unterredungen" (Galilei 1973, S. 3 ff.).

> Der *Einstieg* ist ein den Gesprächsteilnehmern vertrautes technisches Phänomen: „ ...*weshalb* man ein *so viel größeres* Gerüst erbaut, um jene große Galeere vom Stapel zu lassen, während man sie *lange* nicht in *demselben* Maße *kleiner für kleinere* Schiffe gebraucht".[24] – Es beginnt ein Wechselspiel von Verschärfung der Fragestellung und Verallgemeinerung: So versichert Salviati, der Protagonist Galileis, „daß ... *bloß weil es eben Materie ist,* die größere Maschine, wenn sie aus demselben Material und in *gleichen* Proportionen hergestellt ist, in allen Dingen der kleinen entsprechen wird, außer in Hinsicht auf Festigkeit und Widerstand".
>
> Sagredo, sein Partner, gibt eine Beschreibung dessen, was im Lernenden vorgeht, wenn er „nur so ungefähr" ahnt, aber nach dem genauen und ganzen *Verstehen* verlangt: „Ich fühle bereits meinen Sinn sich ändern, und wie eine Wolke vom Blitze erleuchtet wird, so ahne ich ein *plötzliches* Licht, das mich wie aus weiter Ferne erleuchtet und *sofort* wieder verwirrt, indem es mir *fremde* und *undurchdachte* Vorstellungen erweckt". Und er formuliert versuchsweise, „daß es unmöglich sei, zwei Maschinen aus *gleichem* Stoff zu construiren, die dabei *ungleich* groß und von *gleicher* Widerstandskraft seien".
>
> Wiederum Salviati: „... wenn wir einen Holzstab in horizontaler Stellung in eine senkrechte Mauer einlassen, denselben aber von solcher Länge und Breite wählen, dass er sich *gerade noch* erhalten kann, um *eines Haares Dicke* aber verlängert, *schon* zerbrechen müsste durch das eigene Gewicht – ein Unicum freilich – ... : alle von *größeren* Dimensionen werden zerbrechen, nur die *kleineren* werden noch belastet werden dürfen". – Der Sachverhalt klärt sich durch gemeinsame Überlegungen, und schließlich gewinnt die Frage ihre letzte Verdichtung: Man muss „untersuchen, was *eigentlich* geschieht, wenn man ein Stück Holz zerbricht oder einen andern festen Körper". „Eigentlich" heißt hier: „physikalisch gesehen"; der elementare Fall ist erreicht.
>
> Die Frage des Simplicio nach der für die Festigkeit maßgeblichen inneren Struktur von Körpern möchte Salviati übergehen, doch Sagredo wendet ein: „Aber wenn unser *Abschweifen* uns zur Erkenntnis neuer Wahrheiten führt, was sollte uns, die wir *nicht gezwungen* sind, in gedrängter conciser Methode vorzugehen, sondern nur zu unserer *eigenen Freude* unsere Zusammenkünfte veranstalten, was sollte uns hindern, *abzuschweifen,* um Fragen zu erörtern, denen wir *zufällig* begegnen, während sich möglichenfalls ein anderes Mal keine Gelegenheit dazu böte? Und ferner: wer weiß, ob wir nicht recht oft auf Dinge verfallen, die schöner und interessanter sind als die ursprünglich aufgestellten Sätze?"[25]

---

24 Ich folge der Zitierung Wagenscheins; die Hervorhebungen sind von Wagenschein hinzugefügt.

25 Nach dieser Empfehlung verfährt Breitschuh (1981) in seinem Unterrichtsbeispiel; vgl. Teil IV; 2.2.4.

Die weitere Entwicklung des von physikalischen Erkenntnissen angeleiteten Weltbildes zeigt, dass *qualitative,* an instruktiven Beispielen erarbeitete und durch (spekulative) Begriffe fixierte Einsichten einer umfassenderen, allgemeineren Formulierung oder einer durch mathematische Kalküle geleiteten Theorie in aller Regel vorausgehen und ihre Basis bilden.[26] Die Didaktik wird immer zu prüfen haben, in welcher Weise und in welchem Maße der Sachunterricht grundlegende Haltungen und auch Einsichten, die dann der Fachunterricht auszuarbeiten hat, vorbereiten kann, ehe revisionsbedürftige Vorstellungen größere Resistenz entwickeln. Insbesondere sollte schon in der Grundschule auf sorgfältige Beobachtung, auf aufmerksames Sammeln von Daten und Erfahrungen sowie auf gründliches Überlegen großer Wert gelegt werden.

1.4 Phänomene als Fundament von Denkwelten

Studien zu frühen Phasen der Wissenschaftsgeschichte können Hinweise geben auf Schwierigkeiten und Widerstände beim Aufbau neuer Vorstellungen, aber auch auf Wege für das Lernen, durch das ein nachhaltig tragfähiges Wissen aufgebaut wird. Selbstverständlich müssen solche Hinweise unter didaktischen Kriterien kritisch geprüft werden.

Offenbar war Galilei bewusst, dass die vielen anschaulichen Darstellungen und Analysen von Erscheinungen (zum Fall, zur Trägheit, zur Bewegung der Erde u.a.), die er seinen Lesern in immer wieder neuen Varianten präsentiert, Bausteine für ein intuitives Verständnis dieser Sachverhalte sein können. Damit verbunden ist die Hoffnung, dass sich aus der intensiven Auseinandersetzung mit fasslichen Beispielen schließlich ein Gefühl für die angestrebten Sichtweisen entwickelt. Das intuitive Erfassen neuer Interpretationsmöglichkeiten überschaubarer Phänomene ist eine Grundform des Denkens. „Man *sieht* dann auch die Sonne gar nicht mehr ‚aufgehen'; man fühlt es dann anders, so wie es *ist:* man fühlt *sich mit* der Erde nach Osten rollen, auf die Sonne zu. Wir wälzen uns *unter sie,* und dann, nachmittags, wieder von ihr weg." (Wagenschein 1965, S. 35)[27]

Die Vertrautheit mit Phänomenen sichert einen Grundbestand an lebendigen Erfahrungen, die später als Grundlage für weiterführendes Erkennen dienen können. *Phänomene,* die anschaulich zuhanden sind, bieten sich an als Ausgangspunkte und bleibende Basis für das suchende Konstruieren von Zusammenhängen, das auf ein Durchschauen von Vorgängen und damit auf Verstehen gerichtet

26 Dies gilt insbesondere für die Entwicklung der klassischen Physik.

27 Wagenschein zitiert dazu zwei Gedichtzeilen von Franz Werfel:
„Ich will mich auf den Rasen niedersetzen
und mit der Erde in den Abend fahren."

ist. Das zunächst intuitive Erfassen möglicher Beziehungen erfordert *„produktive Findigkeit“* (Wagenschein 1997, S. 57) und klärende Einfälle, insbesondere dann, wenn wir den Kindern Gelegenheit geben, das Problem selbst zu entdecken und Lösungen zu finden. Das *Erkennen von Problemen,* das antizipatorische *Ausdenken von Lösungsansätzen und -wegen,* das *konstruktive und analytische Ausarbeiten von Einfällen,* das *kritische Prüfen* und das *Ordnen* in Zusammenhängen oder nach Kategorien sind wesentliche Elemente des selbstständigen Denkens, das die Schule nicht weniger fördern sollte als das positive Wissen und Können, weil es ebenso wie dieses unerlässlich ist für Bildung und für Kompetenz.

Wagenschein stellt „Naturerscheinungen, die uns unmittelbar (oder auf einfache, durchschaubare Weise vermittelt) sich selbst sinnenhaft zeigen“ (1989, S. 136) an den Anfang; wir sollen sie auf uns wirken lassen „noch ohne Vorurteil und Eingriff“ und offen auch für die ästhetische Wahrnehmung[28] (vgl. Köhnlein 2007). Phänomene sind das Fundament, auf das in Lernprozessen Bewusstseinszustände und Haltungen, Urteile und Denkwelten aufbauen,[29] also schließlich auch wissenschaftliche Theorien. Unausgesprochen gilt dabei, dass die Verhältnisse in der realen Welt nur im Rückgriff auf die Empirie geklärt werden können, auch wenn die Ergebnisse empirischer Prüfungen für sich allein noch nicht eindeutig sind und immer der vergleichenden, wertenden, verallgemeinernden und abstrahierenden Interpretation bedürfen, insbesondere dann, wenn (später) der Weg zur mathematischen Analyse, welche die Komplexität der wirklichen Erscheinungen in einzelne Elemente zerlegt, eröffnet werden soll.

Mit sprachlicher Eleganz und Eindringlichkeit hat Wagenschein eindrucksvolle Phänomene als Ansatzpunkte physikalischen Denkens vorgestellt.[30] Alle Kinder kennen das Körpergefühl, das mit dem Schaukeln verbunden ist, aber im Unterricht werden sie das Schwingen eines kleinen Pendels kaum damit in Verbindung bringen.

---

28 Vielleicht fällt Kindern das leichter als „vorbelasteten“ Erwachsenen. – Bei der Wahrnehmung eines Phänomens scheinen die Sinneseindrücke primär zu sein. Andererseits aber gilt, dass Phänomene als etwas Auffälliges, „das die Aufmerksamkeit reizt“, erst auf einem kognitiven Erwartungshintergrund als solche erkannt werden und dazu führen, ein Problem zu erkennen. – Eine gründliche, erkenntnistheoretisch und didaktisch akzentuierte Analyse des Zusammenhangs von „Phänomen, Begriff, Theorie“ hat Walter Jung vorgelegt (1979, S. 10–38).

29 Vgl. dazu die „3-Welten-Theorie“ von Popper (Popper/ Eccles 1982, bes. S. 428 ff.).

30 Die Nähe zum Unterricht ist in diesen Schilderungen sehr unterschiedlich. Hier können nur wenige Beispiele genannt werden, die in die Vorphysik einführen: Das große Spüreisen (1970a, S. 175 ff., 1989, S. 80), Das Licht und die Dinge (1970a, S. 214 f.), Die Eisenbärte (1970a, S. 361 ff.). Indem Wagenschein solche Lehrstücke inszeniert ist ihm offenbar die Unhintergehbarkeit primärer Erfahrungen als Zugang zum physikalischen Denken und zu einer Physik des Vordergrundes bewusst. – Zum „Vorrang des Unmittelbaren“ vgl. Wagenschein 1989, S. 135–153; außerdem Köhnlein 1998, bes. S. 67–76.

„Ich erinnere mich aus der Frühzeit meines Unterrichtens, wie mir das einmal aufging. Also schleppte ich eines Nachmittags einen kopfgroßen Felsbrocken in die Schule und hängte ihn an einem dicken Seil an der fünf Meter hohen Decke auf. Anderntags in der Physikstunde sagte ich gar nichts und ließ nur das schwere Pendel von der Seite her ins Blickfeld schwingen. Wie langsam! Das bloße Zusehen macht ruhig. Von selbst lockt es die Jungen und Mädchen von ihren Plätzen. Sie umstehen dicht und respektvoll den gefährlichen Schwingungsraum. Zu sagen ist nichts. Die Fühlung bedarf keiner Aufforderung, sie bedarf nur der Zeit, die die Schule sich so selten nehmen darf. Alle Köpfe gehen mit, auf und ab, hin und her. Das leise Anlaufen, der sausende Sturm durch die Mitte – ein aufgefangener Fall –, drüben der zögernde Aufstieg bis zum Umkehrpunkt; er kommt nicht ganz so hoch wie er war, der Brocken. – Die vertraute Schaukel ist jetzt objektiviert, ein Gegenüber geworden. Sie schaukelt sich allein, fast unermüdlich, ohne daß einer sie antreibt, ihrer selbst ganz sicher. Das bloße Anschauen lenkt den Sinn aufs Maßvolle. Dieses Pendel trägt das Maß seines Schwingens, seines besonders langsamen Schwingens, in sich. Warum schwingt das lange Pendel so langsam? Es ist zu spüren: die Zahl nähert sich, das Gesetz. – Am großen Pendel sieht man Fragen, die das kleine eilige nie erregt, zum ersten Mal: der rätselhaft höchste Punkt, an dem der Felsbrocken umkehrt. In diesem Augenblick: bewegt er sich da oder nicht? Hält er an, oder? Wie lang währt die Pause der Bewegungslosigkeit? – Ist diese Frage einmal gesehen, so beginnt ein nicht vorauszusehendes Gespräch, in der Umgangssprache versteht sich, noch nicht in der Sprache der Physik. Der Lehrer braucht gar nichts zu sagen. Höchstens am Ende kann er zusammenfassen: Es ist ein Stillstand ohne Dauer; das was der Physiker einen ‚Zeitpunkt' nennt. Kürzer als jeder Augenblick, kleiner als jeder Moment, unter aller Zahl. Seine Dauer ist Null. Da steht ein Körper und steht doch nicht still – so etwas gibt es also.
Diese einführende Betrachtung, die ich hier andeutete, schließt nicht nur nicht aus, daß wir danach zur Pendelformel kommen: im Gegenteil, das Anschauen erschließt erst die Sache, so daß sie redet, und die Schüler, daß sie ‚dabei sind'. Eile verdirbt alles." (Wagenschein 1989, S. 149 f.)

Ob man beim Anblick des schwingenden Steins ein Pendel oder einen gehemmten Fall sieht, ist schon eine kulturell und durch die Geschichte der Physik vorgeprägte Auffassungsweise (vgl. Galilei 1973, S. 75 ff. u. S. 85 f.; ferner Kuhn 1973, S. 172).[31] Für Kinder und Jugendliche fundiert die erlebte *Episode* als Elementarerlebnis eine authentische Erfahrung über Schwingungen; im günstigen Fall wird sie zu einer signifikanten Erinnerung und zu einem Fixpunkt im Lernprozess, an den sich Beziehungsnetze (z.B. Trägheit, Schwerkraft, aber auch Geschwindigkeit und Beschleunigung) anschließen lassen. Phänomene von imponierender Gestalt führen in der Regel zu ganzen Komplexen von weiterführenden Überlegungen

31 „Wie oft gebt Ihr mir Gelegenheit, den Reichthum ... der Natur zu bewundern, indem Ihr über einfache, ja fast triviale Dinge so merkwürdige, völlig neue, der Einbildungskraft fernliegende Betrachtungen anstellt." Sagredo berichtet dann von seinen Erfahrungen mit schwingenden Kronleuchtern. (Galilei 1973, S. 85)

und sind (für den Anfang) schon in ihrer Offenheit vorgefertigten, für ganz spezielle Fragen arrangierten Versuchsanordnungen überlegen.[32]

Schüler Siegfried Thiels reden mehrere Stunden darüber, warum der Schall einer Ramme oder einer Trommel gegen den sichtbaren Vorgang merklich verzögert ist. Sie untersuchen das Fell der Trommel mit den Augen, mit den Fingern, mit der Zunge: Es zittert so kitzlig, es brennt beinahe auf der Zunge. Der sinnlichen Prüfung und Analyse der Phänomene folgt der Entwurf des Erklärungskonzeptes: Das Fell der Trommel „wackelt", die Luft wird weggeschubst, es wackelt durch die Luft bis an unser Ohr. – Und alles wird kritisch bedacht: Täuscht uns der sinnliche Eindruck? Stimmt unsere Vermutung überein mit dem, was wir bei den Versuchen beobachten? Machen wir keine Fehler beim Denken? (Thiel 2003a, S. 90 ff.)

Im Denken der Kinder, das sich wesentlich an der wahrnehmbaren Wirklichkeit orientiert, gehen die Kenntnisse nur langsam aus den tastenden Untersuchungen in der Wechselwirkung von Handeln, Denken und Sprechen hervor; dabei sind die Lernenden durchaus von Intuitionen inspiriert, aber keineswegs im Detail geleitet. Die Einsicht verdankt sich zuerst dem spontanen Denken, in dem physische Handlungen, Gedankenexperimente und gegenseitige Anregungen, aber auch Erinnerungen an vorausgegangene Lernprozesse koordiniert und im Hinblick auf das fragliche Problem strukturiert werden, sodann der kritischen Reflexion, die zugleich der Kontrolle und dem Verstehen des Verfahrens dient. Voraussetzung ist freilich, dass genügend Zeit zur Verfügung steht, damit die Kinder ihre Gedanken entwerfen, ordnen, formulieren, austauschen, weiterentwickeln und auch revidieren können.

Für Martin Wagenschein, dem Begründer der genetischen Pädagogik der Physik, ist das „Stehen auf den Phänomenen" Voraussetzung für das Verstehen (Wagenschein 1989, S. 144), weil die Auseinandersetzung mit Phänomenen Sachen erschließt, fundamentale Erfahrungen in oft unvergesslicher Eindringlichkeit ermöglicht und schließlich einer „Physik des Vordergrundes" (a.a.O., S, 148; vgl. Hund 1969, S. 13) die notwendige Substanz gibt.[33] Verlassen ist diese Basis, wo

32 Wagenschein sieht sich an diesem Punkt durch Kükelhaus bestärkt (vgl. 1989, S. 108). – In der Grundschule wird man so weit noch nicht gehen können. Aber auch schon junge Kinder „gehen mit, ... hin und her", wie auf der Schaukel. In der Körperbewegung, die sich dem Schwingen, das sein eigenes Gesetz hat, anpasst, kann sich ein subjektives, an das Handeln gebundenes Konzept bilden, also das, was Wagenschein „ursprüngliches Verstehen" genannt hat. Subjektive Konzepte dann an der Wirklichkeit zu prüfen, zu korrigieren und zu optimieren, ist ein wesentliches Moment von Bildungsarbeit.

33 Wagenschein gibt mehrere Beispiele (vgl. Anm. 30) und er vermerkt, „daß die Phänomene, wie sie uns (...) gegeben sind, eine durch keine gedankliche Verarbeitung und Konstruktion auszulöschende fundamentale Wirklichkeits-Stufe ausmachen" (1970 a, S. 94). Zu verweisen ist neben den Unterrichtsprotokollen von Thiel (2003a, S. 90 ff.) auch auf die begehbare „Camera obscura" (Faust 1984).

Kindern „anschaulich" von Molekülen und Atomen erzählt wird, ohne dass sie Fakten kennen, die zu solchen Konzepten veranlassen (z.B. „Brownsche Bewegung", Szintillation).[34] Dann gilt das Diktum von Pestalozzi: „Die Schule bringt dem Menschen das Urteil in den Kopf, ehe er die Sache sieht und kennt ..." (S. 136). Dagegen sollte das „Feld der Schule ... der Weg zwischen den Phänomenen und der physikalischen Denkwelt" sein, und sie sollte „so lehren, daß aus allen Schülern wissenschaftsverständige Mitbürger werden", d.h. Menschen, denen bewusst ist, dass Physik eine besondere Zugriffsweise auf die Natur ist, ein Aspekt, und die in der Schule erfahren haben, „wie Naturwissenschaft überhaupt möglich ist und möglich wird" (S. 143 f.).

Die Forderung Wagenscheins „Rettet die Phänomene!" (1976) ist also kein Aufruf gegen den Prozess der Abstraktion, ohne den umfassenderes Wissen, Ansätze einer Theoriebildung und ein Aufbau von Begriffen nicht möglich wäre. Worum es geht, ist die Entstehung und die Herkunft von Einsichten, Begriffen und Denkmodellen an Beispielen erlebbar zu machen, ihre Notwendigkeit in gemeinsamer Arbeit an der Sache spürbar werden zu lassen. Kurz: aus den spielerischen und vorphysikalischen Erkundungen heraus den Sinn objektivierender und verallgemeinernder Vorstellungen verstehbar zu machen.

An Phänomenen gewonnene Einzelkenntnisse sollen nach Wagenschein nicht unverbunden bleiben, vielmehr ist das *Ordnen* – und damit das Vergleichen und das Erarbeiten von Ordnungsgesichtspunkten und leitenden Begriffen – ein wesentliches Moment weiterreichenden Verstehens. Sein Vorschlag für „das Gefüge der Erscheinungen" setzt mit „dem Handgreiflichen" an und formt einen „phänomenologischen Zusammenhang" zu einem geschlossenen Ring (Wagenschein 1975, S. 25 ff.).

Im Bereich der Didaktik des Sachunterrichts selbst hat Kay Spreckelsen diesen Gedanken aufgegriffen und „Phänomenkreise als Entwicklungskerne für das Verstehen-Lernen" ausgearbeitet und erprobt. Der wesentliche Gedanke ist da-

34 Wissenschaftler können Atome, Moleküle und Elektronen, die jenseits lebensweltlicher Vorstellungen sind, als grundlegende Bestandteile ihrer vertrauten Erfahrung behandeln, Kinder und Novizen nicht. Diese können zwar über Atome reden wie sie es gehört haben, aber sie haben keinen Begriff von ihnen, und wenn sie Vorstellungen entwickeln, so sind diese irreführend (vgl. dazu Wagenschein 1970 a, S. 94 ff.). „Der Sachunterricht hat sein weltbildendes Entwicklungspotential im Mesokosmischen, in der Welt der menschlichen Maße." (Lauterbach 2004, S. 181) – Zentrale Begriffe der Naturwissenschaft (hier: Atom) entspringen nicht der Anschauung, sondern dem Nachdenken über den Zusammenhang von Sachverhalten. Sie werden auch nicht durch Verallgemeinerung von Erscheinungen gewonnen. Vielmehr handelt es sich um Reflexionsbegriffe, die zunächst spekulativ angenommen wurden, um sich die Welt virtuell, qua Interpretation, anzueignen und damit ein möglichst konsistentes Weltbild zu ermöglichen. Objektivität gewannen sie schließlich in dem Maße, wie sich empirische Befunde mit ihnen organisieren ließen. Damit erscheinen sie nachträglich als strukturelle Eigenschaften von Gegenständen, d.h. sie leiten die Struktur unseres Denkens.

bei, dass durch *Simultanexperimente,* die in Phänomenkreisen angeordnet sind, und durch das Erkennen eines gemeinsamen Prinzips (z.B. „Gleichgewicht") ein „transduktives Verstehen" unterstützt wird (Spreckelsen 2004). Durch den Anstoß, Beziehungen zu suchen, werden gleichsam Netze aufgespannt, in denen Ähnliches aufgefangen wird, auch – und vielleicht vor allem – bei vielfältigen Gelegenheiten außerhalb der Schule. Die geistige Leistung bei solchen Analogie- oder Transduktionsschlüssen besteht im Wiedererkennen von Gleichbleibendem im Andersartigen, wobei das Gleiche nicht in der äußeren Erscheinungsform besteht, sondern in der Identität des zu Grunde liegenden Prinzips (strukturelle Ähnlichkeit), auch wenn dieses von den Kindern noch nicht explizit erfasst, sondern eher intuitiv erahnt wird.[35]

Deutlicher als bei Wagenschein wird hier erkennbar, dass an die Stelle des unmittelbaren Eingehens auf besondere Vorgänge in der Natur oder auf das einzelne Experiment mehr und mehr die Konstruktion erklärender Zusammenhänge tritt. Aussagekräftig werden zyklisch geordnete Mannigfaltigkeiten von Erscheinungen und die Variation der wirksamen Bedingungen; Einsichten gewinnen durch ihre innere Kohärenz an Gültigkeit. Die Anschauung des Phänotypus wird durch Analogiebildung weitergeführt zum Erkennen des Genotypus, also der Ursachen; die sich am besonderen Fall entzündende Intuition wird transformiert zur Abstraktion, die es erlaubt, das physikalisch relevante Gemeinsame mit dem Ziel einer Konzeptualisierung herauszuarbeiten (vgl. Teil V; 6.4).

2 Konzeptionelle Grundlegung

Generelle, auf Bildungsprozesse bezogene Züge des Lernens sind Verallgemeinerung und Abstraktion, das Herstellen von Ordnungen und der methodische Zugriff auf Probleme. Mit dem Aufbau solcher Fähigkeiten kann der Sachunterricht auch zur Überwindung von Lernhemmnissen beitragen [2.1]. Der exemplarische Zugriff als curriculares Prinzip genetischen Unterrichts befreit aus dem Zwang fachlicher Systematiken, übermäßiger Stofffülle und unangemessenem Zeitdruck. Die inhaltliche Bestimmung und Rahmung des Sachunterrichts wird durch neun Dimensionen angegeben. Diese Dimensionen bezeichnen die dem Sachunterricht aufgegebenen sachbezogenen Aspekte grundlegender Bildung und dienen der didaktischen Durchdringung des Paradigmas der Wissenschaftsorientierung. Zu-

35 Eine andere, gleichsam negative Möglichkeit des Vergleichens ist die der Gegenüberstellung. Im Kontrast können Unterschiede deutlich gemacht, bezeichnet, gewertet und in neue Zusammenhänge gestellt werden.

sätzliche Kriterien für die exemplarische Konzentration und Vernetzung erleichtern die Auswahl ergiebiger Themen [2.2].

2.1 Überwindung von Lernhemmnissen und methodisch geleiteter Zugriff auf die Phänomene

Die Möglichkeit des Lernfortschritts im Sachunterricht als Beitrag zur Bildung hat bei den einzelnen Kindern drei wesentliche Aspekte, die berücksichtigt werden müssen. Sie betreffen erstens den Aufbau von Wissen, das dem Individuum eigen, lebendig und in Haltungen eingebettet ist, zweitens die zugleich notwendige Überwindung von Lernhemmnissen, die dem Wissenserwerb entgegenstehen, und schließlich einen durch die „Vielseitigkeit des Interesse" (Herbart) stimulierten Impetus methodisch geleiteten forschenden Zugreifens auf die Welt der Phänomene.

2.1.1 Verallgemeinerung, Abstraktion, Sammeln und Ordnen

Lernen erfordert fortlaufenden Erwerb neuen Wissens, das nicht einfach kumulativ angehäuft, sondern das vom Subjekt des Lernens zugreifend erworben und produktiv verarbeitet, d.h. in seinen Vorstellungshorizont integriert und „lebendig" gehalten werden muss, z.B. durch Schlussfolgerungen, durch Generalisierung, Strukturierung und Hierarchisierung und insgesamt durch das Herstellen von Zusammenhängen in Begriffsnetzen (vgl. Aebli 1981).

Lernprozesse, die nicht einfach additiv sind, verlangen von den Lernenden konstruktive Akte der *Verallgemeinerung* und der *Abstraktion:* in kognitiver Hinsicht durch Differenzierung, Strukturierung, Begriffs- und Modellbildung, in sozialer Hinsicht durch Erkennen von Bedeutungen und Sinnzuweisungen, durch Rollenverständnis und Rollenübernahme, und in moralischer Hinsicht durch die Verinnerlichung von Normen und die Begründung von Handlungsimperativen.[36]

Abstraktionen gründen auf einer konkreten Basis; sie werden aber nicht als Ergebnisse von Vorstellungen oder Vergleichen gewonnen, sondern verdanken sich dem reflektierenden Denken, das von allen nur vielfältig-situativen Eigenschaften absieht. Nicht Dinge werden gedacht, sondern Gedanken über sie werden erzeugt und reflektiert. Das Abstrakte ist eine gedankliche Konstruktion, rückgebunden

36 Verallgemeinerung oder Generalisierung bedeutet hier, dass umfassender gültige Eigenschaften, Prozesse oder Prinzipien auf der Basis ausgewählter, näher untersuchter Beispiele (Fälle) konstruiert werden. Ihr Zweck ist die Möglichkeit, komplexe Sachverhalte in jeweils bestimmter Hinsicht als gleich zu behandeln. Das Allgemeine ist dann das für alle Fälle und für alle denkenden Wesen Gültige, und es hat die Potenz eines gemeinsamen Wissens, an das prinzipiell alle Menschen Anschluss finden können. Abstraktion verlangt, die Grenzen des konkret Gegebenen und alltäglicher Beziehungsstrukturen zu überschreiten. Sie eröffnet Zugänge zum sinnlich nicht Erfassbaren.

an das Konkrete. Verallgemeinernde Abstraktionen bedeuten also nicht eine „Verdampfung“ des Lebendigen, Konkreten und Vielfältigen, sondern die Gewinnung eines höheren Standpunktes und weiteren Horizontes, der Übersicht über diese Vielfalt ermöglicht, Strukturen erkennen lässt und uns das Gemeinsame vieler Fälle zum Bewusstsein bringt. Darüber hinaus erzwingen sie die Unterscheidung von individuellen Vorstellungen und Bewertungen von dem, was in einer Kultur als Verständnis und Kompetenz anerkannt ist.

Abstraktion wird also nicht als Gegenbegriff zu Vielfalt und anschaulicher Fülle verstanden. Abstandnehmende Verallgemeinerung als Akt der Komplexitätsreduktion und des allmählichen Heraushebens gemeinsamer Eigenschaften oder Strukturen aus der Vielheit der Gegenstände ist eine Voraussetzung für den Eintritt in eine wissenschaftsbezogene Weltsicht; sie ermöglicht die Einbettung der Einzelerkenntnis in weitergreifende und elementarere Zusammenhänge und den Transfer. Gleichwohl sollte man ihre Ambivalenz nicht ignorieren: Wollten wir uns vom Konkreten und Besonderen verabschieden, würde für uns die Welt arm und blass; das bildliche Denken und die Denkbilder, anschauliche Repräsentationen würden ihre lebendige Kraft verlieren; unsere Handlungsfähigkeit würde eingeschränkt. Deswegen ist es wichtig, auf dem Weg zum Allgemeinen den Rückbezug zum Konkreten offen zu halten und zu pflegen. Der Aufbau eines hierarchisch strukturierten Wissens erleichtert es, schnell auf relevante Gedächtnisinhalte zurückzugreifen. Wir können schließlich wahlweise und situativ beide Positionen einnehmen: die unmittelbare Zuwendung zu den bunten Phänomenen und die distanzierende Objektivation rationaler Konstruktion.

Im Unterricht oder bei Befragungen neigen Kinder auf der Suche nach Erklärungen in vielen Fällen zu Generalisierungen: „Alles Schwere geht unter.“ Die (hypothetische) Verallgemeinerung ermöglicht es, das Denken über konkrete Fälle zu erheben und frei zu machen für weiterführende Überlegungen, z.B. „schwer“ und „leicht“ in Bezug auf Schwimmen vergleichend in Beziehung zu setzen. Generalisierungen machen nicht nur Erfahrenes, sondern auch Mögliches und Künftiges leichter fassbar. Insofern sind sie hilfreich bei der Suche nach erklärenden Zusammenhängen. Sie erfordern aber auch die kritische Aufmerksamkeit: Ist das wirklich immer so? Ist der transduktive oder induktive „Schluss“ korrekt? Die kritische Rückfrage führt dann zurück auf neue konkrete Fälle und damit auch zu Relativierungen und Differenzierungen.

Für Kinder ist ein wichtiges Feld der Abstraktion das *Sammeln,* das sich schnell mit Vergleichen, Unterscheiden, Klassifizieren und Ordnen verbindet, weil es – wenn die Anzahl der Objekte steigt – Übersichtlichkeit notwendig macht. Sammeln erfordert zunächst eine Zuordnung von Gegenständen zu einem umgrenzten Objektbereich („Plüschtiere der Firma x“), d.h. man muss sich für ein Merkmal oder eine Kombination von Merkmalen entscheiden und die Objekte aus ande-

ren Zusammenhängen lösen, um gemäß solcher Kategorien sammeln zu können. Es müssen also (in einer wenigstens rudimentären Begriffshierarchie) Kriterien der Vergleichbarkeit und der Unterscheidung gefunden und festgesetzt werden. Sodann können (im Spiel) *Ordnungen* ausgedacht und erprobt werden, d.h. die Kinder konstruieren versuchsweise Beziehungen zwischen den Sammlungsgegenständen. Dabei tritt im Zusammenspiel von objektiven Merkmalen und subjektiven Sinngebungen der hypothetische Charakter von Ordnungssystemen hervor. Nach Duncker entspricht der Prozess des Sammelns und Ordnens „dem erkenntnistheoretischen Vorgang der Isolierung von Elementen und ihrer konstruktiven Zusammenfügung zu neuen Einheiten“ (Duncker 1996a, S. 87). Er bezeichnet das Ordnen als einen Weg der Aneignung von Wirklichkeit, auf dem Vorstellungen aufgebaut, geklärt und in Handlungen umgesetzt werden. Wichtig ist dabei das Moment der sinnstiftenden Eigentätigkeit in Akten des Findens konsistenter Gliederungen (vgl. Teil IV; 2.2.1).[37]
Eine anspruchsvolle Möglichkeit, Zusammenhänge unter übergreifenden Gesichtspunkten herzustellen und zu abstrakteren Struktureinsichten anzuregen, besteht darin, das Einzelwissen zu *netzartigen Gebilden* zu integrieren und graphisch zu repräsentieren (Aebli 1980, S. 127; 1981, S. 209 ff.). Einsiedler und Mitarbeiterinnen haben (unter Rückgriff auf Repräsentationstheorien) zur medialen Unterstützung der Wissensaufnahme strukturierte Darstellungen („Bedeutungsnetzwerke“) eingesetzt und gezeigt, „dass auch schon Grundschulkinder auf relativ abstrakte Weise Ursache-Wirkungs-Wissen verarbeiten können“ und dass „viele Schüler der 3. und 4. Jahrgangsstufe logische Strukturdarstellungen verstehen“ (Einsiedler 2002, S. 18 ff.). Der lernpsychologische Effekt strukturierter Darstellungen von Sachzusammenhängen wird in einer Ökonomisierung der Gedächtnisleistungen und im Erwerb von Denkmodellen gesehen.
Spreckelsen verfolgt durch sein genanntes Konzept der Simultanexperimente, d.h. durch Gruppen von physikbezogenen Versuchen zum gleichen Funktionsprinzip das Ziel, dass sich die Lernenden durch Vergleich der einzelnen, von ihnen selbst wiederholt durchgeführten und in der Gruppe diskutierten Experimente eben dieses Funktionsprinzip als das „wesentliche Allgemeine“ erschließen (Spreckelsen 2004). Simultanexperimente haben sich in vielen Untersuchungen als erfolgreicher Weg für das Erschließen von strukturellen oder relationalen Beziehungen erwiesen.

37 Eine besonders schöne und ergiebige Anregung zum Ordnen hat H. Schreier unter dem Titel „Der Seestern“ gegeben (in Schreier 1993, S. 143–145). Dabei kommt zur Geltung, dass das Entdecken von Ähnlichkeiten (z.B. gemeinsamen Mustern) zu neuen, weitergreifenden Erkenntnissen führen kann. – Auf den Zusammenhang des Ordnens mit mathematischem Denken („Bäume“) sei hier nur verwiesen.

Darüber hinaus wurde in einer IPN-Studie die „Systemkompetenz" von Grundschülern am Beispiel des „Systems Weißstorch" untersucht. Die Modellbildung, d.h. die Reduktion der komplexen Realität auf eine überschaubare Anzahl wesentlicher Elemente und ihrer Beziehungen, wird in der Untersuchung als wesentliche Voraussetzung für das Erkennen von Systemstrukturen angesehen. Geprüft wurden die entsprechenden Fähigkeiten über das Zeichnen von „Begriffslandkarten" (concept-maps). Zusammenfassend wird festgestellt, dass es möglich war, „ein Verständnis für biologische Systeme anzubahnen". Die Kinder erwarben dabei „ein komplex vernetztes biologisches Fachwissen und konnten das Zeichnen von Begriffslandkarten als qualitatives systemisches Darstellungsmittel schnell erlernen" (Sommer 2006, S. 6).

2.1.2 Zur Überwindung von Lernhemmnissen

Da aber kein Kind eine *tabula rasa* ist, sondern schon vieles aus seiner Lebenswelt aufgenommen oder aber durch Schicksal oder Vernachlässigung versäumt hat, und vielleicht weiterhin durch belastende Lebensumstände behindert wird, stellen sich der Integration von neuem Wissen und dem individuellen Erkenntnisfortschritt mannigfache Hindernisse entgegen.[38]

Das kann schon für unmittelbar leibliche und vorprädikative Erfahrungen gelten. Denn manchen Kindern (insbesondere in den neuen städtischen Unterschichten) fehlen notwendige Primärerfahrungen nicht nur aus der sozialen, sondern auch aus der physischen Welt, z.B. im taktilen Umgang mit Materialien, aus dem sich Qualitäten, Stoffeigenschaften und mögliche Handlungszwecke erschließen. Ähnliches gilt im Hinblick auf elementare Werkzeuge (z.B. Hammer, Schere, Zange, Feile, Säge), die schon in ihrer Gestaltung ihren Zweck repräsentieren und eine „spürende Handlungstendenz" vermitteln. Handlungswissen hat eine sinnliche Grundlage in operativer Anschauung und in der „leiblichen Kommunikation des Kindes mit seiner Welt" (Fischer 2002, S. 11; vgl. Duncker u.a. 2004, S. 93 ff.). – Auf die entsprechenden – auch „ausgleichenden" – Aufgaben von Kindergarten, Vorschule und Anfangsunterricht kann hier nur hingewiesen werden.

---

38 Verfolgt wird dieser Gesichtspunkt hier primär unter didaktischer Perspektive; Integration erfordert einen Aufstieg zu einem neuen Niveau der Abstraktion oder des Verständnisses. – Für eine salutogenetische Förderung von Kindern aus einem sozial belasteten Milieu genügt im Hinblick auf den Schulerfolg auch der mit der Resilienzforschung verbundene sozialpädagogische Ansatz alleine nicht, so wichtig er sein mag. Die Schule als das „Haus des Lernens" muss ihre Aufmerksamkeit vor allem auf ein gutes Schulklima und eine förderliche Lernumgebung, auf ein entspanntes Feld, das Anregungen und Sicherheit bietet, auf inhaltliche Konsistenz und curriculare Strukturierung richten. Hier liegt ihr primärer Kompetenz- und Verantwortungsbereich, in dem sie ein positives Selbstkonzept, die Explorationslust und spezifische Interessen fördern und die Kinder stärken kann. (Einen ersten Einblick in die Resilienzforschung gibt Corina Wustmann in Z.f.Päd., 51(2005)2, S. 192 ff.)

Werner Loch spricht von *Lernhemmungen,* die z.B. durch Fixierung auf falsche Beispiele zustande kommen, oder durch Vorurteile und falsche Annahmen (oft durch Autoritätspersonen vermittelt); Lernhemmungen entstehen zudem durch mangelndes Selbstvertrauen oder durch Interesselosigkeit, aber auch durch Dilettantismus, Langeweile und Disziplinlosigkeit in den Schulen. Solchen retardierenden Momenten stellt Loch anthropologisch begründete „Entwicklungsstufen der Lernfähigkeit als Aufgabe der Erziehung" entgegen, die auch für den Sachunterricht bedeutsam sind (Loch 1996). Unterricht kann erst erfolgreich und interessant werden, wo Sprachlosigkeit und Apathie überwunden sind. Das wiederum ist schwierig, weil eine Rückkoppelung besteht: Wo man nicht versteht, klinkt man sich aus.

Ein weiteres Lernhemmnis ist die Distanz zu allem Fremden. Insbesondere Kinder aus Herkunftsmilieus enger oder defizitärer kultureller Orientierung werden sich gewöhnlich zunächst nur auf das einlassen, was dem Geflecht ihrer bisherigen Kenntnisse und Erfahrungen affin ist (vgl. Rauschenberger 1998, S. 85), weil sie befürchten, von Unbekanntem überfordert zu werden. Außerdem können prägende Früheinflüsse der sozialen Umgebung, politische und ökonomische überindividuelle Verhältnisse und Zwänge zu z.T. durch die Schule nur schwer oder gar nicht auflösbaren Motivationsstrukturen führen. Lernängste dieser Art können zumeist gemildert werden, wenn die Kinder darauf vertrauen, dass sie genügend Hilfe bekommen, um die Fremdheit zu überwinden und das Neue zu Bekanntem zu machen.

Von anderer Art sind *„epistemologische Hemmnisse"* (Bachelard), die im Lernprozess selbst entstehen können. Beispiele sind die Befangenheit in der unmittelbaren Anschaulichkeit der sinnlichen Erfahrung oder in Urteilen und Redeweisen des Common sense („Energieverbrauch"). Eng damit zusammen hängt die Schwierigkeit, intuitiv überzeugend erscheinende Vorstellungen und Erwartungen, die sich im Alltagsdenken über viele Generationen und auch in anderen Kulturen etabliert haben, produktiv zu überwinden. Ein Beispiel ist die Annahme, dass die (geradlinige) Bewegung eines Körpers nur durch Krafteinwirkung erhalten werden könne (Trägheit).[39] Unausgetragene Konflikte zwischen verfestigten Vorstellungen oder Haltungen und zu wenig aufgearbeiteten Anforderungen im Unterricht tragen kumulativ zu Lernhemmungen bei.

Eine bekannte Schwierigkeit liegt in der Tat-Täter-Struktur der Sprache, die den Dingen die Rolle eines Akteurs zuspricht, oder in dem Umstand, dass Wörter in verschiedenen semantischen Zusammenhängen eine unterschiedliche begriffliche Bedeutung haben können, zumeist im Übergang von der Alltags- zur Wissen-

39 Offen bleiben muss hier die Frage, ob in bestimmten Domänen (Grundbereichen menschlichen Erkennens wie „naive Physik", „Biologie", „Psychologie") Grundvorstellungen, die unsere Intuition leiten, biologisch präformiert oder kulturell tradiert sind (vgl. Sodian 1998).

schaftssprache.[40] Generell ist zu beachten, dass das unbewusste Eingebundensein in eine sprachliche Weltbemächtigung der Sprachgemeinschaft und der kulturelle Hintergrund überhaupt einerseits Spielräume eröffnet, andererseits aber auch Weltbilder und Gedankenkonstruktionen vorgibt, die in wissenschaftsorientierten Lernprozessen kritisch befragt, u.U. verändert oder in neuen Einsichten „aufgehoben" werden müssen.

Solche Hindernisse im Erkenntnisprozess (von denen ein Teil „misconceptions" genannt wurde) und sozialisationsbedingte Deformationen der Lernfähigkeit lassen sich möglicherweise wenigstens zum Teil auf eine strukturell ähnliche Weise abbauen, auf der sie entstanden sind: durch *Ausbildung oder Überformung von Vorstellungen in intensiver und konkreter, denkender und handelnder Auseinandersetzung mit Phänomenen* und durch eine damit verbundene kompetente *kommunikative Führung*, also durch eine didaktisch optimierte Dreiheit von Handeln, Denken und Sprechen, die an implizites Wissen der Lernenden anknüpft und sie in eine intersubjektive Trägerschaft des Weltverständnisses einbindet.

Für die Ablösung erkenntnishemmender Vorstellungen durch tragfähigere, produktivere, abstraktionsfähigere und allgemeinere sehe ich die besten Chancen in einem Unterricht, in dem aus der Beschäftigung mit Phänomenen Fragen und Probleme entstehen, und in dem die Suche nach Antworten und Lösungen getragen wird vom *Gespräch* und von probierenden Handlungen. Das herrschaftsfreie Gespräch als sachliche Unterredung vermittelt ein Bild des Lebens ohne Diskriminierung, Angst und Aggressivität. Im Gespräch werden Ideen geboren, Fragen gestellt, Gedanken erörtert, Fehlvorstellungen und Irrtümer korrigiert, Bedeutungen verhandelt und Begriffe geformt.[41] Das Gespräch erweist das gemeinsame Erkunden als einen sozialen Prozess mit erzieherischen Implikationen. Darüber

---

40 Mit dem Subjekt-Prädikat-Schema der Sprache ist die Tendenz verbunden, dem Leben entlehnte Metaphern zu verwenden, um Ereignisse auch in der unbelebten Natur zu beschreiben. Dieser „pathetische Trugschluss" sollte im Unterricht an Beispielen bewusst werden. Wir kennen freilich auch die „Substanz-Akzidenz-Struktur" und sagen „Der Himmel ist blau", nicht „Der Himmel blaut". – Sprachen strukturieren mit ihrer grammatischen und syntaktischen Form (z.B. wie Begriffe in Sätze und Satzgefüge eingebaut sind) das Wahrnehmen und Begreifen von Welt. So sind unterschiedliche (Fach-)Sprachen nicht nur Ausdruck verschiedener Weltsichten, sondern selbst ein Mittel der Konstruktion von Sachverhalten.

41 Die neuere Schulpädagogik hat manches aus der Zeit der Reformpädagogik reanimiert und weiterentwickelt. Vernachlässigt wurde und wird die epistemische, erkenntnisleitende Funktion des Gesprächs. Empirische Untersuchungen dazu sind ein dringendes Desiderat, auch darüber: Was bewirken Verbalisierungsversuche, um (sinnlich) Wahrgenommenes in den Bereich des Denkens zu überführen? Was leistet ein probeweise eingeführter Begriff (der die Behauptung eines bedeutungsvollen Gegenstandes impliziert und die Aufmerksamkeit steuert) für das Lernen und die Erschließung der Wirklichkeit? – Mit solchen Fragen kommt zum Ausdruck, dass die Ergiebigkeit der Lehr-Lernforschung zu Unterrichtsgesprächen in hohem Maße von ihrer fachdidaktischen Verankerung abhängt, d.h. von einer Verknüpfung inhaltsbezogener und lernpsychologischer Momente (vgl. Gläser 2006).

hinaus machen wir uns im Sprechen die Sachverhalte auf eine nichtsinnliche Weise fassbar; die Sprache hebt die Repräsentation von der enaktiven auf die symbolische Ebene.[42] Für den Sachunterricht ist die Sprache in Wort und Schrift (da die Mathematik noch nicht zur Verfügung steht) das Symbolsystem, das ein abstandnehmendes Festhalten der Dinge ermöglicht.[43]

Der Versuch, das Gespräch im Unterricht als Medium des Denkens und gemeinschaftlicher Erkenntnisprozesse einzusetzen, scheitert in der gegenwärtigen Realität unserer Grundschulen nicht selten an Hindernissen, deren Abbau besondere Anstrengungen in den Schulen und in der Politik erfordert.[44]

Im Einzelfall ist es die Sprachhemmung aus Zurückhaltung oder Schüchternheit, der durch Ermutigung begegnet werden kann. – Besonders gravierend aber ist die mangelnde Sprachkompetenz vieler Kinder, die Rückwirkung auf die Gestaltung des Unterrichts hat und genau jene sachlichen Gespräche behindert, die – auf höherem Sprachniveau – für die Förderung der kommunikativen Fähigkeiten und der Erkenntnisprozesse als besonders ergiebig gelten. Das Ausweichen auf weniger sprachbezogene Unterrichtsarrangements und -formen ist oft ein Gebot der Not, nicht der didaktischen Einsicht. Hier kommt es aber darauf an, sich nicht auf aktionalistische Inszenierungen von Trivialitäten einzulassen, sondern in produktiver, sachbezogener Weise Möglichkeiten des sprachlichen Zugriffs aufzubauen. Forschung und Praxis müssen sich dieser Aufgabe stellen.

Der Sachunterricht ist vom defizitären Sprachvermögen zahlreicher Kinder in besonderer Weise betroffen: Er kann einerseits nicht optimal gestaltet werden, und andererseits kommt sein spezifisches Potential der differenzierenden und präzisierenden Begriffsbildung und der sprachlichen Darstellung von Sachverhalten zu wenig zur Geltung, sofern es in Kindergarten, Vorschule und in der Schule selbst nicht gelingt, einen hinreichenden Ausgleich zu schaffen. Wenn Lernende z.B. durch Misserfolge frustriert und schließlich deprimiert sind, dann besteht die Gefahr, dass sie mögliche Anstrengungen als nutzlos für einen Erfolg empfinden und sich verweigern.

Ein restringiertes Sprachvermögen ist ein gravierendes, aber nicht das einzige Hindernis des Lernens. Ein weiteres betrifft den Sachunterricht stärker als andere

---

42 Entwürfe und Protokolle als Beispiele für die hier gemeinte Gestaltung von Unterricht haben insbesondere S. Thiel und M. Soostmeyer vorgelegt (Thiel 2003, Soostmeyer 1998 und 2002). Soostmeyer hat immer wieder auf den poietischen, d.h. neue Gesichtspunkte schaffenden Charakter des Gesprächs hingewiesen. (Vgl. Teil II, Kap. 2) . – Fischer (2002) weist das Gespräch (neben Spiel und Arbeit) „als Grundform der Bildung“ aus (a.a.O., S 186 ff.).

43 Auf die stützende Funktion der Bilder als ikonische Repräsentation und des Zeichnens als Medium des Denkens (vgl. Biester 1991, bes. S. 43 ff.) sei hier nur verwiesen.

44 Die Beeinträchtigung des Sachunterrichts und seines Bildungspotentials durch fehlende Sprachkompetenz bedarf dringend spezifischer Untersuchungen. – Unerlässlich erscheint eine obligatorische vorschulische und schulinterne Sprachförderung durch ausgewiesenes Fachpersonal.

Lernbereiche. Kinder aus einer neuen Unterschicht und z.T. Migranten leiden in Bezug auf ihre Lebenswelt und auf ihre vor- und außerschulischen Erfahrungen, die stark an das zivilisatorische Umfeld gebunden sind, unter gesellschaftlicher Exklusion. Sie teilen nicht die Lebensformen der Mehrheitsgesellschaft, was an Praktiken der Lebensführung wie Fernsehkonsum, Fast-Food-Ernährung, unstrukturierter Tagesablauf immer wieder gezeigt worden ist. Was ihnen fehlt sind jene schulrelevanten Erfahrungen, *„stillen Kenntnisse"* und Haltungen, die im täglichen Leben erworben, aber nicht ausdrücklich formuliert werden. Von einem solchen Fundus und den mit ihm verbundenen Motivationen hängt das schulische Lernen aber in hohem Maße ab.[45]

2.1.3 Methodische Bewältigung von Problemen

Zur Überwindung solcher Defizite verweist Ludwig Duncker auf die Bedeutung der *Methode* als Möglichkeit und Weg, Selbstständigkeit im Denken und Handeln zu gewinnen, sich aus Zufällen der Biographie zu befreien und aus den Verstrickungen und Befangenheiten der Herkunft soweit zu lösen, „dass der Entwurf eigener Identität auch als Überschreitung sozialisationsbedingter Einbindungen eigenständig ausgestaltet werden kann" (Duncker in ders. u.a. 2004, S. 61). Methode, in diesem pädagogischen Sinn durch die Schule vermittelt, bezieht sich auf Formen und Wege der Weltaneignung und auf die Gewinnung neuer Einsichten, Perspektiven und Vorstellungen, d.h. auf die Erschließung kultureller Gehalte, die Stärkung der individuellen Kräfte und die Gestaltung eines Lebensentwurfs.[46] Sie verlangt gerichtete Aufmerksamkeit auf die Dinge, dazu Disziplin, also konzentrierte, beharrliche und sachbezogene Arbeit, zugleich aber auch eine durchgestaltete Ordnung folgerichtiger Schritte kontrollierten Denkens.

Offenbar nimmt Duncker an, dass frühkindliche Einflüsse ungünstiger Milieus durch methodische Schulung in professionellen Erziehungs- und Unterrichtsprozessen aufgehoben oder doch in hohem Maße relativiert werden können, denn er beschreibt im Anschluss an Bourdieu die „spezifische Prägung der Kindheit durch die Methode ... *als Habitualisierungsprozess"* mit dem Ziel einer „Disponibilität, die das Verhältnis zur gegenständlichen, sozialen und symbolischen Umwelt betrifft" (a.a.O., S. 63).[47] Die Habitualisierung von Bildung im Kontext normier-

---

45 Vgl. dazu D. Elschenbroich: Weltwissen der Siebenjährigen (2002). – Auch hier zeigt sich: Das Wichtigste für den Aufbau von Wissen ist das, was man schon weiß und wie man die Dinge sieht.

46 An anderer Stelle bearbeitet Duncker zur Methode des Elementarunterrichts
– „Das Buchstabieren der Erfahrung: Schrift als Methode
– Das Sichten der Dinge: Sammeln als Methode
– Das Konstruieren des Weltbildes: Anschauung als Methode" (Duncker 1994).
Mathematische und naturwissenschaftliche Bezüge, bei denen Methode oft als Lösungsstrategie für Probleme fungiert, sind nicht berücksichtigt.

47 Duncker stößt damit (unausgesprochen) auf ein dringendes Desiderat schulpädagogischer For-

ter Leistungserwartungen und Bewertungskriterien präge als Chance und Risiko die Rolle des Schülers (S. 92). Vor allem bedeutet das, dass eine Einstimmung auf kulturbedingte Erwartungen gelingt, dass zielorientiertes und strukturiertes Denken und Handeln gelernt wird und dabei eine Änderung der Persönlichkeit stattfindet. Duncker artikuliert damit ein übergreifendes anthropologisch-schulpädagogisches Moment nachhaltiger Erziehung und Persönlichkeitsentwicklung, das allerdings im Hinblick auf dauerhafte Veränderungen von Motivationen, Haltungen und Normen benachteiligter Kinder durch institutionelle Rahmenbedingungen gestützt werden müsste (Vgl. dazu insgesamt auch Duncker 1994).
Der *Sachunterricht* hat bei der Ausgestaltung des schulischen Vermittlungsrahmens einen spezielleren und konkreteren Auftrag; hier geht es auch und zuerst um den Aufbau spezifischer Kompetenzen, die erforderlich sind, um die Welt „lesbar" zu machen und den Lernenden die dafür unersetzliche sachbezogene Literalität zu vermitteln (vgl. GDSU 2002). *Methoden der Sacherschließung* sind dabei ein wichtiger Bereich; sie dienen im Unterricht als *cross-curricular competencies* in erster Linie der Kulturaneignung, sie können dann aber auch als Beiträge und Bausteine zur Individuierung und Enkulturation (Duncker a.a.O., S. 18) gesehen werden. Denn methodisches Verhalten ist – auch wenn eine gewisse Habitualisierung im Sinne einer motivationalen Orientierung erfolgreich war – nicht eine pauschale Disposition und Willensanstrengung, sondern eine sehr differenzierte kognitive Haltung, getragen von fundiertem Wissen und Können.
Methodisches Denken und das in den Wissenschaften erarbeitete Methodenrepertoire gehören zu den großen Kulturleistungen, auf die sich Bildung bezieht. Die Elaboration methodischer Zugriffe und methodischen Könnens geschieht im Sachunterricht bei der Untersuchung von inhaltlich bedeutsamen Sachverhalten. In naturwissenschaftlichen und technischen Domänen, aber auch in pragmatischer Hinsicht auf lebensweltliche, ökonomische und ökologische Zusammenhänge steht dabei das *Problemlösen* im Vordergrund. Geschichte, die es mit Erinnerung, Wandel, Sinnbildung und Identität zu tun hat, erfordert hermeneutische Zugriffe, die in quellengestützen (Re-)Konstruktionsprozessen kulturelle Traditionen und Überlieferungen als Korrelat menschlicher Lebenserfahrung zur Anschauung bringen (vgl. dazu v. Reeken 2004). Dabei ist Anschauung ein Medium, in dem sich Beziehungen von Denkinhalten realisieren und Ansätze für Begriffsbildungen strukturieren, d.h. auch hier gibt es ein Problemlösen in Gestalt von Wahrnehmen und Deuten.
Der Aufbau von grundlegenden Fähigkeiten zur methodischen Bewältigung von Sachproblemen und die Entwicklung einer methodenbewussten Lernkultur ist

schung. Die diesbezüglichen Ergebnisse ländervergleichender Untersuchungen (TIMSS, PISA) stützen für Deutschland optimistische Einschätzungen, nämlich dass der Schule eine ausgleichende Erziehung gelingt, leider nicht.

eine wesentliche Aufgabe des Sachunterrichts (Einsiedler 1985, GDSU 2002, Köhnlein 2011). *Problemlösefähigkeit* ermöglicht den Lernenden eine zunehmend selbstständige Auseinandersetzung mit den Erscheinungen der sozialen, natürlichen und technischen Umwelt und, indem sie auch die Handlungsfähigkeit erhöht, hat sie zugleich eine ausgleichende Funktion für Kinder mit geringeren Eingangsvoraussetzungen. Ein problemorientierter Unterricht wird aber nicht allein deshalb favorisiert, um Wege des Problemlösens als Methode zu vermitteln und bei den Lernenden eine Problemlösehaltung aufzubauen, vielmehr stehen ganz generell erkenntnistheoretische, lerntheoretische, denkpsychologische und didaktische Forschungsergebnisse dafür, den Kenntniserwerb vorzugsweise als Problemlösungsprozess anzulegen[48] (Aebli 1981, Popper 1995, Einsiedler 1998, Möller 2004). Mit dem Identifizieren und Bearbeiten von Problemen wird die geistige Aktivität und Produktivität der Lernenden intensiv gefördert, zugleich werden mit dem neuen Wissen auch Wege zu diesem Wissen und Gründe für seine Gültigkeit erfahren.

Eine wichtige Voraussetzung eines solchen Unterrichts ist die *Neugierde* der Kinder. Wenn, wie Aristoteles postuliert, „alle Menschen von Natur aus wißbegierig" sind, so gilt das für Kinder in besonderer Weise. Wissbegierde erscheint als positiver Antrieb des Denkens, auch wenn sie bei Kindern, die sich für alles Mögliche interessieren, am Anfang oft noch unstet schweifend bleibt. Aber schon im Umgang mit Drei- und Vierjährigen zeigt sich, dass ihre „Weltneugierde" (Blumenberg) auch von domänenspezifischen Interessen geleitet wird und die Suche nach verlässlichen Strukturen, die Wiederholbarkeit und Vergleichbarkeit ermöglichen, eine zunehmende Bedeutung gewinnt. Die Schule sollte immer bestrebt sein, die Lust der Kinder am Fragen und Erkunden zu stärken. Denn die Frage nach dem Warum ist der Anfang des Weges zur Erkenntnis; auf diesem Weg werden die Gründe fraglichen Wissens in ihrer Vernetzung untersucht.

Wagenschein ist über Jahrzehnte der Frage nachgegangen, „wie aus unbeeinflußten jungen Kindern durch die Begegnung mit absonderlichen Naturphänomenen ursprüngliche Ansätze physikalischen Verstehens herausgefordert werden" (2003, S. 9), und er hat dazu umfangreiches Material vorgelegt. Schon früh streben Kinder nicht nur im sozialen Miteinander, sondern auch in der physischen Welt nach „gewohnten Ordnungen". Auf diesem Hintergrund löst sich das „problematische Phänomen ... durch seine Sonderbarkeit aus dem Gewohnten von selbst beunruhigend heraus und motiviert spontanes Fragen und kreatives Suchen nach Einordnung" (ebd.)[49]; die Verwunderung und Beunruhigung und schließlich die durch

48 Freilich bedürfen der Aufbau von Einstellungen und Haltungen (wie z.B. hier der Problemlösehaltung), bei der nicht-kognitive Variablen dominant sind, oder die Anbahnung von Sinnerfahrung (vgl. Köhnlein 2004, S. 21 f.) anderer Zugriffsweisen.

49 Einsiedler (1985, S. 130) zitiert den motivationspsychologischen Erklärungsansatz für ein aktives

sie bedingte sachliche Motivation ist es, die einen „Forschungsprozeß" auslöst „mit Beobachten, Wiederholen, Vergleichen, Vermuten, Eingreifen, planmäßig Verändern, der bemerkenswert ähnlich ist dem wissenschaftlichen Vorgehen" (a.a.O., S. 11). Tun und Denken sieht Wagenschein dabei getrieben und getragen von der Hoffnung, dass man „dahinterkomme", indem das Seltsame „verstanden" werden könne. „Verstehen" ist bei diesen frühen Schritten der Suche nach Widerspruchsfreiheit, Kohärenz und Einfachheit ein Einfügen in das schon Bekannte und Gewohnte, noch nicht die Konstruktion übergreifender Kategorien.

Soostmeyer hat schon vor mehr als drei Jahrzehnten in seinen Untersuchungen zum problemorientierten Lernen bei der Analyse des explorierenden Spiels gefunden, dass die selbstständige kognitive Aktivität von Kindern auf eine stabile Verknüpfung und Strukturierung des von Wagenschein beschriebenen Forschungsprozesses gerichtet ist (Soostmeyer 1978, S. 169 ff.). Er leitet daraus Lernverlaufsformen ab, die grundsätzlich mit denen übereinstimmen, die Dewey schon 1910 in seiner Analyse von auf die Lösung eines Problems gerichteten Denkakten beschrieben hat.[50] Der spontane Zugriff der Kinder speist sich allerdings nicht aus einer Beziehung zu einem Verfahrensschema, sondern aus einem unmittelbaren Zutrauen: einerseits in das gerade fragliche Phänomen, nämlich dass es als Erscheinung verlässlich ist (und nicht etwa eine willkürliche Vorspiegelung von Dämonen) und andererseits in die eigene Erkenntniskraft.

Schemata oder Algorithmen eines zielgerichteten Vorgehens dürfen nicht verdecken, dass der Erfolg immer von analytischen Fähigkeiten (z.B. bei der Identifizierung des Problems), von der Sorgfalt (z.B. bei der Beobachtung, bei der Daten-

---

Erkunden von Berlyne. Danach sind begriffliche Konflikte, d.h. die Wahrnehmung von Überraschendem oder Widersprüchlichem, die Auslöser für Erkundungsverhalten. Es kommt dann zu Vergleichsprozessen zwischen Erwartetem und Wahrgenommenem; die „epistemische Neugier" sei über bloßes Erkundungsverhalten hinaus auf den Erwerb von Wissen gerichtet, das in symbolischen Strukturen gespeichert werde. (Vgl. dazu auch Spreckelsen 2004.)

50 J. Dewey: Wie wir denken; Zürich 1951 (vgl. dazu Aebli 1981, S. 74 ff.). Die von Dewey genannten Denkschritte sind im zwanzigsten Jahrhundert von vielen Autoren aufgenommen, in Details modifiziert und auf bestimmte Lerninhalte bezogen worden. Genannt seien hier nur Kerschensteiner (Wesen und Wert des naturwissenschaftlichen Unterrichts, 1914/1953) und H. Roth (Pädagogische Psychologie des Lehrens und Lernens; 12. Aufl. 1970).
Kurz gefasst nennt Dewey fünf Stufen des Erkenntnisprozesses:
1. Auftauchen einer Schwierigkeit,
2. Eingrenzung der Schwierigkeit und Bestimmung des besonderen Charakters des Problems,
3. Ordnung der verfügbaren Informationen und Gewinnung einer Lösungsidee,
4. Aus- und Durcharbeitung des Lösungsansatzes (z.B. im Experiment oder durch Datenerhebung),
5. Bestätigung oder Falsifizierung des Lösungsansatzes und Aufnehmen des Ergebnisses für Anwendungen.
(Ausführlichere Darstellungen finden sich u.a. bei Soostmeyer (1978 und 1998) und Einsiedler 1985; vgl. Teil III; 3.2.2.)

erhebung und -verarbeitung), von der Beweglichkeit der Vorstellungen und von kreativen Akten (z.B. beim Finden von Vermutungen und von Möglichkeiten ihrer Überprüfung), vom schlussfolgernden Denken und dem kritischen Vermögen (bei der Prüfung von Lösungsweg und Ergebnis) abhängt, und dass vor allem diese Fähigkeiten gepflegt und gefördert werden müssen. Insbesondere die reflexive und kritische Haltung und der Zweifel als Barriere für vorschnelle Annahmen sind wesentliche Momente wissenschaftsbezogenen Denkens.

Angestrebt ist also keinesfalls ein Methodenpositivismus oder der Eindruck, man könnte durch Einübung von „processes" einen Ersatz für Wissen und produktives Denken schaffen. Deshalb bilden die sorgfältige Erkundung der Phänomene, das inständige Sich-Einlassen auf die Sachverhalte, das antizipierende intuitive Erfassen von Zusammenhängen und das Entwerfen weiterführender Ideen, Vermutungen und Untersuchungspläne die Grundlage, auf der die Anwendung methodischer Verfahren erst zu verstandenen Einsichten führen kann.

Die von Duncker geforderte Habitualisierung von Methode gewinnt an Bedeutung für Erziehung und Unterricht, wenn sich Problemlösen einerseits als grundlegende fächerübergreifende Kompetenz erweist (Klieme u.a. 2001) und andererseits die „Wissenschaften grundsätzlich dieselbe Methode" verwenden „wie der gesunde Menschenverstand", nämlich „die Methode von *Versuch und Irrtum*" (Popper 1995, S. 15) und wenn diese Methode auch schon von jungen Kindern selbstständig und für konkrete Zwecke differenziert angewandt wird (Wagenschein, Soostmeyer). Die Habitualisierung von zielorientiertem Denken und Handeln in problemhaften Situationen entspricht demnach zunächst einem lebenspraktisch orientierten Konzept von *literacy*, bei dem Fähigkeiten für die Bewältigung alltagsnaher Probleme im Vordergrund stehen, darauf aufbauend aber auch normativen Vorstellungen von einer breiten wissenschaftsorientierten Allgemeinbildung. Problemlösefähigkeit erweist sich damit als *Schlüsselkompetenz*, die für ein breites Spektrum von Anforderungen Fertigkeiten, Kenntnisse und metakognitives Wissen umfasst.

Nach Popper gehen die „Naturwissenschaften sowie die Sozialwissenschaften immer von *Problemen* aus; davon, daß etwas unsere *Verwunderung* erregt".[51] Die Methode der Problemlösung besteht im Kern darin, „*versuchsweise* Lösungen ... aufzustellen und dann die falschen Lösungen als irrtümlich zu eliminieren". Für Popper ist dieses Verfahren ohnehin „das einzige logisch mögliche" (1995, S. 15). – Wir Menschen können durch Versuch und Irrtum *lernen*, wie ein bestimmtes Problem zu lösen ist. Wir spielen Such- oder Probierbewegungen durch, die,

51 In diesem Sinne verfährt auch Galilei in seinen Untersuchungen und Dialogen, wie wir gesehen haben. Verwunderung, die zu Beunruhigung führen kann, ist auch nach den Untersuchungen von Wagenschein (2003, S. 10) und Soostmeyer (1978, 1998, 2002) auslösend für das Erkennen und Verfolgen von Problemen.

wenn sie nicht blind sind, mit Erwartungen (Vermutungen, Theorien) verbunden sind. Solche Erwartungen beruhen zum Teil auf der Annahme oder Erfahrung, dass es Gesetzmäßigkeiten in der (physischen) Welt gibt.[52]
Ein Problem entsteht, wenn eine Erwartung fehlschlägt. Das führt zu Suchaktivitäten, neuen Vermutungen und Lösungsversuchen. Der grundlegende Prozess des Lernens durch Versuch und Irrtum lässt sich nach Popper in einem Stufenschema darstellen: [0. die Erwartung], „1. das Problem, 2. die Lösungsversuche, 3. die Elimination". Der Ertrag des Lernens besteht wesentlich in der Elimination der Irrtümer und der Festigung der Erwartungen, die sich bewähren. Dabei darf die Schwierigkeit, aus Falsifikationen zu lernen, nicht unterschätzt werden, wie die Conceptual-Change-Forschung gezeigt hat (vgl. Duit 1999, Möller 1999).
Ein entscheidender Punkt für die curriculare Planung ist die genetische *Kontinuitätsthese* Poppers: „Die Wissenschaft ist aus der vorwissenschaftlichen Erkenntnis entstanden, sie ist eine höchst merkwürdige Weiterbildung der Erkenntnisweise des gesunden Menschenverstandes ..." (S. 19), deshalb folgt sie auch der gleichen Grundstruktur des Problemlösens.[53] Für die Didaktik und allgemein für den Bildungsprozess heißt das, dass ein im Sachunterricht erlerntes, reflektiert angewandtes und in gewisser Weise habitualisiertes, aber nicht routinehaft verflachtes, sondern kritisch offen gehaltenes Problemlöseverfahren im Laufe der Schulzeit nach Maßgabe einer wissenschaftsbezogenen Zielstellung ausgebaut werden kann. Das Ziel ist eine Erkenntniskultur, in der sich Freiheit realisiert, weil sie den Individuen einen offenen Zugriff auf die Sachverhalte und eine Fundierung ihres Wissens in selbst erkannten Gründen ermöglicht.
Auf diesem Hintergrund gewinnt die Hypothese an Plausibilität, dass ein gut strukturierter Unterricht, in dem das methodisch geleitete Problemlösen nachhaltig gepflegt und das Abenteuer des „versuchenden Gedankens" (Humboldt) ermöglicht wird, insbesondere auch Kinder aus einem wenig anregenden Milieu stärkt und insgesamt einen grundlegenden Beitrag zur Bildung der Individuen leistet.[54]

---

52 Popper nimmt an, dass „die meisten dieser Erwartungen ... genetisch bedingt, d.h. angeboren" sind (S.16). – Auch die Falsifikation setzt allgemeine Sätze unfalsifiziert voraus.

53 Nicht nur im kritischen Realismus Poppers, sondern auch im Konstruktivismus der Erlanger Schule finden wir diese Kontinuitätsthese: „Und wie sich die Erschließung unserer Welt durch Prädikatoren in den Wissenschaften fortsetzt, so wird auch unser vorwissenschaftliches Erfahrungswissen durch die Wissenschaft erweitert und präzisiert." (Kamlah/ Lorenzen 1967, S. 169) Und weiter: Es gibt eine „unbefangene Sachlichkeit ... auch bei Kindern, die so vieles einfach wissen wollen ... , und dieses ‚kindliche' ... und unbefangene Interesse an der Welt, in der wir uns vorfinden und über die wir uns verwundern, geht heute ohne scharfe Grenze über in die Wissenschaften" (S. 182).

54 Zur Ausdifferenzierung der Stufen des Problemlösungsprozesses und zur praktischen Gestaltung vgl. Einsiedler 1985, Soostmeyer 1978, 1998, 2002, Thiel 2003, Köhnlein 2011. – Es muss hier nicht erörtert werden, wie – weit jenseits der Grundschule – das Experimentieren als probierendes Problemlösen, das sich im Bereich von Umgang und Erfahrung abspielt, stärker an theoretische

2.2 Exemplarischer Zugriff

Wir haben methodisches Lernen und Methodenlernen als eine wichtige Aufgabe in einem grundlegenden Bildungsprozess hervorgehoben. Die Qualität ihrer Bearbeitung im Unterricht und die Art und Weise, wie sie in die Erschließung inhaltlich bedeutsamer Sachverhalte integriert wird, hängt in entscheidendem Maße vom *konzeptuellen Rahmen* ab, in dem curriculare Zusammenhänge, Lernumgebungen, belastbare Kompetenzen und Bildungsziele geordnet und aufeinander bezogen werden.
Als bleibender Ertrag der Didaktik des zwanzigsten Jahrhunderts im deutschsprachigen Raum darf die Konzeption des *exemplarischen Lehrens und Lernens* bezeichnet werden.[55] Sie ist in erster Linie mit den Arbeiten Martin Wagenscheins (1970a; 1997) und Wolfgang Klafkis (1985) verbunden, die unter Rückgriff auf Theorien der neuzeitlichen Philosophie und Pädagogik gezeigt haben, welche Bedeutung gut gewählten und ausgestalteten Exempeln für die Erkenntnisbildung, für die Bildung des moralischen Bewusstseins und der ästhetischen Urteilskraft zukommt. In neueren Entwürfen zur Didaktik des Sachunterrichts ist Exemplarität mit genetischer Orientierung und Vielperspektivität verknüpft (vgl. dazu insgesamt Köhnlein u.a. 1999, Köhnlein/ Schreier 2001, Thomas 2009). Eine aktuelle Akzentuierung erfolgt durch den didaktischen Konstruktivismus (Möller 2001b; Köhnlein 2006a, S. 35). Das *Prinzip der Exemplarität* wird vor allem dort wichtig, wo die potentielle Fülle von Wissensbeständen durch das *Dimensionen-Modell* für das sachunterrichtliche Bildungsfeld geordnet, nach den Kriterien der Bedeutsamkeit, Zugänglichkeit und Ergiebigkeit auf Grundlegendes konzentriert, wo Inhalte vernetzt und relevante Themen für den Unterricht bestimmt werden müssen.

2.2.1 Tübinger Resolution

Für den Sachunterricht stellt sich die Konzeption des exemplarischen Lehrens und Lernens als ein Theorieentwurf mit normativem, erklärendem und prognostischem Anspruch dar: Einsichten und Erkenntnisse, die für eine grundlegende Bildung bedeutsam sind, sollen an Beispielen erschlossen, vertieft und kritisch geprüft werden, weil sich exemplarisches Arbeiten als besonders effektiv für Verste-

---

Voraussetzungen gebunden wird, die das wissenschaftliche Experiment kennzeichnen. Ein auch schon für den Sachunterricht relevanter Ansatzpunkt ist die kritische Prüfung der Vermutungen (d.h. der Hypothesen als vorwegnehmende Konstruktion eines vermuteten Zusammenhangs) nach Maßgabe schon erarbeiteten Wissens und logischer Konsistenz vor Eintritt in die experimentelle Überprüfung.

55 Frühe Überblicke geben H. Scheuerl: Die exemplarische Lehre, Tübingen 1958 und B. Gerner (Hrsg.): Das exemplarische Prinzip, Darmstadt 1963. Vgl. Teil II; Kap. 3.

hen und Nachhaltigkeit des Wissens erwiesen hat und das selbstständige Denken der Kinder fördert. Zudem sind notwendige Bedingungen und unterrichtsmethodische Maßnahmen bekannt. Orientierend ist weiterhin die Metapher, nach der alles in allem ist: *mundus in gutta.* Im Tropfen spiegelt sich die Welt; im Einzelnen zeigen sich Züge des Ganzen und des Allgemeinen. Schon Aristoteles war der Meinung, dass man im genauen Studium des Einzelnen übergreifende Zusammenhänge erkennt. Auch Galilei greift diesen Gesichtspunkt auf und fügt den Hinweis auf die Übertragbarkeit hinzu:

> „Aber das Verständnis des inneren Zusammenhanges wiegt unendlich viel mehr, als die einfache Versicherung Anderer, und selbst mehr als der häufig wiederholte Versuch. ... (D)ie Erkenntnis einer einzigen Tatsache nach ihren Ursachen eröffnet uns das Verständnis anderer Erscheinungen, ohne Zurückgreifen auf die Erfahrung" (Galilei 1973, S. 244).

Die intensive Auseinandersetzung mit dem als Beispiel gewählten Phänomen bekommt durch solche Überlegungen zusätzliches Gewicht, denn sie verweisen auf methodische Möglichkeiten, die für die Entwicklung der Wissenschaft selbst von außerordentlicher Bedeutung waren: Galilei zeigt, wie man aus bereits bekannten Erscheinungen ableiten kann, „was vielleicht bisher nicht beobachtet worden ist". Exemplarische Bedeutung bekommen demnach insbesondere Grundformen von Phänomenen, die durch Veränderung von Strukturelementen in unterschiedlichen Erscheinungsformen auftreten.[56] Der exemplarische Unterricht hat die Möglichkeit, durch einen gut gewählten *Einstieg* den Blick auch auf Phänomene zu lenken, die nicht sofort „ins Auge fallen" (vgl. Wagenschein 1997, S. 27 ff.). Um zu den Grundzügen der vorliegenden Probleme vorzustoßen und um die Untersuchung zu vereinfachen, kann und muss man (zunächst) weniger wichtige Umstände außer Betracht lassen; Vorrang haben fundamentale, „durch die Intuition gegebene" Ideen (vgl. Mason 1961, S. 189, 201).

Das inhaltliche Zentrum des exemplarischen Lehrens und Lernens sind jene *Paradigmata* von denen man hoffen darf, dass sie geeignet sind, bedeutsames Wissen zu erschließen sowie Denkmodelle und Topoi für weiterführendes Erkennen zu liefern. In der *Tübinger Resolution* von 1951, der Geburtsurkunde der exemplarischen Lehre, heißt es dazu: „Leistung ist nicht möglich ohne Gründlichkeit, und Gründlichkeit nicht ohne Selbstbeschränkung. ... Ursprüngliche Phänomene der geistigen Welt können am Beispiel eines einzelnen, vom Schüler wirklich erfaßten Gegenstandes sichtbar werden, aber sie werden verdeckt durch eine Anhäufung von bloßem Stoff, der nicht eigentlich verstanden ist und darum bald wieder vergessen wird." (zit. n. Wagenschein 1970a, S. 205) Dabei kommt den einführenden Beispielen eine richtunggebende Funktion zu, wenn sie für eine geistige

56 z.B. Pendel – Schaukel – Schwingungen; oder Freiheit in der Wahl von Handlungsmöglichkeiten

Auseinandersetzung produktiv erschlossen werden. Ein gutes Paradigma soll eine Grundlage für weitere Präzisierungen, Spezifizierungen und Verallgemeinerungen sein; Beispiele sind die lebendigen Gestalten des Denkens.

Das setzt voraus, dass das Beispiel für eine repräsentative Funktion geeignet ist, denn für sich ist es immer nur ein Teil, ein Einzelnes. Damit es Evidenz gewinnen und seine erschließende Funktion erfüllen kann, muss es einerseits in der schon hinreichend vertrauten Lebenswelt der Lernenden verankert und andererseits für das zu Lernende bedeutsam oder sogar typisch sein. Deshalb muss es im Hinblick auf das Allgemeine richtig interpretiert und in Zusammenhänge eingebracht werden. Die Lernenden bleiben angewiesen auf das Vertrauen, dass das geschieht; die Lehrenden stehen in der Verantwortung dieser curricularen Aufgabe, bei der zu berücksichtigen ist, dass zwar das wissenschaftliche Wissen in seiner beschleunigten Entwicklung unter ständigem Revisionsvorbehalt steht, demgegenüber aber die für den grundlegenden Unterricht relevanten basalen Sachverhalte von relativ konstanter Gültigkeit bleiben. Der zentrale Anspruch des Exemplarischen besteht von Anfang an darin, dass sich in ihm „Bildungsgehalte von besonderer Wertigkeit, Bildungsformen von prototypischer Eigenart und Bildungswirkungen von fundierender und weiterführender Bedeutung" repräsentieren (Kroh 1955, S. 537).[57]

2.2.2 Befreiung aus Systemzwang und Zeitdruck

Exemplarisches Lehren und Lernen ermöglicht es, den Unterricht von Fachsystematiken zu lösen, ohne eine tragfähige didaktische Strukturierung zu verlieren. Das heißt, dass auch bei naturwissenschaftlichen Bezügen die inhaltliche Voraussetzungsgebundenheit umfassender gesehen und auf vielfältige, thematisch inspirierte Weise fruchtbar gemacht werden kann, und dass Zusammenhänge, die bei einer „linearen" Systematik zunächst verborgen bleiben, im Unterricht durchaus hervortreten können. Denn exemplarischer Unterricht verlässt den eindimensional gerichteten Weg vom „Einfachen" zum „Komplexen" und realisiert die Möglichkeit eines simultanen Lernens auf verschiedenen Ebenen von Abstraktion und Bedeutungszusammenhängen: Der Wasserkreislauf z.B. kann in Verbindung mit Wettererscheinungen (Niederschlag) als Phänomen in Grundzügen (durch ikonische Repräsentation) erfasst und mit Erfahrungen über Verdunstung verbunden

57 In konstruktivistischer Sicht setzt exemplarisches Lernen voraus, dass das Beispiel von den Lernenden als signifikanter Teil oder als Fall, der für ähnliche Fälle steht, erkannt und in tastender Intuition hypothetisch auf ein Umfassenderes übertragen wird, d.h. etwas als Beispiel verstehen muss gelernt werden. In seinem Fortgang ist das Verfahren darauf angelegt, dass zu dem einführenden Beispiel genügend weitere Fälle hinzutreten, damit die Wissensbasis verbreitert wird und die Lernenden den fraglichen Sachverhalt mit hinreichender Deutlichkeit und Sicherheit erfassen können (informierender Unterricht).

werden, ohne dass die Kinder schon thermische Bedingungen und Wechselwirkungen erkennen.[58]
Verallgemeinerung und Abstraktion können beginnen, sobald die Kinder inneren Abstand von dem Phänomen erreichen, d.h. wenn es ein Gegenüber geworden ist und als Gegenstand Objektivität bekommt.[59] Erst dann sind Vergleiche und Unterscheidungen möglich, und die Frage gewinnt Bedeutung, was wichtig und wesentlich an dem Gegenstand erscheint. Abstraktion verlangt die Herauslösung allgemeiner, wesentlicher und wichtiger Merkmale aus einem konkret Gegebenen; sie ist auf Strukturen, tragfähige Vorstellungsschemata und auf Begriffe gerichtet; sie erweitert damit die Möglichkeiten des operativen Denkens. In der Verallgemeinerung kommt die Allgemeingültigkeit des Wissens zum Vorschein, d.h. das für alle denkenden Wesen, die einer gegebenen Perspektive folgen (z.B. der physikalischen) Gültige als ein Gemeinsames, an das prinzipiell alle Menschen Anschluss finden können.
Von Anfang an sind mit dem Exemplarischen das *Elementare* und das *Fundamentale* verbunden (vgl. Wagenschein 1970a). Speziell durch diese Momente kommt die Bedeutung der Konzeption für das Welt- und Selbstverständnis der Lernenden zum Ausdruck.

> Das *Elementare* ist das „Einfache", das viele Fälle beherrscht, aber schwer zu gewinnen ist; „elementar" heißt, dass etwas als Grundbaustein (vorläufig) nicht weiter analysiert und auf etwas Einfacheres zurückgeführt werden muss. Elementar sind die Kerne von Erkenntnissen, die sich modellhaft, in einer Formel oder einem Schema (z.B. die Schritte des Problemlösens) als „Stützpunktwissen" fassen lassen und denen für das Verständnis sachlicher Zusammenhänge eine allgemeine Bedeutung und Gültigkeit zukommt (z.B. die von Grundschulkindern intuitiv angenommene Proportionalität von Masse und Gewicht oder die Definition von Kraft durch die multiplikative Verknüpfung von Masse und Beschleunigung [$F = m \cdot a$]). Das Elementare ist damit Ziel des Unterrichts, nicht der Anfang.
> Anspruchsvolle *fundamentale* Einsichten betreffen generell Haltungen des Individuums (z.B. zu religiösen, philosophischen oder politischen Positionen, zur Natur und zu Bereichen der Kultur wie Wissenschaft und Kunst), speziell aber auch erkenntnistheoretische Prinzipien, so etwa, dass uns die Perspektiven der Wissenschaften nur Aspekte auf die Welt eröffnen und z.B. der physikalische Zugriff auf die Natur methodisch bestimmten Beschränkungen unterliegt und schon deshalb ein Bild oder Modell entwirft, das nicht für „die Wirklichkeit" genommen werden darf.[60] Wagenschein hat wesentliche fundamentale Erkenntnisse in *Funktionszielen* ausgedrückt, z.B. „Erfahren, wie man ein Expe-

---

58 Simultanes Lernen auf verschiedenen Ebenen der Komplexität und Abstraktion eröffnet ein großes Potential für die Binnendifferenzierung in einer Klasse.

59 Vgl. das zitierte Pendel-Beispiel von Wagenschein, ferner Th. Litt 1961, S. 84 ff. – Zum Sachobjekt werden Dinge, wenn wir sie begrifflich erfassen.

60 Das gilt ebenso für die Beziehungen von Mensch und Welt, die wir durch die Dimensionen des Sachunterrichts erfassen und gliedern (Köhnlein 1996, S. 50; 2011, S. 496).

riment, als Frage an die Natur, ausdenkt, ausführt, auswertet, und wie man daraus die mathematische Funktion gewinnt" (1970a, S. 255). Der erste Teil dieses Ziels ist schon in der Grundschule hoch bedeutsam. Darüber hinaus wurden für den Sachunterricht spezifische Funktionsziele formuliert (Köhnlein 1996, S. 68 ff.; vgl. Teil II; 3.2).

Alle diese Gesichtspunkte wurden in einem umfangreichen Schrifttum allgemein- und fachdidaktischer Ausprägung in der zweiten Hälfte des zwanzigsten Jahrhunderts so ausgiebig erörtert, dass sie inzwischen zum didaktischen Allgemeingut gehören. Die Gefahr, dass die Konzeption dabei ihr auf „*Verstehen lehren*" gerichtetes Profil verliert, bestand allerdings von Anfang an (vgl. Wagenschein 1970a; 1997). Aktuell bleibt die Gegebenheit, dass die schulische Lernzeit angesichts des anwachsenden Wissens kurz ist, und schon das zwingt zu begründeter Auswahl und zu einer curricularen Strukturierung und Vernetzung, die den weiteren Aufbau im Blick hat. Die Spannung zwischen der potentiell vorhandenen Fülle und der Konzentration auf ergiebige Beispiele gibt der Konzeption einen Teil ihrer Dynamik. Die Kürze der Lernzeit dürfen wir nicht durch Beschleunigung im Einzelnen auszugleichen versuchen. Denn Eile behindert das forschende Denken. Das ist die Spannung, die die Lehrenden auszuhalten und aufrechtzuerhalten haben. Sie müssen – gegen jeden Trend der Beschleunigung – „Sinn für Langsamkeit" entwickeln, damit sie Augenmaß bekommen für die Fortschritte, die wirklich erreicht, wünschenswert und künftig erreichbar sind. Auch wenn wir von „Curriculum" sprechen, folgt schulisches Lernen nicht einer Vorstellung von Rennbahn und Wettkampf, sondern vielmehr jener vom „Garten des Menschlichen" (C.F.v. Weizsäcker 1977), der viele verlockende und immer wieder neue Ausblicke eröffnet. Für Wichtiges müssen sich Lehrende und Lernende so viel Zeit nehmen, wie gebraucht wird: genug. Eine besondere Qualität des Exemplarischen zeigt sich also darin, dass es in bedeutsamen Bereichen dem Zeitdruck widersteht und die für das grundlegende Lernen erforderliche Muße ermöglicht. Bildung erfordert Besinnung.

Denn das Entdecken eines neuen Phänomens oder Zusammenhangs ist – wie wir auch bei unserem Blick auf die Wissenschaftsgeschichte gesehen haben – notwendigerweise ein komplexes Ereignis; es verlangt die Erkenntnis, dass da etwas bisher Unbekanntes ist und dann dessen Identifizierung, d.h. den Versuch der näheren Einordnung und begrifflichen Bestimmung. Wenn aber die Beobachtung, die Amalgamierung in vorhandene Vorstellungen oder deren Veränderung, die Prüfung weiterer Folgerungen und der Übergang auf naheliegende Beispiele untrennbar miteinander verbunden sind, dann ist eine Entdeckung in vielen Fällen ein ausgedehnter und schwieriger Prozess der Konstruktion gedanklicher Zusammenhänge, der ausreichend Zeit beansprucht. Kinder lernen vor allem durch Beteiligtsein an solchen Prozessen und ihrer Mitgestaltung. „Zügige" Mitteilung und inhaltliche Erweiterung durch informierenden Unterricht wird erst wirksam und effektiv, wo sie auf grundlegendes Wissen trifft.

2.2.3 Dimensionen des Sachunterrichts

Die *Auswahl* exemplarischer Gegenstände folgt den schon genannten Kriterien der Bedeutsamkeit, Zugänglichkeit und Ergiebigkeit (vgl. Abschnitt 1.2.2). Die Aufgabe, die bildungswirksame Erschließung der natürlichen, sozialen und technisch gestalteten Umwelt in Gang zu setzen und dabei auch Grundlagen für den weiterführenden Unterricht zu legen, stellt den Sachunterricht vor die besondere curriculare Herausforderung, seine potenziell relevanten Inhalte zu artikulieren, immer mit dem Ziel, den unterrichtlichen Zugriff zu intensivieren. Sachunterricht ist das Lernfeld möglicher schulischer Erfahrung in der physischen und sozialen Welt und der *Quellbereich* der späteren Sachfächer; seine Inhalte greifen hinein in Gebiete, für die natur- und sozialwissenschaftliche Disziplinen fundiertes Wissen und methodische Verfahren erarbeitet haben. Zur Geltung kommt das Lernpotential, das in den *Spannungsfeldern* zwischen *den Vorerfahrungen der Kinder* und den *sach- wie auch fachbezogenen Aspekten* auf die Welt fruchtbar gemacht werden kann, in den für die Rahmung (inhaltliche Bestimmung und Umgrenzung) und Klassifikation (Strukturierung der Inhalte) relevanten *Dimensionen des Sachunterrichts*. Diese gliedern das Universum der Sachen und bezeichnen Bereiche des Vertrautwerdens der Kinder mit

- der heimatlichen Lebenswelt und kulturellen Vielfalt (lebensweltliche Dimension),
- der Geschichte des Gewordenen (historische Dimension),
- der Landschaft, ihrer Gestaltung, Erschließung und Nutzung (geografische Dimension),
- wirtschaftlichem Handeln (ökonomische Dimension),
- vielfältigen sozialen Bezügen und politischen Regelungen (gesellschaftliche Dimension),
- Phänomenen und Strukturen der physischen Welt (physikalische und chemische Dimension),
- technischen Einrichtungen und Nutzungsmöglichkeiten (technische Dimension),
- der lebendigen Natur, der wir angehören (biologische Dimension),
- ökologischen Einsichten und Handlungsimperativen (ökologische Dimension).

Dimensionen sind Interpretationshorizonte zur Auslegung der Wirklichkeit und Ordnung der unendlichen Vielfalt des positiv Vorhandenen. Sie sind nicht von einer vorgängigen Wissenschaftssystematik abgeleitet, sondern repräsentieren und bündeln die wesentlichen, von einem zeitgemäßen Schulsystem aufzunehmenden Erfahrungs- und Wissenschaftsfelder. Jede dieser auf Sozial- oder Naturwissenschaften bezogenen Dimensionen enthält eine bestimmte Welt- und Sinnperspektive; in dieser Perspektivität kann man ihre gemeinsame wissenschaftstheoretische Basis erkennen. Mit dem Wissenschaftsbezug, der in diesen Dimensionen zum Vorschein kommt, wird die phänomenale Wahrnehmung der Welt oder ein bloß lebensweltlicher Horizont überschritten; strukturierende Zusammenhänge werden erkennbar und symbolische Verdichtungen (z.B. im Elementaren) ermöglicht.

Für den Sachunterricht bezeichnen sie programmatisch sein inhaltliches Profil, und sie enthalten Konzepte, wie Phänomene erforscht, verstanden und als Ansatzpunkte von „Weltwissen" fruchtbar gemacht werden können. Sie spalten nicht das, was wir als Wirklichkeit erfahren in Stücke, sondern verweisen auf die gegenseitige Abhängigkeit der Aspekte; damit wirken sie schon am Anfang der Lernwege der prekären Trennung von geisteswissenschaftlicher und naturwissenschaftlicher Bildung entgegen. Als curriculare Akzentuierungen im Rahmen der *Einheit des Sachunterrichts*[61] ermöglichen es diese Dimensionen und ihre wechselseitigen Verbindungen, bei ergiebigen Themen eine große Vielfalt von Bezügen zu öffnen, die Welterfahrung der Kinder im Hinblick auf kulturell bedeutsame Kompetenzen und fundamentale Einsichten vielperspektivisch auszudifferenzieren und für das Weiterlernen sowie für den Aufbau von Interessen eine multidisziplinäre Basis zu schaffen. Sachunterricht ist in seinem Gang durch das Curriculum eine werdende Einheit des Hervorbringens von Differenzierungen und Ordnungen; diese Einheit basiert auf den Tätigkeiten des Lehrens und Lernens in allen ihren Bezügen und Ausformungen. Eine spezifische bildende Funktion bekommt der Sachunterricht, indem er mit dem Potenzial dieser Dimensionen versucht, Verstehenshorizonte zu eröffnen, Wirklichkeiten fassbar zu machen, Vergangenheit, Gegenwart und Zukunft aufeinander zu beziehen und damit durch Einsicht und Erziehung auch regelnd in Lebenswelten einzugreifen. Es ist eine der Thesen dieses Buches, dass in den Dimensionen die inhaltlichen Wachstumskerne des Sachlernens und Weltverstehens liegen.

Eine weiterführende Aufgabe ist dann die „Hinführung zu einem erwachenden Bewußtsein für den Stellenwert der verschiedenen Kulturgebiete und speziell der Wissenschaft(en) in der Gesamtkultur".[62] Dabei bewahrt die lebensweltliche Dimension gegenüber den Konstrukten der Wissenschaften die Vielfalt und

61 Die integrative Einheit des Sachunterrichts, also die wechselseitige Abhängigkeit von Teil und Ganzem und die gegenseitige Durchdringung seiner gegenständlichen Dimensionen nach Maßgabe einer Grundlegung der Bildung, ist keine bloße Programmforderung, sondern didaktische Notwendigkeit für ein Lernfeld, das als Quellbereich der späteren Sachfächer fungiert und in dem für die Lernenden die fachliche Differenzierung nicht vorausgesetzt wird, sondern in der Auseinandersetzung mit den Sachen erst entsteht. Sachunterricht ist ein einheitliches, differenziertes System der Erfahrung und des Lernens, von Instruktion und Konstruktion, nicht nur bezüglich der Inhalte und Methoden, sondern in der gesamten didaktischen Konzeption des genetischen Lehrens und Lernens, die auch die philosophischen (erkenntnistheoretischen und ethischen) Implikationen ihrer Inhaltsbereiche einbezieht. Die Einheit wird also nicht durch substanzielle Verluste in der Vielheit der mit den Dimensionen gegebenen Aspekte auf die Welt erkauft, sondern sie ist der Bezugspunkt, von dem aus Vielperspektivität überhaupt erst möglich wird.

62 Ich verdanke diesen Hinweis Wolfgang Hinrichs in einer privaten Mitteilung (Brief v. 27.7. 2001).

Komplexität einer als unhintergehbar gegebenen Wirklichkeit des unmittelbaren Umgangs, der Erfahrung und Inspiration. *„Lebenswelt"* (einschließlich gesellschaftlicher Praxis) ist Rahmen der Lebenssituationen der Lernenden; zugleich ist sie in gewisser Weise die „Umwelt" der Wissenschaften, ohne dass die mit ihr verbundenen Probleme und Fragen schon auf den Zuschnitt der einzelnen Wissenschaftsdisziplinen ausgerichtet wären. Deswegen ist der Bezug auf Lebenswelt, ebenso wie auf Wissenschaftsorientierung und auf Kindgemäßheit, ein Prinzip, auf das auch Auswahl- und Zielkriterien rekurrieren. Lebenswelt stellt also nicht nur eine Ausgangsbasis für Lern- und Verstehensprozesse und ein Bezugsfeld für einen kindgemäßen Unterricht dar, sondern muss selbst im Hinblick auf Bildungsprozesse nach vorne gedacht werden, d.h. im Sinne (wünschenswerter) gesellschaftlicher Entwicklungen.

Mit der sozialen und ökologischen Dimension kommen „essentielle Ungegenständlichkeiten" (Gadamer 1999, S. 156) in den Unterricht: Fakten der Vernunft, z.B. Freiheit und sittliche Forderungen (Ethos) sowie damit verbundene Handlungsimperative (z.B. im Hinblick auf *sustainable development*). Denn anders als bei naturwissenschaftlichen Bezügen existieren politische und wirtschaftliche Realitäten immer nur im Kontext kultureller Gegebenheiten, die „Ökologie des Schullebens" ist dafür ein Beispiel. Aber auch wenn in jeder Dimension der Ansatz einer anderen Wahrnehmung der Welt vorgeprägt ist, bleibt der basale Zusammenhang des Weltverstehens ein Ziel des Sachunterrichts; dieser hat deshalb die Aufgabe, verschiedene Wissensbereiche aufeinander zu beziehen.

In ihrer gegenseitigen Ergänzung und Durchdringung erweisen sich die Dimensionen als Kern eines fruchtbaren didaktischen Modells für die Curriculum- und Unterrichtsplanung, das einer integrierenden Bearbeitung von Sachverhalten ebenso wie einer Spezifizierung unterschiedlicher Aspekte eine rationale Grundlage gibt (vgl. dazu Thomas 2009, S. 112 ff.) und insgesamt die Grenzen sinnlicher Anschaulichkeit, Greifbarkeit und Subjektivität überwindet. Für die Lernenden entwickeln sich die Dimensionen als *sach- und fachbezogene Perspektiven* aus anfänglichen Mehrdeutigkeiten, d.h. aus der erkannten Möglichkeit, einen Sachverhalt unter verschiedenen Gesichtspunkten zu bearbeiten.[63] Vorausgesetzt ist dabei die Bereitschaft der Lehrerinnen und Lehrer, den Erkenntniswert und das Explorationspotential der wissenschaftsbezogenen Dimensionen wahrzunehmen, sich auf unterschiedlichste Gebiete einzulassen, sie zuverlässig und verständlich zu vermitteln und sinnvoll zu verknüpfen (vgl. Teil V).

---

63 Mit „fachbezogen" ist nicht eine unmittelbare Orientierung an den Unterrichtsfächern weiterführender Schulen gemeint, sondern ein Bezug auf weitgefasste Domänen der Wissenschaftskulturen (vgl. Teil V). – Die bewusste Differenzierung in Fachperspektiven gehört curricular in die Übergangsphase zum Fachunterricht (im 5. und 6. Schuljahr). Erst dann kommt allmählich die besondere Leistungskraft der Fachkulturen zur Geltung, insbesondere der Zug zu aspekthafter Objektivierung und die Übersicht schaffende systematische Konzeption.

Das Modell der sich gegenseitig durchdringenden Dimensionen dient der didaktischen Konkretisierung des Programms der Wissenschaftsorientierung. Es unterscheidet sich demnach grundsätzlich von Konzepten gesamtunterrichtlicher Verfahren, die auf eine vermeintliche „Ganzheit" ausgerichtet sind. Weder der Rückgriff auf die „Lebenswelt" noch die Hoffnung auf holistische Prinzipien können uns von der Mühe entbinden, die in den Dimensionen zum Ausdruck kommenden verschiedenen Sachbezüglichkeiten und zugehörigen Methoden an geeigneten Beispielen grundlegend zu erarbeiten. Das u.U. Disparate immer wieder aufeinander zu beziehen, ist eine dem Bildungsauftrag geschuldete Aufgabe.

2.2.4 Kriterien für ergiebige Themen

In inhaltlicher Hinsicht gewinnen Unterrichtseinheiten Exemplarität, wenn sie

- etwas durchgängig Gültiges thematisieren: ein typisches Phänomen, eine allgemeine Regel, einen (natur-)gesetzlichen Zusammenhang, ein Denk- oder Verhaltensmodell, einen zentralen Begriff (inhaltliche Ergiebigkeit),
- für die Lernenden etwas Neues, die Neugier Herausforderndes oder ein Beispiel vorstellen, auf das man (in der Erinnerung und in der Kommunikation) im Fortgang des Curriculums zurückgreift (subjektive Bedeutsamkeit).

Im Übrigen kann es beim Auffinden und der Auswahl grundlegender Ideen und Einsichten oder Themen im Rahmen des didaktischen Modells der Dimensionen selbstverständlich keine zwingenden Notwendigkeiten geben; erforderlich sind vielmehr argumentative Abwägungen im Hinblick auf das Ziel einer Grundlegung der Bildung. Hilfreiche Kriterien dafür sind das

- *Horizontalkriterium:* Verschiedene inhaltliche Bereiche enthalten korrespondierende Grundideen, Denkmodelle und -figuren, begriffliche Konzepte usw., die vielfältig erkennbar, anwendbar und in diesem Sinn elementar sind, z.B. Wechselwirkung, Kreislauf, Verkettung, Rückkoppelung, Vernetzung.
- *Vertikalkriterium:* Eine grundlegende Idee kann auf unterschiedlichen curricularen und intellektuellen Niveaus aufgezeigt und angewandt werden, z.B. Wechselwirkung an der Wippe wie bei chemischen Reaktionen und auch in sozialen Interaktionen.
- *Zeitkriterium:* Die Idee oder der Wissensgehalt ist in der kulturellen Entwicklung verankert und längerfristig relevant, z.B. die „körnige" Struktur der Materie (Teilchenkonzept), das Erhaltungskonzept, der Demokratiegedanke oder die Aussage der Goldenen Regel.
- *Sinnkriterium:* Die Idee hat einen Bezug zu Sprache und Denken in der Lebenswelt und gewinnt Bedeutung für das Weltbild der Person, z.B. für soziale Normen und kulturelle Ansprüche, Denkfiguren und Überzeugungen.

Die Auswahlkriterien Bedeutsamkeit, Zugänglichkeit und Ergiebigkeit gelten für alle Bereiche schulischen Lernens; die genannten Dimensionen repräsentieren den inhaltlichen Reichtum des Sachunterrichts und sichern seine Sachbezogenheit und „Grenzstärke“. Horizontal-, Vertikal-, Zeit- und Sinnkriterium dienen der Prüfung der exemplarischen Relevanz jedes potenziellen Unterrichtsgegenstandes oder Themas. Kriterien erzeugen keine Themen, aber sie ermöglichen es, die Relevanz von Inhalten zu prüfen. Sie verweisen auf die Notwendigkeit, Vorstellungen und Wissen zu vernetzen, und z.B. auch darauf, dass inhaltliches Wissen immer wieder in neuen Zusammenhängen entdeckt werden muss, damit es sicher verfügbar und verallgemeinerungsfähig wird. Die Liste möglicher Gegenstände im Rahmen der Dimensionen ist prinzipiell unabschließbar; aber jedes Thema und seine Ausgestaltung können nach diesen Kriterien qualifiziert und gegenüber anderen Möglichkeiten abgewogen werden.

Bildungswirksam wird der Sachunterricht vor allem durch solche Phänomene, Beispiele und allgemeine Einsichten, die exemplarische Qualität im Sinne der genannten Dimensionen und Kriterien haben und geeignet sind, dem Wissen der Lernenden Substanz, Kohärenz und Dauerhaftigkeit zu verleihen. Beabsichtigt sind also nicht binnenfachliche Abgrenzungen oder eine Segmentierung des Sachunterrichts, sondern die Hinführung zu einem Denken in Kontexten in dem Sinne, dass auch die Natur- und Geisteswissenschaften eine unauflösliche Einheit bilden, die in ideengeschichtlichen und sozialen Zusammenhängen steht. Immer geht es um Auslegung, Erklärung, Sinngebung und produktives Verstehen.[64]

64 Der Wissenschaftshistoriker Michel Serres schreibt dazu: „Die Scheidung zwischen zwei Welten und zwei Kulturen datiert zweifellos erst seit gestern, während wir sie für jahrtausendealt und irreversibel halten.“ (1994, S. 13) Vernachlässigt wurden in solchen Scheidungen gewöhnlich die historisch-kulturellen Leistungen der naturwissenschaftlichen Disziplinen, die Anerkennung ihrer Sinnhaftigkeit und der Notwendigkeit für unser Leben, die Auseinandersetzung mit ihren Denk- und Arbeitsmethoden, kurz: die kulturelle Tragweite und der epistemologische Status naturwissenschaftlichen Wissens. Ohnehin war diese Scheidung eine fragwürdige geisteswissenschaftliche Setzung, die inzwischen längst durch die „Revolution der modernen Physik“ in der Weise aufgehoben ist, dass auch hier der Mensch „nur noch sich selbst gegenüber“ steht (Heisenberg 1955, bes. Kap I). – Die Didaktik des Sachunterrichts braucht Begriffe von Bildung und Verstehen, die über die Trennung in „two cultures“ (Snow) hinausweisen und die seit Dilthey etablierte Dichotomie von Geistes- und Naturwissenschaften – „Verstehen“ und „Erklären“ – aufheben. In beiden Bereichen, in Geschichte und in Physik, gehen wir von Phänomenen aus und suchen ein Verstehen als gedankliches Nachkonstruieren von Sachverhalten. In der Didaktik des Sachunterrichts ist der Begriff des Verstehens mit dem Blick auf das fragliche Phänomen verbunden. Die Einheit des Sachunterrichts liegt im Zusammenhang seiner Inhalte nach Maßgabe der genetischen Konzeption, d.h. in der Einheit der wahrgenommenen Realität, und funktional in der Art und Weise, wie er die Sachen behandelt, d.h. wie Lerninhalte, Lernumgebungen und Arbeitsweisen aufeinander bezogen und im Hinblick auf die Aufgaben und Ziele des Unterrichts geordnet sind. Solange die Phänomene, also problemhaltige Erscheinungen, im Mittelpunkt stehen, sind die erkenntnistheoretischen Voraussetzungen und die methodologischen Grundlagen sowie die Grenzen fachlicher Domänen noch ohne entscheidende Bedeutung (vgl. dazu Liebau/ Zirfas 2006).

Darüber hinaus ist ihm – wie auch den anderen Lernbereichen – die in allen Dimensionen relevante *Mitwahrnehmung des Ästhetischen und des Ethischen* als übergreifende Erziehungsaufgabe aufgegeben (vgl. Köhnlein 1996, 2006 b, 2011). Denn verknüpft mit dem perspektivischen Sachbezug gehört zur Bildung eine persönlich verantwortete Moral (Köhnlein 1991) und Aufgeschlossenheit. Die Ästhetik betrifft ja nicht nur das Schöne und die sinnliche Perzeption, sondern auch die spannungsfrei konzentrierte Zuwendung in Muße, das gelingende Gestalten und das menschliche Vermögen, Zwecke zu setzen und etwas hervorzubringen, was vorher noch nicht da war und nun besteht als eine Sache, in der Absicht und Tun objektiviert sind, und die nun vielleicht ihrerseits unsere Aufmerksamkeit reizt. Einer Trennung des Menschlichen von der Natur, der Moralität von der Biologie, der Kunst von der Physik, also der Zerteilung unseres Lebensgefüges in unverbundene Teile, steht die Einheit des Sachunterrichts generell entgegen.

3 Sachunterrichtliche Forschung und Entwicklung

Als gegen Ende der sechziger Jahre des zwanzigsten Jahrhunderts die Heimatkunde als Zentralfach der Grundschule unter der Forderung nach Wissenschaftsorientierung durch den Sachunterricht abgelöst wurde (vgl. Köhnlein 1984a) begann zugleich der Aufbau einer entsprechenden Fachdidaktik.[65] Eine Fachdidaktik entsteht, wenn das Lehren und Lernen eines bestimmten Inhaltsbereiches (Faches) systematisch untersucht und zum Gegenstand wissenschaftlicher Forschung gemacht wird. Diese Forschung dient ganz allgemein der Verbesserung (Optimierung und Humanisierung) und Ausweitung der Möglichkeiten des Lehrens und Lernens und ist auf die Gestaltung der Praxis gerichtet. Didaktik ist eine humanen Intentionen verpflichtete Handlungswissenschaft. Das erkenntnisleitende Interesse ihrer Theoriebildung ist letztlich ein praktisches: Sie will die Qualität des Unterrichts verbessern. Ihr Gegenstand sind Form, Inhalt und Effektivität der Lehr-Lernprozesse.

In ihrer jungen Geschichte steht die Didaktik des Sachunterrichts erst am Anfang der Begründung einer festen Forschungstradition, die auch internationale Bezüge umfasst. Vorliegende Ergebnisse empirischer Untersuchungen beziehen sich auf einzelne Probleme und Gegenstandsfelder; sie sind in der Regel bestimmten philosophischen oder kognitionspsychologischen Prämissen verpflichtet, aber noch nicht einer konsistenten Identität des Sachunterrichts (vgl. Einsiedler 2001b und 2002; Spreckelsen u.a. 2002, Kahlert u.a. 2007).

65 Die Schulfächer mit längerer Tradition sind in der Regel wesentlich älter als ihre Didaktiken.

Wir wenden uns in diesem Kapitel zuerst einigen für die konzeptionelle Entwicklung wichtigen Fragestellungen und Ergebnissen gegenwärtiger Unterrichtsforschung zu [3.1] und schließen Überlegungen zu den Aufgaben sachunterrichtsdidaktischer Forschung und Entwicklung an [3.2].

3.1 Fragestellungen und Ergebnisse gegenwärtiger Unterrichtsforschung

Eine Herausforderung und Bereicherung für die Konzeption des genetisch-exemplarischen Lehrens und Lernens sind Fragestellungen und Ergebnisse gegenwärtiger Lehr-Lernforschung, denn sie heben „die Härte dessen, was ist, ins Bewußtsein“ (Adorno) und dienen damit der Auflösung ungerechtfertigter Annahmen. Die Zuordnung (neuer) empirischer Erkenntnisse zu konzeptionellen Entwürfen oder Theorien ist wesentlich für den Erkenntnisgewinn. Zudem scheint die Überprüfung umfassender didaktischer Theorien vorläufig nur über die Untersuchung ihrer wesentlichen Merkmale möglich zu sein. Wichtig für die Frage nach dem Bildungswert des Sachunterrichts sind dabei insbesondere Möglichkeiten der Interessenförderung, das Problem des „trägen“ Wissens, der Aufbau von sachunterrichtsspezifischen „Kulturtechniken“ und Kompetenzen, schließlich aber auch die Frage nach angemessenen Unterrichtsformen und -arrangements. Geleitet wird unsere Rückfrage an die empirische Forschung und die aus ihr abgeleiteten Vorschläge von der Vermutung, dass ihr je spezifisches Anliegen in einem genetisch-exemplarischen Sachunterricht „aufgehoben“ werden kann.

3.1.1 Unterstützung der Interessenentwicklung

In einer systematisch-vergleichenden Untersuchung fragt Andreas Hartinger (1997) am Beispiel des Themas „Leben am Gewässer“ ob der Unterricht das *Interesse* der Schülerinnen und Schüler fördert, wenn sie die Möglichkeit haben, weitgehend selbstbestimmt und handlungsorientiert zu lernen. Dabei wird „Interesse“ als Relation zwischen Person und Gegenstand verstanden: Eine Person hat Interesse für etwas, sie baut damit einen längerfristigen Bezug zu einem Gegenstandsbereich auf.[66]

Als besonders bedeutsam für den Aufbau von Interessen im Unterricht sieht Hartinger die konzeptionellen Merkmale „Handlungsorientierung“ und „Autonomieunterstützung“.

66 Freilich hat Interesse nicht nur eine individuelle, mit generellen Einstellungen verknüpfte Komponente, sondern hängt auch vom sozialen Umfeld ab. In der Schule kann „Interesse für etwas“ durchaus zu einem „Klassenphänomen“ werden. – In den nächsten Absätzen folge ich meinem Vorwort in Hartinger 1997.

Handlungsorientierung meint nicht ein einfaches Tätigsein der Kinder, entscheidend ist vielmehr, dass die sequentielle Struktur von Handlungen berücksichtigt und für die Lernenden überschaubar wird, dass sie die Wichtigkeit der einzelnen Schritte und Tätigkeiten erkennen und an ihrer Sinngebung beteiligt sind. Unterrichtspraktisch bedeutet das, dass sie an der Planung mitwirken können und dass immer wieder Phasen der gemeinsamen Übersicht und Reflexion eingeschaltet werden. Die empirischen Befunde weisen auf den Ertrag eines produktiven Zusammenspiels von selbstgesteuerter Aktivität und sichernder Vergewisserung für die Stärkung der Motivation hin.

Das Konzept der *Autonomieunterstützung* fördert offensichtlich dann die Interessenentwicklung, wenn für die Kinder ein Zuwachs an Handlungskompetenz, der über die Schule hinausgreift, erfahrbar und bewusst wird, und weiterhin, wenn sie selbst zu der Einschätzung kommen, im Unterricht nicht einer starren extrinsischen Regulation zu unterliegen, sondern auch selbst Akzente setzen zu können. Wesentliche Merkmale von „offenem Unterricht“, nämlich solche, die den Kindern Möglichkeiten geben, eigene Anliegen, Ideen und Kompetenzen einzubringen, tragen zur Entwicklung weitergreifender Interessen bei.

In der Bilanzierung seines Forschungsprojektes kann Hartinger die interessenfördernde Wirkung der genannten Prinzipien feststellen und zeigen, „daß durch diese Förderung grundlegende Ziele und Aufgaben der Grundschule im allgemeinen und des Sachunterrichts im speziellen unterstützt wurden. Die These H. Schiefeles, ‚daß eine Schule, die sich nicht um Interessenbildung bemüht, ihren Bildungsauftrag nur mangelhaft wahrnimmt, wenn überhaupt‘ (...) kann daher bestätigt werden, oder anders formuliert: ‚Wenn die Gesellschaft der Schule tatsächlich einen ernstgemeinten Bildungsauftrag zuweist, dann muß sie ihr und insbesondere den in ihr tätigen Lehrern und Kindern mehr Freiräume zubilligen, damit sie Interessen tatsächlich aufgreifen und/oder fördern können‘ (Fölling-Albers ....).“ (Hartinger 1997, S. 238)[67] – Im Hinblick auf den Bildungsauftrag des Sachunterrichts kommt der Interessenförderung (und dazu gehört auch die Zentrierung diffuser Interessen) die Aufgabe zu, die Persönlichkeiten zu stärken, denn aus ihren Interessen und den damit verbundenen Kompetenzen leiten Menschen wichtige Komponenten ihrer Identität und ihres Selbstkonzepts ab. Freilich ist die Grundschule der allseitigen Förderung der Kinder verpflichtet, d.h. der Einführung in jene Lebens- und Kulturbereiche, aus denen sich Perspektiven für das Weiterlernen eröffnen. Sie soll also nicht nur vorhandene Interessen fördern, sondern auch neue initiieren.

---

67 Die Frage, inwieweit solche normativen Sätze einer empirischen Bestätigung fähig sind, kann hier offen bleiben.

3.1.2 Vermeidung trägen Wissens durch situierte Lernbedingungen

Die oft beklagte Beobachtung, dass gelerntes Wissen nicht auf neue Problemstellungen übertragen werden kann, hat in der Lernpsychologie zur Einführung des Begriffes *„träges Wissen"* geführt: Der für die Bewältigung einer Aufgabe erforderliche flexible Zugriff auf gespeichertes Wissen gelingt nicht (vgl. dazu insgesamt Hartinger/Mörtl-Hafizović 2004).

Hartinger referiert dazu das Beispiel, dass Lernende, die im Physikunterricht Geschwindigkeiten und Positionen bewegter Objekte berechnen konnten, meinten, die Flugbahn eines Fußballs, der über den Rand einer Klippe hinausgeschossen wird, würde zunächst horizontal weiterführen und dann senkrecht nach unten abknicken (a.a.O., S. 62).[68]

Erklärungsansätze für die Entstehung trägen Wissens beziehen sich hauptsächlich auf mangelndes Interesse, mangelhaftes Verstehen und zu geringe Übereinstimmung von Lern- und Anwendungssituation. Didaktische Vorschläge setzen bei einer spezifischen Gestaltung der Lernbedingungen an, die unter der Bezeichnung *„situiertes Lernen"* zusammengefasst werden und zumeist einem konstruktivistischen, zum Teil aber auch einem pragmatistischen Verständnis verpflichtet sind. Mit „situiertem Lernen" ist gemeint, „dass *Lernsituationen* so gestaltet werden, dass *mögliche Anwendungssituationen bereits berücksichtigt sind*" (a.a.O., S. 62).

Als Erfordernisse situierter Lernbedingungen, durch die eine flexible Anwendbarkeit des Wissens unterstützt wird, werden angegeben:

- Authentizität: Nähe zu realen Lebensbedingungen,
- Vielperspektivität: Berücksichtigung verschiedener Kontexte,
- Reflexions- und Artikulationsprozesse: Erfahrungen sprachlich bewusst machen,
- selbstorganisierte Lernprozesse: Lernen als selbstgesteuerter konstruierender Prozess,
- soziale Kontexte: Aushandeln von Bedeutungen in kooperativen Interaktionen.

Nach Hartinger/Mörtl-Hafizović zeigen die empirischen Untersuchungen über die Wirksamkeit situierten Lernens im Hinblick auf die Transferierbarkeit von

68 Das ist erstaunlich, weil zumindest männliche Jugendliche zumeist Erfahrungen im Fußballspiel haben, also mit Flugbahnen von Bällen. – Vgl. die erwähnten Schwierigkeiten bei der Beseitigung von vorurteilhaftem Vorwissen in der Antike und bis zu Galilei (Anm. 17 und 18). – Wagenschein berichtet von Unfähigkeiten, das tote Wissen aus zurückliegenden Lernstoffen angemessen zu aktivieren (1970 a, z.B. S. 192 ff., 385 ff.). In einer autobiographischen Notiz schildert er am Beispiel des Übergangs von der Formel für die Kugeloberfläche ($4 \pi r^2$) zur Anschauung der „Mondscheibe" als (Halb-) Kugel, wie gespeicherte Kenntnisse plötzlich fruchtbar werden können (1970a, S. 80 ff.). Und er zitiert Stifter: „Es gibt Dinge, die man fünfzig Jahre weiß, und im einundfünfzigsten erstaunt man über die Schwere und Fruchtbarkeit ihres Inhaltes". Das zeigt: Es gibt offenbar nicht nur „träges Wissen", sondern auch eine „Trägheit der Vorstellungskraft".

Wissen kein einheitliches Bild. Als widerlegt müsse gelten, „dass alleine die Authentizität, Lebensnähe und Komplexität der dargebotenen Probleme dazu führt, dass Lernende erfolgreich und motiviert arbeiten". Von großer Bedeutung für den Lernerfolg sei dagegen „die gründliche Reflexion und Artikulation des Gelernten" (S. 67 f.).

Für den Sachunterricht konstatieren die Autoren, dass die Vorschläge aus dem Ansatz des situierten Lernens „mit verschiedenen, z.T. ‚altbekannten' Unterrichtsmethoden gut vereinbar" seien (S. 69). Herausgehoben werden z.B. das Lernen in Projekten und das Experimentieren. Weiterhin werden die didaktischen Konzeptionen des Genetischen Lehrens (Wagenschein), des Mehrperspektivischen Unterrichts (Giel) und das Planungsmodell der Didaktischen Netze (Kahlert) genannt. Als förderlich hervorgehoben wird die „komplexe authentische Problemsituation" und Praxisrelevanz bei *Projekten*. Wichtig sei jedoch, dass die Erträge nicht fragmentarisch-unverarbeitet bleiben, sondern in „Metainteraktionen" wie Reflexion und Artikulation verbunden und allen Beteiligten zugänglich gemacht werden (S. 70). Hoch bewertet werden also gegenüber bloßer Tätigkeit die kognitiven Momente im Lernprozess. Demnach müsste allerdings dem Verbalisieren des Tuns und dem schrittweisen Gang vom Handeln über den Aufbau von Vorstellungen zu abstrakteren Denkinhalten und Denkoperationen größere Aufmerksamkeit gewidmet werden als das in „situativen" Ansätzen gewöhnlich geschieht. Denn Authentizität, Situationsbezogenheit und Lebensnähe alleine verschaffen noch keinen tieferen Zugang zu den Sachen und erklären nicht den für das Verstehen erforderlichen Zusammenhang. – Im Genetischen Unterricht finden Hartinger/Mörtl-Hafizović sämtliche Merkmale des situierten Lernens; betont werden wiederum die Authentizität der Problemsituationen, die Bedeutung des Gesprächs, die Akzentuierung von Reflexions- und Artikulationsphasen und die Berücksichtigung multipler Kontexte und Perspektiven.[69]

Die genannte konstruktivistisch orientierte „kritische, lehr-lernpsychologische Sicht" (S. 71) kann also in den von ihr thematisierten Aspekten die Konzeption eines genetisch-exemplarischen Unterrichts nur bestätigen und stärken. Gleichwohl sind im Hinblick auf den Bildungswert des Sachunterrichts noch einige weiterführende Überlegungen nötig.

69 Ungeachtet ihrer Aktualität und der Weiterentwicklungen sehen Reinmann-Rothmeier und Mandl die Überlegungen von Dewey oder Wagenschein als „historische Vorbilder" (zit. n. Hartinger 2004, S. 71). Was demnach in das Konzept des situierten Lernens aufgenommen werden müsste, ist das Prinzip des Exemplarischen, denn Situierung meint der Wortbedeutung nach eine gegenwärtige (Sach-)Lage, sie hat in sich noch nichts, was über sie hinausweist. Das Exemplarische hingegen ist darauf ausgerichtet, situative Gegebenheiten zu überschreiten und auf projektiv-konstruktive Weise Verallgemeinerungen und Abstraktionen zu ermöglichen, die dann ihrerseits auf neue Situationen bezogen werden können.

Der psychologisch-konstruktivistische Ansatz des situierten Lernens steht nicht in einem systematischen schul- oder unterrichtstheoretischen Zusammenhang; er sucht nach Möglichkeiten optimierter Wissensvermittlung und des Erwerbs von Kompetenzen. Offen bleiben z.B. Auswahlgesichtspunkte, Ziele und die Frage nach der aufbauenden Kontinuität schulischen Lernens, also das Verhältnis zwischen situativen Lernanlässen und den curricularen Aufgaben des Sachunterrichts.[70] Er provoziert geradezu die Frage, wie weit Schule eine vom Alltag unterschiedene und von seinen unmittelbaren, oft unproduktiven Zwängen entlastete Institution sein sollte. Die „Übereinstimmung von Lern- und Anwendungssituationen" kann vermutlich ohnehin nur jeweils für eine relativ eng bestimmte Klasse solcher Situationen gelingen. Die Übertragung auf etwas entferntere Anwendungsfelder müsste dann – gemäß den Voraussetzungen des Ansatzes – besonders schwierig sein.[71] Heißt „situiert" nicht immer auch: der Situation verhaftet? (vgl. Huber 2000, Renkl 2000, Klauer 2001) Wie werden Verbindungen zwischen den „Situationen" hergestellt? Wie gelingt die für Verallgemeinerungen notwendige Abkoppelung des Wissens und Könnens von der Originalsituation? Welche Bedeutung haben (ergänzend) systemische, sachlogische, auf Kulturgebiete bezogene und das Momentane übergreifende Zusammenhänge?
Konfrontiert mit dem stärker gegenstandsbezogenen exemplarischen Lehren und Lernen erweist sich der psychologisch motivierte situationsbezogene Ansatz als zu eng, d.h. er berücksichtigt zu wenig übergreifende Denkmodelle und methodische Grundmuster (wie z.B. Strategien des Problemlösens) sowie die Notwendigkeit von Objektivierung, Verallgemeinerung und Abstraktion. Denn die allgemeinbildende Schule, die offen ist für unbekannte künftige Verwendungssituationen und -zwecke des zu Erlernenden, muss das Wissen und Können aus gegenwärtigen, situativ-kontingenten Konstellationen lösen um es möglichst frei verfügbar und anschlussfähig zu machen und um die Lernenden zu befähigen, mit dem Gelernten sinnentwerfend umzugehen.[72]

---

70 Dieses Verständnis von Lernen benennt kein inhaltliches Ziel, außer dass es immer eine Fortsetzung in künftigen Situationen findet. Dabei wachsen zwar die Kapazitäten für Situationsbewältigung, es sollte aber nicht übersehen werden, dass Schule und Unterricht institutionell auf eine alle inszenierten Situationen übergreifende Beständigkeit und auf die prinzipielle Wiederholbarkeit ihrer Aktivitäten angewiesen sind.

71 Neue Ansätze wie „situiertes Lernen" eröffnen immer auch neue Fragen an die Transferforschung, denn die Situationsgemäßheit wird in einer späteren Situation, in der auf erworbenes Wissen zurückgegriffen werden muss, zumeist eine andere sein als in der Lernsituation. Wie auch das Wissen gewonnen wird – die Anwendungsbedingungen sind offen.

72 Dass Lernen in konkreten Handlungsfeldern (Situationen) geschieht und dass Kompetenz sich in solchen Handlungsfeldern bewähren muss, wird damit nicht verkannt; ebensowenig die Bedeutung eines leicht abrufbaren situationsspezifischen Wissens, das zudem als Basis hierarchisch strukturierter Kenntnisse fungiert.

Allerdings besteht für Frontstellungen kein Anlass, vielmehr ergibt sich eine empirische Stützung wesentlicher Elemente der Konzeption genetisch-exemplarischen Lehrens und Lernens. „Tot" ist das Wissen, wenn wir es unseren Kindern nur vorgeben in wachsender Menge; „träge" ist es, wo es unverstanden bleibt;[73] „lebendig" und damit bildungswirksam wird es erst durch die – in der Schule – sozial gerahmten und unterstützten, aber immer individuell zu vollziehenden Prozesse des Verstehens.

3.1.3 Kulturtechniken und Symbolsysteme im Sachunterricht

Teilhabe an der Kultur, für die der Sachunterricht im Bereich der genannten neun Dimensionen erste Voraussetzungen schaffen soll, setzt einige basale Fertigkeiten voraus, deren Beherrschung die Gesellschaft von jedem verlangt und als selbstverständlich voraussetzt. In seiner Untersuchung über *„Kulturtechniken im Sachunterricht"* verweist Roland Lauterbach auf die hohe Bedeutung des operativen Potentials solcher basalen Fertigkeiten für Kulturaneignung, Kulturverständnis und Kulturentwicklung. Kulturtechniken sind demnach „alle hoch entwickelten und wiederholbaren Weisen der Hervorbringung besonderer Leistungen *kultureller Erschließung und Gestaltung*" (Lauterbach 2004, S. 165). Didaktisch gesehen sind sie Mittel und Wege der Enkulturation und kulturellen Teilhabe mit methodischem Anspruch; für die Lernenden sind sie *mentale Werkzeuge.* (Vgl. dazu auch Duncker 1994)

Damit wird vor allem der verfahrensbezogene Aspekt bildungsbedeutsamer Kompetenzen in den Blick genommen. *Kompetenzen* beziehen sich auf spezifische Anforderungen; sie sind systemische, d.h. rückgekoppelte Verbindungen aus Sachwissen (Sachverhalte, Kategorien, Strukturen), prozeduralem Wissen (Handlungsstrategien) und Fertigkeiten (Können) sowie metakognitivem Wissen (wertebezogenen Orientierungen und Reflexionsformen). (Vgl. Klieme u.a. 2001, bes. S. 181 f.)

Kulturtechniken sind nach Lauterbach „spezifische Methoden mit einer Fertigkeitscharakteristik" (a.a.O., S. 169); sie müssen als Kompetenzen erlernt werden und sind ihrerseits Voraussetzungen für den Aufbau und die Verfeinerung neuer Kompetenzen. Die „klassischen Kulturtechniken" des Lesens, Schreibens und Rechnens, die in eigenen Fächern gelehrt werden, sind auch für den Sachunterricht unentbehrlich; er nutzt sie für seine Zwecke und er arbeitet mit an ihrer Ausgestaltung und Anwendbarkeit. Die Einführung in das Lesen, Interpretieren und Anfertigen von Bildern, Tabellen, Diagrammen, Graphiken und Karten ist

73 Kinder, die „wissen", dass die Erde eine Kugel ist, sind nicht frei von der Angst, „unten" herunterzufallen. Viele Menschen, denen das heliozentrische Weltbild gelehrt wurde, können sich den Wechsel der Tageszeiten nicht anders vorstellen als durch das Wandern der Sonne im Tages- und Nachtbogen (vgl. Anm. 20).

hauptsächlich Aufgabe des Sachunterrichts; im Sachrechnen (als mathematische Modellierung), im Umgang mit Größen und Symbolen können sich Mathematik- und Sachunterricht gegenseitig ergänzen und befruchten.
In den Gebrauch von elektronischen Medien für Informationsverarbeitung, -speicherung und -beschaffung (Computer und Internet), der manchmal als „vierte Kulturtechnik" bezeichnet wird, kann die Grundschule einführen; sie kann Orientierungshilfen geben, mit den Kindern Informationen auswählen und bewerten, zum kritischen Umgang anleiten und das Hilfsmittel (z.B. bei der Textverarbeitung und -gestaltung) nutzen und damit Bedürfnisse der „Wissensgesellschaft" in ihren Bildungsbegriff aufnehmen. Aber sie kann nicht zum Verständnis des Funktionierens dieser Medien beitragen.
Im Rahmen des Sachunterrichts dienen Kulturtechniken dem „Erschließen von Natur und Technik, Gesellschaft und Kultur" (S. 174), also nicht nur dem „Wissen", sondern – im Unterricht – primär dem „Begreifen". Für den gestischen und sprachlichen Bereich verweist Lauterbach (mit Bezug auf den *Orbis sensualium pictus* des Comenius)[74]
- auf das *Zeigen, Darstellen* und *Benennen* der Dinge als Mittel ihrer Erfassung und als Voraussetzung für das Herstellen von Ordnungen und Klassifikationen,
- auf das *Beschreiben* von Phänomenen, von Ursachen, Wirkungen, Entwicklungen und Zusammenhängen als Grundlage des Verstehens,
- auf das *Mitteilen* und *Bestätigen* des Erkannten, Wahren und Geltenden.

Alles das kann auch in historischen Rekonstruktionen geschehen, die selbst komplexe Kulturtechniken voraussetzen.
Zahlen und Formen werden zu Hilfsmitteln der Orientierung des genaueren Bestimmens, Ordnens, des Vorhersagens, Reproduzierens, Kombinierens und Konstruierens. Mit ihrer Hilfe lassen sich Merkmale fixieren, dimensionieren und in Größen präzisieren; Relationen und Verläufe lassen sich in Tabellen und Schaubildern (Graphen) darstellen. Umgekehrt bekommen Zahlen, wenn man ihre Proportionen in graphischen Artikulationsformen erkennt, eine verblüffende Bildlichkeit. An der Entdeckung und Nutzung der *Berechenbarkeit* als Idee und Werkzeug hat der Sachunterricht wesentlichen Anteil.[75]
Das *Messen* als Operation des exakten Vergleichens ist für Kinder in seiner Beziehung zur Realität vielfach interessant und in seinen Anfängen gut zugänglich,

---

74 Im Untertitel: „Aller vornehmsten Welt-Dinge und Lebens-Verrichtungen Vorbildung und Benahmung"; Comenius zeigt die Welt der Phänomene.

75 Eine Entdeckungs-Situation für Berechenbarkeit beschreibt Soostmeyer: Um die Anzahl der Muster-Abdrucke auf Tapeten festzustellen, messen Kinder eines zweiten Schuljahres einen quadratischen Rahmen aus, zählen die darin enthaltenen Stempelabdrucke, klappen und verschieben die so gewonnene Einheitsfläche bis die gesamte Produktion erfasst ist. Die Gesamtzahl der Stempelabdrucke wird schließlich durch Multiplikation errechnet. (Soostmeyer 1998, S. 224; vgl. Teil III; 3.3.1)

nicht nur auf der Ebene des praktischen Handelns, sondern auch mit epistemischem Anspruch. Denn Kinder können – exemplarisch beginnend mit der Längenmessung – die sachlogisch notwendigen Handlungsvollzüge und ihre Abfolge (durch Versuche und Korrektur der Irrtümer) selbst als methodische Ordnung entdecken und als regelhaftes Verfahrensschema festlegen. Darüber hinaus ermöglicht es in einer heterogenen Lerngruppe die innere Differenzierung, auch Begründungen für die erforderlichen Schritte zu finden und argumentativ darzustellen.[76]

Am Beispiel der Längenmessung können Kinder eine Verfahrenstechnik verstehen lernen, indem sie diese selbst „erfinden" und die dafür notwendigen Schritte (nicht nur der Handlungsfolge, sondern auch der Abstraktion und Verallgemeinerung) mitvollziehen: Sie wissen dann, wie man dazu kommt und warum man so verfährt. Dieses Verstehen hat zwei Aspekte: Sie können (erstens) das Verfahren und die mit ihm verbundenen Begriffsbildungen als ihre eigene, als eine menschliche Leistung reflektieren und durchschauen, und sie können (zweitens) den Sinn der Handlung, nämlich wozu sie ausgeführt wird, welchen Zweck sie hat, und damit auch das Motiv der Handelnden erkennen.

Damit bietet diese Einführung in eine Kulturtechnik im Hinblick auf den Bildungswert besondere Chancen: Nicht nur das Verfahren steht schließlich für die Erschließung neuer Sachverhalte und für den sicheren Gebrauch zur Verfügung, sondern schon seine explorative und konstruktive Erarbeitung bietet die Möglichkeit, mit Anfängen des methodischen Denkens und der Mathematisierung vertraut zu werden.[77]

> Ausgangspunkt ist eine Situation, in der die Kinder Längen (Distanzen) vergleichen oder festlegen müssen und in der sie möglichst frei erkunden, handeln und sprechen können. Aus dem Bedürfnis kommt die Idee des Messens; die Idee ist der Ansatzpunkt der Begriffsbildung. Das Messen selbst hat den authentischen Zweck, ein Problem zu lösen.[78]

---

76 Ich hebe dieses Beispiel der Längenmessung hervor, weil sich hier für eine konstruktivistisch oder genetisch orientierte Didaktik ein gut bearbeitetes, fruchtbares Feld für ursprüngliches Verstehen und exaktes Denken (Wagenschein) öffnet. Mit eigener Kraft (nach-)konstruierte Kenntnisse werden besser verstanden und nachhaltiger behalten als weniger aktiv erworbene: das Wissen bleibt „lebendiger".

77 Das Bewusstsein über den Wert einer tiefergreifenden bildenden Arbeit an den Grundlagen scheint den Lehrplänen und Schulbüchern seit der Zeit des Umbruchs vom Rechen- zum Mathematikunterricht und vom Heimatkunde- zum Sachunterricht in den sechziger Jahren des zwanzigsten Jahrhunderts dort verloren gegangen zu sein, wo die Einführung in das Messen auf den praktischen Gebrauch reduziert wird.

78 Der von Menschen gesetzte Zweck (das Bedürfnis) gehört zum Begriff des Messens wie auch der Messinstrumente. Er geht (wie bei allen Kulturtechniken) der „Erfindung" des Verfahrens und der Instrumente voraus und liegt ihnen zugrunde. Der Begriff der Längenmessung z.B. (auch wenn er noch nicht ausgearbeitet ist) ist die hervorbringende Ursache des Meterstabes, und dieser ist primär durch diesen Zweck definiert. – Anders ist es bei den von schon existierenden Dingen

> Am Anfang stehen Relationen (länger – kürzer als, gleich lang wie) und qualitative (... ist so lang wie ...) oder annähernd quantitative (... doppelt so lang wie ...) Vergleiche. Das Messen beginnt in der Regel mit Körpermaßen (Handspanne, gespreizte Arme, Fußlängen, Schritte) als Maßeinheiten; ihre individuelle Verschiedenheit wird als Mangel erkannt. Es folgen willkürliche Längeneinheiten (z.B. Stäbe); sie haben den Vorteil der Reproduzierbarkeit des Ergebnisses, aber auch hier finden die Kinder den Nachteil, der in fehlender Repräsentanz liegt: Weiß meine Mutter, wie lang unser Klassenzimmer ist, wenn ich sage: „so lang wie 12 Stäbe"? Wir brauchen also allgemein vereinbarte (normierte) Einheiten. Und wiederum ist die Erkenntnis wichtig: Die Vereinbarung ist grundsätzlich frei, aber sie sollte für die (physische) Handhabung und für das Rechnen praktikabel sein. Das gilt dann auch für die Unterteilungen der Grundeinheit, die wir brauchen, wenn wir genauer messen wollen. – Am Anfang legen wir die erforderlichen (Meter-)Stäbe *(Maßeinheit)* hin und zählen sie *(Maßzahl)*; dann kommen wir mit einem Stab aus, tragen ihn auf der Messstrecke ab und zählen die Markierungen oder nutzen die Unterteilungen (z.B. Dezimeter, Zentimeter).[79]
> Für den Bildungsprozess ist es entscheidend, dass die Kinder am exemplarischen Fall die Schritte des Verfahrens, ihre allmähliche Verbesserung und entsprechende Begründungen in gemeinsamer Arbeit selbst finden. Im Zuge dieser Arbeit bilden sie aus ihrem Tun und Denken den *Begriff* des Messens (und damit zusammenhängende Begriffe), freilich beschränkt zunächst auf das, was sie erarbeitet haben. Differenzierungen und weitere Verallgemeinerungen finden bei der Übertragung der Grundzüge des Verfahrens auf andere Bereiche des Messens (Fläche, Volumen, Zeit, Gewicht, Temperatur) statt.
> Piaget hebt in der Bilanz seiner Analysen zwei Gesichtspunkte hervor: „Der *erste* betrifft das *logische Vorfeld,* die qualitative Bildung der Begriffe. Man sollte nicht zu schnell den Akzent auf das Quantitative legen, das erst die letzte Synthese darstellt, die gut vorbereitet werden muß. Je mehr Zeit man läßt ... desto besser wird das Kind dann verstehen. Der *zweite* betrifft das *Handeln*" mit *„wirklichem Material",* das „notwendigerweise" gebraucht wird. Indem sich Handlungen verinnerlichen, „koordinieren sie sich, werden reversibel und bilden sich zu ‚Operationen' um". *Operation* ist die ursprüngliche verinnerlichte Handlung, die mit anderen Handlungen koordiniert ist; „sie gestaltet reversible Kompositionssysteme" wie – in unserem Fall – den Handlungszusammenhang des Messens (Piaget 1964, S. 72).

Mit der Beherrschung des Verfahrens wird Kompetenz als Frucht eigener Anstrengung erfahrbar. Lauterbach verweist auf die Erweiterung des Blicks durch das Kennenlernen von gebräuchlichen Maßeinheiten anderer Länder (z.B. Zoll, Meile) oder der Vergangenheit (Fuß, Elle). Inhaltliche Bezüge zu den genannten

---

abstrahierenden Begriffsbildungen, also nachträglich gebildeten Klassenbegriffen (vgl. dazu Jonas 1984, bes. S. 107 ff.).

79 Zu psychologischen Voraussetzungen vgl. Piaget 1964. Unter methodischen Gesichtspunkten haben Dienes/ Golding (1967) die Einführung in das Messen (Längen-, Zeit-, Inhalts-, Gewichts-, Flächenmessung) ausführlich behandelt. Soostmeyer beschreibt, wie Kinder des zweiten Schuljahres eine Möglichkeit der Flächenmessung gefunden haben (1998, S. 224, vgl. Anm.75). Zur Temperaturmessung hat Bauer (1984) eine detaillierte Unterrichtsdokumentation vorgelegt.

Dimensionen des Sachunterrichts sind leicht zu finden. Die kulturbildende Wirkung technischer Mittel, die mit einfachen Kulturtechniken und Rechenoperationen verbunden sind, z.B. Uhr und Kalender, ist dabei ein besonders interessanter Gesichtspunkt. (Zur Temperaturmessung vgl. Teil V; 6.2.)
Auf einen weiteren Aspekt verweist Elsbeth Stern: Zeichensysteme müssen nicht nur wegen ihrer Bedeutung als geistige Werkzeuge und als Zugänge zur Welt der Ideen gelernt werden, sondern die Aneignung von *Symbolsystemen* beeinflusst zugleich die kognitive Entwicklung des Kindes. Abstraktion und Verallgemeinerung erhalten damit eine dezidierte Bedeutung. Es geht nicht allein um das „Herausschälen" einer formalen Inhaltsstruktur aus konkreten Fällen, sondern zusätzlich um den Erwerb von Schlüsselkompetenzen, die nicht nur für mathematisches und naturwissenschaftliches Verständnis zentral sind (Stern 2002).

3.1.4 Fachdidaktische Curriculumkonstruktion im Perspektivrahmen

Der *Perspektivrahmen Sachunterricht* (GDSU 2002) wurde in den Jahren 1999 bis 2002 von einer wissenschaftlichen Kommission und mehreren Arbeitsgruppen erstellt und in zwei Klausurtagungen mit Vertreterinnen und Vertretern der zuständigen Behörden aller Bundesländer beraten. Er umreißt in repräsentativer Weise das inhaltliche Bildungspotential des Sachunterrichts und schlüsselt Kompetenzen, Inhalte und Methoden, die bis zum Ende der Grundschule erarbeitet werden sollten, in fünf Perspektiven (sozial- und kulturwissenschaftliche, raumbezogene, naturwissenschaftliche, technische und historische Perspektive) differenziert auf.[80] Damit definiert er eine Weise, in der außerschulische Wirklichkeitserfahrungen und objektivierte Wissensbestände zu Inhalten schulischen Lernens werden können, macht eine fachbezogene Graduierung von Wissen und Können wie auch eine Sequenzierung der Lehre möglich und liefert damit einen Maßstab für die Feststellung von Lernfortschritten und die Bewertung von Lernleistungen. Das für das letzte Viertel des vergangenen Jahrhunderts festzustellende Ungleichgewicht in der Auswahl der Inhalte mit einer eklatanten Vernachlässigung von Themen mit physikalischem oder technischem Bezug (vgl. Einsiedler 2002) ist im Perspektivrahmen überwunden. Damit markiert er den für die Jahrhundertwende aktuellen Stand curricularer Entwicklung, auf den sich unsere weiteren Überlegungen beziehen können.
Der Perspektivrahmen ist ein praxisbezogenes Ergebnis aktueller Curriculumarbeit mit programmatischem Anspruch. Er bildet einen Fundus von potenziellen, aufeinander bezogenen Inhalten oder Komponenten, in dem Gegenstände und

80 Der Rückgriff der Didaktik des Sachunterrichts auf den Perspektivrahmen überwindet die Beschränkung auf länderspezifische Richtlinien und Lehrpläne mit ihren je eigenen Rahmenstrukturierungen und regionalen Besonderheiten. – Neuere Lehrpläne der Bundesländer nehmen explizit oder faktisch Bezug auf den Perspektivrahmen.

Methoden in einem ausgewogenen Verhältnis stehen; er konkretisiert und belegt damit die Gültigkeit der Idee, dass eine Strukturierung des Sachunterrichts nach wissenschaftsbezogenen, kategorial-welterschließenden Perspektiven möglich und sinnvoll ist.

Die Aufgliederung der potentiellen Inhalte in Perspektiven, die auf das Weiterlernen ausgerichtet sind, geht von der Prämisse aus, dass es notwendig zur Aneignung aufgegebene Gegenstände gibt, deren Bearbeitung sowohl dem Bildungsprozess und der Kompetenzentwicklung des Individuums dient, als auch zu einem Kern gemeinsamer Grundlagen in einer Gesellschaft führt. Andererseits ist klar, dass es weder möglich noch sinnvoll ist, einen verbindlichen Kanon auf Dauer festzulegen. Bewertungen der Bedeutsamkeit von Inhalten verändern sich mit der „geistigen Situation der Zeit"; Zugänglichkeit und Ergiebigkeit hängen vom Lernstand der Kinder und von der didaktisch-methodischen Gestaltung ab.

Die Aufgabenbereiche des Sachunterrichts, die hier als Perspektiven bezeichnet werden, konstituieren sich in Bezug auf Inhalte und Verfahren einerseits aus der Position der Kinder, d.h. aus ihrem Erfahrungshintergrund und ihrem Lernbedürfnis, andererseits als Perspektiven auf Wissenschaftsbereiche und das kulturell bedeutsame Wissen.[81] Angegeben werden nicht Lehraufgaben, sondern *Kompetenzen,* über die die Kinder am Ende der Grundschulzeit verfügen sollen.[82] Kompetenzen dienen der Ausweitung von Lebenschancen; sie umfassen neben dem notwendigen Wissen insbesondere auch Handlungsstrategien und Reflexionsfähigkeit; sie zielen also nicht nur auf Kenntnisse und Fertigkeiten (mit denen man Tests bestehen kann), sondern – unter dem Anspruch grundlegender Bildung – auf die Förderung des Verstehens.

Maßgeblich für die didaktische Konzeption des Perspektivrahmens ist die Angabe von *Spannungsfeldern zwischen Erfahrungen der Kinder und grundlegendem sachbezogenem Wissen.* Zu Kinderleben und lebensweltlichen Bezügen treten zunehmend wissenschaftsbezogene Orientierung und Wahrheitssuche, Objektivierung und kritische Prüfung. Produktiv wird dieses Spannungsverhältnis in der *Vernetzung* der Inhalte und Methoden verschiedener Wissenschaftsdomänen. Im Gelingen von Vernetzungen in exemplarischen Unterrichtseinheiten liegt die Chance, bekannte Fehlentwicklungen wie das Verharren in Banalitäten („Trivialisierung"[83]),

---

81 Perspektiven sind auf die Zukunft gerichtet, auf etwas, „was in Aussicht steht" und was man zu erreichen versucht; sie eröffnen Zugangswege. In unserem Fall geht es um den Aufbau von Wissen und – darüber hinaus – das Erarbeiten von Kompetenzen. Eigenes Wissen ist vor allem das, was man „gesehen", gefunden, erkannt und im Bewusstsein verankert hat.

82 Ein ungelöstes Problem des deutschen Schulwesens ist der Anschluss an den Sachunterricht jenseits der Grundschule. Die Curricula der aufeinander aufbauenden Schularten (nicht nur Schulstufen) sind zu wenig aufeinander bezogen. Durch eine u.U. mehrjährige Lücke bis zur Wiederaufnahme mancher Fachbezüge besteht die Gefahr des Verfalls des schon Erreichten.

83 Das Nichttriviale sind die Muster, die verbinden, die Zusammenhänge, die erkannt werden, die

die Uferlosigkeit und Strukturlosigkeit oder die Verstiegenheit zu erfahrungsleeren Begriffen zu vermeiden. Missverstanden wird der Perspektivrahmen, wo sich in der Praxis Evaluationsziele vor Bildungsziele schieben und er als Sammlung abzuarbeitender Stoffe aufgefasst wird. Denn dann dominieren in der Betriebsamkeit des Alltags schnell warenhaft verdinglichte Sachgehalte (die Adorno der „Halbbildung" zugeordnet hat) auf Kosten ihres Wahrheitsgehalts und der Teilhabe der Kinder an geistigen Prozessen.
Als Referenzposition für Bildungsstandards und die Erstellung von Lehrplänen bleibt die Fortentwicklung des Perspektivrahmens eine Daueraufgabe mit Blick auf sich wandelnde gesellschaftliche Bedürfnisse und Entwicklungstendenzen. Neue Herausforderungen für die Schule entstehen vor allem in Bereichen individuellen und gesellschaftlichen Handelns, deren Komplexität und (institutionelle) Verflechtung mit vielen Lebensbereichen in einem Maße steigt, das nicht mehr durch ein Lernen im lebensweltlichen Gebrauch ausgeglichen wird. In dieser Hinsicht besteht – abgesehen von der notwendigen Berücksichtigung aller Dimensionen des Sachunterrichts – für die Bündelung *ökonomischer* Lernaufgaben in einer eigenen „Perspektive" aktueller Bedarf. Ökologisches Wissen und eine Erziehung zu verantwortlichem Handeln im Sinne von *sustainable development* müsste insbesondere mit dieser ökonomischen Perspektive eng verzahnt werden, ebenso aber mit biologischen Grundeinsichten (vgl. Hauenschild/ Bolscho 2005; Teil V; 9.3).[84]

3.1.5 Merkmale effektiver Lehr-Lernkonzepte

Neben dem Wissen, das sich die Kinder erarbeiten, den Methoden der Sacherschließung und Informationsbeschaffung sowie den Kompetenzen, über die sie schließlich verfügen sollen, sind für den Bildungsprozess auch die *Lehr- und Lernkonzepte* und das mit ihnen verbundene didaktische Anspruchsniveau, der Vermittlungsrahmen, die „Lernumgebungen" und -arrangements von entscheidender Bedeutung, also die Art und Weise, wie Schule ihre Inhalte strukturiert, gewichtet, aufbereitet, als Lernaufgaben präsentiert, in Bedeutungszusammenhängen (semantischen Netzen) verknüpft und dabei auch komplexe Fähigkeiten fördert, wie z.B. analytisches, schlussfolgerndes und produktives Denken, das Herstellen von Beziehungsstrukturen und das Transferieren auf neue Problemstellungen.

Prozesse des Aufbaus von Denkmodellen und das Erarbeiten des Elementaren. Die Denk- und Verhaltensmöglichkeiten, die ein Gedanke eröffnet, geben ihm seine Bedeutung.

84 Der Vorschlag sollte nicht als Instrumentalisierung von Bildung für außer ihr liegende Zwecke missverstanden werden. Vielmehr berücksichtigt er, dass Wissen Bildung erst ermöglicht. Bildung dient dem summum bonum des menschlichen Lebens. Wo man sie mit wechselnden Zwecken („Mobilitäts-Bildung") verbindet, wird sie ein politischer Begriff.

Metaanalysen zur aktuellen Unterrichtsforschung (vgl. Einsiedler 2001b; 2002) bleiben in der Regel insofern formal, als sie spezifische Inhalte nicht berücksichtigen. Gleichwohl zeigen sich offenbar übergreifend gültige Merkmale für einen Unterricht, der insbesondere im kognitiven Bereich Kinder mit geringeren, aber auch mit guten Lernvoraussetzungen wirksam fördert. Am häufigsten werden genannt

- *Klassenführung:* Wichtig sind klare Regelungen für geordnete Abläufe und eine gute Organisation der Lernprozesse, die Störungen möglichst vermeidet.
- *Konzentration:* Gute Nutzung der Lernzeit und intensiver Inhaltsbezug.
- *Steuerung der Lernprozesse:* Sicherung des Verständnisses (Kontrolle, Wiederholung) der Lerninhalte vor Maßnahmen der Festigung (Übung), individuelle Unterstützung und Differenzierung (Anpassung an Lernvoraussetzungen).
- *Klarheit der Präsentation:* Prägnanz der Problemstellungen, der Aufgaben und Arbeitsweisen; sachbezogene Motivation.
- *Strukturiertheit der Inhalte und der Arbeit:* Logische, der Sachstruktur entsprechende Sequenzierung und Wahl der Arbeitsformen, verbal-kognitive Gesprächsstrukturierung und Förderung von Abstraktionsleistungen, Akzentuierung wichtiger Ergebnisse und Zusammenfassungen, auf die im Fortgang der Arbeit zurückgegriffen werden kann; aber ebenso Variabilität der Arbeitsweisen und Spielräume für Eigeninitiativen der Kinder.

Diese Merkmale, insbesondere das der sachgemäßen Strukturierung, gelten nicht nur für die direkte Instruktion, d.h. den unmittelbar lehrergesteuerten Unterricht, sondern mutatis mutandis auch für *„offenen Unterricht";* schon deswegen besteht zwischen diesen Modalitäten kein Gegensatz, vielmehr sind fließende Übergänge möglich und sinnvoll. Mit „direkter Instruktion" sind ohnehin nicht Frontalunterricht und eng führende fragend-entwickelnde Prozeduren gemeint, sondern eine breite Variabilität des Vorgehens in der gemeinsamen Arbeit an der Sache, unter Einschluss von Partner- und Gruppenarbeit, von Experimenten, Erstellung von Texten und Zeichnungen u.a. Als wichtiges Element von Offenheit kommt dabei die Freiheit der Kinder zum Zuge, ihre Fragen, Überlegungen und Vorschläge einzubringen, in erkundende Handlungen umzusetzen und dadurch den Fortgang der Arbeit gemeinsam zu steuern.[85]
Offener Unterricht i.e.S. bekommt für einzelne Arbeitsphasen eine inhaltliche (Vor-)Strukturierung durch die Lernumgebung und durch Arbeitsmaterialien, an die dann hohe Anforderungen hinsichtlich der Sachstruktur zu stellen sind.[86]

---

85 Beispiele finden sich bei Thiel (2003), Soostmeyer (1998; 2002), Biester (1991), Möller (1999).

86 Zu nennen wäre hier das Montessori-Material oder die hochstrukturierten Materialien, die Z. P. Dienes vor etwa vierzig Jahren für den Mathematikunterricht entwickelt hat.

Medien können u.U. das Denken der Kinder in einer sehr engen Weise binden und der Kreativität oder dem kritischen Vermögen wenig Freiraum lassen. Gerade die Förderung der Persönlichkeitsentwicklung hängt aber offenbar weitgehend vom sozialen Eingebundensein und von Kompetenzerfahrungen in unmittelbarem intensivem und anregendem Austausch mit verlässlichen Erwachsenen ab, die durch individuelle Förderung die Entwicklung eines positiven Selbstkonzeptes unterstützen.

Von besonderem Interesse für den Sachunterricht sind Untersuchungen zur *medialen Unterstützung des Wissensaufbaus,* die Einsiedler (2002) referiert. Die Ergebnisse weisen darauf hin, dass die „Realismusthese", nach der um so besser gelernt und behalten werde, je mehr ein Medium den optischen und akustischen Kanal anspricht („mit allen Sinnen"), als überholt gelten könne. Worauf es ankomme, sei nicht der Eingangskanal, sondern die kognitive Repräsentation, also die mentale Verarbeitung und die Speicherung in hierarchischen Strukturen und Bedeutungsnetzen. Da „auch schon Grundschulkinder auf relativ abstrakte Weise Ursache-Wirkungs-Wissen verarbeiten können" (S. 20) komme es darauf an, abstraktere Struktureinsichten und Symbolisierungen zu unterstützen. „Zu spezifisches deklaratives Wissen ist häufig auf zu spezielle Kontexte bezogen und deshalb oft nicht transferierbar. Symbolische Repräsentationen und vor allem visuell-räumliche Darstellungen (Diagramme, Graphiken) sind abstrakter und somit auf mehr Situationen transferierbar." (S. 22)

Solche Empfehlungen aus der Forschung, die Nachhaltigkeit und Transferierbarkeit des Wissens durch sorgfältig geplante Prozesse des Verallgemeinerns, Abstrahierens und Symbolisierens zu stärken, widersprechen nicht der anerkannten Notwendigkeit unmittelbarer Auseinandersetzung mit Phänomenen, die uns zum Erkunden einladen und zu Gegenständen forschenden Lernens werden. Denn die exemplarisch bearbeiteten einführenden und illustrierenden Beispiele sind die breite und stabile Basis konkreten Wissens, auf die generellere Struktureinsichten und Begriffsbildungen erst aufgebaut werden können. Unergiebig bleibt ein bloßes Betrachten von Phänomenen, wenn nicht eine durch (von den Kindern gefundene) Fragen und Probleme geleitete Durchdringung und Klärung folgt. Abstrahierende Darstellungen (z.B. in Aufzeichnungen in der Sachunterrichtsmappe) sind dann zugleich eine Hilfe für ein umfassenderes Verstehen. „Die Einbettung in die Lebenswelt wirkt u.U. motivierend, aber nicht von selbst objektivierend." (Einsiedler 2002, S. 23)

In der psychologischen Forschung wird außerdem die Meinung vertreten, dass sich der Aufbau von Wissensinhalten *bereichsspezifisch* vollzieht. „Dabei hat sich mehr und mehr die Überzeugung durchgesetzt, dass im kindlichen Denken inhaltliche Bereiche oder Domänen (vergleichbar mit wissenschaftlichen Disziplinen) voneinander abgrenzbar sind, die in sich geschlossene Überzeugungssysteme darstellen." (Hasselhorn/ Mähler 1998, S. 79) Ansätze „intuitiver Theorien" seien nach Auffassung einiger Autoren bereits angeboren oder würden sehr früh erworben, z.B. über die physikalische Objektwelt.[87] Solche „Theorien", bestehende Wissensdomänen und Vorstellungsschemata sowie bereichsspezifische Strategien haben großen Einfluss auf das weitere Lernen; insbesondere auch darauf, dass Konzeptwechsel (conceptual change) in hohem Maße sachgebunden und mit je eigenen Schwierigkeiten behaftet sind, wie wir an historischen und aktuellen Beispielen gesehen haben.

Eine vorläufige Bilanz ergibt, dass von der Lehr-Lernforschung vorgetragene Hypothesen und Ergebnisse geeignet sind, die Aufmerksamkeit der Didaktik auf mögliche Chancen und Gefahren im Lernprozess zu richten und insgesamt die Sensibilität für die Gestaltung des Unterrichts zu stärken. Sie sind aber zum Teil noch zu wenig elaboriert, um aus ihnen Bausteine für didaktische Konzepte zu gewinnen. Für die Praxis bedeutet das die Stärkung einiger Momente, die guten Unterricht von jeher auszeichnen: individuelle Voraussetzungen ermitteln, günstige Gegebenheiten nutzen und Kinder individuell fördern, Blockaden abbauen und insgesamt das Netz des Wissens und der Vorstellungen erweitern, nach Maßgabe neuer Inhalte umstrukturieren und dichter knüpfen (vgl. Köhnlein 2001, S. 319 ff.). Ein entscheidender Punkt für das didaktische Arrangement ist die Berücksichtigung der *Sachstruktur,* einschließlich der Konsistenz und Kohärenz der angebotenen Inhalte. Die immer wieder betonte Notwendigkeit einer klaren Strukturierung bezieht sich nicht nur formal auf eine „Artikulation des Unterrichts" (Herbart), sondern schon in seinem Vorfeld auf die in einer Sachanalyse auszuarbeitende Sachstruktur, in der Sachzusammenhänge deutlich werden, die Leitlinien für den Aufbau des Wissens geben und das Verstehen erst ermöglichen. Hinzu kommt die für die Schule notwendige Kontinuität und Progression im Aufbau ihrer inhaltlichen Felder, d.h. eine längerfristige curriculare Planung.

3.1.6 Moderat konstruktivistische Lehr-Lernumgebungen

Bedeutsam für die Didaktik des Sachunterrichts geworden ist ein längerfrisitiges empirisches *Forschungsprogramm zum Lehren und Lernen naturwissenschaftlich-technisch bezogener Inhalte,* das von Kornelia Möller geleitet wird. Untersucht werden sorgfältig elaborierte Lehr-Lernstrategien zu anspruchsvollen Themen im Hinblick auf multikriteriale Zielerreichung; d.h. der Erwerb von Wissen sollte als produktiv erlebt werden, ein positives Selbstgefühl unterstützen, Motivationen und Interessen fördern und Lernbarrieren vermeiden. An die Qualität des Wissens, dem Bildungswert zukommt, werden hohe Anforderungen gestellt, insbesondere soll es für die Lernenden einsichtig und nachvollziehbar (Verstehbarkeit)

87 „Konrad Lorenz hat gewiß recht, wenn er sagt, daß wir Menschen eine angeborene Vorstellung des dreidimensionalen Raumes haben, weil ohne diese unsere Vorfahren, die Affen, bei ihren Sprüngen von den Bäumen gefallen wären." (v. Weizsäcker 1991, S. 23) Vgl. dazu die kritische Anmerkung bei Piaget (1974. S. 243 ff.).

und in die individuelle Denkstruktur eingebettet (Integriertheit) sein; es muss gut anwendbar sein und sich bewähren (Robustheit und Belastbarkeit), grundlegende Verfahren einschließen (Methodenorientierung) und weiterführendes Lernen vorbereiten (Anschlussfähigkeit); für die Lernenden soll es zudem interessant sein und Kompetenzerlebnisse ermöglichen (Möller 2001a, S. 117 f.).
Favorisiert werden von Möller und ihren Mitarbeiterinnen „handlungsintensive Lernformen"[88] sowie an „moderat-konstruktivistischen" Paradigmen orientierte „Lehr-Lernumgebungen", d.h. Unterrichtsarrangements, die

- Möglichkeiten für individuelle Konstruktion und Überprüfung des Wissens und der Erfahrungsgewinnung anbieten (aktives, konstruktives Lernen),
- Lernprozesse in sinnvolle, möglichst authentische und bedeutungsvolle Kontexte einbetten (situiertes Lernen),
- das interaktive Aushandeln von Deutungen und Meinungen stärken (soziales, kooperatives und zunehmend selbstbestimmtes Lernen).

Konstruktion und Instruktion sollen dabei sinnvoll verbunden werden, um selbstständiges Denken und Lernen zu unterstützen und multiple Perspektiven zu eröffnen, aber auch um Lerndefiziten (Zusammenhang des Wissens, Abstraktionsniveau des Gelernten, Korrektheit der Kenntnisse und Arbeitsweisen) und Misserfolgserlebnissen vorzubeugen (Möller 2001a, S. 119; 2001b).[89]
Sorgfältige Analysen der Sachverhalte, der notwendigen Bestandteile angestrebter Einsichten und der damit verbundenen Begriffe sowie der voraussehbaren Lern-

88 Schon in ihren früheren Arbeiten folgt Möller dem strukturgenetischen Ansatz Piagets, in dem Lernen als ein Prozess der Wissenskonstruktion in der aktiven Auseinandersetzung des Individuums mit seiner Umwelt charakterisiert wird. Zur Programmatik konstruktivistisch orientierter Lehr-Lernprozessforschung vgl. Möller 1999, bes. S. 129 ff.

89 „Moderat konstruktivistisch" kann der Ansatz deshalb genannt werden, weil er nicht die erkenntnistheoretischen Prämissen des „radikalen" Konstruktivismus teilt, sich nicht unmittelbar auf neuronale Prozesse bezieht und im Unterricht die Notwendigkeiten von Strukturierung und Steuerung durchaus beachtet werden (vgl. Möller 1999; 2001b). Am Anfang stehen Phänomene, und man nimmt sie wahr und untersucht, wie sie sich zeigen: Das Schiff schwimmt, der Stein versinkt im Wasser; d.h. Realität existiert und lässt sich erforschen. Dabei wird berücksichtigt, dass Erkenntnis im naturwissenschaftlich-technischen Bereich nicht ein rein geistig-logischer Prozess ist, sondern das Moment sinnlich-praktischer Auseinandersetzung mit der Widerständigkeit der Materie einschließen muss. – Lernen verlangt beides: phänomengerechte Rezeptivität und konstruktive Aktivität, die sich in geistigen Operationen zeigt. Verstehen ist konstruktiv, denn es schafft Wirklichkeit. Dabei ist der Wissenserwerb immer von sozialen Kontextfaktoren abhängig, d.h. nicht nur Individuen konstruieren Wirklichkeit, sondern auch Gemeinschaften. Und jeder Mensch wächst in einer von anderen Menschen schon vorkonstruierten Wirklichkeit auf. – Zur Wirksamkeit des Unterrichts und den damit verbundenen Zielstellungen liegen inzwischen mehrere detaillierte Untersuchungen vor, z.B. zu multikriterialer Zielerreichung (E. Blumberg), zu Veränderung von Konzepten der Lernenden (A. Jonen), zur Förderung der Persönlichkeitsentwicklung (C. Tenberge) und zur Förderung des Problemlöseverhaltens (Chr. Beinbrech), alle in Cech/ Schwier 2003.

schwierigkeiten sind dabei unabdingbare Voraussetzungen einer didaktischen Sequenzierung der Unterrichtsinhalte und eines logisch-genetischen Aufbaus des Wissens entsprechend dem konstruktivistischen Programm. Die maßgebliche Prämisse besagt, dass verstehendes Lernen nur durch die *konstruktiven Leistungen der Lernenden* erreicht werden kann. Diese Konstruktionsleistung wird durch die Lehrenden angeleitet und unterstützt, aber sie kann den Lernenden nicht abgenommen werden. Weiterhin: Lernen in der Schule geschieht als gemeinsames Bemühen um Erkenntnis, also hauptsächlich in der *Ko-Konstruktion* im Klassenverband: Die Kinder erleben die Erkenntnis in ihrer Entstehung.
Am umfassendsten untersucht und ausgearbeitet ist bisher der Themenbereich *„Schwimmen und Sinken"* (Möller 1999, Engelen u.a. 2002, Möller u.a. 2002, Möller 2005) einschließlich der Bedeutung einschlägiger Präkonzepte (z.B. Luftkonzept, Gewichtskonzept) und der Frage, ob Kinder ein angemessenes Verständnis anspruchsvollerer physikalischer Begriffe wie *Dichte* und *Auftrieb* erreichen können oder welche Bedeutung die leibliche Erfahrung vom „Drücken des Wassers" (Schwimmbad) für die Entwicklung tragfähiger Vorstellungen hat.

Die Bewährung ihres Konzeptes konstruktivistisch orientierter Lehr-Lernumgebungen hat die Arbeitsgruppe um Möller in einer eigenen Studie (Möller u.a. 2002, zusammenfassend Möller 2007c) untersucht. Verglichen wurden zwei Lerngruppen. Die eine Gruppe erhielt einen offeneren, in geringerem Maße strukturierten Unterricht; in der anderen Gruppe wurde der Lehrstoff durch Sequenzierung in Teilprobleme stärker strukturiert, außerdem wurde auf genetische Orientierung mit „unterstützender, sokratischer Gesprächsführung" großer Wert gelegt („konstruktivistisch orientierter Unterricht mit ‚Scaffolding' durch die Lehrkraft"). Erwartungsgemäß erwies sich der konstruktivistisch orientierte Unterricht mit stärkerer Strukturierung insbesondere auch für die schwächeren Schüler im Hinblick auf Lernerfolg und Transferleistungen überlegen.
In der Untersuchung der Langzeitwirkung (nach einem Jahr) wurde festgestellt, „dass die Gruppe mit stärkerer Strukturierung signifikant weniger Fehlkonzepte und signifikant mehr anspruchsvolle wissenschaftliche Konzepte produzierte als die Gruppe mit geringerer Strukturierung im Unterricht". Besonders auffällig war, dass zunächst abgebaute Fehlkonzepte in der Gruppe mit weniger strukturiertem Unterricht nach einem Jahr wieder erschienen, während sie in der anderen Gruppe nachhaltig abgebaut werden konnten. Bemerkenswert ist weiterhin, dass auch die Lernzufriedenheit der Kinder in der stärker strukturiert unterrichteten Gruppe „im Hinblick auf die selbstbestimmte Motivation, auf die empfundene Kompetenz, das empfundene Engagement und die entwickelte Erfolgszuversicht" deutlich höher war. „Offensichtlich wurden die Kinder im Unterricht mit der stärkeren Sequenzierung und der strukturierteren Gesprächsführung stärker unterstützt, so dass sie mehr Kompetenz erleben konnten, sich stärker engagiert erlebt hatten, stärker motiviert waren und auch mehr Zuversicht ausbildeten, ein ähnliches Thema mit Erfolg im Unterricht bearbeiten zu können" (Möller 2007c, S. 113).

Wenn man dem Systematisierungsvorschlag Kahlerts (2005) folgt, kann man die Untersuchungen der Forschungsgruppe um K. Möller sowohl als „sachunterrichtsdidaktische Entwicklungsforschung", die Möglichkeiten bildungswirksamen Unterrichts erweitert, wie auch als „empirische Sachunterrichtsforschung", durch die Wirkungen unterrichtlicher Maßnahmen erhellt werden, bezeichnen. Denn die Unterrichtsversuche sind mit einer differenziert angelegten Diagnostik (Prä- und Post-Einzelinterviews, qualitative und quantitative Analysen) verbunden, durch die sich individuelle Lernfortschritte, Abstufungen des Verstehens, Hinweise auf die Übertragbarkeit und Belastbarkeit des Wissens, aber auch nichtkognitive Aspekte des Lernprozesses erfassen und darstellen lassen.

In der komplexen Situation, die Unterricht allemal darstellt, ist kreatives Suchen erfolgreicher Wege eine absolute Notwendigkeit für die didaktische Forschung. Möller begreift Wissenserwerb als aktiven Prozess der Veränderung vorhandener Konzepte der Lernenden; Verstehen ist Ergebnis geistiger Operationen. In ihrem Ansatz unternimmt sie es, im Geist des aufgeklärten und informierten Entwerfens versuchsweise Lösungen für themenspezifische Lehr-Lernstrategien vorzustellen und Irrtümer zu eliminieren. Die Ergebnisse zeigen, dass in einem konzeptionell und methodisch richtig angelegten Unterricht auch anspruchsvolle Ziele erreicht und die Kinder erfolgreich in naturwissenschaftlich-technisches Denken eingeführt werden können und anschlussfähiges Wissen erwerben. Der Impuls Wagenscheins, Kinder auf dem Weg zur Naturwissenschaft wirksam zu unterstützen, fungiert dabei als Leitmotiv (Möller 2001a, S. 124).

Die hier kurz referierten Untersuchungen sind für die Didaktik des Sachunterrichts nicht nur in inhaltlicher, sondern auch in epistemischer und methodologischer Hinsicht bedeutungsvoll. Sie zeigen „belastbare" Erkenntnisse und Hinweise, wie Unterricht verbessert werden kann. Freilich gibt es keine „Wirkgewissheit" dafür, dass die Berücksichtigung einzelner Merkmale zu besseren kognitiven und affektiven Ergebnissen führt. Man kann immer nur eine gewisse „Wirkwahrscheinlichkeit" erwarten. Entscheidend ist die gelingende Abstimmung der vielen Komponenten, die Unterricht als ein hochkomplexes System ausmachen. Zudem vermeiden diese Untersuchungen eine Hypostasierung und unkritische Verwendung des empirisch-analytischen Erkenntnismodells in der Lehr- und Lernforschung und konzentrieren sich auf die Aufklärung von Formen, spezifischen Schwierigkeiten und Möglichkeiten des Lernens sachunterrichtlicher Inhalte. Das ist nicht möglich allein durch Beobachtung und Datenerhebung, da mit isolierten empirischen Messmethoden die Optimierung von Lernprozessen nicht geleistet werden kann. Vielmehr ist die erste Bedingung empirischer Forschung ein tragfähiger Begriff von der Sache, d.h. von einer Konzeption des Unterrichts und seiner Inhalte, mit dem die disparaten Daten organisiert und interpretiert werden können. Dabei bleibt gewährleistet, dass die in der unterrichtlichen Praxis

gewonnenen Erfahrungen wie auch die erhobenen empirischen Fakten als Korrektiv vorgängige Konzepte durchaus verändern können.
Voraussetzung für weiterführende didaktische Erkenntnisse sind also, zusätzlich zu den erhobenen Fakten, einerseits eine im wissenschaftlichen Prozess reflektierte Erfahrung und eine aus ihr gespeiste produktive Gestaltungskraft, welche es erlaubt, die nach methodischen Regeln erhobenen Daten nach begrifflichen Konzepten zu ordnen und zu bewerten, und andererseits ein spekulatives Moment, das den Ergebnissen eine allgemeine Form gibt und die Theoriebildung leitet.

3.1.7 Selbstkonzept und Lernen bei Mädchen und Jungen

Die Konzeptionen und Curricula, die am Anfang des modernen Sachunterrichts standen, haben den je besonderen Bedürfnissen von Mädchen und Jungen kaum Aufmerksamkeit gewidmet; nach Maßgabe damals aktueller Untersuchungen zu Begabung und Lernfähigkeit sollten vielmehr bestehende gesellschaftliche Zuweisungen, Benachteiligungen oder Ausgrenzungen generell aufgedeckt und überwunden werden. Bildung im Sachunterricht sollte auf Wissenschaft orientiert sein, einen Beitrag zur Aufklärung über die Bedingungen der eigenen Existenz leisten und die Verwirklichung der eigenen Individualität unterstützen.
Die zunehmende „Feminisierung" in den Grundschulen gab keinen Anlass zu der Vermutung, dass Mädchen hinsichtlich ihrer Interessen und ihres Selbstkonzeptes benachteiligt werden könnten. Viel näher lag die empirisch gestützte Sorge, dass viele Lehrerinnen die neuen naturwissenschaftsbezogenen, vorwiegend physikalisch-technisch akzentuierten Inhalte nur zögernd oder ungenügend in den Unterricht aufnehmen und dadurch die frühzeitige Fundierung naturwissenschaftlicher Kompetenz gerade auch bei Mädchen vernachlässigen würden. Das verweist auf die zentrale Rolle der Lehrerinnen und Lehrer, auf die Bedeutung ihres Selbstverständnisses, ihrer didaktischen Qualifikation und ihrer Fähigkeit, retardierende Momente der Ungleichheit, z.B. der sozialen Herkunft und der Verschränkung von Geschlecht, Ethnie und subkultureller Verhaftung, im Bemühen um eine Grundlegung der Bildung abzumildern.
Lore Hoffmann (1993) sieht die Anfänge eines geringeren Interesses von Mädchen an naturwissenschaftlich-technischen Sachverhalten im vor- und außerschulischen Bereich, insbesondere im lebensweltlichen Erfahrungshintergrund (z.B. Umgang mit Werkzeugen und technischem Spielzeug) und in gesellschaftlich vermittelten Rollenerwartungen. Der Sachunterricht könne und müsse hier einen gewissen Ausgleich schaffen, wenn er das relativ hohe Interesse der Mädchen für Naturphänomene und sinnliche Wahrnehmung, für Erfahrungen mit alltäglicher Relevanz und für praktische Anwendbarkeit sowie für soziale Implikationen produktiv aufnimmt. Positive Effekte seien aber „nur in Verbindung mit entsprechenden curricularen Ansätzen" zu erwarten (S. 120). Hoffmann nennt damit

Merkmale der Konzeption des genetischen Unterrichts, wie sie Wagenschein vorgeschlagen hat. Wagenschein sieht bei den Mädchen eine große Nähe zu den Phänomenen (1970, S. 240) und eine geringere Neigung, das logische Kalkül vom Verstehen abzuspalten. Zumeist die Mädchen seien es, die (in gemischten Lerngruppen) gründliches Verstehen einfordern (vgl. 1970a, S. 378; 1970b, S. 99; 1976, S. 96; 1997, S. 123).

Aktuelle empirische Untersuchungen der Münsteraner Forschungsgruppe um Kornelia Möller zum naturwissenschaftsbezogenen Lernen geben Anlass zu der begründeten Annahme, dass in einem anspruchsvollen, moderat konstruktivistischen Sachunterricht, welcher unserer genetischen Konzeption eng verwandt ist, Mädchen und Jungen in gleichem Maße sehr erfolgreich gefördert werden können, insbesondere in Bezug auf Motivation, Selbsteinschätzung und Leistung (Blumberg u.a. 2008). Als wesentliche Bedingungsfaktoren erscheinen dabei

- eine sorgfältige „offene", d.h. situativ variable Strukturierung des Unterrichts in Bezug auf Erkenntnisprozesse,
- Ausrichtung des Unterrichts auf gründliches Verstehen,
- konstruktive Aufnahme auch „naiver" Vorstellungen,
- Einbindung der Kinder in kommunikative Prozesse,
- positive Rückmeldungen über Engagement und Kompetenz („Kompetenzerleben") sowie Unterstützung individueller Bezugsnormen,
- Eröffnung von Möglichkeiten der Selbstbestimmung in individuellen Lernprozessen.

Geschlechterdifferenzen bezüglich Motivation, Lernleistung und Kompetenz betreffen Jungen und Mädchen auf verschiedenen Gegenstandsfeldern des Sachunterrichts in unterschiedlicher Weise, auch im sozialen Bereich. Dabei sind die entsprechenden Zuschreibungen, auch wenn sie empirisch abgesichert sind, immer pauschal und werden überlagert durch das spezifische Profil der einzelnen Kinder. Für einen angemessenen Ausgleich, d.h. für die Überwindung von Defiziten und den Aufbau eines gegenstandsbezogenen Selbstkonzeptes scheinen die Erfahrung des Eingebundenseins und ermutigende Rückmeldungen von zentraler Bedeutung zu sein. Die Voraussetzung für erfolgreiches Lernen aber liegt in der Gestaltung der Lernumgebung und speziell eines Unterrichts, der in einer Weise konstruktiv-genetisch strukturiert ist, dass die Lernenden Hilfe und Anforderungen, Erfolge und Ziele bewusst erfahren und im täglichen Schulgeschehen erleben. Seine praktische Begründung findet genetischer Sachunterricht als ein Konzept der optimalen Förderung jedes einzelnen Kindes und der Lerngruppe als Gemeinschaft. Dafür ist es nötig, Bildung als einen Prozess der Grundlegung zu denken und auf Nachhaltigkeit auszulegen.

3.2 Bezüge und Aufgabenbereiche sachunterrichtsdidaktischer Forschung

Die Didaktik eines Lernbereichs ist die Wissenschaft vom pädagogisch angeleiteten Lehren und Lernen fachlich bezogener Inhalte, Methoden, Prinzipien und Aspekte. Zu ihrem Aufgabenfeld gehören alle Fragen, die sich begründet mit Bezug auf das Unterrichtsfach oder den Lernbereich stellen lassen. Sie erforscht Ziele, Voraussetzungen und Bedingungen, Inhalte, Methoden, Formen und Mittel dieses Lehrens und Lernens und bedient sich dabei auch bestimmter Erkenntnisse und Forschungsmethoden anderer wissenschaftlicher Disziplinen, insbesondere der (Schul-)Pädagogik, der Psychologie und der Kognitionswissenschaften, der Soziologie, der Philosophie und notwendig auch ihrer fachlichen Bezugswissenschaften. In konstruktiver Wahrnehmung ihrer Forschungs- und Entwicklungsaufgaben greift sie über den Schulbereich hinaus und umfasst auch vor- und außerschulisches Lehren und Lernen. Ihr zentrales Wirkungsfeld liegt aber im Aufbau von Theorien und praktischen Konzeptionen des institutionalisierten Unterrichts. Verpflichtet ist die Didaktik von allem den beteiligten Personen als den Subjekten der Lehr- und Lernprozesse, den allgemeinen Zielen des Unterrichts und der Logik der Sache.

Die modernen Fachdidaktiken sind nicht durch Differenzierungen in der Pädagogik und nicht durch Spezialisierungen innerhalb der Fachwissenschaften entstanden.[90] Für die didaktische Aufgabe müssen beide Seiten konstruktiv aufgenommen und verbunden werden: die *fachliche Kompetenz* für Gegenstände, Zugriffsweisen und logisch-systematische Ordnung sachlicher Zusammenhänge und der *erziehungswissenschaftliche Sachverstand,* der auf Bildung und Erziehung des Menschen und auf das Weitertragen der Kultur gerichtet ist, aber auch die Erfahrung der Kunst des Lehrens einschließt. Fachdidaktik bezieht sich immer zugleich auf beides: auf Fachwissenschaften und auf Pädagogik.

Damit sind aber nur die Hauptlinien vielfältiger Verbindungen bezeichnet. Wissenschaftstheoretische und -systematische Untersuchungen zum Ort der Fachdidaktiken werden durch die komplexen Beziehungen zu allen jenen Wissenschaftsbereichen erschwert, die ihrerseits für die Pädagogik und für die Fachwissenschaften bedeutsam sind.[91] Auf psychologische, soziologische oder phi-

90 Für die Ausbildung einer Didaktik genügt es nicht, dass die Fachwissenschaften selbst kommunikativ sein und ihre Ergebnisse verständlich machen müssen, oder dass die Pädagogik auf das lebensweltliche Alltagswissen zurückgreifen kann. Wo der Bezug zur Fachwissenschaft fehlt, bleibt es bei der „Kunde“, wo die Pädagogik fehlt, bleibt der Wissenschaftsbezug für junge Lerner verschlossen.

91 Z.B. wird die Pädagogik bei der fachlichen Akzentuierung umgreifender Begriffe wie Kultur, Lebenswelt, Gesellschaft und Kindheit ihrerseits auf andere Gesellschaftswissenschaften und auf phi-

losophische Forschungsergebnisse muss jede Fachdidaktik nach Maßgabe ihrer Aufgaben und Forschungsinteressen unmittelbar zurückgreifen. Solche Verbindungen erweisen sich immer wieder als fruchtbar und führen zu ausgeprägten Positionen, z.B. konstruktivistischen, phänomenologischen oder der genetischen Erkenntnistheorie Piagets verpflichteten. Insbesondere erkenntnistheoretische, aber auch ethische Prämissen haben erheblichen Einfluss auf die didaktische Theoriebildung. Das ist insofern naheliegend, als sich jede Didaktik mit dem Status des menschlichen Wissens und mit den Zwecken des Lernens auseinandersetzen muss.

Die *Didaktik des Sachunterrichts* ist das extremste Beispiel für multivalente Bezüge zu Fachwissenschaften, weil für sie prinzipiell alle Sachwissenschaften als mögliche Bezugswissenschaften von Bedeutung sind. Ein anregendes Korrespondenzverhältnis zu den entsprechenden Fachdidaktiken ist unerlässllich, damit überall das *verbindende Gleiche* gefördert wird. Das ist eine wichtige Voraussetzung, um für ein transdisziplinäres Vorgehen im Sachunterricht, d.h. für nahtlose Übergänge zwischen den fachbezogenen Domänen sowie für integrative Unterrichtseinheiten eine methodische Grundlage zu finden (vgl. Teil IV; 2.1.3 [3]).

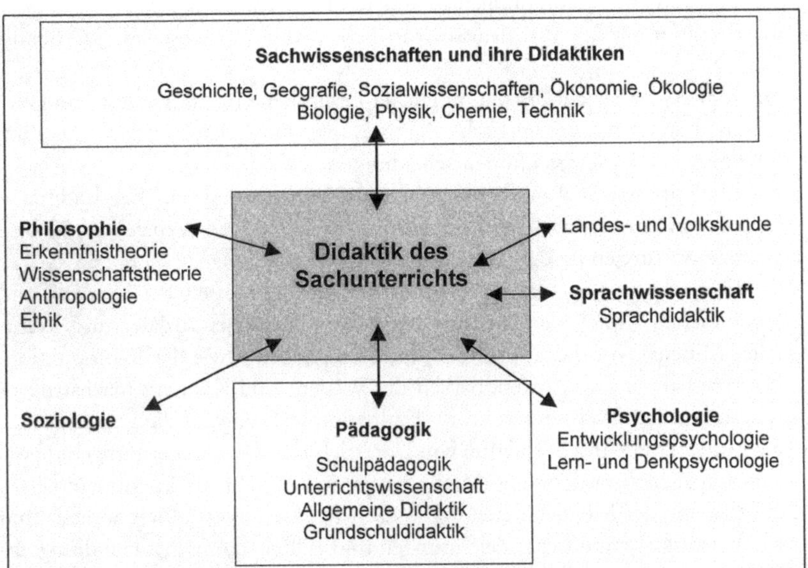

Multivalente Bezüge der Didaktik des Sachunterrichts

losophische Klärungen zurückgreifen.

Im Hinblick auf ihre Forschungs-, Entwicklungs- und Lehraufgaben muss eine Fach- oder Lernbereichsdidaktik interdisziplinär angelegt werden. Sie steht aber in keinem Deduktionszusammenhang zur Pädagogik oder zu Fachwissenschaften; vielmehr hat sie diesen gegenüber ein eigenes, nicht nur spezielles, sondern ein spezifisches Erkenntnisinteresse, das ihren unverzichtbaren Kulturzwecken folgt. Von ihrem primären Ansatz aus, dem Lehren und Lernen in einem bestimmten Inhaltsbereich, stellt sie Fragen an andere Wissenschaften und löst bei diesen u. U. neue Forschungen aus.[92] Für die Didaktik des Sachunterrichts, die Impulse aus vielen Wissenschaften aufnimmt und nach eigenen Konzepten weiterentwickelt, erschwert diese Offenheit die Ausprägung einer scharfumrissenen Disziplingestalt.

3.2.1 Allgemeine Forschungs- und Entwicklungsaufgaben

Zu jenen Forschungsaufgaben der Fachdidaktik, die erhebliche fächerübergreifende Bedeutung und Relevanz für eine Theorie der Schule und des Lehrplans haben und deshalb in Kooperation mit der Schulpädagogik wahrgenommen werden müssen, gehören Bereiche einer bildungsbezogenen Struktur- und Kategorienforschung, insbesondere

- die Untersuchung der Stellung und Funktion des Schulfaches im Gesamtcurriculum und seiner Verbindungen zu anderen Fächern,
- die Bestimmung des Verhältnisses von Lebenswelt, Wissenschaft und Schulfach,
- die Analyse der Bedeutsamkeit möglicher Lerninhalte für Individuum und Gesellschaft sowie die pädagogische Begründung von Zielen und über das Fach hinausreichender Curriculumentscheidungen,
- die Erarbeitung von Entscheidungsvoraussetzungen und von Begründungen für Inhalte, ihre Ordnung und Vernetzung, für Lehr- und Lernziele und Kompetenzerwartungen im Zuge der Curriculumentwicklung,
- die Erforschung von Lernvoraussetzungen und Interessen bei Kindern und Jugendlichen (unter Berücksichtigung unterschiedlicher sozialer und kultureller Milieus), von Lern- und Erkenntnisvorgängen sowie der Reproduktion, Übertragbarkeit und Anwendbarkeit des Wissens und Könnens (Sachstruktur – Lernstruktur – Wissensstruktur – Evaluation in Bezug auf die Lernenden),
- die Entwicklung und Evaluation von Unterrichtskonzepten, Lernumgebungen, Lernaufgaben, Strategien und Methoden sowie von Lehr- und Lernmaterialien,
- die Klärung der Möglichkeiten der Wissensrepräsentation durch Sprache und Mathematik (symbolisch), Zeichnungen und Bilder (ikonisch), Handlungsabläufe (enaktiv) sowie durch Medien aller Art,

92 Z.B. neue, unter dem Gesichtspunkt der Zugänglichkeit entworfene Strukturierungsmöglichkeiten in der Fachwissenschaft; gründlichere Erforschung bislang zu wenig beachteter, aber wichtiger Teilfragen, etwa in der Lernpsychologie, können die Folge sein.

- die Erforschung der erzieherischen Implikationen domänenbezogener Lernprozesse, z. B. über den Zusammenhang von didaktischen Konzeptionen, Wissensaufbau, Kompetenzgewinnung, Einstellungen und Haltungen,
- die Erforschung des Feldes didaktischer und methodischer Entscheidungen der Lehrerinnen und Lehrer,
- die Erarbeitung eines hochschuldidaktischen Konzeptes für die Lehrerausbildung.

Die Akzentuierung solcher Aufgabenstellungen ist nicht unabhängig von institutionellen Vorgaben des Bildungswesens; außerdem unterliegt sie den Bedingungen der sich wandelnden gesellschaftllich-kulturellen Situation. So ist der Nachweis, dass es dem Sachunterricht gelingt, belastbares und anschlussfähiges Weltwissen aufzubauen und dass diese frühe Wissensfundierung hohe Bedeutung für die Genese der Persönlichkeit (Interessenentwicklung, Bildung und Kompetenz) hat, eine aktuelle Aufgabe für Forschung, Entwicklung und Praxis.

Eine wesentliche Aufgabe der Didaktik des Sachunterrichts besteht in der Erschließung und Darstellung des *Bildungswertes* potentieller Unterrichtsinhalte, d.h. ihrer Orientierungsleistung im Hinblick auf Natur, Gesellschaft und die Kultur insgesamt, sowie ihrer Potenz für die Persönlichkeitsentwicklung. Aufzuzeigen ist also – generell ausgedrückt – „Wesen und Wert“ (Kerschensteiner) des Lernbereichs oder das „Eigengesetz und der bildende Wert“ (Willmann) des Unterrichtsfaches. Damit ist pauschal bezeichnet, was eine Fachdidaktik im Hinblick auf den Bildungsanspruch zu leisten hat, und man erkennt, dass sie notwendig mit einer Bildungstheorie verknüpft sein muss. Die für die Grundschule relevante Explikation der „pädagogischen Dimension“ (Wagenschein) der Fachdisziplinen, die dann zur „pädagogischen Aufgabe“ (Freudenthal) wird, kann nur im Austausch mit den Fachwissenschaften und ihren Didaktiken einerseits und mit der (Schul-) Pädagogik andererseits gelingen.

3.2.2 Arbeitsbereiche sachunterrichtsdidaktischer Forschung

Die Darstellung von Beispielen gegenwärtiger Unterrichtsforschung im ersten Teil dieses Kapitels hat bereits die Heterogenität und interdisziplinäre Vielfalt der Ansätze und thematischen Ausrichtungen gezeigt. Es kann in unserem Zusammenhang nicht um den Versuch gehen, Forschungsanliegen und -desiderata einzeln zu benennen, zu bündeln oder möglichen Forschungsfeldern zuzuordnen, zumal dabei recht unterschiedliche, nach den Zwecken optimierte Forschungsmethoden zu berücksichtigen wären. Grundsätzlich gilt, dass anspruchsvolle bildungstheoretische, theoriebildende Forschung einer empirischen Fundierung bedarf; empirische Forschung braucht einen konzeptionellen Rahmen, in dem sie ihre Relevanz erweist.

In einer nur ganz groben Unterscheidung erkennen wir den Bereich der *Curriculumforschung und -konstruktion;* unmittelbar mit ihm verbunden sind die for-

schungsbasierte *Entwicklung* von Medien, thematisch ausgewählten Lernumgebungen, -strategien und -konzepten sowie die Absicherung von Kriterien und Verfahren der *Evaluation.* Einen weiteren Komplex bildet die *Lehr- und Lernforschung,* sie reicht von der Erhebung außerunterrichtlich erworbener Schülervorstellungen und Haltungen über die Analyse und Optimierung von Unterrichtsprozessen bis zu Praxisstudien. Die *didaktische Analyse* ist erforderlich, um eine Sache als Bildungsinhalt zu erfassen und ihren Bildungsgehalt zu bestimmen (vgl. Klafki 1965, S. 126 ff.); die adressatenbezogene Bestimmung des Bildungswertes ist eine wiederkehrende Aufgabe von der Konstruktion eines Curriculums bis zum Entwurf einer einzelnen Unterrichtseinheit. Und auch die *Sachanalyse* als Klärung der Sachstruktur reicht von der curriculumbezogenen Exemplifikation des Elementaren bis zur Erschließung und Konstruktion des Sachzusammenhanges in der Unterrichtsvorbereitung (vgl. Teil IV; 2.2.3).
Zu den generellen Aufgaben sachunterrichtsdidaktischer Curriculumforschung und -entwicklung gehört die Erschließung fachwissenschaftlicher, (lern-)psychologischer und allgemeindidaktischer Ergebnisse für den Lernbereich sowie die kritische Aufnahme und Weiterführung fächerübergreifender didaktischer Konzepte (z.B. Konstruktivismus), Prinzipien (z.B. Kindgemäßheit und Sachlichkeit) und Forderungen (z.B. Offenheit). Zentral ist jedoch die forschungsbasierte Erschließung jener Inhalte und Methoden, die im Unterricht aufgenommen werden müssen, um seinen Bildungsauftrag zu erfüllen und die Lernenden mit den notwendigen Kompetenzen auszustatten. Zu nennen sind hier vorrangig

- die Aufarbeitung unterrichtsrelevanter Inhaltsbereiche (wie sie z.B. der Perspektivrahmen angibt), und zwar nicht präskriptiv und im Duktus einer Anleitung, der die Praktiker folgen müssen, sondern als vernetzte Cluster von Inhalten, aus denen für den Unterricht Bausteine und Hinweise auf Zusammenhänge entnommen werden können, sowie
- Möglichkeiten des Aufbaus domänenspezifischen Wissens von den ersten vorfachlichen Zugängen über die Einführung erkenntniserschließender Zugriffsweisen und der Anbahnung realwissenschaftlichen Denkens zu anschlussfähigem Wissen und relevanten Konzepten.

Dabei werden immer auch allgemeinere Probleme berührt werden, z.B. über Unterrichtsstile, Lernumgebungen oder didaktische Modelle und konzeptionelle Ausrichtungen schulpraktischer Arbeit. Die Konstruktion brauchbarer Curricula muss durch eine tragende didaktische Konzeption geleitet werden. Eine solche Konzeption umfasst eine Modellvorstellung von Unterricht, die sich in der Planung und Ausarbeitung, Durchführung und Auswertung von Unterricht konkretisiert und weiterentwickelt. Die konkretisierende Unterrichtsplanung schließlich ist ein wichtiges Verbindungsstück zwischen Theorie und Praxis und ein ergiebiger Bereich der Zusammenarbeit.

4 Rückblick

Seinen fruchtbaren Ansatzpunkt findet der Sachunterricht im Bereich der Phänomene; Phänomene sind es, die das Interesse der Kinder an der Welt wecken und erhalten, die Ansatzpunkte des Denkens und Herausforderungen des erkundenden Handelns darstellen, und die deshalb Gegenstand von Deutungen, Kategorisierungen, Strukturbildungen und Konstruktionen eines Weltbildes werden. An markanten Punkten der Wissenschaftsgeschichte lässt sich zeigen, wie es die neue Deutung von Phänomenen war, die bis dahin unbekannte Denkräume öffnete. Bei Galilei stoßen wir zudem auf eine erfolgreiche didaktische Strategie, nämlich die dialogische Entwicklung einer neuen Weltsicht unter behutsamer Führung.
Der methodisch geleitete Zugriff auf Phänomene, der zu Verallgemeinerungen und Abstraktionen fortschreitet, erscheint als erfolgversprechender Weg, um Lernhemmnisse zu überwinden, Wissen aufzubauen und das Weiterlernen zu fundieren. Dabei ist das Lösen von Problemen nicht vornehmlich ein naturwissenschaftlicher Modus der Welterschließung. Vielmehr erscheint Problemlösen als eine Möglichkeit, das Lernen anzuregen, Wissen und Fertigkeiten in einer Vielfalt der Zugriffe aufzubauen, mit Fehlern produktiv umzugehen sowie Lernwege und Wissensformen zu reflektieren.
Das Exemplarische zentriert die bunte Fülle des Wahrnehmbaren, es führt einen Sachverhalt auf einen anderen zurück und damit auf eine gemeinsame Erklärung und Repräsentation. Durch die ikonische, vor allem aber durch die symbolische Darstellung wird Wissen objektiviert und zweckgerichtet anwendbar. Entscheidend ist die exemplarische Konzentration, die von Systemzwang und Zeitdruck entlastet, um Gründlichkeit zu ermöglichen. Nur wo der Unterricht offen genug und darauf abgestellt ist, mit den Kindern Fragen und Probleme zu erkennen und zu bearbeiten, darf man hoffen, dass sie mit nachhaltiger Aufmerksamkeit und Motivation dabei sind.
Sachunterricht bezieht sich auf die Lebenswelt in Verbindung mit den Wissenschaftsdomänen der Realwissenschaften. Neun inhaltlich gekennzeichnete Dimensionen dienen der substanziellen Bestimmung und Strukturierung im Rahmen der Einheit des Lernfeldes. Diese Einheit konstituiert sich als der Bezugspunkt, von dem aus die Vielperspektivität des unterrichtlichen Zugriffs überhaupt erst möglich wird. Das vorgestellte Modell der curricularen Klassifikation von Wissen erleichtert es, wissenschaftliches in didaktisch vorstrukturiertes Wissen umzusetzen. Dabei werden Dimensionen und inhaltliche Domänen nicht als geschlossene Sinngebiete verstanden, betont wird vielmehr der innere Zusammenhang und die Vernetzung im Unterricht; Übergänge sind in kontinuierlicher Weise möglich. Die Verknüpfung von Einheit und Vielperspektivität gibt dem Sachunterricht seine lebendige Gestalt.

Für die Lernenden eröffnen die Dimensionen Modi des Weltzugangs, und sie erweitern die Wahrnehmung. Damit wird noch einmal deutlich, dass Wissenschaftsorientierung im Sachunterricht nicht eindimensionale Ausrichtungen auf („klassische") Disziplinen bedeutet, sondern nach dem Konzept der *scientific literacy* (im Sinne von Verstehensfähigkeit und anschlussfähiger Teilhabe an der Kultur) wie die moderne Wissenschaft selbst Interdisziplinarität und soziokulturelle Verankerung einschließt, also z.B. Gesichtspunkte der kulturellen Bedeutsamkeit oder ökologischer Folgen.
Konzeptionelle Theoriebildung und empirische Forschung müssen ineinandergreifen, damit die Didaktik der Praxis weiterwirkende Impulse geben kann. Deshalb ist es nötig, einzelne Ansätze und Ergebnisse empirischer Arbeit auf einer generelleren Ebene zusammenzuführen, Modelle sachunterrichtsdidaktischer Forschung und Entwicklung anzugeben und Aufgabenfelder zu benennen. Damit ist die Didaktik die Institution, die bildungsrelevante Sachverhalte aufklärt und sie öffentlich zur Verfügung stellt.

Teil II: Genetischer Unterricht und das konstruktivistische Paradigma

Eine der wichtigsten Erfindungen der Didaktik ist die des *genetischen Lehrens und Lernens.* In klassischer Weise hat John Dewey den Grundgedanken beschrieben und damit begrifflich fassbar gemacht: „Der Weg zum Verständnis eines verwickelten Produktes führt durch das Studium seines Werdeganges ... Indem wir es im Werden studieren, wird manches unserem Verständnis zugänglich, das heute zu verwickelt ist, um unmittelbar erfaßt zu werden." Dabei ist der Ausgangspunkt „stets irgendeine gegenwärtige Sachlage mit ihren Problemen." (Dewey [1916] 1964, S. 283 f.) Dewey greift mit seinem Hinweis auf die „genetische Methode", die er den „vielleicht größte(n) wissenschaftliche(n) Fortschritt der letzten Hälfte des 19. Jahrhunderts" nennt (ebd.), einen älteren Grundgedanken auf, den Klafki (1964) in seinen Varianten bei verschiedenen Autoren und in seinem theoretischen Potenzial ausführlich dargestellt hat. Von Anfang an ist mit dem genetischen Prinzip die Überzeugung verbunden, dass eine Erziehung, die auf aktive Erarbeitung des Wissens setzt und damit die Kreativität stärkt, einer anderen überlegen ist, die sich darauf beschränkt, vorgefertigtes Wissen als zu akzeptierende Wahrheit zu vermitteln.

Im 20. Jahrhundert hat am nachhaltigsten Martin Wagenschein das Prinzip des Genetischen als konstruktive Grundidee der Entwicklung und des Werdens aufgegriffen und an Inhalten aus der Physik, der Mathematik und der Erdgeschichte ausgearbeitet (1976, S. 139 ff.; 1997, S. 75 ff.). Dabei geht es ihm um die Gewinnung und Sicherung der primären Zugangsart zu dem, was Gegenstand des Sachlernens in der allgemeinbildenden Schule sein sollte: Genetisches Lehren ist der Weg des *Verstehen-Lehrens*. Ein wichtiges Vorbild für die genetische Darstellung der Physik sieht er in den historisch-kritischen und populärwissenschaftlichen Schriften von Ernst Mach. Mach stellt einzelne Gebiete der Physik in ihrer Entwicklung dar, indem er den Forschungsstand an wichtigen Knotenpunkten ihrer Geschichte, etwa bei hervorragenden Forschern, erörtert. Er geht davon aus, dass zumindest die Mechanik ihre Ansatzpunkte in der Untersuchung naheliegender Phänomene hat:

> „Der Kern der Gedanken der Mechanik hat sich fast durchaus an der Untersuchung sehr einfacher besonderer Fälle mechanischer Vorgänge entwickelt. Die historische Analyse der Erkenntnis dieser Fälle bleibt auch stets das wirksamste und natürlichste Mittel,

jenen Kern bloßzulegen, ja man kann sagen, dass nur auf diesem Wege ein volles Verständnis der allgemeinen Ergebnisse der Mechanik zu gewinnen ist.“ (Mach [1883] 1976, S. V f.)

Ursprungssituationen wissenschaftlichen Denkens sehen Mach und Wagenschein vor allem am Anfang der neuzeitlichen Physik; immer wieder hervorgehoben werden die anschaulich auf Probleme bezogenen und in Dialogen dargestellten Untersuchungen Galileis, die neuzeitliche Ansätze im flüssigen Aggregatzustand ihres Entstehens zeigen. Wagenschein selbst misst dem aus Handlungen abgeleiteten Ansatz der Physik große Bedeutung zu, weil dieser reale Bezug den Bedürfnissen insbesondere der jüngeren Schüler entgegenkommt. Aus praktischen Problemen lassen sich physikalische Einsichten ablösen: „Die neuzeitliche Naturwissenschaft ist das Kind einer Ehe zwischen Philosophie und Handwerk.“ (v. Weizsäcker 1970, S. 170)
Weiterhin folgt Wagenschein Mach in der Auffassung, dass eine erste Einführung in naturwissenschaftliches Denken an sorgfältig ausgewählten Beispielen geschehen sollte. Damit ist eine Verknüpfung des Genetischen mit dem Exemplarischen vorgezeichnet. Eine dialogische Grundstruktur des Unterrichts favorisiert Wagenschein, weil sie die größtmögliche Offenheit für die Vorstellungen, Ideen und Fragen der Lernenden gewährleistet. Er bezeichnet dieses Moment seiner didaktischen Konzeption als das *sokratische* und bezieht damit auch das kritische Prüfen ein, das für eine sachliche Untersuchung unerlässlich ist.
Wie das Genetische gehören auch das Exemplarische und das Sokratische zu den großen, von der Philosophie vorgeformten Ideen der Pädagogik. Für eine moderne Didaktik des Sachunterrichts ist die Konzeption eines *exemplarisch-genetisch-sokratischen Unterrichts* Kernbestand. Dabei steht das Genetische im Zentrum einer theoriegeleiteten Integration aller didaktischen und methodischen Einzelmerkmale des Unterrichts und übergreift die anderen Bestimmungen. Hinzu kommt im Hinblick auf das Weiterlernen in den Sachfächern das Konzept der *Vielperspektivität,* das sich wesentlich in den schon genannten Dimensionen ausdrückt (vgl. Köhnlein u.a. 1999; Thomas 2009, S. 112 ff.). Neuere Entwicklungen in der Lerntheorie haben dazu geführt, dem Genetischen verwandte Elemente des didaktischen oder „moderaten“ Konstruktivismus in Theorie und Praxis ausdrücklich zu berücksichtigen: Als *konstruktiv* bezeichnen wir den produktiven Zugriff der Lernenden im Erfassen von Sachverhalten, im Suchen von Beziehungen und im verständlichen Aufbau von Wissens- und Denkstrukturen.

konstruktiv
exemplarisch – *genetisch* – sokratisch
vielperspektivisch

Diese fünf Bestimmungsmerkmale der didaktischen Konzeption des genetischen Lehrens und Lernens sind die begriffliche Grundlage für den Aufbau einer Theorie des Lernfeldes, das wir als Sachunterricht bezeichnen, einschließlich aller pädagogischen Implikationen, die mit dem Begriff der Bildung zur Geltung kommen. Sie sind nun in ihren spezifischen Ausprägungen und Verbindungen näher zu erläutern. Umgreifend ist das von Wagenschein hauptsächlich in den sechziger Jahren ausgearbeitete Konzept des *Verstehen-Lehrens* ([1968] 1997), das später durch psychologisch und erkenntnistheoretisch akzentuierte Einflüsse des Konstruktivismus in seinen Begründungszusammenhängen erweitert wurde [Kap. 1]. Ein zweites Moment ist das sokratische, die Geburt und die Prüfung der Gedanken im *Gespräch* [Kap. 2]. Die *exemplarische Fundierung* und die *vielperspektivische Ausprägung* [Kap. 3] des Wissens ist Bedingung der praktischen Relevanz der genetischen Unterrichtskonzeption und leitet über zu den Inhalten des Sachunterrichts.

1 Das genetische und das konstruktive Prinzip als Paradigmen des Verstehen-Lehrens

Kern des *genetischen Lehrens und Lernens* ist die behutsame, auf einen längeren curricularen Prozess angelegte Einführung tragender Ideen der Kultur in das Denken der Lernenden und der Aufbau einer inneren, mentalen Repräsentation der Struktur und der hauptsächlichen Vernetzungen bildungsrelevanter Gegenstände. Es geht also nicht schlechthin um das Verfolgen zeitlicher Entwicklungen, sondern um die Vergegenwärtigung und den Nachvollzug kulturgeschichtlich grundlegender Innovationen und fortwirkender Ideen aus gegenwärtiger Perspektive. Entscheidendes Ziel und Kriterium ist dabei das *Verstehen,* also das Gewinnen der Fähigkeit, den fraglichen Sachverhalt in Gedanken nachzukonstruieren. Der schrittweise genetische Aufbau des Wissens und die argumentative genetische Rekonstruktion der physischen und gesellschaftlichen Wirklichkeit sind die umgreifenden Kennzeichen genetischen Lehrens und Lernens. Damit gewinnt eine *kon-*

struktiv-genetische Akzentuierung Dominanz gegenüber der historisch-genetischen (vgl. Möller 2001c);[93] außerdem wird deutlich, dass Verstehen kein reproduktiver, sondern ein produktiver Prozess ist.

Ein genetisches Unterrichtsverfahren versucht, die Erfahrungen, Vorkenntnisse („Präkonzepte") und Meinungen der Lernenden für gemeinsame Überlegungen fruchtbar zu machen und sucht mit ihnen Wege des Entdeckens, Unterscheidens, Ordnens und Prüfens, um miteinander zu gesicherten und verstandenen Ergebnissen zu kommen. Das genetische Prinzip verlangt also eine spezifische, das produktive Denken anregende Lehrweise und Wissenskonstruktion in exemplarischen Unterrichtseinheiten, und es ist auf den Aufbau des Curriculums gerichtet: Es muss ein für die Kinder verständliches Fortschreiten in den Inhalten des Unterrichts und für die Herstellung von Zusammenhängen geben.[94] Auch das Gewinnen der Fachperspektiven, die sich am Ende der Grundschule abzuzeichnen beginnen, ist als allmähliche Differenzierung und Spezialisierung ein genetischer Prozess. Genetisches Lehren ist Teil einer „Didaktik der Zugangswege" (Giel).

Wir wenden uns in diesem Kapitel zuerst der Begründung des genetischen Lehrens und Lernens bei Wagenschein zu [1.], sodann kurz den konstruktivistischen Theorieansätzen bei Piaget, Aebli und Bruner [2.], erinnern an die in der Didaktik kaum rezipierte „konstruktive Philosophie" der Erlanger Schule [3.] und versuchen dann Koinzidenzen des didaktischen Konstruktivismus mit dem genetischen Prinzip aufzuzeigen [4.]. Eine Zwischenbilanz [5.] führt weiter zum sokratischen Moment des genetischen Lehrens und Lernens.

1.1 Begründung des genetischen Lehrens und Lernens bei Wagenschein

Wagenschein hat frühzeitig (1962/1976) darauf aufmerksam gemacht, dass genetischer Unterricht mit Zielen verbunden ist, die über Wissen und Kompetenz hinausgreifen. Generell erscheinen diese Ziele im Begriff der Bildung; speziell

---

93 Die historisch-genetische Ausprägung ist wesentlich durch die Kulturstufentheorie bzw. durch einen behaupteten Parallelismus zwischen Phylogenese und Ontogenese bestimmt, wie er insbesondere von den Herbartianern vertreten wurde. Daneben finden wir eine organisch-genetische Orientierung, die mit dem Prinzip der Ganzheit verbunden ist und auf Pestalozzi zurückgeht. Die hier favorisierte konstruktiv-genetische Akzentuierung schließt Momente anderer Ausprägungen des Genetischen ein: der logisch-genetischen (Nachentdecken der immanenten Logik eines Wissensgebietes), der individual-genetischen (Orientierung an einer psychologischen Entwicklungstheorie), der kausal-genetischen (Fortschreiten in Wygotskis Modell der Entwicklungsstufen), der heuristisch-genetischen (analytisch-synthetisches Entdeckungsverfahren), der hermeneutisch-genetischen (Erschließen von Sinn und Bedeutung).

94 In dieser Hinsicht bezeichnet Giel das Curriculum als das „didaktische Organ, das die Lerninhalte in die Lebensgeschichte integriert" (Giel 1994, S. 21).

nennt er Phantasie (für weitergreifende Vermutungen), Ehrfurcht vor dem, was uns nicht verfügbar ist, Leidenschaft des Forschens (als ein zumeist intuitiv geleitetes konstruktives Suchen nach Ursachen und Zusammenhängen) und kritisches Prüfen. Der genetische Weg macht die Lernenden zu Entdeckern (nicht nur zu Informierten); man besichtigt nicht nur das fertige Haus (des Wissens), sondern untersucht, aus welchen Anlässen und wie man das Haus gebaut hat und – im Fortschreiten auf diesem Weg – wie das „Gerüst und Gebäude in eine Urlandschaft des Wirklichen erst hineingeplant und herauskonstruiert wird" (Wagenschein 1976, S. 141 ff.). Wissen wird verstanden als ein gewordenes und werdendes in der Auseinandersetzung mit „Wirklichkeit"; die speziellen Hinsichten oder Aspekte des Fachlichen entwickeln sich „aus dem ursprünglich weiten Blick" des alle realwissenschaftlichen Dimensionen umfassenden Sachunterrichts.

Wagenschein nennt es eine „erzieherische Entscheidung", ob wir den Kindern vorgegebene Wissensbestände nur einsichtig und verfügbar machen oder ob aus den Kindern durch die Auseinandersetzung mit Phänomenen „ursprüngliche Ansätze des ... Verstehens herausgefordert werden". Er verweist auf die Bedeutung dieser Entscheidung für das Verhältnis der Heranwachsenden zur Natur, zur gesamten Mitwelt wie zur Wissenschaft (Wagenschein 2003, S. 9), darüber hinaus aber auch für die Qualität des Wissens und die Bildung der Persönlichkeit. Denn genetischer Unterricht fördert in der Verschränkung von leiblicher Empirie und geistiger Tätigkeit die Kreativität beim Erkennen und Lösen von Problemen, die Konstruktivität beim Herstellen von Zusammenhängen und dem Aufbau von Wissen und schließlich die Kritikfähigkeit gegenüber dem eigenen Denken (1997, S. 55 ff.).

Mit diesen bildungstheoretischen, anthropologisch begründeten Ansprüchen werden die Wege vielleicht etwas länger und mühsamer, aber auch lohnender und anregender als in einem weniger anspruchsvollen Unterricht. Das genetische Prinzip enthält in seiner Zielsetzung Grenzen für die „Rationalisierung" des Curriculums. Ein interessantes und für die Praxis hoch bedeutsames Problem ist das Gewinnen anfänglicher tragfähiger Vorstellungen über handlungsrelevante Strukturen der physischen Welt und über die vielfältigen sozialen Beziehungen, in die das Kind eingebunden ist, d.h. der ersten bewussten Vermutungen als Grundlage und Material für spätere Abstraktions- und Verallgemeinerungsprozesse im Zuge des Aufbaus von Begriffen und Denkmodellen.[95] Die Frage heißt also: Wie gewinnen Kinder erste Bausteine eines mit den Gegebenheiten der Welt konsistenten Handelns, ohne schon bewusst auf vorgängige spezifische Erfahrungen zurückgreifen zu können? Und wie gelingt die kognitive Einbettung von Verhaltenselementen in den Vorstellungshorizont der Kinder?[96]

95 Untersuchungen über möglicherweise angeborene konzeptuelle Strukturen sind hier nicht unser Thema (vgl. Hasselhorn & Mähler 1998, S. 79; Sodian 1998, 634 f., 643).

96 Diese Frage ist nicht nur für das Kindergartenalter bedeutsam, sondern bei einem partiellen Erfah-

Wagenschein hat in diesem Zusammenhang von *ursprünglichem Verstehen* gesprochen (1970) und meint damit ein intuitives Erfassen wesentlicher, konstanter Merkmale eines Phänomens oder eines Kreises von Phänomenen. Das Kind weiß noch nicht, dass es das gibt, was es nun findet; es steht am Anfang. Es hat noch kein sachbezogenes Motiv, sondern einen situativen Anlass, der vielleicht durch den Spieltrieb gegeben ist. Ein Beispiel ist seine Beobachtung jenes zweijährigen Jungen, der auf der Kiesterrasse sitzt und entdeckt, „daß es Dinge gibt, die sich wiederholen lassen und uns so lehren, daß wir der Welt vertrauen dürfen."

> „Tief versunken und unglaublich ernst hockt er sich nieder, füllt beide Hände mit den hellen Kieseln, steht langsam auf, den Blick auf die Hände gerichtet, daß nichts verlorengeht, und öffnet sie dann langsam: Von selber fallen die Steine zur Erde, und immer wieder: Er wird nicht müde, es immer wieder zu tun, es in Frage zu stellen, herauszufordern, sich von neuem bestätigen zu lassen; ja, es zu üben, es aus-zu-üben, was er sucht und braucht: Verläßlichkeit. Das Lächeln verläßt ihn zuletzt nicht mehr, und jedesmal, wenn ‚es' wieder gelingt, hebt er seinen dunklen Blick zu mir herauf, als wollte er sagen: Hast du es *auch* gesehen? Was ich kann? Was ich tun lassen kann?" (Wagenschein 2003, S. 20)

Der Junge macht die alte Grunderfahrung, die schließlich zur Naturwissenschaft geführt hat: „Ordnung, Wiederkehr, Voraussagbarkeit ist – unter Umständen – in unsere Hände gegeben." (ebd.)

Das Kind handelt aus einer spielerischen Haltung und gewinnt vielleicht ein – durch andere geglückte Erprobungen bestärktes – Grundgefühl für Wiederholbarkeit und Regelhaftigkeit in der physischen Welt.[97] Ansatzpunkte des Erkennens und Verstehens liegen in der sensomotorischen Auseinandersetzung und schließlich in der Koordination von Handlungen, die funktionell auf die äußeren Gegebenheiten abgestimmt sind und dann im Überschreiten der leiblich-unmittelbaren Bezugnahme die Grundlage reflexiver Abstraktionen bilden (Piaget 1973b S. 25 ff.; vgl. ders. 1974, S. 128 ff.).

Mit der fiktiven Frage: „Hast du es auch gesehen?", deutet Wagenschein einen möglichen nächsten Schritt des Kindes an: das Heraustreten aus der bloß sensomotorischen Funktionslust, das Aufkommen einer intelligenten Neugier, der Anfang des Fragens und der Zweifel: Ist es wirklich so? – Handeln und Wiederholbarkeit eines Handelns, das sich bewährt, begründet eine Erwartung, nämlich dass es immer so gehen wird. Das ist die einfachste Form von Handlungswissen und zugleich ein Ansatzpunkt für Verstehensleistungen durch Wiedererkennen von Bekanntem: Alle Gegenstände fallen (vgl. Wagenschein 2003, S. 11). Der Fortschritt zu einer wissenschaftsorientierten Haltung besteht darin, solche Er-

rungsverlust vieler heutiger Kinder auch für die Schule.

97 Die Physik „beschäftigt sich mit dem Wiederholbaren, sei es mit dem zeitlich hintereinander gleichartig Ablaufenden oder Herstellbaren, sei es mit dem nebeneinander in gleichartiger Weise Existierenden" (Hund 1969, S. 9).

wartungshaltungen oder vorläufigen Feststellungen kritisch zu überprüfen und in strukturelle Zusammenhänge zu bringen.[98] (Vgl. dazu insgesamt Teil III; 1.1.)
Nach Wagenschein führt genetisches Lehren ohne Bruch vom Sehen zum Verstehen, vom Nachdenken über auffällige Phänomene in die wissenschaftsbezogene Erforschung von Sachverhalten, zum Beispiel nach Maßgabe der genannten Dimensionen. Zugleich hält es den Rückweg zu der Fülle der konkreten Erscheinungen offen und stärkt die Verwurzelung des Fühlens und Denkens in den lebensweltlichen Erfahrungen der Kinder.[99]
Ein genetisches Konzept, das auf die Entwicklung des Denkens, Fühlens und Wollens der Kinder und auf ein Fortschreiten von „dunklen Anschauungen" zu „deutlichen Begriffen" (Pestalozzi) ausgerichtet ist, hebt zudem die scheinbaren Antinomien von „kindgemäß" und „wissenschaftsorientiert", von „ganzheitlichem" und „fachbezogenem" Unterricht als hemmende Engführungen auf. Es überbrückt im Curriculum die Kluft zwischen naturwissenschaftlichem und sozialwissenschaftlichem Denken, indem es sich öffnet für die Mitwahrnehmung des Guten, Wahren und Schönen und auch die „Subjektblindheit" (C.F. v. Weizsäcker 1977, S. 578) des traditionellen naturwissenschaftlichen Unterrichts überwindet.
Der Sinn des genetischen Unterrichts besteht also darin, dass er den Kindern (und Jugendlichen) hilft, wichtige Gegenstandsbereiche produktiv zu bewältigen, d.h. tragfähige Ideen im Überschreiten der Ebene der Phänomene – gestützt durch das kulturelle Umfeld – zu entdecken, selbst hervorzubringen und zu verfolgen. Damit das möglich wird, muss die Didaktik Aufmerksamkeit auf die spezifischen Formen und Operationen richten, mit denen Kinder die Welt befragen und erkunden (vgl. Wagenschein 2003, S. 11; Soostmeyer 1978, S. 155 ff.; Breitschuh 1981).[100] Wir können Aebli in der Auffassung folgen, dass sich das Denken – und mit ihm auch das Verstehen der physischen und sozialen Umwelt – aus dem praktischen Handeln und aus dem Wahrnehmen entwickelt: „Menschliches Denken geht aus elementaren Lebensvollzügen hervor" (Aebli 1980, S. 15), d.h. der Mensch – auch schon das Kind – kreiert Vorstellungen, Entwürfe von Sachver-

98 Wie sich Elemente des Wissens und punktuelle Einsichten in genetisch-konstruktiven Prozessen zu neuen Konzepten strukturieren, hat Wagenschein für das Physiklernen an seinem Modell der „Kristallbildung" gezeigt (Wagenschein 1976, S. 206 ff.). „Kristallbildung" ist ein Elementarakt der Systematisierung. Kleinere Zusammenhänge werden zu größeren verbunden, dabei können sie als Elemente erhalten bleiben oder durch Umstrukturierung in ein Allgemeineres „aufgehoben" werden.

99 Siegfried Thiel hat eine Reihe von Unterrichtsprotokollen veröffentlicht, in denen hervorragende Beispiele für diese Konzeption festgehalten sind (Thiel 2003a, S. 90 ff.). Vgl. außerdem Soostmeyer 1998 und 2002.

100 Wir haben schon darauf hingewiesen, dass es offensichtliche Entsprechungen zwischen der Art und Weise, wie Kinder einzelnen Problemen nachgehen, und der Grundstruktur von Forschungsprozessen gibt.

halten und prüft sie an seiner erfahrbaren Realität.[101] Lernen ist ein konstruktiver Aufbauprozess, und seine didaktische Führung muss im wesentlichen kontinuierlich verlaufen. Wichtig für die Anwendbarkeit und Nachhaltigkeit des Gelernten ist, dass die an Phänomenen gewonnenen primären Erfahrungen (als Reservoir von Beispielen und als Möglichkeit der Zurückführung auf Vertrautes) in das fortgeschrittene Wissen integriert bleiben, d.h. dass der gegenseitige Rückbezug zwischen dem durch Konstruktion und Abstraktion gewonnenen Allgemeinen, das in genereller und universeller Weise die zu erwartenden empirischen Regelmäßigkeiten der praktischen Lebenswelt repräsentiert (z.B. in einem Begriff, einem Denkmodell, einer Formel), und dem jeweiligen konkreten Fall im Lernprozess besondere Aufmerksamkeit findet.

1.2 Konstruktivistische Denkansätze bei Piaget, Aebli und Bruner

Die *konstruktivistischen Theorieansätze* in der Didaktik verbinden hauptsächlich kognitionspsychologische mit erkenntnistheoretischen Argumentationslinien. Ihr leitender Gesichtspunkt wird durch die Frage markiert, wie Erkenntnis zustande kommt. Diese Problemstellung impliziert den Versuch, Erkennen durch sein Zustandekommen und durch Entwicklung zu erklären. Jean Piaget kommt in seinen Vorlesungen zur genetischen Erkenntnistheorie zu dem Ergebnis, dass Erkenntnis aus kontinuierlicher Konstruktion von Operationen hervorgeht, d.h. er leitet den Erkenntnisprozess aus einer Struktur koordinierten Handelns ab, in das „ein gewisses Maß an Invention", aber wohl auch angeborene Prädispositionen eingehen (Piaget 1973b, S. 87 und 93). Solche „Strukturierungen bestehen darin, die Wirklichkeit im Handeln oder im Denken zu organisieren, und nicht, sie einfach nachzuahmen" (1974, S. 31). Wichtig in unserem Zusammenhang ist Piagets genetisch-konstruktive Grundidee der Entwicklung: Neue kognitive Konzepte sind das Ergebnis einer geistigen Konstruktion und nicht einer unmittelbaren Übertragung von Lehrenden zu Lernenden (vgl. Reusser 2006).
Handlungen und gedankliche Operationen setzen Elemente in Beziehung, solche Elemente können Sachen, Vorgänge und Personen mit ihren Eigenschaften oder auch Gedankengebilde sein. Dabei impliziert jede Handlung die Wahrnehmung oder Vorstellung ihrer Objekte, also der Situation, auf die sie sich bezieht, der Prozesse, die sie auslöst und der Ergebnisse, die sie erzeugt. Das bedeutet, dass Handlungen mit Sachwissen, mit Deutungen und Sinngebungen verbunden sind: Sie folgen einem Wissen über sachliche Zusammenhänge oder sie dienen der Er-

101 An vielen „Geschichten", die Wagenschein gesammelt hat, wird das im Einzelfall deutlich (vgl. Wagenschein 2003).

kundung von Sachverhalten und damit der Konstruktion von Wissen. Darüber hinaus erleben sich die Kinder in einem sach- und sinnbezogenen Handeln als Urheber ihrer Fortschritte, wenn ihnen die erforderliche Zeit und Freiheit gegeben wird.

Die Rezeption der Arbeiten Piagets hat die Aufmerksamkeit auf basale Lern- und Verstehensprozesse bei Kindern gerichtet und zur Wende von einem behavioristisch-empiristischen zu einem kognitiv-konstruktivistischen Paradigma beigetragen. Hans Aebli, der viele Erkenntnisse Piagets für die Didaktik fruchtbar gemacht hat (und dem wir eine Zusammenführung von Entwicklungs- und Lernpsychologie verdanken), vertritt auf einer breiten empirischen Basis einen genetischen Konstruktivismus: „Wir sind der Meinung, daß alle neuen Inhalte des geistigen Lebens durch Konstruktion aus einfachen Elementen hervorgehen." (Aebli 1983, S. 389) In seiner Anthropologie wird die spontane Bereitschaft des Kindes zur Tätigkeit, zur Strukturierung und Ordnung seines Denkens und Tuns als gegeben vorausgesetzt (vgl. Aebli 1980/1981).

In die didaktische Basis des modernen Sachunterrichts sind am Anfang der siebziger Jahre, in jener Zeit des bildungspolitischen Aufbruchs, einige der optimistischen Hypothesen Jerome S. Bruners eingegangen.[102] Didaktische Hypothesen sollen dem Lehren und Lernen neue Möglichkeiten eröffnen; sie sind eine Herausforderung für die Forschung, für die Modellierung von Unterrichtskonzepten und für die Praxis, in der sie sich schließlich bewähren müssen.

Die entscheidende Zielsetzung des Unterrichts sieht Bruner in der Vermittlung grundlegender Ideen („fundamental ideas", „die ebenso einfach wie durchschlagend sind") der jeweiligen Bezugswissenschaften. Kognitives Lernen charakterisiert er als einen aktiven Strukturierungsprozess. Quelle erster Erkenntnisse sind *intuitive Vermutungen*: „Der Aufstieg der Lernenden von den konkreten zu den formalen Operationen", also die innere Konstruktion von Konzepten, „wird ermöglicht und erleichtert durch die antizipierende Funktion des intuitiven Erfassens von Zusammenhängen" (Loch in Bruner 1970, S. 14). Elementares Denken kann nicht auf logischem Weg erzwungen werden; es bleibt angewiesen auf die Intuition, d.h. auf kreative Akte der Reorganisation vorgängiger Erfahrungen im Hinblick auf neue Anforderungen.[103]

---

102 Bruner greift in umfassendem Maße auf das Werk Piagets zurück. Vgl. Bruner 1970, 1971 und 1974. – Zur Unterrichtstheorie Bruners vgl. Köhnlein 2001, S. 307–311.

103 Intuition ist für Bruner zunächst eine intellektuelle Technik, „durch die man zu plausiblen, aber provisorischen Formulierungen gelangt, ohne den analytischen Stufengang zu durchlaufen, der beweisen würde, ob diese Formulierungen gültige oder ungültige Schlüsse sind" (1970, S. 27). Intuition bezeichnet darüber hinaus eine Grundform weiterführenden Denkens; sie impliziert im Ansatz das Erfassen eines Sinns, der Bedeutung und Struktur eines Problems, eines Vorgangs oder einer Situation und produziert Vermutungen und Ideenkombinationen, die dann kritisch überprüft werden müssen.

Mit Nachdruck betont Bruner die Notwendigkeit, die Lernenden zu einer *forschenden Haltung* anzuleiten. Durch forschenden Zugriff soll vor allem die *Struktur* eines Gegenstandes, d.h. sein charakteristisches Grundmuster, erkannt werden. „Die Struktur eines Themas begreifen heißt, es so zu verstehen, daß viele andere Dinge dazu in eine sinnvolle Beziehung gesetzt werden können. Kurz: Die Struktur lernen, heißt lernen, wie die Dinge aufeinander bezogen sind." (Bruner 1970, S. 22) Dabei soll der Unterricht so gestaltet werden, dass sich die Bemühungen der Lernenden, wie bescheiden sie auch sein mögen, nicht der Art, sondern nur dem Niveau nach von der wissenschaftlichen Forschungshaltung unterscheiden, d.h. „daß die geistige Tätigkeit überall dieselbe ist, an den Fronten des Wissens ebenso wie in einer Dritten Klasse" (S. 27).[104]
Bezüglich der Inhalte setzt Bruner mit einer oft missverstandenen Hypothese einen deutlichen Akzent: „Jedes Kind kann auf jeder Entwicklungsstufe jeder Lehrgegenstand in einer intellektuell ehrlichen Form erfolgreich gelehrt werden." (a.a.O., S. 44)[105] Eine angemessene Interpretation dieser programmatischen Annahme ist möglich im Hinblick auf einen genetischen Aufbau des Curriculums und auf die Notwendigkeit, die Struktur eines Gegenstandes in eine für die Kinder fassbare Gestalt zu bringen. Denn sie ist getragen von der Behauptung, „daß jede Idee wahrheitsgemäß und nutzbringend in der Denkweise von Kindern im Schulalter dargestellt werden kann und daß diese ersten Darstellungen aufgrund eben solchen frühen Erlernens sich später um so leichter verstärken und präzisieren lassen" (ebd.).
Eine Aufgabe der Didaktik und des Unterrichts wird es demnach sein, die Struktur eines Sachverhaltes durch didaktische Reduktion für verschiedene, aufeinander aufbauende Lernniveaus ohne Verfälschungen zu vereinfachen und Wege zunehmender Differenzierung, Präzisierung und Vertiefung zu entwerfen. Es kommt also darauf an, eine dem jeweiligen Lernstand angemessene Realisation zu finden, die den Gegenstand verfügbar und bedeutungsvoll macht. Die entsprechenden Vorschläge Bruners sind bekannt; sie beziehen sich auf ein Repräsentationssystem, das von Handlungen über Bilder und bildlichen Vorstellungen zu sprachlicher und mathematischer Symbolisierung fortschreitet, sowie auf einen spiraligen Aufstieg des Curriculums.
Nach Bruner kann jeder Wissensbereich oder jede Problemstellung auf dreifache Art dargestellt werden: durch *Handlungen,* die geeignet sind, ein bestimmtes

104 Diese These findet sich in verschiedenen Variationen bei Einstein wie auch schon bei Mach. – Zur „Struktur der Wissenschaften" und der Bedeutung für Curriculum und Lernen vgl. J.J. Schwab (1972a,b); neuerdings P. Grygier (2008, S. 17–26).

105 Die Übersetzungen der Schriften Bruners sind nicht immer unproblematisch. Eine originale Fassung der zitierten Hypothese lautet: „Any idea or problem or body of knowledge can be presented in a form simple enough so that any particular learner can understand it in a recognizable form." (Bruner 1966, S. 44)

Ziel zu erreichen (enaktive Repräsentation), durch charakterisierende *Bilder* oder Graphiken (ikonische Repräsentation) und durch *Zeichen,* vornehmlich durch Sprache in Begriffen und Sätzen und schließlich durch mathematische Ausdrücke (symbolische Repräsentation). Durch Handlungen, reale oder vorgestellte Bilder und Zeichensysteme kann der Mensch Informationen aufnehmen, sich vergegenwärtigen und durch Codierung verfügbar halten, anwenden und überliefern (Bruner 1974, S. 16 f. und 49).[106]

Bruner macht das deutlich am Beispiel der Wippe: Schon ein kleines Kind weiß, „daß es sich weiter nach außen setzen muß, damit die Wippe auf seiner Seite nach unten geht" (Handlungswissen). „Ein etwas älteres Kind kann sich das Funktionieren der Balkenwaage entweder an einem Modell klarmachen ... oder an einer Zeichnung." Das „Bild" kann nach und nach auf das Wesentliche beschränkt werden. Schließlich kann das Funktionsprinzip sprachlich beschrieben werden „oder sogar noch besser mathematisch" (Drehmomente). (ebd.)

Der Anfangsunterricht sollte nach Bruner so angelegt werden, dass grundlegende Ideen frühzeitig eingeführt, aber „mit unbedingter intellektueller Redlichkeit gelehrt werden". Am Beginn steht das intuitive Erfassen und praktische Gebrauchen. Der Fortschritt zu Verallgemeinerungen und Formalisierungen erfordert einen „spiraligen" Aufbau des Curriculums, der eine Wiederholung, Vertiefung und Repräsentation der grundlegenden Ideen und Einsichten auf den verschiedenen kognitiven und sprachlichen Niveaus ermöglicht. Das Prinzip des *Spiralcurriculums* bedeutet den von durchgängigen Konzepten geleiteten Ausbau, die Steigerung und Erweiterung wiederkehrender Anforderungen, Denkmodelle und Verfahrensweisen.

1.3 „Konstruktive Philosophie" der Erlanger Schule

Anders als psychologisch-konstruktivistische Varianten ist die *„konstruktive Philosophie"* der *Erlanger und Konstanzer Schule* eine genuin philosophisch-wissenschaftstheoretische Entwicklung, die in den siebziger Jahren wirksam wurde und die schon deshalb für die Didaktik interessant ist, weil sie sich inhaltlichen Feldern zuwendet und nach Wegen eines Wissenschaftsaufbaus sucht, die logischen und moralischen Anforderungen gerecht werden und die dialogisch angelegt sind. Gültigkeit gewinnen dabei solche Aussagen, die gegen jeden Angriff argumentativ verteidigt werden können; die Erzeugung von Wissen bekommt dadurch eine gewisse intuitive Durchsichtigkeit. Eine zentrale Funktion kommt der Sprache zu;

106 Durch seine Fähigkeit zur Produktion von symbolischen Formen und Sprachen kann der Mensch zudem auch fiktive Realitäten schaffen und u.U. in reale überführen. Vgl. dazu Bruner in Bruner et al. 1971, S. 21–96.

sie ist für handelnde Menschen das zentrale Medium gemeinsamer sinngenerativer Erkenntnisleistungen. „Wirklichkeit" ist dann nicht das unabhängige Objekt von Beschreibungen, sondern das Resultat aus erkundenden oder herstellenden Handlungen und vernünftiger Argumentation in der Kulturgemeinschaft.
Ein zentrales Anliegen von Paul Lorenzen und Wilhelm Kamlah, den „Vätern" der konstruktiven Philosophie, ist der verständliche Aufbau aller Wissenschaftsbereiche: Gültige Aussagen werden schrittweise durch eine endliche Folge von (schematischen) Operationen gewonnen. Dem Problem des Anfangs wird durch den Rückgriff auf die immer schon vorhandene Lebenswelt begegnet: Lebensweltlich vertrautes Unterscheiden, Handeln und Sprechen ist der Ansatz aller Bemühungen um einen verständlichen, in allen Schritten nachvollziehbaren Aufbau begründeten Wissens.[107] Wissenschaft entsteht durch intellektuelles Handeln, als Erzeugung intellektueller Gestaltungen.
Die ersten Begriffe werden exemplarisch eingeführt, d.h. mit Hilfe von Beispielen und Gegenbeispielen, wobei zunächst nur das (vorwissenschaftliche) Alltagsvokabular und einfache, wiederholbare Handlungen zugelassen sind. Die Möglichkeit exemplarischer Einführungen sehen Kamlah und Lorenzen darin, „daß in der Welt selbst die Wiederkehr von Gleichem stattfindet", „Dinge, die immer wieder vorkommen, Vorgänge, die immer wieder stattfinden. Zu diesen sich wiederholenden Vorgängen gehören auch unsere menschlichen Handlungen", zumal solche, „die wir in unserer Kindheit lernend erworben haben" (Kamlah/ Lorenzen 1967, S. 51 ff.). So machen Kinder in der Welt physische und soziale Erfahrungen, z.B. bezüglich der Konstanz der Gegenstände und dem Verhalten von Personen, welche die Umgebung bilden und vertraut sind oder mit denen man etwas tun kann und *immer wieder* tun kann (Wiederholbarkeit; vgl. Wagenschein 2003, bes. S. 10 ff. und 20 ff.). Dass Kinder in der Welt Vertrauen gewinnen können, indem sich das immer neue Einzelne doch zumeist als Fall eines schon Bekannten erweist, erklärt sich daraus, dass sie in der Lage sind, durch Vergleiche das Ähnliche im Anderen zu erkennen.
Entsprechend verhält es sich mit der Verwendung „allgemeiner Prädikatoren": Der Gebrauch von Wörtern wie „Stadt", „Baum", „Hund", schließt ein, dass man diese Wörter „immer wieder" verwenden kann. „Solche Prädikatoren erschließen die Welt, indem sie auch künftig begegnende Gegenstände als uns schon bekannt und vertraut erscheinen lassen werden." (a.a.O., S. 169) – Die angedeutete Prädikationspraxis liefert uns zudem eine erste phänomenale Gliederung der Gegenstände unserer Lebenswelt. Basale Unterscheidungen lernen wir, indem wir einem Ding oder einer Situation „Prädikatoren" genannte Wörter zu- oder absprechen

107 Hier unterscheidet sich der Konstruktivismus (mit seinem konsenstheoretischen Begründungs- und Wahrheitsbegriff) vom kritischen Rationalismus Poppers, bei dem es nicht um operative Begründung, sondern um die Idee der kritischen Prüfung (Falsifikation) geht.

(„Dieser Apfel ist gelb und rot, nicht grün."). Eine elementare Prädikation ist als Vollzug erster wissenschaftsbezogener Welt- und Handlungsorientierungen unhintergehbar, sie ist zugleich der Anknüpfungspunkt einer präzisierten alltagssprachlichen Artikulation der Lebenswelt auf dem Weg zu einer Wissenschaftssprache (vgl. Kambartel 1973).

Durch unsere „Erfahrungen" richten wir uns „auf eine Welt offener Gegenstandsbereiche" ein: „Ein Kind lernt die Welt mittels Prädikatoren kennen, indem es zugleich lernt, was es von wiederkehrenden Dingen zu erwarten hat und welche Wirkungen insbesondere seine Handlungen haben werden (z.B. was ist ein ‚Ball', wie verhält er sich, wie muß ich mich beim Ballspiel verhalten)." (Kamlah/Lorenzen 1971, S. 169) Schlüsselerfahrungen im Handeln mit den Dingen und im Umgang mit Personen erschließen uns die Welt, indem sie auch künftig erscheinende Konstellationen als in ihrer Art schon bekannt erscheinen lassen. Dabei bleibt vorausgesetzt, dass Welterfassen nicht allein das Ergebnis subjektiver Sinnsetzungen ist, sondern dass wir in eine Welt hineinwachsen, in der es zur Aneignung aufgegebene kulturelle Bestände gibt, zu denen auch – über die unkontrollierte subjektive Verbindung zwischen Erfahrung und Prädikation hinweg – eine einheitliche Sprachverwendung gehört.

Schon Kinder sammeln Erfahrungen, die sich in generellen Sätzen explizit ausdrücken lassen und denen implizit das Kausalprinzip zugrunde liegt: „Gleiche Ursachen haben gleiche Wirkungen". „Und wie sich die Erschließung unserer Welt durch Prädikatoren in den Wissenschaften fortsetzt, so wird auch unser vorwissenschaftliches Erfahrungswissen durch die Wissenschaft erweitert und präzisiert." (ebd.) Es gibt bei Kindern – das ist eine anthropologische Voraussetzung des (methodischen) Konstruktivismus – eine „unbefangene Sachlichkeit", die sich im Wissen-Wollen ausdrückt. Dieses „unbefangene Interesse an der Welt, in der wir uns vorfinden und über die wir uns verwundern, geht heute ohne scharfe Grenze über in die Wissenschaften" (a.a.O., S. 182): „Alles Denken ist eine Hochstilisierung dessen, was man im praktischen Leben immer schon tut." (Lorenzen 1968, S. 26)

Für die Didaktik werden durch die „konstruktive Philosophie" Wege aufgezeigt, auf denen Kinder wie Erwachsene – ausgehend von einfachen Situationen vorwissenschaftlicher Welterfahrung – in methodisch begründeter Weise durch Handeln und Sprechen schrittweise Einsichten gewinnen, differenzieren und auch rekonstruieren (verstehen) können, die über Elementarsituationen hinaus in komplexere Bereiche der kulturellen Welt führen, insbesondere auch der wissenschaftlichen, technischen und politischen Praxis. Das Denken erhält Impulse aus den Wirkungen von Handlungen und aus den bedingenden Eigenschaften der Dinge (z. B. Elastizität von Bällen, Auftrieb in Wasser ...); das führt zu neuen Fragen und Handlungen, zu Ideen, Erwartungen, Deutungen, Feststellungen, in denen sich die Kinder von den konkreten situativen Gegebenheiten lösen, über ihr Tun und Denken sprechen, das Neue in ihre Vorstellungen aufnehmen und auf diese Weise – begleitet von Prozessen der Verallgemeinerung – Wissen und Erfahrungen aufbauen. Entscheidend aber ist die Aktivität der Kinder im Lernprozess, die subjektive geistige Konstruktion und Verarbeitung von Vorstellungen und Begriffen, die Integration des neu aufgebauten Wissens in bestehende Denkmuster und schließlich die prüfende Anwendung.

Wissenschaftstheoretisch ist dieser konstruktivistische Ansatz für die Didaktik auch insofern von Bedeutung, als er Wissenschaft nicht auf Systeme anerkannter und mehr oder weniger formalisierter Aussagen beschränkt, sondern als eine propädeutische Philosophie des Aufstiegs schon die Konstruktion wissenschaftlicher Erkenntnisse und die dafür erforderlichen Handlungen als einen wesentlichen Bestandteil der Wissenschaft selbst einbezieht.

1.4 Didaktischer Konstruktivismus

Stärkere Resonanz als die konstruktive Philosophie der Erlanger und Konstanzer Schule haben in der Didaktik gegen Ende des zwanzigsten Jahrhunderts Grundzüge konstruktivistischer Theoriebildung gefunden, von denen – viele Einzelwissenschaften übergreifend – ein hohes Anregungspotential erwartet wird. Das transdisziplinäre Paradigma des *Konstruktivismus* (dessen differenzierte Spielarten hier übergangen werden können; vgl. Rustemeyer 1999) sucht nicht „wahre" Beschreibungen einer von uns unabhängig existierenden Welt, sondern nützliche Konstruktionen und Handlungsmöglichkeiten zur Lösung konkreter Probleme in einer Welt, die durch das Erkenntnissubjekt und seine Aktivitäten (allein oder in Gemeinschaft mit anderen) erst hervorgebracht wird. „Viabilität", d.h. die Brauchbarkeit von Wissen tritt an die Stelle von Wahrheit. Erkennen ist demnach ein Prozess des Auffindens von Bedingungen und Wegen erfolgreichen Handelns; ein gewisser lebensdienlicher Utilitarismus und „gesellschaftliche Relevanz" gewinnen Bedeutung. „Wirklichkeit" wird subjektiv – abhängig vom bisherigen Erfahrungshorizont – durch sich bewährendes Handeln und durch sprachliche Kommunikation erzeugt; unterschiedliche Erfahrungen und Beschreibungen generieren differente Wirklichkeiten als Varianten einer gemeinsamen Welt. Kurz: Objekte werden nicht dadurch erkannt, dass sie „einfach da" sind, sondern durch einen komplexen Konstruktionsprozess.

Relativiert wird die konstruktivistische Pointe einer kognitiv unzugänglichen „realen" Wirklichkeit durch die Praxis (sprachlicher) Interaktion; das Phänomen der menschlichen Sozialität schließt die Möglichkeit kommunikativer Verhaltensregulationen ein; durch eine immer schon vorhandene kulturelle Welt und durch erfolgreiches Handeln mit anderen entsteht eine auf die Mitglieder einer Gemeinschaft bezogene intersubjektive Welt, in der man sich orientieren kann. Wir sollten uns also bewusst sein – das ist die Botschaft –, dass unser rational demonstrierbares Wissen eine kommunikativ formierte Konstruktion einer Wirklichkeit (unter anderen möglichen Wirklichkeiten) darstellt, die gleichwohl sinnhaft strukturiert und in sich kohärent sein kann (vgl. Rustemeyer 1999, S. 468 ff.; Reusser 2006, S. 154 f.).[108] Der Begriff der Konstruktion unterstellt nicht die Möglichkeit einer beliebigen Erzeugung von Phänomenen, sondern zielt auf den Vollzug von Erkenntnisprozessen, also auf den Modus des (theoretischen oder experimentellen wissenschaftlichen) Tuns als einer fortgesetzten kognitiven und sozialen Anstrengung. Diese Anstrengungen beziehen sich auf das Hervorbringen möglichst stabiler, reproduzierbarer und konsensfähiger Resultate.

Für Lerntheorie und Didaktik bedeutet die konstruktivistische Position, dass eine unmittelbare Übertragung von Wissen (z.B. durch bloße Mitteilung) zwischen Lehrenden und Lernenden ausgeschlossen ist. Lernen heißt für das Subjekt, sich selbst viable Vorstellungen von der Welt aufzubauen und entsprechende Begriffe zu bilden; alles Wissen erscheint als Eigenkonstruktion, zunächst abhängig von kontingenten Erfahrungen und von der Perspektivität des Zugriffs, im Laufe sozialer Interaktion aber ausgefeilt und angepasst an allgemein anerkannte Strukturen. Gleichwohl behalten individuell geprägte Erkennnisprozesse Bedeutung und Berechtigung. Das Lernen in der Schule orientiert sich nicht am Ideal eines objektiven Wissens und absoluter Gewissheit, aber es gewährleistet eine intergenerative Konstruktion und verhindert durch seinen Kulturbezug ein Abgleiten in bloße Subjektivität und Relativität. Lernerfolge werden generell durch anregungsreiche Lernumgebungen gestützt, indem diese geeignete Erfahrungen ermöglichen, autopoietisch gesteuerte Aktivitäten stimulieren, herausfordernde Situationen anbieten, die Begriffsbildungen anregen, und schließlich die intrinsische Motivation stärken. Dem Vorwissen der Kinder wird große Bedeutung für das Unterrichtsgeschehen und für Lernprozesse beigemessen. Subjektives Erkennen und allgemeines Wissen fließen im gemeinsamen Konstruktionsprozess zusammen.

Auf einen grundlegend wichtigen Aspekt des Lernens, speziell der Begriffsbildung weist v. Glasersfeld hin: Er nennt es eine „verfängliche Illusion“ der Lehrpraxis, dass für Novizen Begriffe oder Begriffsverbindungen allein durch Sprache bzw.

108 Neuartige Erkenntnisse mögen bei Konstruktivisten als Erfindungen, bei Realisten als Entdeckungen gelten. – Auf die lange vor dem Aufkommen des modernen Konstruktivismus und bis in die Gegenwart diskutierten Metafragen über die richtige Deutung der Wirklichkeit, insbesondere in der Physik und in der Mathematik (Kant, Mach, Einstein, Gödel, Kopenhagener Schule, Heisenberg, von Weizsäcker, Feynman, Hawking), d.h. auf die Frage, ob diese Disziplinen die objektive Wirklichkeit beschreiben, die unabhängig von unserem Denken existiert, oder ob es sich nur um subjektive Projektionen und gesellschaftlich anerkannte Gedankengebilde handelt, kann hier nicht eingegangen werden, auch nicht auf das Verhältnis von Platonismus und Konstruktivismus.

durch sprachliche Erklärungen transportiert werden könnten. Vorrangig ist der Aufbau entsprechender kognitiver Strukturen und grundlegender Vorstellungen durch eigene Erfahrungen, d.h. es muss erst genügend inhaltliche Substanz angesammelt werden, die dann in einem Begriff Gestalt gewinnt. Wörter, sprachliche Ausdrücke und Symbole können von Hörern oder Lesern nur dann in Begriffe umgesetzt werden, wenn der notwendige vorstellungsmäßige Hintergrund schon vorhanden ist. „Vorstellungen – und somit Wortbedeutungen – müssen von jedem Individuum aus Elementen der eigenen Erfahrung aufgebaut werden, bevor sie durch Wörter hervorgerufen werden können." (v. Glasersfeld 1999, S. 502 ff., hier S. 504) „Alles Verstehen beruht auf der Neuorganisation von Begriffselementen, die man bereits hat. Neue Elemente entstehen nur durch Abstraktion von eigenen Erfahrungen und neue Begriffsverbindungen werden im allgemeinen nur dann entwickelt, wenn die alten nicht befriedigend funktionieren." (ebd.) Lehrer können beim Aufbau von Begriffen helfen, wenn sie sich ein hypothetisches Modell der je individuellen Vorstellungslandschaft der Lernenden machen und wenn es ihnen gelingt, an die schon vorhandene Begriffswelt anzuknüpfen. Sachunterricht ist ein Ringen um eine gemeinsame „Wirklichkeit".

Ein kurzer Durchgang durch die Literatur zeigt, dass der „moderate" oder „didaktische Konstruktivismus" keine theoretisch ausgearbeitete, konsistente Konzeption ist, sondern eine Sammelbezeichnung für die selektive Aufnahme einiger Elemente aus der konstruktivistischen Wissenstheorie und aus der Gehirnforschung, insbesondere solcher, die eine zusätzliche Begründung für bekannte, größtenteils aus der Reformpädagogik stammende Theoreme versprechen (vgl. Schreier 1998; Terhart 1999; Möller 1999, 2001b; Thomas 2009, S. 120 ff.). Sie betreffen vor allem die Eigenaktivität der Lernenden, die Bedeutung offener, aber fördernder Lernarrangements, die Wichtigkeit des kommunikativen Austausches und von Spielräumen für selbstbestimmtes Arbeiten. Neben Konstruktion wird freilich auch Instruktion nicht nur zugelassen, sondern für unentbehrlich angesehen; sie ist insbesondere bei Gegenständen erforderlich, die von Gesellschaft und Kultur in bestimmter Weise festgesetzt und nicht von subjektiver Erfahrung ableitbar sind.[109] Konsens herrscht darüber, „dass jedes Lernen auf Selbstanstrengung und Eigenkonstruktion angewiesen ist", und ebenso „dass anspruchsvolle Begriffsbildung und Problemlösung für die wenigsten Lernenden ohne intelligente Unterstützung durch Lehrpersonen oder die von ihnen bereit gestellten Instruktionshilfen zu bewältigen sind" (Reusser 2006, S. 152).

109 „Der Konstruktivismus setzt also keineswegs mechanisches Lernen herab, wie es die konventionelle Zahlenreihe, geschichtliche Daten, die Namen chemischer Elemente usw. verlangen." Diese Methoden funktionieren allerdings „besser und schneller bei Lernenden ..., die bereits erfahren haben, daß sie befriedigende Begriffsverbindungen selber schaffen müssen und können." (v. Glasersfeld 1999, S. 504)

In der Didaktik des Sachunterrichts hat Kornelia Möller das moderat-konstruktivistische Paradigma mit kognitionspsychologischen Erkenntnissen zusammengeführt und zugleich für die empirische Forschung geöffnet. Mit Terhart weist sie eindringlich auf die Notwendigkeit hin, die Weiterentwicklung des moderaten Konstruktivismus in den einzelnen Fachdidaktiken voranzutreiben und damit für die Lernbereiche und -gegenstände zu spezifizieren, aber auch an individuellen und kollektiven Lernprozessen zu überprüfen. Auf diese Weise ließen sich Möglichkeiten und Grenzen des Ansatzes im Hinblick auf den Schulunterricht im Klassenverband genauer ermitteln und darüber hinaus Lernumgebungen[110] forschungsbasiert und gegenstandsbezogen gestalten. Unverkennbar aber seien die Parallelen zum genetischen Lehren und Lernen (Möller 2001b, S. 24 ff.).
Gegenüber inhaltsneutral und subjektivistisch orientierten Ausprägungen versucht der didaktische Konstruktivismus, dem „Anspruch der Sachen und Mitmenschen" (Ballauff) gerecht zu werden und betont damit die Notwendigkeit des Wissensaufbaus in fachlichen Domänen. Pragmatisch gelöst wird gewöhnlich das Problem des Bezuges auf die Wissenschaften: Sie gelten offenbar als Institutionen für ein Wissen, dessen Viabilität anerkannt ist und die Konstruktionshilfen für den Aufbau eines solchen Wissens bereitstellen. Wissenschaftliches Wissen beruht auf „Urteilswahrheiten", d.h. auf durch umfassende Prüfung gerechtfertigten transsubjektiven Überzeugungen; es entspricht dem logischen Status dieses Wissens, dass es auch falsch oder irrig sein kann. Viele Autoren, die konstruktivistisches Ideengut ausdrücklich aufnehmen, verhalten sich bei den Inhalten des Unterrichts faktisch wie Realisten. Realisten behandeln das Seiende wie Fakten. Die Frage, ob die Didaktik eine mit dem Realismus verträgliche Variante des Konstruktivismus braucht, kann hier offen bleiben. Vielleicht genügt es, die auf „lebensweltliche" Dinge ausgerichtete Orientierung und Argumentation der „konstruktiven Philosophie", die mentale Konstrukte nicht von der erfahrbaren Welt loslöst und auch moralische Argumentationen, z.B. über die Verantwortung für die Lernenden und gegenüber der Gesellschaft einschließt, für das Lehren und Lernen fruchtbar zu machen.

1.5 Zwischenbilanz

In einer Zwischenbilanz kann nun festgehalten werden, dass die Konzeption des genetischen Lehrens und Lernens, die tief in der deutschen Geistesgeschichte verwurzelt ist, durch den in vielen Punkten gleichläufigen didaktischen Konstruktivismus insofern gestärkt wird, als dieser vor allem im anglo-amerikanischen Raum

110 Eine Lernumgebung wird als förderndes Arrangement von Unterrichtsmethoden und -techniken sowie von Lernmaterialien und Medien charakterisiert.

Aktualität gewonnen hat und in der didaktischen Literatur breit rezipiert worden ist. Die Koinzidenz bezieht sich auf eine Reihe zentraler Punkte. Hervorzuheben ist

- die *Aufmerksamkeit auf die Anfänge des Erkennens,* d.h. auf die Frage „wie man darauf kommen kann". Auch der didaktische Konstruktivismus als aneignungstheoretische Grundauffassung betont die Bedeutung der Aktivitäten des Individuums für den Lernprozess, insbesondere was den mentalen Entwurf von Vorstellungen betrifft (die dann ihrerseits Handlungen, Erkenntnisse und Urteile leiten). Er knüpft an die Alltagssprache und die Präkonzepte der Lernenden an, favorisiert die selbstständige Wissensaneignung, das Lernen im Modus des Suchens und Forschens, ohne die Notwendigkeit angeleiteter Instruktion (und damit indirekt auch der Rezeption in ihrem Verhältnis zur Konstruktion) zu übersehen. Damit akzentuiert er jene Aspekte der genetischen Konzeption, welche auf ein möglichst eigentätig entdeckendes, problemlösendes Lernen gerichtet sind und kommt damit dem „Empirismus der Kindheit" (Elschenbroich) entgegen.
- die *Charakterisierung des Wissens als eine Konstruktion des menschlichen Geistes im Erfahrungshorizont der Kultur.* Gegenstandswahrnehmung und ein verstehensbezogener Aufbau von Wissensstrukturen erfolgen nicht voraussetzungsfrei, sondern auf der Basis eines schon mehr oder weniger vernetzten, multipel repräsentierten und geordneten Vorwissens. Wissenserwerb und Wissensnutzung werden als genuine Strukturierungs- und Rekonstruktionsprozesse aufgefasst. Das bedeutet, dass alle Konstruktionsschritte bei der begrifflichen Organisation von Erfahrungen von den Lernenden – auf angebotenen oder selbstgefundenen Wegen – individuell und in sozialen Bezügen selbst vollzogen werden müssen. Betont wird die Wechselwirkung zwischen individuellen und sozialen Konstruktionsprozessen: „Lernen ist auf vielfältige Weise sozial und kontextuell verankert; es bedeutet Teilnahme an der Kultur bei gleichzeitiger kontinuierlicher Aneignung (Appropriation) ihrer Werte, ihrer symbolischen Werkzeuge und Praktiken." (Reusser 2006, S. 155)
- die *Offenheit für individuelle und kooperative Lernwege.* Um einen Sachverhalt der geistigen Welt zu verstehen, muss man ihn in Gedanken rekonstruieren (z.B. die Behauptung, dass alle Körper gleich schnell fallen, wenn man bestimmte Wechselwirkungen ausschließt).[111] Der wichtigste Aspekt von Offenheit des Unterrichts ist aus dieser Sicht: Spielraum für eigene Wissenskonstruktionen geben; dazu gehört dann auch die Offenheit von Informationsquellen und -kanälen. Das Ordnen der Gedanken, der Aufbau von mentalen Modellen

111 Schon dieses Beispiel verweist darauf, dass wir nicht „auf der grünen Wiese" konstruieren, sondern zumeist auf Fundamenten, die andere gelegt haben, und auf der Basis erfahrbarer Phänomene.

und die Formulierung von Resultaten muss nicht den schnellen, geebneten Wegen einer vorgegebenen Systematik folgen, die längst aus den Ergebnissen die Zugangswege und die orientierenden Imaginationen eliminiert hat. Konstruktiv-genetischer Unterricht favorisiert tendenziell „höhere" Lernformen wie Konstruieren, Prüfen, Reflektieren, Bewerten, und er ist auf Verstehen ausgerichtet, ohne die Basiskompetenzen (die gewöhnlich in Tests geprüft werden) zu vernachlässigen.

– die *Reflexion auf den Prozess des Erkenntnisgewinns*. Für ein Lernen, das der Bildung verpflichtet ist, bleiben die Stationen zu den Ergebnissen (anregende Beispiele, erhellende Hinweise und Einfälle, Probleme und Lösungen) nicht weniger bedeutsam als die Resultate selbst. Für eine genetische Didaktik ist es wichtig, dass die mentalen Konstrukte ihre Beziehungen zur erfahrbaren Welt nicht verlieren, denn Viabilität und kommunikative Übereinstimmung ohne Rückkoppelung zu basalen Phänomenen reichen für das Zustandekommen von Einsicht und Verstehen alleine nicht aus. Abstraktion und Verallgemeinerung ohne dieses reiche Vorfeld führen leicht zu nur formalem und „trägem" Wissen ohne inhaltliche Substanz. Angebahnt wird die Einsicht, dass keine Erkenntnis vollendet ist; sie bleibt im Prozess des Werdens.

In der *erziehungswissenschaftlichen* Diskussion muss uns jedoch bewusst bleiben, dass es bei solchen Fragen nach den Möglichkeiten und Prozessen des Erkennens, des Zustandekommens von Bedeutung, Überzeugung, Gewissheit und Wahrheit immer auch um die *Beschaffenheit des Menschen,* um Menschenbilder, Entwürfe von Weltsichten und um Bildungsprozesse geht, denn wenn wir von Wissen sprechen, ist implizit immer auch von Lernenden und Wissenden die Rede und vom menschlichen Erkenntnisvermögen. Didaktik ohne Anthropologie und Erkenntnistheorie bleibt defizitär, auch wenn die Frage, wie die Welt beschaffen sein muss, damit der Mensch sie erkennen kann, in ihrem Rahmen nicht zu beantworten ist.[112]

In konstruktivistischen Lehr- und Lerntheorien steht der aktive, selbstgesteuerte und selbstreflexive Mensch im Mittelpunkt, der sich Wege des Verstehens und erfolgreichen Handelns gemäß dem Ideal individueller Autonomie und Verantwortung erschließt. Zurückgewiesen werden Positionen, die Wissen vor allem über seinen performativen Impuls oder über seine Ressourcenqualität definieren. Anthropologisch ist die konstruktivistische Didaktik auf ein Konzept der Selbstregulation und autopoietischen Genese des eigenen Ichs ausgerichtet. Weniger Aufmerksamkeit findet die spezifische *Kulturbezogenheit* der menschlichen Ori-

---

112 Jeder Didaktik, die hinreichend ausgearbeitet ist, liegt – ausgesprochen oder nicht ausgesprochen – eine bestimmte Auffassung vom Wesen des Menschen und des Verhältnisses von Mensch und Welt zugrunde (vgl. Teil IV; 1.). – In Bezug auf Denken, Lernen und Erkennen ist Erkenntnistheorie eine Metawissenschaft. Ihr großes Thema ist das Werden.

entierung, d.h. die Einbindung in das Netz symbolischer Bedeutungen, das uns umgibt, die Verwiesenheit auf Darstellungen und Interpretationen, die das Individuum nicht selbst schafft, sondern als verdichtete Orientierungsmöglichkeiten aus Wissenschaft und Kunst, Religion und Tradition übernimmt, allerdings nicht in bloßer Speicherung, sondern durch individuelle Verarbeitung und Anverwandlung, also in Rekonstruktionsprozessen, die auf Verstehen gerichtet sind. – Die Reflexion über die Möglichkeiten des Erkennens und des Aufbaus einer eigenen und doch mit anderen geteilten Welt ist ein notwendiger Beitrag zu einem umfassenden Bildungskonzept. Zugang zur „Wirklichkeit" erhalten wir durch begriffliche Konstruktion und verständiges Urteil; „Realität" erscheint als eine interaktiv gewonnene Konzeption, in der Beobachtetes und Beobachter miteinander verknüpft sind.[113]

2 Die Geburt und die Prüfung der Gedanken im Gespräch

Der *sokratische* ist ein – manchmal vernachlässigter – Bestandteil des genetischen Lehrens und Lernens. Er bezieht sich auf die sokratische Lust des Erkennens, auf die begründende Reflexion in kommunikativer Rationalität, verbunden mit dem Impetus der Wahrheitssuche. Drei Akzentuierungen sind in unserem Zusammenhang hervorzuheben, nämlich die *kommunikative,* die *erkenntnisleitende* und die *kritische.* Das *Gespräch* in der Klasse ist das vorzügliche Medium für eine kognitive Durchdringung der Probleme: Es zentriert auf gemeinsame Gegenstände und Ziele, es regt an, aus Beobachtungen und Handlungen etwas Weiterführendes abzuleiten, vermittelt die Ermutigung zu Schlussfolgerungen, gibt Anstöße für Vermutungen sowie zur Überprüfung von Meinungen und vorläufigen Ergebnissen. Im Gespräch bilden die kooperierenden Subjekte in gewisser Weise ein Gesamtsubjekt (ohne ihre Individualität aufzugeben) und stellen damit eine Einheit von Lehren und Lernen, von Führung und Selbstbestimmung her. Damit das Gespräch solche Funktionen erfüllen kann, müssen die Lehrenden selbst die hohe Kunst der Gesprächsführung erlernen und die Lernenden durch Übung und Gebrauch geduldig anleiten, damit diese den Sinn des rationalen, erkenntnisorientierten Miteinanderredens finden und erfahren können.[114]

---

113 In einem anderen als diesem philosophischen Kontext bestimmte Klafki (1985) die Bezeichnung „konstruktiv" für seine didaktische Konzeption, nämlich als Hinweis „auf den durchgehenden Praxisbezug, auf das Handlungs-, Gestaltungs-. Veränderungsinteresse ..., das für diese didaktische Konzeption konstitutiv ist." (a.a.O., S. 38)

114 Zur Einordnung des Klassengesprächs in den Zusammenhang anderer Lehr- und Lernformen

2.1 Leitlinien sokratischer Gespräche

Pädagogik hat es „mit dem werdenden Menschen" und Didaktik „mit dem Werden des Wissens in ihm" zu tun, schreibt Wagenschein in seiner Begriffsschrift über das Genetische Lehren. „Die *sokratische* Methode gehört dazu, weil das Werden, das Erwachen geistiger Kräfte, sich am wirksamsten im Gespräch vollzieht. Das *exemplarische* Prinzip gehört dazu, weil ein genetisch-sokratisches Verfahren sich auf exemplarische Themenkreise beschränken muß und auch kann. Denn es ist ... ‚muße-fordernd'" (1997, S. 75). Das Sokratische steht also nicht für beliebige Gespräche, sondern für insistierenden Zugriff, für Reflexion, aber auch für verbleibende Zweifel und schließlich für Kritikfähigkeit und Autonomie.
Wagenschein nimmt kurz auf Leonard Nelson Bezug, der die „sokratische Methode" für die Bearbeitung philosophischer und mathematischer Probleme entwickelt hat. Mit diesem sieht er aber Sokrates, wie er uns in den platonischen Dialogen entgegentritt, nicht uneingeschränkt als Modell für den heutigen Lehrer, denn Sokrates lässt dem Belehrten oftmals nicht die Freiheit, die Lösung aus eigener Kraft zu finden; er wartet nicht, er sagt es selbst (z.B. in „Menon"). Entscheidend sind demgegenüber für den heutigen Unterricht die mit dem sokratischen Verfahren verbundenen erkenntnistheoretischen und didaktischen Voraussetzungen, nämlich dass es darauf ankommt, den Dialogpartner die Erkenntnis so weit wie möglich selbst finden zu lassen, dass diese Erkenntnis jedem verständigen Menschen, der sich bemüht, gleichermaßen zugänglich ist, und dass das Finden der Wahrheit „den Mut verlangt, sich seines eigenen Verstandes zu bedienen", und schließlich – „weil die Wahrheit oft hinter dem Schleier der Konventionen, der Vorurteile und der Illusionen verborgen ist – auch eine gewisse Willensanstrengung" erfordert (Birnbacher/ Krohn 2002, S. 7).
Nelson hat damit begonnen, die sokratische Methode zu einer Methodologie des Gruppengesprächs weiterzuentwickeln, bei dem alle Teilnehmer gleichberechtigt sind und die Chance haben, als „Hebammen" für die Gedankenentwicklung aller anderen zu fungieren. Das Gespräch hat gewissermaßen einen experimentellen Charakter; es soll in eine von allen geteilte Erkenntnis münden, aber die Wege und das Gelingen sind offen. Darüber hinaus gelten verfahrensbezogene Lernziele wie die Entwicklung der Diskursfähigkeit als Fähigkeit zur kritischen Erörterung und Begründung des eigenen Urteilens und Handelns; das Gespräch steht unter den Idealen der Rationalität, Klarheit, Autonomie und Authentizität. Die Beteiligten sollen offen sagen, was sie selbst zur Sache denken, ohne Rückgriff auf vorgefertigte Ergebnisse.

---

vgl. Teil IV; 2.2.

Ausgangspunkt ist stets ein konkretes Problem, denn das Denken soll „im Konkreten Fuß fassen“ (Birnbacher/ Krohn 2002, S. 10). Fundiert in Beispielen soll die Unterredung sukzessiv vom Einzelnen zum Abstrakten und Allgemeinen fortschreiten, indem das Allgemeine als im Einzelnen enthalten aufgewiesen und aus der Analyse des konkreten Falls entwickelt wird. Dabei soll die Rückkoppelung dieses Allgemeinen mit dem Konkreten immer bewusst bleiben. In einer Rückschau („Metagespräch“) lässt sich dann der Weg zum Ergebnis überblicken und kritisch reflektieren. – Insbesondere bei Fragen, die nicht empirisch entschieden werden (z.B. ethische Probleme), wird als gültiges Ergebnis die im argumentierend-begründenden und prüfenden Gespräch gewinnbare, konsensuale Erkenntnis anerkannt, die freilich nie als endgültig und irrtumsfrei, sondern immer nur als vorläufig nach gegenwärtiger Sachlage gilt.[115]

Wagenschein hat in seiner Eröffnung eines Seminars und in einem Interview[116] genau diese Punkte angeführt. Worum es geht, „ist eine sachliche Unterredung“, aufgeschlossen auch für weit voneinander abliegende Vorstellungen und frei von jedem Belehrungsgestus. Die Sache muss präsent sein, z.B. in einem Versuch, der sich wiederholen lässt. Kommunikatives Handeln führt in vielen Fällen erst dazu, dass die Einzelnen überhaupt auf ein Problem aufmerksam werden und über die Lösung nachdenken. Der Lehrer soll sein überlegenes Wissen zurückstellen und versuchen, das Problem mit den Lernenden ganz neu zu sehen; er soll nicht belehren, sondern dafür sorgen, „dass die Sache selbst redet“ und dass die Gruppe beim Thema bleibt. Er muss aber, wo es nötig ist, auf die relevanten Fragen führen oder sie selbst stellen und sehen, wo die Lücken des Verstehens sind, wieweit das Verstehen reicht, wo Ansatzpunkte für besseres Verstehen sind und welche Denkanstöße erforderlich sind. Niemand versucht, den anderen Unverstandenes zuzumuten (fertige Ergebnisse auszuteilen); alle hören genau zu und versuchen, die Gedankengänge mitzuvollziehen und voranzutreiben. Einfälle, Vermutungen, Vorschläge müssen durch das Nadelöhr der kritischen Prüfung, und sie gehen daraus nicht unverwandelt hervor.

Das Gespräch ermöglicht es, ein Phänomen gleichsam zu umwandern und die Sichtweisen anderer, die sich auf dieselbe Sache beziehen, prüfend aufzunehmen. Es eröffnet der Reflexion Spielräume des Innehaltens, der „abstandnehmenden Betrachtung“ und des neuen Zugriffs. In der Erörterung gewinnt ein Gedanke die Form, in der er nachvollziehbar und kritisierbar wird; durch die Artikulation

115 Bei Gesprächen mit Kindern wird sich das Ergebnis oftmals zunächst auf die Urteilsfähigkeit im Konkreten beschränken müssen.

116 „Die Bewegung des Baumstamms im Neukircher Wald“. Gespräche zum Problem von Kraft und Weg an der Universität Kassel im September 1980. Transkription vom Videoband, Universität Hildesheim 1989. – Martin Wagenschein über das exemplarische und genetische Lehren (VHS 42 01040, FWU 1988). Vgl. auch Wagenschein 1997, S. 133 f. und den Bericht Thiels (Thiel 2001, S. 183 f.).

(z.B. in der Wiederholung) wird er aus dem Strom der Einfälle herausgehoben. Vorgängige Meinungen werden durch Kritik geläutert. Weiterführende Kritik ist eine Form von Lernhilfe, wenn sie in heiterer Sachlichkeit ohne ironischen Vorbehalt geschieht. Wagenschein zitiert Jaspers und Heidegger: „Wechselgespräch ist eine Grundform, in der Wahrheit an den Tag kommt." Und: Dabei handelt es sich nicht „um das gegenstrebige Meinen" zwischen Parteien. „Das Denken bleibt hart am Wind der Sache" ... „und duldet nicht das nachgiebige Zustimmen."

2.2 Paradigmen offener Unterrichtskunst

Wagenschein selbst hat die Möglichkeit, offene „sokratische" Gespräche in Grundschulklassen zu führen, zunächst skeptisch beurteilt. Obwohl er beobachtet und dokumentiert hatte, dass junge Kinder schon vor der Einschulung Naturphänomene – besonders vom Gewohnten abweichende – oftmals genau beobachten und überraschend produktiv darüber nachdenken, blieb doch der Zweifel, ob sie schon im Grundschulalter in der Lage sein würden, ihr Denken und Fühlen offen und artikuliert in den Unterricht einzubringen und sich auch in der Gruppe auf den mühsamen Weg zur Einsicht zu begeben. Man suchte nach Möglichkeiten empirischer Überprüfung. Siegfried Thiel gelang es, in der Zeit gegen Ende der 1960er Jahre, als in der Bundesrepublik neue Konzepte zur physikalischen und chemischen Dimension des Sachunterrichts diskutiert wurden (vgl. Köhnlein 1984) an der „Grundschule auf der Wanne" (Versuchsschule der Universität Tübingen) Kurse mit jeweils 20 bis 30 Kindern einzurichten, an denen Schüler aus mehreren Klassen teilnehmen konnten (Thiel 2003b, S. 193; vgl. Thiel 2001, S. 184 ff., außerdem Teil III; 1.1.3).

Thiel hat 1973 zunächst fünf Unterrichtsprotokolle (als Transkriptionen vom Tonband) veröffentlicht und seinen Ansatz ausführlich erläutert.[117] Dabei geht es nicht nur um Möglichkeiten der Gesprächsführung, sondern auch um anspruchsvolle Inhalte: Versucht wird, „mit Grundschulkindern über befremdende Naturphänomene in die Naturwissenschaften einzudringen. Es soll dabei gezeigt werden, wie unterschiedliche Vorwissensformen aufgenommen, neue Erfahrungen geschaffen, die Entstehung von Modellvorstellung[en] verdeutlicht und über einen Wandlungsprozeß der kindlichen Sprache in wissenschaftsorientierte Sicht- und Verfahrensweisen eingeführt werden kann." (Thiel 2003a, S. 90) In den Unterrichtseinheiten sollte versucht werden, Naturphänomene in der Umgangs-

117 Thiel in der ersten Auflage von Wagenschein, Banholzer, Thiel: Kinder auf den Wege zur Physik (Wagenschein 2003, S. 90–180). Ein weiteres Protokoll ist 1984 erschienen (Thiel 1984). Von einigen Unterrichtsstunden aus späteren Jahren in „normalen" Klassen liegen Videoaufzeichnungen vor.

sprache der Kinder zu erfassen, sodann Experimente und erste Einsichten „so differenziert wie möglich und so exakt wie nötig“ zu beschreiben und schließlich in einer präzisierten Sprache auch fachliche Begriffe als „Termini“ zu verwenden. In einer solchen Stufenfolge der Präzisierung der Sprache sieht Thiel „eine pädagogische Gliederung des Unterrichts“ (S. 93 f.). Dabei werden ästhetische Momente nicht vernachlässigt: Gedankenspiel und Heiterkeit, Umwege über Erzählungen, aufschlussreiche Geschichten, Bildhaftigkeit der Sprache unterstützen die Fantasie des Denkens. Auch Metaphern dienen als Mittel der Weltaneignung, wenn sie mit kritischem Bewusstsein verbunden sind. Keinesfalls bedeutet das Sokratische eine Verengung auf handlungsfernes verbales Wissen oder auf abstrakte Wissensinhalte.

Im Rückblick verschweigt er nicht, dass sich manche Kinder nicht an den Gesprächen beteiligten, andere aber als Wortführer dominierten, und er verweist auf das „unabdingbare Vertrauen, das wechselseitig zwischen Lehrer und Schülern da sein muß, damit Kinder auch wagen, ‚fragwürdige‘ Gedanken einzubringen“ (Thiel 2003b, S. 195). „Anthropomorphe und animistische Sprachmuster unterstützen den Fluß das Denkens, weil es sich so eben ‚leichter‘ denkt“. (S. 196) Die Kinder entdeckten, dass Skizzen oder Modellzeichnungen, die sie an der Tafel entwarfen und gemeinsam verbesserten, das Denken stützen und anregen können (vgl. dazu Biester 1991, bes. S. 43 ff.). Als schwierig erweist es sich immer wieder, eine von einem einzelnen Kind geäußerte Vermutung für alle Kinder der Gruppe verfügbar zu machen. „Auch eine intensive Schulung des Miteinanderredens reicht nicht immer aus.“ Und „aus der Fülle der geäußerten Meinungen können oft nur einige wenige, manchmal auch nur eine einzige, ausgewählt werden, weil sonst der Überblick verloren gehen würde“ oder weil es den anderen Teilnehmern schwerfällt, einen Beitrag angemessen einzuschätzen. „Dazu ist die zeitliche und inhaltliche Stabilität der Aussagen von Grundschulkindern noch relativ gering, und nicht immer gelingt es dem Lehrer, über Gedankenstützen (Merksätze, Zwischenüberschriften, Tafelbild) ein Gerüst aufzubauen, das den Gang des Nachdenkens ... wiederholbar macht.“ (Thiel 2003b, S. 197)

An anderer Stelle nimmt Thiel die Tatsache in den Blick, dass Kinder aus Medien vorformulierte Vorkenntnisse mitbringen, die dem Gang der gemeinsamen Untersuchung vorgreifen und dem Gespräch seine Spannung nehmen können. Er schlägt vor, solchen „sekundären Erfahrungen“ „durch sokratische Rückfragen“ zu begegnen, sie mit „primären Erfahrungen“ zu konfrontieren und zu zeigen, dass vorgefertigte Aussagen oft nur Unverstandenes verdecken (Thiel 2001, S. 193 f.).

Wagenschein berichtet aus den Protokollen Thiels mit Vergnügen:

> „Neunjährige sprechen *miteinander* über befremdende Naturvorgänge, die sie vor sich haben und an denen sie herumprobieren (etwa jene Schallverspätung): munter, unbefangen, intelligent, sachlich, diszipliniert und in ihrer eigenen Sprache. Was die für Sachen sagen! ‚Der (Schall) geht überall rum, nicht nur von mir zu Richard' – ‚Das zittert so kitzelich' (Hand an der Trommel) – ‚Und wer hilft dem Schall zu uns zu kommen?' fragt der wortkarge Lehrer: – ‚Der Schall hat keine Augen, und deshalb fliegt er hin, er prallt so hin und braust so dran, wie der Wind im Kreis, und überall prallt er dran. Dem braucht niemand zu helfen, der fliegt so allein!'" (Wagenschein 1989, S. 105)

Aus heutiger Sicht sind die genannten Lehrstücke aus der Geburtszeit des modernen Sachunterrichts Paradigmen offener Unterrichtskunst. Gewiss ist Thiel mit den leistungsfähigen und -willigen Kindern der Tübinger Versuchsschule bis an die Grenzen des Möglichen gegangen (Thiel 2003b, S. 198 ff.). Gleichwohl ist ihm mit den streng sachbezogenen Unterrichtsgesprächen über Naturphänomene und ihre Deutung eine Pionierleistung von fortwirkender Aktualität gelungen, die leider in der allgemeinen Grundschulpädagogik und -didaktik zu wenig Aufmerksamkeit gefunden hat. Mit späteren Aufzeichnungen aus „normalen" Klassen, die bis in die jüngere Vergangenheit reichen, konnte er zeigen, dass „sokratische Gespräche" schon in der Grundschule möglich sind, den Kindern Freude machen und – weil sie es ermöglichen, Gedankengänge durchzuspielen – zu guten Ergebnissen führen. In der Didaktik des Sachunterrichts wurde der Ansatz insbesondere von Wolfgang Faust (1984) und Michael Soostmeyer weitergeführt und seine Fruchtbarkeit durch die Dokumentation einer Reihe von Unterrichtseinheiten erneut belegt (Soostmeyer 1998; 2001 und 2002; vgl. dazu auch Freeß 2008).[118]

2.3 Merkmale gelingender Gespräche

Eine Analyse dokumentierter genetisch-sokratischer Gespräche und – soweit das möglich ist – der sozialen Interaktionen, in die sie eingebettet sind, zeigt typische Schwierigkeiten und Grenzen dieser Art des Unterrichts, aber auch einzigartige Chancen, an Schülervorstellungen zu arbeiten, mit den Kindern grundlegende Ideen zu entwickeln, konstruktives Verstehen zu initiieren und die Persönlichkeitsbildung zu fördern:

- Im Gespräch, ähnlich wie im gemeinsamen Handeln, haben die Partner Gelegenheit, ihre persönliche Sicht, ihre eigenen Ideen, sogar ihren Willen in die

118 Die Beispiele Soostmeyers greifen weit über den naturwissenschaftlichen Bereich hinaus und thematisieren auch sozialwissenschaftliche Aufgabenfelder des Sachunterrichts unter Einschluss ethischer und ästhetischer Probleme (vgl. Teil III; 3.3; Köhnlein 1991 und 2006a, b). Bedeutsam sind in diesem Zusammenhang die Ansätze zum „Philosophieren mit Kindern" (vgl. Schreier 1993; 1999, Ganter 1997 und Teilkapitel 3.3.2).

Ausarbeitung des Sachverhalts hineinzutragen (ohne die Grenzen der Sachlichkeit zu überschreiten) und damit den fraglichen Gegenstand zu ihrer Sache zu machen. Gefördert werden Motivation und anhaltendes Interesse, der Mut, sich zu exponieren, die Disziplin der Zurückhaltung in möglichen Situationen der Konkurrenz, aber auch die Bereitschaft und Fähigkeit des gründlichen Nachdenkens. Gespräche öffnen Spielräume der Selbstverständigung. Neben den gegenseitigen Anregungen sind es die reflexiven Effekte, die das Gespräch fruchtbar machen: das Prüfen der eigenen und fremden Annahmen, Vorstellungen und Konzepte. Die Gelegenheit, in wechselseitiger Anerkennung gegenüber den anderen das Eigene geltend zu machen, stärkt ein positives *Selbstverhältnis der Persönlichkeiten.*

- Gelingende Kommunikation erfordert im Umgang mit Heterogenität die *Überwindung des egozentrischen Denkens und Sprechens* und das Wagnis, Eigenes in die Unwägbarkeiten des Diskurses einzubringen. Die anderen sollen meine Sicht, meine Argumente, meine Einwände erfassen können. Das macht es nötig, zuhören zu lernen, die Perspektiven der anderen produktiv aufzunehmen, mitzuvollziehen, was andere denken, und zu versuchen, den Gesamtzusammenhang zu überblicken. – Im Austausch erfährt ein Kind Stärkung seiner Selbstwahrnehmung, wenn andere seine Aussagen spiegeln, d.h. in ihre Perspektive aufnehmen; oder es nimmt den anderen als jemand wahr, der etwas repräsentiert, was ihm selbst nicht zu eigen ist. Aber auch wenn die Kinder gegenseitig als „Hebammen" für die Gedankenentwicklung fungieren: Die Geburt einer neuen Einsicht in den Erkennenden verlangt nicht nur umfassende Geburtshilfe, sie erfordert mitunter auch einen langwierigen, u.U. schmerzvollen und einsamen Prozess der Revision von Vertrautem (conceptual change). Deshalb gilt, dass Reden und Nachdenken nicht immer zu einem greifbaren Ergebnis führen muss, und dass Schweigen Raum für produktive Überlegungen geben kann. – Erzieherisch bedeutsam ist, dass das Gespräch nicht in einzelne Stimmen zerfällt, sondern im gemeinsamen Bemühen und im erlebten Erfolg ein „kollektives Wir" entsteht, das von Vertrauen und Zuversicht geprägt ist.
- Die Gedanken formen sich im Diskurs; sie sprachlich zu fassen heißt sie zu ordnen. Einsichten wie auch die Bedeutungen sprachlicher Ausdrücke und sachbezogener „Sprachspiele" werden im Dialog initiiert, ausgearbeitet, korrigiert und gefestigt. Im Sachunterricht fungiert des Gespräch als *Kokonstruktion von Vorstellungen und Begriffen,* indem es gemeinsam auszuführende physische und gedankliche Operationen koordiniert; es stützt das authentische Hervorbringen von Einsichten und – in gegenseitiger Kontrolle – die Auflösung unzutreffender Vorstellungen. Im gemeinsamen Aufbau von Erkenntnis und in der Korrektur falscher Behauptungen und Bewertungen hat das Gespräch eine epistemische Funktion. – Schließlich bewirken Gespräche, dass alle ganz ähnliche

„Modelle" eines Sachverhaltes im Kopf haben und gemeinsam daran arbeiten können. Begleitet von elaborierenden und demonstrierenden Handlungen, von Zeigen und Benennen, von Argumentieren und Zweifeln, bewirkt das gemeinsame Suchen und Finden eine originale fortlaufende Produktion, die weder im fraglichen Objekt noch im erkennenden Subjekt vorgeformt ist, sondern eine authentische Leistung in der Genese des Erkenntnisprozesses darstellt.

Zentrale Punkte gelingender Gespräche erfordern die besondere Aufmerksamkeit der Lehrenden:

- Die *Thematisierung* als Herstellung einer gemeinsamen Orientierung auf einen Sachverhalt macht diesen zum Gegenstand des Gesprächs.
- Die *Darstellung von Beobachtungen und Fakten* muss das Wesentliche, also das, worauf es schließlich ankommt, enthalten und betonen.
- *Behauptungen* sollen die Form von *Vermutungen* erreichen, die auf ihre Plausibilität und Geltung überprüft werden können.
- *Begründungen* stützen Vermutungen, *Einwände* stellen sie in Frage.
- *Erläuterungen* machen einen Sachverhalt einsichtig; sie verbinden Fakten und Begründungen.

Solche Schlüsselpunkte sind in lebendigen Gesprächen vielfach rückgekoppelt, sie treten zumeist mehrfach auf, und sie markieren den Stand der gemeinsamen Überlegungen. Aufgabe der Lehrerin, des Lehrers ist es, die Aufmerksamkeit aller auf sie zu zentrieren, damit *„allen* klar ist, *worüber* gedacht und geredet wird" (Wagenschein 1997, S. 118). Wagenschein und Thiel haben das oft durch Rückfragen oder Impulse versucht: „Worüber sprechen wir jetzt?" – „Woher wissen wir das?" – „Kannst du das noch einmal (anders) sagen?" – „Wir sollten den Versuch wiederholen." – „Bitte achtet auf ... !" – „Was wollten wir eigentlich?" – „Wie weit sind wir?" – „Was haben wir herausgefunden?" – „Sind wir mit dieser Erklärung zufrieden?"[119]

Solche zentrierenden Fragen wirken der allgegenwärtigen Gefahr des Abgleitens in *Gerede* entgegen, die immer gegeben ist, wenn der sachliche Fixpunkt verblasst. Das Ausweichen in Ungefähres, in vagabundierendes Vielerlei, der Verlust einer sachklärenden Richtung erzeugt schließlich ein Gefühl der Leerheit bei allem möglichen „Spaß" an der Unterhaltung. Das Elend des Geredes besteht darin, dass es nichts festzuhalten vermag, keine begriffliche Bestimmung, Erkenntnis oder Einsicht anstrebt, zu keinen Ergebnissen führt und keine Anknüpfungspunkte für ein weiteres Fragen und Suchen liefert.

119 Solche unterstützenden, aber nicht vorwegnehmenden Lernhilfen werden im Rahmen sozialkonstruktivistischer Ansätze mit dem Begriff „scaffolding" international verstärkt in den Blick genommen. Das Hervorheben und Problematisieren von Aussagen, das Fokussieren auf bestimmte Fragen, das Herausfordern von Begründungen, das Strukturieren von (vorläufigen) Ergebnissen sind wichtige Merkmale eines Unterrichts, der für die Kinder eine aktive Rolle im Lernprozess vorsieht.

Praxiserfahrungen zeigen, dass der Aufbau einer angemessenen Gesprächsbereitschaft und -fähigkeit in Schulklassen eine schwierige, viel Zeit und Geduld erfordernde Aufgabe ist, die selten ohne Rückschläge gelingt. Man sollte mit kurzen Gesprächen beginnen und diese allmählich ausbauen. Unverzichtbar ist das einvernehmliche Bemühen aller, die in der Klasse unterrichten. Das Gespräch selbst aber braucht ruhige Phasen, in denen es sich entwickeln kann, es braucht Pausen des Nachdenkens und es braucht die Fortsetzung oder Wiederaufnahme, um die „Einwurzelung" in die Sache zu ermöglichen. Wichtig ist: *„... morgen reden wir weiter ..."*.

Es gibt Kinder, die sich kaum aktiv beteiligen und doch das Wesentliche gut verarbeiten, denn die zuschauende und zuhörende Haltung kann durchaus eine reflektierende sein. Sie lassen sich zumeist in einer vertrauensvollen Atmosphäre gewinnen, wenn niemand diskriminiert wird. Sehr viel schwieriger ist die Einbindung von Kindern mit mangelhafter Sprachkompetenz, die überdies keine angemessene Sprachkultur aus ihrem häuslichen Umfeld kennen. Abgesehen davon, dass man aussteigt, wo man nichts versteht, besteht die Gefahr der systematischen Vernachlässigung einzelner Kinder durch die gewählte Unterrichtskonzeption. Um diesem möglichen Vorbehalt zu begegnen, nämlich dass durch anspruchsvolle Gespräche insbesondere diejenigen gefördert werden, die ohnehin schon gut gefördert sind, einige aber zurückbleiben, muss im Unterricht die Regel gelten: „Erst die Langsamen, dann die Schnellen." (Wagenschein 1997, S. 122) Das bedeutet, dass immer dort, wo das „Dabei-Sein", das mitvollziehende Verständnis einzelner Kinder gefährdet ist, die Zurückhaltung der Lehrerin oder des Lehrers in der Weise relativiert werden muss, dass diese Kinder eine besondere Zuwendung erfahren und die oben genannten Schlüsselpunkte eine verständnisfördernde, den Gesprächsverlauf strukturierende Funktion erhalten.

Außerdem gilt, dass das genetische Lehren und Lernen auch andere methodische Konstellationen und Lernumgebungen verlangt, durch die das sokratische Moment gestützt und ergänzt werden muss. Das sind insbesondere solche des handlungsintensiven Lernens (vgl. Möller/ Tenberge 1997; Möller 2007b) und des Arbeitens in projektbezogenen Vorhaben, die eng mit dem Prinzip des Exemplarischen verbunden sind. Zudem können z.B. Bereiche, in denen die Kinder sehr unterschiedliche Lernvoraussetzungen haben und Differenzierungen in der Zeit für Übungen angebracht erscheinen, zur besonderen Bearbeitung in andere Arbeitsarrangements (z.B. Partnerarbeit) „ausgelagert" werden. Generell geboten ist es im Sachunterricht, dass die Sache möglichst unmittelbar anwesend ist und die Kinder Gelegenheit haben, Suchhandlungen nach aktuellem Bedürfnis effektiv auszuführen: in erneuten Beobachtungen, in tastendem Probieren, in wiederholten Versuchen, in szenischen Darstellungen, in Skizzen und Bildern, und auch in (eigenen) Texten.

3 Exemplarisches Lehren und Lernen

Das *Prinzip der Exemplarität* (als konzeptioneller Bestandteil der Theorie und Praxis des genetischen Lehrens und Lernens) besagt – wie bereits dargelegt wurde –, dass am Beispiel geeigneter, gründlich bearbeiteter Gegenstände grundlegende Einsichten nachhaltig erschlossen werden können. Das exemplarische Verfahren ist *möglich,* weil ein einzelnes Phänomen einen allgemeinen Bedingungskomplex repräsentieren und für seine Erschließung (als einführendes Beispiel) fruchtbar gemacht werden kann. Es ist *nötig,* weil das Entdecken eines neuen Phänomens, das Erfassen eines neuen Gedankens, der Aufbau oder die Revision einer entsprechenden Vorstellung sowie die damit verbundene Begriffsbildung notwendigerweise komplexe Vorgänge sind, die ausreichend *Zeit und Konzentration* beanspruchen. Alternative wäre eine nur gleichmäßige Oberflächlichkeit des Aufnehmens von Kenntnissen, die sich nirgends auf Verstandenes gründen und oft in Zerstreuung und Undeutlichkeit bleiben. Schon deshalb ist eine nach begründeten Kriterien zu treffende *Auswahl* grundlegender Inhalte erforderlich. Und schließlich ermöglicht der exemplarische Zugriff die Entfaltung einer *Vielperspektivität,* die wesentlich durch die Dimensionen des Sachunterrichts gekennzeichnet ist.

Exemplarität ist ein hoch elaboriertes didaktisches Prinzip, dessen formendes Potential unter den steigenden Anforderungen an die Qualität des Unterrichts stärker als bisher genutzt werden sollte. In Bezug auf verwandte Prinzipien hat das Exemplarische eine Integrationsfunktion: Das Elementare, das Repräsentative (das für charakteristische Merkmale steht, an denen sich Allgemeines verdeutlichen lässt), das Kategoriale (das allgemeine Sachbegriffe erfasst) und das Fundamentale können nur in einem exemplarischen Unterricht angemessen bildungswirksam zur Geltung gebracht werden.

Wir wenden uns im Folgenden kurz [1.] dem *Erfassen von Gegenständen durch einführende Beispiele* zu und untersuchen – immer unter dem Gesichtspunkt einer Grundlegung der Bildung – einzelne Aspekte der exemplarischen Lehre, zuerst solche, welche hauptsächlich die didaktische Strukturierung von Unterrichtseinheiten betreffen (Einstieg, Episoden als bedeutungsvolle Lernsituationen und Einzelkristalle des Verstehens, Modi der exemplarischen Vertiefung und der orientierenden Ergänzungen und Verbindungen), sodann [2.] *inhaltlichen Akzentuierungen,* die alle einzelnen Themen übergreifen (das Elementare als verdichtete allgemeine Erkenntnis, das Fundamentale und die Funktionsziele, die „formativen Tugenden" produktiver Arbeit und kritischen Denkens) und dazu beitragen, bei den Lernenden sachgemäße Wissensstrukturen und Kompetenzen aufzubauen. Alle diese Aspekte des Exemplarischen sind von Wagenschein vorgezeichnet; die Aufgabe besteht darin, sie für das breite Lernfeld des Sachunterrichts fruchtbar zu machen. Für die Umstrukturierung von Vorstellungen, die sich nicht bewähren, bietet exemplarischer Unterricht besondere Chancen (conceptual change). *Vielperspektivität* [3.] als weiteres konzeptionelles Merkmal ermöglicht auf der Grundlage der inhaltlichen Dimensionen einen pluralen Zugriff auf Phänomene und Probleme und dadurch eine sachbezogene Offenheit des Unterrichts; sie ist zugleich Voraussetzung für die notwendige curriculare Vernetzung und Integration.

3.1 Über das Erfassen von Gegenständen

In der physischen Welt nehmen wir das Einzelne, einen „Gegenstand" unserer Aufmerksamkeit, durch unsere Sinne und durch Handeln wahr. Wir bemerken, dass da etwas ist, versuchen, es von seiner „Umgebung" abzuheben und fragen, was es ist.[120] Die Anstrengung der sinnlichen Wahrnehmung bei der Beobachtung, das unterscheidende Denken, das aufkommende Interesse, die poietischen Assoziationen beim Aufspüren von Zusammenhängen stehen am Anfang der weiteren Nachforschungen. Auch wo es darum geht, „essentielle Ungegenständlichkeiten" wie Freundschaft, Trauer oder Liebe zu erfassen, nehmen wir sichtbare Erscheinungsformen wahr; darüber hinaus sind die Erfahrungen des eigenen Erlebens, die Intensität der Vorstellungskraft und der kommunikative Austausch gefordert. Denn wir lernen Begriffe, Haltungen und Konzepte niemals abstrakt und unmittelbar, sondern vermittelt durch die *Interpretation von Beispielen* in einem kulturellen Umfeld.

Lernen ist Arbeit gegen den *Widerstand der „Sachen"*, den wir bei der Wahrnehmung und Aneignung erfahren. Er richtet sich gegen das Erkennen des Sachverhaltes, gegen das Einordnen in gewohnte Vorstellungen, gegen eine begriffliche oder gar mathematische Fassung und Konzeptualisierung. Manchmal ist es hilfreich, diesen Widerstand im (Meta-)Gespräch zu thematisieren, um den Lernenden Mut zu machen. Eine Erleichterung bietet oftmals die schon von Dewey und Mach vorgeschlagene Möglichkeit, den Werdegang eines komplizierten Sachverhaltes zu verfolgen, den Gegenstand, die gesellschaftliche oder wissenschaftliche Interpretation eines Sachverhaltes als etwas Gewordenes zu erfassen, d.h. eine didaktisch reduzierte Form durch Rückgriff auf ursprüngliche Motive, auf den „context of discovery" (Popper), und auf einfache Lösungen an den Anfang zu setzen und dann die weiteren Entwicklungen im Gespräch, im Versuch, in szenischen oder bildlichen Darstellungen zu verfolgen.

Ein zentraler Punkt des Lernens von Bedeutungen und des Aufbaus von Wissen ist der Übergang von der sinnlichen Wahrnehmung und unmittelbaren Präsenz eines

120 Ein illustrierendes Beispiel ist wiederum die Geschichte „Der Ruf des Raben" (Wagenschein 2003, S. 38 f.) Vgl. auch Teil I; 1.1.2, Teil III; 1.1.2 und Teil V; 6.4.

Phänomens oder einer Klasse ähnlicher Phänomene zu Abstraktionen oder allgemeinen Vorstellungen. Beobachtung und Beschreibung sind zunächst am Phänotypus orientiert und beeinflusst von situativen Momenten (z.B. der Disposition der Beobachter und der Lernumgebung), also vom Kontext, in dem sie stattfindet. Aber schon die Beschreibung, d.h. die Rekonstruktion in sprachlicher Form, muss im kommunikativen Austausch der „Ansichten" über „Eigenschaften" und „Beschaffenheiten" auf der Basis des empirischen Zugriffs eine gewisse Stabilität gewinnen, wenn sie Grundlage gemeinsamer weiterführender Vermutungen und Erklärungsversuche werden soll: „Was ist das?", „Wie ist es?", „Wie stellen wir das dar?", „Wie bezeichnen wir es?", „Wie ordnen wir es ein?". Gleichwohl ist bereits mit der Beschreibung oder Darstellung eine – wenn auch unabsichtliche – Interpretation und jedenfalls eine *Umformung* verbunden, denn das Phänomen wird nun nicht mehr nur in seiner Unmittelbarkeit betrachtet, sondern durch Bezeichnungen repräsentiert. Ausgegangen wird von Erscheinungen, die durch Anschauung gegeben sind; das Ziel aber ist der Aufbau von (Modell-)Vorstellungen und eine Begriffsbildung, d.h. eine Konzeptualisierung, durch welche sich die Vielheit möglicher „Fälle" konstruktiv in einer rational operativen Form fassen lässt.
Erforderlich ist also ein Übergang von „anschaulichen" zu konstruierten oder „konstruktiven" und abstrakten Formen des Erfassens von Sachverhalten. Dieser Übergang – angestoßen von Fragen wie: „Ist das immer so?", „Was bedeutet das?" – schließt einen Umformungsprozess ein, der für das Lernen aus erkenntnistheoretischen wie auch aus didaktischen Gründen in doppelter Hinsicht von Bedeutung ist. Denn (erstens) erfolgt eine „Objektivierung" in dem Sinne, dass eine Ablösung vom individuellen Standpunkt der Lernenden stattfindet, die den Aussagen eine gewisse Allgemeingültigkeit und die notwendige Stabilität verleiht. Und diese Objektivierung geschieht (zweitens) durch Antizipation möglicher allgemeiner Verknüpfungen, z.B. in Begriffen, Denkmodellen, Prinzipien, fachlichen Perspektiven und Symbolsystemen (z.B. Regeln, Messgrößen, Formeln u.a.). Damit wird auch deutlich, dass Abstraktion Zugänge zum sinnlich nicht Erfassbaren eröffnet.
Man muss also zwischen dem Lernen über das Besondere und dem Lernen über das Allgemeine unterscheiden: Es handelt sich um Lernen auf verschiedenen Ebenen. Aus einem isolierten Fall lässt sich nur etwas über diesen Fall lernen. Deshalb ist der *Vergleich* wichtig, d.h. der prüfende Blick auf andere Fälle, bei denen wir gleiche oder deutlich andere Merkmale finden. Das Bilden von Analogien zu bereits Bekanntem ist ein wichtiges Moment des Erkenntnisfortschritts. Immer sind für die Gewinnung eines Allgemeinen Prozesse der Analogisierung (das Gleiche im Anderen), der Diskriminierung (Abgrenzung vom Anderen) und der Kategorisierung erforderlich. Die Zugehörigkeit zu einem Allgemeinen prüfen wir dann durch Abduktion, d.h. durch die Folgerung von einer generellen Aussage auf ei-

nen speziellen Fall mittels einer probeweisen Übertragung relevanter Charakteristika: Hat man eine allgemeine Wahrheit formuliert, dann ist es möglich, sie auf eine große Zahl von Phänomenen anzuwenden.
Von Interesse ist dabei die Frage nach dem Verhältnis zwischen der unmittelbar präsenten Sache und ihrer allgemeinen Repräsentation. Die konstruktive Leistung der Lernenden in Akten der Verallgemeinerung und Abstraktion verweist darauf, dass es sich nicht um eine Abbildbeziehung handeln kann, sondern um eine *symbolische* Beziehung. Das repräsentierte Konkrete und das repräsentierende Allgemeine stehen auf verschiedenen Ebenen, denn die begrifflichen Symbolisierungen sind Schöpfungen des menschlichen Geistes, die sich nicht schon in den sinnlichen Gegebenheiten auffinden lassen. Deshalb ist keine ein-eindeutige Zuordnung zwischen Repräsentiertem und Repräsentierendem möglich; es besteht aber eine *strukturelle* Beziehung, die den Übergang vom Konkreten zum Abstrakten in beiden Richtungen offenhält und ermöglicht: Genetischer Unterricht wahrt und pflegt den Zusammenhang zwischen der Vielfältigkeit des Konkreten und seiner allgemeinen Repräsentation. Für die „Lebendigkeit" und Anwendbarkeit des Wissens ist die geistige Durchdringung des Sinnlichen und die Sensibilität für das Anschauliche im Allgemeinen, d.h. die Präsenz dieses gegenseitigen Bezuges, eine wichtige Voraussetzung.

3.1.1 Exkurs über die Bedeutung von Beispielen für das Lehren und Lernen

Beispiele haben für Lehren und Lernen eine erkenntnisleitende Funktion.[121] In didaktischer Hinsicht lassen sich einführende, illustrierende und belegende Beispiele unterscheiden. Das *illustrierende* Beispiel soll einen schon bekannten Sachverhalt verdeutlichen, anschaulich machen, seine Bedeutung zeigen. Das *belegende* Beispiel soll die Realität eines Begriffs erweisen, seine Sachhaltigkeit, nämlich dass er nicht leer, eine bloße Fiktion ohne einen korrespondierenden Gegenstand ist, oder es soll eine Aussage stützen. Beide Arten oder Leistungen des Beispiels setzen eine wenigstens vage Kenntnis des Sachverhalts, der erhellt oder belegt werden soll, schon voraus. Wichtiger noch für die Anfänge des Lernens ist das *einführende*

121 Diesen Sachverhalt illustriert „exemplarisch" E. Spranger mit seiner Parabel vom Bogenschnitzer: Nicht anders als durch das Beispiel, das der Meister gibt, kann der „Knabe" in die Kunst des Bogenschnitzens eingeführt werden. Dabei zeigt sich zugleich, dass die Aktivitäten des Lehrers – nach Maßgabe der Vorkenntnisse des Lernenden – wesensnotwendig zurückhaltend sind: „Vielleicht ist er ein großer Meister in der Kunst des Bogenschnitzens. Aber er ist ihr nicht so restlos verfallen, dass er nicht Zeit hätte, andere auf dem Wege zu diesem Meistertum nach sich zu ziehen." (Spranger 1958, S. 14 f.) Experten zeigen unter möglichst authentischen Bedingungen wie sie selbst eine Aufgabe bewältigen und begründen ihr Handeln; die Lernenden erhalten beim Nachmachen dosierte Unterstützung. – Die das Lernen anregende und weiterführende Funktion des Beispiels zeigt Wagenschein mit einer thematisch ähnlichen Stelle bei Goethe (Wagenschein 1975, S.12). Zur didaktischen Bedeutung des Zeigens vgl. Duncker 1996a.

Beispiel, denn es bringt eine Sache überhaupt erst in den Horizont der Lernenden und hat damit eine das Verständnis eröffnende Funktion.

Es ist eine anthropologische Tatsache von entscheidender Bedeutung für das Lernen, dass Kinder in der Lage sind, an Beispielen Erfahrungen mit Dingen und Verhältnissen in der physischen und sozialen Welt zu machen und dabei Voraussetzungen für das ursprüngliche Verstehen basaler „Begriffe" zu erwerben, die dem sprachlichen Zugriff noch vorausgehen. Beim Spiel mit Steinchen, die es zur Erde fallen lässt, kann schon ein zweijähriges Kind die Kategorie der Wiederholbarkeit grundlegend erfahren (vgl. Wagenschein 1970a, S. 487 f.; 2003, S. 20). Der Sachunterricht nimmt solche Lernansätze auf und hebt sie aus der Sphäre des nur Episodischen heraus. An ausgewählten, besonders instruktiven Beispielen erkennen schon junge Kinder Kategorien, aus denen sich später wissenschaftsfundierte Denkweisen aufbauen lassen, wobei diese Kategorien nicht abstrakt vermittelt sind, sondern rückgebunden an den konkreten Fall, an dem sie gewonnen worden sind.

Hier wird erneut ein methodisches Prinzip von immenser Produktivität deutlich, nämlich der Zusammenhang des Beispiels mit dem Allgemeinen und Elementaren. Es drückt sich aus in der Hypothese, dass die exemplarische Darstellung eine Grundform des Lehrens und Lernens ist, d.h. dass man einen allgemeinen Sachverhalt, einen Grundbegriff, eine Methode, in den Anfängen immer nur vermittels eines Beispiels oder mehrerer Beispiele, die diesen Sachverhalt hervorragend deutlich, eben exemplarisch, repräsentieren, lehren und lernen kann. Wissenschaftslogisch und didaktisch bedeutet das nun, dass die Grundbegriffe, Einsichten und Methoden, für die der Sachunterricht Fundamente zu setzen hat, nicht anders als exemplarisch eingeführt werden können, weil sie das Beispiel für die Lernenden erst fasslich macht, und weil Kinder diese Begriffe, Einsichten und Methoden erst durch ihren exemplarischen Gebrauch im Zusammenhang mit der Erfahrung des täglichen Lebens verstehen können. Das ursprüngliche Verstehen, von dem Wagenschein spricht, entzündet sich an beispielhaften Erfahrungen.

Neben der Erweiterung des Wissens durch Beispiele bedeutet Lernen, neue Inhalte mit vorhandenen Beständen in Beziehung zu bringen. Neue Informationen und Ideen werden in der Regel nur insoweit behalten und fruchtbar gemacht werden können, als es gelingt, sie mit älteren Wissens- und Denkstrukturen zu vernetzen, sie nach Möglichkeit mit basalen Konzepten und fundamentalen Ideen (Bruner 1970) zu verknüpfen oder solche neuen elementaren Einsichten (Wagenschein 1997; vgl. Abschnitt 3.2.1) durch sie zu gewinnen. Bruner fasst diesen Gedanken thesenartig zusammen: „Etwas als spezifisches Beispiel eines allgemeineren Falls zu begreifen – und das ist hier mit dem Verstehen eines grundlegenden Prinzips oder einer Struktur gemeint – bedeutet, daß man nicht nur einen speziellen Sachverhalt erkannt hat, sondern auch ein Modell für das Verstehen anderer, ähnlicher Sachverhalte, denen man noch begegnen kann.“ (Bruner 1970, S. 37) Lernen geschieht nicht nur kumulativ, sondern auch konstruktiv durch Kreation neuer Einsichten sowie durch Differenzierung und Modifizierung vorgängiger Vorstellungen und Begriffe.

3.1.2 Auswahl aufschlussreicher Themen

Das Konzept des exemplarischen Lehrens und Lernens wurde in den fünfziger Jahren zuerst von Wagenschein in die didaktische Diskussion eingeführt.[122] Er forderte eine „neue Art des Lehrens und Lernens“ (1970a, S. 208; 1997, S. 27 ff.) und machte nachdrücklich auf ein Prinzip aufmerksam, das den *Vorrang des Verstehens* vor aller Wissensanhäufung sowie die Konzentration des Unterrichts auf das *an Beispielen grundlegend erfahrbare Wesentliche* verlangt, also auf die entscheidenden Gesichtspunkte, Strukturen, Kategorien und Methoden. Das Exemplarische bezieht sich inhaltlich auf „ursprüngliche Phänomene der geistigen Welt“, wie es in der *Tübinger Resolution* heißt (Wagenschein 1997, S. 32), also nicht nur auf solche der „Natur“.[123] Wir sollen eine begründete Auswahl treffen unter dem Vielerlei der Möglichkeiten. Die Konzentration des Stoffes unter den Gesichtspunkten der Bedeutsamkeit und Ergiebigkeit gibt dem Exemplarischen eine von der Stofffülle entlastende Funktion.

Der Tübinger Resolution liegt die Überzeugung zugrunde, dass die Lernenden einige grundlegende Einsichten selbst (wenn auch unter Anleitung) finden müssen, damit sie fähig werden, das darüber hinaus nötige kulturelle Wissen produktiv aufnehmen zu können. Immer stellt sich die doppelte Frage: Was ist wichtig, damit die Kinder hier und heute Kompetenz in unserer Lebenswelt bekommen, damit sie die Welt, in der sie leben und handeln sollen, besser verstehen und auch in Bereiche unserer Kultur eingeführt werden, die sie nicht durch Alltag, Straße und Fernsehen kennenlernen? Und: Wie muss der Unterricht gestaltet werden, damit sich die Persönlichkeit bildet in der Auseinandersetzung mit den Sachen?

Exemplarisches Lehren und Lernen vollzieht sich an Unterrichtsthemen, die als akzentuierte Beispiele den Kindern breite Erkundungs- und Gestaltungsmöglichkeiten geben.[124] Bedeutsame Beispiele eröffnen Zugänge nicht nur zu bestimm-

---

122 Erst später, in seiner Begriffsschrift Zum Begriff des Genetischen Lehrens (1966/1997, S. 75 ff.) hat Wagenschein das exemplarische Prinzip ausdrücklich in die Konzeption des Genetischen integriert. – Die Rezeptionsgeschichte zum Exemplarischen zeigt wie das Unterrichtsprinzip zuerst in einer Fachdidaktik ausgearbeitet und dann von der Pädagogischen Psychologie (H. Roth) und von der Allgemeinen Didaktik (vgl. Anm. 55) aufgenommen wurde.

123 Wagenschein zitiert dazu die Voten des Historikers Hermann Heimpel und des Philosophen Wilhelm Weischedel, der von der „Anwesenheit des Ganzen im Einzelnen“ spricht, und davon, dass im Einzelnen Wesentliches „zum Aufleuchten kommt“ (Wagenschein 1997, S. 32).

124 Das exemplarische Lernen steht in enger Beziehung zu allen aktivitätsbetonten, die Kreativität der Kinder fördernden und fordernden Lernformen, z.B. zum Projektunterricht; aber alle diese Lernformen und entsprechenden Lehrmethoden unterliegen dem Kriterium der Sachbezogen-

ten gesellschaftlichen oder physischen Phänomenen, sondern auch zu dem, was den einzelnen Fall als Allgemeines übergreift, d.h. zu dem, wofür das Besondere des jeweils gewählten Themas ein konkreter Fall ist. Das Übergreifende, die in der Kultur verankerten grundlegenden und elementaren Vorstellungen, die „großen Ideen", die Denk- und Handlungsmuster, an denen wir uns orientieren können und die Ansatzpunkte für das Weiterdenken und -suchen bieten, sollen den Kindern an ausgewählten Themen sichtbar und verständlich gemacht werden. Damit entlastet ein exemplarischer Sachunterricht auch von vermeintlichen „Systemzwängen"; er folgt nicht Systematiken seiner Bezugsfächer, sondern sucht aus der Lebenswelt Zugänge zu ergiebigen Themen, die sich nach Maßgabe der Interessen der Kinder, sachlicher Beziehungen, semantischer Strukturen (die der Speicherung des Sachwissens dienen) und logischer Verknüpfungen beziehungsreich ausbauen lassen und die oft mehrere inhaltliche Dimensionen verbinden. Dabei sollte überall, wo es möglich und sinnvoll ist, in das Lernen von Inhalten das Lernen von Methoden integriert werden.

So kann z.B. das Thema *„Wochenmarkt"* mit unterschiedlichen Schwerpunkten und ihrer gegenseitigen Verflechtung gestaltet werden:
- *heimatkundlich:* Marktbesuch, Aufnehmen vielfältiger Eindrücke, Kennenlernen des Marktes
- *wirtschaftlich:* Kaufen und Verkaufen, Geld als universelles Tauschmittel, Angebot und Nachfrage, Wettbewerb
- *ökologisch:* frische Waren, gesunde Ernährung, Verpackungen und Abfall, Qualitätsmerkmale, Konservierungsmethoden
- *biologisch:* Obst- und Gemüsesorten, Früchte, Anbau, Tierprodukte
- *(stadt-)geografisch:* Lage des Marktes als Zentrum, Erreichbarkeit und Entfernungen, Menschen müssen sich versorgen, Herkunft der Waren
- *gesellschaftlich:* Markt als Kommunikationszentrum
- *geschichtlich:* Markt früher und heute, alte Marktordnungen, Markt als überlieferte kulturelle Institution
- *physikalisch und technisch:* Maße und Gewichtseinheiten, Waagen.[125]

An methodischem Können werden dabei u.a. eingeführt oder ausgebaut:
- *Beobachtung* des Marktgeschehens
- *Befragung* von Händlern und Kunden
- *Auswertung* von Daten und Informationsmaterial
- *Dokumentation* und Darstellungsmöglichkeiten
- Umgang mit Plänen und Karten
- Bewertung von Fakten.

---

heit, nämlich dass sie der Erarbeitung grundlegender Einsichten und Fähigkeiten dienen. Vgl. dazu Klafki 1985, bes. S. 94.

125 Im Unterricht wird im Interesse der Schwerpunktbildung und mit Rücksicht auf die Leistungsfähigkeit der Kinder immer nur ein Teil dieser Dimensionen und Gesichtspunkte berücksichtigt werden. Das Thema lässt sich dann auf höherer Stufe erneut aufgreifen, erweitern und vertiefen.

Immer verweist eine solche Aufschlüsselung nach Inhalten und Methoden nur auf die Fülle der Möglichkeiten, aus denen begründet ausgewählt werden kann. Priorität haben das Einsichtigmachen kultureller Bedeutungszusammenhänge, die erfahrungshaltig, erklärungsbedürftig und repräsentativ für gesellschaftliche Bedürfnisse sind. Wir sollten uns aber bewusst machen, dass Vollständigkeit niemals möglich ist und dass es immer auch anderes gibt, das wir nicht thematisieren.[126] Und doch ist der Unterrichtsgegenstand „Markt" als einheitliches Ganzes ein Musterbeispiel dafür, wie die Inhalte, die durch die Dimensionen in den Blick kommen, miteinander vernetzt sind. Exemplarität verlangt Konzentration und Vertiefung, d.h. eine bestimmte thematische Akzentuierung ohne inhaltliche Überfrachtung; dazu aber auch den Ausblick auf mögliche andere Akzente, die dann – nach dem Modell des Spiralcurriculums – später, u.U. bei einem anderen Thema, berücksichtigt und mit dem schon Erarbeiteten verbunden werden können.

3.1.3 Einstieg

Der Zugang zur exemplarischen Bearbeitung eines Themas geschieht in der Regel durch einen *Einstieg.* Wagenschein meint damit die Exposition eines Phänomens in einer Weise, die etwas Erstaunliches, Unerwartetes, noch nicht Bedachtes, vielleicht Verunsicherndes oder einfach in seiner Erscheinung die Aufmerksamkeit Herausforderndes zeigt, *Fragen* auslöst, die Kinder ein *Problem* erkennen lässt und ihre Lust am Forschen und Gestalten anregt. Das Zeigen in einer Weise „als sähen wir es zum ersten Mal" bedeutet mitunter eine Verfremdung, die aber für den Zugang zu Wissenschaft und Kunst eigentümlich ist: „So habe ich das noch nicht gesehen." Der Begriff des Einstiegs bezeichnet also etwas ganz anderes als einen banalen Anfang; gemeint ist vielmehr ein gemeinsamer thematischer Zugriff, der Spontaneität und Interesse anstößt und der den Sog des noch Unbekannten für eine intensive und länger anhaltende Untersuchung in Gang setzt (vgl. Wagenschein 1997, S. 27 ff.). Denn der Ansatz der menschlichen Erkenntnis hat die Gestalt der offenen Frage; die *Frage* ist die Ausdrucksform, um einen Sachverhalt zu problematisieren; die offene Frage kann der gemeinsamen Suche nach einer Lösung Konsistenz der Gedankenführung und der Argumente geben; sie ist das Medium, in dem sich dem Denken Erkenntnis öffnet.

Der Einstieg muss auf das potentielle Vorwissen und die Leistungsfähigkeit der Lernenden abgestimmt sein, d.h. er muss sie auf ein Problem führen, das ihnen reizvoll und hinreichend schwierig, aber – im Vertrauen auf gemeinsame Anstren-

126 „An einer Wahrheit teilhaben heißt immer auch ermessen, dass es andere gibt, an denen wir noch nicht teilhaben." (Gödel) Ohnehin wächst der Riesenkörper des Wissens schneller als ein Lernprozess eines einzelnen Menschen ihm folgen kann. Wir werden immer mehr nicht wissen. – Brauchen wir in der Didaktik Kriterien für eine negative Selektion des Wissens?

gungen – als lösbare Aufgabe erscheint. Deshalb setzt ein produktiver Einstieg voraus, dass die Lehrenden einen ergiebigen Gegenstand ausgewählt haben, der von den Lernenden zu Problemstellungen verarbeitet werden kann, die sich dann auch in relevanten Fragen bündeln lassen. Durch ein gemeinsames Interesse an einem Projekt des Erkundens, des Schaffens eines Produkts oder der Klärung einer Streitfrage kann ein „Arbeitsbündnis" entstehen, das hohe gemeinsame Anstrengungen im Handeln und in der Reflexion trägt, weil es sachlich motiviert ist. Deshalb gehört zur Exposition über die Weckung der Neugierde hinaus noch weiteres, ein affektives Moment, nämlich die Ermutigung zu engagierter Arbeit. Lehrende müssen Kind und Sache gleichermaßen im Blick haben.

Thiel hat seine exemplarischen Unterrichtseinheiten zumeist mit einem (von den Kindern wiederholbaren) Versuch begonnen: Ein Ball und ein Klumpen Knetmasse fallen gleichzeitig zu Boden. Die Gruppe erkennt sofort das Problem: Warum springt der Ball? Warum springt die Knetmasse nicht? (Thiel 2003, S. 122 ff.) – Aus einem über den Beckenrand hängenden Schlauch läuft das Wasser: Kann Wasser auch den Berg hinauffließen? (Thiel 1984) – Die Gruppe beobachtet eine Ramme aus einiger Entfernung: Braucht der Schall Zeit? (Thiel 2003, S. 103 ff.; S. 144 ff.; Köhnlein 2006a, S. 19 f.)
Die Kinder erhalten einen Text über die Erfindung der Druckkunst. Ein Kind fragt: „Woher weiß man eigentlich so genau, dass es den Herrn Gutenberg gegeben hat?" (Soostmeyer 1998, S. 242 ff.; 2002, S. 153 ff.; Köhnlein 2006b, S. 33 ff., vgl. Teil III; 3.3.2)
Der Lehrer gibt den Kindern einige 10 bzw. 20 Tage bebrütete Hühnereier in die Hände: Wie entsteht Leben in Vogeleiern? (Köhnlein 2006b, vgl. Teil V; 8.4.2)

Das einführende Gespräch hat den Zweck, das fragliche Phänomen *als Sache zu gewinnen* und zum Gegenstand des Suchens und Nachdenkens zu machen, darüber hinaus dient es der Verdeutlichung der anstehenden Fragen und Probleme sowie dem Auffinden erster Ansatzpunkte für die gemeinsame Arbeit, für die Lehrenden aber auch dem Aufdecken hemmender Vorverständnisse. Mit dem Erkennen des Problems und der gemeinsamen Untersuchung des Phänomens beginnt die exemplarische Vertiefung. Ursachen („woher es kommt") und Verknüpfungen („wie die Dinge zusammenhängen") sollen in alltagsweltlicher wie auch in fachbezogener Hinsicht erkannt werden. Das Herstellen von Zusammenhängen ist ein Urakt des Verstehens.
Einstiegsfragen und Probleme der genannten Art sind auf Unterrichtseinheiten angelegt, die viele Tage oder sogar mehrere Wochen intensiver Arbeit erfordern. Exemplarischer Unterricht braucht lange zusammenhängende Lernzeiten, die genügend Raum geben für Vertiefung und Besinnung, Planung und bilanzierende Rückblicke, produktive Umwege und klärende Erkundungen.[127] Wagenschein

127 Schon deshalb sollte Epochenunterricht ermöglicht werden. Für die Weiterführung am nächsten Tag genügt dann ein kurzer Rückblick. – Wie lange eine exemplarische Unterrichtseinheit dauern

hat von der „Pflicht“ gesprochen, „sich ... festzusetzen, einzugraben, Wurzel zu schlagen, einzunisten“, „Inseln“ oder „Plattformen“ zu bilden. Er meint mit solchen Bildern und Metaphern Orte der „Verdichtung“, der notwendigen Muße, die nicht dem „Ausruhen“ dient, sondern der ungestört konzentrierten Arbeit (1997, S. 30 ff.).[128]

Für die Lehrenden ist der Einstieg in die Sache zugleich ein Einstieg in eine durchdachte „Dramaturgie des Unterrichts“ (Hausmann). Man denkt an den Hinweis Wagenscheins: *Mit* dem Kinde von *der* Sache aus, die *für* das Kind die Sache *ist.*“ (2003, S. 11) Von den Kindern her denkt man die Sache neu, ebenso die Abläufe des Unterrichts. Und man wird kritisch erwägen: Es gibt unterschiedliche Zugänge und verschiedene Perspektiven. Sie hängen zusammen mit Haltungen, Vorstellungen, Kenntnissen, Interessen und Zielen. Die institutionalisierte Freiheit der Lehrerinnen und Lehrer ist eine verantwortete Freiheit.

Ziel des intensiven Arbeitens ist die Lösung der mit dem Gegenstand gegebenen Probleme sowie der damit verbundene Aufbau und die Koordination des erforderlichen Wissens und schließlich die Bildung sachlich angemessener mentaler Konzepte und Kompetenzen. Wo die Kinder falsche Vorstellungen mitbringen, geht es in dem anhaltenden intensiven Bemühen um Verstehen nicht um „Abriss und Neubau“, sondern um Umbau „auf offener See“, d.h. um das allmähliche Sich-Durchsetzen der besseren Einsicht.[129]

Wenn das Ziel der Arbeit präsent ist, gibt es dem Lernen Sinn und Antrieb. Man möchte eine irritierende Wahrnehmung[130] auflösen, das Problem bewältigen, den Sachverhalt klären. Die Kinder diskutieren, entwerfen Vermutungen, probieren und machen Versuche, bewerten Lösungsansätze und Ergebnisse. Sie erfahren als Einzelne oder in der Gruppe, ob sie erfolgreich sind. Neue Erfahrungen und Vorstellungen entstehen in der konzentrierten Hingabe an die Sache im Gespräch oder beim Ausprobieren. Vorurteile und Konzepte, die sich nicht bewähren, wer-

---

soll, d.h. wie komplex und umfangreich ihr Gegenstand sein darf, hängt zuerst von der Leistungsfähigkeit und -bereitschaft der Klasse ab und davon, was die Lernenden von ihren Bemühungen erwarten, d.h. ob es um äußere Belohnung oder um intrinsische Motivation geht, die sich im Verstehen erfüllt.

128 Auf einige kommentierte Darstellungen von Beispielen exemplarisch-genetischen Unterrichts sei hier nur hingewiesen: Köhnlein 1991 (Soostmeyer: Drucken und Vergleich der Druckerzeugnisse, vgl. Teil III: 3.3.2); 1999, S. 98–114 (Breitschuh: Wieviel Luft ist in einem Ziegelstein?; Thiel: Warum schwimmt ein Schiff?; Heyner: Schattentheater; Soostmeyer: Wertentscheidungen); 2006b (Rinke: Entstehung des Lebens).

129 *Ist conceptual change* etwas Ähnliches – auf individueller Ebene – wie das, was Kuhn (1973) als „wissenschaftliche Revolution“ beschrieben hat, ein mit vielen Schwierigkeiten und Rückschlägen verbundenes Umdenken der leitenden Vorstellungen? – Schon diese Frage nach strukturellen Übereinstimmungen gibt Hinweise auf die notwendige Intensität und den Zeitbedarf des exemplarischen Unterrichts.

130 „So wenn ein Baum, von dem alle doch wissen, daß er angewachsen ist, sich in Bewegung setzt und davongeht.“ (Wagenschein 2003, S. 11; S. 43)

den geschwächt. Oft schmerzlich erfahren wird die Widerständigkeit der Sache. Exemplarischer Sachunterricht impliziert eine Erziehung zur Gründlichkeit, Geduld und Beharrlichkeit.

Aber beteiligt sind nicht nur Kind und Sache, also die „Natur“, die Antworten gibt, die zu deuten sind, oder die kulturelle Tradition und die Institutionen, die Aufgaben und Bedeutungen vorgeben, sondern zusammen mit der Welt der „Gegenstände“ ist es immer auch die Welt der beteiligten Personen, mit der wir uns auseinandersetzen, also *„die Anderen“* (Lehrer und Mitschüler), die als interessant, anregend, hilfreich erlebt werden können, als Chance, eine neue Perspektive oder Einsicht zu gewinnen, aber auch als störend, ablenkend, hindernd, fremde Interessen verfolgend. Stets geht es beim schulischen Lernen um Konstellationen zwischen dem Ich, der Sache und den Anderen in wechselnden Situationen, die als angenehm oder auch als bedrohlich empfunden werden. Das verweist auf *ästhetische Qualitäten* des Unterrichts und der Lernumgebungen, denen die Schulpädagogik wieder stärkere Aufmerksamkeit widmet (vgl. Kahlert u.a. 2006).

3.1.4 Lernepisoden und Kristalle des Verstehens

Für die Fruchtbarkeit der entstehenden neuen Einsichten und ihre weiterwirkende Bedeutung bieten sich zwei korrespondierende „Bilder“ an: Auf der Seite des Subjekts gerinnen Erlebnisse des erfolgreichen Erschließens in bedeutungsvollen Lernsituationen zu *Episoden,* die nichts Flüchtiges an sich haben, sondern als Elementarerlebnisse dauerhaft im Gedächtnis bleiben und zu Bezugspunkten für Wahrnehmen und Denken für längere Zeit werden können (vgl. Köhnlein 1999, S. 114 ff.).[131] Curricular betrachtet ordnet sich das exemplarisch erarbeitete Wissen in *„Einzelkristallen des Verstehens“*, die mit steigender Anzahl zu „Großkristallen“ umgreifenderer und allgemeinerer Konzepte zusammenwachsen sollen (Wagenschein 1976, S. 206 ff.).[132] Worauf es ankommt, ist die nachhaltige Verankerung von Wissen und Verstehen in authentischen Erkundungsprozessen und das weiterwirkende Potential exemplarischen Lehrens und Lernens.

---

131 Episoden sind zeitlich und räumlich situierte Konstellationen von Ereignissen, die erinnert und später in übergreifendere Zusammenhänge eingebracht werden können. Sie akzentuieren Lernprozesse und dienen der „Einwurzelung“ von Einsichten und Denkstrukturen. Sie formieren sich in Geschichten, die immer wieder rekonstruiert und je nach Situation unterschiedlich konturiert werden können, d.h. sie geben dem Denken in Beispielen Substanz, zugleich erhalten sie den Wert des Besonderen und Spezifischen im weiten Feld des Allgemeinen. – Frau W., welche die Geschichte vom „Ruf des Raben“ erzählt, erinnert sich nach fünfzig Jahren (Wagenschein 2003, S. 38 f.).

132 Mit „Kristallisation“ assoziiert Wagenschein Stabilität und Facettenreichtum des Wissens, d.h. die Ausbildung von Tiefenstrukturen der Kompetenz. – Um die allgegenwärtige Gefahr der „Metaphernfalle“ zu mindern – „Festigung“ des Wissens, „träges“ Wissen, „lebendiges“ Wissen – sollten wir die „Kristalle des Wissens“ als Flüssigkristalle verstehen, die verschiedene Strukturen oder Muster (Texturen) annehmen können.

Lernumgebungen sollen nach Möglichkeit so gestaltet sein, dass die Kinder im kommunikativen Austausch selbst Verfertiger ihrer mentalen Modelle werden. Solche *mentalen Modelle,* die aus einer Pluralität von Betrachtungsweisen gewonnen und als affektiv verankerte Episoden bewahrt werden, leiten das weitere Denken indem sie die Aufmerksamkeit auf Vergleichbares oder Ähnlichkeiten richten, welche die Kinder als Gemeinsames erkennen; sie erleichtern es dem Individuum, Phänomene und Probleme zu erfassen, Begriffe zu bilden, weiterführende Fragen zu stellen und Vermutungen zu formulieren, Handlungspläne zu entwerfen und Informationen einzuordnen.[133] Dabei kommt es nicht so sehr auf die Fülle der Erfahrungen an, sondern auf deren Intensität und Bewährung.

Ein Erlebnis, z.B. der erste authentische Vollzug einer Einsicht, wird in der Lerngeschichte von Kindern und Klassen zu einer beziehungsreichen Episode, wenn es sich durch Reflexion zu einem Element des individuellen oder kollektiven Bewusstseins verdichtet. Episoden selbst erzeugen noch keine Zusammenhänge, sondern eine Vielzahl von „Gestalten", die miteinander leben. Aber sie sind gleichsam die Nährlösung der „Kristallisationen" (Wagenschein 1976, S. 206 ff.; Gebhard 1999, S. 43 f.), d.h. in der Aufarbeitung dieser Episoden werden Ereignisse in Bilder der Weltsicht und in Symbolisierungen transformiert und mit Sinngebungen verknüpft; es geschieht die Einbindung der Lerngegenstände in die eigene Welt der leitenden Vorstellungen. Zu Episoden verdichtete Erlebnisse sind Ansatzpunkte „ursprünglichen Verstehens"; in ihnen konstituieren sich – emotional und kognitiv – spezifische Beziehungen zwischen den Individuen und der Welt der Sachen.

Episoden sind also abgegrenzte Ereignisse, die zum Aufbau innerer Bilder beitragen, die in Erinnerung bleiben und aus denen (immer wieder) elementare Denkmodelle, Einsichten und Haltungen abgeleitet werden können. Episoden, die in ihrer Intensität exemplarische Qualität gewinnen, ermöglichen „Elementarakte des Verstehens" (Wagenschein 1976, S. 206 f.): Akte der Sinngebung, des Entdeckens von Zusammenhängen, der Rückführung des Neuen auf schon Bekanntes, des Erkennens einer Struktur oder eben eines Elementaren, das dann der geistigen Bewältigung vieler Fälle dienen kann und selbst zu einem Kristallisationskern von Erfahrung und Lernen wird. Damit sind Episoden Fixpunkte im Lernprozess, an denen sich Beziehungsnetze restrukturieren lassen; sie sind in der Erinnerung verankerte Elemente „lebendigen" Wissens.

Episoden der hier gemeinten Art zeichnen sich durch Nachhaltigkeit aus, sie können die Funktion von Bedeutungsträgern und Orientierungsmustern bekommen, wenn sie wiederholt als Ansatzpunkte weiterführenden Lernens aufgenommen

---

133 Mentale Modelle oder Konzepte der Welterfassung geben – obwohl sie unter dem Einfluss neuer Erfahrungen durchaus Umstrukturierungen unterliegen – dem Denken der Lernenden Kohärenz und eine gewisse Kontinuität.

werden; damit werden sie auch zum realen Hintergrund von Begriffen und Einsichten. Wenn wir etwas formalisieren, können wir solche Episoden beziehen auf

- Grundformen sozialer Situationen (z.B. Konflikt und Konfliktlösung, Glück und Befriedigung des Gelingens und Entdeckens, Erfahrung mitmenschlicher Begegnung und Eigenart, von Freundschaft und Bindung, Erfahrung eines Charaktertypus oder einer Verhaltensweise, Erfahrungen demokratischer Konsensbildung) oder auf
- Ereignisse eines Zugangs, einer Entdeckung, des Bedeutsamwerdens einer Einsicht oder einer Option, des Ursprungs einer Frage, eines anhaltenden Interesses (z.B. Anfang eines Interesses an einer Tätigkeit oder an einem Bereich der geistigen Welt, Entdeckung einer Frage, eines Problems, Eröffnung einer Einsicht, eines Denkweges oder -modells).

Solche Episoden sind „Verdichtungen" in Unterricht und Schulleben, deren Gelingen nicht erzwungen werden kann und die stets die beteiligten Individuen in unterschiedlicher Weise betreffen. Unterrichtskonzeptionen und methodische Strategien sollten durch eine Unterrichtsforschung, die nach der Qualität des Unterrichts fragt, auch daraufhin untersucht werden, in welchem Maße sie solche fruchtbaren Episoden favorisieren.

3.1.5 Exemplarische Vertiefung und orientierende Verbindungen

Ein eingängiges Bild für das exemplarische Verfahren im weiteren Sinn ist das von der Brücke mit festgegründeten Pfeilern und verbindenden Bögen. Die Pfeiler bedeuten das Exemplarische i.e.S., also die Vertiefung, die zum Verstehen führt und tragfähig wird für ergänzende und verbindende Informationen:

> „Zwischen den gutgegründeten Brückenpfeilern leiten dann luftigere Bögen schneller fort. Je ernster die Verdichtung, desto gleitender die Verbindung zwischen den Nestern der Gründlichkeit. Streckenweise so zu gleiten, ist dann nicht ungründlich; es ist gegründet auf eben diese Pfeiler." (Wagenschein 1997, S. 30 f.)

Innerhalb des exemplarischen Sachunterrichts lassen sich also zwei Gangarten unterscheiden: Phasen der vertiefenden und fundierenden Gründlichkeit und Phasen der informierenden und orientierenden Ergänzungen und Verbindungen.[134]

---

134 Wagenschein hat dieses Modell des exemplarischen Unterrichts nach mehrjährigen Ausarbeitungen (vgl. Wagenschein 1970a) im März 1956 an der Hochschule für Internationale Pädagogische Forschung in Frankfurt a.M., deren Leiter damals Hch. Roth war, in einem Vortrag vorgestellt und noch im selben Jahr publiziert. Roth hat diesem Modell in seinem Buch Pädagogische Psychologie des Lehrens und Lernens (1. Aufl. 1957) ein eigenes Kapitel gewidmet und die Bedeutung des informierenden oder orientierenden Lehrens hervorgehoben: „Nun meinen wir, daß das ‚exemplarische Lehren' ein ergänzendes Lehrverfahren geradezu fordert, das wir einmal das Verfahren der Orientierung und Information nennen wollen." (Roth 1960, S. 184) Roth hat damit – wie dann auch ausführlicher Scheuerl (1958) – das Exemplarische als didaktisches Prinzip in der (Schul-)Pädagogik etabliert.

Beide Gangarten müssen aufeinander bezogen werden. Lehrerinnen und Lehrer sollten sich entscheiden bei einem exemplarischen Fall zu bleiben, solange es der Lernprozess erfordert, und informatorisch vorzugehen, wo sie annehmen dürfen, dass Information und Orientierung, die dann oft mit Hilfe von Medien geschehen können, nach der vorausgehenden Vertiefung Wissen und Verstehen erweitern. *Informierender* Unterricht verbreitert die Wissensbasis, indem er neue Fälle als weitere Beispiele mit dem exemplarischen Fall in Beziehung setzt; er hat damit eine ergänzende Funktion. *Orientierender* Unterricht stellt Verbindungen zwischen exemplarischen Schwerpunkten her, er kann aber auch auf neue Phänomene und Probleme verweisen und damit die Arbeit an einem neuen „Pfeiler" vorbereiten; er hat damit eine verbindende oder vorausgreifende und vorbereitende Funktion. Immer ist dabei die Möglichkeit der offenen immanenten Wiederholung gegeben, d.h. der Wiederaufnahme der zentralen Lernaufgaben und -prozesse einer exemplarischen Unterrichtseinheit. Im Wechsel zwischen dem Modus der konzentriert-vertiefenden Arbeit und dem Modus des informierenden oder orientierenden Unterrichts erfahren die Kinder Geltung und Reichweite von Wissenselementen, Erklärungsmustern, Sichtweisen, Verfahrensstrategien an immer neuen Fällen, vor allem aber dadurch, dass das Gelernte (aktuell und im weiteren Verlauf des Curriculums) in Zusammenhänge und Vernetzungen eingebunden wird.

3.2 Didaktische Akzentuierungen

Die generelle methodische Strukturierung exemplarischer Unterrichtseinheiten, beginnend mit dem Einstieg, hat ihren Kern in der Vertiefung in Episoden als bedeutsamen Lernsituationen und in dem Wachsen von Kristallen des Wissens und Verstehens; sie führt thematisch weiter mit informierenden Erweiterungen und orientierenden Verbindungen. Denn alle Erkenntnis bedarf schließlich formgebender Zusammenhänge, um bildungswirksam zu werden. Inhaltlich konzentriert sich die Arbeit – alle einzelnen Themen übergreifend – auf das Gewinnen elementarer Erkenntnisse, fundamentaler Einsichten und die „formativen Tugenden" der Stärkung des produktiven Denkens und des kritischen Bewusstseins. Zentral ist der Gedanke der „Aufhebung" des Einzelnen und Besonderen zum Allgemeingültigen und Zeichenhaften durch Objektivierung und Symbolisierung, ohne dieses Besondere zu tilgen.

3.2.1 Das Elementare

Wir haben schon darauf verwiesen, dass sich die zentralen Lernaufgaben auf solche Einsichten richten, die übertragbar sind, viele Einzelfälle übergreifen, allgemeine Bedeutung haben und neue Einsichten vorbereiten. Wagenschein hat das hier Gemeinte als das *Elementare* bezeichnet. Er bezieht sich auf eine Schrift von Eduard Spranger[135]: „Dort ist die Rede vom ‚reinen Fall', d.h. dem ‚aus seinem Aufbaugesetz unmittelbar verständlichen Fall, ... der dann für die Fülle wirklich vorkommender Erscheinungen das Grundschema abgibt'." Das Elementare ist Ausdruck eines sachlich erschlossenen Objektbereiches, ein „herausgeholtes allgemeines Ergebnis, das die Vielzahl der Einzelfälle beherrscht." (Wagenschein 1997, S. 39) Damit ist das Elementare ein wichtiges Ziel des Unterrichts; es „ist jenes Einfache, das ‚nicht so einfach' ist, und mit dem die Schule deshalb nicht beginnen kann." Es ist „das Letzte, das aus der komplexen seltsamen Erscheinung Auszugrabende." Und noch einmal zitiert Wagenschein Spranger:

> „Der sogenannte reine Fall wird nur durch vorangehende sorgfältige Analyse des in der Erfahrung Gegebenen und durch nachfolgende gedankliche Konstruktion erfaßt. Diese Leistung steht nun keineswegs am Anfang des Erkennens, sondern sie ist Resultat der vollen Sachbeherrschung und des reifsten Denkens."
> Und er fügt hinzu: „Der Unterricht *kann nicht mit dem Elementaren beginnen,* er muß darauf zusteuern. Vom Einstieg aus muß er zum Elementaren hinabsteigen und es freilegen. Sind dann die elementaren Sätze angeeignet, so bedeuten sie beherrschende Schlüsselstellungen." (Wagenschein 1997, S. 40)

Im Elementaren kommen jene basalen Ideen zum Ausdruck, die nach Bruner (1970) „ebenso einfach wie durchschlagend sind". Das Elementare als allgemeines und abstraktes Konstrukt ist das (fachlich) Grundlegende, zu dem der exemplarische Unterricht schließlich vordringen soll. Es hat Schlüsselfunktion für das Erfassen und für das Beherrschen vieler Fälle. Es bedeutet, dass die Lernenden in der Auseinandersetzung mit dem Gegenstand ein allgemeines Prinzip entdecken und ein Denkmodell konstruieren, das auch zur Strukturierung, Einordnung und Erklärung anderer Phänomene und Zusammenhänge geeignet ist. Das Elementare erschließt „Welt" kategorial in ihren Erscheinungen, Strukturen und Entwicklungen.

Die hohe Anforderung an die Kinder liegt in der Notwendigkeit, grundlegende Zusammenhänge zu erkennen und sie hypothetisch als Beispiel für allgemeinere Beziehungen zu nehmen, d.h. aus einzelnen Fällen versuchsweise eine generellere Erwartung, Kategorie oder Regel zu gewinnen und kritisch zu prüfen. Was schließlich als Elementares gewonnen ist, kann dann als „Einzelkristall des Verstehens" fungieren und oft auch als etwas Konstantes, als *konzeptuelles Wissen,* in symbolisch verdichteter Form dargestellt werden, z.B. als „kategoriales Modell" in semantischen Netzen oder als Zeichnung (eines Stromkreises, des Wasserkreislaufes, einer Nahrungskette), als Regelkreis der Schritte, die bei experimentellen

135 E. Spranger: Die Fruchtbarkeit des Elementaren (1952)

Untersuchungen erforderlich sind, als ausformulierte Regel oder als „Formel".[136] Curricular gesehen sind Elementaria die Knoten im Strukturgitter eines allgemeinen Lehrplans; für das Individuum sind sie Kerne eines lebendigen und intelligenten Wissens, also eines Wissens, das hilft, Probleme zu lösen und neues Wissen zu erarbeiten. In der Praxis wirkt die Orientierung auf Elementaria der oft beklagten Trivialität des Unterrichts entgegen.

Im Sachunterricht ist das Elementare auch im naturwissenschaftlichen Bereich zumeist noch nicht (quantitativ-numerisch) formalisierbar (wie z.B. $F = m \cdot a$). Für Kinder erschließbar und als „gehärtetes" Wissen in bündigen Aussagen fassbar sind aber schon auf der Ebene der Phänomene (qualitativ-konzeptionell) verifizierbare Zusammenhänge (z.B. dass man einen Wagen, den man zieht, um so besser beschleunigen kann, je leichter er ist und je größer die Kraft ist) oder physische und gesellschaftliche Elementarstrukturen und systemische Abhängigkeiten (z.B. die Abfolge der Jahreszeiten in Verbindung mit dem Sonnenstand; die Bewegung der Erde und des Mondes; die ökologischen Verflechtungen in einem Teich; das Verhältnis von Eltern und Kindern, Verwandtschaftsformen). Ausgewählte elementare Einsichten können also schon in der Grundschule vorbereitet und in einer qualitativen (Texte, Zeichnungen) oder halb-quantitativen Fassung (Je-desto-Beziehungen) festgehalten werden. Das Erkennen und Formulieren des Elementaren ist eine Symbolisierungsleistung.

Andere Beispiele für phänomenbezogene elementare Erkenntnisse:

- *Schall* entsteht immer aus Schwingungen; je schneller die Schwingung, desto höher der Ton. Bis an unser Ohr braucht er um so länger, je größer die Strecke ist, die er zurücklegen muss (proportionale Beziehung). – Gilt das auch für das *Licht?* Wir können das nicht selbst feststellen, aber im informierenden Unterricht Auskünfte bekommen.
- Im Wasser werden Gegenstände scheinbar leichter. Der *Auftrieb,* den wir im Bad spüren, treibt sie nach oben. Was leichter ist als das gleiche Volumen Wasser, schwimmt auf, was schwerer ist, sinkt unter.[137] – Entsprechend steigen und schweben Ballone in der Luft.
- In technischen Wirkungszusammenhängen wird *Energie* z.B. in Stahlfedern, Schwungrädern, Batterien oder Pumpspeicherkraftwerken (Energie der Lage) gespeichert; *Kraft und Bewegung* werden durch Getriebe übertragen.
- Wo (viele) Menschen zusammenleben oder -arbeiten, braucht man *Ordnungen* und *Regeln* (Gesetze). Diese sind verbindlich, können aber (auf ähnliche Weise, wie sie entstanden sind) geändert werden.

---

136 „Formel" meint nicht nur (mathematische) Zeichensprache; eingeschlossen sind „Wortformeln" wie bündig formulierte Merksätze. Formeln, Modelle, Algorithmen, Regeln, Konzepte als Ausdrücke des Allgemeinen sind „klüger als wir", denn sie enthalten einen Überschuss an Information, der bei neuen Anforderungen kreativ genutzt werden kann.

137 Diese Erkenntnis setzt voraus, dass der Begriff des Volumens (als Größenart) sorgfältig eingeführt ist.

- Demokratische *Repräsentanten* und *Gremien* werden für eine bestimmte Zeit gewählt (Klassensprecher, Schulparlamente, Bürgermeister und Gemeinderat, ...) sowie mit Pflichten und Rechten ausgestattet.

Ebenso lässt sich das Elementare auf *Methoden* beziehen, z.B. auf das Messen und den Umgang mit Größen, auf den Algorithmus des (experimentellen) Problemlösens, auf die Berechnung eines Mittelwertes, weiterhin auf Möglichkeiten und Techniken von Darstellungen in Tabellen und Grafiken oder auf Kartendarstellungen („Was in der Natur 1 km lang ist, ist auf unserer Karte 1 cm".).
Im Elementaren, das dann auch symbolisch darstellbar ist, wird tendenziell eine zu enge Kontextualisierung des Wissens überwunden. Einsichten werden aufgehoben in einer Repräsentation mentaler, hierarchisch oder vernetzt strukturierter Schemata mit der Potentialität weitgreifender Anwendbarkeit.
Der Elementarisierung, d.h. der Konstruktion eines übergreifend Gültigen, ist das zugänglich, was formalisierbar ist, also was einem (Natur-)Gesetz, einer Regel, einem Begriff oder Konzept, einem allgemeinen Schema oder einer Verfahrenstechnik zugeordnet werden kann. Das sind hauptsächlich jene Gegenstände des Sachunterrichts, die über die Grundschule hinaus wissenschaftsorientiert weitergeführt werden müssen. Andere Aufgaben sind zunächst situativ bestimmt, z.B. die Schlichtung eines Streites oder etwa die für die Durchführung eines Projektes (einer Ausstellung in unserer Schule) erforderlichen Planungs-, Organisations- und Herstellungsarbeiten. Oder es geht in (philosophischen) Gesprächen um existenzielle Sinn- und Bedeutungsfragen. Aber gerade sie können als Episoden engagierten Dabeiseins eine weitgreifende Wirksamkeit auf Haltungen, Wissen und Kompetenz entfalten (vgl. Schreier 1999; Michalik/ Schreier 2006).
Das erarbeitete Elementare, die gewonnenen Kristallisationskerne des Wissens und Verstehens, ebenso wie die Episoden gelungener Arbeit, sind Bündelungen authentischer Erfahrungen und kulturellen Wissens, die im Gedächtnis oder auch extern in Zeichnungen und Texten gespeichert werden. Sie müssen in den Fortgang des Curriculums immer wieder einbezogen werden um virulent zu bleiben (immanente Wiederholung); damit präfigurieren sie weiterführendes Lernen. Deshalb ist es ständige Aufgabe des Unterrichts, die zyklische Beziehung von Wissen, Wahrnehmen, Erkunden, Erschließen, Denken, Vorstellen und Handeln lebendig zu halten. Das Bemühen, zwischen den alltäglichen Phänomenen, aus denen sich die Erfahrung speist, und den allgemeinen Einsichten (in ihren oftmals abstrakten Darstellungen) eine den Lernenden bewusst bleibende *Kontinuität* herzustellen, gehört zu den grundlegenden Bestimmungen des genetischen Unterrichts.

3.2.2 Das Fundamentale und die Funktionsziele

Wagenschein hat im Hinblick auf den Bildungsauftrag der Schule neben dem Elementaren als dem (fachlich) Grundlegenden, zu dem der exemplarische Unterricht vordringen soll, das *Fundamentale* unterschieden (1997, S. 41). Es bezeichnet tiefgreifende Einsichten, die grundlegend sind für das Verhältnis des Menschen zur Welt und speziell zu Domänen des Wissens; sie beziehen sich z.B. darauf, dass Mathematik auf unsere Erfahrungen in der Natur passt[138] oder dass der „Aspektcharakter der Physik" erkannt wird. Solche Grundeinsichten überschreiten das Fachliche; sie sind fachlich und erkenntnistheoretisch fundiert. „Fundamental" bezieht sich also auf Erfahrungen, die eine tiefgreifende Auseinandersetzung mit dem Lerngegenstand voraussetzen, und durch welche auf prägende Weise aufschlussreiche Einsichten gewonnen werden. Wagenschein hat eine Reihe fundamentaler Erkenntnisse in *Funktionsziele* für den Physikunterricht gefasst (1970a, S. 230 ff.; S. 255; 1997, S. 41 ff.). Solche Ziele sind auf geistige Funktionen für die Bewältigung allgemeiner und übergreifender Aufgaben oder Leistungen gerichtet; ohne diese können entsprechende Kompetenzen nicht fundiert aufgebaut werden.

Auch im Sachunterricht trägt die Routine des Alltags immer die Tendenz in sich, die Inhalte des Unterrichts zu verflachen und zu trivialisieren, wenn das Prinzip des Exemplarischen nicht sorgfältig genug beachtet wird. Auf Lektionen abgestellte Unterrichtsrezepte in einschlägigen Praxismaterialien tragen vollends dazu bei, die Sachen zu banalisieren und das Denken der Kinder zu kanalisieren. Deshalb sollte versucht werden, auch für den Sachunterricht spezifische Funktionsziele zu formulieren und in den Unterricht zu integrieren. Sie können vielleicht eine gewisse Korrektur bilden, indem sie auf das hinweisen, was – hinter allen Stoffplänen – exemplarische Bedeutung für grundlegende Bildung hat und an ausgewählten Inhalten immer wieder erfahren werden sollte.

Funktionsziele des Lehrens und Lernens sind den übergreifenden Leitzielen wie Mündigkeit und Handlungsfähigkeit, kritische Rationalität und Mitmenschlichkeit, Kommunikationsfähigkeit, Verantwortungsfähigkeit und Kooperationsbereitschaft sowie den allgemeinen Bildungsgrundsätzen wie Weltinteresse wecken und Verstehen lehren, nachgeordnet. Mit dem Sachunterricht verbundene Funktionsziele haben aber auch eine lernbereichsübergreifende Bedeutung und betreffen Erfahrungen, die nur in einem exemplarisch-vertiefenden Unterricht operativ erzeugt und gefestigt werden können. Sie sind geeignet, geistige Potenzen der nachwachsenden Generation freizusetzen, und sie zeigen an, worauf es in der unterrichtlichen Auseinandersetzung mit den Sachen – über alles stoffliche Wissen hinaus – schließlich ankommt, d.h. sie haben eine die Elemente der Bildung sichernde erzieherische Funktion. Damit sind die Funktionsziele ein wichtiger Teil dessen, was dem Unterricht seine Bestimmung gibt und im Bewusstsein der Lehrenden ständig präsent sein sollte.

---

138 „Diesen Gedanken, daß die Mathematik in irgendeiner Weise auf die Gebilde unserer Erfahrung paßt, empfand ich als außerordentlich merkwürdig und aufregend" (Heisenberg: Das Naturbild der heutigen Physik. Hamburg 1955, S. 39; zit. bei Wagenschein 1976, S. 288)

Funktionsziele sind mit den stofflichen Inhalten des Sachunterrichts vielfach verschränkt. Schon deshalb ist es nicht möglich, einen geschlossenen Satz solcher Ziele anzugeben, in dem dann auch die inhaltlichen Dimensionen des Lernfeldes explizit zu berücksichtigen wären. Eine offene Liste von Beispielen kann aber den Kerngedanken zeigen, nämlich die Idee, dass eine Ausrichtung des Sachunterrichts auf Funktionsziele überhaupt möglich und sinnvoll ist, und dass diese Ziele in das curriculare Programm eingebaut werden müssen.
Die Kinder sollen bei der unterrichtlichen Arbeit durch Beteiligtsein *erfahren*

- wie man miteinander zurechtkommt und Konflikte verantwortlich löst,
- dass ein selbstreflektiver Umgang mit eigenen Meinungen die gegenseitige Verständigung erleichtert,
- wie man mit anderen fruchtbar zusammenarbeiten und sich gegenseitig helfen, ergänzen und bereichern kann,
- dass das Zusammenarbeiten und -leben bestimmte Regeln und Ordnungen braucht, die demokratisch zu legitimieren sind,
- dass soziale Ordnungen und Institutionen auch Herrschaftsfunktionen einschließen können,
- dass Sachverhalte in verschiedener Weise dargestellt werden können, z.B. nach Maßgabe bestimmter Interessen und Absichten, oder – medial und symbolisch – durch Handlungen (z.B. Gesten), Zeichnungen, Bilder, Grafiken, Karten und sprachlich (gesprochene und geschriebene Sprache) sowie durch (mathematische) Zeichen,
- dass man zwischen bloßem Meinen oder Vermuten und abgesichertem Wissen sowie zwischen Wissen und Verstehen unterscheiden muss,
- wie man mit bestimmten Methoden oder Verfahren (beobachten, untersuchen, probieren, messen, befragen, nachschlagen) Probleme aufschließen und Wissen erzeugen kann,
- wie man einen einfachen Versuch als Frage an die Natur oder eine Untersuchung ausdenkt, ausführt und auswertet und die Ergebnisse darstellt,
- dass durch geeignete Methoden Sachverhalte intersubjektiv feststellbar sind,
- dass man durch technisches Handeln bestimmte Zwecke erreichen kann,
- dass wir nicht zu allen Sachverhalten einen verstehenden Zugriff haben,
- dass man aus einem umfassenden Zusammenhang ein bestimmtes Teilproblem herausgreifen und isoliert untersuchen kann und muss, um in der Gesamtfrage weiterzukommen,
- dass ein wichtiges Thema unterschiedliche Zugänge und vielfältige Zusammenhänge hat und eine integrierende Betrachtung der Dinge in vielen Fällen hilfreich ist,
- dass gute Arbeit zu innerer Befriedigung und dass Lernen zu Selbstständigkeit und Kompetenz führen kann.

Solche Funktionsziele bezeichnen für den Unterricht immanente Leitideen; sie beziehen sich auf Einsichten, die situativ vor allem durch Handeln und durch Reflexion über die gemeinsame Arbeit angebahnt werden, aber übergreifende Gültigkeit haben. Dabei ist *„erfahren“* nicht im Sinn von „zu Ohren kommen“ oder „zur Kenntnis nehmen“ zu verstehen, aber auch nicht ausschließlich im Sinne von „erkennen“ oder „wissen“, denn gemeint sind weder Mitteilung noch allein kognitive Akte. „Erfahren“ heißt: am gemeinsamen Vollzug immer wieder beteiligt sein, erleben, sich bewusst machen, darüber sprechen, Maßstäbe gewinnen, für das eigene Handeln fruchtbar machen, Haltungen aufbauen und Bedeutungen erfassen. Ihre Funktionslogik bezieht sich darauf, dass sie für die Grundlegung der Bildung und viele Fälle alltäglicher Praxis relevant sind.

Die meisten dieser Funktionsziele sind hinreichend bekannt und im Grundsatz auch anerkannt. Deshalb genügen wenige Bemerkungen zur Erläuterung.

Soziales Verhalten ist in der Schule nicht allein eine Angelegenheit von Umgang und funktionaler Erziehung (Schulleben), sondern auch Gegenstand sozialkundlichen Wissens, gesellschaftlicher Problemerfahrung und der lernenden Überwindung des kindlichen Egozentrismus. Deshalb ist es erforderlich, Konfliktsituationen im (Rollen-)Spiel, in der anschauungsnahen ikonischen Darstellung und im Gespräch aufzuarbeiten und dabei die Fähigkeit zu stärken, auch die Perspektive anderer Menschen zu erkennen und zu würdigen.

Das bewusste Kennenlernen der Modi der enaktiven, ikonischen und symbolischen Repräsentation (vgl. Bruner 1974) sowie der wichtigsten Akte im Prozess der Auseinandersetzung mit einem Problem erscheint vor allem deshalb bedeutsam, weil es die methodische Kompetenz der Kinder an einem zentralen Punkt stärkt.

Um solche Einsichten und Fähigkeiten zu fördern, wie sie in einigen Funktionszielen genannt sind, müssen wir uns in der schulischen Arbeit immer wieder um eine „abstandnehmende Betrachtung“ (Wagenschein) dessen bemühen, was wir da tun. Nur durch zeitweiliges Abheben vom Unmittelbaren gewinnt man Übersicht.

Komplexe Themen und Probleme fordern multiperspektivische Zugriffsweisen heraus. Ansatzweise erkennen wir das schon in der Grundschule, z.B. wenn wir bemerken, dass es ganz verschiedene Möglichkeiten gibt, einen Aufenthalt im Schullandheim für Eltern, Nachbar- und Partnerklassen aufzuarbeiten (Ausstellung, Korrespondenz, Spielnachmittag) oder wenn wir beginnen, uns ernsthaft um „Umwelt“ zu kümmern. Die unvermeidliche reduktionistische Einschränkung auf wenige Aspekte, auf einen Weg der Annäherung, ein Teilproblem ist komplementär zu einem „ganzheitlichen“, oft nur unscharfen Wahrnehmen und Ergreifen. Für den Unterricht bedeutet das, dass wir in exemplarischen Einheiten bewusst wechseln zwischen der vertiefenden Schwerpunktbildung und den informierenden oder orientierenden Ergänzungen. Wir wissen dann, dass wir uns beschränken.

Sachlogische Denkleistungen bleiben oftmals nur situativ, d.h. an einen bestimmten Sachzusammenhang gebunden. Man denkt logisch, soweit man versteht. Diese zirkuläre Beziehung gilt nicht nur für Kinder. Die Anbahnung der Einsicht, dass die Aussagen der Wissenschaften systemkonsistente Befunde sind, die grundsätzlich in gleicher Weise für jeden Beobachter gelten und sich bewährt haben, sollte im Sachunterricht an geeigneten Beispielen erprobt werden.

Das letzte der genannten Funktionsziele betrifft das autonome Lernen, bei dem sich Menschen ihre Ziele zunehmend selber setzen. Es greift in seiner Intention – wie andere Ziele auch – weit über die Grundschule hinaus. Der Grundschule ist grundlegende Bildungsarbeit aufgetragen. Sie kann vieles beginnen, aber nur weniges vollenden. Ihre Aufgabe besteht darin, Ansatzpunkte zu schaffen, Kristallisationskerne für weiterwachsende Ideen anzulegen und den Kindern Impulse zu geben, im Besonderen ihres speziellen Tuns und Denkens auch das Allgemeine wahrzunehmen.

3.2.3 Die „formativen Tugenden" produktiver Arbeit

Bedeutung für die Kinder gewinnen das Lernen und das Gelernte insbesondere dort, wo ihnen der Zusammenhang der „einfachen" allgemeinen Erkenntnisse (die als das Elementare gewonnen wurden) oder der Funktionsziele mit den alltäglichen Erfahrungen in ihrer Lebenswelt durchsichtig ist. In seinem Bildungskonzept hebt Wagenschein – damit eng verbunden – drei „formative Tugenden" hervor, die in einem exemplarisch-genetisch-sokratischen Unterricht von Anfang an, also schon in der Grundschule, von hoher Bedeutung sind und deshalb zum Lernen des Lernens gehören (1997, S. 76 ff.):

- *„Produktive Findigkeit"* als Hervorbringen eigener Einfälle und Entdeckungen, als kreativer Zugriff auf neue Probleme, Erkennen des Charakteristischen in bisher unbekannten Zusammenhängen und „Gestalten".[139]

  Produktives Denken ist nicht nur konstruktiv-aufbauend, sondern auch analytisch-differenzierend und schließt Unterscheidungsvermögen ein, jedenfalls aber ist es „lebendig" und weiterführend. Als symbolische Vorwegnahme von Möglichkeiten verlangt es die Anstrengung des Begriffs und der Fantasie und zeichnet sich durch innovativen Reichtum und Selbstständigkeit aus; es führt im Erleben des eigenen Suchens, Findens und Entdeckens zur Entfaltung von Freude. In Verbindung mit intellektueller Neugier ist es eine Bastion innerer Freiheit und ästhetischer Welterfahrung. Ziel ist, „produktiv aus sich selbst heraus lernen zu können" (H. Roth, zit. bei Wagenschein S. 77).

---

139 Wagenschein bezieht sich auf Max Wertheimer: Produktives Denken. Frankfurt 1957 (1964). Wertheimer hat das produktive Denken an sorgfältig ausgearbeiteten Beispielen, hauptsächlich aus der Mathematik und Physik, analysiert und damit der Lehrbarkeit näher gebracht.

- *„Kritisches Vermögen"* als „eine sichernde und dem produktiven Finden Schritt für Schritt nachfolgende Instanz" der prüfenden Rückfrage an die Sache und an die Anderen. Der Zweifel fördert das Weiterdenken.[140]
  Im Unterricht geht es um kritische Überprüfung des scheinbar Plausiblen, des Vermutens und Meinens, um rationale Kontrolle der Einfälle, Vorschläge und Ergebnisse, vorzüglich im „sokratischen" Gespräch, aber auch im Rückblick auf Untersuchungs- und Erkenntnisprozesse oder auf Entscheidungen und Festlegungen, z.B. in einem Projekt (Metaunterricht). Wagenschein meint damit nicht nur ein Prüfen der Stimmigkeit, sondern auch den „reflexiven Blick ... zur Kontrolle des *bruchlosen* Fortschreitens", des kontinuierlichen Übergangs von ursprünglichen zu elaborierteren Weisen des Verstehens (1997, S. 109). Die Kinder sollen sich ihren Lernfortschritt, ihren Gewinn an belastbarem Wissen und sicherem Können bewusst machen.
- *„Enracinement"* als „eingewurzelt sein, und *bleiben,* in dem Gesamt der primären Umwelt" (S. 79)[141] und „Stehen auf den Phänomenen". Das ist wichtig nicht nur für Kompetenz, sondern ebenso für Selbst- und Weltvertrauen.
  Der Unterricht darf nicht aus den lebensweltlichen Umwelterfahrungen herausreißen, „nicht hinter sich die Schiffe verbrennen" (S. 107). Vielmehr kommt es darauf an, das erarbeitete Wissen in der eigenen Erfahrung, in Sinnbezügen, in der erlebten Wirklichkeit und in tragfähigen Konzepten zu verankern.[142] Der Lehrgang soll nicht nur „vorangetrieben" werden, sondern „immer wieder das Vor-*und-zurück*gehen" üben, in der Sache und in der Sprache. Die Übergänge sollten kontinuierlich sein, damit das Wissen vielfältig anwendbar wird.

Solche „formativen Tugenden" gehören zu den Zielen des Unterrichts, nicht zu den anthropologischen Voraussetzungen der Konzeption. Wagenschein, der für den Vorrang des Verstehens Priorität im Bildungsprozess postuliert hat (1973),

140 Zweifeln bedeutet, dass eine Antwort auf eine Frage als vorläufig angesehen und immer in Betracht gezogen wird, dass auch eine andere Lösung möglich sein könnte. Die damit verbundene Unsicherheit kann auch Grundschulkindern in ausgewählten Fällen zugemutet werden. Auch die „Erfahrung" bleibt trügerisch.

141 Wagenschein hat den Begriff übernommen von Simone Weil: Die Einwurzelung. München 1956, S. 75. Aus den Texten Wagenscheins wird deutlich, dass die Metapher der „Einwurzelung" ausdrücklich nicht ein affirmatives Verhaftetsein meint, sondern dass den Kindern – nach einem indischen Sprichwort, das beides zusammenbringt – zu der Verankerung in der Wirklichkeit auch Flügel gegeben werden sollen. „Einwurzelung" bezieht sich also nicht wie bei Spranger (1962, bes. S. 14) auf „Boden" und „Heimat", sondern auf Zusammenhänge des Denkens und der Phänomene; sie bezeichnet ein in die Sache eindringendes, in ihr sich verankerndes Denken, das Suchbewegungen nicht hindert, sondern fordert (vgl. Wagenschein 1997, S. 78 f.).

142 Die Lernenden sollen also nicht nur gleichsam auf den Wellen der Informationen surfen, sondern Anker auswerfen und lernen, den Dingen auf den Grund zu gehen. Ansatzpunkte sind manchmal glückliche Episoden in der Lerngeschichte. – Problematisch sind die deeply rooted misconceptions. Wir kommen unter dem Stichwort „conceptual change" darauf zurück.

folgt damit einem mächtigen Impuls aus den frühen Bildungsreformen der Renaissance, des Humanismus und der Aufklärung, nämlich dass das Vermögen zur kritischen Prüfung um der Sache und der Authentizität des Wissens willen pädagogisch mit Bildung, Lernen und dem Curriculum verknüpft und das selbstständige Urteil wie auch die Überprüfung der Sinnhaftigkeit von „Bildungsgütern" in den Vordergrund der didaktischen Bemühungen gerückt werden muss. Bernd Thomas weist mit Recht darauf hin, dass die Schule die Bedingungen immer wieder erst schaffen muss, unter denen produktive Findigkeit und kritisches Vermögen wirksam werden können. Gesellschaftliche und familiale Gegebenheiten wie „Medienkindheit", „Konsumkindheit" und „verändertes Erziehungsverhalten der Eltern" stehen diesem Bemühen vielfach entgegen (Thomas 2009, S. 129). Die Schule, die dem Recht der Kinder auf grundlegende Bildung gerecht zu werden versucht, entgeht nicht der Schwierigkeit, sich von einer ungünstigen Lebenswelt abzuheben und die Kinder für eine Haltung zu gewinnen, die Voraussetzung für eine produktive Arbeit ist.

3.2.4 Conceptual Change

Im Prozess des gemeinsamen Suchens, des kritischen Prüfens der (eigenen) Meinungen und in der offenen Pendelbewegung zwischen unmittelbaren Wahrnehmungen und konstruierten Konzepten liegt eine große Chance, nicht tragfähige Vorstellungen durch neue Einsichten zu korrigieren. Der Vorgang des *conceptual change,* wenn er dauerhaft sein soll, ist in der Regel nur ein allmählicher, schwieriger und langwieriger (und ein Test auf die nachhaltige Wirksamkeit des Unterrichts). Unbedachte, spontan hervorgebrachte Aussagen der Kinder (die oft durch unerwartete Fragen hervorgerufen werden) sind zumeist leicht zu erschüttern; eine Herausforderung für die didaktische Strategie und ihre Mittel sind die vernetzten „Biotope" tiefgreifender Präkonzepte (deeply rooted concepts), die zunächst subjektiv als stimmig empfunden werden, sich im Alltag scheinbar immer wieder bewähren und deshalb auch emotional gestützt sind.[143]

Lernen bedeutet ein aktives Weiter-, Um- oder Neukonstruieren, also ein Ergänzen und Verändern bereits vorhandener Konzepte; es erfordert die Integration neuer Einsichten in bestehende Wissensstrukturen, die dadurch erweitert, differenziert oder auch durch adäquatere ersetzt werden.[144] Lernende müssen in der Ausein-

143 Den Stand der Forschung zu conceptual change in Verbindung mit dem genetischen Lernen hat K. Möller (2007a) zusammengefasst.

144 In Lernprozessen ist zu berücksichtigen, dass tief verwurzelte Fehlannahmen durch verbale Korrekturen kaum verändert werden. Wo man einem Irrtum nur durch Richtigstellung begegnet, lässt man seine Wurzeln intakt und braucht sich nicht zu wundern, wenn aus ihnen bald neue Triebe sprossen (Bischof 1977, S. 175). Wir dürfen aber annehmen, dass ganz allgemein durch (schulische) Förderung und natürliches Wachstum eine Verbesserung (Erweiterung und Differenzierung) der Informationsverarbeitung stattfindet, und dass im Hinblick auf vorhandene

andersetzung mit der Sache (und in der Gruppe) bemerken, dass ihre Denkweise für ein Verständnis nicht ausreicht. Die Erfahrung des kognitiven Konflikts, eine Verständnislücke, kann den Prozess der Veränderung von Vorstellungen in Gang setzen, wenn ein neues Konzept plausibel und in der Anwendung erfolgreich zu sein scheint (vgl. Möller 2007a; b).
Die Schwierigkeit beginnt u.U. schon mit der Wahrnehmung eines Phänomens oder eines Problems. Kinder müssen ihre Konzepte passend zu ihrer Umwelt konstruieren. Dabei sind auch Fehlkonstruktionen möglich, die dann zu misconceptions führen. Die Überzeugungskraft vorgängiger Konzepte kann so stark sein, dass sogar die sinnliche Perzeption verfälscht wird und die Kinder das sehen, was sie – gemäß ihrer Präkonzepte – glauben sehen zu müssen („confirmation bias").

Im Zuge der Untersuchungen zum springenden Ball haben Schüler Thiels vermutet, dass Bälle beim Auftreffen auf eine harte Fläche eine „Delle" bekommen würden, deren augenblickliche Rückbildung den Ball abstößt und so das Springen bewirkt. Nach vielen Bemühungen der Beobachtung haben sie behauptet, das auch gesehen zu haben. Erst die hartnäckigen Zweifel des Lehrers führten zu dem Eingeständnis, dass der Vorgang offenbar zu schnell für eine verlässliche unmittelbare visuelle Feststellung abläuft. Das Scheitern der direkten Beobachtung führte zu weiteren Überlegungen: Entweder muss es gelingen, den Vorgang zu verlangsamen (Modell Luftballon) oder man muss eine Möglichkeit der indirekten Beobachtung finden (Spuren des Aufpralls auf einer berußten Glasplatte).
Neue Erkenntnisse sind umso schwerer zu verinnerlichen, je abstrakter sie uns erscheinen, d.h. je weiter sie von unserer gewohnten unmittelbaren Wahrnehmung entfernt sind. Das gilt offenbar für alle Stufen des Lernens in ähnlicher Weise. Als Erwachsene, auch als Naturwissenschaftler, sind wir z.B. mit dem Newtonschen Zeitbegriff intuitiv vertraut: Die Zeit fließt in ihrer Natur gleichförmig, ohne Beziehung zu etwas außer ihr Liegendem. Die Erkenntnis Einsteins, dass Zeit von Bewegung und von Gravitationsfeldern abhängt, lässt sich in Gedanken nachkonstruieren und insofern verstehen, aber nicht unmittelbar physisch erfahren. Deshalb „rechnen" wir, die wir uns alle im Gravitationsfeld der Erde bewegen, auch hundert Jahre nach der Erkenntnis Einsteins mit den guten Näherungen der klassischen Physik. Dabei hat für uns das Erlebnis des Jetzt, das Gleichzeitigkeit meint, aber für die relativistische Physik nur eine Illusion ist (und in ihr gar nicht gedacht werden kann), eine besondere Bedeutung gegenüber Vergangenheit und Zukunft.

Die von Möller (2007a) referierte Conceptual-Change-Forschung hat gezeigt, dass mentale Veränderungen in der Regel nur graduelle, kontextabhängige und mühsame Prozesse der Umstrukturierung sind, in denen auch motivationale Momente (Interesse, soziale Bedeutung des neuen Wissens) wirksam werden. Das Ge-

---

Weltdeutungen eine Art Interpretationsgenese – ein wiederholtes Prüfen und Korrigieren im Laufe der Lerngeschichte – zu Veränderungen und Weiterentwicklungen führt (vgl. Max 1997 und Nießeler 2007a).

wohnte und Alltägliche sperrt sich gegen neues Denken und neue Praxis am meisten. Veränderungen beruhen deshalb nicht allein auf intellektuellen Akten, auf Akten der Verinnerlichung und Gewinnung neuer Vorstellungen, sondern auch auf (Selbst-)Erziehung und Gewöhnung. Ein Unterricht, der gleichmäßiger Routine folgt, wird die mentalen Tiefenstrukturen der Ausbildung von Vorstellungen und Handlungskonzepten kaum erreichen und nur wenige belastbare Ergebnisse haben. Deshalb wird in der Lehr-Lernforschung in jüngerer Zeit verstärkt die Bedeutung der sozialen Genese von Wissen, Überzeugungen und Handlungsoptionen hervorgehoben, wie sie ein exemplarisch-genetisch-sokratischer Unterricht ermöglicht: „Kooperative Denkprozesse in problemhaltigen, möglichst authentischen Lernsituationen, die zum Aufstellen und Diskutieren von Vermutungen herausfordern und Möglichkeiten bieten, gemeinsam nach Überprüfungen und Lösungen zu suchen, geben Anstöße und Unterstützung für die individuelle konzeptuelle Entwicklung." (Möller 2007a, S. 261 f.; vgl. Möller 2007b, S. 414)

3.3 Vielperspektivität

Exemplarisch-genetisch-sokratischer Unterricht ist problemorientiert, offen für Ideen, Vorschläge und Interessen der Kinder sowie kooperativ und konstruktiv im beschriebenen Sinn. Er bereitet die Lernenden darauf vor, in verschiedenen Situationen die kritischen Fragen und Probleme selbstständig zu finden, Lösungen zu suchen und sich neue Kenntnisse und Fertigkeiten zu erarbeiten. Wir haben Sachunterricht als den *Quellbereich* der späteren Sachfächer beschrieben, in dem in der Lerngeschichte der Kinder unterschiedliche Perspektiven auf die Welt einen Ansatz finden. Im Hinblick auf den Bildungsprozess ist damit das Bemühen gemeint, das Denken der Kinder im Wahrnehmen, Suchen, Erkennen und Wissen in Bezug auf Wissensdomänen in Gang zu bringen und Interessen zu wecken. Das *Modell der sich durchdringenden und ergänzenden Dimensionen* inhaltlicher Bezüge öffnet dem Sachunterricht eine vielperspektivische Breite und Ausrichtung auf weiterführendes Lernen (vgl. dazu insgesamt Thomas 2009).[145] *Vielperspektivität* ist ein Prinzip der Vielfalt aufeinander bezogener Inhalte, Betrachtungsweisen und Methoden; es bezeichnet hier in gegenseitiger Entsprechung [1.] die didaktische Option, nach Maßgabe der Dimensionen des Sachunterrichts auf „Sachen"[146] zuzugreifen und sie als Bildungsgüter weiterführend zu entfalten, sodann [2.] eine sachbezogene Offenheit für das Suchen und Denken der Kinder und schließlich [3.] eine curriculare Integration im Vermittlungsrahmen des Sachunterrichts.

145 Thomas (2009, S. 112–132) hat den vielperspektivischen Sachunterricht als eine aktuelle Konzeption herausgearbeitet, in seinen Verflechtungen mit genetischen und konstruktivistischen Ansätzen erläutert und in seiner Relevanz für grundlegende Bildung begründet.

146 Zum Begriff „Sache" vgl. Köhnlein 2007 und die Einführung zu Teil III. „Sache" meint nicht nur materiale Dinge, sondern ebenso soziale Beziehungen und ideelle Konstrukte.

3.3.1 Vielperspektivischer Zugriff auf Sachen

Die Dimensionen des Sachunterrichts kennzeichnen Relationen zu inhaltlichen Komplexen, die unter verschiedenen Aspekten betrachtet und untersucht werden können. Dadurch wird es möglich, erste Schritte zu einem differenzierten Umgang mit Inhalten zu tun und in multipler Weise, d.h. in wechselnden Kombinationen oder Fusionen die für das Curriculum wichtigen Facetten der Sachen produktiv aufzunehmen, über eine bruchstückhafte Weltbegegnung hinauszuführen und ein weiterführendes, gemeinsam geteiltes Wissen aufzubauen. An ergiebigen Themen, die an die lebensweltlichen Erfahrungen der Kinder anknüpfen, sich sachbezogen ausfächern lassen und im Hinblick auf Ansätze eines fachorientierten und kohärenten Wissens ausgebaut werden können, lässt sich besonders gut zeigen, dass ein vielperspektivischer Zuschnitt des Unterrichts eine tragfähige Rekonstruktion der Wirklichkeit in einer konsistenten Weise ermöglicht und darüber hinaus eine „Vielseitigkeit des Interesse" (Herbart 1971, S. 67) fördert.[147]

Der Zugriff auf solche Themen geht von der Erfahrung und den Vorstellungen der Kinder aus und schreitet vielperspektivisch fort, wobei – je nach der Thematik und ihrer unterrichtlichen Akzentuierung – bestimmte Dimensionen dominant werden können (vgl. Köhnlein u.a. 1999; Köhnlein 2000). Die Berücksichtigung der Dimensionen bei der inhaltlichen Ausgestaltung sachunterrichtlicher Themen ist also nicht primär ein konzeptioneller Lösungsversuch von der „Fächerordnung" her, sondern verfolgt zuerst und durchgängig eine phänomenbezogene Erkundung. Diese wird dann aber nicht undifferenziert „ganzheitlich", sondern – durch gemeinsam erarbeitete Fragestellungen geleitet – unter bestimmten Hinsichten oder Perspektiven strukturiert vorangetrieben. Dabei sind die Akte des Isolierens und Festhaltens von Elementen und des konstruktiven Zusammenfügens, die sich bei jedem Thema und in jedem unterrichtlichen Kontext immer wieder anders darstellen, abhängig von der gestaltenden Kraft von Lehrenden und Lernenden: Unterricht wird zu einer Art Werkstatt des Erkennens, in der Interesse und Ziel, Zugriff und Ergebnis bewusst gemacht und aufeinander bezogen werden.

In den Dimensionen des Sachunterrichts nehmen wir die Welt perspektivisch in den Blick und bereiten zugleich die Fähigkeit zum Perspektivenwechsel vor. Der Blick, der über den konkreten Gegenstand hinausgeht, ermöglicht ein Unter-

---

147 Ein eindrucksvolles Beispiel hat Soostmeyer dokumentiert („Tapetenfabrik", 1998, S. 221–225, 306–308, 312; vgl. Teil III; 3.3.1). – Herbart bemerkte dazu schon vor zweihundert Jahren in seiner Allgemeinen Pädagogik: „Der Unterricht knüpfe gern an das Nächste an. Aber man erschrecke nicht, wenn das, was er daran knüpft, durch weite Räume und Zeiten von uns getrennt liegt. Die Gedanken reisen schnell ..." (S. 70). Und es „dispensiert nichts den Lehrer, sich im Raume durch Beschreibungen auszudehnen, aus der Zeit das Licht der Vergangenheit zu holen und den Begriffen das unsinnliche Reich zu eröffnen." (Herbart 1971, S. 80) Vielseitiges Interesse und gestaltendes Vermögen über die sinnliche Erfahrung hinaus befördern Freiheit und Selbstständigkeit.

scheiden und Vergleichen und schließlich das Gewinnen eines allgemeinen Bezuges. Die Fachbezüge weisen Wege zu den Wissenschaften; sie bezeichnen kulturübergreifend Richtungen unseres Fragens nach der Beschaffenheit der Welt; sie leisten Reduktion von Komplexität ohne diese zu verdecken; zugleich eröffnen sie Bedeutungszusammenhänge und Erklärungssysteme, welche die wesentlichen Potenziale unseres Wissens und Verstehens enthalten, das wir brauchen, um Kultur weiterzuführen. Im Sachunterricht konstituieren sich die Fachbezüge durch bestimmte Hinsichten auf einen Gegenstand; sie müssen als Orientierungen für prozesshafte Annäherungen an Aspekte der Bewältigung von Welt ausgelegt werden. Darin liegt ihre Bedeutung für die durch die Schule zu vermittelnde Bildung. Wagenschein hat das mit seinem Buchtitel „Kinder auf dem Wege zur Physik“ (1973/ 2003) ausgedrückt.
Konkret bedeutet das für das Lehren und Lernen, dass Unterrichtseinheiten auf Inhalte und Arbeitsweisen führen, die einer oder mehreren Dimensionen zugeordnet werden können und dies den Kindern gelegentlich auch bewusst wird: Jetzt haben wir wie kleine Biologen, Geografen oder Sozialforscher gefragt und Sachen erkundet. Immer wieder und bei unterschiedlichen Themen erzeugt die sachliche Klärung Ansatzpunkte fachlicher Bezüge. Insofern ist der Sachunterricht der Quellbereich der Fächer weiterführender Schulstufen.

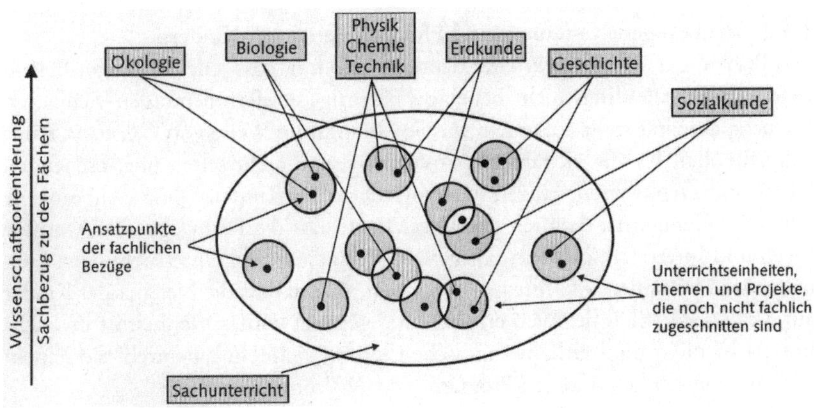

Die Themen und Unterrichtseinheiten des Sachunterrichts sind in der Regel noch nicht fachlich begrenzt, sondern beziehen sich in komplexer Weise auf die Lebenswelt der Kinder und auf Bestände unserer Kultur, die zu vermitteln sind. In der Bearbeitung dieser Themen ergeben sich fachlich bezogene „Einschlüsse“ oder „Exkurse“, die ihrerseits zu Kristallisationspunkten für fachliche Bezüge werden. Das Modell der Dimensionen steht einer verfrühten artifiziellen Spaltung in Fachkulturen entgegen.

Fachbezüge sind kulturell etablierte Aspekte oder Perspektiven auf die Welt, die Kindern und Jugendlichen erst durch Unterricht eröffnet werden. Einen didaktischen Zugriff auf Phänomene und Probleme, der potenziell das Spektrum dieser Perspektiven aufnimmt, nennen wir vielperspektivisch. Vielperspektivisches Denken bezieht sich auf die Pluralität didaktisch relevanter Erkenntniswege und Weltsichten; durch Impulse aus philosophischen Ansätzen, z.B. aus dem Strukturalismus, aus dem Konstruktivismus oder aus der Phänomenologie hat es zusätzlich Aktualität erhalten. Vielperspektivität erscheint als ein fruchtbares Prinzip und als Anstoß für die Weiterentwicklung des Sachunterrichts (vgl. Thomas 2009).
Dabei ist auf der Ebene der Didaktik des Sachunterrichts daran zu denken, dass konzeptionell kein monodisziplinärer Bezug zu einem Unterrichtsfach der Sekundarstufe besteht, sondern vielperspektivische Verbindungen zu nahezu allen Einzeldisziplinen der Sozial- und Naturwissenschaften. Die Bezugnahme auf weiterführende Fächer und Disziplinen ist eine Aufgabe des Sachunterrichts; das bedeutet aber nicht, dass dadurch alle Inhalte des Lernfeldes hinreichend bedient werden können. Deshalb ist vor den fachlich orientierten Dimensionen die lebensweltliche genannt (vgl. Teil I; 2.2.3). Die auf Verstehen gerichtete Behandlung von Phänomenen und Problemen aus dem lebensweltlichen Bereich der Kinder tritt aber in unserer Kultur notwendig in fachliche Bereiche und in den Zugriff auf kodifiziertes Wissen ein.

3.3.2 Sachbezogene Offenheit und Philosophieren mit Kindern

Das Prinzip der Vielperspektivität deutet darauf hin, dass jede Sache von Belang vieldeutig ist, allerdings nicht beliebig vieldeutig, sondern gebunden vieldeutig. Vielperspektivität steht außerdem für eine bestimmte Weise von *Offenheit*, nämlich Offenheit für die vielfältigen, uns Erwachsene nicht selten überraschenden Sicht- und Denkweisen, Fragen und Vorschläge der Kinder. Diese sachbezogene Art von Offenheit ist dadurch gekennzeichnet, dass die Lernwege offen sind für Ideen und Interessen, die dem Fortgang der gemeinsamen Untersuchungen Freiheiten und besondere Akzente geben können,[148] und dass die Neugier der Kinder auf die ganze Vielfalt der Welt erhalten und gepflegt wird. Offenheit ist im Sachunterricht nicht bloß eine methodische Option, vielmehr entspricht sie seinem anthropologisch begründeten Programm der Weltoffenheit.
Vielperspektivisches Denken hat seinen Ort vor allem im Gespräch, das alle Phasen der gemeinsamen Arbeit begleitet. Das Gespräch ermöglicht es, die in jeder Klasse vorhandene Pluralität kultureller Hintergründe, familialer Lebenswelten, die oft nur latent vorhandenen Erfahrungen im sozialen Umfeld und in der phy-

148 Diese sachbezogene Offenheit ist eine erwartende; sie entspricht dem offenen Gegenstandsbezug der Kinder und steht jener Fehlform entgegen, die es gestattet, der Anforderung auszuweichen und „aus dem Felde zu gehen".

sischen Umwelt, für sich und für andere bewusst zu machen. Im Unterrichtsgespräch wird eine intersubjektive Verbindung mit dem Bewusstsein anderer hergestellt, die über den alltäglichen Lebenskreis hinausgeht. Es dient also nicht nur der Steigerung der Ausdrucksfähigkeit, sondern – mit den „sokratischen" Tugenden der produktiven Findigkeit und des kritischen Vermögens – vor allem dem Auffinden von Zugängen zu neuen Erkenntnissen und Aspekten auf die Welt sowie dem Bewusstwerden von Denkmöglichkeiten.

Durch das Unterrichtsgespräch, in dem Erlebtes und Gedachtes berichtet wird, in dem Ideen geboren, Vorhaben entworfen und Ziele vereinbart werden, das Untersuchungen und Darstellungen begleitet, kommt die Vieldimensionalität der „Wirklichkeit" ins Spiel. In der produktiven Aufnahme der Vielfalt der Wirklichkeit zeigt sich eine weitere Art der Offenheit eines Unterrichts, der unterschiedliche Ansätze, Perspektiven und Arbeitsweisen zulässt, aber schließlich auch in ihren Grundformen bündelt und strukturiert, der in fachbezogene Zugriffsweisen oder in deren Vorformen einführt und ihre spezifische, d.h. auf jeweils einen bestimmten Aspekt der Wirklichkeit bezogene Leistungsfähigkeit erkennbar macht. Anregende Impulse und vielperspektivische Zugriffsweisen ermöglicht das *„Philosophieren mit Kindern"*, das auch im Sachunterricht seinen Ort gefunden hat (vgl. Schreier 1993; 1999, Ganter 1997, Michalik/ Schreier 2006). Es geht dabei um das gemeinsame kritische Nachdenken, Weiterdenken und Prüfen, das Zweifel nicht ausblendet, Verunsicherung zulässt und Grenzen des Verstehens bewusst macht, das Orientierung ermöglicht und Raum für eigene Positionen schafft. Philosophieren ist dadurch ausgezeichnet, dass Gedanken hervorgebracht, Einwänden ausgesetzt und unter Kritik verändert werden. Damit ist es auch für Kinder zunächst einmal eine Angelegenheit des Suchens nach Verstehen von Reden und Tun, ausgelöst durch methodisch und sachlich insistierende Fragen und gerichtet auf Wahrgenommenes, Geschehenes und Geschehendes: „Was machen wir hier?", „Warum machen wir (oder andere) das?", „Warum machen wir (sie) es so und nicht anders?", „Was ist und was bedeutet das?", „Wie können wir das wissen oder begründen?" Philosophieren im Sachunterricht steigert den Impuls und die Möglichkeit, eigene Fragen zu entwickeln und über eigenes Fragen nachzudenken. Es ist der Versuch zu verstehen, was wir denken, was wir tun und was wir tun sollen. Deshalb heißt Philosophieren weiterzufragen, es heißt zurückzufragen, was man mit seinen Fragen eigentlich wissen wollte. Es geht um ernsthafte und doch auch spielerische Suche nach Erkenntnis.

Inhaltlich geht es an konkreten Fällen um allgemeinere Einsichten, z.B. dass vieles, das so ist, wie es ist, auch anders sein könnte (... eine andere Schule besuchen, in einer anderen Stadt wohnen, andere Freunde haben ...) und was das vielleicht bedeuten würde. Erkennen sollen die Kinder, dass es oftmals mehrere Möglichkeiten (z. B. der Gestaltung, in einem Projekt) gibt, und das in Gedanken durchspie-

len. Es geht um Fragen und Probleme, die – zunächst unberührt von fachlichen Prämissen, doch ausgelöst von Sachverhalten – Kinder bewegen. Die Bearbeitung solcher Fragen wird fast überall, wo sie nicht (für Kinder unbefriedigend) nur spekulativ bleibt, schließlich auf entweder innerphilosophische (ethische, erkenntnistheoretische, existenzielle) oder fachliche Bezüge verweisen. Gerade beim Philosophieren mit Kindern muss gesichert werden, dass die Argumentation nicht nur auf dem Hintergrund situativer Stimmungen oder des Alltagsdenkens erfolgt, sondern auf möglichst gesichertes Wissen zurückgreift. Schwieriger ist allerdings die Einsicht, dass genuin philosophische Fragen offene Fragen sind.
Kinderphilosophie im Rahmen des Sachunterrichts ist mit Anschauung und Empirie eng verknüpft; sie hat den Zweck, Nachdenklichkeit zu fördern, die Freiheit des Denkens zu erfahren, Wissensbestände und Zugriffsweisen zu vernetzen, zu Erweiterungen, Vertiefungen, Differenzierungen und zu neuen Weltbezügen vorzudringen. Dabei gilt auch hier die erkenntniskritische Klärung bei Kant: „Gedanken ohne Inhalt sind leer, Anschauungen ohne Begriffe sind blind." (Kritik der reinen Vernunft, B 75) Beliebigkeit und sachenloses Reden korrumpieren Bildung.

3.3.3 Curriculare Integration und Vernetzung

Zum exemplarisch-genetisch-sokaratischen Sachunterricht gehört das Bemühen, in Themen, Projekten und Vorhaben verschiedene Denk- und Zugriffsweisen wechselwirkend zu verbinden. *Integration* – wenn wir den Begriff als didaktische Kategorie nehmen – ist wesentlich eine curriculare Leistung, die durch die Konzipierung und längerfristige Planung des Unterrichts, also durch den Vermittlungsrahmen, erbracht werden muss.[149] Sachunterricht ist ein solcher Vermittlungsrahmen, in ihm stehen Themen und Inhaltsbereiche im Vordergrund, die noch nicht durch die Sachfächer späterer Schulstufen bedingt und bestimmt sind, sondern ihnen als Fundament grundlegender Erfahrungen und Einsichten vorausgehen und zu allererst Ansatzpunkte fachlicher Bezüge bieten. *Differenzierung* nach wesentlichen Dimensionen einerseits und Integration andererseits stehen sich als komplementäre curriculare Grundsätze in fruchtbarer Spannung gegenüber. Die Integrationsleistung der Schule ist eine wesentliche Vorgabe für die Konstruktion eines konsistenten Weltbildes durch die Lernenden. Wagenschein hat das durch die Metapher der „Kristallbildung" angedeutet: Einzelkristalle des Verstehens, die sich zu Großkristallen verbinden können.

149 Auch wenn wir Lernen als individuelle und soziale Konstruktion interpretieren, so geschieht diese doch unter Bedingungen, welche die Schule und speziell der Unterricht vorgibt. – „Integration" bezeichnet den wechselseitigen Bezug und die Zusammenführung des Verschiedenen auf einer höheren Ebene, das als Verschiedenes (in modifizierter Form) kenntlich bleibt.

Basil Bernstein hat vor vierzig Jahren zwischen zwei Curriculumtypen unterschieden: dem Kollektionstypus und dem Integrationstypus (Bernstein 1971). Im Kollektionscurriculum sammeln die Lernenden in abgegrenzten Bereichen hierarchisch geordnete Inhalte an. In integrativen Curricula haben die Fachbezüge keine separate Eigenposition, sondern stehen in einer offenen Beziehung zueinander. Wissensinhalte zu integrieren heißt, sie einem gemeinsamen Leitgedanken zuzuordnen. Integration kann dabei in unterschiedlicher Weise wirksam werden: Sie kann das Auffinden eines Bezuges vorher unabhängig voneinander gewonnener Wissensbestände oder Vorstellungen zu einem leitenden Oberbegriff bedeuten oder aber die je nach dem erreichten Lernstand mögliche Zuordnung weiterer Beispiele (in informierendem oder orientierendem Unterricht) zu einer elementaren Einsicht, einer Formel, einem Denkmodell. Um irgendeine Form der Integration zu erreichen, bedarf es eines Bezugsrahmens, d.h. eines didaktischen Konzepts, das auf generellere Gesichtspunkte einer höheren Abstraktionsebene abzielt.

Bernstein vermutet, dass die Bemühung um Integration „zur Konzentration auf generelle Prinzipien ... und zur genetischen Betrachtung führt" (1971, S. 162). Mit „Prinzipien" sind solche gemeint, die z.B. die Offenheit der Lernprozesse, vor allem aber Transfermöglichkeiten betreffen oder als „Konzepte" die Entwicklung neuer Einsichten erleichtern. Nicht Einzelwissen, sondern Lernen und Verstehen in Beziehungszusammenhängen ist das Programm einer Didaktik, die um Integration und ein mehrperspektivisches Verstehen bemüht ist. – Die genetische Grundausrichtung der curricularen Strategie kommt zur Geltung, wenn in den auf Phänomene und Probleme bezogenen Unterrichtseinheiten die Ansätze von Fachbezügen wahrgenommen und in einem begründeten Aufbau in zunehmendem Maße verfolgt werden.

Ein weiterer Gesichtspunkt ist die *Vernetzung* der Inhalte des Sachunterrichts mit anderen Fächern (Deutsch, Mathematik, Kunst, Musik, Sport, Religion ...). Vernetzung setzt voraus, dass die beteiligten Fächer unverändert ihren legitimen Ort im Grundschulcurriculum haben und ihrerseits fächerübergreifende Kooperationen anstreben. – Für den exemplarisch-genetisch-sokratischen Sachunterricht selbst verbindet das Moment der Vielperspektivität Fachbezug und Integration als komplementäre Grundsätze. Der zentrierende Leitgedanke ergibt sich aus der jeweiligen Sachstruktur und der thematischen Einheit des Unterrichtsvorhabens.

4 Rückblick

Genetischer Unterricht entspricht dem Bedürfnis der Kinder, die Welt, in der sie leben, immer besser zu verstehen; er ist darauf angelegt, das nachhaltige Interesse zu stärken und zu erweitern. Als gesellschaftliche Institution bleibt die Schule allerdings abhängig von den Rahmenbedingungen, die diese Gesellschaft vorgibt und in ihren praktizierten Lebenswelten selbst darstellt. Schulisches Lernen wird lebendig, wenn es von Empathie und Engagement getragen ist, und wenn es die Anfänge dessen, was gesellschaftlich notwendig, wissenschaftlich erarbeitet und bedeutsam für grundlegende Bildung ist, den Kindern an einführenden Beispielen zugänglich und verständlich macht. Um „Sachen" für die Kinder greifbar und nutzbar zu machen, müssen wir sie als Sachverhalte im Handeln, Denken und Sprechen so rekonstruieren, dass sie als Kristallisationskerne für neues Wissen und als Modelle für weiteres Suchen und Erkennen dienen können. Das zentrale Prinzip des genetischen Lehrens und Lernens fokussiert unsere Aufmerksamkeit auf die didaktischen Prozesse, durch die das Werden und Wachsen des Wissens und Verstehens initiiert, gestützt und in pädagogischer Verantwortung geführt wird.
Auf dem Weg zu einer Theorie der Didaktik des Sachunterrichts, die der Bildung der Individuen verpflichtet ist, wurde die von Wagenschein angegebene Dreiheit *„exemplarisch-genetisch-sokratisch"* durch die Kennzeichnungen *„konstruktiv"* und *„vielperspektivisch"* erweitert; diese fünf Bestimmungsmerkmale waren einzeln und in ihren Zusammenhängen zu erläutern. Einheit und Differenzierung sind Strukturprinzipien eines modernen Sachunterrichts; im Spannungsfeld zwischen Vielfalt und einer im jeweiligen Unterrichtsthema angelegten inhaltlichen Zusammenführung der in den Dimensionen benannten Wissensdomänen gewinnt er sein weitgespanntes Anregungspotenzial (vgl. die Beispiele in Teil III; 3.3).
Die „konstruktive Philosophie" stützt den genetischen Grundgedanken des Werdens; dabei geht es nicht nur um Gedankenkonstruktion, sondern auch ganz grundlegend um den Aufbau von Vorstellungen durch erkundendes Handeln. Hervorgehoben werden der dynamische Charakter und der dialogische Prozess des Erkennens. Lernen erschöpft sich nicht in der Akkumulation von Aufgenommenem, sondern formt daraus, indem es Zusammenhänge konstruiert, eine eigene, in sozialen Beziehungen mit anderen rückgekoppelte Welt. Die Art des Zugriffs auf Sachen formt das Weltverhältnis der Lernenden.
Das „sokratische" *Gespräch* ist ein heuristisches Verfahren; es bringt mit der Verfertigung der Gedanken auch die formativen Tugenden der produktiven Findigkeit und des kritischen Vermögens zur Geltung. Im gemeinsamen Denken, Sprechen und Handeln ist es geprägt durch ein emphatisches mitmenschliches Verhältnis.
– *Exemplarität* ist ein Prinzip der Konzentration auf Wesentliches und der Vertiefung sowie der festen Verankerung des Wissens in lebensweltlichen Bezügen und

im Verstehen; Ergebnisse werden manifest in Episoden gelingender Erkenntnisse, in wachsenden „Kristallen“ des Verstandenen, im Erreichen von Funktionszielen und in der Konzeptualisierung im Elementaren. Fruchtbare Exempel sind solche, die für Anfänger anschaulich und für Fortgeschrittene erkenntnisleitend sind, d.h. die Elementares enthalten. Elementaria sind formulierte repräsentative Erkenntnisse oder ideengeschichtliche Deutungsmuster, die das Weiterdenken leiten; in der Verdichtung des Elementaren bekommt ein Zusammenhang eine vergessensresistente symbolische Prägnanz und Repräsentanz. Dabei ist die „Einfachheit“ des Elementaren komplementär zu seiner Universalität und Vielschichtigkeit.
Exemplarische Arbeit erscheint zudem als Möglichkeit, Fehlvorstellungen durch neue Einsichten abzulösen und zugleich – im vielperspektivischen Zugriff auf Phänomene – als Ansatz für das Gewinnen fachbezogener Perspektiven. Vielperspektivität bezeichnet die Möglichkeit und das Bemühen, Sachverhalte von verschiedenen Seiten, unter verschiedenen Voraussetzungen und Interessen zu sehen, zu strukturieren und zu durchdringen. Sie gibt dem Unterricht eine sachbezogene Offenheit, ermöglicht eine Pluralität didaktisch relevanter Zugriffsweisen und einen begründeten Eintritt in weiterführende Sachbezüge, die dann nicht nur fachperspektivisch, sondern auch mehrdimensional wahrgenommen werden können.
Genetischer Unterricht enthält insgesamt Momente der Initiation und der Innovation, indem er auf die Erschließung von Neuem gerichtet ist. Er folgt dem Postulat der Kontinuität in der Pflege von Zusammenhängen weiterführenden Verstehens und versucht das Unbehagen der Lernenden und Lehrenden an verbliebenen Diskontinuitäten durch Rückkoppelungen in den Lernprozessen aufzuheben. Inhaltlich greift genetisches Lehren auf die einfachen Anfänge zurück, entwickelt Differenzierungen und fokussiert im Elementaren. Mit den genannten Merkmalen ist es darauf gerichtet, einen stabilen Kern assimilierter, d.h. in die Persönlichkeitsstruktur integrierter Wissensbestände, Zugriffsweisen auf die Welt, Haltungen und Sinnbezüge aufzubauen und in funktionaler Eingewöhnung zu stabilisieren. Darin besteht seine Bedeutung für den Bildungsprozess, der kulturelle Kompetenz mit ihren spezifischen Codes einschließt.
Ein wichtiger, implizit schon angedeuteter, aber von der Schulpädagogik wenig beachteter Aspekt exemplarischen und informierenden Lernens betrifft die *Ökonomie der Zeit.* Zeit steckt in allem Wissen, das grundlegend erarbeitet oder in gestalteter Form weitergegeben wird. Neben seinem Sachbezug enthält Wissen verdichtete Zeit, nämlich die lange Zeit, die oftmals viele Menschen in seine originäre Ausarbeitung investiert haben und die nun verkürzt werden kann auf die Zeitspanne, welche für den Aneignungsprozess oder auch nur für die Übernahme erforderlich ist. Damit ist die Möglichkeit eröffnet, über Grunderfahrungen hinausgehende unmittelbare Erfahrungen weitgehend durch schulisches Lernen zu substituieren, also durch symbolische Erfahrungen, und dadurch Zeit für Steigerungen zu gewinnen. Lehrerinnen und Lehrer müssen umsichtige Zeitmakler

sein; Unterricht ist nicht zuletzt auch Transfer verdichteter Zeit. Dabei schützt das exemplarische Prinzip vor schädlicher Übertreibung indem es verlangt, dass Erkenntnisse und Einsichten mit der gebotenen Langsamkeit bei den Lernenden induziert werden und die Zeit gegeben wird, die Kinder für eine vernetzende Verarbeitung des Neuen brauchen: bei exemplarischen „Pfeilern“ oder „Tiefenbohrungen“ die intensiv genutzte Zeit des Verweilens, bei informierenden Zusammenführungen, den Bögen zwischen den Brückenpfeilern, in der Form eines verdichteten Zeittransfers.

Besondere Aufmerksamkeit, viel Zeit und längerfristige Bemühungen erfordert die Neuinterpretation von „Erfahrungen“ und die Revision von tief verwurzelten Fehlvorstellungen (conceptual change). Sie braucht Impulse und überzeugende Beispiele, die zum Nachdenken und Überdenken vorgängiger Meinungen anregen, und sie braucht Wiederholungen (Wiederaufnahmen von Lernprozessen), denn eine Einsicht, die nur punktuell ist, zerfällt oftmals in kurzer Zeit.
Didaktische Theorie soll Handlungsoptionen angeben und begründen. Die Bewährung der Konzeption des exemplarisch-genetisch-sokratischen Lehrens und Lernens in der Praxis des Sachunterrichts ist durch reichhaltige Beispiele und spezielle Einzeluntersuchungen belegt; ein Desiderat bleibt gleichwohl ein längerfristig angelegtes Forschungsprogramm, das detailliert die einzelnen Komponenten der Konzeption als auch ihr Zusammenwirken und die Auswirkungen im Bildungsprozess der Kinder untersucht (vgl. Möller 2007a, S. 263 f.). Die Konstruktion eines didaktischen Systems wird gespeist aus empirischer Erfahrung, gesichertem Wissen und einem vorausgreifenden Entwurf, der von normativen Momenten getragen ist; ihr Bewährungsfeld ist eine theoriebewusste Praxis.

Teil III: Kinder und Sachen

Sachunterricht steht – wie auch die Sachfächer der Sekundarstufe – in der Spannung zwischen Anschauung und Analyse, dem Denken in konkret abgewogenen Vermutungen, die sich aus sinnlichen Eindrücken speisen, und dem Denken in logischen Verbindungen abstrakter Rationalität. Nur steht der Sachunterricht der Unmittelbarkeit menschlichen Umgangs mit den Sachen, von dem er seinen Ausgang nimmt, näher als der Abstraktion fortgeschrittener Fachlichkeit. Die großen Fortschritte, die Kinder von Geburt an in ihren Beziehungen zur Welt machen, sind zunächst dem anschaulichen Denken zu verdanken. Je unerfahrener Kinder in Bezug auf einen Sachverhalt oder eine Gegebenheit sind, desto größer ist der pädagogische Wert des unmittelbaren Umgangs, des Handelns und Probierens, aus dem das Allgemeine, das dann die Evidenz eines Beleges ermöglicht, erst durch gedankliche Arbeit hervorgeht. Kinder denken und handeln konstruktiv. Ihre Einsichten in Sachverhalte stützen sich auf die Möglichkeiten des Tuns und Hervorbringens. Das gibt ihnen die nötige Selbstsicherheit.

Nachdenklichkeit zehrt an dieser Selbstsicherheit. Im Zweifel suchen wir Distanz zu uns selbst und zu den Dingen. Wir nehmen objektivierenden Abstand auf der Suche nach Selbsterkenntnis und Wahrheit, die neue Sicherheit verspricht. Eine Hilfe zu dieser wahrheitssuchenden Distanz sind Wissenschaft und Philosophie.

Die Didaktik des Sachunterrichts, die sich auf eine Vielzahl von Sachwissenschaften bezieht, kann nicht deren heterogenen Systemen folgen. Vielmehr ist sie genötigt, eigene Ordnungen ihrer Inhalte zu suchen. Dabei sind im Rahmen des pädagogischen Konzepts nicht nur Wechselwirkungen mit den anderen Lernfeldern (z.B. Sprache, Mathematik, Kunst) zu berücksichtigen, sondern ebenso – mit Inhalten und Zielen verbunden – ethische Normen und Maximen des Ästhetischen im Wahrnehmen und Gestalten. Für diese curriculare Aufgabe bietet sich ein Bild an, das Carl Friedrich von Weizsäcker für den Entwurf seiner geschichtlichen Anthropologie gewählt hat: *„Garten des Menschlichen"*. „In einem Garten gibt es Wege, und ein verständig angelegter Garten zeigt von jedem Blickpunkt aus ein jeweils anderes, sinnvolles Bild. Nach welcher Gartenkunst wollen wir unseren Garten anlegen?" (v. Weizsäcker 1977, S. 15 f.)

Auf die Garten-Metapher wurde in der Pädagogik immer wieder zurückgegriffen, z.B. bei Luther, Rousseau, Herder und Fröbel. Gemeint ist hier nicht ein „hortus conclusus", ein geschlossener Schonraum, abgehoben von allen Notwendigkeiten, nicht ein „Garten ruhig blühender Erkenntnis" (Martin Walser), auch kein Irrgarten und nicht ein System vorgefertigter Darstellung der Welt, sondern ein Garten als ein heiterer und kultivierter Bereich, in dem Wildwuchs beschnitten, Schönes und Nützliches gepflanzt und Wege so angelegt werden, dass sich Perspektiven eröffnen, denen zu folgen sich lohnt und Freude macht, der aber auch an vielen Stellen zum Verweilen einlädt und „Umwege“ verlockend erscheinen lässt. Es ist ein Garten, in dem verborgene Möglichkeiten mit spielerisch-erkundender Phantasie gefunden werden, in dem man auf Unbekanntes, auf Fragen und Aufgaben stößt, und der im Lernen ohne Bindung an ein vorgegebenes hierarchisches System erkundet und bearbeitet wird. Es ist ein Garten der Vielfalt; am Garten des gemeinsamen Besten sollen alle mitgestalten. Deshalb sollen die Kinder immer wieder Gelegenheit haben, selbst zu suchen, was Neugierde erweckt, und darüber hinaus auch eigene Interessen zu gestalten und in zunehmender Verantwortung zu pflegen. Die Wege des genetischen Lehrens sind Wege zum Ziel des Verstehens. Gestalten braucht Muße und Anstrengung in Ausgewogenheit. Die Garten-Metapher erinnert daran, dass die Einrichtung von Lernumgebungen mit Kunst und Technik zu tun hat und dass das Curriculum keine Rennbahn ist, sondern ein der Bildung junger Menschen verpflichtetes, sorgfältig geplantes und auf den Lernstand der jeweiligen Kinder abgestimmtes Programm multidimensionaler und vielperspektivischer Zugriffe.

In der Literatur über spontane Auseinandersetzungen von Kindern mit Sachen sind neben den bekannten und oft rezipierten Untersuchungen von Piaget[150] oder Wagenschein (2003) insbesondere jene Arbeiten von Interesse, die zeigen, wie Kinder außerhalb des direkten Einflusses von Erwachsenen auf Sachen zugreifen, sich mit ihnen handelnd und denkend auseinandersetzen und dabei Kenntnisse gewinnen, die schließlich – methodisch aufgenommen durch die Schule – durch Erweiterung, Vertiefung, Kategorisierung und Verallgemeinerung zu fundiertem Wissen werden. Die Konzeption der genetischen Didaktik geht von der Prämisse aus, dass Kinder von sich aus bestrebt sind, die Welt für ihr Handeln und Verstehen zu erschließen und ihr einen Sinn beizumessen. Sinngebung stabilisiert das Wissen und wird zu Bausteinen der Identität der Persönlichkeit. Neuere Befunde aus der Kognitions- und Entwicklungspsychologie zeigen, dass bereits Grundschulkinder in Domänen, in denen sie über ausreichendes Vorwissen verfügen, zu kausalem und schlussfolgerndem Denken in der Lage sind und gehaltvolle Vermutungen entwickeln können (Sodian 1998, Stern 2002). Der Sachunterricht nimmt Erfahrungen und ursprüngliche Ansätze der Wirklichkeitserkundung der Kinder auf und führt sie weiter zu gesicherten Formen des Wissens und Könnens.

150 Die originären Arbeiten Piagets, für unseren Bereich beginnend mit der systematischen empirischen Studie zum „Weltbild des Kindes“ (1926/1978), haben zu zahlreichen Nachfolgeuntersuchungen geführt, in denen in zunehmendem Maße die Stufentheorie infrage gestellt wurde; vgl. z.B. Donaldson 1991, die entschieden dafür eintritt, das oft unterschätzte geistige Potential der Kinder nachhaltig zu fördern.

Inhaltlich ist Sachunterricht eine Lehre von den Sachen; mit dem breiten Bedeutungsfeld von *„Sache"* ist ein umfassender Bezug auf natürliche, soziale und technische Phänomene und Potenzialitäten hergestellt. Eine Sache ist ein (zunächst) nicht näher bezeichneter Gegenstand, ein Ding; eine Erscheinung; ein Vorgang, Vorfall, Umstand, eine Bewandtnis; ein Ereignis, eine Begebenheit, eine Tatsache, eine Wirklichkeit, eine Wahrnehmung, eine Wahrheit; eine Situation, eine Episode; ein Ziel, eine Aufgabe, ein Anliegen. „Sache" ist ein Ausdruck, der auf Gegenstände unseres Denkens und Sprechens verweist (ursprünglich auf den Gegenstand eines Rechtsstreites). „Sache" ist also nicht nur das konkret fassbare Ding, sondern ebenso das durch kulturelle Überlieferung und Wissenschaft eingeordnete, abstrakte und bewertete Ding, ein Element in einem Kosmos von Wissen. Damit ist auch das bloß Gedachte (Gedankending) oder eine „Angelegenheit", die in der Beziehung zwischen Menschen eine Rolle spielt, eingeschlossen (vgl. Löffler 2011, S. 188).

Der Begriff der Sache bezieht sich in sozialen, naturbezogenen, technischen und alltagsweltlichen Belangen in offener Weise auf alles, was in Raum und Zeit erfahren werden kann und Anlass für eine Erörterung gibt, also nicht nur auf „Realien", sondern ebenso auf „Humanoria".[151] Darüber hinaus steht eine Sache in einem Netz von Zusammenhängen; durch einen bestimmten *Sachzusammenhang* wird ein *Sachverhalt* charakterisiert. Über einen Sachverhalt kann man Aussagen machen, man kann ihn (in unterschiedlicher Weise) sprachlich fassen und ihm damit eine kommunizierbare Gestalt geben. – Dies verweist auf das Verhältnis von *Sache und Sprache* und rückt zudem die Aufgabe der Didaktik in den Blick, geeignete Sachverhalte zu Gegenständen der Auseinandersetzung nach Maßgabe der Ziele des Sachunterrichts zu machen. Die Sachen, um die es im Unterricht geht, greifen über Objekte hinaus, sie umfassen vor allem Erkenntnisse und Sinnbezüge, die in der Kultur erarbeitet sind, aber von den Individuen immer wieder gewonnen werden müssen.

In der „Faktizität" des gelebten Lebens der Kinder wie der Erwachsenen ist der *Sachbezug des Handelns und Denkens* unabweislich. Sachunterricht gewinnt und erschließt die Sachen der Welt als Gegenständlichkeiten. „Gegenständlichkeit" der Sachen bedeutet, dass sich in der Erfahrung der Widerständigkeit der sachlichen Bezüge nicht nur markante Erkenntnisse gewinnen und festhalten lassen, sondern dass darüber hinaus die Bemühung um die Sache die lernenden Menschen bildet. Die *Didaktik* des Sachunterrichts nimmt die Sachen in ihrer Bedeutung für die Grundlegung der Bildung auf und durchdenkt sie im Hinblick auf den Vollzug

151 Damit wird der Unterschied zwischen „etwas" (einer Sache) und „jemand" (einer Person) nicht ignoriert. – Die Sachen, um die es im Sachunterricht geht, sind also nicht einfach Objekte, sondern vor allem die Beziehungen der Menschen zu dem, was in ihren Horizont tritt, so dass der Begriff des *Sachverhaltes* den Bezugspunkt des Unterrichts bezeichnet.

der Aneignung, d.h. es geht um die genetische Struktur der Konstitution von Sachen im Denken von Kindern. Die Schule muss für die Kinder Lebensraum, Handlungsraum, Erfahrungsraum, Erkenntnisraum, Darstellungsraum sein, damit sie als „Lernumgebung" das fördern kann, was Klafki als „doppelseitige Erschließung" gekennzeichnet hat: Das Kind erschließt sich die Sache und wird dadurch für sie erschlossen (Klafki 1965, S. 43; vgl. dazu Litt 1961, S. 84 ff.). Die Lernenden nehmen nicht nur etwas in geistigen Besitz, sondern sollten auch offen sein, von der Sache in Besitz genommen zu werden.
Es geht in den folgenden Ausführungen nicht um die Darstellung von Werken früherer Autoren, sondern um eine Sichtung von möglichen Bausteinen oder Impulsen für eine zeitgemäße Didaktik. Gute Tradition in einer Disziplin bedeutet, das unvergesslich Erarbeitete für neue Konzepte fruchtbar zu machen. Die Kontinuität und Berücksichtigung relevanter Bestände sollte dazu führen, dass Hypothesen empirischer Forschung präziser formuliert, die Untersuchungen selbst zielgerichteter geführt und Theorieentwürfe konsistenter konstruiert werden können.
Mit Blick auf die Kinder als Lernende fragen wir zuerst nach bildungsrelevanten spontanen und arrangierten Beziehungen der Kinder zu den Sachen [1.], sodann nach der Entwicklung von Lernfähigkeit und Interesse [2.]. In enger Beziehung dazu steht das Problem eines sachgemäßen Unterrichts, in dem „Kindgemäßheit" und „Wissenschaftsorientierung" aufgehoben sind und die Kinder angeleitet werden, in ihrem Denken über die in der unmittelbaren Erfahrung gegebenen Zusammenhänge hinauszugreifen [3.].

1. Die Sachen in der Welt der Kinder

Wissenschaftliches Interesse für das Denken von Kindern über Phänomene der physischen Welt finden wir im Bereich der pädagogischen Psychologie der zwanziger und dreißiger Jahre des 20. Jahrhunderts (Karl und Charlotte Bühler, William Stern, Jean Piaget, Oswald Kroh, Agnes Banholzer, Karl Zietz).[152] Ein pädagogisches Motiv ist dabei die Forderung nach einer phasengerechten Erziehung, die einer alterstypischen Eigenart des Kindes in jeder seiner Entwicklungsstufen entsprechen sollte, verbunden mit einer Warnung vor „Verfrühung". Dieses Paradigma setzt sich fort in den Veröffentlichungen im ersten Jahrzehnt nach dem

152 Eine primär didaktisch orientierte, domänenspezifische empirische Forschung zum Verstehen von Inhalten des Heimatkundeunterrichts ist bis in die Zeit nach dem Zweiten Weltkrieg kaum zu finden. Die Untersuchungen von Banholzer (1936) können – obwohl noch dem psychologischen Paradigma verpflichtet – als erster Ansatz gelten.

Zweiten Weltkrieg; auch Heinrich Roth nimmt es in seiner Darstellung der psychologischen Voraussetzungen des Geschichtsunterrichts (1955) kritisch auf und resümiert: „Die Hinweise der Kinder- und Jugendpsychologie wurden mehr und mehr so ausgelegt, als ob ein Geschichtsverständnis erst mit der Pubertät möglich und damit jeder vorausgehende Geschichtsunterricht im Grunde verfrüht und deshalb unwirksam sei." (Roth 1965, S. 13) Um neue Erkenntnisse zu gewinnen, bedürfe es jedoch zunächst „eines unvoreingenommenen Hinhörens auf Kinderaussagen" (S. 16). Roth unterscheidet dann zwischen der „Entwicklung des Zeitbewußtseins und der Entfaltung des geschichtlichen Bewußtseins" (S. 16) und postuliert eine zwingende Abfolge, „da das Geschichtsverständnis das Erwachen des Zeitbewußtseins zur Voraussetzung hat" (S. 42).[153] In einer punktuellen Befragung (4. Schuljahr) findet er ein deutliches geschichtliches Interesse, offensichtlich gespeist aus unverbundenen Einzelkenntnissen aus dem Heimatkundeunterricht und dem privaten Umfeld der Schüler.

Damit deutet sich schon eine Abwendung von entwicklungspsychologischen Phasenmodellen an. Höhere Bedeutung gewinnen der sachlogische Aufbau von Unterrichtsinhalten und die empirische Fundierung von Unterrichtserfahrungen. In den Mittelpunkt des didaktischen Interesses rückt das Kind in seiner Beziehung zu der von ihm wahrgenommenen Struktur der Sachen.

Wir wenden uns zuerst Untersuchungen zum Umgang von Kindern mit Phänomenen der physischen Welt zu, weil der Bildungswert, die Bedeutung für die Genese der Person und das sinnstiftende Potential naturwissenschaftlicher Erkenntnis zu selten Gegenstand des praktizierten Sachunterrichts sind. Die Untersuchungen von Banholzer, Wagenschein und Thiel lassen die Vermutung zu, dass Kinder intuitiv die physische Welt als nach konstanten und verstehbaren Prinzipien aufgebaut denken und das Bedürfnis haben, im Zusammenspiel von Empirie und tastender Konstruktion nach sinnvoll erscheinenden Strukturen zu suchen. Wie die Dinge in der Welt von Kindern erscheinen, wahrgenommen und in „forschender" Tätigkeit erkundet werden, ist von grundlegender anthropologischer und didaktischer Relevanz [1.1]. Langeveld, Aissen-Crewett (im Rückgriff auf die Ästhetik Baumgartens) und Litt haben in je besonderer Weise versucht, die anthropologische, epistemische und spezifisch pädagogische Bedeutung der Sachen in der Welt der Kinder darzustellen [1.2]. In didaktischer Perspektive erscheint die Beziehung der Kinder zu den Sachen als ein Weg der Enkulturation; Lernen wird unter dem Aspekt der Kulturaneignung thematisiert (Duncker) [1.3].

153 Zur Kritik dieser Auffassung vgl. Schorch 1982, bes. S. 105 und 111 f.

1.1 Kinder in der Auseinandersetzung mit physikbezogenen Phänomenen

Die reformpädagogische Strömung in der Zeit nach dem Ersten Weltkrieg versuchte zwar, psychologische Erkenntnisse über die Genese des Weltverstehens bei Kindern für das Lehren und Lernen nutzbar zu machen, verharrte aber – zumindest für den Bereich der Grundschule – in der volkstümlich-heimatkundlichen Ausrichtung ihres Bildungsideals in merkwürdiger Distanz zu realwissenschaftlichen, insbesondere zu naturwissenschaftlichen und technischen Bezügen. Erst die Bildungsreformbewegung gegen Ende der sechziger Jahre lenkte die Aufmerksamkeit auf die Anfänge naturwissenschaftsbezogenen Lernens schon in der Grundschule (vgl. Neuhaus 1991, Götz 1989, Köhnlein 1984).
Piaget legte bereits 1926 eine faktenreiche empirische Studie zum „Weltbild des Kindes" vor. In klinischen Untersuchungen waren Kinder zwischen fünf und zwölf Jahren zu ihren Vorstellungen über die Beschaffenheit der (physischen) Welt befragt worden. Die Antworten zeigten viele spontane Assoziationen und Ad-hoc-Konstruktionen, zumeist noch ohne konsistente Stimmigkeit oder konzeptuelle Beständigkeit. Piaget postuliert Stadien der Entwicklung, die immer schon den Keim der Überwindung in sich tragen, und er entwirft ein Bild des kindlichen Realismus, Animismus und Artifizialismus. Das kindliche Denken entwickelt sich am Widerstand der Erscheinungen; Erklärungsversuche werden in Prozessen der Assimilation, Akkommodation und Äquilibration aufgebaut und verändert. Zunehmende Flexibilität gewinnt das Denken durch schrittweise Verinnerlichung (Interiorisation) von Handlungen (Piaget 1978; vgl. Abschnitt 2.2.2).
Die Untersuchungen von A. Banholzer, die Beobachtungen von M. Wagenschein und die Unterrichtsversuche von S. Thiel sind getragen von der Überzeugung, dass sich Kinder spontan und nachdenklich mit Phänomenen der physischen Welt auseinandersetzen und dass dieses Erkunden und Nachdenken Ansatzpunkte hervorbringt, an denen didaktisch geleitete Wege zur Naturwissenschaft beginnen können. Genetischer Unterricht findet hier seine kindbezogene Fundierung.

1.1.1 Kinder untersuchen physikalische Sachverhalte (Banholzer)

Von unmittelbarer didaktischer Relevanz sind noch immer die 1936 als Dissertation vorgelegten Untersuchungen von Agnes Banholzer über „Die Auffassung physikalischer Sachverhalte im Schulalter", weil sie für eine Zeit, in der Einflüsse von Medien noch vernachlässigt werden konnten, authentisch unterrichtsnahe Einblicke in das Denken von Kindern und dessen Entwicklung geben.[154] Au-

154 In ihrer Einführung zu den von Wagenschein thematisch und sequenziell geordneten Kinderaussagen aus ihrer Untersuchung berichtet Banholzer von dem Plan Oswald Krohs, mit einem

genfällig werden im Vergleich die Informationsvorsprünge heutiger Kinder, und offensichtlich ist der Gewinn durch eine sorgfältige Förderung in einem wissenschaftsbasierten Unterricht, wie die gegenwärtige domänenspezifische Forschung belegt (vgl. Möller 1999; 2002).

Banholzer fragt, „mit welcher Einstellung, welchen Denkmitteln und Erklärungsgrundsätzen die Kinder an die physikalischen Erscheinungen herangehen". Ihre Ergebnisse stützen sich auf „gelegentliche Beobachtungen" und „planmäßig durchgeführte Versuche". Dabei folgt sie der Überzeugung Wagenscheins, „dass die kindlichen Gedanken über physikalische Fragen die Strenge der Wissenschaft im Keim in sich tragen" (S. 8/45 f.).[155] Sie betont die Wichtigkeit des „Manipulierens" und die Bedeutsamkeit der „Einheit von Denken und Tun" für den Erwerb physikalischer Einsichten (S. 10/48).

Banholzer zeigt Kindern im Alter von sechs bis vierzehn Jahren Versuche zum Schwimmen, zum Aufsteigen von Wasser in Fließpapier, zu Chladnischen Klangfiguren, zur Lichtbrechung und zum Magnetismus. Dabei sind für vergleichende Interpretation besonders die dokumentierten Aussagen der Kinder wertvoll (vgl. dazu die Übersichten und Anmerkungen bei Wagenschein 2003, S. 78 ff.).

Bei *Erklärungen zum Schwimmen* beziehen sich jüngere Kinder zunächst auf den „Dingcharakter" der Gegenstände; erst „wenn der Sinn für das Vorhandensein allgemeiner Gesetzmäßigkeiten erwacht, ist auch der Gedanke möglich, dass alles ‚Schwimmende' einem einheitlichen Gesetz unterworfen sei" und damit eine „logische Stimmigkeit" herstellbar (S. 18/60; vgl. Wagenschein 1976, S. 70 ff.; Möller 1999, S. 136 und Soostmeyer 1998, S. 161).

Die zitierten Aussagen der Kinder legen Annahmen nahe, die dem damaligen Heimatkundeunterricht umwälzende Impulse hätten geben können, wären sie von dessen Vertretern aufgegriffen worden:

- Kinder denken auch außerhalb von Lehr-Lernsituationen über Naturphänomene nach. Die Art der Erklärungsversuche lässt es in vielen Fällen als unwahrscheinlich erscheinen, dass sie erst situativ und spontan zustande gekommen sind, vielmehr greifen sie auf vorgängige Vermutungen oder Vorstellungen zurück.

---

großen Werk zur pädagogischen Psychologie einen „Beitrag zur Neugestaltung des Unterrichts" zu leisten. Die Dissertation Banholzers, die sich auf etwa 1600 Protokolle stützt, ist im Rahmen dieses Plans entstanden (vgl. Wagenschein 2003, S. 76). – Die vergriffene Dissertation Banholzers wurde von B. Feige und H. Köster (2008) neu ediert und kommentiert. Die Seitenangaben beziehen sich auf das Original (1936)/ die Neuausgabe (2008).

155 Banholzer bezieht sich auf eine frühe (1933) Publikation Wagenscheins (Wagenschein 1970a, S. 16–26, hier S. 19), der argumentiert, dass die Gedanken der Kinder deshalb so ernst genommen werden müssen, „weil nur durch ihre Entwicklung eine ursprüngliche und dann auch wirklich bildende naturwissenschaftliche Haltung entstehen kann". – Bei Wagenschein ist das der Ansatz seiner genetischen Pädagogik der Physik.

- In ihrem Denken besteht eine ursprüngliche Tendenz zu Generalisierungen, die zunächst von optischen Eindrücken geleitet wird, d.h. vom Phänotypus „ähnlicher" Erscheinungen.
- Die in verschiedenen Sachzusammenhängen registrierte lapidare Auskunft, „... *das ist immer so ...*", geht mitunter auf genaue Beobachtungen zurück. In ihr kann der Keim für die Ahnung der Existenz allgemein gültiger Naturgesetze liegen; aber auch logische, ästhetische und geometrische Stimmigkeiten werden für Begründungen herangezogen (S. 25/69 f.). Die Überzeugung von der beliebigen Wiederholbarkeit eines Vorgangs kann aber auch zu neuen Untersuchungen führen, z.B. wie lange das Wasser braucht, bis es im Fließblatt ganz oben ist, oder um „wie viel das Wasser unten weniger wird" (S. 26/71).

Eine ins Einzelne gehende Analyse sorgfältig dokumentierter Aussagen könnte zeigen, welche wiederkehrenden Denkmuster von Kindern günstige Ansatzpunkte für weiterführendes Lernen bieten und welche dem entgegenstehen. So wird z.B. gesagt, dass für das Aufsteigen von Wasser in einem Fließblatt (oder einem Zuckerstück) eine „Kraft" erforderlich sei und dass die „Poren", „Löchlein" oder „Kanäle", „Haarröhrchen" wichtig wären (S. 26/71). Auch bei Bemühungen zur Deutung des Zustandekommens Chladnischer Klangfiguren – Grundschulkinder sind ohne Vorbereitung bei weitem überfordert – gibt es Erklärungsversuche und Eingrenzungen möglich erscheinender Ursachen, die eine nähere Prüfung lohnend erscheinen lassen.[156]

Ein *in Wasser getauchter Stab erscheint gebrochen.*[157] Die Ursache wird zunächst beim Wasser gesucht: „Das macht das Wasser." (S. 37/85) Überraschend ist die Vermutung, der Stab würde durch das Gewicht oder den „Druck des Wassers" (S. 35; 38/82; 86) gebogen. Für junge Kinder (1. und 2. Schuljahr) erscheint zunächst das visuelle Wahrnehmungsbild für eine Aussage über die „Wirklichkeit" ausschlaggebend; ein kognitiver Konflikt entsteht, wenn die Kinder den Tastsinn zu Hilfe nehmen: „Da ist ein Bug, aber bloß wenn man hinsieht, nicht wenn man hingreift" (Knabe, 11;2). „Immer größer wird die Anzahl der Kinder, die zwischen dem ‚Aussehen' und dem ‚Sein' unterscheiden. Während sie bei unseren Untersuchungen im 1. Schuljahr 40%, im 2. 62% betrug, war sie im 3. Schuljahr schon auf 98% angewachsen und blieb dann mit geringen Schwankungen auf dieser Höhe." (S. 35/83)

156 Dass im vorliegenden Forschungszusammenhang Lernhilfen nicht gegeben werden und „ein untrennbares Ineinander und Durcheinander von Ursache und Wirkung" (S. 31/78) in den Äußerungen bestehen bleibt, ist dem genuin psychologischen Paradigma geschuldet. Außerdem untersucht Banholzer noch nicht die Genese besserer Einsichten im Zuge der Schülergespräche, obwohl das vorgelegte Material Ansatzpunkte dafür enthält.

157 Mit dem Phänomen setzt sich schon Rousseau in seinem Emile auseinander und gibt eine Anleitung zu methodischer Untersuchung (Rousseau 1955, S. 427 ff., vgl. Teil IV; 2.1.1); vgl. Soostmeyer 1998, S. 152 ff. und 2002, S. 140 ff.

Die Kinder sehen einen gebrochenen Stab und bekommen Zweifel, ob er tatsächlich gebrochen ist. Sie erfahren am konkreten Fall, dass der ungeprüfte optische Eindruck, die schnelle sinnliche Information unsicher ist und widersprüchlich sein kann. Nicht der unreflektiert-spontane Zugriff „mit allen Sinnen" hilft weiter, sondern nur die planmäßige Untersuchung, welche durch Sinnestätigkeit zwar angestoßen und begleitet wird, gemäß ihrer Intention aber der Natur Fragen stellt und Beobachtungsmöglichkeiten entwirft.[158] Erst die methodisch gebrauchte sinnliche Wahrnehmung ist ein Instrument unmittelbarer Erkundung des Sachverhaltes. Wir „sehen" nicht Gegenstände und Phänomene, sondern erschließen und erkennen sie gemäß sinnlicher Information und begrifflicher Konzepte. Ein philosophisch inspirierter Unterricht wird das mit den Kindern thematisieren. Erst die Kinder jenseits des Grundschulalters bekommen den Sachverhalt ohne Anleitung allmählich in einem physikalischen Sinn in den Griff:

> „Wenn der teilweise eingetauchte Stab und die Wasseroberfläche einen spitzen Winkel bilden, scheint der Stab gebrochen". – „Das hängt mit dem Wasserspiegel zusammen und dem Licht. Da, wo der Stab den Wasserspiegel berührt, ist er ab. Da fällt das Licht dazu von oben, und das Wasser ist waagrecht ... ". – „Der Grund täuscht auch, und durch das täuscht das auch. Da meint man, das wäre gar nicht tief. Weil der Grund weiter nach oben ist, dann kommt der Stab auch weiter rauf, dann meint man, er müsse abbrechen." – „Das kommt vom Licht. Das fällt auf den Stab. Sonst könnte man ihn gar nicht sehen. Dann kommt es in die Augen. Wenn man den Stab ins Wasser tut, könnte man meinen, das Licht mache einen anderen Weg. Dann sieht es aus, wie wenn der Grund weiter oben wäre. Dann scheint auch der Stab unten weiter oben. Und wo das Wasser aufhört, wird nichts anders. Da bleibt der Stab. Dann meint man, er sei abgebrochen, grad da, wo er eingetaucht ist." (S. 38 f./86 f.)

Eine *Münze* in einem Gefäß, in das Wasser gegeben wird, *erscheint gehoben.* Der Versuch hat die gleiche physikalische Struktur wie der vorangegangene, zeigt aber ein anderes äußeres Bild. Eine erste Vermutung der jüngeren Kinder ist, die Münze würde (durch das Wasser) tatsächlich bewegt, andere vermuten Spiegeleffekte. Kinder im Alter von etwa elf Jahren versuchen die Bedingungen, unter denen das Phänomen erscheint, durch Variation in den Griff zu bekommen. Wie im vorigen Versuch wird dem Wasser eine wichtige Funktion zugeschrieben: Es hebt die Münze[159] oder es lenkt das Licht: „Das ist, wie wenn das Licht im Wasser

---

158 „Die Sinne müssen, da das Ihre an der ‚Oberfläche' liegt, selbst dort, wo sie als Daten durchaus zu gelten haben, nicht gehört, sondern verhört werden. Daß der Stab im Wasser nicht wirklich gebrochen ist, diese Täuschung war leicht, ja bereits sinnlich zu beheben, nämlich durch den als glaubhaft angenommenen Tastsinn, den Stab entlangfahrend." (Ernst Bloch: Tübinger Einleitung in die Philosophie, Gesamtausgabe, Bd. 13. Frankfurt a.M. 1977, S. 24. Zit. n. Soostmeyer 2002, S. 142)

159 Banholzer berichtet von jüngeren Grundschulkindern: „So hatten viele ‚gesehen', daß das Geldstück ‚gerutscht' war, und sie ließen sich nicht von ihrer Meinung abbringen. War ein Kind

einen anderen Weg machen würde. Nicht bloß gerade weiter. So daß man den Boden weiter oben sieht. Dann ist auch der Stab wie abgebrochen." (Knabe, 13;1)
Ohne Anleitung und Einführung in naturwissenschaftsbezogenes Denken sahen die Kinder erst vom zwölften Lebensjahr an die inneren Zusammenhänge der beiden Versuche.[160]
Ein *Magnet zieht ein Eisenstück an.* Kinder können – damals wie heute – die beobachtbaren Phänomene nur beschreiben und vielleicht ordnen. Man muss sich bewusst machen, dass durch die Rede von „Kraftlinien" (oder entsprechende Bilder) nichts über die Ursachen des Magnetismus erklärt wird. Und auch hier gilt, was Banholzer schon für andere Versuche dargestellt hat, nämlich „die Schwierigkeit eines klaren Durchgliederns affekthaltiger Erlebnisganzheiten" (S. 40/88). Banholzer registriert die „Unfähigkeit" insbesondere jüngerer Kinder, „aus *einem* Prinzip verschiedene Beobachtungen zu erklären" (S. 58/97), vielmehr dominieren Ad-hoc-Annahmen. Die Bemerkung, „das hat man in der Fabrik so gemacht", tritt häufig auf. Immer wieder wird Magnetismus wegen seiner Rätselhaftigkeit mit Elektrizität in Verbindung gebracht. Auch von „Kraft" wird gesprochen. Ältere Kinder bemerken schließlich, dass ihnen eine stimmige Erklärung magnetischer Wirkungen nicht möglich ist.
Banholzer berichtet über *Grundeinstellungen von Kindern zu Versuchen.* Sie findet keine abgegrenzten „Stufen"; jede „Stufe" ist in der vorausgegangenen vorbereitet und nicht abgeschlossen, wenn die nächste erreicht wird. Eine „Form theoretischen Verhaltens" (S. 56 f./112 f.) setze ein, wenn die Kinder gegen Ende der Grundschulzeit beginnen, selbstständig weiterzufragen, Versuche entsprechend abzuwandeln, andere Versuchsbedingungen auszuprobieren und Folgerungen aus ihren Erklärungen zu ziehen (S. 58/114). Schon im zweiten Schuljahr wird zwischen Menschen und Dingen in der Weise unterschieden, dass nur den ersteren Bewusstsein und Willen zugeschrieben wird. Die Entwicklung der Beobachtungsfähigkeit drückt sich in einer zunehmend zergliedernden Betrachtungsweise aus, die zu schärferen Eindrücken und zu größerer Objektivität führt. Kinder des dritten Schuljahres werden fähig, anschaulich Gegebenes zu überschreiten und Teile in neue Beziehungen zueinander zu setzen. Erst später werden Beobachtungen nicht mehr verfälscht, wenn sie nicht mit als sicher geglaubten Annahmen übereinstimmen.[161] „Wissen und neue Erfahrung bestimmen nun einander gegenseitig." „Vom 11. Lebensjahr ab gelingt es dem Schüler, vom Wissen her Fragen an

endlich überzeugt, daß die Münze noch am selben Platz lag, so war sie eben ‚vorgerutscht und wieder zurück gegangen'. Mit einem ‚Das hab ich doch gesehen' wies es jeden Einwand ab." (S. 62/119; vgl. dazu die Ausführungen zu conceptual change, Teil II; 3.2.4)

160 Vgl. dazu die Simultanversuche Spreckelsens mit Grundschulkindern (Spreckelsen 2004; vgl. Teil I;1.4, Teil V; 6.4).

161 Z.B S. 62/119. – Vgl. dazu die Behauptung der Kinder im Unterricht Thiels, die Delle des springenden Balls sehen zu können. (Teil II; 3.2.4)

den Versuch zu stellen und die Antworten am Wissen zu prüfen, umgekehrt aber das ‚Wissen' durch die Erfahrung bestätigen oder berichtigen zu lassen." (S. 65/ 123)

Bei der *Frage nach den Ursachen* beobachteter Effekte neigen die jüngsten Grundschulkinder dazu, nur die beteiligten Gegenstände und ihre Eigenschaften zu benennen. Außerdem sind „räumliches Beieinander und zeitliches Nacheinander ... die Gesichtspunkte, nach denen die Auswahl der ‚Ursachen' erfolgt. Die Wirkungen vollziehen sich auf magische Weise oder ähnlich menschlichem Tun" (S. 74/ 134 f.).

Ein deutlicher Fortschritt zeigt sich, wenn der (äußere) Verlauf beschrieben wird, d.h. in der mentalen Rekapitulation und Darstellung des Geschehens. Erst gegen Ende der Grundschulzeit werden zunehmend physikalisch relevante Beziehungen beachtet; das festgestellte Ergebnis wird mit dem auslösenden Vorgang verbunden und dabei die Frage nach der Ursache von der nach dem Zweck unterschieden. Kinder des fünften und sechsten Jahrgangs stellen verstärkt Vergleiche an, verweisen auf Analogien und knüpfen Verbindungen zu ähnlichen Vorgängen. Die Aussage, „Das ist so, weil es immer so ist", wird zum Argument. Die Kinder beginnen, nach allgemeinen Gesetzen zu suchen und wollen sie aufspüren durch das Aufzählen vieler Fälle, hinter denen eine Gesetzlichkeit vermutet wird (S. 68/127).[162] Nun wird auch bewusst, dass die Feststellung einer Verbindung zwischen Ursache und Wirkung nicht genügt, vielmehr gilt es zu erkennen, worin dieser Zusammenhang begründet ist.

Physikbezogenes Verstehen setzt die Fähigkeit voraus, Phänomene auf allgemeine Gesetzlichkeiten zu beziehen, d.h. von konkreten, in dieser Hinsicht belanglosen Erscheinungsformen abzusehen und relevante Beziehungen zu erfassen. Die „affektive Gebundenheit", die einer erkennenden Auseinandersetzung hinderlich ist, muss zurücktreten, das Kind muss Abstand und zugleich eine bestimmte Perspektive des Fragens gewinnen. Banholzer findet diese Haltung bei zwölf- bis vierzehnjährigen Kindern.

Zum verarbeiteten Auffassen physikalischer Vorgänge ist es weiterhin notwendig, dass sich die Kinder eine Erklärung für beobachtete Vorgänge zurechtlegen, d.h. Ursache und Wirkung durch Vermutungen verbinden, die sich auf Gesetzmäßigkeiten beziehen. Die jüngsten Schulkinder zogen insbesondere dann magische Erklärungen heran, wenn der physikalische Sachverhalt nicht ohne weiteres aus dem visuellen Erscheinungsbild zu entnehmen war. Die Acht- bis Neunjährigen nennen häufig einen „Zweck als Ursache"; es kommt dem Kind auf das Ergebnis an: Der Ball kommt von der Wand zurück, „dass man ihn fassen kann" (Mädchen

162 Banholzer bemerkt dazu: „Das Begründen des Geschehens durch Anführen ähnlicher Vorgänge hängt mit der diesem Alter überhaupt eigentümlichen Sammelleidenschaft zusammen, auf die wir auch in anderen Gebieten stoßen." (S. 68/127)

7;2); die Klangfiguren entstehen, „weil es dann schön ist“ (Knabe, 7;7). Einen deutlichen Fortschritt zeigen Kinder, die auf Abhängigkeiten hinweisen und einen (kausalen) Zusammenhang vermuten, wo zwei Ereignisse regelmäßig nacheinander auftreten (Streichen der Platte und Herausbildung der Klangfiguren). Den nächsten Schritt markiert die Frage nach dem Warum und nach der Relation, durch die Vorgänge miteinander verknüpft sind. Allgemeine Gesetzlichkeiten werden vermutet; der transduktive „Schluß vom Besonderen zum Besonderen“ (S. 76/137) ist ein tastender Versuch, Regeln oder Gesetze zu finden, auf die sich Hypothesen stützen können.

Von didaktischem Interesse ist ein von Banholzer konstatierter „psychologische(r) Tatbestand: das Bestreben, aus einem Gesetz alle Beobachtungen zu erklären“, vor allem dann, wenn dieses „Gesetz“ ganz unverstanden ist und nur verbal zur Verfügung steht. „Oft trägt der Schüler alle Gesetze, von denen er irgendwie erfahren hat, an den Vorgang heran. Fast scheint es, als ob er ‚ausprobieren‘ wolle, welche Gesetzlichkeit zu dem Versuch passe. Das Bestreben, ein bekanntes Gesetz in der neubeobachteten Erscheinung wieder zu finden, verhindert oft das Vordringen zum wirklichen Sachverhalt.“ (S. 77/139) Diese Feststellung gibt ein Beispiel für das, was Wagenschein die „Korruption des Naturverstehens“ genannt hat: die (gesellschaftliche) Akzeptanz, dass verbale Versatzstücke Unverstandenes verdecken und die Verführung, sich damit zu begnügen.

Die *Entwicklung der „Auffassung des Physikalischen“* im Schulalter resümiert Banholzer als einen Prozess, an dessen Anfang die Kinder die in Rede stehenden Versuche noch als bloße „Vorführungen oder Spiele“ auffassen, also „ungenau, lückenhaft, mit subjektiven Zutaten durchsetzt“. Vom achten Lebensjahr an zeigte sich mehr und mehr eine zergliedernde Auffassung und das Schema einer Wenn-dann-Argumentation. Erst die Zwölf- bis Vierzehnjährigen „erfassen das Gebiet des Physikalischen als Sondergebiet der Wirklichkeit“ (S. 79/140 f.). – Welcher Einfluss dabei der Schule oder überhaupt der Wechselwirkung zwischen exogenen und endogenen Momenten zukommt, wird bei Banholzer nicht untersucht.

1.1.2 Kinder auf dem Wege zur Physik (Wagenschein)

Wagenschein sucht die Anfänge der *Genese der Physik im Menschen* in Handlungen und Denkakten junger Kinder. Die sich entwickelnde Bereitschaft und Fähigkeit, Phänomene aufmerksam wahrzunehmen, bestimmte Anregungen aus der vielfältigen physischen Welt in das Denken aufzunehmen, sie probeweise in Zusammenhänge zu bringen, Denkansätze an der Wirklichkeit zu überprüfen, sie auszubauen und in neue Erfahrungen zu integrieren, also Prozesse der Sinngebung und des Verstehens zu vollziehen, setzt gewisse Dispositionen schon voraus und steht mit ihnen in Wechselwirkung (Wagenschein 1976, S. 60 ff.). Für die Begründung seiner Auffassung über die Genese des physikalischen Denkens hat er neben Arbeiten Piagets und anthropologischen Studien Langevelds auch Material von Zietz benutzt, ohne dessen Interpretationen im Sinne der Stufenlehren der dreißiger Jahre zu folgen.[163] Außerdem hat er die Untersuchungen Banholzers aufgenommen und in einer offenen Weise ohne methodische Strenge weitergeführt. Seine Beobachtungen über das spontane kindliche Nachdenken über Naturvorgänge zeigen die Kinder auf dem Weg zur Physik; zugleich sind sie ein domänenspezifischer „Beitrag zur Phänomenologie kindlicher Lebensäußerungen" (A. Flitner) und zu einer Anthropologie des Kindes.

Das Denken der Kinder charakterisiert Wagenschein als ein dynamisches, erwachendes und erwartendes. Schritte auf dem Wege zur Physik bedeuten eine zeitweise, zunehmend bewusste Einschränkung des Blicks auf eine begrenzte Perspektive und zugleich die Eröffnung einer neuen Dimension des Verstehens. Aber physikbezogenes Denken darf im Lernprozess nicht abgeschnitten werden von der ursprünglichen, lebendigen und unspezifischen Wahrnehmung, vielmehr sucht genetischer Unterricht einen „Übergang in Stetigkeit und Frieden", um die „Unversehrtheit des heutigen Menschen" und die „Ehrfurcht" vor der Natur zu retten (Wagenschein 1970a, S. 128; 1976, S. 61). Die Pädagogik Wagenscheins ist anthropologisch bzw. weltanschaulich-philosophisch fundiert und erhält von da aus ihren reformpädagogischen Impuls. Die Wissenschaften, hier speziell die Physik, werden gesehen und vermittelt als Bestandteile der geistigen Welt.

Einen wichtigen und fruchtbaren Beitrag zur Erforschung der Vorbedingungen physikalischen Naturverstehens in der Schule sieht er in der Art, wie Kinder von sich aus über Naturvorgänge denken. Es ist seine Hypothese, dass sie dabei ähnliche Vermutungen entwickeln und partielle „Theorien" ausbilden, wie sie auch in der Geschichte des menschlichen Nachdenkens über die Natur aufgetreten sind, und dass sie sich in der selben Richtung bewegen, in welcher „Physik" entstanden ist (1970a, S. 346).

Aufschlussreich erscheinen ihm spontane Handlungen und Äußerungen, die nicht durch den „störenden Eingriff" von außen beeinflusst sind. Die Unsicherheit, die er sieht, besteht darin, dass die Möglichkeiten der Kinder, ihre Gedanken verständlich zu formulieren, noch recht begrenzt sind, und dass Beobachter deshalb zu Fehldeutungen kommen können. – Neben dem Protokollieren von Aussagen und Handlungen sucht er einen zweiten Zugang über die Erinnerungen Erwachsener. Hier gibt es Unsicherheiten dadurch, dass nachträgliche Täuschungen nicht ausgeschlossen werden können.

Dokumentiert wird dieser Ansatz ab 1955 (Wagenschein 1970a, S. 292; vgl. S. 487 ff.). Dabei geht es um seine anthropologische These, dass Kinder von sich aus lernen und üben wollen (Montessori) und auf dem Wege zur Physik sind.

163 Piaget/Inhelder 1969; Langeveld 1956; Zietz 1955

An einem breiter ausgeführten Beispiel wird gezeigt, wie Keime des naturwissenschaftlichen Denkens bei einem (vorschulpflichtigen) Kind im Übergang von erkundender Beobachtung zur planmäßigen Erforschung eines Phänomens führen können: Dem Mädchen fiel auf, dass die Rufe und die Bewegungen eines Raben (oder einer Krähe) aus einer bestimmten Entfernung beobachtet, zeitliche Differenz hatten. Bei Vergrößerung des Abstandes wuchs auch die Zeitspanne zwischen der „Verbeugung" und dem folgenden „Rab". Diese ersten Erfahrungen ließen sich an einem anderen Fall bestätigen und führten zu der Annahme, dass die Rufe wie Bälle durch die Luft angeflogen kommen (S. 346 ff.; vgl. 2003, S. 38 und Teil I; 1.1.2 und Teil V; 6.4). – Die Planmäßigkeit liegt in dem methodischen Vorgehen, das schon die wichtigsten Stufen einer experimentellen Untersuchung zeigt:

(1) Bei der *Beobachtung* richtet sich die Aufmerksamkeit auf etwas Unerwartetes und Erstaunliches (Ruf und „Verbeugung" sind nicht gleichzeitig).
(2) Eine *Vermutung* kommt auf, die das Staunen lösen könnte, wenn sie zuträfe (Kommt der Ruf angeflogen? Braucht er Zeit?).
(3) Eine *Variation der Umstände* kann über die Richtigkeit der Vermutung entscheiden (Das Kind nimmt größeren Abstand).
(4) Eine *Verallgemeinerung* wird versucht (Bestätigung an einem anderen Fall).

Für Wagenschein ist die Raben-Geschichte „ein Hinweis darauf, wie selbständig und wie geheim sich die Keime des naturwissenschaftlichen Denkens im Kinde regen" (S. 348). Nachdrücklich warnt er aber vor der Annahme, dieses Kind stehe kurz vor der Messung der Schallgeschwindigkeit, der mit ihr verbundenen Quantifizierung oder einer Systematisierung. Vielmehr gehe es dem Kind nur um die qualitative Frage, ob Rufe überhaupt Zeit brauchen oder „einfach da" sind. Die Planmäßigkeit des auf eine konkrete Frage bezogenen Forschungsaktes sei streng zu unterscheiden von der Planmäßigkeit wissenschaftlicher Systematik. Das Denken ist noch konkret und situationsgebunden. „Ein verfrühtes systematisches Vorgehen ist nicht nur dem Kinde ungemäß: es ist geeignet, die spontanen Ansätze zum planmäßig forschenden Untersuchen des Einzelfalles umzubringen." (S. 349) Vorschnelle Belehrung entzieht die Kinder der nachdenklichen Aufmerksamkeit.

Seine empirischen Untersuchungen über vorphysikalisches Denken hat Wagenschein in dem Buch *Kinder auf dem Wege zur Physik* nach Sachgebieten geordnet zusammengestellt und durch Ergebnisse Banholzers sowie durch Unterrichtsprotokolle Thiels ergänzt.[164] Dabei ist von einigen „trivialen Erfahrungen" (Mach)

164 Die erste Auflage ist unter den Namen Wagenschein, Banholzer, Thiel bei Klett (Stuttgart 1973) erschienen. Die nach dem Tod Wagenscheins (1988) mit einem Vorwort von Andreas Flitner versehene Neuausgabe bei Beltz (Weinheim 1990) wurde durch ein Lehrstück von Wolfgang Faust (Camera obscura) und einen Rückblick Siegfried Thiels erweitert. Als Buchautor erscheint seither nur noch Wagenschein.

immer wieder die Rede. Man darf annehmen, dass sie von grundlegender Bedeutung sind und gemacht werden müssen, damit später physikalische Erkenntnisse überhaupt aufgenommen werden können; für Wagenschein entsprechen sie aber auch den Hoffnungen und Bedürfnissen der Kinder. Von solcher Bedeutung ist die Erfahrung, dass es *Wiederholbarkeit* unter gleichen Bedingungen und damit Verlässlichkeit und Ordnung in der Natur gibt. Wiederholungen und variierende Veränderungen erlauben die planmäßige Untersuchung funktionaler Abhängigkeiten.[165] Ebenso bedeutsam erscheint ihm die Einsicht, „daß nichts wegkomme" und dass „alles irgendwo geblieben sein müsse", und umgekehrt: „daß alles irgendwo herkomme", weil aus nichts nichts werden kann *(Erhaltung)*.[166] Beide Postulate verbindet er mit dem Bedürfnis nach Sicherheit:

> „Das Ungewohnte Unstimmige, Ausgefallene, Absonderliche, Seltsame soll eingefügt werden können, ‚*in die Reihe gebracht*' des Gewohnten, seiner Befremdung entkleidet; in der Hoffnung, darunter einen vertrauten Kern zu entdecken: Reduktion des Vielerlei auf weniges Selbstverständliches." (2003, S. 13)

Eine andere Erfahrung bezieht sich auf die *Wechselwirkung* zwischen Kraft und Gegenkraft: Es gibt keine Bewegung aus sich selbst; ein Auto lässt sich nicht von innen anschieben (actio = reactio, drittes Newtonsches Gesetz). Auch die Erfahrung der *Trägheit* (erstes Newtonsches Gesetz) gehört hierher. Andere Grunderfahrungen, von denen Wagenschein berichtet, lassen sich so bezeichnen: Der Schall braucht Zeit, die Dinge nehmen einen Raum ein (wo ein Ding ist, kann kein anderes sein), der Schatten lässt sich nicht ablösen, Dinge „hinter dem Spiegel", „der Mond geht mit" (geometrische Optik, Parallaxe), Wärme verhält sich wie ein feiner Stoff (Wärmestofftheorie des 18. Jahrhunderts). Sehr unterschiedlich sind die Vermutungen über die Ursachen des Schwimmens: Wasser und Gegenstand liegen im Kampf und versuchen, ihren gegensätzlichen Willen durchzusetzen (vgl. 1976, S. 70 ff.).

Mit seinen „Geschichten", die Wagenschein hauptsächlich in den fünfziger und sechziger Jahren zusammengetragen und interpretiert hat, berichtet er, wie Kinder sich spontan verhalten, wenn sie unerwarteten Naturphänomenen begegnen, die sie als absonderlich anmuten und verwundern. In seiner programmatischen Ein-

165 „Das physikalisch Reale muß öffentlich *wiederholbar* sein, ‚*demonstrierbar*', ‚*jederzeit von jedermann reproduzierbar*'; ein demokratischer Grundsatz." (2003, S. 13) Wagenschein sieht diese Einsicht, ebenso wie jene, dass Physik ein besonderer Aspekt auf die Natur ist, abhängig von der Art des Zugriffs, als Bildungsziele des Physikunterrichts.

166 Auch die Dunkelheit wird vermutlich gleichsam als Ding verstanden und kann am Morgen nicht einfach verschwinden, sondern zieht sich (in die Erde) zurück (Wagenschein 2003, S. 23). – Wenn man solche Aussagen in Zusammenhang bringt mit den Untersuchungen Piagets zur Mengenkonstanz (1964, S. 52 ff.; Piaget/Inhelder 1969), so liegt die Hypothese nahe, dass sich die genannte Annahme der Kinder zunächst nur auf die Dinge überhaupt und nicht sogleich auf ihre Masse und ihr Volumen bezieht.

führung (2003, S. 9 ff.) sieht er den Impuls, der eine gerichtete Forschungsbewegung ins Strömen bringt, nicht in einem bewundernden Staunen und auch nicht in der Suche nach Neuigkeiten, sondern es ist die Beunruhigung, die aufkommt, wenn gewohnte Ordnungen und Regelmäßigkeiten plötzlich eine Fehlstelle zu zeigen scheinen, es ist das Befremdende, das eine „sachlich bedingte Emotion und Motivation“ auslöst und Prozesse des Fragens und Suchens in Gang setzt. Wagenschein sieht die Kinder in der Erwartung, „daß alles ‚mit rechten Dingen zugehe‘“.

> Deshalb bleiben sie nicht bei Irritationen stehen, sondern treten in einen „Forschungsprozeß“ ein „mit Beobachten, Wiederholen, Vergleichen, Vermuten, Eingreifen, planmäßig Verändern, der bemerkenswert ähnlich ist dem wissenschaftlichen Vorgehen. Dabei ist Tun und Denken getrieben und getragen von der *Hoffnung,* daß man ‚dahinterkomme‘; das heißt: daß es wieder noch einmal gutgehe, indem das Seltsame ‚verstanden‘ werden könne. Und zwar in dem Sinne, daß es bei näherem Zusehen sich als ein etwas verkleideter ‚alter Bekannter‘ erweist oder doch mit einem solchen ‚zusammenhängt‘, zum mindesten vergleichbar ist. Gelingt dieses Verstehen (...), so ist das Absonderliche wieder ‚eingeholt‘ durch Reduktion auf Gewohntes. Das Verstehen ist bei diesen frühen Schritten also immer relativ. Und das, worauf das Seltsame dann ‚zurückgeführt‘ ist, bedarf anfangs keiner anderen Legitimation, als daß es *‚immer* so ist‘, wie es eben *ist.“* (Wagenschein 2003, S. 11; vgl. dazu Mach 1976, S. 5)[167]

Der Aufbau des Verstehens ist davon abhängig, in welchem Maße es gelingt, Zusammenhänge zu entdecken. Unter Hinweis auf Untersuchungen Max Wertheimers (1957) betont Wagenschein die Notwendigkeit, Fixierungen auf Einzelnes zu überschreiten. „An die Stelle der ‚stückhaft verbissenen Sorgfalt‘ muß das ‚strukturelle Erfassen‘ treten. Der lockere, der gleitende Blick ist Voraussetzung des ‚produktiven Denkens‘, nicht der fixierende.“ (2003, S. 63)
Mit Recht weist er darauf hin, dass der erkundende Zugriff schon in einem Alter geschieht, von dem man früher meinte, Kinder seien dazu weder fähig noch motiviert. Die „Physik“ der Kinder sieht er als eine *„werdende“*, d.h. er nimmt an, dass sich im Handeln und Denken von Kindern Ansatzpunkte ergeben, von denen aus sich grundlegende disziplinäre Erkenntnisse erschließen und weiterführen lassen. Freilich sind die Explorationen der Kinder, von denen berichtet wird, noch nicht Physik (S. 12). Aber die Konstruktion physikrelevanter Beziehungen – so bescheiden sie auch sein mögen – ist nicht bloß vorwissenschaftlich, sondern ein wesentlicher Bestandteil der Wissenschaft selbst.[168] Deshalb ermutigt

167 Damit das Wiedererkennen als „alter Bekannter“ und damit die Vernetzung des Wissens möglichst oft geschehen kann, ist zweierlei nötig: die Zurückführung auf (lebensweltliche) Erfahrungen oder Konzepte, und ein curricularer Aufbau, der früh (an Beispielen) elementare Grundlagen verständlich werden lässt. „D.h. der Stoff ist so anzuordnen, daß alle späteren Studien nichts Neues hinzufügen, sondern nur eine besondere Ausgestaltung des Früheren sind“ (Comenius 1960, S. 94) – oder, so müsste man hinzufügen, sich von diesen bedeutungsvoll abheben.

168 Wagenschein zitiert den Mathematiker Wittenberg: „Das Zustandekommen und die allmähli-

er die Erwachsenen, die Kinder nicht zu unterschätzen: „Sie sind von sich aus ‚wissenschaftsorientiert' und bleiben es, wenn wir ihnen nicht den Wind aus den Segeln nehmen durch ein Übermaß an Belehrung." (S. 9) Entsprechend wird die Alternative „Von der Sache aus *oder* vom Kinde aus" als schädlich verworfen; sie löst sich auf in dem Prinzip: *„Mit* dem Kinde von *der* Sache aus, die *für* das Kind die Sache *ist.* " (S. 11)

Mehr als erste Anhaltspunkte über die Genese der Voraussetzungen des physikalischen Denkens können solche Berichte vermutlich nicht geben. Wagenschein ist das bewusst (S. 15). Sie zeigen aber, dass Kinder (zumindest in bestimmten sozialen Verhältnissen) von sich aus Erklärungen für auffällige Vorgänge in der physischen Welt entwerfen und auch zu formulieren versuchen. Ihr Denken hat offenbar eine Dynamik, die darauf gerichtet ist, eine innere Konsistenz von Erfahrungen, Ideen und Handlungsoptionen herzustellen. Das gelingt immer nur teilweise. Indem sie sich aber mit ihrer Umwelt auseinandersetzen, setzen sie sich auch konstruktiv als Subjekte von der Außenwelt ab. Ihre inhaltlichen Vorstellungen beruhen zumeist noch auf sehr unvollständigen Erfahrungen, die oftmals noch instabil und mit offenen Fragen verbunden sind und dann umso leichter durch neue Einsichten modifiziert und korrigiert werden können, je mehr sich ein „realistisches" Denken durchsetzt. Die Widerständigkeit gegen das Lernen, die sich aus scheinbaren, unzutreffenden, von den Kindern aber angenommenen „Selbstverständlichkeiten" ergibt und oft mit einer (partiellen) Blockierung der forschenden Haltung verbunden ist, hat Wagenschein nicht untersucht. Erst die Wahrnehmung neuer Probleme markiert Fehlstellen, Lücken, und kann Risse in vermuteten Zusammenhängen aufbrechen. Reale Einsichten, die aus der Wiederholung von Vorgängen und ihrer Variation gewonnen werden, legen den Grund für naturwissenschaftliche Begriffe, für funktionales Denken und für die Regeln des Experiments.

Mit seinen Untersuchungen verweist Wagenschein auf eine anthropologische Tatsache von entscheidender Bedeutung für das Lehren und Lernen, nämlich dass Kinder in der Lage sind, durch erprobenden Umgang mit den Dingen Voraussetzungen für das ursprüngliche Verstehen basaler Begriffe, Denkmuster und Modelle zu erwerben, die für den wissenschaftlichen Zugriff erforderlich sind. So kann ein zweijähriges Kind beim Spiel mit Steinchen, die es zur Erde fallen

che Entwicklung der Fragestellungen gehört wesentlich zur Wissenschaft selber." (1970b, S. 16; Alexander Israel Wittenberg: Bildung und Mathematik (Mathematik als exemplarisches Gymnasialfach). Stuttgart: Klett 1963, S. 60). Außerdem kann – worauf auch Banholzer hinweist – schon „die vorwissenschaftliche Deutung .... einen Sachverhalt treffen und seinem Wesen gerecht werden" (Banholzer 1936, S. 6). – In der Konzeption des genetischen Unterrichts erscheint Wissenschaft als prozessual in dem Sinn, dass sie auf lebensweltlichem Wissen aufbaut. Vgl. dazu die konstruktivistische Argumentation bei Lorenzen (1968, S. 153).

lässt, die Kategorie der Wiederholbarkeit grundlegend erfahren.[169] Der Sachunterricht nimmt diesen Lernansatz auf, hebt ihn aus der Sphäre des Zufälligen heraus, macht Nicht-Wissen und Nicht-Verstehen sichtbar, und er führt weiter zu einer wissenschaftsorientierten Grundbildung, die Sachkompetenz einschließt. An ausgewählten, besonders instruktiven Beispielen eröffnen sich schon für junge Kinder Zugänge zu den Kategorien, aus denen sich später wissenschaftsbezogene Denkweisen aufbauen, wobei dann diese Kategorien nicht abstrakt vermittelt sind, sondern konkret verankert in eigenen Aktivitäten.

Das Bild von den Naturwissenschaften, das dabei von Anfang an vermittelt wird, ist von Bedeutung für das Verhältnis der Kinder und Jugendlichen zur Natur und zu den Naturwissenschaften und damit für den Bildungsprozess: Genetischer Unterricht beschränkt sich nicht auf die Erkundung von Fakten, auf Verallgemeinerungen und Verdichtungen im Elementaren. Zum Verstehen gehören notwendig das Nachdenken, die von Fakten gestützte und abgesicherte Spekulation über den Zusammenhang der Sachverhalte und die kritische Prüfung.

1.1.3 Grundschulkinder zwischen Umgangserfahrung und Naturwissenschaft (Thiel)

Siegfried Thiel hat die von Wagenschein gesammelten „Geschichten“ als Ausdruck eines freien geistigen Zugriffs von Kindern verstanden, in dem sich Interesse an den Dingen, spielerische Lust an Erkundung und Gestaltung bündeln. Er sah darin die Chance wie auch die pädagogische Verpflichtung, dem Denken der Kinder in der Grundschule naturwissenschaftliche Aspekte zu eröffnen; es war zu untersuchen und zu erproben, wie ein Unterricht gestaltet werden muss, der das Streben nach Kompetenz und Verstehen frei und produktiv aufnimmt, ohne durch vorgegebene Programme zu demotivieren. Die schon wiederholt zitierten Protokolle aus den Kursen „Naturwissenschaftliche Beobachtungen“ an der Versuchsgrundschule „Auf der Wanne“ in Tübingen aus den Jahren 1968 und 1969, die Thiel unter dem Titel „Grundschulkinder zwischen Umgangserfahrung und Naturwissenschaft“ veröffentlicht hat (Thiel 2003a; 1984), geben Einblick in die Gestaltung eines kind- und sachgerechten Unterrichts, der in seiner Offenheit für den forschenden Zugriff an die Garten-Metapher v. Weizsäckers erinnert. Die dokumentierten Unterrichtssequenzen haben auch nach vierzig Jahren ihre Leitbildfunktion nicht verloren und sind unverändert als ergiebiges Material für die Unterrichtsforschung anzusehen. Insbesondere zeigen sie, was gut geförderten Kindern gemäß und möglich ist (vgl. Teil II; 2.2).

169 Vgl. Wagenschein 2003, S. 20. Die Beobachtung gibt zugleich ein Beispiel dafür, wie Grunderfahrungen in vorsprachlichen Lernprozessen gewonnen werden können. Vgl. dazu Bruner u.a. 1971, bes. Kap. I.

Erkennbar sind einige Voraussetzungen für das anhaltende Engagement der Kinder; sie betreffen hauptsächlich die als angenehm empfundene Lehr- und Lernkultur, die Auswahl der untersuchten Gegenstandsbereiche und die Erfahrung des Verstehens in der Auseinandersetzung mit den Phänomenen. Es geht um ein individuell möglichst weites und vielseitiges Eindringen in sachliche Bereiche ohne Bindung an äußere Leistungskriterien.

Thiel betont „das unabdingbare Vertrauen, das wechselseitig zwischen Lehrer und Schüler da sein muß, damit Kinder auch wagen, ‚fragwürdige' Gedanken einzubringen" (2003b, S. 195 f.). Erst auf der Grundlage eines emphatischen Zusammenwirkens wird die Arbeit in der Gruppe produktiv. „Anthropomorphe und animistische Sprachmuster unterstützen den Fluß des Denkens, weil es sich so eben ‚leichter' denkt." (S. 196) Erlebnishafte Elemente, z.B. wie das Klingeln eines Weckers immer leiser wird, wenn er in Kleidungsstücke eingepackt wird, wie dabei auch die Kinder ruhig werden und den Atem anhalten, solche kleinen Episoden sind Stützen anhaltender Motivation. Erzählungen sind nicht nur Auflockerungen in anstrengendem Suchen und Ergreifen weiterführender Ideen, sondern geben auch Impulse für neue Vermutungen: So wie Diebe in lockerem Sand Trittspuren hinterlassen, könnte doch auch die „Delle" des springenden Balls auf einer berußten Platte sichtbar werden.

Die genetischen Lehrstücke Thiels enthalten Elemente des Philosophierens mit Kindern: die Offenheit des Fragens, das tastende Suchen, das Bewusstsein über die Vorläufigkeit der Antworten, den Reiz gewagter Gedanken (Thiel 2003b, S. 192 f.). Unausgesprochen folgt der Unterricht einem Leitbild, für das *Aisthesis* das Stichwort sein könnte: Aufhebung der Dichotomie von Sinnlichkeit und Rationalität, von Emotion und Kognition, von Empfindung und probierendem Zugriff. Das Ästhetische im Bereich der physischen Welt bezieht sich für junge Kinder zuerst und vor allem auf den Reiz und die Freiheit des erkundenden Handelns, auf das Erfassen und Einordnen der Sinneseindrücke und das Gewinnen eines reflektiert-bewertenden Urteils und schließlich auf die Möglichkeit, einer Idee Gestalt in einer mit anderen geteilten Erkenntnis zu geben. Nicht allein die unmittelbare Sinneswahrnehmung ist es, was die Kinder fasziniert, noch wichtiger ist die Hinwendung zu einem Phänomen, die Aufmerksamkeit und ein aufkommendes, zunächst vorbegriffliches Bewusstsein, aus dem ein objektbezogenes Modell entstehen kann. Das Empfinden von „Schönheit" stellt sich ein im Zusammenwirken von Sinneserfahrung und Intellekt, in der Aufhebung der Spannung zwischen Vertrautem und Fremdem, in der Erfahrung der Einheit der eigenen inneren Welt. (Vgl. Teil I; 2.2)

Inhaltlich beziehen sich die veröffentlichten Lehrstücke auf „klassische" Exempel aus der Mechanik und Akustik. Ein Phänomenkreis, der sich begrifflich eingrenzen lässt, wird auf ein für die Kinder handhabbares, mit einer auch lebensweltlich relevanten Frage verbundenes Beispiel zentriert, aus dessen Bearbeitung sich dann Umgangswissen, sprachliche Kompetenz und eine elementare Einsicht gewinnen lassen.[170]

Voraussetzung auf seiten des Lehrers für das Gelingen sind zunächst fachliche und fachdidaktische Analysen des Phänomenbereiches, die zu der notwendigen Sicherheit in der qualitativen Durchdringung der Sachverhalte führt. Guter Unterricht ist abhängig vom Selbstvertrauen bezüglich der Sachkompetenz. Hinzu kommt die vorausgreifende und auch spontan-situative Einfühlung in das Denken der Kinder: Auf welches Vorwissen greifen sie zurück, an welche Präkonzepte können Lernprozesse anknüpfen, welche Vorstellungen oder Sprachmuster des Alltags könnten hilfreich oder hinderlich sein? Die erforderliche professionelle Kompetenz umgreift ein Mehrfaches: den Überblick und die Sicherheit in der Sache, die Fähigkeit zum Entwurf offener, verzweigter Lernwege und die jeder Unterrichtsplanung immanente, immer gewagte, aber begründete Prognose über den Zugriff der Kinder, das Wissen um die Widerständigkeit der Sache, und schließlich die Klarheit über die anzustrebenden Ziele.

Der Unterricht ist ein von Empathie und Interesse getragener, angstfreier Austausch über eine vor Augen liegende, Beobachtung, Nachdenken und probierende Eingriffe herausfordernde Sache. Er beginnt mit dem *Einstieg,* d.h. mit der Explikation eines die Aufmerksamkeit reizenden, Fragen nach dem „Wieso" und „Warum" auslösenden Phänomens: Nach kurzem Ansaugen fließt das Wasser aus einem über den Beckenrand gehängten Schlauch (Saugheber); ein Ball und eine Kugel aus Knetmasse, gleichzeitig auf den Boden fallend, verhalten sich höchst unterschiedlich; das Geräusch einer Ramme, einer Trommel, eines Flugzeugs kommen später bei uns an als die optische Wahrnehmung der Bewegung; ein Ballon steigt, wenn man die Luft in seinem Inneren erhitzt. Die Kinder wundern sich, weil sie diese Phänomene verstehen wollen und noch nicht die Routine erworben haben, Wissenslücken zu überdecken. Der vom Lehrer gestaltete Einstieg ermutigt sie, Irritationen bei der Wahrnehmung von Phänomenen produktiv aufzunehmen und nicht zu verdrängen.

Am Anfang der gemeinsamen Arbeit stehen die zunehmend genaue Beobachtung des (wiederholbaren) Vorgangs und die Beschreibung, was die Kinder gesehen und gehört haben. Beobachtung und akzentuierende Beschreibung geben dem Fragen, Vermuten und tastenden Erklären inhaltliche Substanz. Das tragende Medium, in dem Ansichten ausgetauscht und wechselseitig geprüft, Vorkenntnisse eingebracht und kritisiert, Vorgänge erläutert und auf Ursachen zurückgeführt, Vermutungen präzisiert und die Bedingungen ihrer Gültigkeit erörtert werden, ist

170 Winkelheber und kommunizierende Röhren im Thema „Kann Wasser auch den Berg hinauffließen?" (Wasserversorgung), Elastizität im Thema „Wie springt ein Ball?", Auftrieb im Thema „Warum schwimmt ein Schiff?" (Thiel 1984; 2003)

das sachbezogene *Gespräch.* Das Gespräch, in dem die Kinder aus einer Wir-Intentionalität heraus Erkenntnisse teilen wollen, trägt den Sog des Weiterdenkens. In der Erörterung gewinnt ein Gedanke die Form und kommunikative Rationalität, in der er nachvollziehbar und kritisierbar wird; durch seine Artikulation (z.B. durch Wiederholung) wird er aus dem Strom der Einfälle herausgehoben. Im Denken, Sprechen und Handeln versuchen die Kinder, sich Weltkenntnis anzueignen und sich dieser Aneignung zu versichern.

Hinzu kommen einfache, oftmals improvisierte *Versuche,* die von den Kindern ausgedacht, durchgeführt und bewertet werden: „Wenn wir das so machen, dann müsste man sehen, erkennen, dass ...". *Zeichnungen* (an der Tafel) unterstützen den Prozess des Verstehens indem sie sichtbar machen, was in Worten darzustellen nicht gelingt. *Geschichten* (auch aus der Geschichte der Wissenschaft) können weiterführende Impulse oder zusätzliche Informationen (informierender Unterricht) geben.

Der Unterricht in solchen exemplarischen Einheiten umfasst in der Regel mehrere Stunden, verteilt auf einige Tage. Es ist ein Zeichen der Unterrichtskunst und des anhaltenden Interesses, dass der Spannungsbogen nicht abreißt.[171] Vielmehr nutzen einige Kinder die Zeit zu Hause, über Lösungsmöglichkeiten nachzudenken, mit Eltern oder Geschwistern über das Problem zu sprechen und sich weitere Informationen (z.B. aus Büchern) zu beschaffen.

Nicht immer gelingt das Verstehen. Thiel erinnert sich an das Bemühen, nach dem erfolgreichen Start eines Heißluftballons gemeinsam durch Versuche und Modellzeichnungen zu ergründen, *warum* erhitzte Luft leichter ist als dasselbe Volumen kühler Luft. „Wir schafften es nicht." (Thiel 2003b, S. 191). „Und manchmal müssen wir einfach aufgeben, weil wir an Grenzen stoßen, die wir noch nicht überwinden können ...". (S. 201) – Aber das Phänomen selbst lässt sich zeigen, durch Versuche verdeutlichen, beschreiben und in der Erinnerung festhalten; neues Wissen ist entstanden. Für den Sachunterricht und die Grundschule ist das ein gültiges, anschlussfähiges Ergebnis.

Die Grenze liegt da, wo Voraussetzungen gebraucht würden, die noch nicht erarbeitet sind oder wo (in der Wissenschaftsgeschichte ausgearbeitete) Modellvorstellungen die Erklärung tragen müssten, die Kindern noch nicht verfügbar sind.[172] Wichtig ist, dass den Lernenden – dort, wo sie nachfragen – klar wird:

---

171 Fast möchte man den Vergleich mit Tausendundeine(r) Nacht wagen; nur kommt hier die Spannung nicht aus der Erzählung, sondern aus der sozialen Dynamik des gemeinsamen Forschens.

172 Generell kann der Aufbau von Denkmodellen in der Grundschule allenfalls angebahnt werden. – Im vorliegenden Fall müsste vorgängig schon klar sein, dass Luft ein Gewicht hat, sodann dass sie sich bei Erwärmung ausdehnt und bei Abkühlung zusammenzieht. Volumen und Masse sind zu unterscheiden. Dann kann erkannt werden, dass im gefüllten heißen Ballon (bei gleichem Volumen) weniger Luft (Masse, Gewicht) ist, als im kalten. Zudem müsste das Phänomen des Auftriebs (Schwimmen) hinreichend verstanden sein. – Die vorschnelle Vermittlung eines Mo-

Wir wissen, *dass* es so ist (Luft dehnt sich bei Erwärmung aus, warme Luft steigt in der Umgebung kühlerer Luft auf), aber wir wissen nicht *warum* es so ist. Diese differenzierende Einsicht ist bedeutsam für das elementare Verständnis von Naturwissenschaft, in der es (ähnlich wie im Schulcurriculum) das die Neugier erhaltende (Noch-)Nicht-Wissen und -Verstehen gibt. Wagenschein bezeichnet es als Korruption des Naturverstehens, wenn das Wissen um funktionelle Zusammenhänge (wenn ... dann) mit dem Verstehen der erklärenden Modelle oder Theorien verwechselt wird und die Lernenden glauben müssen, sie seien schon am Ziel. Denn dadurch wird auch für den weiterführenden Unterricht erschwert oder sogar „verhindert, das Wichtigste zu lernen: Was es in der Naturwissenschaft heißt, eine Sache zu ‚verstehen': jener elementare Akt der Erhellung, der zugleich Bescheidung wie Ermutigung bedeutet" (Wagenschein 1970a, S. 370).

Besondere Verstehensschwierigkeiten bestehen nicht nur beim Schweben des Luftballons, sondern fast überall da, wo der entscheidende Sachverhalt nicht mehr als Phänomen greifbar ist: Luft als Substanz, die als Luftmeer und Medium unseren Lebensraum füllt. Das gilt dann auch für eindrucksvolle „Experimente", die erst durch Gewicht und Masse des Luftmeeres (atmosphärischer Luftdruck) verständlich werden, etwa das nach unten offene Glas, das beim Anheben aus einem Wasserbecken „das Wasser mitnimmt", oder das Trinken mit einem Strohhalm, das Anheben des Wassers mit einer Saugpumpe, oder das wassergefüllte Glas, das – mit einem festen Papier abgedeckt – mit der Öffnung nach unten gehalten werden kann, ohne dass das Wasser sogleich ausfließt (vgl. Wagenschein 1989, S. 116 ff.).

Widerständigkeit gegenüber Erklärungsversuchen (durch eigene Bemühungen der Kinder oder durch die Lehrperson) zeigt sich insbesondere dort, wo vorhandene Vorstellungen oder Konzepte einer neuen Überlegung entgegenstehen, wo Unterschiede zwischen den Denkfiguren nicht wahrgenommen oder bewältigt werden oder wo Voraussetzungen erforderlich wären, die den Lernenden noch nicht zugänglich sind. Die Überwindung des Lernwiderstandes erfordert eine neue Sicht des Phänomens, der Sache, um die es geht. Vorzügliches Mittel dafür ist wiederum das Gespräch, das Handlungsmöglichkeiten (probierende Versuche) einschließt, weil es durch Verständigung und Rückkoppelung der Gedanken der beteiligten Personen Denkblockaden auflösen, neue Informationen transportieren, Impulse geben und Sinnerleben auslösen kann. Das bedeutet nicht, dass Grenzen des Verstehens schnell aufgehoben werden könnten. Eine Neustrukturie-

---

dells, dessen erkenntnistheoretischen Status die Kinder nicht erkennen können (Bewegung und Abstand der Luftmoleküle), führt leicht zu mechanistischen Fehlvorstellungen und verschiebt nur das Problem. – Die Schwierigkeit der Einführung von Denkmodellen liegt nicht nur darin, dass sie als abstrahierende Deutungen nicht sinnlich und aktional zugänglich sind, sondern dass genau dies den Lernenden auch bewusst werden muss: Die Physik (wie auch andere Wissenschaften) kennt nicht nur Phänomene, sondern konstruiert auch erklärende Modelle (vgl. dazu die Beispiele bei Wagenschein 1970b, S. 110 ff. und 1976, S. 176 f.).

rung des Denkansatzes geschieht selten spontan. Und ein gutes Spiralcurriculum unterscheidet sich von einem „Linearcurriculum“ auch dadurch, dass es spätere Zugänge bereithält und vorbereitet.
Deutlich hervor tritt in den Unterrichtseinheiten Thiels das *Narrative* als Element des zwischenmenschlichen Austausches. Durch Erzählungen werden nicht nur Denkanstöße vermittelt und indirekte Impulse transportiert, sie sind auch geeignet, zu einer entspannten, heiteren Lernatmosphäre beizutragen. Im Gespräch wird die Personalität der Kinder durch wechselseitige Anerkennung gestärkt, zugleich aber nötigen sie sich gegenseitig zur Sachlichkeit. Die Freude des Entdeckens und das emotionale Umfeld bestimmt weitgehend die Bedingungen für den Erfolg des Lernens, das gilt explizit auch für naturwissenschaftsbezogene Inhalte und die Zuwendung zu logisch-rationalen Zusammenhängen. Damit gibt Thiel Beispiele für eine anspruchsvolle *Lehr-Lernkultur* mit einer besonderen Qualität von Offenheit für Explorationen der Kinder, bei der eine liebevoll mitmenschliche Zuwendung nicht mit einer Reduktion von Rationalität und kritischem Zugriff verbunden ist. In den Lehrstücken Thiels gewinnt genetischer Unterricht ästhetischen Glanz.

1.2 Das Ding in der Welt des Kindes

Ein Beispiel für die fortwirkende Bedeutung eines Dinges in der Welt des Kindes gibt Ernst Mach in seinen Erinnerungen. Er berichtet aus der Zeit seines fünften Lebensjahrs:

> „Wir hatten eine Post an den Müller zu bestellen. Die stehende Mühle kam bei unserem Eintritt eben in Gang. Der entsetzliche Lärm, der mich erschreckte, konnte mich nicht hindern, die Verzahnung der Welle zu sehen, welche in die Verzahnung des Mahlganges eingriff und einen Zahn nach dem anderen fortschob. Dieser Anblick wirkte bis in mein reiferes Denken nach und hob nach meinem Gefühl das kindliche Denken von dem Niveau des wundergläubigen Wilden zum kausalen Denken empor, ich stellte mir nicht mehr, um etwas Unverstandenes zu verstehen, Wunderdinge im Hintergrunde vor, sondern suchte in dem zerbrochenen Spielzeug den Schnurlauf oder Hebel, dem man die Wirkung zuschreiben konnte.“ (Mach, zit. n. Wagenschein 1976, S. 69)

Die Dinge der Welt geben Kindern nachhaltige Anstöße. In wacher Aufmerksamkeit für Neues werden Episoden nicht nur zu signifikanten Erinnerungen, sondern zu Schlüsselerlebnissen für die Entwicklung von Verstehen und Interessen.
Für die Didaktik des Sachunterrichts ist das *Ding* der Inbegriff des Gegenständlichen, in dem ein Sachbezug unabweisbar zur Geltung kommt. Die Dinge, die wir wahrnehmen, stehen zunächst für sich selbst und treten dem Bewusstsein von außen gegenüber; sie können angeeignet werden, indem wir sie in integrierende

Konzepte (Vorstellungen, Schemata, Begriffe) aufnehmen. Der Rückgriff auf das phänomenologische Denken bei sonst so verschiedenen Autoren wie Langeveld und Litt erinnert an die Notwendigkeit, im curricularen Prozess das Eigenrecht der Dingwelt festzuhalten und sich der Widerständigkeit der sachlichen Bezüge, über die sich eine Didaktik, die nur „Konstrukte" kennt, leicht hinwegsetzt, bewusst zu bleiben. Die phänomenbezogene Dingweltwahrnehmung darf freilich nicht übersehen, dass Dinge nicht einfach als etwas bloß Aufzugreifendes vorgefunden werden, sondern durch Anspannung des Denkens aus den vielfältigen Phänomenen ohne Trivialisierung als *Sachen* herausdifferenziert werden müssen. *Aisthesis* als komplexe Wahrnehmungsprägnanz hebt den scheinbaren Gegensatz von sinnlichem Erkennen und begrifflicher Erkenntnis in Sinnstiftung und Verstehen auf.

Ein weiterer Gesichtspunkt kommt hinzu. Das Ding in der Welt des Kindes ist zunächst das Ding im Bereich von Alltagserfahrungen. Aber auch da haben wir es nicht mit dem „Ding an sich" zu tun, das sich mit einer „einbahnigen" Beschreibung erschöpfend erfassen ließe. Offen bleibt die Mehrdimensionalität des Zugriffs, die Vielperspektivität möglicher Interpretationen, die unterschiedliche Einordnung und Bewertung nach Maßgabe des interessenbedingten Zusammenhangs. Die Konstruktion des Gegenstandes erfordert auch im Alltag bewusste oder zumindest faktische Entscheidungen, d.h. wir konstruieren die Sache durch die Art und Weise unserer Annäherung. Die Dinge „antworten" auf Fragen, die wir ihnen stellen, sie „reagieren" in spezifischer Weise auf unseren Zugriff (z.B. im Experiment).[173] Im Unterricht stellt sich deshalb die Frage nach der integrierenden Kraft im curricularen Prozess, die mit Hilfe der Struktur der didaktischen Konzeption und der Kreativität der am Lehren und Lernen beteiligten Personen eigens erschlossen und zur Geltung gebracht werden muss.

1.2.1 Sinngebung und Deutung (Langeveld)

In einer anthropologisch-phänomenologischen Reflexion über die Verschränkung des Kindes mit der Welt der Dinge verweist Martinus J. Langeveld auf die Notwendigkeit, dass wir uns die Dinge der Welt produktiv zu eigen machen müssen: Die Dinge fordern uns heraus und wir haben ihnen einen Sinn zu geben. *Sinn* ist die im Verstehen uns zugängliche Bedeutung von etwas im Hinblick auf einen größeren Zusammenhang und bezieht sich auf ein lebensweltliches oder schon theoretisches Vorverständnis. Erfahrbar wird Sinn als Resultat eigener Denk- und Interpretationsleistungen; er wird konstituiert durch menschliche Subjekte, die einen Sachverhalt in eine Verbindung zu ihren Lebensbezügen bringen. Der Weg der Kinder ist ein Weg der *Sinngebung und Deutung* (Langeveld 1981), ein Weg in die erkennende Beziehung zur Welt.

173 In der Wissenschaft geschieht der Zugriff nach Regeln, die in der Methode ihren Ausdruck finden und die Nachvollziehbarkeit der Erkenntniswege gewährleisten.

In dieser Deutungsarbeit sind wir nicht völlig frei, sondern unterliegen vielfach verbundenen Einschränkungen, insbesondere durch die Gegebenheiten und Bedürfnisse unseres Leibes und die Beschaffenheit der physischen Welt, durch die anderen Menschen und die kulturellen Rahmenbedingungen, und schließlich durch unsere eigene Vergangenheit und die in sie eingeschlossenen Erfahrungen und Vorstellungen. In solchen Vorgegebenheiten sieht Langeveld den Rahmen, in dem ein Kind die Aufgabe hat, „sich und die Welt in einem doppelseitigen Prozeß der Gestaltung“ in eine produktive Beziehung zu setzen (S. 132). Durch Anverwandlung steigern wir den inneren Reichtum unseres Selbst.

Langeveld unterscheidet verschiedene *Modi der Sinngebung,* z.B. die „offene“, welche im Einverständnis mit den anderen geschieht und kulturbezogen ist, die „unverbindliche“ in der Sphäre des Spiels (in der die Dinge verschiedene Funktionen und Bedeutungen annehmen können) oder die „persönliche“, in welcher der Entwurf der Persönlichkeit zur Geltung kommt. Diese Arten möglicher Sinngebung stehen mit den gegebenen physischen und kulturellen Einschränkungen in Wechselwirkung. Daraus ergibt sich die Kompliziertheit menschlicher Deutungsarbeit. Angeregt wird die Deutung durch den „Aufforderungscharakter der Dinge“ (S. 135). Ein Ball als rollende, springende, zurückprallende Kugel regt das Handeln an. Ein Pantoffel kann u.U. dazu dienlich sein, einen Nagel einzuschlagen (S. 133), aber das ist nicht sein Zweck, auf den hin seine Eigenschaften geordnet sind. Ein Hammer hat den Zweck des Hämmerns; als einfaches Werkzeug ist er die Materialisierung einer Handlungsmöglichkeit, angepasst der Sachwelt und dem menschlichen Leib. Der entwerfend-hantierende Umgang gibt dem Ding seinen eigenen Sinn; die sinnlich anschauliche Gestalt verweist auf diesen, nicht anschaulich gegebenen Sinn. Verwirrung herrscht, wo wir keinen Sinn finden.

Dinge können in verschiedener Weise bedeutungsvoll werden. Als Teile unserer Umgebung sind sie „Konstituens unserer vertrauten Welt“, als Kulturgüter eröffnen sie „den Eintritt in die Welt der Geschichte und der Zukunft“ (S. 138). Dinge repräsentieren zeitliche und räumliche Verbindungen. Nicht nur in Museen kommt das zum Ausdruck.

Materialien laden zu spielerisch-probierendem Gebrauch und zur Gestaltung ein. Kinder, die „im Garten der freien Möglichkeiten“ (S. 141) etwas bauen und gestalten wollen, müssen sich mit den spezifischen Eigenschaften von Sand, Schnee, Wasser, Holz, Papier und Pappe, von Werkzeugen, von Leim, Nägeln und Schrauben oder mit den vorgegebenen Merkmalen der Teile eines Baukastens auseinandersetzen. Mit der Arbeit der Herstellung und Gestaltung dringen sie ein in die Sachwelt, sie entdecken Möglichkeiten und Grenzen, die mit der Beschaffenheit der Sachen gegeben sind.[174] Die Dinge werden Sachen mit ihren sachlichen

174 H.-J. Fischer hat (am Beispiel eines Projektes: Modell einer Stadt) Arbeit als eine Grundform der Bildung beschrieben (2002, S. 195 ff.; vgl. Fischer 2004).

Eigenschaften. Das Erkunden der Freiheitsgrade im kreativen Umgang mit den Dingen erzeugt Ressourcen zur kognitiven Verarbeitung und stimuliert das geistige Wachstum (S. 140).

Ähnliches gilt für den Eintritt in die disziplinären Interpretationshorizonte der realen Welt. Geografisches lernen wir auf dem Hintergrund der Geografie; und Ideen, die ein Kind produziert, finden gewöhnlich nur dann Resonanz, wenn sie sich auf bekannte Erkenntnissysteme beziehen oder kulturell vertraut sind. Vorstellungen, Wünsche und Denkfiguren, die für die kognitive Entwicklung wirksam werden, sind Produkte unserer Sinngebungsarbeit.

Aber schon für das Kennenlernen physischer Gegenstände und Zustände ist das Kind auf Partner angewiesen. Manche Dinge sind drauf angelegt, dass man gemeinsam mit ihnen umgeht, z.B. die Wippe. Noch deutlicher als beim Gebrauch von Gegenständen und „Werkzeugen" wird die Abhängigkeit des Kindes von anderen Menschen beim Aufbau seiner Weltkenntnis und seiner Rekognisierung der Welt, bei der Bildung von Begriffen, dem Erlernen des Umgangs mit Symbolen, wenn wir die Bedeutung von „Ding" (thing, Rechtssache) in Bezug auf Angelegenheiten, Vorgänge, Ereignisse sowie auf kulturelle Substrate des Wissens berücksichtigen. Deutungen und Sinngebungen sind nur zum Teil originäre individuelle Konstruktionen, sie entstehen im kommunikativen Austausch vor dem Hintergrund vorhandener Traditionen, Praktiken und Wissensbestände; sie beziehen sich auf eine von anderen geschaffene Gegenstands- und Bedeutungswelt.

Generell begegnen Kinder im Kennenlernen „der Welt" und in der Auseinandersetzung mit ihr *dem anderen:* nicht nur Dingen i.e.S. und ihren Eigenschaften, sondern auch Tieren und Menschen, von denen sich herausstellt, dass sie sich selbstständig benehmen (z.B. weglaufen, aggressiv oder lieb sind, etwas sagen, Wünsche und Bedürfnisse haben). Zur Sache des Sachunterrichts wird das Ding, indem es als Frage in Erscheinung tritt und ein Problem aufwirft, das für das Weltverständnis Bedeutung hat. Dabei dürfen wir nicht solche Inhalte vergessen, die nicht durch unmittelbare Sinnlichkeit zu erfassen sind, aber zu den Rahmenbedingungen für Handeln und Verstehen in einer kulturgeprägten Welt gehören:

- kognitiv anspruchsvollere Konstrukte, z.B. „Zeit", „Geld", „Fernsehen", Regeln des Umgangs, Klassenordnung,
- Institutionen und ihre Funktion, z.B. Familie, Gemeinde, Dienstleistungsunternehmen,
- abstraktere Sachverhalte, z.B. Mitleid, Krieg, Benachteiligung, Armut, demokratische Entscheidungen, Gerechtigkeit,
- Strukturen, Zusammenhänge, Gesetzmäßigkeiten, z.B. „Auftrieb" (in Wasser oder Luft), „Ausdehnung", magnetische Wirkung, „Nahrungskette", Kreisläufe,
- Handlungsimperative, begründet in ethischen Normen.

Unterricht leitet an, Vorgänge der Welt an ihren Dingen ablesen zu lernen (Schreier 1994, S. 36). Dazu sind *Sachgespräche* die bevorzugte methodische Form, den Deutungen der Kinder Raum zu geben, gemeinsam nach sinnvollen Erklärungen und Bedeutungen zu suchen. Solche Gespräche sind begleitet und gestützt durch Recherchen, Versuche, Zeichnungen und werden schließlich fixiert in Portfolios für spätere Rückgriffe. Objektivationen der Kultur erschließen sich oftmals in ihrem Ansatz in den „Dingen".

1.2.2 Aisthesis (Aissen-Crewett)

Mit Sinngebung und Deutung ist ein Weg zum Weltverstehen bezeichnet. Die qualitative Vertrautheit mit Dingen und Vorgängen enthält Ressourcen für Sinnstiftung und Verstehen. Ursprüngliches Lernen geschieht durch Erproben von Handlungsmöglichkeiten, durch körperliches Sich-Einfühlen in Umgangsqualitäten und Funktionszusammenhänge. So gewinnen Kinder „Aisthesis"-Urteile (Mollenhauer) als Urteile über Sinnesempfindungen und sinnliche Qualitäten wie z.B.: der Stein ist schwer, hart und kalt; das Holzstück ist größer und leichter und fühlt sich warm an; die Bruchstelle des Glases ist scharfkantig und glatt oder merkwürdig gezähnt; die Stahlfeder lässt sich nur mit Kraft biegen und schnellt in ihre alte Form zurück.

> In aisthetischen Zugriffen versuchen wir aus einzelnen sinnlichen Wahrnehmungen sachbezogene Deutungen abzuleiten oder beziehen Wahrnehmungen auf Gegenstände und Vorgänge: ein Rascheln auf das Blättern in einer Zeitung, ein Startgeräusch auf ein Motorrad, einen Schatten auf einen Baum, eine ertastete Form auf einen vertrauten Gegenstand. Dabei muss das Qualitative der Sinneswahrnehmung immer erst erkannt und zugeordnet werden; die Identifikation ist ein Akt der Interpretation. Aisthesis verlangt die Aktivität des Subjekts in gegenseitigem Bezug von sinnlicher Wahrnehmung und sachgemäßer Auslegung. (Vgl. dazu Teil V; 8.4)

Aisthesis wird dabei zunächst verstanden als unmittelbare Wahrnehmung von Materialien und Dingen in ihren Qualitäten sowie als die damit verbundene Erfahrung einfacher Gestaltungsmöglichkeiten und elementarer Funktionsprinzipien. Im Handeln nehmen wir die physische Mannigfaltigkeit mit unserem Körper und unserem Geist zugleich wahr. „Der leibhafte Umgang mit der Materie belehrt den Leib, die Glieder, die Sinne, die Nerven – *und* den Geist, indem er sie alle beschäftigt, mit sich selbst und dem Gegenstand bekannt macht (...) und im Widerstand des Stoffes und im Zum-Vorscheinkommen seiner Qualitäten die verborgenen Fähigkeiten dieser unserer Ausstattungen erst hervorruft." (Jonas 1984, S. 351) Im Denken erfahren wir diesen Widerstand im Besser-Verstehen-Wollen.

Aisthetische Empfindungen können wir erinnern, wir können sie mit Situationen, Gegenständen, Handlungen verbinden, aber sie lassen sich nicht in ihrem eigenen Medium dauerhaft repräsentieren, und wir haben für sie keine intersubjektiv

gültige Symbolik. So sind die Nahsinne zwar „ästhesiologisches Fundament" des Weltbezuges, in dem sie unmittelbare physische Kontakte – oder besser Fühlungen – ermöglichen, „aber sie machen den Bau nur *möglich,* sie können ihn nicht ausführen" (Mollenhauer 1988, S. 456). Sie machen den Bau möglich, wo sie als Episoden gespeichert und durch „Begreifen", durch die hypothetische Konstruktion eines Zusammenhangs, durch Erkennen und Wissen überformt werden.
Zur Konkretisierung diene ein Beispiel, das W. Biester (1989, S. 116) vorgestellt hat:

> „Während im Freilichtmuseum der Müller die Mühle erklärt, gelingt es einigen Schülern mit großem Kraftaufwand, den Läufermahlstein und damit auch die Flügel zu drehen. ‚Eigentlich ist es umgekehrt', sagt Lena, ‚der Wind pustet in die Flügel, die drehen dann das Königsrad, das dann um die Ecke (zeigt) dreht und das Kammrad mit dieser Welle (zeigt) und da sitzt dieser Mahlstein dran.'"

Das Beispiel zeigt, wie sinnliche Wahrnehmung und das Erkennen eines funktionalen Zusammenhangs sich ergänzen. Meike Aissen-Crewett (1997) hat unter Rückgriff auf A. G. Baumgarten (1750/58) *Aisthesis* als Wahrnehmungs- und Erkenntnisweise bestimmt, die sinnliches Erfassen und kognitive Verarbeitung, ästhetische Freude, Erkenntnis und Urteil gleichermaßen einschließt. Der Mensch sei ein geistig-sinnliches Wesen, daher benötige er sowohl das ästhetische wie auch das szientifische Paradigma (S. 152) und deshalb sei die Vermeidung einer Spaltung zwischen sinnlicher Erfahrung und wissenschaftsbezogener Abstraktion eine anthropologisch begründete Notwendigkeit.
Aissen-Crewett plädiert für eine „Einheit des *Sinnlichen,* also des durch die Sinne Gegebenen, und des *Sinnvollen* und *Sinnhaften,* also des durch Erkennen und Denken Erschlossenen" (S. 148) und beruft sich auf Kant: „Ohne Sinnlichkeit würde uns kein Gegenstand gegeben, und ohne Verstand keiner gedacht werden. Gedanken ohne Inhalt sind leer, Anschauungen ohne Begriffe sind blind. ... Der Verstand vermag nichts anzuschauen, und die Sinne nichts zu denken. Nur daraus, daß sie sich vereinigen, kann Erkenntnis entspringen." (Kant, KdrV, A 51) Das Gewahrwerden der Phänomene mit ihrer Mannigfaltigkeit der Qualitäten soll vordringen zur Kognition und durch die Intention des Verstehens gesteigert werden. Die aisthetische Erkenntnisweise durchbricht die Dichotomie von Sinnlichkeit und Rationalität (S. 151).
Wahrnehmung, die zur Erkenntnis führen soll, erfordert eine Strukturierung des Wahrgenommenen und Erfahrenen, also die Anstrengung des Ordnens und Abstrahierens; die Sinnesdaten müssen durch das Denken geklärt und schließlich kategorisiert werden. „Man braucht also ein Denken dazu, um das in der Sinnlichkeit Gehörte, Gesehene, Getastete, Geschmeckte, Gerochene zu verhören als einen Zeugen, was es denn zu sagen hat" (Bloch, zit. n. Aissen-Crewett, S. 163). Wahrnehmungsstrukturierung führt zur „Erkenntnis *von* etwas", sie ist

konnotativ, unabgeschlossen, präsentativ (S. 163 f.). Aissen-Crewett stellt sie als ästhetische Erkenntnis der Begriffsbildung, die als Ergebnis von Prozessen der Verallgemeinerung und Abstraktion eher als denotativ, designativ und diskursiv zu charakterisieren sei und nicht mehr die Erfahrung von Phänomenen enthalte, als „Wissen *über* etwas" komplementär gegenüber.
Aber gerade wenn man den „genetischen Zusammenhang" des in alltäglicher Erfahrung erworbenen Wissens mit dem theoretischen Wissen betont, stehen die Begriffsbildung und auch die wissenschaftsbezogene Erkenntnis der Wahrnehmungsstrukturierung nicht gegenüber, sondern sind Früchte ihrer Weiterführung durch Zurückstellung der von den Einzelphänomenen angeregten „sinnlichen Affektion" im Zuge der Objektivierung, Verallgemeinerung und Abstraktion. Genetischer Sachunterricht wird den „Anlässen für das Hervortreten von Phänomenen" sowie der „qualitativen strukturellen Beziehung zwischen den Phänomenen" (S. 167) große Aufmerksamkeit und Sorgfalt der Erarbeitung widmen, aber immer mit der Tendenz, kausale Ursachen für Wirkungen und funktionale Beziehungen aufzuspüren.
Allgemein bezieht sich Aisthesis im Sachunterricht nicht nur auf sinnliche Empfindsamkeit und sorgfältige Gestaltung, sondern schließt die Zwecke ein, nämlich die Suche nach befriedigenden Lösungen auch in einem pragmatischen und technischen Sinn, also die Verbindung des Schönen mit dem Guten. Design und Funktionalität sind integrativ aufeinander bezogen.

1.2.3 Mensch und Welt (Litt)

Das Ding in der Welt des Kindes ist zunächst ein Gegenstand des *Umgangs.* Im Umgang werden Dinge in ihren Qualitäten mit den Sinnen erfasst; sichtbar und zugänglich wird die Welt in den Grenzen ihrer Anschaulichkeit und Greifbarkeit. Aber schon wenn wir die Dinge nach ihren sinnlich-sinnhaften Qualitäten prüfen oder im Hinblick auf Zwecke ausprobieren, werden sie zu Objekten und mit *Bedeutungen* verbunden, die individuelle Zuschreibungen überschreiten. Im gemeinsamen Umgang gewinnen wir ein Gemeinsames an Bedeutungen und Urteilen, über das eine generelle Übereinkunft hergestellt werden kann. Das *Allgemeingültige* ist ein für alle Menschen gültiges Wissen, in das Kinder durch Umgang und Kommunikation hineinfinden.
Darüber hinaus wird Allgemeingültigkeit nicht allein durch gemeinsamen Umgang und Gebrauch in täglicher Praxis gewonnen, sondern durch erkundenden und *forschenden Zugriff,* durch den der Mensch den Dingen als Subjekt gegenübertritt. Es ist ein in der Pädagogik verbreiteter Mythos – oftmals exemplifiziert an „Goethe contra Newton" – der unterstellt, dass durch das wissenschaftliche, insbesondere naturwissenschaftliche Paradigma die Wahrnehmung der Reichhaltigkeit der Qualitäten der Dinge und Vorgänge im Zuge einer „Bedeutungsent-

leerung“ (Litt 1961, S. 23; vgl. S. 134 und 145) ausgelöscht werde. Das bewusste Absehen von Sinneseindrücken, die unter einem gewählten Aspekt als irrelevant oder störend erscheinen, ist eine sachbezogene methodische Entscheidung, die eine neue Qualität von Einsichten erst ermöglicht. Aber auch im gewöhnlichen Umgang tritt nicht die „Totalität des ganzen Menschen“ einer mannigfaltigen Fülle von Qualitäten in vielstimmigen Sinneseindrücken gegenüber, sondern die Aufmerksamkeit ist gerichtet auf den je interessierenden Sachverhalt. Der fallende Stein mag merkwürdig geformt sein, der springende Ball von leuchtender Farbe – aber es ist nicht der sinnlich wahrnehmbare Gegenstand, was das Kind gerade fasziniert, sondern die Wirkung der Handlungen, die es mit ihm ausführt. Qualitäten und Bedeutungen treten hervor nach Maßgabe von Interesse und Hinsicht. Die Frage, was der Schatten mit dem Licht zu tun hat und wovon seine Farbigkeit abhängt, entspringt schon für Kinder der intensiven Beschäftigung mit dem Phänomen. Zusammenhänge herzustellen, unterstützt durch kulturelle Vorgaben, ist der Impuls zur Bündelung der Eigenschaften des Lichts in der Optik, der Töne in der Akustik und der sichtbaren Bewegungen in der Mechanik.[175] Dabei geht es keineswegs darum, die sinnliche Wahrnehmung der Qualitäten auszulöschen oder durch eine „naturwissenschaftliche“ Sichtweise zu überformen. Beide Ansätze, die sinnlich-ästhetische Hinwendung zu den Phänomenen und das wissenschaftsorientierte Kalkül haben im Sachunterricht ihre noch bescheidenen Ansätze. Immer geht es um den Versuch, kontingente Bruchstücke der Wahrnehmung oder des zufällig Gefundenen zu ordnen und so aufeinander zu beziehen, dass das Gemeinsame zum Vorschein kommt. Denn nicht nur in der Wissenschaft, sondern auch im täglichen Leben sind wir darauf angewiesen, nach Lösungen zu suchen, die mehrere, scheinbar nicht verbundene Phänomene (unter einem bestimmten Erkenntnisinteresse) zusammenführen. Beide Fähigkeiten, nämlich die der ästhetischen Zuwendung (in Verbindung mit der Kunst) und die des experimentell-erkundenden Zugriffs (in Verbindung mit der Mathematik) sollten im Sachunterricht angebahnt und kultiviert werden. Gleichzeitig gilt es, zwischen beiden Haltungen bewusst zu unterscheiden und frei zu wechseln.[176]

Theodor Litt hat die „Versachlichung der Welt“ als einen aus dem „Umgang“ hervorgehenden Prozess der wechselseitigen Abhebung von „Subjekt“ und „Objekt“ beschrieben, der auf beiden Seiten Neues hervorbringt. Das Auseinandertreten

175 E. Mach hat wiederholt auf seine „Grundansicht“ hingewiesen, die Wissenschaft sei eine „Ökonomie des Denkens“ (Mach 1976, S. VI) und „in ihr liegt das beruhigende, aufklärende und ästhetische Moment derselben“ (S. 6). Allerdings könne die Naturwissenschaft nur Vorgänge fassen, „die sich immer wiederholen ...“. „Es entsteht ... die Aufgabe, die gleichartigen, bei aller Mannigfaltigkeit stets vorhandenen Elemente der Naturvorgänge aufzusuchen.“ (S. 5)

176 Die wünschenswerte Freiheit der „komplementäre(n) Natur-Zuwendung“ hat Wagenschein in einem Essay eindringlich beschrieben: Die beiden Monde (1989, S. 154 ff.). Vgl. Litt 1961, S. 129 ff., bes. S. 134 f. und 138.

des der „Welt" Zuzurechnenden und des dem „Selbst" Angehörigen ist das eigene Werk des Menschen:

> „Dieses Werk konnte nur zustande kommen, indem der Mensch die innige Gemeinschaft, die in der Phase des ‚Umgangs' ihn an die Welt, die Welt an ihn verwies, aufkündigte und zwischen sie und sich den Abstand legte, der sich in eben dem Maße erweiterte und befestigte, wie sie sich zum ‚Objekt' profilierte und er sich zum ‚Subjekt' sublimierte. Das ‚Äußere' ist das Resultat des ‚veräußerlichenden', des die Sache vom Selbst abdrängenden Tuns – das ‚Innere' ist die Frucht des ‚verinnerlichenden', des das Selbst von der Sache distanzierenden Tuns." (Litt 1961, S. 85)

Damit kennzeichnet Litt in seiner anthropologisch-dialektischen Argumentation die Struktur des Vorgangs der wechselseitigen Erschließung als eine „Verwandlung", welche „die Umbildung des Weltaspekts an die Umbildung des Selbst bindet".[177] Gefordert und gesichert werde diese Korrelation durch die im Bildungsprozess wirksame „Genesis des neuen Weltverhältnisses" (ebd.), in dem die Kluft zwischen den Zwecksetzungen der Lebenspraxis und den wissenschaftlichen Orientierungen überwunden werde.

Als legitimiert erscheint ihm die skizzierte „Versachlichung" nicht allein durch „die treibende Energie des methodischen Denkens" und das „wahrhaft Ingeniöse der Frageweise", die in der *Methode* in „vorwegnehmender Konstruktion" (S. 89) zur Geltung kommt, sondern vor allem durch „die von der Gegenseite her ergehende Aufforderung und Bestätigung" (S. 91): Die Welt fordert uns heraus und gibt eine bejahende Antwort, wenn in der rechten Weise gefragt wird; das bestätige die Geschichte der neuzeitlichen Wissenschaft. Die Wissenschaft aktualisiere nur „ein im Verhältnis von Mensch und Welt uranfänglich Angelegtes". Der menschliche Zugriff sei nicht nur durch „die dem Selbst einwohnende Denkenergie gefordert", sondern nicht weniger durch unser Gegenüber (S. 92); er wird von Litt „als in dem ursprünglichen Verhältnis von Mensch und Welt angelegt und vorgesehen" ausgewiesen (S. 93). Als „bildend" auszeichnen lässt sich dieser Zugriff durch seine Rückwirkung auf das handelnde Subjekt im Prozess der wechselseitigen Erschließung.

Es sei der *„Wille zur Sache"*, d.h. „der Wille, die Sache in ihrer Reinheit zum Reden zu bringen" und Widerstände zu überwinden, was die dazu erforderliche

177 Als „doppelseitige Erschließung" ist dieser Prozess – wenn auch in etwas anderer Akzentuierung – durch Klafki (1965, S. 43) zur nahezu klassischen Denkfigur der bildungstheoretischen Didaktik geworden. Bei Litt ist das durch Versachlichung konstituierte Objekt ein konstruiertes Objekt, nicht ein schlicht vorhandenes Ding oder Phänomen; der Zugriff durch die Methode verändert den Gegenstand und schafft eine sehr viel subtilere Auffassung von Realität als unsere „Alltagserfahrung". – Bei beiden Autoren wird auf dialektische Weise ausgedrückt, dass Aktionen auf die Akteure zurückwirken, Übung auf das Können der Übenden, Gedanken auf die Denkenden, Gefühle auf die Fühlenden. Diese auf Progression angelegte Rückwirkung steigert nicht nur Bildung und Kompetenz der Einzelnen, sondern ist auch Voraussetzung für den Aufbau von Kultur.

Anspannung der Kräfte im Selbst hervorbringt. In diesem Willen realisiert sich die *Freiheit* der Sachzuwendung. „Der Mensch ist frei, weil nicht die Sache es ist, die ihn an sich bindet, sondern sein Wille ist es, der sich an die Sache bindet." Das Werden der Subjekt-Objekt-Differenzierung und das Werden der Freiheit ist für Litt ein und derselbe Aufstieg im Bildungsprozess (S. 96). Im Mühen um das Ergreifen der Sache darf der Mensch darauf vertrauen, „sich selbst vorwärtsgebracht, ja, recht eigentlich ‚gebildet' zu haben" (S. 98).

Das gilt auch für die Zuwendung zu sich selbst. „Der Mensch, der Menschliches überdenkt, ist mit der Menschheit und dadurch unweigerlich mit *sich selbst* ... beschäftigt. Indem er denkend ein anderer wird, ... wird auch das von ihm Gedachte ein anderes ..." (S. 123). Ein innerer Zustand wird dadurch ein anderer, dass sich das Denken ihm zuwendet: Die *„Reflexion"*... „verwandelt alles, worauf sie sich richtet, und zwar schon dadurch, daß sie sich darauf richtet." (S. 124) Der bildende Prozess des Erschließens und des sich dabei Veränderns ist nach Litt wesentlich Reflexion, die sich in ähnlicher Weise auf „Natur", Gesellschaft oder das eigene Seelenleben beziehen kann.

Die Notwendigkeit der Reflexion bedeutet nicht eine Ablösung oder Verdrängung des vor- oder außerwissenschaftlichen „Umgangs". Die „welterschließende Kraft" ursprünglicher Eindrücke bleibt basal für Leben und Lernen, sie gehört zum Bestand notwendiger Erfahrungen. Deshalb kann auch im Unterricht die Phase des Umgangs nicht übersprungen werden:

> „Jedes Kind, das in einem vor unseren Augen ablaufenden Prozeß die Dinge als ‚Objekte' sehen und behandeln lernt, vollzieht damit von neuem den Umschlag, der die im Umgang als Lebenspartner begegnende Welt in die theoretisch und praktisch zur Sache neutralisierte Welt verwandelt." (S. 132)

Darüber hinaus bleibt „Umgang" ein unentbehrliches Feld bewusster Lebensgestaltung und mitmenschlicher Beziehungen, in dem wir die Weise des Miteinanderlebens, unsere Offenheit zu ästhetischer Wahrnehmung, zu Kunst und Sprache produktiv gestalten. Der freie Umgang wirkt der Gefahr entgegen, dass der Mensch durch die Wucht der Sachbezüge erdrückt wird. Die erzieherische Bemühung beschränkt Litt nicht auf „Gesinnung und Haltung", auch nicht auf Versachlichung und Rationalität, sondern bezieht sie ebenso ausdrücklich auf eine Bildungsarbeit, die sich dem Anliegen Goethes öffnet und die Welt der Farben, Formen, Klänge, Stimmungen nicht hinter einer wissenschaftlich formalisierten und technisch disziplinierten Natur verschwinden lässt (S. 145). Der Bildungssinn unterschiedlicher Formen des Zugriffs auf die Welt liegt wesentlich in der Reflexion auf diese (kulturell und biografisch präfigurierten) Möglichkeiten, auf ihrer bewussten Unterscheidung und gegenseitigen Vermittlung.[178] Wissen und

178 Vgl. dazu Wagenschein: Die beiden Monde (Zum Frieden zwischen zwei Weltauffassungen).

Können, das in der Schule jenseits des lebensweltlichen Umgangs erworben wird, eröffnet Freiheit und erhält Sinn, wenn wir es zu Fragen, Problemen und Aufgaben dieses Umgangs reflektiert in Beziehung setzen.
Gleichwohl: Gebrochen ist das klassische und idealistische Bildungsideal einer nach innen und außen wirkenden Harmonie. Erziehung ist auf Lebensbewältigung angelegt, die Wissen und Können voraussetzt. Sie soll dazu befähigen, „die Hingabe an eine Sache mit der Wachsamkeit gegenüber den von ihr ausgehenden Verführungen zu vereinigen" (Litt 1956, S. 17).

1.3 Kind und Sache im Sachunterricht

In der Freiheit der Sachzuwendung, im freien Umgang mit den Sachen kommen elementare Formen kindlicher Weltaneignung zum Ausdruck, z.B. im erprobenden und erkundenden Spiel. Die Schule stellt die aneignende Auseinandersetzung mit einer gegenständlichen, sozialen und symbolisch überformten Welt, die in ihrer Vielschichtigkeit von jungen Kindern nur in einzelnen Facetten wahrgenommen werden kann, auf eine methodisch-systematische Grundlage. Sachunterricht findet seine pädagogische Legitimation auch darin, dass er Hilfen für ein tiefergreifendes Verständnis der Welt anbietet und eine methodische Kompetenz aufbaut, mit der ursprünglich-subjektive Formen der Welterschließung überschritten und allgemeine Kategorien gewonnen werden können. „Pädagogisch bedeutsam ist, daß eine solche Erweiterung des Horizonts mit dem Erwerb von Anschauungsvermögen und Urteilskraft, von kommunikativer Kompetenz und Handlungsfähigkeit verbunden wird." (Duncker/Popp 1998, S. 7)

1.3.1 Sachunterricht als Weg der Enkulturation (Duncker/Popp)

Der inhaltlichen Erschließungsarbeit im Sachunterricht entspricht eine besondere Pflege der *Lernkultur,* die durch *verstehensintensives Lernen,* d.h. durch ein Lernen, zu dessen Bedingungen Verstehen gehört, charakterisiert ist. Verstehensintensive Lernformen reichen von spielerischer Explikation bis zur Erfassung von Welt in expliziten Konzepten und ihrer Ausprägung in Kompetenzen; entsprechende Lehrformen zeichnen sich aus durch die Anregung vielfältiger Suchbewegungen der Kinder, durch die Anleitung und Unterstützung des Aufbaus von Vorstellungen und mentalen Modellen, d.h. durch die Hinführung zu einer belastbaren imaginativen und dynamischen Repräsentation der wahrgenommenen Wirklichkeit im Wechselspiel von Sacherfahrung und Selbsterfahrung.
Verstehensintensives Lehren und Lernen fordert die Kinder heraus, ihre eigenen Kräfte produktiv weiterzuentwickeln und die „Anstrengung des Begriffs" sowie

---

(Wagenschein 1989, S. 154–166)

der Abstraktion auf sich zu nehmen. Ludwig Duncker und Walter Popp (1998) haben den Sachunterricht als einen Weg der Enkulturation beschrieben. Schulisches Lernen ist wesentlich Kulturaneignung (Duncker 1994). Vorgängige Erfahrung ist angewiesen auf Reflexion und Strukturierung, Korrektur und Überformung: „Die Erfahrung scheint darauf zu rechnen, der Unterricht werde ihr nachkommen, um die Massen, welche sie gehäuft hinwarf zu zerlegen, und das Zerstreute ihrer formlosen Fragmente zusammenzufügen und zu ordnen." (Herbart 1971, S. 81) Kulturelle Orientierung ist deshalb zunächst ein Prozess der Artikulation von Vorerfahrungen in der Alltagssprache; die begriffliche Bewältigung steht am Ende, wenn Bedeutungen erkannt, bewusst gemacht, interpretiert und verarbeitet sind (Duncker/Popp 1998, S. 22).

Die nachgängige Reflexion und Ordnung vorgängiger „Erfahrungen", zugeflossener oder gesuchter Informationen und noch bruchstückhaften Wissens beschreiben die Autoren als einen Ansatzpunkt des Sachunterrichts. Dazu gehöre auch die „Erfahrung des Nicht-Erwarteten, des Nicht-Funktionierens, des Überraschenden und Staunenswerten". Denn es biete Anlass, „das Theoretisieren zu lehren": „... den Umgang mit der Frage, worin Täuschungen der Wahrnehmung und des Wissens begründet liegen, wie widersprüchliche Erfahrungen gedeutet werden können, wie mit (immer vorläufigen) Hypothesen und ihrer Überprüfung die Wirklichkeit erschlossen wird, um so mit wachsender Aufnahmebereitschaft und Offenheit dem Neuen zu begegnen." (S. 23)

Neue Erfahrungen werden gestiftet, wo sich Schule als Erfahrungsraum öffnet, z.B. dem Handeln in *Projekten,* in denen ein Theorie-Praxis-Verhältnis erzeugt werden kann, „das die Planung, Realisation und Auswertung von gemeinsamen Vorhaben umschließt" (S. 23) und mit Formen des Erkundens und Erprobens, des Entdeckens und Erfindens, des Bauens und Konstruierens, Ordnens, Sammelns und Dokumentierens das aktive Ergreifen betont. Projekte böten Gelegenheit, verändernd in die Umwelt einzugreifen und Möglichkeiten der Verbesserung der Lebenswelt zu erkunden.[179] „Gerade das Überschreiten bloß privater Erfahrung im Kontext öffentlicher und gesellschaftlicher Strukturen setzt Chancen zu Übernahme von Verantwortung frei und weist so dem schulischen Lernen ein Stück weit Ernstcharakter zu, der sonst nicht erfahrbar wäre." (S. 24)

Überformt werde lebensweltliche Erfahrung schließlich durch *Aufklärung, Umstrukturierung* und *Verfremdung*. Diese Transzendierung sei notwendig, weil wesentliche Bereiche unserer Kultur durch Erfahrung allein nicht mehr erschließbar sind. Insbesondere wo sich in gesellschaftlichen Institutionen (z.B. Recht und Politik, Wirtschaft und Wissenschaft) „sekundäre Strukturen" ausgebildet haben, werden die damit geschaffenen Wirklichkeiten erst durch Rekonstruktion ihrer

179 Duncker und Popp verweisen hier auf den aus der pragmatischen Erfahrungsphilosophie John Deweys entstandenen Projektunterricht.

historisch-politischen, wissenschaftlichen, ökonomischen oder juristischen Verfasstheit verständlich.
Sachunterricht habe auch dort Aufklärungsarbeit zu leisten, wo eigene Erfahrungen überschritten werden müssen. Denn „Kommerz und Politik, Wissenschaft, Wirtschaft und Recht sind in solch elementarer Weise ein Bestandteil des öffentlichen und privaten Lebens geworden, daß dem Sachunterricht hier die Aufgabe einer schrittweisen Einführung zukommt" (S. 25). Er kann diese Aufgabe aber auch übernehmen, „weil die Grundschule sich in Distanz zur Wirklichkeit zu setzen vermag". Der Unterricht könne gleichsam zur „Schaubühne" werden, die dazu dient, Wirklichkeit mehrperspektivisch zu rekonstruieren und neue Horizonte zu öffnen.[180] Wo das gelingt sei es u.U. dann auch möglich, „die private Erfahrung neu zu vermessen und in den Kontext übergeordneter Strukturen hineinzustellen" (S. 25).
Gefahren für den Sachunterricht sehen die Autoren nicht in der Möglichkeit des Scheiterns an anspruchsvollen Aufgaben, sondern in der Tendenz, mitgebrachte Alltagserfahrungen lediglich zu bereden, ohne sie im Sinne neuer Herausforderungen zu differenzieren, zu strukturieren und weiterzuführen. Das Prinzip „kindgemäßen" Unterrichts werde häufig missverstanden als bloße Bestätigung dessen, was Kinder an Vorwissen oder Erlebtem schon mitbringen. Weiterhin bestehe das Problem der Vernachlässigung methodischer Reflexion und des Aufbaus kognitiver Strukturen durch eine falsche Bewertung des Prinzips „Offenheit". Das führe häufig dazu, dass in Prozessen „selbstgesteuerten" Lernens die Reflexion ausbleibt oder unangemessen verkürzt wird. Dann bleibt anstelle des Aufbaus methodischen Bewusstseins und klarer Begrifflichkeit nur unverbindliche Beschäftigung. Im Sachunterricht aber geht es darum – so zitieren die Autoren abschließend Klaus Mollenhauer –, die Würde des Kindes dadurch zu achten, dass man ihm herausfordernde Aufgaben zumutet.
Mit dem Aufbau von Kenntnissen, dem Gewinnen neuer Einsichten und der Überformung lebensweltlich erworbener Denkweisen fördert der Sachunterricht zugleich *Haltungen* und trägt bei zur habituellen Genese der Persönlichkeiten. Mit der lernenden Durchdringung von Sachverhalten sind lernfeldspezifische erzieherische Implikationen fundamental verbunden.[181] Deshalb umfasst die pädagogische Kategorie der Enkulturation – Kultur als der entscheidende Kontext von Bildung – Bezüge auf Moral und ethische Prinzipien ebenso wie solche auf Wissen und Kompetenz. Haltungen als charakterisierende Momente der Persönlichkeit haben in dem weiten Bezugsfeld von fachspezifischen Erfordernissen und Regeln bis zu kulturellen Normen eng verflochtene rationale und affektive Wur-

180 Die Autoren nehmen hier Bezug auf Giel u.a. (1975); vgl. Abschnitt 2.3.

181 Die erzieherische Wirkung des Lernens, durchaus auch als Selbsterziehung, ist ein Moment der Rückbindung der Didaktik an die Pädagogik.

zeln; Schule trägt zu ihrer Ausprägung ebenso durch Umgang und Übung bei wie durch planmäßige Auseinandersetzung mit Problemen. Deshalb sind Überlegung und Erkenntnis in ähnlicher Weise Gegenstand der Erziehung wie kulturspezifische Verhaltensimperative und persönliche Einstellungen.[182]

Die Anbahnung von Haltungen und ihre Stabilisierung in habituellen Konstanten bezieht sich im Aufgabenfeld des Sachunterrichts schwerpunktmäßig auf

- sachbezogene Arbeit sowie die Bereitschaft zur Übernahme von Verantwortung,
- kritisches, rationales und methodisches Denken sowie „produktive Findigkeit",
- selbstreflektiven Umgang mit eigenen Meinungen sowie tastendes Denken in Möglichkeiten,
- einübenden Umgang mit symbolischen Ausdrucksformen sowie die Fähigkeit, Sinneseindrücke und Wahrnehmungsdaten zu ordnen und ihnen eine prägnante Gestalt zu geben,
- selbstständiges Handeln sowie Offenheit für Kooperationen,
- „vielseitiges Interesse" (Herbart) sowie Aufgeschlossenheit für Anregungen,
- soziale und ästhetische Sensibilität sowie das Erkennen von Aufgaben, d.h. dessen, „was zu tun ist".

Haltungen dieser Art werden durch die schon genannten Funktionsziele vorbereitet. Ihre Stärkung ist eine bleibende Aufgabe, die zunehmend in die Autonomie der Persönlichkeit übergehen sollte; ihre gesellschaftliche Bedeutung muss an dem funktionellen Beitrag gemessen werden, den sie für die Reproduktion erwünschter Motive und Einstellungen leisten. Der Sachunterricht trägt mit Kompetenzen, die sich auf solche Verhaltensdispositionen stützen, nachhaltig zum vergessensresistenten Kern von Bildung in einer durch klassische Überlieferung, Humanismus und Aufklärung gezeichneten Kultur bei.

1.3.2 Das Kind als Subjekt des Lernens (Popp, Loch)

Der didaktische Impuls lebt von der doppelten Voraussetzung, dass Lernende sich selbst verwirklichen wollen und durch Lernen Neues, auf das sie stoßen, in Eigenes, in neue Denkmuster und Handlungsmöglichkeiten übernehmen, und weiterhin, dass sie durch Lernen über Wissensakkumulation hinaus sich selbst und ihre Sicht auf die Dinge verändern. Bildung ist ein Prozess mit offenem Ende, in dem sich für die Subjekte immerfort neue Perspektiven eröffnen.

Werner Loch hat im Rückblick auf das erste Jahrzehnt der im letzten Drittel des vergangenen Jahrhunderts beginnenden intensiven Curriculum-Diskussion unter dem Titel „Curriculare Kompetenzen und pädagogische Paradigmen" die Tendenz

182 Damit wird kein Anspruch auf ethische Wahrheit postuliert. Verpflichtet ist Schule jenen Normen, die in der Verfassung festgeschrieben sind. Das heißt aber auch, dass sie nach ihren Möglichkeiten die kognitiven und voluntativen Voraussetzungen schaffen muss, damit die Pflicht zum Vernunftgebrauch erfüllt werden kann.

zu einer „systematische(n) Ausklammerung des Beitrages, den das zu erziehende Individuum zu seiner Erziehung zu leisten hat", kritisiert. Wo die didaktische Intention zu stark auf Lern- und Kompetenzziele ausgerichtet sei, werde leicht die Aufgabe vernachlässigt, die Individuen zum Lernen aus eigener Kraft zu befähigen (Loch 1979, S. 242). Er macht darauf aufmerksam, dass Erziehung die Individuen „als Mitwirkende mit eigenen Bedürfnissen und Erwartungen, Selbstkonzepten und Kompetenzen zur Geltung kommen" lassen muss und erzieherisches Handeln deshalb nur als Interaktion zustande kommt.

Mit Bezug auf Loch weist Walter Popp auf die Wichtigkeit der „Erfahrung des eigenen Selbst im Handeln und in der Interaktion mit anderen" hin; d.h. dass Erziehung die Möglichkeit, sich selber und selbstständig mit Widerständen auseinanderzusetzen und sich zu erproben, aber auch Grenzen zu erfahren, offenhalten oder auch herbeiführen muss. Der „Mut zur Selbständigkeit" erscheint als Bedingung der Möglichkeit des Lernens (Duncker/Popp 1998, S. 62 f.; vgl. Elschenbroich 2002).

Vertrauen dürfe die Erziehung einer gleichsam der menschlichen Entwicklung inhärenten Vernunft, die Rousseau als „sinnliche Vernunft", Gehlen als „Weisheit der Physis" und C.F. v. Weizsäcker als „Vernunft der Affekte" beschrieben habe (ebd.). Die „Vernunft der Affekte" bezieht sich nach v. Weizsäcker auf Interessen, Besitz, Herrschaft und Macht, auf Liebe, auf eine Einsicht, die Freiheit eröffnet, aber auch der Freiheit bedarf, auf Werte, Aufklärung und Selbstverwirklichung (v. Weizsäcker 1977, S. 225 ff.); sie liegt vor allem darin, dass sich „Subjektives ... als objektiv, als Erkenntnis erweist" (S. 136). „Die Affekte sind gleichsam Vernunft vor der Entwicklung des Verstandes." (S. 303)

Beispiele für die Objektivität im Subjektiven geben viele der Geschichten, die Wagenschein über „Kinder auf den Wege zur Physik" vorgestellt hat: Claudio, der im Spiel in immer neuen Wiederholungen Steinchen fallen lässt, entdeckt, lange bevor er das verstandesmäßig erfassen kann, die Wiederholbarkeit mechanischer Abläufe. In der freien Auseinandersetzung mit Phänomenen finden Kinder das Gleiche im Anderen (hohe wie tiefe Töne kommen durch die Luft geflogen); und fast immer folgen sie in offenen Erkundungen intuitiv der Grundstruktur der Exploration (Wagenschein 2003, S. 11). Loch ordnet dieses Verhalten der Entwicklung der *Denkfähigkeit* zu: „Das Kind lernt Denken durch intelligente Übertragung der Regeln, denen seine Handlungen folgen müssen, wenn sie Erfolg haben sollen, auf neue Situationen." (Loch 1979, S. 253) Die regulative Kompetenz, die sich daraus entwickelt, überwindet schließlich das an sensumotorische und imaginative Verhaltensweisen gebundene Denken vor allem durch symbolische Objektivierung im Sprechen und Handeln.[183]

183 Die hier für das Erkunden der physischen Welt skizzierte Struktur erscheint als geeignetes Paradigma auch für die „Erfahrung der Gegenseite" in sozialen Prozessen.

In der Schule darf der Unterricht die freien oder „natürlichen" Formen des Lernens nicht verdrängen, nicht nur wegen deren inhaltlicher Ergiebigkeit gerade im Inhaltsbereich des Sachunterrichts, sondern auch um schweifende Neugier, Interesse und Kreativität nicht einzuengen. Schulisches Lernen muss vieles, was die Kinder schon mitbringen, nach Maßgabe zusammenhängenden und gesicherten Wissens überarbeiten, zu begrifflichen Ordnungen und tragfähigen Verallgemeinerungen führen. Insbesondere aber muss Unterricht auch Defizite auszugleichen versuchen, weiterführende Impulse geben und didaktisch strukturierte Hilfen für das einsetzen, was Kinder nicht aus eigener Kraft finden oder leisten können.
Der von Loch befürchteten Vernachlässigung des eigenen Beitrags, den Lernende zu ihren Lernprozessen beitragen müssen, steht in der Praxis die reformpädagogische Tradition entgegen, vor allem mit ihren modernen Konzepten des „offenen Unterrichts" und des Wochenplans, der den Schulkindern vereinbarte und verbindliche, aber frei zu erfüllende Pflichten auferlegt und sie zu sinnvollem Umgang mit Ressourcen von Zeit und Mitteln veranlasst und sie dadurch (funktional) erzieht.
Von übergreifendem Einfluss aber sind Theorien und epistemische Konzepte, die Denken und Erkennen an *Handlungen* knüpfen, welche ihrerseits mit bestimmten Zwecken, Sinngebungen, mit Antizipation und Entwurf von Zielen, dem Erwägen von Wirkungen und Gegenwirkungen, mit Auswahl der Mittel und Entscheidungen über Verfahren, aber auch mit Sprechen („kommunikatives Handeln") verbunden sind. Für Piaget als genetischen Erkenntnistheoretiker geht „Erkenntnis aus kontinuierlicher Konstruktion hervor": Menschliches Erkennen ist wesentlich aktiv, die sensumotorische Aktivität ist die Quelle der Erkenntnisse, deshalb müssen Kinder die Spielräume haben, die sie brauchen, um Handlungen als Operationen zu verinnerlichen und diese durch selbstregulative Prozesse in Gesamtstrukturen zu koordinieren (Piaget 1973b; 1974). In der Gegenwart betont der didaktische *Konstruktivismus* mit Nachdruck, dass jedes Lernen auf die Eigenaktivität der Subjekte und ihr Bemühen verwiesen ist, sich selbst viable Vorstellungen aufzubauen (vgl. Teil II;1.4).

1.3.3 Lernen als Kulturaneignung (Duncker)

In seinem Versuch über eine kulturbezogene Theorie des Elementarunterrichts hebt Ludwig Duncker zunächst das Begriffspaar *Individuierung und Enkulturation* hervor. Mit Individuierung wird die Herausbildung der Individualität und die Steigerung der Kräfte der Kinder bezeichnet, rückgebunden an den Vorgang der Enkulturation, also den Prozess des durch Erziehung und Unterricht gestützten und auch geführten Hineinwachsens in die Kultur. Auch hier also dominiert eine Variante des bekannten anthropologisch fundierten Musters der wechselseitigen Erschließung und Gestaltung: Das Individuum konstituiert sich, indem es die Kultur in sich aufnimmt und damit fähig wird, an ihrer Weiterführung teilzunehmen (Duncker 1994, S. 9 ff.).

Die Grundschule und ihre Aufgaben sollen nach Duncker nicht primär gesellschaftlich-funktional, d.h. gemäß gesellschaftlicher Bedürfnisse bestimmt werden, sondern „kulturell und anthropologisch" als „eigenständige Bedeutungszusammenhänge" im Spannungsverhältnis von Individuum und Kultur (S. 11). Lernen erscheint vor allem als ein hermeneutischer, d.h. differenzierender, ordnender und Möglichkeiten erprobender Akt der Kulturaneignung, durch den ein „theoriehaltiges Bild der Welt" hergestellt wird.
In dem Bemühen Dunckers, mit dem Kulturbegriff einen Rahmen zu gewinnen, in dem sich das Aneignen von Kultur in der Schule als ein kultureller Prozess beschreiben ließe, bleibt dieser Begriff selbst, trotz vieler Rückgriffe auf kulturanthropologische Untersuchungen und Theorien, merkwürdig offen und unbestimmt. Betont werden formale Merkmale wie „Polyvalenz" als lockerer Verbund von Vorstellungen, Werten und Bedeutungen, die Sinnzusammenhänge schaffen; außerdem wird auf die Vielschichtigkeit und dynamische Veränderlichkeit von Kultur verwiesen, die auf den „Fortbestand und die Steigerung von Qualitäten angelegt" sei und als Aufgabe verstanden werden müsse (S. 46; 60). Der kulturphilosophische Zugriff schließlich (S. 48 ff.), bei dem es nach Cassirer darum geht, Kultur nicht als ein Konglomerat von Tatsachen zu verstehen, sondern als ein System, lenkt das Interesse auf eine grundlegende Erhellung des Verständnisses des Menschen als eines Kulturwesens, aber kaum auf die Welt, mit der sich dieser Mensch denkend, handelnd und sinnstiftend auseinandersetzen muss, um zum Kulturwesen zu werden.
Duncker selbst bemerkt in solchen Hinweisen die Dominanz formaler Merkmale über inhaltliche Bestimmungen und spricht von der Aufgabe, „das objektiv Gegebene in der Kultur [zu] erschließen" und „die Sachen [zu] klären" (S. 61). Gleichwohl kommen diese „objektiven" Gegebenheiten nicht in den Blick. „Kultur als Methode", „die prozeßhafte Entfaltung eines Spannungsverhältnisses von Individuum und Kultur" (S. 11), das Buchstabieren der Erfahrung in der Schrift, das Sichten der Dinge durch Sammeln, das Konstruieren des Weltbildes durch Anschauung bleiben leere Optionen, wenn sie nicht an kulturell bedeutsamen Inhalten erlernt und auf diese angewandt werden.
Lernen als Kulturaneignung im Sachunterricht müsste das Insgesamt der von Menschen gestalteten Lebensverhältnisse und -formen einschließen und den Prozessen ihres Werdens besondere Aufmerksamkeit widmen. Wichtige Gegenstände sind die Institutionen, die eine Kultur prägen und ihren Grundstrukturen Stabilität geben. Hierher gehört – jedes Schulcurriculum umgreifend – alles, was das Leben in einer Gesellschaft generell bestimmt, z.B. die Gliederung des Jahres, Zeit und Kalender, Regeln und Formen des Umgangs mit Menschen und Dingen, öffentliche Einrichtungen und die Verfasstheit des Staates sowie der Kommunen, gesellschaftlich relevante Wertesysteme und Normen, die Volkswirtschaft

einschließlich der Produktion und Verteilung der Güter sowie des Systems der Dienstleistungen, die Infrastruktur des Landes mit Verkehrswegen und Kommunikationsmitteln, und schließlich – immer in exemplarischer Auswahl – die zivilisationserhaltenden technischen Einrichtungen bis hin zu den Produkten und „Werkzeugen" des allgemeinen Gebrauchs. Zur Kultur als menschliches Lebensmilieu gehört die von Menschen gebaute Welt, namentlich des Wohnens und Arbeitens, sowie das „Gesicht" der Städte und Dörfer, der gestalteten Landschaften. Mit diesen Inhalten verbunden sind Bilder und Formen, in denen wir denken, sowie ideengeschichtliche Deutungsmuster, mit denen wir die Welt erfassen. Alles dies und vieles mehr hat Relevanz für das gesellschaftliche Bewusstsein in der Moderne, für das Leben von Kindern und die lernende Aneignung von Kultur. Hinzu kommen in übergreifender Weise die Gehalte von Religion, Philosophie, Kunst und Wissenschaft. Die ersteren haben in der Schule eigene Lernfelder, mit denen der Sachunterricht in produktivem Austausch stehen sollte. Wissenschaft ist eine wesentliche Ressource des Sachunterrichts, sie gibt dem Lernen Orientierung und inhaltliche Substanz. C.F. v. Weizsäcker bezeichnet Wissenschaft, insbesondere Naturwissenschaft, ohne die es auch keine moderne Technik gäbe, als den *harten Kern* der neuzeitlichen Kultur und ihre „fundamental neue Entdeckung" (v. Weizsäcker 1977, S. 61, ähnlich S. 93). Ohne ein Wissenschaftsverständnis, das nicht nur Wissen über Wissenschaft ist, sondern wissenschaftliches Wissen einschließt, ist die moderne Kultur nicht zu verstehen. Subjekt der Bildung ist nicht nur der Mensch in seiner Geschichte, sondern ebenso der Mensch in der Wahrnehmung der Neuzeit. Lernen bedeutet auch Veränderung des Bewusstseins. Durch den Wissenschaftsbezug und einen diskursiv-operativen Erkenntnismodus wird das Denken rationaler, freier und autonomer und dadurch unabhängiger von Autoritäten und fixierten Mustern. Deshalb sind alle Bildungskonzeptionen, die diesen harten Kern der Kultur marginalisieren, defizitär und endgültig obsolet. Subjektive Kultur als ein Aspekt von Bildung erscheint nur erreichbar auf dem Weg der aneignenden und verstehenden Auseinandersetzung mit dem, was Kultur hervorgebracht hat und auszeichnet. Das ist auch gemeint, wenn wir Kultur als den Referenzrahmen von Bildung bezeichnen.

2 Entwicklung von Lernfähigkeit und Interesse

Reformpädagogische Impulse haben weitgehend die grundschulpädagogische und -didaktische Entwicklung im 20. Jahrhundert bestimmt, auch wenn viele ihrer Leitideen in allgemeinerer, philosophisch oder literarisch ausformulierter Gestalt in der Epoche der Romantik des späten 18. und des 19. Jahrhunderts

verwurzelt sind. Nach der Zeit der deutschen Reformpädagogik, die mit dem Aufkommen des Nationalsozialismus abrupt endete, waren nach dem Zweiten Weltkrieg zuerst der Heimatgedanke und die Ideologie der „volkstümlichen Bildung" bestimmende Momente des Volksschulunterrichts. Der zunächst rigorosen, durch gesellschaftliche und wirtschaftliche Entwicklungen erzwungenen Zuwendung zu wissenschaftsbezogenen Inhalten grundlegender Bildung um 1970 folgten bald erneute Rückgriffe auf reformpädagogisches Gedankengut, die in Konzepten wie „Kindgemäßheit" oder – stärker auf die Lernumgebung bezogen – „offener Unterricht" ihren repräsentativen Ausdruck fanden.
Heutige Didaktik muss auch das produktiv aufnehmen, was die reformpädagogischen Bewegungen versäumt haben, nämlich die Veränderung der gesellschaftlichen Situation und damit auch der Lebenswelt. Im 19. Jahrhundert war dies die Industrialisierung und Verstädterung, im 20. Jahrhundert die – wie der Deutsche Bildungsrat in seinem „Strukturplan für das Bildungswesen" (1970) feststellte – Wissenschaftsbedingtheit und Wissenschaftsbestimmtheit der zivilisatorischen Rahmenbedingungen. Speziell zu berücksichtigen sind der didaktische Paradigmenwechsel zu Beginn des letzten Drittels des 20. Jahrhunderts und die Erträge der „Bildungsreform als Revision des Curriculum" (Robinsohn 1967, vgl. Köhnlein 1984), außerdem die psychologischen und didaktischen Forschungserträge über Denken und Lernen von Kindern. Ein so revolutionär-emanzipatorischer Entwurf wie die „Stücke zu einem mehrperspektivischen Unterricht" (MPU) war vielleicht nur in der kurzen Zeit des Aufbruchs nach 1968 möglich. Die Didaktik des Sachunterrichts selbst hat in den drei Jahrzehnten ihres Bestehens zukunftsfähige Erträge vorgelegt, die der konzeptionellen Weiterentwicklung dienen.

2.1 Reformpädagogische Impulse

Die deutsche Reformpädagogik – ein Reservoir fruchtbarer Ideen bis in die Gegenwart – hat die natürliche Entwicklung, die Individualität, die schöpferische Produktivität und insbesondere die *Eigenaktivität des Kindes*[184] bei der Ausbildung seines Weltverständnisses in den Mittelpunkt gestellt; das entspricht ihrem romantisch-subjektivistischen Erbe aus der Zeit der „Deutschen Bewegung" (H. Nohl).[185] Die Welt ist nicht etwas, was uns untrüglich von außen gegenübersteht;

184 „Das Kind" als Ausgangspunkt aller Erziehungs- und Unterrichtsmaßnahmen ist ein in der reformpädagogischen Diskussion bevorzugter formaler, u.U. homogenisierender, die Unterschiedlichkeit der Kinder überspielender kollektiver Singular, nicht unbedingt Ausdruck einer Individualpädagogik.

185 Hundert Jahre vor dem Wirksamwerden der reformpädagogischen Erneuerung bezeichnete Fichte in seiner einflussreichen „Wissenschaftslehre" die Wirklichkeit als eine genetische Rekonstruktion unseres Bewusstseins und damit unseres Wissens. Sein Hinweis, man könne von der Welt,

sie ist mit allen ihren Erscheinungen kein Komplex fertiger fremder Gegenstände, sondern zeigt sich als „Wirklichkeit" nach Maßgabe der Wahrnehmungen des Subjekts. Für das Weltverstehen öffnen sich in der Vielfalt der Möglichkeiten des Denkens Spielräume; „Weltbildung", die Ausbildung des Weltbildes, wird zum schöpferischen Prozess des Individuums in selbsttätigem Handeln. Die Wahrnehmung von „Wirklichkeit" ist eingebettet in Möglichkeiten, und das Subjekt muss unter den Möglichkeiten, die sich denken lassen, die „passende" herausfinden. Der Mensch wird verstanden als ein Wesen der Freiheit in der Wahl von Möglichkeiten, das immer auch anders kann, d.h. die Dinge anders sehen und auch anders handeln. „Wirklichkeit" konstituiert sich in einem Horizont von Möglichkeiten; Gewissheit setzt einen eigenen „Bildungsprozess" voraus, in dem alle unreflektierten Gefühle und Urteile in Frage gestellt werden; Wissen ist das Wissen der wissenden Subjekte.

Deshalb orientiert sich reformpädagogischer Unterricht primär an dem *Prozess des Lernens* und an der Lernsituation, bezogen auf die kindliche Individualität, und weniger am Lehrstoff, dessen systematischer Ordnung oder an einem vorgegebenen Curriculum. Kinder sollen möglichst „alles ... selbst finden", verlangte Fritz Gansberg 1902 in seiner Schrift über „Schaffensfreude" (zit. n. Oelkers 1992, S. 122). Lebendiger Unterricht soll an die Erfahrung der Kinder, an ihr schon mitgebrachtes Weltwissen und an ihre Fragen anknüpfen. Anschauung werde nicht durch „Veranschaulichungsapparate" oder -bilder gewonnen; diese forderten lediglich die „Sinnentätigkeit" heraus, nicht aber einen „Denk- und Vorstellungsprozeß". Anschauungen, also innere Bilder, Vorstellungen, müssen „auf einem langen Wege durch eigene Versuche", auf dem Weg des eigenen Suchens hergestellt oder aufgefunden werden. Die Lernenden sollen also Lösungen selbst herausfinden und nicht durch die Lehrmethode auf vorgefertigte Ergebnisse verpflichtet werden (ebd.).

Prominente Reformpädagogen – Gansberg, Scharrelmann, Otto und andere – setzen einen natürlichen „Forschertrieb" der Kinder voraus, ein allgemeines lebendiges Interesse, das dazu führt, dass sie sich permanent mit ihrer Welt auseinandersetzen und ihre Fragen einem schon vorhandenen Grundwissen entspringen. Bei Berthold Otto wird der hauptsächlich durch das Gespräch der verschiedenen Altersgruppen getragene *Gesamtunterricht* „zum Rückgrat alles Unterrichtens",

---

ihrer Ordnung und ihrer objektiven Realität immer nur insofern sprechen, als diese Ordnung „für uns" besteht und durch unser Wissen hervorgebracht wird, sowie dass alles, was uns von der Realität der Objekte überzeugt, deren Widerstand als Zeichen ihrer Materialität und die Gebundenheit unserer Vorstellungskraft an die „Konturen" der Objekte sei, erinnert heute an Positionen des Konstruktivismus. Jede Objekterfahrung erweist sich demnach als Grenze und Widerstand für ein bestimmtes reales oder geistiges Handeln der Subjekte. Frei ist der Mensch, wo das „Ich" in Selbsttätigkeit nach allgemeiner Vernunft handelt, welche Bedingung ist für Denken, Sprechen und Wissen von der Welt und für ein Zwecke verfolgendes Tun (vgl. Mittelstraß 2004, Bd. I, S. 643 ff.).

weil hier die besonderen Interessen der Kinder zur Geltung kommen und neue Interessen angeregt werden können.[186] Dauerhaftes Interesse kann im Fachunterricht fortgeführt und vertieft werden (vgl. Oelkers a.a.O.).
Ein ganz anderer philosophischer Ansatz als jener, der in Deutschland mit Gedankengut aus der Romantik gegen rationalistische Verengungen des Herbartianismus einen tiefgreifenden Wandel herbeiführte, kommt mit dem (amerikanischen) Pragmatismus (und Instrumentalismus) insbesondere durch John Dewey in die reformpädagogische Diskussion. Erziehung ist nach Dewey *lernende Erfahrung*, die nur durch Handeln erworben und gestaltet werden kann. Da unmittelbare sinnliche Eindrücke auf Äußeres beschränkt sind, setzt Erfahrung innere Aktivitäten voraus, d.h. sie beruht auf intellektuellen Leistungen, die zu Erkenntnissen führen. Der Zusammenhang von Lernen und Handeln wird hier zum Referenzpunkt der Didaktik; Erfahrung ist dynamisch als Entwicklung des Lernvermögens konzipiert und damit auf künftige Aufgaben und Probleme ausgerichtet: „Die Antizipation ist ursprünglicher als die Erinnerung" (Dewey, zit. nach Aissen-Crewett 1997, S. 172).
Das Programm *„learning by doing"* stellt das Lernverfahren des *Problemlösens* in das Zentrum. Problemlösen entspricht einem auch im Alltag bewährten Verfahren des Erkennens: Vergegenwärtigung und Bestimmung der Sachverhalte und Schwierigkeiten, Entwurf von Plänen für mögliche Lösungen, versuchsweise Erprobung und abschließendes Urteil. Denken zeigt und bewährt sich im Tun;[187] Wissen gilt als Ressource für das Lösen von Problemen, und das Lösen von Problemen erzeugt brauchbares Wissen. Deshalb soll schulisches Lernen nach der Logik von *Projekten* organisiert werden, die nicht nur planvolles Handeln erfordern, sondern auch das Interesse auf ein Ziel zentrieren.
Nach William Kilpatrick sind Projekte auch in kleinerem Rahmen möglich; sie können die ganze Klasse oder auch nur einzelne Kinder beschäftigen. In einem Beispielkatalog nennt er u.a. das Herausbringen einer Schülerzeitung bis hin zur Vorbereitung auf das Vorlesen einer Geschichte oder die Bemühung um die Lösung eines physikalischen Problems. In den verschiedenen Typen von Projekten gehe es (1.) um die Realisierung eines Plans (ein Theaterstück aufführen, einen

186 Velthaus verweist darauf, dass für die reformpädagogische „Wertschätzung des Gesprächs als Vollzugsform individuellen Verstehens und Begreifens" bei B. Otto das Tischgespräch Vorbild war. Das Tischgespräch aber hat – abgesehen von fehlender unmittelbarer Berührung mit den Sachen – eine orientierende, meinungsbildende Funktion auf dem Hintergrund ausreichender Sachkenntnis. Es ist nicht das Instrument oder Medium, diese Sachkenntnis in tätiger Auseinandersetzung mit den Sachen und Problemen aufzubauen. Hier liegt ein gravierender Unterschied zu der Funktion von Gesprächen in der Pädagogik Wagenscheins und in der Didaktik des Sachunterrichts (vgl. Velthaus 2002, S. 88).

187 Vgl. dazu den Ansatz bei Popper (1995), auf den wir schon hingewiesen haben (Teil I; 2.1.3), ferner den programmatischen Titel bei Aebli (1980): Denken: das Ordnen des Tuns.

Brief schreiben), (2.) um die Zuwendung zu einem (Kunst-)Werk (eine Geschichte oder ein Musikstück anhören, ein Bild würdigen), (3.) um die Lösung eines Problems (Wie entsteht Tau?, Wozu brauchte man eine Stadtmauer und wie wurde sie gebaut?), (4.) um den Aufbau von Können und Wissen (die wichtigsten Städte des Landes kennen und lokalisieren). Die Beispiele zeigen, dass Projektunterricht eine reale Option auch schon für den Sachunterricht ist (vgl. Oelkers 1992, S, 132). Hier wird es darum gehen, den Projektgedanken mit dem Kanongedanken zu verknüpfen, d.h. ein konkretes Vorhaben mit den tragenden Begriffen des jeweiligen Sachbereiches zu verbinden.

Die Kritik, die Oelkers gegen die Unterrichtsmodelle der Reformpädagogik formuliert, konzentriert sich mit Recht auf die Verabsolutierung situativer Gegebenheiten und die Perspektiven des Kindes, auf das Problem der fehlenden Zusammenhänge der Inhalte in einem Unterricht ohne curriculares Konzept und schließlich auf die Vernachlässigung der Ökonomie des Lehrens und Lernens (a.a.O., S. 132 ff.). Der zentrale Mangel reformpädagogischer Konzepte sei ihr „Verzicht auf Didaktik und also System“, denn sie beschreiben Lernen nur unter Bedingungen von vorausgesetztem Interesse und aktuellem Bedürfnis, beziehen sich „zumeist nur rhapsodisch auf Inhalte“ und vernachlässigen die Frage des Lehrens (S. 134).

Der Versuch, tatsächlich vom Lernen der Kinder und ihren Fragen auszugehen, trifft ein wichtiges Prinzip des Sachunterrichts, dieses darf aber nicht allein situativ verstanden werden, sondern ist zu beziehen auf den Fortgang und die Ziele des Bildungsprozesses. Schule als gesellschaftliche Institution hat auch die Aufgabe der Enkulturation. Curricula sind unentbehrlich, um Auswahl, Akzentuierung und Reihenfolge der Inhalte, bezogen auf die erforderliche und gegebene Zeit, zu regeln und die für ein nicht nur punktuelles Verstehen maßgeblichen Zusammenhänge in der Kontinuität des didaktischen Aufbaus zu sichern (Bedeutsamkeit, Zugänglichkeit und Zusammenhänge der Inhalte).

Die Ökonomie des Lehrens und Lernens muss die Ressourcen, die den Lernenden und der Institution Schule zur Verfügung stehen, für bildungsbezogenes Lernen, für die Stiftung und Stärkung von Motivationen und Interessen sowie für den Aufbau von Kompetenzen in einer Weise fruchtbar machen, die den Bedürfnissen von Kindern entspricht und die Lust am Lernen erhält (Ergiebigkeit des Unterrichts). Durch eine pädagogisch verantwortliche curriculare Planung, die Spielräume offen lässt, wird das Prinzip der Kindgemäßheit nicht verletzt, sondern in seiner Relation zu anderen didaktischen Prinzipien gewürdigt.

2.2 Kinder in ihrer Lernentwicklung

2.2.1 Öffnung des Blicks (v. Weizsäcker)

Die Frage nach der Lernentwicklung kann auch philosophisch gestellt werden. Wahrscheinlich ist unsere Rezeption entwicklungspsychologischer Erkenntnisse nicht frei von Rückblicken auf die eigene Persongenese. Leitmotive des Denkens und Sich-Entscheidens haben tiefe Wurzeln in frühen Wahrnehmungen. Das ist bedeutsam für Lehren und Lernen.

Carl Friedrich v. Weizsäcker reflektiert in „Der Mensch in seiner Geschichte" (1991) die „Öffnung des Blicks" des Knaben im zweiten Jahrzehnt des zwanzigsten Jahrhunderts: „Wer bin ich?" Er zentriert in der Erinnerung die Aufmerksamkeit auf einen wichtigen Aspekt der Lerngeschichte. An seine frühesten nachhaltigen Wahrnehmungen erinnert sich das Individuum kaum: *„Wir haben affektiv wahrgenommen, ehe wir gedeutet haben."* (S. 16, Hervorhebung hinzugefügt)

„Ich liebte sehr den schmalen Waldweg neben der Straße ... sommers im gedämpften Sonnenlicht. Ich sagte, *‚des Wegle freut sich ganz'.*" – „Da war meine erste große Liebe, die junge Schwester meiner Mutter, Schulkind, nur acht Jahre älter als ich, die ‚Tante Lie'." – „Die Eisenbahnfahrten waren schön. ... Ich wollte Lokomotivführer werden." – „Ich lernte Lesen. Ich studierte den Atlas. ‚Die Pfütze da sieht aus wie Australien.' Nun wollte ich ‚Naturforscher' werden. ... Forschungsreisender ...". – „In der zweiten Schulklasse schenkte mir die Lehrerin Wanda Scholz ein Neues Testament. Ich verwahrte es." – Gymnasium. „Ich las populäre Bücher über die Sterne. Nun wollte ich Astronom werden. Offenbar immer der weiteste vorstellbare Horizont. Außerdem hatte ich ein Phantasieland, in dem ich König war." – „Ich war elf Jahre alt", als Tante Lie starb. „Später, viele Jahre lang, kam sie in Träumen zu mir. Man durfte niemandem sagen, daß sie noch lebte. ..."

> „Elfjährig begann ich in dem Neuen Testament der Wanda Scholz zu lesen. Entsetzen packte mich bei der Bergpredigt. Das ist unwidersprechlich wahr, was da steht. Aber dann ist mein Leben, ist unser aller Leben falsch. Man darf nicht Krieg führen. Ich muß mein Leben Gott widmen. Also muß ich Pfarrer werden. Aber ich bin doch Astronom! Der bestirnte Himmel in mir, das moralische Gesetz über mir." – „Ich bin zwölf Jahre alt. Eine wunderbare Sternennacht. Hier ist Gott anwesend. Die Sterne sind Gaskugeln. Beides ist unwidersprechlich, und natürlich vereinbar. Aber niemand erklärt mir, *wie* man es vereint denken muß." (S. 18)

„Wozu berichte ich all das? *Wahrnehmungen sind ursprünglicher als ihre Deutungen."* (ebd., Hervorhebung hinzugefügt)

„Wie hat das Kind das Leben wahrgenommen?" ... „Das Wegle freut sich. ‚Aber hör, ist das Wegle denn lebendig, daß es sich freuen kann?' Der Bub hatte noch nicht die dialektische Gewandtheit des Chuangtse, der zuletzt gesagt hätte: Ich merke die Freude des Wegs an meiner Freude, wenn ich auf ihm gehe." (S. 31)[188]

2.2.2 Genetische Erkenntnistheorie (Piaget)

Reformpädagogische Konzepte gehen tendenziell von einer „natürlichen", sich selbst erfüllenden geistigen Entwicklung „des Kindes" aus, wenn nur die notwendige Unterstützung gegeben ist. Vielleicht liegt in der Geisteshaltung der Reformpädagogik auch einer der Gründe dafür, dass die auf detaillierte und weitgespannte entwicklungspsychologische Untersuchungen gestützten, erkenntnistheoretisch akzentuierten Theorien Jean Piagets, die Aebli einem „genetisierten" Neukantianismus zuschreibt (Aebli 1980, S. 185), in der Schulpädagogik nur oberflächlich rezipiert wurden.[189] Einfluss auf die Einschätzung der Lernfähigkeit von Kindern und die Schulpraxis bekamen insbesondere im sechsten und siebten Jahrzehnt des 20. Jahrhunderts die Stadientheorie der Intelligenzentwicklung und in geringerem Maße die Äquilibrationstheorie.

Die altersbezogene Abgrenzung von Entwicklungsstufen kognitiver Strukturen bei Kindern (sensumotorische, präoperationale, konkret-operationale und formaloperationale Stufe) hat Piaget selbst zunehmend relativiert und damit auch das Postulat, immer erst zu warten, bis die Kinder entsprechende neue Schemata gebildet haben. Entwicklungsphasen und -muster – wie immer sie im Einzelnen charakterisiert und abgegrenzt werden – lassen sich nicht aufheben, aber durch Lernprozesse erheblich überformen und verschieben: Lernen ist das wichtigste Movens der geistigen Entwicklung (vgl. Stern 2002). Piagets Theorie einer Genese der Erkenntnis, die charakterisiert werden kann als eine kontinuierliche Konstruktion und Adaption durch aufeinander bezogene Prozesse der Assimilation (operative Aufnahme von Umweltdaten), der Akkommodation (Erweiterung und Differenzierung vorhandener Erkenntnisstrukturen und -schemata) und der Äquilibration (innere dynamische Regulation des Gleichgewichts zwischen assimilativen und akkommodativen Prozessen) fand in der Forderung nach handlungsintensivem Lernen als kindgemäße Lernform ihren Niederschlag. Der Mensch erfasst Wirklichkeit durch seine Assimilationsschemata, d.h. durch sensumotorische und soziale Handlungen, durch Operationen, Methoden und Begriffe.

---

188 „Chuangtse und Huitse gingen am Fluß spazieren. Chuangtse sagte: ‚Sieh, wie die Fische aus dem Wasser springen! Das ist die Freude der Fische.' Huitse warf ein: ‚Du bist nicht die Fische. Wie kannst du wissen, daß das die Freude der Fische ist?' Chuangtse erwiderte: ‚Du bist nicht ich. Wie kannst du wissen, daß ich nicht weiß, daß das die Freude der Fische ist?' Und nach einem weiteren logischen Schlagabtausch endete Chuangtse: ‚Ich erkenne die Freude der Fische an meiner Freude am Zuschauen.'" (v. Weizsäcker 1991, S. 101)

189 Anders stellt sich die Situation insbesondere in den Didaktiken des mathematischen und naturwissenschaftlichen Unterrichts dar. Für den Sachunterricht sind neben den Theorien zur Intelligenzentwicklung vor allem die in den vierziger Jahren entstandenen und bald nach den Zweiten Weltkrieg übersetzten empirischen Studien zum räumlichen Denken, zur Entwicklung der Mengen- und Zahlbegriffe, zum physikalischen Denken und zum Zeitverständnis sowie zur Genese des moralischen Urteils von Bedeutung, ebenso die zahlreichen Anschlussarbeiten.

In seiner Darstellung des kindlichen Weltbildes ging Piaget davon aus, dass Kinder die Wirklichkeit mit einfacheren Erkenntnismitteln als Erwachsene interpretieren und z.B. auch den Naturvorgängen Absichten, Tätigkeiten und Empfindungen unterstellen, daher der kindliche Animismus, Artifizialismus und generell der Anthropomorphismus (vgl. Aebli 1980, S. 184), dem durchaus ein Bemühen der Kinder zugrunde liegt, die Welt – über situative Erfahrungen hinaus – nach eigenem Empfinden zu deuten.

Erkenntnisse gehen nach Piaget aus dem Handeln hervor; Denken ist verknüpft mit der Koordination von Handlungen, die interiorisiert werden und dann als geistige Operationen verallgemeinert und reversibel sind. Die Konstruktion von Operationen ist für Piaget die zentrale Funktion der Intelligenz.
Mit seiner Stadientheorie beschrieb er den mentalen Aufbau einer formalen operatorischen Kompetenz als Voraussetzung für die Erarbeitung von Weltwissen über Natur und Kultur. Neuere Untersuchungen legen die Annahme nahe, „daß die Veränderungen im kindlichen Denken weit mehr auf der Ebene des *inhaltlichen* Verständnisses wichtiger Bereiche als der *formalen* der Aspekte des Denkens anzusiedeln sind" (Schneider u.a. in Weinert 1998, S. 60). Hervorgehoben wird damit die Bedeutung des Lernens für die geistige Entwicklung.

2.2.3 Begabung und Lernen (Roth)

Einen neuen Impuls für einen Paradigmenwechsel didaktischer Theorien gab der von Heinrich Roth 1968 herausgegebene Gutachtenband „Begabung und Lernen", in dem versucht wird, den statischen Begabungsbegriff einer populären Begabungstheorie durch ein dynamisches Verständnis von Begabung abzulösen. Begabung wird als *produktive Lernfähigkeit* interpretiert und die Entwicklung von Begabungen als ein pädagogischer Prozess des „Begabens". Damit ist die Aufmerksamkeit auf den *Lernbegriff* gerichtet. Nicht mehr bestimmte Entwicklungsphasen oder Altersstufen erscheinen als wichtigste Voraussetzung für Lernleistungen; bedeutsam wird vielmehr der curriculare Aspekt, nämlich die Überzeugung, „daß jedes weiterführende Lernen früher Gelerntes zur Voraussetzung hat" und dass damit die kumulative Wirkung früherer Lernerfahrungen, die sachstrukturell richtige Abfolge der Lernprozesse und die Lernstrategien zu den entscheidenden Faktoren erfolgreichen Lernens werden. Vorrangige Bedeutung haben also richtig angelegte Lehr- und Lernprozesse (vgl. Roth 1972, S. 22 f.).

2.2.4 Zonen der Entwicklung (Wygotski)

Früher und stärker als in Westdeutschland wurden in der DDR, in den USA und in England die Arbeiten der sog. *kulturhistorischen Schule* rezipiert, als deren bekanntester Repräsentant Lew S. Wygotski gilt. Wygotski geht in seinen theoretischen und empirischen Untersuchungen davon aus, dass die Beziehungen von Entwicklung und Erziehung und ihre wechselseitige Gewichtung nur verstanden werden kann, wenn das Individuum im Zusammenhang mit den gesellschaftlich-historischen Existenzbedingungen des Menschen, insbesondere mit der Kultur[190], berücksichtigt wird (vgl. Lompscher u.a. 1997, S. 21). Akzentuiert werden die soziale und kulturelle Bedingtheit des Lernens und das *Tätigkeitskonzept,* das die Mensch-Welt-Wechselwirkung (einschließlich der gesellschaftlich-kommunikativen Beziehungen) beschreibt. Tätigkeit ist die spezifisch menschliche Form der Aktivität; in ihrem Fluss lassen sich *Handlungen* als inhaltlich, zeitlich und logisch abgrenzbare Abschnitte unterscheiden, in denen konkrete Ziele verfolgt werden, z.B. das Lösen eines Problems.

Kulturinhalte eignet sich der Mensch dadurch an, dass er etwas Eigenes aus ihnen macht. Dabei erfährt er sich als aktives, Ziele setzendes und erreichendes (oder scheiterndes) Subjekt und gewinnt Selbstbewusstsein, indem er in sozialen Interaktionen zunehmend die Handlungen anderer Menschen zu verstehen und zu bewerten lernt und damit Maßstäbe für sich selbst gewinnt. Lernhandlungen sind ganz wesentlich mentale Vollzüge; Kinder müssen lernen, nachdenklich an Alltagsprobleme heranzugehen um eine sinnhafte Distanz zum Alltag zu gewinnen, die Grundlage einer reflexiven Haltung und für Erkenntnisinteressen ist. Dem Übergang vom Alltagsdenken zum wissenschaftsbezogenen Denken wird in diesem Zusammenhang große Aufmerksamkeit gewidmet, ebenso der Bedeutung des begrifflichen Denkens und der Erkenntnisfunktion von Begriffen.

Von unmittelbarer praktischer Relevanz ist Wygotskis dynamisches *Modell der Entwicklungszonen.*[191] Ein konkretes Entwicklungsniveau eines Kindes ist danach durch jeweils zwei Entwicklungszonen gekennzeichnet: Die „Zone der aktuellen Leistung" umfasst alles, was das Kind in einem Sachgebiet schon selbstständig bewältigen kann. Von da aus richtet sich die didaktische Perspektive auf Möglichkeiten weiterführender Leistungen, d.h. auf differenzierteres und anspruchsvolleres Denken und Handeln, die das Individuum noch nicht alleine, wohl aber unter Anleitung und mit Unterstützung realisieren kann und damit die „Zone der nächsten Entwicklung" erreicht. Indem der junge Mensch auf dem Niveau dieser Zone Selbstständigkeit gewinnt, wird sie für ihn zur neuen „Zone der aktuellen Leistung", die dann wiederum Ansatz für weiterführende Förderung ist. Unterricht muss sich also differenziert auf das sorgfältig ermittelte aktuelle Niveau

---

190 „Kultur" wird in der kulturhistorischen Theorie im weitesten Sinne verstanden, d.h. der Begriff umfasst die Gesamtheit der Lebensbedingungen, soweit sie nicht von der Natur gegeben, sondern durch die Tätigkeit von Menschen geschaffen sind.

191 Da die kulturhistorische Theorie ihren Akzent in der Psychologie des Menschen hat und anthropologisch orientiert ist, wird Entwicklung nicht vorrangig biologisch bzw. phylo- oder ontogenetisch verstanden, sondern eben kultur-historisch, d.h. als Ausdruck und Ergebnis der kooperativen Tätigkeit des Menschen im kumulativen Aufbau der Kultur. Ziel des Lernens ist daher die Selbstveränderung des Menschen im Sinne der kulturellen Menschwerdung (vgl. dazu und zu den Konsequenzen dieser Theorie für den Sachunterricht Giest 2007).

der Lernenden einstellen (Diagnostik) und anregende weiterführende Inhalte und Lernumgebungen anbieten, d.h. Lernbedingungen schaffen, die den Lernenden helfen, mit den Anforderungen des nächsten Niveaus vertraut zu werden und sie zu bewältigen[192] (Lompscher 1997, S. 31).
Nach diesem Modell kann es keine allgemeingültigen Aussagen über den Entwicklungsstand einer bestimmten Altersgruppe geben; die Entwicklung wird von Kind zu Kind variieren. Weiterhin wird Entwicklung verstanden als ständiges Wechselspiel zwischen bereits Erreichtem und darüber hinausgehenden Möglichkeiten der Zunahme von Selbstständigkeit und Eigenverantwortlichkeit in Prozessen der Interaktion, der Anregung, Anleitung, Aneignung und des ko-konstruktiven Aufbaus von Weltverständnis und Kompetenz. Aufgabe der Lehrenden ist es aber auch, Zonen der aktuellen Leistung immer wieder durch Festigung, Wiederholung und Übung zu stabilisieren, damit sie als sichere Basis neuer Zonen der nächsten Entwicklung dienen können.

2.2.5 Strukturierung des Denkens (Donaldson)

Ein wichtiges Problem eines anspruchsvollen Sachunterrichts und der intellektuellen Entwicklung von Kindern ist die „Ablösung" des Denkens von Bindungen in einem situativen Kontext konkreter Lebenssituationen durch die hypothetische oder spekulative Überschreitung praktischer Erfahrungen. Margaret Donaldson (1991) hat in kritischer Würdigung der Untersuchungen und Theorien Piagets erneut gezeigt, dass schon junge Kinder erstaunliche geistige Leistungen erbringen können und schwierige Aufgaben bewältigen, wenn die Anforderungen in einem vertrauten Sachzusammenhang stehen, der für das Kind überschaubar ist, d.h. wenn es möglich ist, den fraglichen Sachverhalt in Anschauung der Dinge oder auch nur in der Vorstellung nach den Erfordernissen der Situation zu strukturieren.
Wie aber lernen Kinder, in ihrem Denken solche, in der unmittelbaren Erfahrung „anschaulich" gegebenen Zusammenhänge zu überschreiten? Donaldson empfiehlt, „sich an der *Struktur* der Sachverhalte zu orientieren" (S. 92)[193], fügt aber hinzu, dass das von gegebenen Inhalten abstrahierende Denken dann am

192 Dieses Modell, das auf „das Morgen des Kindes" (Wygotski, zit. n. Lompscher u.a., S. 31) gerichtet ist und nahelegt, der aktuellen Leistung immer etwas vorauszueilen, ist dem romantischen Bild einer „ruhig reifenden Kindheit" entgegengesetzt; es enthält die Gefahren einer zunehmenden Beschleunigung und leistungshemmenden Überforderung.

193 Bruner, auf den sich Donaldson immer wieder bezieht, erläutert „Struktur" als sich wiederholendes Grundmuster: „Die Struktur lernen, heißt lernen, wie die Dinge aufeinander bezogen sind." (Bruner 1970, S. 22). Strukturen ergeben Modelle für das Verstehen anderer, ähnlicher Sachverhalte. Das bedeutet nicht, dass Kinder Probleme durch Reduktion auf eine formale Struktur lösen können. Vielmehr zeigt sich, „dass sich auch intelligente Erwachsene beim Lösen eher formaler Probleme von Kontextfaktoren leiten lassen" (Stern 2002, S. 28).

fruchtbarsten sei, wenn es mit praktischem Tun verbunden wird. Dafür nennt sie mehrere Ansätze:

1. In ihrem Bemühen, die Welt zu begreifen, stellen Kinder Fragen und möchten Neues ausprobieren; diese Fragen und Bestrebungen enthalten erste Anfänge eines Verständnisses für potentielle Ereignisse, d.h. das Denken geht über die Erkenntnis dessen, was ist, hinaus bis zur Vorstellung dessen, was sein könnte (S. 96). Solche realen Utopien können in Träumen, im Spiel, in Geschichten ihren Ausdruck finden.
2. Die Vorstellung möglicher Ereignisse und der Wunsch, Sachverhalte kennenzulernen, ist verbunden mit dem Bewusstsein des Nichtwissens. Viele Schulanfänger sind in der Lage, Ungewissheit zu erkennen, und sie sind sich bewusst, dass sie vieles nicht wissen. Oft versuchen sie, mit Hilfe von Überlegungen über Vereinbarkeit bzw. Unvereinbarkeit gewisser Sachverhalte den Bereich ihrer Kenntnisse zu erweitern, d.h. mögliche Zusammenhänge und Widersprüche zu prüfen und so ihrem Wissen eine bessere Konsistenz zu geben. Der Fortschritt vom Erkennen von Widersprüchen zu einem Wissen, das als richtig anerkannt ist, beruht auf „deduktiven" Schlüssen (wenn auch diese Schlüsse noch nicht formal sind, sondern auf konkreten Prämissen beruhen).
3. Die gedankliche Vorwegnahme möglicher Ereignisse – verbunden mit dem Wunsch, sie herbeizuführen – beinhaltet einerseits die Vorstellung eines Ziels und andererseits Überlegungen bezüglich der Mittel und Wege, insbesondere über zweckdienliche Handlungen zur Verwirklichung dieser Ziele. Wiederum ist zu unterscheiden zwischen dem tatsächlichen Ausprobieren von Handlungsmöglichkeiten und einem gedanklichen Durchspielen von Abläufen. Planendes Verhalten bedeutet, „daß offene Handlungen kurzfristig aufgeschoben werden und alle Aufmerksamkeit sich stattdessen nach innen, auf geistige Prozesse konzentriert" (S. 97).

Dazu ein Beispiel, das E. Klewitz angibt: Er stellte Schulkindern verschiedenen Alters die Aufgabe, einen Fluss (dargestellt durch einen blauen Pappstreifen) mit einfachen quaderförmigen Bausteinen zu überbrücken (Kragbrücke). Die Analyse der aufgezeichneten Versuche zeigt, dass auch zunächst erfolglose Lösungsversuche durchaus die Funktion haben, die Möglichkeiten und Grenzen des Materials zu erkunden und damit „die sensomotorische Voraussetzung für eine kognitive Rekonstruktion" sind (Klewitz 1991, S. 143).

„Unterschiede zeigen sich in der Reihenfolge von Denken und Handeln. Während bei jüngeren Kindern Planen und Ausführen eng miteinander verknüpft sind, Teileinsichten durch Probieren auf ihren Wert geprüft werden oder umgekehrt Probieren zu Korrekturen der Konzepte führt, durchdenken Ältere die gesamte Konstruktion, bevor sie an die Arbeit gehen. Das führte so weit, daß ein Schüler aus der sechsten Klasse 10 Minuten lang regungslos vor dem Fluß und dem Schiffchen saß. Sein Minenspiel verriet angestrengtes Nachdenken. Schließlich sagte er, ohne auch nur einen Bauklotz in die Hand genommen zu haben: ‚Es geht nicht, die Brücke kracht zusammen!‘ Erst die Aufforderung, doch irgendetwas zu bauen, veranlaßte ihn, Holzbausteine anzufassen. Nach anfänglichem ziellosen Aufeinandertürmen wurde das Bauen zunehmend systematischer, und in kurzer Zeit löste er das Problem.“ (S. 145)

4. Die Sprachentwicklung ist verbunden mit dem Aufbau der Fähigkeit, die Absichten anderer Menschen zu erkennen und eigene Ziele zu verfolgen. Donaldson widerspricht der These (Piagets), dass junge Kinder nicht in der Lage wären, ihr Denken zu dezentrieren, d.h. den eigenen Standpunkt zu relativieren. So spricht sie zu Recht Kindern am Schulanfang „eine beträchtliche Denkfähigkeit“ zu, aber ihr Denken richte sich nach außen auf die reale Welt, die ihnen bedeutungsvoll, wechselhaft und verwirrend zugleich erscheine. Nun aber müssen sie lernen, ihr Denken selbst zum Gegenstand der Reflexion zu machen und zu steuern, verschiedene mögliche Interpretationen von Sachverhalten gegeneinander abzuwägen, Klarheit über Begriffe zu gewinnen und mit Symbolen umzugehen (S. 98 f.).

Fördernd in diesen genannten Punkten der intellektuellen Entwicklung ist vor allem das auf jeweils gegenwärtige, zuhandene Sachverhalte bezogene *Gespräch* und, darüber hinaus, der Versuch, das jeweils Gemeinte und Erkannte in Bildern und einfachen Sätzen festzuhalten (ikonische und symbolische Repräsentation). Das Gespräch gibt durch seinen Verlauf Hilfen, die Aufmerksamkeit zu steuern, in der Erfassung von Sinn verschiedene Möglichkeiten in Betracht zu ziehen, Fragen zu stellen, Antworten zu reflektieren und – im Hinblick auf den Wunsch, Ergebnisse festzuhalten – das Sprachvermögen zu stärken.

Kinder beschäftigen sich anhaltend mit der Erkundung ihrer Umwelt. Der Sachunterricht fördert ihre Lernentwicklung dadurch, dass er einen entscheidenden Einblick in Gegenstandsbereiche eröffnet und dem Grundbedürfnis entgegenkommt, die Welt zu begreifen und die Dinge zu beherrschen. Donaldson plädiert eindringlich dafür, die Bereitschaft zu fördern, sich in der Auseinandersetzung mit den Dingen auch „Widersprüchlichkeiten zu stellen beziehungsweise diese – aus Freude an der Herausforderung – sogar zu suchen“ (a.a.O., S. 125).

2.2.6 Bedeutung des Lernens (Stern)

Einen Überblick über neuere entwicklungspsychologische Arbeiten, die auch für die Didaktik des Sachunterrichts relevant sind, gibt Elsbeth Stern (2002). Als basal für die kognitive Entwicklung angesehen wird situationsspezifisches Wissen, d.h. ein Wissen, das in den Kontext der zu lösenden Probleme eingepasst, strukturiert und vernetzt ist (Bereichsspezifität von Kompetenzen).

So kann z.B. physikalisches Wissen auf drei Ebenen verfügbar sein: (1) In der Situationsrepräsentation dominiert modularisiertes Handlungswissen (enaktive Repräsentation), etwa wie man mit Hilfe eines Hebels einen schweren Gegenstand anheben kann. (2) In einer anschaulichen (ikonischen) Repräsentation, wie in einem Kräfteparallelogramm, können Richtung und Größe der Kräfte „abgebildet" werden, die beim Einsatz des Hebels wirken. Gerade diese Form der in der Vorstellung verfügbaren Repräsentation ist offenbar für Problemlösungen bedeutsam. (3) In der formal-mathematischen (symbolischen) Repräsentation liegt die Formel für das Hebelgesetz vor. Aber ohne die Basis einer lebendigen Vorstellung des Wirkungszusammenhangs bleibt sie oft nur totes Wissen (vgl. Stern 2002, S. 29).

Die Fähigkeit zur *Hypothesenprüfung* ist nach Stern ein zentraler Aspekt für die Abgrenzung von konkretem und formalem Denken. Sie weist aber darauf hin, „dass es sich bei den Defiziten im Hypothesenprüfen nicht um eine prinzipielle Überforderung handelt, sondern eher um einen Mangel an Erfahrung" (S. 32). Schon „recht junge Kinder" können „mit etwas Unterstützung" Prinzipien des kausalen Denkens im Allgemeinen und des wissenschaftsbezogenen Vorgehens beim Problemlösen nachvollziehen. Auch zu proportionalem Denken sind Grundschulkinder nach vorliegenden Untersuchungen durchaus in der Lage, d.h. sie gewinnen bei bestimmten Aufgabenstellungen, insbesondere bei solchen, in denen der situativ gegebene Sachverhalt hinreichend vertraut ist, Zugang zu formalem Denken.

Ein Beispiel ist wiederum das Verhalten jener Fünfjährigen, die nach dem Bericht Wagenscheins die Frage untersucht hat, ob der „Ruf des Raben" (Wagenschein 2003, S. 38 f.) für eine größere Distanz auch längere Zeit braucht (vgl. Teil I; 1.1.2). Das Kind war offenbar in der gegebenen Situation in der Lage, ein Problem zu erkennen und eine vage Vermutung durch Ausdenken und Realisieren geeigneter Testbedingungen experimentell zu überprüfen, also situativ Fähigkeiten zu entwickeln, die dem formal-operatorischen Denken zugeschrieben werden.[194]

Entsprechend kann Stern die Vorstellung eines natürlichen entwicklungsbedingten Fortschreitens von konkretem zu abstraktem Denken als „überholt" bezeichnen. „Es ist die Organisation und Vernetzung der Wissensbasis, die zu allen Zeitpunkten der Entwicklung die entscheidende Voraussetzung für bestimmte geistige Kompetenzen ist" (S. 32), d.h. dass dem *Lernen* die zentrale Bedeutung zukommt. Neuere Theorien zur geistigen Entwicklung beziehen sich nach Stern auf
– die Veränderung zentraler kognitiver Strukturen,
– die Zunahme effizient genutzter Arbeitsspeicherkapazität,
– die radikale Umstrukturierung des bereichsspezifischen Begriffswissens,[195]

194 Weitere Beispiele finden sich in großer Zahl in den Unterrichtsprotokollen von Thiel (2003) und bei Soostmeyer (1998; 2002).

195 Begriffsmerkmale, „die ehemals zentral waren, werden peripher und umgekehrt. Der Begriff ‚Eltern' ist für jüngere Kinder verbunden mit ‚für kleine Kinder sorgen', während ältere Kinder ‚Nachkommen haben' als zentral ansehen. Jüngere Grundschulkinder bejahen die Frage, ob ein Haufen Reis etwas wiege, verneinen aber die Frage, ob ein einzelnes Reiskorn etwas wiege. Diese zunächst unplausible Antwort wird sehr plausibel, wenn man weiß, dass jüngere Kinder ‚Ge-

- den allmählichen Strategiewechsel zu allgemeineren und effizienteren Verfahren,
- den Aufbau bereichsübergreifender Schlüsselkompetenzen (z.B. die Fähigkeit zur Perspektivübernahme oder das Verstehen von Proportionalität),
- den kompetenten Umgang mit Zeichensystemen als geistige Medien (Sprache, Zeichnungen, Diagramme, mathematische Symbolsysteme), die den Zugang zu der Welt der Ideen und wissenschaftlichen Begriffe eröffnen.

Mit besonderer Eindringlichkeit verweist Stern darauf, dass *Zeichensysteme* frühzeitig zur Konstruktion nicht direkt wahrnehmbarer Bedeutungsinhalte genutzt werden sollten. Es ist ihre These, dass in einem Unterricht, der Kindern durch eine möglichst konkrete Gestaltung von Lerngelegenheiten entgegenzukommen meint, die Möglichkeiten zur Vermittlung anspruchsvollerer Kompetenzen im Umgang mit Zeichensystemen nicht ausgeschöpft werden. Kinder sollten lernen, „sich von der konkreten Welt zu lösen“ und erkennen, „wie man mit Zeichensystemen Bedeutung jenseits der Wahrnehmung konstruieren kann“ (S. 38). Kognitive Entwicklung vollzieht sich nicht – wie oftmals aus den Untersuchungen Piagets abgeleitet – quasi von selbst auf dem Weg vom konkreten Handeln zum abstrakten Denken, „sondern durch die Übernahme von im kulturellen Kontext entstandenen Werkzeugen“. „Neue kognitive Kompetenzen sind das Ergebnis einer aktiven geistigen Konstruktion und nicht einer passiven Übertragung“. Sinnvoll und notwendig erscheint demnach die „Forderung nach einer anspruchsvolleren Gestaltung der Lernumgebung von Grundschulkindern“ (S. 40).

2.3 Unterricht als produktive Irritation (MPU)

Die „Entgrenzung der Lernfähigkeit und ihre[.] Befreiung aus der Festgelegtheit durch das kulturelle Milieu“ (Giel 2001, S. 205), aus konventionellen Unterrichtskonzepten und -formen, ist ein zentrales Ziel der Konzeption *„Mehrperspektivischer Unterricht“ (MPU)*, die von der Arbeitsgruppe „Integrative, mehrperspektivische Unterrichtsmodelle im Bereich der Elementarerziehung“ im Rahmen des CIEL-Forschungsprogramms in den frühen siebziger Jahren hauptsächlich an der Pädagogischen Hochschule Reutlingen entwickelt wurde (vgl. Giel u.a. 1974, 1975; Hiller/Popp 1998; Thomas 2009 S. 75–88). Aufgebaut werden soll eine allgemeine, d.h. nicht nur situationsspezifische *Handlungsfähigkeit* der Kinder, die sie schließlich befähigt, kritisch-konstruktiv und reflektierend an gesellschaftlichen Prozessen teilzuhaben.

„Unter ‚Handlungsfähigkeit‘ ist nicht Angepaßtheit oder Adaptionsfähigkeit gemeint, sondern ... die allgemeine Disponibilität“, die „Aneignung von Hand-

---

wicht‘ und ‚sich schwer anfühlen‘ noch gleichsetzen.“ (Stern 2002, S. 34)

lungsmöglichkeiten, was zugleich Distanz und Reflexion beinhaltet, die Entdeckung der Tiefendimension und Zukunftsoffenheit des Handelns“ (Giel 1974, S. 45). Vorrangig soll es der Schule „darum zu tun sein, die tatsächliche Partizipation [der Kinder an gesellschaftlichen Prozessen; W.K.] verständlich zu machen, aufzuklären, sie zur Sache derer zu machen, die tatsächlich, unaufhebbar faktisch, daran partizipieren“ (Giel 1974, S. 51), und „die sozio-kulturelle Bedingtheit der Sachen und Erfahrungen“ zur Geltung zu bringen (S. 54). Es geht um Aufklärung der Bedingungen für das Zustandekommen und die „Machart“ bestimmter gesellschaftlicher Handlungsmuster, Sprachkonventionen und Werthaltungen, um den Kindern begreiflich zu machen, welche Mechanismen, Macht- und Interessenkonstellationen sich dahinter verbergen und wie es möglich sein könnte, eigene Interessen und Bedürfnisse zur Geltung zu bringen (vgl. Thomas 2009, S. 76).
Seinen Ansatz sucht der Unterricht bei der „Alltagswirklichkeit“, insbesondere in „‘Besorgungen‘ als elementare[n] Sinneinheiten der Alltagswirklichkeit“ [196] (Giel 1975, S. 62; vgl. ders. 2001, S. 208 ff.) und in „Funktionen“ wie „Wohnen, Dienstleistung/Verwaltung, Erziehung, Produktion, Freizeit, Verkehr, Konsum, Kommunikation, Politik, Fest/Feier“. Und dieser Katalog von Funktionen dient als Klassifikationsschema für die Inhalte des Sachunterrichts, als Leitfaden für die Entdeckung und Formulierung von Unterrichtsintentionen (Giel 1974, S. 58); seine Ausprägung findet der Unterricht im Arrangement von Handlungsfeldern. Ausgelegt werden sollen die Zielvorstellungen als *Kompetenzen,* insbesondere als „Sachkompetenz (Aufbau von Fakten- und Erklärungswissen)“, „Sozialpragmatische Kompetenz (gesellschaftliches Orientierungswissen)“, „Kommunikative Kompetenz (Fähigkeit des druck- und herrschaftsfreien Austausches, der Artikulation von Bedeutung)“ und als „Kulturelle Kompetenz (Integration und Interpretation von Fakten im Horizonte der kulturellen Selbstbedeutung)“ (S. 45).[197]
Kern des didaktischen Konzepts sind Unterrichtsarrangements, durch welche die Rekonstruktion von relevanten, für die Gesellschaft typischen *Handlungsfeldern* in der Spannung zwischen Konstruktion, Integration, Kommunikation und Distanzierung *modellhaft* betrieben wird. Der Unterricht selbst wird gleichsam zur „Schaubühne“, auf der eine modellierte Alltagswirklichkeit, z.B. „Supermarkt“

196 „Den Modus, in dem die gesamte gesellschaftliche Wirklichkeit dem nicht besonders qualifizierten Jedermann zur Verfügung steht, nennen wir Alltagswirklichkeit“ (Giel 1974, S. 56; 2001, S. 207). – Das alltägliche Besorgen ist hier Ausdruck der allgemeinen gesellschaftlichen Realität und bezieht sich nicht speziell auf Konsum. „Besorgungen“ sind Anfangspunkte des Erkennens und Denkens.

197 Mit ihren „Aufsätzen zur Konzeption“ (Giel u.a. 1974; 1975) verfolgen die Autoren einen genuin pädagogisch-emanzipatorischen Ansatz und treten in einen scharfen Gegensatz einerseits zur gleichzeitigen (politischen) Restaurierung des Heimatkundeunterrichts, andererseits zu den spezifisch naturwissenschaftsbezogenen struktur- bzw. konzept- und den verfahrensorientierten Curricula (vgl. Giel u.a. 1974, S. 19 ff.; S. 34 ff.).

(Handel und Gewerbe), „Sprudelfabrik" (Produktion) oder „Kinderzimmer" (Wohnen), nach Maßgabe wissenschaftlich-technischer (scientischer), politisch-öffentlicher, szenischer und erlebnishaft-erfahrungsbezogener Zugriffsweisen dargestellt und durchschaubar gemacht werden kann. Durch verfremdende Inszenierungen, in denen die agierenden Personen als Rollenträger fungieren, sollen die Kinder erkennen, dass die Sachen der Welt auch in anderer Weise in den Blick genommen werden können als durch unreflektierte sinnliche Wahrnehmung und eine sie begleitende Alltagssprache. „Unterrichtlich erzeugte Rekonstruktionen bilden also die Wirklichkeit nicht ab, sie wollen sie vielmehr verständlich machen. Sie präsentieren die Wirklichkeit so, daß sie verständlich wird." (Giel u.a. 1974, S. 14). Angestrebt wird also nicht die Erzeugung einer sinnlichen Evidenz, vielmehr dient die szenische Entwicklung eines Sachverhaltes dem rationalen Dekodieren und Verstehen, insbesondere in Verbindung mit scientischen Zugriffsweisen.
Das *Spiel* (nach Regeln und unter der Regie des Lehrers, *game)* als Ort der Modellbildung, „in dem die ‚Realität' auf die Regeln ihres Funktionierens reduziert ist", ist die Darstellungsform zur Reproduktion der Alltagswirklichkeit (Giel 1974, S. 60; 2001, S. 213) und zum Aufbau von Handlungsfähigkeit. Die Sachen erscheinen dabei nicht in einer – wie auch immer gearteten – fachlichen Ausrichtung, Ordnung oder domänenspezifischen Konzentration, sondern es ist die *Artikulationsleistung* der Beteiligten, durch die es möglich werden soll, einen Konsens über Sachverhalte in aufeinander bezogenen mehrperspektivischen Zugriffen herzustellen.[198]

Ebenen solcher Artikulationsleistungen sind nach diesem Konzept
- die *Reproduktion* (als akzentuierte Darstellung eines Sachverhaltes aus vorgängigem Wissen und aktueller Information: *memoria),*
- die *Repräsentation* (als Begriffs- und Modellbildung aus Veranschaulichungen, Fallanalysen, Beschreibungen und Anwendungen),
- die *Formalisierung* (durch Begründungen, Verknüpfungen und empirische Untersuchungen; durch Auffinden von Regelhaftigkeiten und Wahrheitsbedingungen),
- die *Integration* (durch Überprüfung von vermuteten Möglichkeiten der Verallgemeinerung und von Zusammenhängen, z.B. über Macht-, Interessens- und Verwertungskontexte, sowie der Gültigkeit von theoretischen Annahmen) (Giel 1974, S. 65 f.; vgl. Thomas 2009, S. 77 ff.).

In seinen für die Konzeption des MPU grundlegenden Reflexionen legt Giel dar, dass die Alltagswirklichkeit nicht in dem Sinn Ausgangspunkt des Elementarunterrichts sei, dass dieser sich von ihr abzuheben hätte, sondern diese Alltagswirklichkeit selbst sei „der einzig mögliche Unterrichtsgegenstand", und das Problem

198 Ausführlich beschrieben und in seiner Bedeutung gewürdigt ist die Konzeption des integrativ-mehrperspektivischen Unterrichts (MPU) bei Thomas (2009), S. 75 ff.; vgl. außerdem Hiller/Popp 1998 und Giel 2001.

des Unterrichts bestehe in der Thematisierung eben dieser Wirklichkeit als einer solchen (Giel 1975, S. 122). Elementarunterricht habe die Aufgabe, „die Alltagswirklichkeit als Kulturzustand (als gesellschaftliche Wirklichkeit) zu erhellen". Und noch dezidierter:

> „Es obliegt ihm nicht, in die ‚hohe Kultur' einzuführen, in die Wissenschaft, die Kunst, als in Bereiche, die über die Alltagswirklichkeit erhaben sind, sondern Kunst und Wissenschaft, Wirtschaft und Recht (...) als aufbauende Elemente eben dieser Alltagswirklichkeit in ihr selbst entdecken zu lassen." (ebd.)

Entsprechend habe der Elementarunterricht keine Objekte, Gegenstände oder (wissenschaftliche) Kenntnisse als solche zu thematisieren, sondern sie als „Bestandteile" der Handlungsfelder zu nehmen, die unsere Lebenswirklichkeit ausmachen. „Nicht die Objekte, sondern die Handlungsfelder sind das ‚Primäre'." (ebd.)

Handlungsfähigkeit wird erworben in didaktisch und szenisch aufbereiteten Handlungsfeldern, dabei geht es entscheidend um das Erfassen von *Sinnstrukturen,* d.h. der diskreten, je spezifischen Zusammenhänge, welche diese Felder konstituieren. Das „Spiel" ist das generelle Medium, in dem „die reale Wirklichkeit in der Form des Modells oder Simulacrums dargestellt" wird.[199] Unterricht, verstanden „als Spiel der Wirklichkeit", soll die Kinder aus dem Verstricktsein in die Alltagswirklichkeit in einer Weise lösen, „daß sie sich diese voll verständlich und verfügbar machen können ... . In der Befreiung aus den Schemata des alltäglichen Besorgens liegt die emanzipatorische Funktion des Unterrichtes". Die Chance wird darin gesehen, dass schließlich „diese Wirklichkeit für Kinder und Jugendliche gleichsam ad usum delphini zur Verfügung" steht (S. 123 f.). Ob dabei die unmittelbaren Bedürfnisse, Interessen und Lebensweltbezüge der Kinder angemessen berücksichtigt werden, kann hier offen bleiben.

Allgemein gewendet geht es bei Giel um die *„Entfaltung von Bildsamkeit* in der Form von Begabungen": „In der Entfaltung individueller Begabungen durch die Aneignung von Kulturprodukten als Organen der Weltauslegung vollzieht sich die Einwurzelung des Menschen in den Boden, auf den alle Artikulationsformen der gesellschaftlichen Wirklichkeit (auch die Wissenschaften) bezogen bleiben." (Giel 1975, S. 81) „Wirklichkeit" gilt nicht als feste Gegebenheit, sondern als ein

199 Gemeint ist ein durch Rekonstruktion von Handlungsfeldern erzeugtes Konstrukt, das „Funktionen" und Strukturen szenisch nachbildet und damit ans Licht bringt, „was der naiven Zuwendung verborgen ist". – Nach Roland Barthes, auf den sich die Arbeitsgruppe bezieht, besteht das Ziel der strukturalistischen Tätigkeit darin, ein „Objekt" derart zu rekonstituieren, „dass in dieser Rekonstitution zu Tage tritt, nach welchen Regeln es funktioniert" (Giel 2001, S. 211). Dabei geht es nicht um unmittelbare Teilhabe an einer vorgefundenen „Wirklichkeit", erst recht nicht um pragmatische Eingriffe (wie in einem Projekt nach Dewey), sondern um eine offene, ideenreiche strukturelle Gestaltung aus der Distanz.

Zusammenhang von Objekten und Geschehnissen, der wesentlich durch kulturelle Überlieferung und zwischenmenschlichen Bezug bestimmt ist.
Inspiriert ist die von Giel u.a. vorgetragene, hoch artifizielle und radikale Konzeption eines integrativ-mehrperspektivischen Unterrichts neben strukturalistischen Einflüssen auch durch einen Konstruktivismus in der Ausprägung, die er bei Paul Lorenzen in der Erlanger-Konstanzer Schule gefunden hat (Lorenzen 1968). Es geht im Unterricht nicht darum, die Welt (reduziert auf ein schulisches Normalmaß) abzubilden, sondern sie unter bestimmten Perspektiven und Erkenntnisinteressen noch einmal modellhaft zu entwerfen, um sie verstehen zu können; es geht um Rekonstruktionen einer gesellschaftlichen Praxis in kunstvoll inszenierten Lehrstücken. Im Arrangement von Handlungsfeldern sollen die Kinder lernen, die Mehrdimensionalität von Vorgängen, von „Funktionen" und Institutionen zu erkennen und ansatzweise zu durchschauen. Erklärt wird die Welt als „Horizont der Möglichkeiten" (Giel 1975, S. 81) durch Zeigen und Darstellen modellierter Wirklichkeit; Deutlichkeit gewinnt sie in der *Begriffsbildung* durch Veranschaulichungen, durch Definitionen in Fallanalysen, die zu Subsumptionen und Applikationen Anlass geben (Giel 1974, S. 65).
Radikal ist diese Konzeption insofern, als sie an die Stelle vertrauter Wissensdomänen durchaus heterogene, auf ein Handlungsfeld bezogene Zugriffsweisen setzt. Didaktik baut nach den theoretischen Voraussetzungen des MPU nicht auf das Gegebensein von Wirklichkeit auf, sondern muss selber Formen hervorbringen, in denen die Wirklichkeit fassbar wird. Deshalb werden *Perspektiven* nicht durch Fachaspekte konstituiert, sondern entstehen durch die Artikulationsleistungen im Zugriff auf die ausgewählten Handlungsfelder. Das Spiel auf der „Bühne" ist nicht nur Analyse und Rekonstruktion von „Realität", es ist auch Utopie und Erprobung von Neuem, es eröffnet Freiheitsräume und ermöglicht Distanz.
Der MPU setzt die Schule in eine konzeptionell bedingte kritische Distanz zu einer naiv erlebten gesellschaftlichen und physischen Realität. Er macht Ernst mit der These, dass das Neue in einer Art Gegenbewegung zum Überkommenen und den Bildern des Alltags gewonnen werden muss, und er will den Kindern Handlungs- und Denkräume eröffnen, indem er Alternativen zu den durch Milieus begrenzten oder durch Medien vermittelten Blick auf die Wirklichkeit vorstellt. Dabei wird von keinen festen Annahmen über das Kindsein oder die kindliche Welt ausgegangen. Was Kinder wollen, können, erwarten, könne sich nur zeigen, wenn man ihnen die Wirklichkeit, in der sie leben, zur freien spielerischen Gestaltung überlässt. Die „unterrichtliche Darstellung der Wirklichkeit, durch die allein unsere Wirklichkeit als Wirklichkeit der Kinder und Jugendlichen entdeckt werden kann, ist die Realisierung von Emanzipation" (Giel 1975, S. 124). Das ist eine klare Distanzierung von dem anthropologischen Modell der Weimarer Zeit, das den Bedingungen des Heranwachsens schon lange nicht mehr entsprach, und es eröffnet – jedenfalls prinzipiell – Freiheitsräume.

Die Konzeption des MPU präsentiert in den „Stücken“[200] hoch artifiziell ausgearbeitete Lernumgebungen, die nicht in die Gefahr der Infantilisierung geraten. Allerdings werden konkrete Dinge nie selbst unmittelbar zum Thema, sondern – rekonstruiert in sorgfältig geplanten Arrangements – als „interessierte Darstellungen“ in Bildern, Erzählungen, Modellen zeichenhaft verfremdet. Sachverhalte werden aus ihrem ursprünglichen Kontext herausgelöst, nach Maßgabe der favorisierten Zugriffsweisen und Artikulationsebenen zerlegt und für die Darstellung auf der Schaubühne des Unterrichts neu zusammengesetzt. Im szenischen Entwurf ist komprimiert, was „im Leben“ geschieht. Das Spiel ist ein Medium der Erkenntnis, in dem man sich selbst anschauen kann. Auf der Bühne belauschen sich die Kinder quasi selbst beim Reden und Handeln. Selbstbeobachtung ist ein Weg der Individuation.

Als *Simulacren,* modellhafte Nachbildungen, bezeichnete die Arbeitsgruppe ihre „Stücke“ für den Unterricht, die der „Befreiung aus dem Verstricktsein in die Alltagswirklichkeit“ dienen sollten (Hiller/Popp 1994, S. 100 f.). Problematisch blieb dabei immer, dass sich an der Konstruktion der modellhaften Stücke und damit auch an der Auswahl der Perspektiven die Personen auf der „Schaubühne“, nämlich die Lehrer (als Regisseure) und die Schüler kaum mehr beteiligen konnten und faktisch auf ihre Rolle als Darsteller verwiesen blieben. Weitgehend abgenommen war ihnen die fruchtbare Arbeit, aus einer primären und unmittelbaren Auseinandersetzung mit den Sachverhalten gemäß ihrer eigenen Wahrnehmung den zweiten Schritt zu tun und selbst eine angemessene Metaebene (z.B. der Verfremdung) aufzufinden. Und schließlich: Offenbarte der MPU den Lernenden die Regel, nach der er als Rekonstruktion der „Wirklichkeit“ funktioniert?

Dass es sich bei der Konzeption des MPU, der die innere Unabhängigkeit der Lernenden zum Ziel hat und darüber hinaus der Grundschule ein eigenständiges Profil geben wollte, um ein Ideal (im Sinne der Autoren) handelt, um ein Korrektiv für heimatkundliche Affirmationen und Sehnsüchte nach einer homogenen Welt ebenso wie für „wissenschaftsgläubige“ Verpflichtungen auf die „Struktur der Disziplin“, aber auch um eine Utopie[201], ist im Rückblick offensichtlich. In gewisser

200 Die „Stücke“ liegen als Teilcurricula und didaktische Materialien in detaillierter Ausarbeitung und ausführlicher, anspruchsvoller theoretischer Begründung als Arbeitsmaterial für die Schulen vor.

201 Utopien sind „Leitsterne“ der Entwicklung und als solche gänzlich unverzichtbar; sie müssen von der bloßen Negation des Gegenwärtigen wie auch von Ideologien streng unterschieden werden, denn sie entziehen sich nicht der kritischen Prüfung ihrer Realisierbarkeit, sondern akzeptieren diese als Maßstab ihrer Bewährung.
Thomas Morus schreibt am Ende seines 1516 erschienenen Staatsromans, aus dessen Titel das Wort „Utopie“ stammt: „Doch gestehe ich ohne weiteres, daß ich sehr vieles von der Verfassung der Utopier in unseren Staaten eingeführt sehen möchte, allerdings muß ich das wohl mehr wünschen, als daß ich es hoffen dürfte.“

Weise gilt für den MPU selbst, was Giel der „Methode“ als institutionelles Problem der Schule zuschreibt: Sie „erzeugt eine eigene ‚Welt‘, mit eigenen Materialien und eigenen Leistungsformen und, was das Wichtigste ist dabei, sie definiert den Lernenden durch eine eigene gesellschaftliche Rolle ...“ (Giel 1974, S. 50).
Giel selbst blickt nach einem Vierteljahrhundert zurück und spricht von „Revision“ (2001). In großer begrifflicher Dichte werden die Ansätze, die Konzeption und vor allem die „generativen Muster der didaktischen Kunst“ als „Kunstlehre des Unterrichts“ rekapituliert. Noch stärker betont wird nun das integrative Moment und die Vernetzung der Perspektiven (S. 201). Die Schule und die in ihr Lehrenden sind nicht auf ein fixiertes Bild des Kindes festgelegt, aber sie werden darauf verpflichtet, „die Kindheit im wissenschaftlichen Erkenntnisprozess zu entdecken“, d.h. den „Durchbruch zu elementaren Fragestellungen“ wahrzunehmen und die integrierende Kraft des Lernens im Gesellschaftsprozess zu erschließen und zur Geltung zu bringen (S. 202). Dahinter seht die Überzeugung von der „eigenen Dignität der Praxis“ (S. 204).
Praktiziert wird im MPU ein Primat des Lehrens vor dem Lernen: Erst die Lehre ermöglicht die schulische Ausprägung des Lernens; sie gilt als konstitutiv für Unterrichtsinhalte und für das Durchstoßen von Grenzen des kulturellen Milieus sowie entsprechender Lernerfahrungen.[202] „Das Lehren stellt sich somit dar als Entgrenzung der Lernfähigkeit und ihrer Befreiung aus der Festgelegtheit durch das kulturelle Milieu.“ (S. 205) Die Lernfähigkeit der Kinder wird in Anspruch genommen als „Medium der Sachlichkeit“, d.h. als Fähigkeit, sich auf den Anspruch der Dinge einzulassen. Darin sieht Giel die „Ethizität“, die ethische Legitimierung und den ethischen Anspruch der schulischen Lehre begründet. Die Aktualität dieses Ethos ist heute angesichts der Tatsache, dass unser Bildungssystem Kinder aus anregungsarmen Elternhäusern zu wenig nachhaltig fördert, offensichtlich. Gefordert aber ist – das muss die Schulpädagogik hinzufügen – die Gesellschaft, die Akzente setzt und über Ressourcen entscheidet.

3 Sachunterricht und Sachen

In der Entwicklung der Didaktik des Sachunterrichts stellen Konzeptionen und Curricula, die in der unmittelbaren Folge der Bildungsreform von 1969/70 ste-

202 Das zeigt sich am deutlichsten in der Auswahl und Inszenierung von Exempeln, in denen (von Gewohnheiten beherrschte) „Besorgungen“ verfremdet dargestellt werden, um die Lernenden auf eine dem Alltag verborgene „Wirklichkeit“ zu stoßen. Solche Inszenierungen sind gemäß der Konzeption das Kernstück der didaktischen Kunst, das den Unterricht als einen Handlungsraum sui generis konstituiert.

hen, eine erste Phase dar (vgl. Thomas 2009). Eine zweite Phase beginnt mit theoretisch fundierten, den gesamten Gegenstandsbereich thematisierenden Darstellungen zur *Sache des Sachunterrichts.* In diesen konzeptionellen Entwürfen der achtziger Jahre bekommt die Disziplin Didaktik des Sachunterrichts in Forschung und Lehre eine eigenständige Gestalt. Den ersten der hier relevanten Entwürfe legte Helmut Schreier 1982 unter dem Titel „Die Sache des Sachunterrichts" vor; der zweite von Michael Soostmeyer erschien 1988 unter dem Titel „Zur Sache Sachunterricht".

Beide Werke unterscheiden sich in ihrem jeweiligen philosophischen Hintergrund wie auch in ihren unterrichtspraktischen Ausprägungen grundlegend von der Konzeption des MPU, indem sie Impulse des Pragmatismus und Instrumentalismus, des Konstruktivismus und eine genetische Orientierung zur Geltung bringen. Projektorientierter Unterricht ist darauf gerichtet, (gesellschaftlich relevante) Probleme aufzunehmen und mit konkreten Aufgaben die Distanz zum außerschulischen Leben zu verringern.

3.1 „Die Sache des Sachunterrichts" (Schreier)

Helmut Schreier entwarf auf der Grundlage des Erfahrungsbegriffs des Pragmatismus in seiner Ausprägung durch John Dewey eine Didaktik „unter dem Gesichtspunkt des Wissenschaftsbezugs" (Schreier 1982). Sachunterricht erscheint als ein durch *Handeln* („learning by doing")[203] zu erschließendes Erfahrungsfeld im Überschneidungsbereich zwischen gesellschaftlich „objektivierten" Erfahrungen und dem Erfahrungsraum des Einzelnen (S. 37).[204] Im Individuellen sieht Schreier das anzustrebende Allgemeine – „wenn auch in vielfacher Brechung" – schon potentiell enthalten, aber es repräsentiert auch den Anspruch des Gegenwärtigen gegenüber dem Vergangenen (S. 73). Die wissenschaftlichen Domänen als inhaltliche Dimensionen (S. 37) sollen mit „fächerübergreifenden Problemen" verbunden und die Dispositionen der Kinder auf diese gesellschaftlichen Zusammenhänge bezogen werden. Das „Schnittfeld von individuellen Erfahrungen und allgemeinen Problemen ... ist das Feld, auf dem sich der Sachunterricht anzusiedeln, das er zu kultivieren hat" (S. 127).

> „In diesem Bereich individueller Erfahrungsmöglichkeiten suchen wir nach Anknüpfungspunkten für eine Didaktik des Sachunterrichts, die nicht allein den Maßstab der

---

203 Ein entscheidendes Merkmal dieses Handelns ist, dass es durch das Interesse der Beteiligten geleitet wird.

204 „Die Vermittlung zwischen den Erfahrungen des einzelnen und den gesellschaftlichen Problemzusammenhängen ist die Aufgabe des Sachunterrichts, an deren Lösung seine Qualität gemessen werden kann." (S. 131) – Diese Bemerkung sollte nicht den Blick auf andere Qualitätsmerkmale verstellen.

> Sachangemessenheit im Auge hat, sondern auch den Anspruch der Lernenden ernst nimmt, ... und den es mit den übergreifenden Problemen, von denen die Gesamtheit betroffen ist, zu verbinden gilt." (S. 73)

In solchen Optionen erscheint im Hintergrund die auch bei Dewey präsente Kontinuitätsforderung. Der Unterricht soll durch „handelnde Erfahrung", durch handelndes Sich-Einlassen mit der Welt, genauer: durch das Erkennen und die Bewältigung von Problemen, wichtige, in der Gesellschaft tradierte Erfahrungen – repräsentiert in Wissensbeständen und im Können von Erwachsenen – in den Erfahrungshorizont der Lernenden einbringen (S. 29) und dadurch die „Kontinuität von Erfahrung" sichern. Für die Sinnbestimmung des Unterrichts reichten allerdings Zielformeln wie „Sachkompetenz" nicht aus, vielmehr müsse immer wieder aufgewiesen werden, an welchen Inhalten Sachkompetenz zu entwickeln sei, „denn erst die inhaltliche Dimension bringt die Zielformel zur Realität" (S. 37). Ein vorzügliches „Instrument der Erfahrung" ist das *Projekt*, soweit es gelingt, den Gegensatz zwischen Schule und Leben, von schulbezogenem und gesellschaftsbezogenem Interesse zu überwinden, d.h. der Projektbegriff darf nicht allein aus den methodischen Legitimationsbedürfnissen des Unterrichts hergeleitet werden. „Das über die Schule hinausgreifende Bewußtsein der Verhältnisse ist unabdingbar", und das bedeutet eine Öffnung der Schule für außerschulische Probleme. Anzustreben wäre „die Konstitution des Unterrichtsinhalts durch das Projekt", durch „den gemeinsamen Plan von Lehrenden und Lernenden" (S. 27).
Für die Didaktik des Sachunterrichts hebt Schreier zwei Merkmale der Projektarbeit hervor: (1) die Problemorientierung. „In den als Problemen wahrgenommenen Erscheinungen und Sachverhalten trifft das Interesse mit dem umfassenden gesellschaftlichen zusammen". Und (2) die Arbeitsdisziplin, die aus dem Sinn der gemeinsam entwickelten Aufgabe hervorgeht. In diszipliniertem Verhalten als einem Aspekt selbstbestimmten Handelns erkennt Schreier die Kraft der handlungsbezogenen didaktischen Ansätze, der Routine eines weitgehend entfremdeten Schulbetriebes zu widerstehen und – darüber hinaus – die Verhältnisse mitzugestalten (S. 33).

3.2 „Zur Sache Sachunterricht" (Soostmeyer)

3.2.1 Zum didaktischen Ansatz

Michael Soostmeyer versieht sein didaktisches Hauptwerk, das in drei Auflagen (1988, 1992, 1998a) vorliegt, mit dem Untertitel „Begründung eines situations-, handlungs- und sachorientierten Unterrichts in der Grundschule". Es handelt sich um den Versuch, „eine Theorie für den Sachunterricht zu erarbeiten, der kindliches Lernen in Situationen der Lebenswirklichkeit auf handelnder Grundlage und unter dem Anspruch des Ethos der Sachlichkeit verwirklicht", wobei diese einzelnen Orientierungen als sich gegenseitig ergänzend und durchdringend konzipiert sind (Einführung in die 1. Aufl. 1988, S. 8). Es gehört für den Autor zu den Voraussetzungen, dass didaktisches Denken die Beziehung Kind und Sache insgesamt zu fassen hat, d.h. im Zentrum der Bemühungen stehen „die Kinder in ihren Beziehungen zu Personen und anderen Lebewesen, Sachen und Sachverhalten" (1998a, S. 9).

Der Autor nimmt Ergebnisse der kognitiven Lernpsychologie, insbesondere zum entdeckenden Lernen, aber auch philosophische Positionen kritisch auf und verbindet Strategien eines auf Exploration angelegten Unterrichts mit exemplarischer Konzentration auf relevante Sachen. Umsichtig arrangierte Lernumgebungen werden so auf Inhalte bezogen, dass eine konstruktive Sachauseinandersetzung, die den Kindern große Freiheiten im Erkunden und Probieren gibt, angeregt und unterstützt wird. Damit expliziert er eine Didaktik des Sachunterrichts, die pädagogische und fachliche Bezüge produktiv aufnimmt und sich auf ihren zentralen Gegenstand, nämlich das sachbezogene Lernen von Kindern, konzentriert.

„Situationsorientiert" heißt bei Soostmeyer: auf die psychische, soziale und besondere lebensweltliche Situation der Kinder bezogen. Die „Erschließung der Lebenswirklichkeit" wird als zentrale Aufgabe des Sachunterrichts bestimmt; in ihr findet dieser auch seine pädagogischen Grundlagen (S. 180 ff.). Den Begriff der Lebenswirklichkeit führt Soostmeyer auf das Konstrukt „Lebenswelt" in der Phänomenologie Husserls zurück und fasst ihn als pädagogische Entsprechung zu diesem philosophischen Terminus (S. 187). Gemeint ist eine subjektiv vermittelte umfassende Realität, die notwendig in den Zusammenhang der Lebensgeschichte des Individuums aufgenommen ist, d.h. dass das Subjekt sich immer schon in einer Erfahrungswelt vorfindet, die Erklärungen und Handlungsmuster enthält, welche dann auch personale Bedeutung gewinnen.[205] Diese Lebenswirklichkeit ist „die Gesamtheit aller Personen und anderer Lebewesen, aller Sachen und Sachverhalte, zu denen das Kind Beziehungen aufgebaut hat oder aufbaut" (S. 186); und sie ist hinterfragbar, der Reflexion und dem Handeln zugänglich. Kindliche Aktivitäten sind wirklichkeitsstiftende Handlungen.

Ausdrücklich wendet sich Soostmeyer gegen eine Interpretation des Begriffes der Lebenswirklichkeit, die mit der Gefahr verbunden wäre, dass sozialwissenschaftliche gegenüber naturwissenschaftlichen Aspekten überbetont werden, dass das Verhältnis zwischen zufälligen situativen Lernanlässen und systematisch-propädeutischen Aufgaben unbestimmt bleibt oder dass Widersprüche zwischen der subjektiv-individuellen Perspektive und dem Ziel der Objektivierung der Weltsicht den curricularen Prozess behindern (S. 195). Der anfängliche situative Be-

205 Soostmeyer akzentuiert hier mit Blick auf die Lebensverhältnisse von Kindern die generellen präformierenden Wirkungen der Kultur auf die Genese von Denken und Verhalten.

zug oder situationsspezifisches Wissen soll durch Unterricht, der nicht einfach belehrt, sondern in kommunikativer, handelnder, unmittelbar gegenstandsbezogener Auseinandersetzung zu Erkenntnissen führt, aufgehoben, d.h. in umfassendere, allgemeinere Erkenntnisstrukturen eingefügt werden. Dabei können der Reiz und die Widerständigkeit gegenständlicher Bezüge erkannt, bearbeitet und schließlich auch in der Gestalt von Episoden gespeichert, d.h. im Modus von markanten Erinnerungswerten festgehalten werden. Auf diese Weise gewinnen Denken und Erkenntnis Konsistenz.

Die mögliche Spannung zwischen Kindgemäßheit des Lehrens und Lernens und dem Postulat der Wissenschaftsorientierung wird im Sinne Wagenscheins genetisch-konstruktiv gelöst: „Wir müssen die Kinder in unsere wissenschaftlichen Formen der Welterkenntnis hineinholen, ohne Verängstigungen und ohne Erniedrigung der kindlichen Vorstellungen, die ja sehr häufig als Wege zur Wissenschaft aufzufassen sind." (S. 74) „Wissenschaftsorientierung korrespondiert mit dem Begriff des ‚innovativen Lernens', wie er in der Studie des Club of Rome dargestellt ist (...). Er impliziert im wesentlichen: ‚Antizipation, Partizipation, Autonomie und Integration'." (S. 252, Hervorhebungen sind weggelassen)

Sachunterricht ist zielbezogen und insbesondere auf Erziehung zu Sachlichkeit und Mitmenschlichkeit gerichtet. Das „Ethos der Sachlichkeit" sieht Soostmeyer als Konstituens eines humanen und wissenschaftlich begründeten Begriffs des Lernens (vgl. Einführung in die 1. Aufl. 1988, S. 11) und als einen zentralen Grundgedanken des Bildungsgeschehens (1998a, S. 270).

In seiner Aufarbeitung des Begriffes *Sachlichkeit* für den Sachunterricht nimmt er Bezug auf Hans E. Hengstenberg, der Sachlichkeit als „menschliches Urphänomen" bezeichnet, in dem intellektuelle, volitive und emotionale Momente verbunden sind. „Sachlichkeit ist Konspirieren mit dem Gegenstande, Mitvollzug seiner ihm selbst eigenen sinnhaften Struktur." Eine entsprechende „forscherische Haltung" finden wir bereits beim kleinen Kind. „Das Urbild der Sachlichkeit ist ... das Kind, das über seinem Spiel, der Gelehrte, der über der Ergriffenheit durch seinen Gegenstand Zeit und Raum vergißt" (Hengstenberg, zit. n. Soostmeyer 1998a, S. 270 f.; 2002, S. 50 ff.).[206]

Soostmeyer nennt als Beispiel die hingewandte Aufmerksamkeit eines siebenjährigen Jungen, in der das „Konspirieren" in zweifacher Hinsicht zum Ausdruck kommt:

---

206 Ganz offensichtlich gehört zu der gemeinten Sachlichkeit in Lern- und Forschungsprozessen jene „eigentümliche Konzentration", die Maria Montessori in der Geschichte von dem dreijährigen Mädchen beschreibt, das unbeirrt durch Störungen seine Übungen mit den Holzzylindern mehr als vierzigmal wiederholt (Montessori 1980, S. 165). An diesem Beispiel wird auch deutlich, dass der Begriff der Ergriffenheit nicht sentimentalistisch interpretiert werden darf.

„Ein Junge steht ganz gespannt vor dem Aquarium im Klassenraum und beobachtet eine Zeitlang intensiv die Fische. Dann dreht er sich um, legt seine Hände mit den Fingern rückwärts gerichtet an die Wangenknochen und schmiegt sie an den Hals. Dann öffnet er den Mund, tut so, als hole er tief Luft, schließt den Mund, spreizt die Finger vom Hals ab, imitiert Ausatmen und sagt nach mehreren Wiederholungen freudestrahlend: ‚Der atmet so!', und weist auf einen der Fische." (S. 271)

Sachlichkeit muss sich an ihrem Gegenstand bewähren, indem sie dessen Widerständigkeit produktiv aufnimmt. Damit enthält sie auch ein subjektives Moment und hat nicht schon die Härte jener Objektivität, die – wie Justitia – den Sachen gleichsam mit verbundenen Augen gegenübersteht. Unsere Beziehung zu Sachen und Sachverhalten ist mit Gefühlen verbunden, und das Prinzip der Sachlichkeit verlangt deren „Mitwahrnehmung" (v. Weizsäcker 1977). Sachlichkeit reduziert die Sache nicht zum neutralen Ding oder Objekt, und es hängt von den jeweiligen Bezügen ab, wieweit Sachlichkeit ausschließlich Objektivität verlangt. In der Wahrnehmung von Sachen, die dem Sachunterricht aufgegeben ist, verbindet sich das Prinzip der Sachlichkeit mit dem von Ethik und Ästhetik. Erst unter Berücksichtigung dieser drei Momente ist ein sachgemäßer Zugriff auf die Welt möglich, der den gegenwärtigen Ansprüchen und Notwendigkeiten eines bildenden Unterrichts entspricht.
In sozialen Beziehungen tritt zur Sachlichkeit die Mitmenschlichkeit; sie ist sachliches Verhalten in Bezug auf Menschen. Die erkannte Pflicht zur Mitmenschlichkeit, zur mitmenschlichen Solidarität, ist ein Exempel für die Frage nach dem Sinn. Mit der Einbeziehung von Subjektivität in das Prinzip der Sachgemäßheit wird es erst möglich, eine Sache als ein Gut oder als eine Pflicht wahrzunehmen und Sachlichkeit mit dem Prinzip Verantwortung oder mit Ethik überhaupt zu verbinden. „Verantwortung ist die als Pflicht anerkannte Sorge um ein anderes Sein, die bei Bedrohung seiner Verletzlichkeit zur ‚Besorgnis' wird" (Jonas 1984, S. 391). In der Grundschule ist es vielleicht die Sorge für ein Tier oder für Pflanzen, die sachlich erfüllt werden muss, manchmal auch für einen Mitschüler, der unsere Hilfe braucht. Im persönlichen Bereich beginnt auch die Mitverantwortung für die Umwelt, die wir mit anderen Lebewesen gemeinsam haben. Dabei ist klar, dass verantwortliches Handeln Urteile voraussetzt, die wiederum ohne hinreichende Kenntnisse nicht möglich sind.
Grundlegendes *Wissen und Können* erwerben die Kinder, indem sie lernen, Fragen zu stellen, die auf den Sinn und die Bedeutung von Ereignissen und Phänomenen abzielen. Darüber hinaus sind Sachen und Sachverhalte „unter den Perspektiven der Formgebung, des inneren und äußeren Aufbaus, ihrer Herkunft, ihres Zweckes, ihrer Funktionen und Funktionsweisen" zu untersuchen. „Angesichts der physischen Wirklichkeit wird es darum gehen, den Kindern erste, durch eigene Fragen gewonnene Einsichten in Ursache-Wirkungszusammenhänge (Wenn-Dann-Beziehungen), in zweckhafte und funktionale Zusammenhänge sowie in

raum-zeitliche Beziehungen zu vermitteln." Dabei sollen sie zunehmend „zu einem epistemischen und hypothetisch-abwägenden Denkverhalten finden, das es ihnen erlaubt, Ideen, Konventionen, Vorstellungen, Rollenbilder und Konfliktlösungsmodelle zu durchdenken". Immer geht es im grundlegenden Lernen um den Erwerb von Wissen, um kritische Überprüfung und Methodenbewusstsein, aber auch um die „Problematik der Verantwortung" (Soostmeyer 1998a, S. 219).

3.2.2 Verfahrensstruktur des Problemlösens

Ein wichtiges Moment der Begründung eines situations-, handlungs- und sachorientierten Unterrichts betrifft bei Soostmeyer die Verfahrensstruktur des einsichtigen Problemlösens, die John Dewey (1910/1951) in der Analyse eines Beispiels mustergültig angegeben hat:

> „Ein Glas wird in warmer Spüllauge gespült und dann kopfüber auf eine Tischplatte gestellt. Nach kurzer Zeit treten aus dem Glas Blasen aus … . Nach einiger Zeit … bilden sich, anders als zuvor, an der Innenwand des Glases Blasen. Man kann teils auch beobachten, wie die zuvor außen befindlichen Blasen verschwinden und gleichsam sich neu im Innenraum bilden. Dieser Vorgang ist alltäglich, man kann ihn immer wieder beim Spülen beobachten." (zit. n. Soostmeyer 1998a, S. 254)

Das Phänomen ist erstaunlich und komplex genug, um Aufmerksamkeit und Neugierde zu erregen. Am Anfang steht immer die genaue (u.U. wiederholte) Beobachtung.[207] Soostmeyer referiert die von Dewey angegebenen Schritte des Lösungsprozesses:

1. Man trifft auf eine Schwierigkeit, die Zweifel, kognitive Verwirrung oder auch Frustration auslösen kann.
2. Man erkennt das Problem genauer und versucht, alle relevanten Variablen zu erfassen um die Lücke zu finden, die das Problem darstellt. Dazu ist es erforderlich, durch Ordnen einen Zusammenhang zu finden, Widersprüche zu erfassen und unzureichende Vorstellungen zu verbessern.
3. Man sucht einen Lösungsansatz; auf diesen hin wird das verfügbare Wissen probeweise geordnet, mögliche Vereinfachungen werden geprüft. Dazu erforderlich sind Vermutungen oder Hypothesen mit Lösungsrelevanz.
4. Man strukturiert den Lösungsansatz genauer und untersucht ihn im Hinblick auf Unklarheiten, verbleibende Lücken und unnötige Redundanzen.
5. Man erprobt den Entwurf der Lösung (z.B. experimentell), prüft seine Relevanz, Sinnhaftigkeit und Übertragbarkeit auf Fälle des gleichen Problemtyps (vgl. Soostmeyer 1998a, S. 254).

---

207 Grundschulkindern gelingt der Ansatz einer Erklärung, wenn sie mit der Wärmeausdehnung der Luft schon vertraut sind. – Dewey selbst behandelt neben der Wärmeausdehnung von Gasen Fragen der Blasenbildung in seifigen Flüssigkeiten, Wechselwirkungen zwischen Seifenlösung, Zimmerluft, Glas und der eingeschlossenen Luft u.a.

Den Ursprung eines Wissenschaftsverständnisses sieht Dewey in der heuristischen Entwicklung von Problemlösungsverfahren. Methodische Denkschulung geht von Schwierigkeiten der (alltäglichen oder wissenschaftlichen) Erfahrung aus; Lösungsvorschläge sind schrittweise zu entwickeln, in ihren Konsequenzen logisch zu kontrollieren und durch Beobachtungen und Experimente zu überprüfen. Die im Algorithmus des Problemlösens angegebenen Schritte entsprechen einem phasenartigen Ablauf von Denkprozessen bei der Suche nach Bedeutungen und Zusammenhängen und beim Vordringen von anschaulich gegebenen Eigenschaften zu erklärungsmächtigen Strukturen.

Soostmeyer konstruiert auf dem Hintergrund der von Dewey angegebenen Analyse und unter Rückgriff auf seine früheren Untersuchungen ein Gerüst für „Handlungspläne“[208]:

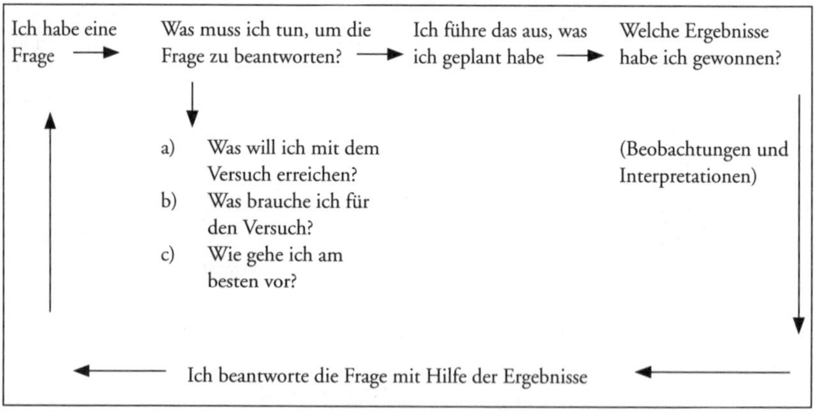

Struktur eines Handlungsplans zur Problemlösung nach Soostmeyer 1998a, S. 262

Wichtig ist in der Konzeption Soostmeyers der Aufbau eines Methodenbewusstseins. Die situationsbezogene Lösung eines Problems wird überschritten durch ein „reflektorisches Moment des Lernens“; das geschieht am Anfang des Prozesses durch die Antizipation der Handlungsschritte und möglicher Ergebnisse, am Ende in der kritischen Vergewisserung der eigenen Vorgehensweise und der durch sie gewonnenen Erkenntnisse und Fertigkeiten durch „abstandnehmende Betrachtung“ (Wagenschein). „Learning by doing“ (Dewey) heißt dann: „We learn

208 In vorausgehenden Untersuchungen hat Soostmeyer solche, auch als „Algorithmus des Probierens“ oder Untersuchens bezeichneten Handlungspläne für verschiedene Unterrichtsinhalte ausdifferenziert (1978, S. 169 ff.). Dabei unterstellt er, dass vorbewusstes Strukturdenken Kindern nicht fremd ist, es ist wie ein Netz, mit dem sich mögliche Zusammenhänge prüfen und erfassen lassen. – Versuche (Experimente) sind in gewisser Weise Kommunikation mit einer Sache: Wir „fragen“ in rechter Weise, die Natur „antwortet“.

by thinking about we have done." (1998a, S. 262) Methodische Schemata sind schließlich situationsindifferent, sie halten Verfahrensweisen für alle Fälle – unabhängig von den besonderen Umständen – bereit. Sachunterricht ist ein forschender Unterricht, ein Prozess des Infragestellens und Nachdenkens. Wo das Verfahren in seiner Struktur als Handlungsplan des Problemlösens verstanden und geübt ist, vermindert sich der wiederkehrende situative kognitive Aufwand durch die Verfügbarkeit konzeptuellen Wissens.

3.2.3 Kumulative Konstruktion

Den konzeptionellen Kern seiner Didaktik bringt Soostmeyer mit dem Titel seines letzten Buches *Genetischer Sachunterricht* (2002) explizit zum Ausdruck.[209] Dabei greift er, wie auch schon in seinen früheren Werken, immer wieder auf die Schriften Wagenscheins zurück, nimmt nun aber auch ausdrücklich Impulse des didaktischen Konstruktivismus auf. „Genese" bezieht er einerseits auf die Kulturgeschichte der Wissenschaft, insbesondere der Naturwissenschaft, andererseits auf den Prozess der „kumulativen Konstruktion" des Weltbildes bei Kindern (vgl. auch Soostmeyer 1998b).

Für grundlegendes Lernen setzt er unter Berufung auf K.O. Apel ein „Leibapriori der Erkenntnis" voraus, das neben dem Angesprochenwerden durch Dinge oder Phänomene ganz wesentlich die Lust und Kontrolle der Körperfunktionen im Tasten, Balancieren, im Empfinden von Wärme und Kälte, im Prüfen von Gewicht, Widerstand, Festigkeit und Konsistenz der Dinge betrifft, kurz: die Unmittelbarkeit und Konkretheit des kindlichen Weltumgangs (vgl. 1998a, S. 246; 2002, S. 35).

Aufschlussreich dazu ist eine Bemerkung von H. Jonas:

> „Der Evolutionsbefund belehrt uns, daß der Mensch durch eine lange Vorgeschichte tierseelischer Annäherungen an den Geist zu sich kam; und der präsente Befund des denkenden Geistes selber lehrt uns, daß er vom Sinnlich-Seelischen wie Wahrnehmen, Fühlen, Begehren, Lust und Leid – all dies leibverbunden – gar nicht zu trennen ist." (Jonas 1994, S. 237)

In der Analyse vieler Beispiele konzentriert sich Soostmeyer auf den Prozess des Lernens durch Wahrnehmen und Lösen von Problemen, vor allem aus dem Bereich von Natur und Technik. Lernen heißt: Informationen aufzunehmen, zu verknüpfen, in integrierende Ideen einzubauen und auf weitere Erfahrungen anzuwenden (S. 53); im konstruktivistischen Ansatz erscheint Lernen als ein interaktiver Prozess der Konstitution von Realität (S. 56). Dabei können leicht Blockaden durch Widersprüchlichkeiten im Denken auftreten, wenn es nicht gelingt, den entscheidenden strukturellen Zusammenhang herzustellen.

---

209 Michael Soostmeyer (1943–2002) konnte die Korrekturen und den Druck dieses Buches nicht mehr begleiten.

Gezeigt wird das an einem Beispiel von Piaget: Wird ein Stein in ein Glas Wasser geworfen, so vermutet das befragte achtjährige Kind, dass der Wasserspiegel steigen wird, weil der Stein *„schwer"* ist. Ein größeres Stück Holz wird das Wasser ebenfalls steigen lassen, obwohl es *„leicht"* ist. Stärker steigt das Wasser durch das Holz, „weil es größer ist". – Piaget erklärt die Widersprüchlichkeiten in den Begründungen durch den Hinweis, dass der Lösungsversuch des Kindes durch zwei verschiedenartige Konzepte (Gewicht und Volumen) überdeterminiert sei; das Fehlen einer Synthese zwinge das Kind, nur über Einzel- oder Sonderfälle nachzudenken (Soostmeyer 2002, S. 74).
Möglicherweise hat das Kind aber auch an Komplikationen durch Schwimmen und Sinken gedacht. Eine Lösung wird Grundschulkindern zumeist nur in einem analysierenden, mit Handlungsmöglichkeiten verbundenen Gespräch gelingen, wenn sie erkennen, dass es auf den Teil des Volumens des eintauchenden Gegenstandes ankommt, der unter der Wasseroberfläche ist.

In Annäherung an naturwissenschaftsbezogenes Arbeiten unterscheidet Soostmeyer bei der Untersuchung eines Phänomens drei Ebenen:

- Sinnliche (aisthetische) Wahrnehmung und Erfahrung
  - Strukturierung der Wahrnehmung
  - Identifikation des Phänomens und Erkennen des Problems
  - Eröffnung des Lösungsprozesses durch den Entwurf von Vermutungen
- Planung und experimentelle (Re-)Konstruktion
  - Konstruktion, Variation und Optimierung des Versuchs: Was soll geprüft werden? Welche Möglichkeiten (Materialien, Geräte) stehen zur Verfügung? Wie gehe ich vor?
  - Identifikation der Bedingungen und Zusammenhänge
  - Plausibilitätsprüfung
- Begründung der Ergebnisse
  - Kriterien der Gültigkeit (Verlässlichkeit, Wiederholbarkeit, experimentelle Überprüfbarkeit, Intersubjektivität, zeitliche und räumliche Unabhängigkeit)
- Abstraktion zum „reinen Fall"
- Überschreiten des Empirisch-Faktischen auf dem Weg zur Physik

Allerdings: Ein „Normalverfahren", das die Kreativität behindern und zu einer „Blockierung der Leidenschaft" (Bruner) führen könnte, soll den Kindern nicht auferlegt werden (S. 238). Vielmehr – so argumentiert Soostmeyer – wollen Kinder strukturierte Darstellungen ihrer Erfahrungen und Ergebnisse, um deren Nachvollzug zu sichern. An Wiedergaben von Unterricht wird gezeigt, wie sie kognitive Sets, „Drehbücher" oder Handlungspläne entwickeln, die dem angegebenen strukturellen Gerüst entsprechen, und die als Modelle des verstehenden Zugriffs reproduzierbar und auf neue Gegebenheiten übertragbar sind (S. 246).

3.3 Lehrstücke für genetischen Sachunterricht

Einen breiten Raum im Gesamtwerk Soostmeyers nehmen Unterrichtsbeispiele und -analysen ein, in denen die genannten konzeptionellen Prämissen lebendig werden und Rechtfertigung finden.[210] Dabei gilt, dass ein Projekt durchaus ein luxurierendes, zeit- und raumgreifendes Unternehmen sein darf, wenn es seinem Zweck, der Bildung junger Menschen, auf diese Weise dient. Es geht hier nicht darum, solche Lehrstücke zu dokumentieren, sondern an Ausschnitten zu zeigen, worauf es ankommt: auf den vielperspektivischen Zugriff sowie die Initiierung und Gestaltung von Lernprozessen, welche die Wissens- und Könnensbasis der Lernenden verbreitern und festigen, die „Vielseitigkeit des Interesse" (Herbart) fördern, ihre das Weltbild fundierenden Vorstellungen bereichern und ethisch begründete Haltungen anbahnen. Die Beispiele sind zugleich explorative Annäherungen an die Möglichkeiten und das didaktische Potential eines anspruchsvollen Unterrichts unter Einbeziehung phänomenologisch-lebensweltlicher Zugänge. Sie zeigen, wie sich verschiedene inhaltliche Dimensionen in der Praxis des Unterrichts durchdringen und wie überfachliche Kompetenzen (z.B. Planung, Organisation und Realisierung von Problemlösungen) an konkreten Aufgaben angebahnt werden können: Im Unterricht werden Gegenstandskonstruktion, Wissensbestände und Verfahrensweisen zu einer integrierten Gesamtheit verknüpft.
Solche Beispiele, die didaktische Strukturierung und Offenheit produktiv verbinden, sind für die Didaktik wichtig, weil sie Impulse aus der Praxis für die Theoriebildung geben, potentiell neue Fragestellungen hervorbringen und vielleicht Anlass geben, das Instrumentarium zur Beschreibung, Analyse und Bewertung von Unterricht zu schärfen. Umgekehrt können sie konzeptionelle Aussagen nicht nur anschaulich machen, sondern sind Belege für die Möglichkeit des intendierten Unterrichts und haben normgebende Funktion für die Praxis selbst.

3.3.1 Kinder drucken Tapeten: Ökonomie, Aisthesis und Moral

Der hier skizzierte Unterricht war Teil einer Einheit über Arbeitsstätten und Berufe in einem zweiten Schuljahr. Die Kinder sollten selbst Handlungspläne für unterschiedliche Druckverfahren entwickeln und ausführen. Das Projekt ist nicht nur einer inhaltlichen Dimension des Sachunterrichts zugeordnet, vielmehr greifen sozial- und naturwissenschaftliche Bezüge, mathematische Ansätze, ethische und ästhetische Orientierungen sowie die Pflege des sprachlichen Ausdrucks ineinander. Das erleichtert die lebensweltliche Einbettung der bildungsrelevanten Problemdefinitionen und -lösungen. Der Unterricht fand in einer Ortschaft statt,

210 Zahlreiche Lehrstücke sind dokumentiert in Soostmeyer 1998, 2001 und 2002. Anders als bei den frühen praktischen Erprobungen Thiels fand der Unterricht in normalen Klassen statt.

in der eine große Tapetenfabrik und eine Druckerei angesiedelt sind.[211] Einige Eltern der Kinder dieser Klasse haben mit dem Berufsfeld „Drucken" zu tun (vgl. Soostmeyer 1998a, S. 221 ff.).
Hauptziele des Unterrichts beziehen sich auf
- Einblicke in Berufe und in die Arbeitswelt,
- eine Ursprungssituation für Erfindungen und ihre Bewährung,
- produktives Werkschaffen und ästhetische Gestaltung,
- Vergleich von Handarbeit und Maschinenarbeit,
- Kriterien für die Bewertung von Arbeit.

Drucken. Zunächst sollen unterschiedliche Druckverfahren entwickelt und angewandt werden. Die Lehrerin macht keine Vorgaben zum Verfahren, sondern stellt verschiedenartige Materialien zur Verfügung, die im wesentlichen dem gemeinsam gestellten Handlungsziel „Tapetenmuster-Drucken" dienen. Die Kinder finden sich sehr rasch in Gruppen zusammen und bringen ihre Lernerfahrungen, die sie bei einem Besuch der Druckerei und der Tapetenfabrik gemacht haben, geschickt ins Spiel.

> Die Papprollen, Korken, Gummiwalzen, Matrizen (Umdrucker), Bindfäden, Pinsel, Messer, die diversen Farben, Kleber und das Papier fordern zu kleinen Diskussionen auf:
> *„Damit kann man noch nichts machen." „Wir müssen daraus Werkzeuge machen."*
> *„Wie die in der Fabrik, die haben ja auch so 'was!"*
> *„Ich will Muster haben und die drucken. Dazu nehme ich die Gummirollen."*
> *„Oh, schön, wir machen was mit dem Umdrucker, da können wir schreiben und malen!"*
> *„Wir müssen noch überlegen, wie wir drucken."*
> *„Papier muß her, und Farbe!"*

> „Es bilden sich vier Gruppen, die unterschiedliche ‚Druckwerkzeuge und Methoden' entwickeln wollen. Unter Hilfestellungen, beispielsweise Hand anlegen bei der schwierigen Aufgabe, in eine Hartgummiwalze eine Auskerbung zu schneiden, erstellen die Gruppen folgende Werkzeuge:
> a) Papprollen (sie stammen von Wollknäueln) werden mit Wollfäden umwickelt. Die Wollfäden werden festgeklebt. Durch Abrollen dieser zuvor mit Farbe getränkten ‚Druckerrollen' entstehen farbige Streifenmuster.
> b) Papprollen (wie oben) werden mit Mustern, z.B. Blumen und farbigen Sternen, bunt bemalt. Durch vorsichtiges Abrollen unter leichtem Druck werden die aufgemalten Muster auf das Papier einzeln übertragen.

211 Der Unterricht wurde von Frau Roswitha Sug-Schraven, Gummersbach, gehalten. Erstveröffentlichung: M. Soostmeyer: Was bedeuten die Begriffe „grundlegende Kenntnisse und elementare Verfahren" für den Sachunterricht. In: Sachunterricht und Mathematik in der Primarstufe, 15(1987)11, S. 482–486. Der dramaturgische Gedanke, der in diesem Projekt steckt, kommt am besten in dieser zusammenhängenden Darstellung zur Geltung.

c) Korken werden mit dem Messer bearbeitet, so daß auf den Stirnflächen ein Muster entsteht. Die Muster werden in Wasserfarbe getaucht und abgedruckt.
d) Matrizen für den Umdrucker werden mit Mustern versehen, mit Hilfe des Umdruckers werden die Umdrucke vervielfältigt. Die DIN-A4-Blätter werden auf Tapete geklebt.
e) In eine Gummiwalze werden Muster geschnitten. Durch Abrollen von vorher aufgetragener Farbe auf Papier entstehen Muster." (S. 222)

„In einem ersten spielerischen Durchgang wenden die einzelnen Gruppen ihre ‚Werkzeuge' an. Sie beseitigen Schönheitsfehler oder verbessern die Muster. Das geschieht auch im Wechselspiel von Probedrucken und Verbesserung des Druckwerkzeugs. Ferner treffen die Kinder sehr schnell erste Verabredungen für die Arbeitsteilung innerhalb der Gruppe. Die hier gefundenen Handlungspläne sind lediglich implizit und daher nicht sprachlich gefaßt. Es wird, ohne viel zu reden, arbeitsteilig gearbeitet. Nachdem die Kinder der einzelnen Gruppen die Arbeitsanleitung auf den ‚Begriff' gebracht und ein wenig später auf ihre speziellen Druckverfahren (Rollen, Stempeln, Umdrucken) umgesetzt haben, wird ein Wettstreit veranstaltet. Drei Minuten lang druckt jede Gruppe mit ihrer Methode und ihren Werkzeugen Tapeten. Ziel ist es herauszufinden, mit welcher Methode man die größte Produktion erreicht.
Der Wettbewerb wird durchgeführt. Hierbei zeigt es sich, daß die Kinder dieses Alters durchaus selbstkritisch sein können:
Die Gruppe, die mit der Gummirolle arbeitet, geht streckenweise zu hastig vor. Die farbtriefende Rolle wird zu schnell vorangetrieben und gleitet über das Papier. Es entstehen Schlieren, aber keine Muster. *‚Die können wir vergessen, die Tapete ist nicht richtig! Geh langsamer! Die Rolle rollt nicht! Tauch doch nicht so tief ein, du platscht ja die Tapete voll!'*
Da einige Muster nicht zum Ausdruck kommen, geht ein Teil dieser Gruppe dazu über, mit Pinsel und Spachtel das Arbeitsergebnis zu verbessern.
Die Kindergruppe, die mit Korkstempeln arbeitet, hat ein arbeitsteiliges Verfahren entwickelt: Vier Kinder stempeln mit je zwei Stempeln, wohingegen zwei die Tapete langsam hin- und herziehen. Schön ist hierbei zu sehen, daß die Kinder die Arbeitstakte harmonisieren und bei drohendem Qualitätsverlust langsamer arbeiten.
Geradezu virtuos arbeiten die Kinder, die auf ihre Papprollen Wollfäden geklebt haben, diese nun mit Wasserfarben tränken und dann eine Lineatur zu Papier bringen. Hier arbeitet jedes Kind mit seiner Rolle an einer gemeinsamen Tapete. Die Kinder kontrollieren sich gegenseitig auf Schnelligkeit und Sorgfalt.
Sehr viel sorgfältiger müssen die Kinder vorgehen, die Blümchen und Figuren auf ihre Rollen gemalt haben und diese nun einzeln auf die Tapete abrollen müssen. Nach dem Abrollen sind sie gezwungen, neu zu bemalen, um sie erneut abrollen zu können. Dieser Prozeß insgesamt ist sehr langwierig und arbeitsintensiv, bringt aber wunderschöne Unikate.
Die Gruppe, die mit dem Umdrucker arbeitet, erzeugt durch rasches Arbeiten – manchmal bockt die Maschine – hohe Stückzahlen bei den Ausdrucken. Ein Kind hebelt so schnell es kann, dann wird es abgelöst usw. Sorgfältig achten weitere Kinder darauf, daß immer genug Papier im Vorratsbehälter ist – Leerlauf soll ja nicht entstehen." (S. 223)

Vergleich der Druckerzeugnisse. Die Kinder beginnen mit dem Vergleich ihrer Methoden und entwickeln in abwägenden Urteilen Kriterien der Bewertung ihrer Druckerzeugnisse. Das geschieht zunächst in quantitativer Hinsicht:

- Die geringste Anzahl hat die Gruppe, die die Papprollen einzeln bemalte, erreicht.
- Darauf folgt die Gruppe, die Papprollen mit Wollfäden beklebt hatte.
- Diese Gruppe wird gefolgt von der Gruppe, die mit dem Korkstempeln arbeitete.
- Große Mengen von Tapeten sind von der Gruppe hergestellt worden, die mit der Gummiwalze gearbeitet hat.
- Die Matrizengruppe zählt einfach die Anzahl der Muster auf einem Blatt und multipliziert diese Anzahl mit der Zahl der Blätter; sie hat bei weitem das meiste Papier bedruckt.

Einige Kinder sind nicht mit dieser Grobeinschätzung zufrieden und geben damit den Anstoß zu einer *Verfeinerung der Messmethoden.* In der Diskussion – in die die Lehrerin nicht eingreift – entwickeln sie ein Verfahren, mit dem die Anzahl der Muster auf der betreffenden Tapete durch Hochrechnung ermittelt werden kann.

> Eine Kindergruppe mißt eine Fläche von ca. 20 x 20 cm aus und zählt die darin befindlichen Stempeldrucke. Die Einheitsfläche wird danach durch Klappen und Verschieben auf die gesamte Produktion übertragen. Die Gesamtanzahl der Stempelabdrucke wird durch Multiplikation errechnet.

Soostmeyer betont, dass der Entwurf des Verfahrens von den Kindern (2. Schuljahr) eigenständig erarbeitet und dargestellt wurde; lediglich bei der Multiplikation musste geholfen werden. Neben der Sachkompetenz, die aus den situativen Erfordernissen erwächst, hebt er die kommunikative Kompetenz hervor; durch gehaltvolle Argumentation ist es der Gruppe gelungen, die anderen Klassenkameraden von der Brauchbarkeit ihrer Methode zu überzeugen. In dem Bemühen um Objektivierung konkurrierender Leistungen sei eine subjektive und intersubjektive Sinnkonstruktion gelungen, die einerseits der Kultivierung des Zusammenlebens dienlich ist und andererseits einen Ansatz zum „wissenschaftsverständigen Lernen" darstellt (1998a, S. 224 f.; 2002, S. 150 f.).

Die Matrizengruppe hat mit Abstand die meisten Drucke hergestellt, das legt einen *Vergleich der Druck- und Arbeitsverfahren* nahe. Gleichwohl ist es überraschend, dass sich die Kinder einem ökonomischen Problem zuwenden, nämlich dass in einer Maschine wie dem Drucker bereits *„Arbeit versteckt ist"*. Ein Kind sagt: *„Es ist ja klar, die Maschine ist ja so gebaut, daß man mit ihr schneller arbeiten kann. Die Maschine kostet ja auch Geld. Die ist ja vorher gemacht worden. Die muß man ja bezahlen."* (S. 225)

„Die Diskussion mündet in die Feststellung: ‚Die Maschine hat gewonnen.' Ein Kind hat aber sachlich und arbeitstechnisch völlig recht mit seiner Kritik, die es wie folgt (leider sehr zaghaft und leise) äußert: *‚Richtig ist das ja nicht, daß die*

Maschinengruppe gewonnen hat. Die haben nur Blätter. Die müssen noch aufgeklebt werden. Das kostet auch Zeit. Wir haben unsere Stempel ja schon drauf.‘ (gemeint sind die Tapetenrollen)“[212]

Hier liegt ein Anstoß, dass sich die Klassengemeinschaft noch einem weiteren wichtigen Kriterium zugewandt hat: Der gestalterisch-ästhetische Gesichtspunkt fordert den *qualitativen Vergleich* heraus. Selbst einigen Mitgliedern der „Siegergruppe“ reicht die Quantität als alleiniges Bewertungskriterium nicht aus. Sie und andere Kinder fragen nach der „Schönheit“ der Produkte. Ein Junge aus der „Gummiwalzen-Gruppe“ stellt fest: „*Wir haben zwar viel geschafft – aber auch viel geschmiert. Das sieht ja nicht besonders gut aus! Wenn man nach dem Aussehen geht, was so richtig schön ist, dann haben eigentlich die Papprollen- und die Korkstempeldrucker gewonnen.*“ Ein anderes Kind bemerkt, daß die „Korkstempler“ die eigentlichen Sieger seien, da sie ohne Maschine „*ziemlich viel und auch schön*“ gearbeitet hätten.

Soostmeyer bemerkt dazu: „Die soziale Dimension, die hier sichtbar wird, ist überzeugend inhaltlich gefüllt. ... Die Kinder haben zielbezogen und auf den Sieg hin gearbeitet. Sie sind stolz auf ihre Produkte, und dennoch akzeptieren sie ein Kriterium, das ihnen den Sieg eigentlich wieder nimmt. Ehrgeiz, Konkurrenzdenken und übertriebene Einschätzung der eigenen Arbeiten sind nicht zu beobachten.“ Bemerkenswert ist, dass während des Wettbewerbes die Mitglieder der konkurrierenden Gruppen alles unterließen, was die jeweils agierende Gruppe hätte stören können. Im Gegenteil – mittelbare Hilfen wie Platz einzuräumen und Störungsversuche zu unterlassen waren für die Kinder selbstverständlich (1998a, S. 312).

Didaktischer Kommentar. „Sternstunden“ schulischer Arbeit, das beglückende Gelingen eines Projektes aus gemeinsamer Anstrengung und „kollektiver Kreativität“, geben auch dem Alltag Impulse und Orientierungen; das zielgerichtete gemeinschaftliche Handeln evoziert ein Gefühl der geistigen Teilhabe und Mitverantwortung. In weitgehend selbstinstruktiven und kommunikativen Lernarrangements werden vernetztes Denken, partizipatives Handeln und reflexive Bewertungsprozesse ermöglicht und gefördert. Überlegtes Handeln ist Erprobung und Darstellung von Prozessen, durch die etwas sichtbar und nachvollziehbar wird; es ist nicht nur die Wiederholung bekannter Prozeduren, sondern verschiebt zugleich den Fragehorizont in Richtung auf das wissenswerte Neue, das es in Erfahrung zu bringen gilt. Auf einen bestimmten Zweck bezogene Entdeckungen oder „Erfindungen“ der Kinder können zu fruchtbaren Episoden im gemeinsa-

212 Soostmeyer merkt dazu an: „In einer späteren Besprechung dieses Problems kamen die Kinder darüber überein, daß ‚Maschinenarbeit‘ zur Massenproduktion vorteilhaft ist und daher nur für bestimmte Erzeugnisse geeignet. Wenn es um den persönlichen Ausdruck, um die künstlerische Ausgestaltung eines Produktes geht, kommen andere Produktionsverfahren eher in Betracht. Unter dieser Perspektive wurden dann die einzelnen Verfahren des Druckens klassifiziert.“ (S. 225 f.)

men Lernprozess werden. Sachunterricht, das Durchdringen von Sachverhalten auf dem Weg des Lösens von Problemen, gibt dazu Anlässe über sein eigenes Feld hinaus.

Messen, eingeführt am primären Beispiel der Längenmessung und damit der erste Umgang mit Größen, gehört zu den Lernaufgaben im zweiten Schuljahr (vgl. Teil I, 3.1.3). Die Entdeckung, dass sich der „Inhalt“ (die Anzahl der Muster) einer größeren Fläche durch fortschreitendes Abdecken mit einem Einheitsquadrat bestimmen lässt, hat für das Verfahren der Flächenberechnung eine exemplarisch-fundierende Bedeutung. Wir haben hier ein Beispiel für eine von den Kindern gefundene Problemlösung durch Mathematisierung eines Sachverhaltes.

Der *ökonomische* und zugleich *technische* Bezug beginnt in elementarer Weise wo die Kinder zuerst „Werkzeuge“ herstellen und dann Verfahren erfinden, die eine effektive Zusammenarbeit in der Gruppe ermöglichen. Sie organisieren Arbeitsteilung, erfahren Spezialisierung und die Organisation von Arbeit in Handlungsketten im Rahmen eines übersichtlichen Vorhabens. Sie ahmen die Methode der industriellen Fertigung nach, um sie zu begreifen. Sie versuchen sogar, ihre Arbeit zu „rationalisieren“, d.h. den Prozess zu straffen und zu vereinheitlichen, z.B. indem die „Korkstempler“ ein Fließband-Verfahren praktizieren: Vier Kinder stempeln, zwei bewegen die Tapetenbahn.

Die *Maschine* steigert diese Möglichkeiten; der Erkenntnisgewinn liegt nicht nur in der Entdeckung dieses Sachverhaltes, sondern vor allem darin, dass die Kinder schließlich die Vorleistung auf die zu verrichtende Arbeit, die in ihr steckt (noch gesteigert gegenüber einfachen Werkzeugen), thematisieren: Durch den Kauf der Maschine werden Möglichkeiten des effektiveren Arbeitens erworben. (Im Sinne der Ökonomie zählt sie aber nicht zur „Arbeit“, sondern zum „Kapital“.)

Die Struktur des von den Kindern gewählten Verfahrens hat die Schwerpunkte der *Identifikation des Problems,* der *Planung* verbesserter Handlungsmöglichkeiten, der *Diskussion* von Handlungsplänen, ihrer *Umsetzung und Prüfung* im praktischen Vollzug und ihrer *Bewertung.*

Verfahren mathematischer oder technischer Problemlösungen sind Mittel zum Zweck. Der Zweck liegt hier in einer ansprechenden ästhetischen Gestaltung von Tapeten in rationellen Verfahren. In der Besinnung auf die erforderliche Qualität vollzieht sich der Übergang der Aufmerksamkeit vom Ökonomischen zum *Ästhetischen:* Die Produkte müssen gefallen. Die Ökonomie der Produktion steht unter der Bedingung des ästhetischen Anspruchs.

Das gilt in besonderem Maß da, wo über den Sieg im Wettbewerb entschieden werden muss. Entgegen der ursprünglichen Vereinbarung gewinnt schließlich das Kriterium *Gerechtigkeit* Dominanz. Gerechtigkeit erfordert Berücksichtigung der gegebenen Bedingungen (im Handlungsprozess) und ein *moralisches Urteil.* Die Kinder stellen sich dem Problem, wie moralische Leitvorstellungen auf die konkrete soziale Realität angewendet werden sollen. Dabei gelingt es ihnen, unmittelbare Individualinteressen zugunsten einer viel abstrakteren Idee zurückzustellen. Das ist nicht nur eine moralische Leistung, sondern auch ein Triumph der Rationalität. Und sie tun das in relativer Autonomie; diese umfasst mehr als die Freiheit, sich für das zu entscheiden, was dem Einzelnen selbst am besten gefällt oder zu nützen scheint, sie bedeutet auch, im Interesse aller handeln zu können und sich selbst zu begrenzen.

Moral ist ein Inbegriff der verbindlichen Sollensregeln im Zusammenleben. Sie bezieht sich – wenigstens zum Teil – auf die Achtung der Ansprüche anderer. Kinder sind darauf angewiesen, moralisches Verhalten an Beispielen zu erfahren und es bei vielen Gelegenheiten, die sich in großer Mannigfaltigkeit in Schule („Schulleben“) und Elternhaus ergeben, einzuüben. Dabei sind wir Erwachsenen stets als vorbildlich Handelnde gefordert; uns obliegt das Ethos der höheren Verpflichtung. Ergänzt und vertieft wird diese Wahrnehmung des Guten, die sich in der unendlichen Fülle situativer Möglichkeiten vollzieht, durch (unterrichtliche) Beispiele von exemplarischer Qualität, in denen sich das Moralische im überschaubaren Bereich des eigenen Handelns erschließt. Die Einsicht in das, was gemeinsame Regeln des Handelns sind und was sie leisten, muss auf dieser Stufe aus dem persönlichen Beteiligtsein kommen.

Solche Beispiele, die von realen Situationen ausgehen und dann auch Reflexionen über Wertentscheidungen einschließen, d.h. die Gelegenheit geben, konkrete moralische Erfahrungen zu machen, Vorstellungen auszubilden und die eine „Beziehung zwischen Erkenntnis und Lebensführung herstellen“ (Dewey 1964, S. 495), ergeben sich hier aus einem Perspektivenwechsel, der von den Kindern selbst herbeigeführt wird.

Die *moralische Bedeutsamkeit* des vorliegenden Beispiels zeigt sich vor allem in der Weise, wie die Kinder (am Ende) unter den Gesichtspunkten der *Gerechtigkeit,* der *Solidarität* und des *Wohlwollens* konkurrierende Werte gegeneinander abwägen und Entscheidungen herbeiführen. Wir finden in verschiedenen Phasen des Unterrichts die Bereitschaft und Fähigkeit der Kinder, ethische Probleme des Gelingens einer gemeinsamen Aufgabe wahrzunehmen, das Besser und Schlechter zu erwägen und in argumentativer Verständigung Entscheidungen zu treffen. Die Wahrheit der Argumentation ist freilich nicht absolut, sondern ergibt sich zwischen Partnern auf der Grundlage gemeinsam anerkannter Grundsätze und Überzeugungen. Der zentrale Bereich moralischer Erziehung besteht in der Verbindung einer *Praxis des moralischen Handelns* in emotionaler Betroffenheit und der *Reflexion der Bedingungen guten Gelingens,* d.h. in der Ausbildung der Urteilsfähigkeit im Hinblick auf innere Konflikte, bezogen zuerst auf den (anschaulich) gegebenen Einzelfall, dann aber mit Perspektive auf Gesellschaft und Natur. In sozialen Beziehungen heißt *verstehen:* den Sinn oder die Bedeutung des entsprechenden Verhaltens einzusehen.

Im Vergleich der Verfahren und Ergebnisse überwinden Kinder der betroffenen Gruppen eigennützige Motive des Selbstbezuges und fällen am Ende eine Entscheidung gegen ihre nächstliegenden Wünsche, nämlich im Wettbewerb gewinnen zu wollen. Die sachbezogene, möglichst objektive Beurteilung der entstandenen Produkte ermöglicht erst das gerechte Urteil über die geleistete Arbeit; die Solidarität der Klasse überwindet im entscheidenden Moment das Konkurrenzdenken. Das Wohlwollen und vielleicht sogar Freundschaft leiten die Gefühle: Nicht Missgunst und Neid, sondern Zufriedenheit und Freude über ein glückliches Gelingen bestimmen den Abschluss. Dieses Gelingen gibt Mut und Zuversicht, es verbessert – so ist zu hoffen – bei den Beteiligten die Disposition zu ethischer Reflexion und zu moralischem Handeln. Philosophische Gespräche, wenn sie solche authentischen Erfahrungen aufgreifen, bieten die Chance, dass zunächst vielleicht nur situative Einsichten in dauerhafte Erkenntnisse und Haltungen transformiert werden und die *erzieherische Komponente* im Aufbau der Bildung wirksam wird.

3.3.2 Erfindung der Druckkunst: historische Orientierung und Geschichtsbewusstsein

„Woher wissen wir, dass Gutenberg die Lettern erfunden hat?" (Soostmeyer 1998a, S. 242) Dem Lehrstück (2. Schuljahr) geht Arbeit mit dem Setzkasten (Drucken) voraus, also eine handlungs- und sachbezogene Einführung. Dann erhalten die Kinder einen kurzen Text über die Erfindung der Druckkunst:

> „Die Kunst des Druckens wurde vor 500 Jahren von Herrn Gutenberg erfunden. Ohne seine Erfindung gäbe es heute wohl keine Bücher oder Zeitungen." (Es folgen knappe Hinweise zum Verfahren.)

Der vorgegebene Text dient hier für den Einstieg in die verstehende Wahrnehmung eines historischen Ereignisses. – Das handelnd erarbeitete Vorwissen und die durch den Umgang mit dem Material entstandenen Fragestellungen präfigurieren (neben generellen motivationalen Orientierungen) ganz wesentlich wie die Kinder den Text auffassen und mit ihm umgehen.

> Oliver: *„Der Satz: ‚Ohne Herrn Gutenberg gäbe es heute keine Bücher', der wird ja nicht stimmen. Denn ein anderer Mann hätte dann das ja schon erfunden! Wir haben das ja auch gekonnt!"*
> Sandra: *„Ich weiß ganz genau, daß es vor dem Herrn Gutenberg auch schon Bücher gab. Das habe ich schon mal gesehen [...]."* (Museum)
> Heike: *„Woher weiß man eigentlich so genau, daß es den Herrn Gutenberg gegeben hat? Der ist doch schon 500 Jahre tot!"*

Mit der Bemerkung „... ein anderer Mann ..." und der nachfolgenden Argumentation heben die Kinder den Vorgang aus der situativen, örtlichen und zeitlichen

Fixierung heraus. Im anschließenden Gespräch vertreten sie ihre relevanten Gesichtspunkte und Überlegungen:

> *„Da gibt es Bücher, da stehen doch Jahreszahlen drin." – „Wenn einer eine solche Erfindung macht, dann schreibt der das doch auf." – „Seine Freunde wissen das ja dann auch." – „In Kirchen findet man auch so etwas. Es gibt da die Bibel, die hat auch immer eine Jahreszahl drin stehen." – „Manchmal findet man auch auf Steinen Inschriften und Jahreszahlen. Friedhöfe haben das auf den Steinen." – „Da gibt es doch das Grab von dem Herrn Gutenberg. Da weiß man ja, daß er gelebt hat." – „Was hat man denn vor dem Herrn Gutenberg gemacht?" – „Da mußte man wohl immer die Bücher abschreiben mit der Hand!" – „Das muß ja lange gedauert haben." – „J a h r e". – „Mensch, mußten die aber gut im Schreiben gewesen sein." – „Es gibt ja auch Erzählungen, da erzählt der Vater das seinem Sohn und der wiederum seinem Sohn und der wieder usw. usw. D a s g e h t s o v o n G e n e r a t i o n, z u G e n e r a t i o n, z u G e n e r a t i o n".* (Soostmeyer 1998a, S. 243; vgl. ders. 2002, S. 154 f.)

Dass sich die Kinder auch emotional dem Gegenstand zuwenden, beruht möglicherweise auf ihrem *Kohärenzgefühl:* Die Sache ist offensichtlich verstehbar, sie ist durch Handlungen zu bewältigen und sie ist sinnvoll im Hinblick auf gerechtfertigte Zwecke. In ihrer kritischen Analyse und konstruktiven Weiterführung des Textes durch eigene Ideen bauen sie an einem Begriff der historischen Authentizität (wie Soostmeyer betont), der immer auch ein Moment von unaufklärbarer Ungewissheit einschließt. Im Gespräch entwickeln und präzisieren sie Ideen, sie vollbringen damit eine rationale Orientierungsleistung und erarbeiten sich Ansätze eines *Geschichtsbewusstseins* (vgl. Teil V; 2.2).
Geschichtsbewusstsein ist die zentrale Kategorie der historischen Dimension des Sachunterrichts; in unserem Beispiel bezieht es sich auf Zeit und Vergangenheit, auf das Werden und Gewordensein, auf Wandel und Veränderung. Hinausgreifend über historische Kenntnisse zu Gutenberg und zum Buchdruck mit seinen ästhetischen und technischen Bezügen geht es um Methoden und Fragestellungen wie: „Woher weiß man das? Gibt es dafür Beweise? Wie sicher sind diese Beweise, handelt es sich um Erzählung, Hörensagen, Für-Wahr-Halten oder Überreste und Daten?" (ebd.) Es geht um Quellen und Zeugen, um Kulturleistungen und Geschichtsbilder, um Epochen und unser Selbstverständnis im Strom der Geschichte, eingeschlossen die damit verbundenen Bewertungen. Angebahnt werden generelle Einsichten wie z.B.
- alle Ereignisse verlaufen in der Zeit (Vergangenheit, Gegenwart, Zukunft),
- Ereignisse der Vergangenheit haben eine Bedeutung für Gegenwart und Zukunft,
- kulturelle Verhältnisse verändern sich im Strom der Geschehnisse.

Johannes Jung spricht in seiner Diskussion des Bildungswertes historischen Bewusstseins von der Möglichkeit, „Kristallisationskern(e) von Orientierungskompetenz" zu gewinnen, Einblicke in die zeitlichen Veränderungen gesellschaftlicher

Wirklichkeit (Jung 2006, S. 95). *Zeit,* die sich in geschichtlichen Abläufen manifestiert, ist eine grundlegende Erkenntniskategorie, in die Ereignisse und Erfahrungen strukturell in Denkkategorien wie „vorher – nachher“ oder „gleichzeitig – nichtgleichzeitig“ eingeordnet werden können (S. 98).

Wissen gewinnt an Qualität durch ein Denken in alternativen Möglichkeiten: Könnte es auch anders sein? In sachbezogenen Bildungsprozessen, die in Kulturleistungen einführen, geht es aber schließlich auch immer darum, die Botschaft der Dinge wahrzunehmen: ihre Zwecke und die Handlungszusammenhänge, aus denen sie entstanden sind, ihr Altern, ihre Veränderung, ihr Fortbestehen, ihre Bedeutung für uns. Das Beispiel in seiner exemplarischen Funktion bleibt nicht das Einzelne, sondern wird Zugang zu einer umfassenderen Perspektive. Aber es verliert in der Verallgemeinerung nicht seine Bedeutung. Im Exemplum konkretisiert sich das Allgemeine.

3.3.3 Feuer machen und Feuer löschen: Ordnen des Tuns

In Anschluss an Versuche zum „Feuer machen“ mit verschiedenen Materialien erarbeiten die Kinder (3. Schuljahr) „mit einer sehr zurückhaltenden Lehrerin“ eine „Entzündungsreihe“ und Grundformen von Löschverfahren (Soostmeyer 2001, S. 113 ff.).[213] Erste Erfahrungen sollen nun verknüpft und durch experimentelle Nachbildungen verständlich gemacht werden. Die experimentellen Untersuchungen folgen dem angegebenen „Handlungsplan zur Problemlösung“ (S. 117).

Die differenzierten Hinweise, Denkanstöße und Argumente der Kinder können hier nicht referiert werden. Es gelingt in diesem Lehrstück, dass die Sache den Kindern persönlich bedeutsam wird und Allgemeingültiges eröffnet. Als entscheidend für das Verstehen werden die horizontalen und vertikalen Wissensstrukturierungen hervorgehoben:

– Horizontale Verknüpfungen dienen der Ausweitung der Erfahrung auf weitere (illustrierende oder belegende) Beispiele, sie beziehen sich auf das Vielerlei möglicher Fälle und geben dem Wissen anschauliche Substanz. Der entscheidende Akt ist die Konstruktion zunächst intuitiv empfundener Zusammengehörigkeiten.
– Vertikale Verknüpfungen sind geeignet, kumulativ erworbenes Wissen sachlogisch aufeinander zu beziehen. Sie zielen auf einen gemeinsamen Konvergenzpunkt, auf ein Schema einer Vorstellung, auf ein Denkmodell, d.h. auf eine Reduktion des Vielerlei auf ein Gemeinsames, „Selbstverständliches“, und schließlich auf eine Zentrierung im Elementaren (S. 122).[214]

---

213 Klassenlehrerin war Frau Monika Soostmeyer. – Vgl. S. Thiel: Wie die Menschen lernten, Feuer zu machen. In: Grundschule, 19(1987)4, S. 22 –28. Zur Sachanalyse vgl. P. Pfeifer (Hrsg.): Naturwissenschaften im Unterricht/Chemie, 1(1990)1 (Feuer – Feuer löschen).

214 Vgl. dazu die schon genannten „Simultanexperimente“ und den Begriff der genotypischen Ana-

Deutlich wird das im Fortgang des Unterrichts zum Thema „Löschverfahren“. Im Zuge der Rekonstruktion und Zusammenfassung der Überlegungen und Versuche führt die Lehrerin ordnende Begriffe ein: „Wir sprechen vom Brennen, vom Brand, von der Flamme, von den Flammen oder vom Feuer, vom Brandherd ... und vom Brenngut ... .“ (S. 122). Sie schreibt die Wörter an die Tafel; einige Kinder stellen später entsprechende Zeichnungen für die Pinnwand her. Aussagen lassen sich nun kompakter und allgemeiner formulieren: „Stephanie: ‚Wenn alles (...) Brenngut weggebrannt ist, dann geht das Feuer aus.‘ Michael: ‚Löschen kann man, wenn man die Flammen von dem Brenngut wegtut ... .‘ Martina: ‚Pustet man gegen eine Flamme so, dass sie vom Wachsdocht, dem Brenngut, weggeht, dann löscht man die Flamme.‘ Lehrerin: ‚Schön, was haltet ihr davon, wenn ich Folgendes aufschreibe?‘

	Löschverfahren
1.	Trennung der Flammen vom Brenngut

Die Kinder erörtern Sachverhalte, die sie erkannt haben. Die Lehrerin bietet eine Struktur an, welche die Übersetzungsleistung von Handlungsabläufen in eine begriffliche Darstellung unterstützt und die hilft, aus dem Vielerlei das übergreifende Allgemeine zu gewinnen und zu ordnen.

Am Ende entsteht ein übersichtliches Tafelbild (S. 128):

	Die drei grundlegenden Löschverfahren	Materialien zum Löschen
I.	Trennung der Flammen vom Brenngut	*Wind, Puste, Schaum, Wasser, Dampf*
II.	Trennung der Flammen von der Luft (vom Sauerstoff)	*Pappe, Decken, Mäntel, Sand, Stein, Pulver, Asche, Erde, Schaum, Wasser, Kerzenlöscher, Dampf*
III.	Abkühlen des Brenngutes unter die Entzündungstemperatur	*Wasser, Dampf, Schaum, Eis, Puste*

Soostmeyer resümiert: Die bildhafte und sprachliche Verarbeitung führt zur Bündigkeit der Begriffe, zu tragfähigen Interpretationsmustern, zu übersichtlichen Gliederungsaspekten und zu kognitiven Vorstellungsbildern. Verknüpft werden dabei die

logie bei Spreckelsen (2004). (Vgl. Teil I; 1.4 und Teil V; 6.4.)

- „Ebene der alltäglichen Erfahrungen“ als zusammenhängend empfundener konkreter Fälle,
- „Ebene der experimentellen Darstellung“ als Zusammenfassung von Phänomenen unter gezielten Fragestellungen,
- „Ebene der bildhaften und sprachlichen Darstellung“ als Fassung in elementaren Vorstellungsbildern und in vereinheitlichenden sprachlichen Erklärungsmustern (S. 130).

Zwei Elemente des exemplarisch-genetisch-sokratischen Verfahrens hebt Soostmeyer im Zusammenhang mit diesem Lehrstück besonders hervor: (1.) die experimentellen und (2.) die bildhaften und sprachlichen Darstellungen von Erfahrungen. Dabei folgt er weitgehend der Argumentation Deweys.
[zu 1.] Das *Experiment* erscheint hier weniger als Methode vorausgreifend-konstruierender Forschung, sondern als ein „Nachschaffen von Phänomenen“, das den geistigen Nachvollzug von Erfahrungen und „den Wahrheitsgehalt von Aussagen über die Wirklichkeit sichert“ (S. 132).

> „Wissenschaftliche Aussagen sind vertiefte und verfeinerte Ausdrücke der Erfahrungen, die in genetischer Kontinuität zur Wahrnehmung der alltäglichen Geschehnisse, Betätigungen und Leiden stehen. Die Wahrnehmung wiederum ist ein Gestaltungsprozess, sie ist produktiv. ‚Denn um wahrzunehmen, muss der Betrachter Schöpfer seiner eigenen Erfahrungen sein.‘ (Dewey) Ohne den innerlich verlaufenden Akt der Neuschöpfung werden der Gegenstand, das Argument oder das Phänomen nicht wahrgenommen.“ (S. 131)

Hervorgehoben wird damit ein berechtigter Gesichtspunkt. Hohe Bedeutung für Forschung und Lernen hat der spekulative Entwurf, die Konstruktion, die hier im Begriff der Wahrnehmung aufgesogen ist.
[zu 2.] Das *Gespräch* ist „austragend, weiterführend, besiegelnd“ (Wagenschein). Im sozialen Geschehen des Gedankenaustausches gelingt die intra- und intersubjektive Sinnkonstruktion. Nachvollziehbar für die beteiligten Kinder „entstehen bildhafte Vorstellungen, Analogien, Vergleiche, Unterscheidungen, Vorbegriffe und Begriffe, die die Erfahrungen darstellen.“ Soostmeyer folgt der didaktischen Prämisse Wagenscheins: Der Weg führt von der Wahrnehmung des Problems zum Elementaren, auch wenn dieses nicht sofort und nicht immer in seiner Allgemeingültigkeit erreicht werden kann. Die „Welt der sinnlichen Wahrnehmungen und die der intelligenten Erklärungen“ gehören in Kontinuität zusammen (S. 132).

3.3.4 Schlussbemerkungen zum Ertrag der Unterrichtsanalysen

Aus der Analyse der Lehrstücke Soostmeyers ergeben sich für Theorie und Praxis des Unterrichts insbesondere folgende Gesichtspunkte:

1. Wir erkennen einen Unterrichtsstil, der zu sachgerechter Auseinandersetzung mit grundlegenden Sachverhalten und Denkformen anregt. Die Spannung

des Unterrichtsverlaufs entsteht wesentlich aus der gegenseitigen Ergänzung der geplanten Strukturierung und der produktiven Aufnahme der durch die Einlassungen der Kinder situativ sich ergebenden Gelegenheiten. Die Kinder kommen in den Sog der Sache, sie setzen sich selbstständig und konzentriert mit ihr auseinander. Das zeigt sich in der Freude des Tätigseins und des Erkennens und ermöglicht ein langes Verweilen bei einem Gegenstand. Dabei werden der forschende Zugriff der Lernenden sowie ihre Leistungsbereitschaft systematisch kultiviert. Offenheit heißt dann, dass diese ihren Fragen, Einfällen und Vorschlägen im kommunikativen Austausch und im Handeln so frei wie möglich nachgehen können. Damit sind die Lehrstücke auch Exempel wider die Oberflächlichkeit des Arbeitsblatt-Unterrichts, wider die sprachliche Verarmung und wider die Zersplitterung des Lernens in ungefügte Mosaiksteine.

2. Es ist für das Arbeitsklima und den Lernerfolg bedeutsam, die Sachen in thematischen Zusammenhängen durch Handeln fasslich zu machen, sie gedanklich zu durchdringen, sie sprachlich zu erfassen und – darüber hinaus, wo es sinnvoll erscheint – die Ergebnisse durch künstlerische Arbeit und Texte auch ästhetisch zu gestalten. Für die lebendige Berührung zwischen Kindern und der Sache kommt es einerseits auf das innere, d.h. emotionale und kognitive Beteiligtsein an, andererseits auf die Schlüsselfunktion der Inhalte und Ziele in gemeinsamen Vorhaben: Am Beispiel lassen sich generelle Zusammenhänge begreifen und grundlegende Kategorien bilden; im Engagement für ein gutes Gelingen definieren sich die sozialen Beziehungen nicht allein über persönliche Zuneigungen, sondern auch durch den Bezug zur Sache, um die es geht.
3. Insgesamt repräsentieren die Lehrstücke eine Lernkultur, die den aktuellen Wünschen und Bedürfnissen der Kinder – ohne Infantilisierung in freundlich zugewandten Formen der Entmündigung – ebenso verpflichtet ist wie den Erfordernissen einer humanen und emanzipatorischen Bildung für die Zukunft. Das zeigt sich insbesondere in dem gemeinsamen Bemühen um Verstehen, wenn es z.B. um anfängliche Wahrnehmung von Geschichtlichkeit oder von Ökonomie geht oder um eine Sachlichkeit, die zur Objektivierung drängt. Ähnlich wie in den Unterrichtsbeispielen Thiels lässt sich auch hier verfolgen, dass die Kinder nicht nur etwas verstehen, sondern es kommt ihnen auch zum Bewusstsein, dass sie etwas verstehen.

Konzeptionelle Unterrichtsentwicklung, die durch theoretisch-erklärende Aussagen fundiert ist und die didaktische Grundmuster als Exempla für den Reichtum an Gestaltungsmöglichkeiten sowie für die Qualität von Lehr-Lernprozessen hervorbringt, ist wesentliches Moment didaktischer Entwicklungsforschung. Sie verlangt Kreativität und ist primär auf das Finden und Erproben sinnvollen und zielgerichteten unterrichtlichen Handelns orientiert; ihr Zweck ist nicht auf Handlungsvorschriften gerichtet, sondern auf ideeninduzierende Anregungen

und prüfende Reflexionen (vgl. Kahlert 2005, Einsiedler 2011, Kahlert/Zierer 2011). Zugleich wird ersichtlich, dass sich die Qualität der unterrichtlichen Prozesse nicht allein am Kompetenzgewinn (Output) ablesen lässt, sondern auch an der Art ihrer kreativen und adaptiven Gestaltung unter produktiver Nutzung gehärteten Wissens der didaktischen Forschung, nicht zuletzt aber auch an der Freude und dem anhaltenden Engagement der Lernenden.
Ähnliches gilt für den längerfristigen Ertrag schulischer Arbeit, der kaum nach einer oft nur kurzfristig-punktuellen Erhebung und Rechenschaftslegung über den inhaltsspezifischen Lernzuwachs beurteilt werden kann. Hinzukommen sollten Gesichtspunkte, die auf Nachhaltigkeit und Dauerhaftigkeit gerichtet sind: die Verankerung einer (elementaren) Einsicht, einer fortwirkenden Idee, wachsende Interessen und verbesserte Lernstrategien sowie eine an der Sache gestärkten Motivation. Das bedeutet für die Forschung zur Unterrichtsentwicklung, dass Untersuchungen zu einzelnen Lernsequenzen (Interventionsstudien) zunehmend durch solche mit Langzeitperspektive (längsschnittlich angelegte Design-Forschung) ergänzt und in kommunikativem Austausch geprüft werden müssen.

4 Rückblick

Die Art und Weise der permanenten und – bei gegebenen Anlässen – spontanen Auseinandersetzung von Kindern mit Sachen und Sachverhalten ist für die Pädagogik von grundlegender Bedeutung. Aus der Beobachtung, der Analyse und dem Vergleich von Kindern selbst herbeigeführter oder von Erwachsenen planmäßig arrangierter Lernsituationen gewinnen Anthropologie und Didaktik empirische Substanz. Andererseits sind philosophisch-anthropologische Erkenntnisse darüber, was situativ-episodische oder längerfristig geleitete Erfahrungs- und Erkenntnisprozesse für die Enkulturation und die Genese der Persönlichkeit bedeuten, für didaktische Theoriebildung und die Konzipierung von Unterricht fundamental. Die Beantwortung der für jede Generation neu zu stellenden Frage, in welchen Funktionen und Hinsichten Kinder Dinge, andere Menschen, (soziale) Konstellationen, Phänomene der Natur und Gesellschaft, kurz: Merkmale ihrer Lebenswelt, unter verschiedenen Bedingungen wahrnehmen, nutzen und verarbeiten, und welchen Einfluss das (in Wechselwirkung) auf Lernfähigkeit und Interesse hat, gibt für die Gestaltung des didaktischen Programms unerlässliche Hinweise.
Die pädagogische Rezeption von Lernfähigkeit und Interesse hängt immer auch von der geistigen Situation der jeweiligen Zeit ab. Reformpädagogische Impulse wurden im zwanzigsten Jahrhundert – nach der „realistischen Wendung in der

Pädagogischen Forschung“ (Roth 1962/63) – zunehmend durch empirische Erkenntnisse überformt. In Lehrbüchern der achtziger Jahre hat die Didaktik des Sachunterrichts Gestalt gewonnen. Lehrstücke aus dieser Zeit der Innovation (Köhnlein/Schreier 2001) geben auch für die Gegenwart wertvolle Anregungen, z.B. über den „Zusammenhang zwischen Unterrichtsstil und Leistungsbereitschaft“ (I. Lichtenstein-Rother 1963) und können weiterhin als Vorbilder dienen. *Sachunterricht* selbst lässt sich nun näher bestimmen als der Bereich in der Grundschule, der die Kinder in ihrer Weltwahrnehmung unterstützt und ihrer Weltdeutung Richtung und Methode gibt. Durch klärende Auseinandersetzung mit Sachen soll er den Lernenden ihre soziale, natürliche und technische Welt erschließen und sie befähigen, in gegenwärtigen und zukünftigen Lebenssituationen zunehmend kompetent zu handeln. Er nimmt Erfahrungen und ursprüngliche Ansätze der Wirklichkeitserkundung der Kinder auf und führt sie weiter zu gesicherten Formen des Wissens und Könnens. Sein übergreifendes Ziel ist es, die Kinder zu einem beginnenden Verstehen ihrer Lebenswelt zu führen sowie tragfähige Grundlagen zu schaffen für eine verantwortliche Teilnahme an der Kultur. Dabei ergibt es sich, dass er auf die Sachfächer der weiterführenden Schulstufen vorbereitet. Als Lehre von den Sachen ist er auf das Erklärungswissen der Wissenschaften angewiesen.

Teil IV: Bildung und Kompetenz

Sachunterricht als Schulfach und weitgespanntes Lernfeld beansprucht Ressourcen der Kinder und der Gesellschaft, die Schulen einrichtet. Die Rechtfertigung dieses Anspruchs verweist auf die Zwecke des schulischen Sachlernens; diese beziehen sich auf grundlegende Bildung der Persönlichkeit und auf den Aufbau von Kompetenzen, die für eine nach Maßgabe kultureller Strukturen und Normen selbstbestimmte Lebensführung und für die Bedürfnisse zivilisatorischer Weiterentwicklungen erforderlich sind. Dabei sind Bildung und Kompetenz keine Antagonismen, sondern nur unterschiedliche Ausprägungen des notwendigen kulturellen Potenzials, das junge Menschen durch Lernen gewinnen. Es ist notwendig, den Begriff der Bildung so zu fassen, dass er Kompetenzen einschließt.

Bildung als pädagogische Aufgabe, gerichtet auf das geistige Werden junger Menschen, auf die Entwicklung der Vernunft, auf Selbstfindungsprozesse und den Aufbau von Selbstständigkeit sowie auf mögliche Lebensperspektiven, auf verständige Teilhabe an der Kultur und Zuwachs an Entfaltungsmöglichkeiten, aber auch auf Erfordernisse einer demokratischen Gesellschaft, ist imperativ auf Normen bezogen, deren Legitimität und Produktivität in reflektiver Auseinandersetzung gerechtfertigt werden müssen. Diese Verpflichtung, an der die Didaktik für ihren Gegenstandsbereich teil hat, übersteigt den Kontrollbereich des erfahrungswissenschaftlichen Zugriffs, und sie übergreift den notwendigen empirischen Erkenntnisgewinn. Deshalb ist es wichtig, die didaktische Theorie so auszubauen, dass sie die empirische Forschung anregt, Untersuchungen anstößt und Denkmodelle entwickelt, Ergebnisse bewertet und produktiv in ihre eigene Fortentwicklung aufnimmt. So stellt sich z.B. im Zuge steigender Anforderungen, die an Katalogen erwünschter Kompetenzen ablesbar sind, die Frage, was Kindern einer Altersstufe an „Zumutung von Fremdheit“ oder „Anstrengung des Begriffs“ in Rückkoppelung mit Strategien und Methoden des Lehrens und Lernens angemessen ist.

Unsere bisherigen Untersuchungen rechtfertigen die Annahme, dass auch Kinder schon erkennende Subjekte sind, die ihre Handlungen in zunehmendem Maße reflektierend zu steuern und zu begleiten vermögen und bewusst wie auch unbewusst – freilich mit schwankenden Zielen – an ihrer Selbstkonstitution arbeiten, dafür aber Anregungen, Hilfen und „Spielraum“ brauchen. Reflexion heißt auch hier: Ideen entwickeln und prüfen, nach Bedingungen, Rechtfertigung und Folgen des eigenen Tuns fragen.

Dabei kann beim gegenwärtigen Forschungsstand offen bleiben, was dem „Ich" und was seinem Gehirn zuzurechnen ist, wenn man überhaupt eine solche Unterscheidung vornehmen will. Die Idee eines starken Subjekts und autonomen Individuums korrespondiert mit einer Kultur, in der die gesellschaftliche Ordnung nicht auf Zwang und alternativloser Konvention beruht, sondern auf individueller Einsicht und dem Willen einer demokratischen Mehrheit. Lehren und Lernen, Bildung und der Aufbau von Kompetenz haben zum Ziel, die innere Autonomie zu fördern und werdende Persönlichkeiten schließlich zu befähigen, die unterschiedlichen, zunehmend unkoordinierten Anforderungen der Gesellschaft zu bewerten und produktiv zu bewältigen. Die Freiheit, zu der Bildung befähigen soll, ist für die Didaktik in Relation zu einer Welt zu denken, die kulturell überformt ist und immer schon physische und soziale Strukturen hat. Diese Strukturen sind mit Hilfe multivalenter Bezüge zu philosophischem Denken und zu den Fachwissenschaften in dem für die Konzipierung und inhaltlichen Ausgestaltung von Unterricht erforderlichen Maß aufzuklären (vgl. Teil I; 3.2). Vor diesem Hintergrund wird dann bedeutsam, wie wir Curricula und Lernumgebungen gestalten und mit den Kindern als zurechnungsfähigen Subjekten pädagogisch verfahren.

Erziehung steht in enger Wechselwirkung mit Bildung. Sie wird im Sachunterricht durch den Aufbau von Wissen, durch die Verinnerlichung der stabilisierenden und disziplinierenden Funktion von Verfahrensweisen, durch die Erfahrung und Reflexion von Werten, Normen und transpersonalen Sinnzusammenhängen, durch die Anbahnung von Haltungen, die Kultivierung des Willens und – in zunehmendem Maße – durch die Ausprägung eines Selbstbildes und durch Vernunft gesteuerte Genese der Persönlichkeit wirksam. Deshalb schließen die folgenden Kapitel über Bildung und Kompetenz [1.], über Strukturen und Methoden des Sachunterrichts [2.] und über Sach- und Sprachkompetenz [3.] immer auch Aspekte der Erziehung ein.

1 Zum Begriff der Bildung und zum Aufbau von Kompetenz

In der Bildungsidee sind – ausgehend von Wilhelm von Humboldt und dem Geist des Deutschen Idealismus – individuelle und gesellschaftliche Ansprüche verknüpft. Sie bezeichnet einen durch Personalität, Bewusstseinserhellung und soziale Verantwortung bestimmten Modus des In-der-Welt-Seins. Bildung bezog sich von Anfang an auf Vernunft und Wissen, auf die Kultivierung des Denkens und Handelns, und sie wurde zum Leitbegriff für Aufklärung und für Überwin-

dung von Unmündigkeit. Das schließt ein, dass der Begriff der Bildung von den Individuen Veränderung durch eigenes Bemühen fordert und über die Arbeit der Schule hinaus immer auch Selbstbildung sein muss.
Unklarheiten entstehen bis heute schon dadurch, dass das Wort *Bildung* einen Vorgang wie auch ein (vorläufiges) Ergebnis, d.h. einen erreichten Stand der Bemühungen, und schließlich auch noch einen Komplex von Zielen bezeichnet. Der dynamische Begriff der Bildung – *formatio* – steht ganz allgemein und alle inhaltlichen Komponenten übergreifend für die Ausstattung der Menschen mit geistigen und sittlichen Fähigkeiten in einem nicht abschließbaren Vorgang. Diese Ausstattung erscheint nur möglich als Erarbeitung von Inhaltlichkeit (Wissen) in der Auseinandersetzung mit Sachen (Problemen und Fragen) und in der Verständigung mit Anderen. Die aktuelle Bedeutung von Individualität, Selbstbewusstsein und Verantwortlichkeit folgt nicht aus dem Erbe des Idealismus, sondern aus den realen Erfordernissen unserer Zeit, die Bildung im Medium des Wissens begreift. Verankert ist Bildung in einer Kultur und Gesellschaft, die Freiheit als Ideal an die Vernunft knüpft (Kant) und in der die Würde eines jeden Menschen und die in den Eingangsartikeln unserer Verfassung genannten Menschenrechte eine richtungweisende und verpflichtende Funktion haben. Dadurch sind zugleich Rahmenbedingungen und Beurteilungsmaßstäbe gegeben. Nicht übersehen wird dabei der hybride und dynamische Charakter der Kulturen, d.h. ihre Genese durch Differenzierung und gegenseitige Beeinflussung.
Bildung ist – über die Schule hinaus als Selbstformierungsprozess – auf Vervollkommnung angelegt, und sie trägt nach klassischem Verständnis als *allgemeine Bildung* zunächst ihren Zweck in sich selbst. Neben dem Begriff der Allgemeinbildung, in dem Positionen zu Lebensführung und kultureller Partizipation, zu Gestaltung und Verfassung der Gesellschaft, zu Vernunft und Moral aufgehoben sind, hat ein funktionaler Begriff von Bildung zunehmend Bedeutung gewonnen, der diese als ein „Kapital" und Ressource für den Erfolg des Einzelnen wie für das Zusammenwirken der Gesellschaft begreift, und der immer stärker unter das Diktat der Nützlichkeit gestellt wird. Mit dem Anspruch auf Bildung kommt die doppelseitige Verpflichtung der Schule und des Unterrichts, nämlich gegenüber dem Individuum und der Gesellschaft, zum Ausdruck.
Seine individuelle Bildung entwickelt der Mensch durch die gestaltende Erschließung der Welt, in der er den Widerstand der „Gegenstände" erfährt, die er – z.B. im Sachunterricht – nicht allein nach seinen aktuellen oder subjektiven Interessen bestimmt, sondern die in gewissem Maße auch Universalität repräsentieren, also die in einer Kultur dominierenden oder sogar einen Kulturkreis überschreitenden Objektivationen des menschlichen Geistes und die integrierende Kraft überindividueller Sinnzusammenhänge. Dabei ist von Bedeutung, dass mit der Erarbeitung von Wissen die Besinnung auf das eigene Verhältnis des Menschen zu

dem Gelernten verbunden wird. Insbesondere sollen junge Menschen durch Lernen befähigt werden, geistige Potenziale zu erschließen, Interessen zu gewinnen, zwischen möglichen Haltungen und Zugriffen auf die Welt Prioritäten zu setzen und insgesamt in einen abwägenden Vernunftgebrauch hineinzufinden. Das heißt auch: sich ein Bild von sich selbst und von der „Welt" zu machen und dieser Vorstellung zu folgen. Alles dies schließt die Pflicht ein, nachzudenken, abzuwägen, eine Wahl zu treffen, Verantwortung zu tragen. Der Zweck schulischer Herausforderungen des Individuums liegt also nicht allein im Aufbau von Wissen, Können und transpersonalen Maßstäben, sondern auch in der Steigerung von Lernfähigkeit und der Bereitschaft, in eine kritische Distanz zu sich selbst und zur außersubjektiven Welt zu treten und schließlich selbstständig Orientierungen zu gewinnen, welche die Persönlichkeit auszeichnen. Bildung bedeutet Erweiterung der Substanz und des Horizontes der Reflexion; sie schafft Voraussetzungen, um Unsicherheit zu bewältigen und sie ermöglicht das Abenteuer des „versuchenden Gedankens" (U. Beck).

Die gesellschaftliche Bedeutung von Bildung zeigt sich wesentlich in dem Erfordernis von gemeinsamen Kompetenzen und normativen Übereinstimmungen in einer Kultur, also in einem Grundbestand an gemeinsamen Werten und Sinngefügen, der auch „multikulturelle Unterschiede" überwölbt und die individuelle Verarbeitung „kultureller Komplexität" erst ermöglicht. Deshalb muss *allgemeine Bildung* eine *Bildung für alle* sein, und sie wird darauf gerichtet sein, dass die jungen Menschen in größeren kulturellen, immer auch normativ bestimmten Zusammenhängen heimisch werden und schließlich fähig sind, zum Wohl des Gemeinwesens beizutragen. Ein gemeinsamer Fundus an Kultur und Weltsicht bedeutet nicht die Herstellung sozialer Akzeptanz für fragwürdige oder unkontrollierte gesellschaftliche Entwicklungen, auch nicht einen Verzicht auf Differenz als Ausdruck der Individualität, sondern bezieht sich auf die Anbahnung eines konsensfähigen Wertbewusstseins und auf eine für das Individuum notwendige Befähigung zu demokratischer Beteiligung und Mitbestimmung sowie auf die Eröffnung von Perspektiven im privaten und beruflichen Bereich. Damit erweist sich die Notwendigkeit, den Bildungsanspruch zur Geltung zu bringen, als dominante Herausforderung für die Schule und speziell für den Sachunterricht.

Für den Prozess der Bildung, um den es in der Schule als ein in die Zukunft weisendes Leitmotiv auch für den Qualitätsanspruch des Sachunterrichts geht, werden Gegenstände und Formen des Unterrichts wichtig, die Sachen und die Lernumgebungen, in denen die Auseinandersetzung mit „Welt" stattfindet.[215] Die

215 W. v. Humboldt hat darauf hingewiesen, dass die Auseinandersetzung mit „Welt" eine Zumutung von Fremdheit einschließt. Als eine solche Zumutung wird es manchmal noch heute empfunden, den literarisch-ästhetischen Aspekt von Bildung durch den naturwissenschaftlich-technischen und den ökonomischen zu ergänzen. – Im Hinblick auf allgemeine Bildung umfasst

Schule als öffentliche Einrichtung ist in ihren Bildungsbemühungen den Personen verpflichtet, die ihr anvertraut sind, und zugleich der Gesellschaft, in der wir leben; als Haus des verlässlichen Lernens und durch ihren Bezug auf Bildung erhält sie ihre pädagogische Sinngebung. Sachunterricht wirkt daran mit, „eine Basis für die Verständigung über die Grenzen von Gender, Kultur, Religionen und Milieu hinweg zu sichern. In diesem Sinne kann man ihn auch als das Kerncurriculum für Demokratie und Kultur verstehen.“ (Kahlert 2010, S. 268)

An dieser Stelle ist eine Zwischenbemerkung zu einem Menschenbild angebracht, auf das sich Bildung bezieht. Die Möglichkeit von Bildung und Erziehung setzt voraus, dass sich Menschen nicht nur durch Zeichen verständigen können (wie viele Tiere auch), sondern darüber hinaus in der Lage sind, durch nahezu unendliche Variationen und Verkettungen von Zeichen situationsunabhängige Aussagen zu machen und deshalb auch unterschiedlichste Distanzierungen, Verallgemeinerungen und Abstraktionen vorzunehmen. Weil Menschen Gedankenfolgen (z.B. Reflexionen, Begründungen, Zusammenhänge) kommunizieren und dokumentieren können, in denen Sachverhalte identifiziert und charakterisiert werden, existieren sie nicht nur in einer Umwelt, sondern in einer kulturell formierten *Welt*. Wir erfassen Welt bewusst, gestalten sie, machen uns nicht nur Bilder von ihr, sondern versuchen sie mit wissenschaftlichem Anspruch zu erforschen, sie kulturell zu entwickeln und – mit Hilfe von Sprache und Mathematik – symbolisch zu rekonstruieren. Neben der Sprache, der Kunst und Musik ist es die Fähigkeit, sich selbst und die Natur (mit empirischen Methoden) zu erforschen, gewonnenes Wissen zu tradieren und domänenspezifische Symbolsysteme hervorzubringen, mit der sich der Mensch „Welt“ schafft.

Der Prozess der Bildung ist Arbeit am Weltverhältnis des Menschen. Aus der Denkfigur der „doppelseitigen Erschließung“ – dem „Erschlossensein einer dinglichen und geistigen Wirklichkeit“ (Klafki 1965, S. 43) – folgt, dass der Mensch immer auch Produkt der Diskurse und Wissensformen seiner Zeit ist. Aber indem Menschen zu Überlegungen, zu Vernunft und Rationalität fähig sind, d.h. ihr Fühlen, Wollen, Erkennen und Handeln im Licht von nachvollziehbaren Reflexionen befragen und sich an Gründen orientieren können, dürfen sie sich auch Freiheit zuschreiben. Sie tragen aber auch Verantwortung für die Welt, die sie zu gestalten versuchen.

Eine der didaktischen Folgen der modernen *Wissensgesellschaft* ist der notwendig gewordene curriculare Zusammenhang von Bildung und Wissenschaft. Auch in Bezug auf Wissenschaft gilt der Anspruch demokratischer Teilhabe; das bedeutet, dass Schule in grundlegende Formen der Erkenntnisgewinnung, der Beschaffung von Information und des Wissens einführen und sich dem Problem der generi-

„Welt“ alles, was es gibt (und geben könnte), also außer dem physisch Vorhandenen ebenso die Produkte des menschlichen Geistes.

schen Differenz zwischen lebensweltlichem „Alltagswissen“ und dem theorieförmigen, durch überprüfbare Verfahren objektivierten wissenschaftlichen Wissen und seiner Bedeutung für Bildungsprozesse stellen muss. Gesellschaftlich gesehen fungiert Schule unter diesem Postulat als Institution der Implementation und Verbreitung wissenschaftsbezogenen Wissens und der auf eigenem Nachdenken beruhenden Aufklärung. Für Kinder und Jugendliche ist sie das „Haus des Lernens“ (Bildungskommission NRW 1995), in dem Teilhabe erschlossen wird. Sie ist der geschützte Ort, an dem Wissen und Verstehen mit professioneller Hilfe erarbeitet werden können.

Bezeichnungen wie „Wissensgesellschaft“, „Informationsgesellschaft“ und „Leistungsgesellschaft“ markieren übergreifende Tendenzen, welche in zunehmendem Maße die Lebenswelt prägen und von denen anzunehmen ist, dass sie verstärkt die öffentlichen Erwartungen und bildungspolitischen Vorgaben an Schule und Unterricht, aber auch (schul-)pädagogische und didaktische Strömungen beeinflussen werden: Zu berücksichtigen sind ein weiteres Vordringen technischer Entwicklungen in alle Lebensbereiche, insbesondere neue Möglichkeiten des Informationsflusses und der virtuellen Welten („virtual reality“). Damit verbunden ist ein Druck steigender Abstraktionen und kognitiver Anforderungen, aber auch die Notwendigkeit, von der Fülle der Informationsangebote gezielt Gebrauch machen zu können. Weil aber die genannten akzentuierenden Benennungen der Gesellschaft und auch vertretbare Prognosen offen lassen, welches konkrete Wissen oder welche spezifischen Leistungen künftig gebraucht werden, dürfen schon aus diesem Grund im pädagogischen Bereich der Wissensbegriff und Kompetenzanforderungen nicht zu eng gefasst und von den normativen Maßgaben der Bildung des Individuums getrennt werden. Lernleistungen, die sich auf die Bildung des Individuums beziehen, sind Vorleistungen für zukünftige Leistungsfähigkeit.

Zu untersuchen sind unter diesen Aspekten formale Bedingungen und individuelle Leistungen, von denen grundlegende Bildung im Sachunterricht abhängt [1.1], der Zusammenhang von Kompetenz und Leistung [1.2], die Bedeutung einer auf Kinder bezogenen Sachgemäßheit des lernenden Zugriffs [1.3], zusammengefasst unter den Zielperspektiven des Sachunterrichts [1.4].

1.1 Bildung durch Sachunterricht

Bildung betrifft inhaltlich alle Faktoren des Selbstverständnisses des Menschen, ebenso die verarbeiteten Manifestationen der Kultur in Philosophie, Wissenschaft und Kunst, Politik und Wirtschaft, Recht und Religion, sowie die Reflexion darüber, wie wir uns als Zugehörige zu einem Kulturkreis verstehen können. Bewahrt ist in der Bildungsidee aber auch die Unmittelbarkeit einer Naturbeziehung, die sich heute verstärkt im Interesse am Zustand der Lebensräume unseres Planeten und an ökologischen Zusammenhängen ausdrückt. Personenbezogen erscheint Bildung als Fähigkeit und Bereitschaft, das eigene Wissen und Wollen zu reflektieren, sich an Maßstäben zu orientieren, Wahrhaftigkeit zur Richtschnur des Denkens und Tuns zu machen und Entscheidungsfähigkeit zu gewinnen. Der Auftrag des Sachunterrichts ist *Bildung durch klärende Auseinandersetzung mit Sachen.* Unter dem Leitmotiv von Bildung erhält diese Auseinandersetzung einen über den Aufbau von Wissen, Kompetenz und Leistungsfähigkeit hinausreichenden Sinn, der sich wesentlich auf das Werden der Persönlichkeit und der Befähigung zu verantwortlichem Handeln bezieht (vgl. Köhnlein/Lauterbach 2004).

Der Prozess der Bildung ist wesentlich durch den Aufbau von Wissen und Können und einer damit verbundenen epistemischen Haltung charakterisiert.[216] Im *Wissen* konstituiert sich die mit anderen geteilte Wirklichkeit als unsere Welt. Wissen wird zum harten Kern der Bildung, wenn es durch Verstehen gesichert, also authentisch geworden und in die Persönlichkeit integriert ist. *Verstehen* aber beruht auf der Produktivität des Denkens, das als Verstandestätigkeit die formalen Strukturen, Operationen, Muster, die Begriffe, Konzepte und Modelle hervorbringt, durch die und mit denen wir Wirklichkeit erfassen.

Zum *Verstehen* kommen wir, wenn wir einerseits nach Begründungen und Erklärungen suchen, andererseits nach Sinnbezügen. Der erste Aspekt bezieht sich primär auf die analytische Durchdringung von Fakten und Vermutungen. Das Verstehen eines Sachverhaltes vollzieht sich im Nachkonstruieren seiner inhaltlichen Substanz und seiner Verknüpfungen nach methodischen Regeln, im Herstellen von Zusammenhängen, die den Gegenstand in einem besonderen Licht (z.B. hinsichtlich seiner Verwendung oder in einer fachlichen Perspektive) erscheinen lassen und „durchschaubar" machen, und schließlich in der Prüfung des Zustandekommens und der Gültigkeit entsprechender Aussagen (Entstehungs- und Begründungszusammenhänge).[217]

Der andere Aspekt bezieht sich auf die Frage nach den Zwecken und auf Sinnkonstruktionen, die von Vorstellungen über das menschliche Leben und von ethischen Prämissen abhängen. Das Auffinden und Erzeugen von Sinnbezügen und

216 Die gemeinte epistemische Haltung reicht über bloßes Interesse hinaus. Sie kommt beispielhaft zum Ausdruck im Gewahrwerden von Unzulänglichkeiten, im Nachdenken über Voraussetzungen gewonnenen Wissens und in der Frage nach seinem Zustandekommen, im Bewusstsein der möglichen Unsicherheit von Erkenntnissen und ihrer Grenzen, in der Suche nach Alternativen. Für den Unterricht bedeutet das, dass Wissen nicht mehr dogmatisch (wie oftmals in der Heimatkunde), sondern kritisch erarbeitet wird.

217 Verstehen als entwerfendes und analysierendes Erschließen einer Möglichkeit, die sich im Denken und gegenüber Falsifikationsversuchen bewährt, kann nicht vollständig subjektiviert werden, weil es sich auf einen Sachverhalt bezieht, der auch von anderen als solcher erkannt und anerkannt werden muss.

Zwecken impliziert hermeneutische Akte des Interpretierens von Situationen und des Erfassens von Bedeutungen wie auch antizipierende Entwürfe verantwortlichen Handelns und ethischer Rechtfertigung.
Immer ist Verstehen eine geistige Operation, ein Konstruktionsprozess, der nicht durch punktuelle Akte, sondern durch miteinander verflochtene Operationsketten und durch Vernetzungen gekennzeichnet ist. Das Material der Konstruktion besteht aus Wissen und Vermutungen. Dabei bleibt vorhandenes Wissen nicht unberührt, vielmehr führt der Verstehensprozess zu einer Verbesserung der Wissensstruktur, und er erleichtert Transferleistungen.
Gelingendes Verstehen fundiert das Weiterlernen motivational und inhaltlich. Zentrale Bedeutung hat dabei die Annahme, dass die grundsätzliche Möglichkeit des Verstehens von den Kindern entdeckt werden kann und dann eine „Anziehungskraft" bekommt: Anfängliches Verstehen drängt auf weiteres Verstehen. Im Zusammenhang mit dem Aufbau eines theoretischen Interesses steht die Ausbildung einer sachbezogenen intrinsischen Motivation als Aufgabe des Sachunterrichts, die über die Grundschule hinausweist. Denn grundlegende Bildung umfasst nicht nur kognitives Lernen im Bereich von Wissen und Kompetenz, sondern bezieht sich auch auf motivationale, ästhetische und moralische Komponenten der Persönlichkeitsentwicklung.

1.1.1 Denken und Wissen

Klaus Giel hat im Rahmen weitgespannter Überlegungen zum Ethos der Bildung unter Rückgriff auf die „Wissenschaftslehre" Fichtes[218] das Denken als Strukturmoment des Wissens dargestellt. Denken ist das operative Moment des Wissens, insofern es ein entwerfendes Denken ist, das semantische Strukturen, Begriffe und generative Muster (Schemata) hervorbringt, mit denen wir „Wirklichkeit" als „Welt" erschließen und dadurch Bildung gewinnen. Im Denken wird etwas von einem diffusen Hintergrund abgehoben; es wird erkennbar, sichtbar, zur Vorstellung und damit „zur Welt gebracht" (Giel 2007, S. 259). Im Denken leisten wir die geistige Artikulation unserer Wahrnehmungen und bringen etwas hervor, was zuvor nicht da war.
Die gezielte Inanspruchnahme und Förderung des Denkens als einer Grundbefähigung des Menschen gehört zu den kennzeichnenden Merkmalen eines genetisch-konstruktiven Sachunterrichts. Im operativen Denken werden Abläufe reversibel, und der Gehalt des Denkens kristallisiert sich in Gedanken.[219] Formen und Inhalten des Denkens wie z.B. Akten

218 Erschienen ab 1794 bis 1813 in immer neuen Fassungen (vgl. Anm. 185)
219 Vgl. dazu das von Mach angegebene Beispiel zur Funktion einer Mühle (Teil III; 1.2).

- des Identifizierens, Unterscheidens, Vergleiches, Differenzierens, Klassifizierens, Kombinierens und Umgruppierens von Bewusstseinsinhalten, des Abstrahierens, Generalisierens, Schließens und Urteilens,
- des Erfassens und Herstellens von Bedeutungen, Beziehungen und Sinnzusammenhängen,
- des Verknüpfens von Möglichem und Wirklichem,
- des Erkennens und Lösens von Problemen,
- des Ausprägens und Interpretierens von Kategorien, Begriffen und Symbolen

sollte im Unterricht nicht nur größte Aufmerksamkeit und Unterstützung, sondern auch die dafür erforderliche Zeit und ein angemessener Freiraum gewidmet werden, der für eine anspruchsvolle Informationsverarbeitung, für die Überwindung von Widerständen, die Vernetzung von semantischen Strukturen und kreative Einfälle erforderlich ist.

Explizites *Wissen* entsteht durch die Aneignung von Sachkenntnissen in Akten des Erkundens, Denkens und Erprobens; es erwächst dem Subjekt (unter Anwendung bestimmter Methoden und Verfahren) aus Informationen[220] und mentaler Informationsverarbeitung und beruht auf Gedächtnisleistungen. Es versetzt uns in ein auf sachliche Beziehungen und Regeln gestütztes Verhältnis zu den Dingen. Wissen ist eine Form der Partizipation an Sachverhalten. Es ist auch Macht, weil man Möglichkeiten erkennt, von Mitteln Gebrauch zu machen. Persönliches Wissen ist das, was man erkannt, in sachliche Zusammenhänge und in die eigene Denkstruktur eingeordnet, vielfältig verknüpft und mental variabel gespeichert hat; und dieses Wissen ist Voraussetzung für geistige Verfügbarkeit über Sachverhalte, für Urteilsfähigkeit und Kreativität.

Schon im vorwissenschaftlichen Wissen teilen wir die von uns erlebte Welt mit den Anderen, dadurch bekommt es eine unsere Lebenspraxis stabilisierende Funktion. Im Aufbau von Wissen, das auf Begründungen bezogen ist, gibt es die beglückende Erfahrung einer Übereinstimmung unseres „geistigen Vermögens" (Kant) mit der umgebenden Wirklichkeit. Solche Erfahrungen sind auch Kindern schon im Ansatz zugänglich, z.B. wenn ein Versuch unsere Vermutungen bestätigt.[221]

> „Das Wissen ist so gesehen die Weise, in der wir der uns im Ergriffen- und Betroffenwerden beanspruchenden Wirklichkeit zu entsprechen und ihr gerecht zu werden versuchen. In dieser Entsprechung versteht das Wissen sich von der Sache her als Antwort

---

220 Der Begriff Information wird in allgemeiner Bedeutung gebraucht. Er umfasst das, was uns durch unsere Sinne zuströmt ebenso wie das, was uns durch moderne Medien zur Verfügung steht. Dabei wird schon hier deutlich, dass Informationsbeschaffung Wissen voraussetzt.

221 Solche Ereignisse, die (später) zum Gegenstand der Reflexion werden können, sollten im Unterricht nicht übergangen, sondern als anregende Überschüsse bewusstgemacht werden. In Form von vorgreifenden Gedanken werden sie zu Ansatzpunkten und zur Vorbereitung späterer Einsichten.

auf die Fraglichkeit der Wirklichkeit. ‚Sache', d.i. die uns angehende, uns bewegende Wirklichkeit: das Worüber der Verständigung. In der sachlichen Verständigung werden Standpunkte aufgehoben und Ideologien eingeschmolzen. Sachlichkeit ist so gesehen das Ethos der Bildung, in dem eine sensible, wache Aufmerksamkeit für die Welt und die Anderen gefordert ist." (Giel 2007, S. 282)

Wissenschaftliche Aussagen sind wahr oder nicht wahr in dem Sinn, dass sie überprüfbar und als Forschungsergebnisse im Zuge der objektivierten Verfahren, mit denen sie gewonnen wurden, wiederholbar sind. Für den Bildungsprozess und den Aufbau von grundlegendem Wissen geht es aber zunächst nicht um diese wissenschaftliche Gültigkeit (die vorausgesetzt werden muss), sondern um den epistemischen Gehalt, um das Aufklärungspotential wissenschaftlicher Erkenntnisse und damit um die Suche nach einer genuin pädagogischen Sinngebung der Unterrichtsinhalte; didaktisch gesehen geht es um die Sachen, die uns auf Fragen und Probleme stoßen und ihre Klärung. Dabei zeigt sich die erhellende Funktion wissenschaftlichen Wissens darin, dass es erkennen lässt „woran es liegt, dass ..." (wir ein Echo hören, der Schnee und der Bierschaum weiß erscheinen, ein eisernes Schiff schwimmt ...), d.h. es gibt uns Auskunft „woher es kommt", es gibt den Grund an für beobachtbare Phänomene und weist damit auch über den Sachunterricht hinaus in die fachlichen Perspektiven. Deshalb muss es als modellbildendes, Zusammenhänge stiftendes Moment in das Curriculum integriert werden. Sein Wert und seine Bedeutung liegen dabei zunächst in der Erhellung von Sachverhalten und noch nicht in seiner Stellung und Funktion in einer Wissenschaftsdisziplin (vgl. Giel 2007, S. 277).
Ein bis in die Strukturierung des Unterrichts durchgreifendes curriculares Problem ist die Speicherung des Wissens (interne Wissensrepräsentation) in Bildern, in Begriffen, in Bedeutungsnetzen (vgl. dazu Aebli 1980 und 1983, bes. S. 245 ff.; Einsiedler 1996 und 2002) und Konzepten, in Denk- und Handlungsmustern (Schemata) als mentalen Modellen, in denen deklaratives Wissen („Was-Wissen") und prozedurales Wissen („Wie-Wissen") zusammengefasst ist und in denen wir neue Eindrücke verarbeiten. Vergessensresistent wird Wissen durch „anverwandelnde" Integration, die durch Wiederholungen im (spiralig aufgebauten) Curriculum unterstützt wird. Wir kommen darauf zurück (Teilkap. 2.2.2 und 2.3).

1.1.2 Wissen und Können lernen

Bildung geschieht durch „Aneignung" von „Welt" in der Auseinandersetzung mit ihr. Der Bildungsbegriff steht für die Ausstattung des Menschen mit geistigen und sittlichen Haltungen und mit Urteilsvermögen, aber auch – und das darf nicht vergessen werden, wenn wir über verengte idealistische Positionen hinauskommen wollen – mit Wissen und Können, mit Zugang zu den zentralen kulturellen Errungenschaften moderner Gesellschaften. Für Klassiker der Bildungsidee war das möglichst weite und vielseitige Eindringen in sachliche Bereiche in ihren eigenen

Lebensvollzügen selbstverständlich; Goethe und die Gebrüder Humboldt sind die vielleicht bekanntesten Beispiele.
Der Aufbau von Wissen, Können und Kompetenz benötigt tragfähige Lehr-Lernstrategien und Kategorien des Denkens; er ist auf die „Anstrengung des Begriffs" und auf wiederholbare Verfahren angewiesen, darüber hinaus aber auf beharrlich-zuversichtliche Arbeit an der Widerständigkeit der Sache, auf die man sich problemlösend einlässt, und auf die Kraft zur Überwindung von Krisen, in denen sich der Sinn des Lernens immer wieder verbirgt oder der Prozess des Verstehens scheitert. Die Überwindung von Lernhemmnissen (vgl. Teil I; 2.1.2) erfordert von Seiten der Lehrenden eine sachbezogene Ermutigung und Unterstützung, die das Selbstvertrauen und die Lernkompetenz der Kinder stärkt.
Beim Aufbau von Wissen und Können überlagern sich Kumulation und Strukturierung. *Kumulation* bedeutet, dass in außerschulischen wie auch in unterrichtlichen Situationen zuerst einzelne Erfahrungen und Wissenselemente an konkreten Fällen episodisch aufgenommen, geordnet und gesammelt werden. *Episoden* haben den Charakter von Erlebnissen, die (z.B. durch Reflexion) zu Elementen des individuellen Bewusstseins werden; sie sind „Kristallisationskerne", an die sich weiteres Suchen und Lernen anschießt. Als Bedeutungsträger geben sie dem Wissen seine anschauliche Substanz. Episodisches Lernen führt zunächst zu punktuellem Wissen; ein Lernfortschritt besteht darin, dass es einer übergreifenden Vorstellung, einem Begriffs- oder Handlungskonzept zugeordnet wird oder ein solches begründet. Sachunterricht sollte solche Lernepisoden von exemplarischer Qualität in großer Zahl herbeiführen, damit das Lernen inhaltlichen Reichtum bekommt (vgl. Teil II; 3.1.4).
Die weiterführende Aufgabe besteht in der *Strukturierung*, d.h. dem Aufbau von Zusammenhängen. Eine wesentliche Leistung des Sachunterrichts ist das Ordnen von Wissenselementen zu tragfähigen Vorstellungen und Begriffen. Sie kann vor allem im Gespräch erbracht werden, in dem sich die Kinder konstruktiv um Zuordnungen und Bezeichnungen bemühen (vgl. Lauterbach u.a. 1992).
Deshalb braucht Schule einen „Bildungs-"Kanon, der Kultur in ihren wesentlichen, über Tagesaktualitäten hinausgehobenen Aspekten und Inhalten repräsentiert. „Der Kanon gilt insofern als etwas Allgemeines, als er den bewahrenswerten Kern – an Wissen und Können, Fertigkeiten und Kompetenzen, Erfahrung und Habitus – definiert, den eine Gesellschaft als ihre ‚Kultur' vor der Zeitlichkeit und dem Vergessen bewahren will." (Tenorth 1994, S. 13) Dem Kanon kommt nach traditionellem Verständnis inhaltlich vor allem die Funktion zu, das kulturelle Erbe im Bewusstsein der nachwachsenden Generation zu sichern (vgl. Dolch 1982).[222] Bildung erscheint in der Funktion eines kulturellen Gedächtnisses.

---

222 Auf die bildungstheoretische Bedeutung des „kulturellen Lernens" und die „identitätsstiftende Bedeutung der Kulturalität" weisen insbesondere kulturwissenschaftllch orientierte Theorieent-

Im kulturellen Kontext, in dem wir leben und lernen, sind wir eingebunden in semantische und prozedurale Strukturen, die unsere Wahrnehmungen und ihre Interpretationen und vielleicht auch unsere Erkenntnistätigkeit insgesamt präfigurieren. Inhaltlich verfestigt wird diese strukturelle Bindung durch die in der Schule etablierten Lernfelder und Fächer. Diese stehen immer in der Gefahr, dass sie die Leitidee „Bildung“ verlieren oder verengen; in der Grundschule geschieht das, wo z.B. das „Rechnen“ scheinbar pragmatisch von der Mathematik abgekoppelt wird, oder im Sachunterricht, wo er zum bunt vagabundierenden Allerlei verkommt, wo Substanz und Struktur der Sachen und disziplinierte Verfahren wie Übung und Schärfung der sinnlichen Wahrnehmung, objektivierende Beobachtung und empirische Erkundung, sorgfältige Recherche, verständliche Darstellung und nachvollziehbare Dokumentation vernachlässigt werden, und wo Vertiefung und Besinnung – das Denken – bloßen Routinen zum Opfer fallen. Schule muss grundlegendes Wissen im Denken und Verstehen fundieren. Sie unterscheidet sich von der „Fülle des Lebens“ auch durch ihre reflexive Haltung und durch exemplarische Auswahl ihrer Gegenstände. In allgemeinen Kompetenzen stehen Wissen und Können, Überblick und Aufmerksamkeit in Wechselwirkung; solche Kompetenzen betreffen insbesondere die Fähigkeit, Alltagssituationen auf allgemeine Modelle oder Handlungsmuster zu beziehen (z.B. Niederschlagsmengen in einer Grafik darzustellen) oder solche Modelle zu entschlüsseln.
Ein moderner Sachunterricht muss die Kinder in für sie neue, d.h. über ihr lebensweltliches Erfahrungsfeld hinausreichende Möglichkeiten des Denkens und der Handlungskompetenz einführen; er muss sie anleiten, ein Wissen zu gewinnen, das Relevanz für Können hat. Durch Lernen erschließen sich Kinder eine dingliche und geistige Wirklichkeit, und sie werden zugleich erschlossen für diese Wirklichkeit (Klafki 1965, S. 43). Lernerfahrungen verbinden Kind und Sache.
Im vor- und außerschulischen Bereich übernehmen Kinder Wissen und Können zumeist in situationsspezifischer Gestalt. Auch die einführenden Beispiele im Unterricht haben zunächst diese Spezifik; sie erhalten dann aber durch curriculare Weiterführung eine umgreifendere sachklärende Potenz und werden schließlich in allgemeineren Zusammenhängen „aufgehoben“. Die curriculare Perspektive impliziert das Konzept einer *„anschlussfähigen Bildung“*, d.h. eines Lernens, das auf nachfolgendes Lernen angelegt ist. Die damit verbundene Generalisierung und Objektivierung ist prinzipiell wissenschaftsorientiert, weil die Wissenschaften systematisch geprüftes, durch nachvollziehbare methodische Prozesse gewonnenes, geklärtes und geordnetes, kulturübergreifend gültiges Wissen zur Verfügung stellen. Im Bereich des Sachunterrichts geschieht Bildung im Medium wissenschaftlich fundierten Wissens und gesicherter Verfahren, insofern er sich bemüht, schon

---

würfe hin (vgl. Nießeler 2007b).

vor Eintritt in disziplinäre Perspektiven sachlich zutreffende und methodisch gerechtfertigte Aussagen zu erarbeiten. Mit dem Verweis auf den Wissenschaftsbezug grundlegender Bildung wird deutlich, dass diese nicht nur über lebensweltliche Nützlichkeit, sondern auch über die „Bewahrung des kulturellen Erbes" hinausführen und erkennbar zukunftsfähige Entwicklungen aufgreifen muss. Ein zugleich suchender wie auch problematisierender Vernunftgebrauch, wie er mit dem Bildungsbegriff verbunden ist, legt auch eine kritische Auseinandersetzung mit kulturellen Gegebenheiten oder Wahrheitsansprüchen nahe; schon im Sachunterricht finden sich dazu immer wieder episodische Gelegenheiten, die zu Kristallisationspunkten *vorgreifender Gedanken* werden können.
Der sachbezogenen Wissenschaftsorientierung des Curriculums korrespondiert die Aufgeschlossenheit und das offene Interesse der Kinder. Ihr Bemühen beim Lernen hängt ab von der Neugier auf die Sachen und der Freude am Erkunden; ihr fragender Zugriff erstreckt sich auf die Fülle dessen, was wir mit dem Begriff der Sache umrissen haben: Auf die Sache bezieht sich die Art und Weise, in der Wirklichkeit als fraglich erscheint. Die Motivation, Weltwissen zu gewinnen (Elschenbroich 2002) wird gespeist durch die Antizipation neuer Kompetenzen, auch wenn diese vorausgreifend nur als vage Möglichkeit gedacht werden können. Damit stellt sich erneut die Frage nach dem Aufklärungs- und Bildungspotential wissenschaftsbezogener Erkenntnisse, die über die unmittelbare Anschauung, in der eine konkrete Sache selbst einleuchtend präsent ist, hinausgehen. Gemeint ist also nicht nur Nützlichkeit aufgrund praktischer Bewährung (Viabilität). Nützliches Wissen stärkt und erweitert die Kompetenz. Bildungswissen wird es, wenn sein epistemischer Gehalt in Prozessen genetischer Annäherung zur Geltung kommt. Im Verstehen wird Wissen geistig in Zusammenhänge integriert.

1.1.3 Erziehung zur Sachlichkeit

Erziehung geschieht im Sachunterricht durch Maßnahmen und Prozesse, die auf Bildung gerichtet sind; sie bezieht sich auf Prinzipien des Bildungsprozesses, die der Sachunterricht mit anderen Fächern teilt, wie Mitmenschlichkeit und Verantwortungsfähigkeit, Rationalität und Objektivität, Gedanklichkeit und Einsichtigkeit. Das Spezifikum einer von der Leitidee der Bildung bestimmten Erziehung ist im Sachunterricht die Erziehung zur Sachlichkeit. Darauf hat insbesondere Soostmeyer hingewiesen (vgl. Teil III; 3.2.1 und Kahlert 2009, bes. S. 53 ff., 108 ff., 132 ff.).
Sachlichkeit als Prinzip der Bildung schließt in je eigener Weise die genannten Prinzipien ein. Als „Mitvollzug" der einer Sache „selbst eigenen sinnhaften Struktur" (Hengstenberg, zit. nach Soostmeyer 1998a, S. 270 f.) ist sie ein „Urphänomen" menschlicher Haltung, die es ermöglicht, dass Dinge mit ihren Sach-Eigenschaften zu Sachen werden, die uns in Anspruch nehmen. Engagierte Wahrnehmung

von Sachen ist mit Gefühlen, speziell mit Motiven verknüpft. Aber diese Gefühle bleiben nicht blind, sondern werden als solche erkannt, geprüft und geläutert. Sachlichkeit betrifft also auch den Umgang der Kinder mit sich selbst.
Wir haben schon darauf hingewiesen, dass in sozialen Beziehungen zur Sachlichkeit die *Mitmenschlichkeit* gehört. Durch die Verbindung von Sachlichkeit mit dem Prinzip Verantwortung oder mit Ethik überhaupt wird es möglich, eine Sache als ein Gut oder als eine Pflicht zu erkennen und ihr unsere Sorge zuzuwenden (z.B. im Bereich der Umwelt-Ökologie). Mit Sachlichkeit verknüpft ist der „Vorrang des Verstehens“ (Wagenschein) vor dem bloßen Meinen oder vorschnellen Urteil, also die klärende Auseinandersetzung mit der Sache und die kritische Prüfung um der Wahrheit willen.
Für die Lernenden realisiert sich Sachlichkeit in der Disziplinierung des Subjekts, speziell im Ethos eines sachgemäßen Zugriffs, der sich zunächst im Nachvollzug einer Sachlage durch eigenes Erkennen zeigt, d.h. darin, dass Erkenntnisse im Denken konzipiert, umsichtig überprüft und als Einsichten über Sachverhalte nachvollziehbar und durchschaubar werden. Das Nachkonstruieren in Gedanken, das Herstellen von Zusammenhängen mit dem Ziel einen Sachverhalt „durchsichtig“ zu machen, das Zurückführen auf Begründungen kennzeichnen als geistige Akte das Verstehen. Gleichwohl greift die Wahrnehmung von Sachen in sachgemäßen Zugriffen über das wissenschaftsmethodische Kalkül hinaus. Denn sie involviert intellektuelle, volitive, emotionale, ästhetische und ethische Momente; sie ist deshalb nicht frei von Spannungen zwischen Subjektivität und Objektivität, die wir uns bewusst machen müssen und die Entscheidungen verlangen. Sachlichkeit als Haltung zu gewinnen ist eine permanente Herausforderung für Lernende und Lehrende. Bildend ist der sachliche Zugriff durch seine Rückwirkung auf das handelnde Subjekt (vgl. Teil III; 1.2.3).
Wirksam gefördert wird eine Haltung der Sachlichkeit durch den Aufbau und die Einübung von Methoden und Arbeitsformen, die geeignet sind, Befunde und Sachen zu prüfen, zu identifizieren, zu ordnen, übersichtlich darzustellen, Probleme zu lösen und sachgerecht zu urteilen. Strukturiertes, nachvollziehbares methodisches Vorgehen erfordert neben Kenntnissen vor allem Disziplin, Sorgfalt und Ausdauer. Damit stoßen wir auf weitere Komponenten des Begriffs der Sachlichkeit. Eine sachgerechte Urteilsfindung im sozialen Bereich erfordert offenbar ganz ähnliche Schritte prozeduraler Rationalität wie das (zumeist an naturwissenschaftsbezogenen Beispielen exemplifizierte) Problemlösen, nämlich

„1. Situationsanalyse durch Feststellung der äußeren Fakten, der direkt und indirekt Beteiligten,
2. Interessenanalyse durch Benennung widerstreitender Interessen, Mächte, Rollenerwartungen und genaue Bestimmung des Konflikts,

3. Abwägung der Verhaltensanalyse durch Kalkulation wahrscheinlicher Handlungsfolgen im kurz- und langfristigen Sinne, Feststellung der vorhandenen Mittel, ihrer Anwendbarkeit und Verhältnismäßigkeit,
4. Normenanalyse durch Reflexion der Maßstäbe (Werte), Feststellung der relevanten Normen, Gewichtung dieser Normen und Beantwortung der Frage nach Verallgemeinerbarkeit und Situationsgerechtigkeit,
5. Güterabwägung durch Bestimmung des relativ kleinsten Übels bzw. des relativ höchsten erreichbaren Gutes“ (Müller 2007, S. 117 f.).

Urteilsfähigkeit als Ausdruck von Bildung ist auf Denken und Wissen, auf Sachlichkeit und Verantwortlichkeit gegründet; darüber hinaus bedarf sie der Vernunft, die auf den Zusammenhang der Dinge und des Geschehens gerichtet ist. Erziehung zur Sachlichkeit schließt die Hinführung zu einem selbstständigen Vernunftgebrauch ein.

1.2 Kompetenz und Leistung

Wir haben darauf hingewiesen, dass Herausforderungen für die nachwachsende Generation, die mit Stichwörtern wie Lernen, Wissen, Kompetenz und Leistung formuliert werden, im Rahmen der allgemeinbildenden Schule und ihrer Theorie mit einem tragfähigen Bildungskonzept verbunden werden müssen. Denn das Konzept der Bildung moderiert – gerade auch deshalb, weil es selbst diskursiv verhandelt wird und normative Optionen enthält – alle Ansprüche an Schule und Unterricht, die aus unterschiedlichen Zusammenhängen und spezifischen Interessen erhoben werden. Es bewahrt die pädagogisch verstandenen Bedürfnisse der noch Unmündigen und ist ihrer Enkulturation verpflichtet; es hält die Chance offen, Subjektbezug, Gesellschaftsbezug und Sachbezug jeweils in ein ausgewogenes Verhältnis zu bringen.

Bildung ist nicht nur eine Form des Bewahrens von Kulturleistungen durch Integration in die eigene Persönlichkeit, sondern auch des Sich-Bewährens, insbesondere im Hinblick auf Sinnkonstruktion, Moralität und Kompetenz. Das heißt aber auch, dass unter dem skizzierten Bildungsanspruch das Gewinnen von Kompetenz als Zweck des Sachunterrichts nicht genügen kann. Vielmehr bezeichnet Bildung ein komplexes Leitziel, das Kompetenz einschließt. Unter dieser Prämisse geht es darum, den Begriff der Kompetenz aus einem ökonomisch inspirierten Effizienzdenken zu lösen und in ein Konzept von Bildung einzubinden, also in ein pädagogisch zu rechtfertigendes Programm. Durch die Bindung an den Prozess der Bildung werden Kompetenzen dem Diktat der Nützlichkeit und einem geschlossenen System der Zweckrationalität entzogen und didaktisch interpretiert. Auch gegen eine vordergründige Logik des Kalküls effektiver Kompetenzgewinnung müssen die sachlichen Interessen der Lernenden und das ästhetisch-spielerische Moment freien Lernens bewahrt werden. Dabei wird nicht übersehen, dass Kompetenzen eine notwendige Voraussetzung für die Teilhabe am gesellschaftlichen Leben und die individuelle Handlungsfähigkeit sind.

Neuere didaktische Strömungen und insbesondere amtlich verordnete „Kerncurricula" tendieren dazu, Kompetenzen isoliert von Lernprozessen als „Bildungsstandards" zu bestimmen und Lernen eindimensional resultatbezogen zu definieren. Bildung wird dann schnell auf (messbares) „Verfügungs- und Orientierungswissen" und definierte Outputs reduziert.[223] Die genetische Didaktik des Sachunterrichts dagegen denkt die Netze möglicher Wege von anfänglichen Fragen zu fundierten Erkenntnissen und fundamentalen Einsichten mit, eingeschlossen die Inhalte von exemplarischer Bedeutung und die notwendigen konstruktiven Leistungen der Lernenden. Sie berücksichtigt, dass Lernen nicht nur zielorientiert sein sollte, sondern – wenn man an die Lernenden denkt – zunächst suchend. Sie stellt dem outputorientierten Design gegenwärtiger Curriculumentwicklung ein Konzept entgegen, das den Blick auf den gesamten Bildungsprozess richtet.

Kompetenz ist eng mit Leistung verschränkt: Nur durch Leistung lässt sich Kompetenz gewinnen, und diese findet dann ihren Ausdruck wiederum in Leistung und Selbstsicherheit. In ihrem Wunsch, sich als kompetent zu empfinden, sollten wir Kinder dabei unterstützen, diesen Zusammenhang zu erfassen. Leistung im Bildungsprozess ist erforderlich um Qualität zu gewinnen und um neue Möglichkeiten und Horizonte zu eröffnen; sie bezieht sich auf gute Arbeit, nicht auf Prestige oder soziale Überlegenheit.

Dabei ist nicht nur die Leistung der Lernenden von Bedeutung, denn diese wird ermöglicht und weitgehend bestimmt durch die Leistung des Bildungssystems und seiner hier in Rede stehenden Teile, der Grundschule und des Sachunterrichts. Das Bildungssystem ist in seinen Verknüpfungen komplex, und es wären unter dem Gesichtspunkt seiner Leistungsfähigkeit viele Gesichtspunkte zu erörtern. Die mächtigsten Faktoren im Unterricht sind die Lehrerinnen und Lehrer (vgl. Einsiedler 1997, S. 239 f.): Wie gestalten sie „ihren" Unterricht in Vorbereitung und Durchführung? Welche Erwartungen und Ansprüche haben sie an sich selbst und an ihre Schülerinnen und Schüler und wie fördern sie deren Lernfähigkeit? Wie muss – um in engeren Grenzen zu bleiben – der Sachunterricht konzipiert werden, damit er für alle Beteiligten bei aller Härte der Anstrengung auch Freude macht und zugleich in der Relation von „Wissen und Können" zu „Zeitaufwand und Mühe" ergiebig genannt werden kann"?

223 Vgl. Niedersächsisches Kultusministerium (2006): Kerncurriculum für die Grundschule, Schuljahrgänge 1– 4: Sachunterricht, S. 5. – Gegen diese Tendenz argumentiert z.B. Reusser (2011). Vgl. Teil II; 3.2.2.

1.2.1 Zum Begriff der Kompetenz

Kompetenz stützt sich auf Wissen und Können sowie auf Fähigkeiten und Fertigkeiten, und sie ist darauf gerichtet, dass der Mensch seine Arbeit sachgemäß verrichten kann. In vielen Fällen kann er das auch nach Anleitung und ohne tiefergreifende Einsicht („Funktionstüchtigkeit"); ein Teil der Voraussetzungen und Zusammenhänge seines Tuns bleibt ihm dann fremd, und er ist in höherem Maße auch dort „Sachzwängen" ausgesetzt, wo diese durch Einsicht und Verstehen erhellt oder überwunden werden könnten. Damit erweisen sich Kompetenzen, durch Anstrengung erworben, als ein Besitz des Individuums, von dem wir annehmen dürfen, dass er, überall wo er wirksam werden kann, zu dessen Lebensqualität beiträgt.

Kompetenzen lassen sich graduell auf spezifisch definierte Anforderungen (z.B. auf „Bildungsstandards") beziehen und erleichtern es dadurch, Bildungsansprüche didaktisch angemessen zu präzisieren und auch zu vergleichen. Die analytische oder lehr-lernstrategische Unterscheidung von Teil- oder Spezialkompetenzen darf aber nicht verdecken, dass Kompetenzen als Elemente im Bildungsprozess in ihrem Zusammenhang und in ihrem Bezug zu der gesamten Bildungsaufgabe gesehen werden müssen und von daher ihren Stellenwert und ihre Rechtfertigung erhalten. Keinesfalls sollten auf der Ebene von Kompetenzen alte vermeintliche Gegensätze wie z.B. zwischen „materialer Bildung", die einseitig auf Inhalte ausgerichtet ist („Inhaltskompetenz") und „formaler Bildung", die Strategien der Erkenntnisgewinnung und methodische Fertigkeiten favorisiert („Methodenkompetenz"), fortgeschrieben werden. Im Sachunterricht kommt es vielmehr auf die gegenseitige Durchdringung von deklarativem und prozeduralem Wissen an.

Im Zusammenhang mit schulischem Lernen ist mit Kompetenz ein Komplex der Verfügbarkeit über fundierte Wissensbestände, vielseitig anwendbare Handlungsstrategien und -routinen sowie über sachbezogene Reflexionsformen gemeint, also eine „virtuelle Potentialität des Subjekts" (Chomsky, zit. n. Giest u.a. 2008b, S. 7), die mit Leistungsdispositionen und der Fähigkeit zur Selbstorganisation verbunden ist. Der Begriff der Kompetenz geht also über den der bloßen Fähigkeit hinaus; zu seinen Elementen gehören zumindest Wissen, Können, Übersicht und Urteilsvermögen. Kompetent ist, wer auf der Grundlage des notwendigen Wissens in Bezug auf eine Sache selbstständig entscheidungs- und handlungsfähig ist. Als Ziel formuliert: Die Lernenden sollen befähigt werden, Anforderungen bewusst, planmäßig und qualifiziert zu bewältigen.[224] Von Bedeutung ist, dass Kompetenzen als Qualifikationen für bestimmte Klassen von Anforderungen auf Steigerung, Verfeinerung und Vertiefung angelegt werden und die Schularbeit auf Lebensaufgaben beziehen.

224 Ich greife hier auf ein Arbeitspapier zurück, das Andreas Hartinger 2001 bei der Vorbereitung des Perspektivrahmens vorgelegt hat. Vgl. Klieme u.a. 2001, bes. S. 181 f.

Handlungsstrategien lassen Verallgemeinerungen zu (z.B. beim Problemlösen; vgl. Popper 1995), können aber auch sehr sach- und situationsspezifisch sein. Die Fundierung von Kompetenz im Wissen verweist zunächst auf eine Domänenspezifität und Zuordnung zu einzelnen Dimensionen des Sachunterrichts. Das bedeutet, dass neben übergreifend gültigen Strategien und Denkmodellen immer auch fachspezifische Wissens- und Könnensbestände ganz zentral für den Kompetenzerwerb sind. Deshalb stellt sich bei der Suche nach Kompetenzniveaus (vgl. Giest u.a. 2008b) immer auch die Frage, wie diese von der Sachstruktur abhängen. Ein Problem bei der Konstruktion von Curricula besteht darin, dass diese die Verankerung des Wissens und damit auch den Aufbau der Kompetenzen in wissenschaftlichen Erkenntnissen absichern, zugleich aber zu einer differenzierten und flexiblen Anwendbarkeit dieser Kompetenzen als Instrumente für Problemlösungen in domänenübergreifenden und lebensweltlichen Bereichen hinführen müssen. Für die Curriculumkonstruktion bedeutet das, den gegenseitigen Durchgriff der Dimensionen des Sachunterrichts zur Geltung zu bringen; in der Praxis aber kommt es darauf an, exemplarische Inhalte in geeigneten Beispielen vielperspektivisch zu durchdringen. Für die Stabilisierung des Könnens und den kreativen Einsatz von Kompetenzen brauchen die Lernenden Handlungserfahrungen in der Qualität von Beispielen, auf die sie zurückgreifen können.
Im Perspektivrahmen Sachunterricht wird bündig formuliert:

> „Kompetenzen beinhalten ein Zusammenspiel von Sach- und Verfahrenswissen mit metakognitivem Wissen und wertebezogenem Orientierungswissen. Sie sind dabei in Bezug auf spezifisch definierte Anforderungen der schulischen und außerschulischen Umwelt zu verstehen." (GDSU 2002, S. 4)

Mit dem Einschluss von epistemischer Neugier und von metakognitivem Wissen in eine didaktische Konzeptualisierung von Kompetenz, die nicht nur auf Steuerung und Kontrolle von Denk- und Lernprozessen ausgerichtet ist, sondern auch auf eine wertebezogene Verpflichtung, erhält der Kompetenzbegriff eine verbindliche normative Orientierung. Sie bezieht sich nicht allein auf den mitmenschlichen Bereich („Sozialkompetenz"), sondern ebenso auf den Wert einer Arbeit oder Sache und die gebotene Sorgfalt. [225]

225 Die Bindung des Kompetenzbegriffs an Werte und Haltungen, an volitionale und soziale Bereitschaften, sowie seine Ausdifferenzierung in Richtung einer Grundlegung der Bildung integriert ihn faktisch in ein umfassenderes Bildungskonzept und steht einer technologischen Verkürzung der Lehr-Lernprozesse entgegen. Sie führt in der Literatur aber auch dazu, dass der Begriff der Kompetenz gänzlich an die Stelle des Bildungsbegriffs tritt. Giest u.a. (2008b, S. 156) schreiben dazu: „Die Verabschiedung von einem ... orientierungsmächtigen Bildungsbegriff erfolgt eher nonchalant, ohne bildungstheoretisch tragfähige Begründungen und ist letztlich einem messtechnischen Pragmatismus geschuldet."

1.2.2 Lernen und Leistung

Kompetenzen können als Leistungspotenziale aufgefasst werden. Der Begriff der Leistung verweist ganz allgemein einerseits auf eine Beanspruchung (von Personen und Ressourcen), andererseits auf ein Ergebnis, d.h. der Quantität und Qualität einer Arbeit. In pädagogischen Zusammenhängen bezeichnet Leistung (performance) den Grad, aber auch die Art und Weise der Erfüllung einer Aufgabe (z.B. Lösung eines Problems, Aneignung einer Kompetenz); eingeschätzt und bewertet wird sie nach Maßgabe soziokultureller Normen innerhalb eines bestimmten Erwartungshorizontes, also abhängig von Voraussetzungen der Lernenden in ihrer Entwicklung und ihrem erreichten Lernstand (competence).[226] Der Leistungsbegriff enthält also (ebenso wie der Begriff der Kompetenz) ein normatives Moment, das hier als Gütemaßstab in Erscheinung tritt. Hinzu kommt in vielen Fällen – insbesondere bei der Leistungsmessung – der Zeitfaktor: Umfang und Qualität der „Arbeit", die in einer gegebenen Zeitspanne „geleistet" worden ist.[227] *Lernprozesse* sind spezielle Leistungen, abhängig von der „Lernarbeit" der Lernenden und von der Lernumgebung, hier hauptsächlich der Schule und des Unterrichts. Ihre Beurteilung ist ein wesentliches Moment sozialer Einbindung und damit der Orientierung der Lernenden selbst, wenn sie als eine prozessbegleitende Lernhilfe praktiziert wird, in die diese dialogisch einbezogen sind (vgl. Klafki 1985, S. 155 ff.). Dabei sollten nicht nur fertige Ergebnisse berücksichtigt werden, sondern auch entscheidende Momente gelingender Arbeit, z.B. Findigkeit im Entdecken von Fragen und Problemen, Entwickeln von Arbeitsstrategien, kritisches Abwägen, Methodenbewusstsein und durchdachtes Vorgehen. – Das gesellschaftliche Problem der Definition von Leistungskriterien im Hinblick auf soziale Positionen wird insbesondere bei der Ausgestaltung des Curriculums relevant.

Schon aus diesen wenigen Hinweisen wird ersichtlich, dass schulische Leistungen ein komplexes Bündel von interdependenten Komponenten darstellen, die teils auf die Lernenden, teils auf die Institution Schule oder auf das soziale Umfeld und gesellschaftliche Strukturen bezogen sind. Schule steht in Verantwortung zu den Schülerinnen und Schülern, die ihr anvertraut sind und deren Lernfähigkeit, Lernbereitschaft und Lernleistung sie zu fördern hat;[228] sie steht zugleich in

---

226 Dabei entsteht bei der Leistungsbeurteilung das Dilemma zwischen einem ergebniszentrierten („objektiven") und einem fähigkeits- oder anstrengungszentrierten („subjektiven") Leistungsbegriff.

227 Im Begriff des „Leistungsdruckes" kommt diese Relation von (Lern-) Arbeit und Zeit deutlich zum Ausdruck. – Auch in vielen Grundschulen ist die „Stunde" noch immer das Maß der unterrichtlichen Artikulation. Dabei setzt sich das Zeitregime über alle sachlichen, thematischen und gestalterischen Gegebenheiten und Ansprüche hinweg.

228 Daneben ist zu berücksichtigen, dass Kinder die Folgen von minderen Leistungen nur ansatzweise erkennen und deshalb auch nur bedingt verantworten können.

Verantwortung gegenüber der Gesellschaft, die ihr diese Aufgabe überträgt. Ihre Pflicht kann sie hinreichend aber nur in grundsätzlichem Einvernehmen mit ihrer Klientel (Selbst- und Mitbestimmung) und deren Bereitschaft zu Anstrengungen („Leistungsmotivation“) sowie mit angemessener ideeller und materieller Unterstützung der Gesellschaft erfüllen.
Durch die Notwendigkeit der Kulturaneignung ist der Mensch in höchstem Maß an Lernleistungen gebunden (vgl. Duncker 1994). Das betrifft nicht nur die einzelnen Positionen schulischer Lehrgänge, sondern – diese übergreifend – die Enkulturation in Wertesysteme und Moral, in Kategorien und Begrifflichkeit, in die gestaltete Umwelt und in Gesellschaftsordnungen. Damit wird erneut deutlich, dass Bildung nicht allein der Persönlichkeitsentfaltung oder der „Selbstverwirklichung“ dient, sondern auch der gesellschaftlichen Verpflichtung. Leistung ist nicht „nur Mittel, um mit ihrer Hilfe die Kräfte im Kinde und im jungen Menschen zu entfalten“ (Nohl 1949, S. 143); sie bezieht sich immer zugleich auf (pädagogisch zu rechtfertigende) Ziele, die – inhaltlich und formal – der öffentlichen Schule und durch sie vermittelt als Sachansprüche den Lernenden vorgegeben werden. Durch die konzeptionelle Verbindung von Bildung, Wissen und Leistung wird Bildung keineswegs für außer ihr liegende Zwecke instrumentalisiert, sondern als umfassende Verpflichtung bewahrt, aus der sich der Sinn von Lernen und Leistung ableitet. In Bezug auf das Individuum liegen die Sinnbereiche grundlegender Bildung im Sachunterricht zentral in der Stärkung der Persönlichkeit durch klärende Auseinandersetzung mit den Sachen, in der Erschließung der Welt und in der Fundierung des Weiterlernens, das dann zunehmend durch eigene Zielstellungen bestimmt wird.

1.2.3 Förderung der Lernfähigkeit

[1] In seinen Untersuchungen zur Anthropologie des Kindes hat Werner Loch immer wieder darauf hingewiesen, dass das Kind an seiner Bildung „selbst tätig mitwirken“ und eine Reihe von „Lernfähigkeiten“ als „curriculare Kompetenzen“ hervorbringen muss, die Loch als „Entwicklungsstufen der Lernfähigkeit“ spezifiziert und ausführlich erläutert. „Curricular“ nennt er diese Kompetenzen, „weil sie für den Lebenslauf, das ‚curriculum vitae‘ (das alle anderen Curricula, auch die der Schulen umfaßt) bedeutsam, ja notwendig sind, wenn der zur Welt gekommene Mensch lebens- und lernfähig bleiben und seine allgemein menschlichen wie seine individuellen Anlagen entwickeln können soll“. Als „Kompetenzen“ bezeichnet er sie, „weil sich mit diesen Fähigkeiten auch ein entsprechender Eifer, sie anzuwenden und im Sinne eines Immer-besser-können-Wollens zu entwickeln, sowie eine Zuständigkeit für entsprechende Aufgaben und spezifische Gefühle verbinden, was alles im Bedeutungspotential des Wortes Kompetenz enthalten ist“ (Loch 1996, S. 154). Als Stufen oder Ebenen der Lernfähigkeit nennt er für das Grundschulalter:

- *sich etwas vorstellen können*, z.B. in imaginären Situationen, in Rollen- und Regelspielen, „nicht nur die Rolle eines Anderen zu übernehmen, sondern sich auch in seine Lage zu versetzen und sich selbst darin zu erfahren" (S. 162) und zu lernen, bei der Sache zu sein;
- *sprechen können*, z.B. sich fiktionale Situationen auf eine nichtsinnliche Weise vorstellbar zu machen und zu lernen, „daß leibhaftige Handlungen und mit den Sinnen wahrgenommene Wirklichkeiten im Medium der Sprache sehr verschieden gedeutet und erklärt werden können, je nach dem Standpunkt, den man einnimmt, den Vermutungen, die sich einstellen, den Täuschungen, denen man erliegt, den Annahmen, durch die ein Sachverhalt plausibel wird" (S. 164 f.);
- *Regeln befolgen können*, z.B. in moralischen Situationen, Schritt für Schritt vorbereitet auf dem Weg über Spielregeln und Sprachregeln (Grammatik),[229] deren guten Sinn ein Kind einzusehen vermag, mit dem Ziel, die moralische Situation verstehen zu können und ein autonomes Gewissen auszubilden;
- *arbeiten können*, z.B. in Konkurrenzsituationen durch Anerkennung, Wiederholung und Fortschritt eine Leistungsmotivation aufbauen;
- *denken können*, z.B. in Problemsituationen Regeln der Logik zu folgen, lernen Fragen zu stellen und ihnen durch Vermuten, Probieren, Gestalten und Schließen nachzugehen;
- *Zugang zu Techniken und Künsten zu finden*, z.B. in kreativen Situationen, in denen sich in der Verbindung von Denk- und Leistungsfähigkeit, von Schaffensfreude und Werksinn Zugänge zu „Künsten" (im weitesten Sinn), Verfahrensweisen und Methoden eröffnen können;
- *sich selbst darstellen können*, z.B. in kritischen Situationen, in denen beim „Kampf um Anerkennung" Wagnis und Bewährung dazu dienen, Selbstvertrauen zu gewinnen und ein Selbstkonzept zu entwickeln.

Loch verweist zu allen diesen Punkten auf Lernhilfen, die nicht nur geeignet sind, Hemmungen in der Lernentwicklung entgegenzuwirken, sondern auch solche Kompetenzen zuallererst zu initiieren. Schon die Initiation und nicht nur die Stabilisierung derartiger Lernfähigkeiten, also von Voraussetzungen für anspruchsvolleres weiterführendes inhaltliches Lernen, ist heute bei vielen Kindern zu einer grundlegenden Aufgabe der Schule geworden, die nicht nur den Sachunterricht, sondern alle ihre Bereiche herausfordern muss (vgl. Teil I; 2.1.2 und Teil III; 1.3.2).

[2] Die Förderung der Lernfähigkeit verbindet das Lernen eng mit dem Lehren und mit den Bedingungen, die als „Lernumgebung" in Erscheinung treten. Für einen genetisch-konstruktiv konzipierten Unterricht gewinnen dabei die Aktivi-

---

229 Kinder lernen in der Umgangssprache, wie sie die Personalpronomina verwenden müssen; damit erwerben sie auch formal die Kompetenz, im Gespräch die Perspektiven der ersten und der zweiten Person auszutauschen, d.h. die Grammatik leitet uns an, uns in die Lage der anderen zu versetzen. Darin gründet – wie Habermas in einem Gespräch bemerkt hat – „die kompetente Erzeugung eines gemeinsamen Deutungshorizontes", der dann auch in Regeln verfestigt werden kann.

täten der Lernenden sowie strukturelle Momente der Schule und des Curriculums zentrale Bedeutung. Ziel ist, die Kinder und Jugendlichen schließlich zu einem selbstregulierten Lernen zu befähigen.

Lernen im Sachunterricht ist ein Prozess des Aufbaus von Wissen, Kompetenzen, Haltungen und Überzeugungen. Er vollzieht sich in der Auseinandersetzung mit Sachverhalten, die dem fragenden Zugriff von Kindern zugänglich sind, sowie im Generieren und Interpretieren von Bedeutungen, von Differenzierungen, Aspekten und Zusammmenhängen. Lernen setzt voraus, dass etwas Neues in die kognitiven Strukturen aufgenommen oder Vorhandenes neu interpretiert wird und dadurch eine relativ überdauernde Veränderung geistiger Potenziale zustande kommt, d.h. eine Weiterentwicklung, eine Modifikation oder ein Wechsel vorhandener Präkonzepte, mentaler Modelle, Schemata, Vorstellungen und Optionen, immer mit der Tendenz, dass diese dadurch ein höheres Niveau (z.B. größere Komplexität und Klarheit) gewinnen. Lernen erschöpft sich also nicht in der Akkumulation von Aufgenommenem, sondern formt daraus, indem es Zusammenhänge konstruiert, eine eigene, in sozialen Beziehungen mit anderen rückgekoppelte Welt. Die psychische Energie für solche Lernleistungen entsteht durch intrinsische Bedürfnisse nach Können, Wirksamkeit, Selbstbestimmung und Unabhängigkeit, sozialer Zugehörigkeit und Eingebundenheit, also durch die Verknüpfung kognitiver und affektiver (motivationaler) Momente.

Für die Kinder bedeutet Lernen eine „Öffnung des Blicks“ (v. Weizsäcker; vgl. Teil III; 2.2.1), eine „Erweiterung des Sinnhorizontes“ (Giel), ein Gewinnen von neuen Optionen und Handlungsmöglichkeiten. Dem Erschließen der Welt durch das lernende Individuum entspricht das Wachstum seiner geistigen Gestalt. Nur in einer hinreichend erschlossenen Welt können wir bewusst und verantwortlich handeln.

Lernfähigkeit wird durch Lernbereitschaft aktualisiert und durch Lernen gesteigert. Strukturelle Bedingungen dafür beziehen sich zunächst auf die Gestaltung und Atmosphäre des Unterrichts, die sich in Vielseitigkeit und Offenheit ausdrückt, weiterhin auf die Inszenierung von Exempeln und das Erschließen „großer Ideen“, in denen Elementares erkannt wird.

Vielseitigkeit und *Offenheit* des Unterrichts haben in der Praxis konzeptuell-planbare und situativ-überraschende Facetten eines über Kompetenzen hinausweisenden und mit „Bildungsstandards“ unverrechenbaren Lerngewinns und der Motivierung. Das zeigt sich z.B.

- bei Gelegenheiten für die Kinder, den Umgang mit Sachen zu erproben, ihrer Entstehung, ihren Eigenschaften, ihren Zwecken oder Verwendungen nachzugehen und dabei Interessen zu entwickeln,
- oder in der Erfahrung des Erfolgs eigenen Bemühens, der Selbstregulation und Übernahme von Verantwortung.

Dazu gehören dann positive Erwartungen von seiten der Lehrerinnen und Lehrer sowie eine Dosierung der Anforderungen entsprechend den steigenden Fähigkeiten, generell aber ein gut strukturierter Unterricht, der Lernfortschritte und Leistungssteigerungen erfahrbar und die nächsten Schritte überschaubar macht. Eine „produktive Lernkultur" (Weinert) stützt sich insbesondere auf die Dynamik der Zusammenarbeit: Kommunikatives Handeln erzeugt Raum für kollektive Intelligenz und ein Potential des Hervorbringens und des Kennenlernens von Ideen, Kenntnissen und Arbeitstechniken.[230]

Die *Inszenierung von Exempeln* hat Wagenschein als den Akt des *Einstiegs,* als Eröffnung des Zugangs zur exemplarischen Bearbeitung eines Sachverhaltes dargestellt (vgl. Wagenschein 1997, S. 27 ff.; Teil III; 3.3.1). In der Tradition des exemplarisch-genetischen Unterrichts konzentriert sich die Inszenierung auf die *Exposition* eines Phänomens, also auf den Anstoß für nachfolgende Lernprozesse. Die Exposition richtet den Blick auf etwas und macht es zum Gegenstand des Fragens und Untersuchens. Wenn die Lernenden das Phänomen (und ihr Nichtwissen) erkannt haben, geht der Unterricht in ein kommunikatives (sokratisches) Bemühen um die Kennzeichnung und Bearbeitung des inhärenten Problems über. Die u.U. verfremdende Inszenierung der Exposition in der Eröffnungsphase des Unterrichts hat also die Funktion, die Aufmerksamkeit auf einen bestimmten Sachverhalt zu konzentrieren und die Bereitschaft, sich mit ihm auseinanderzusetzen, herauszufordern.[231] Es sollte dann gelingen – so ist die Erwartung – den im Exempel repräsentierten konkreten Fall erfolgreich zu bearbeiten, aus neuem Wissen (gemeinsame) Vorstellungen zu konstruieren oder zu modifizieren und diese dann bei neuen Gelegenheiten zu überprüfen und auszubauen.

Mit der Inszenierung des Einstiegs geht ein Akt des Lehrens dem Lernen voraus. In der Konzeption des Mehrperspektivischen Unterrichts (MPU), in der die „Entgrenzung der Lernfähigkeit" (Giel 2001, S. 205) ein zentrales Anliegen ist, wird die szenische Rekonstruktion in den „Stücken" als Darstellungseinheiten zur übergreifenden Form, in der durchgängig ein Primat des Lehrens vor dem Lernen gilt, ohne dass der Unterricht „lehrerzentriert" wäre (vgl. Teil III; 2.3).

Wirklichkeit ist uns rätselhaft, und oft muss man auf die hinter den Gewohnheiten des Sehens und Handelns verborgenen Verhältnisse ausdrücklich gestoßen werden: „durch unbequeme Fragen ... oder in den künstlichen Inszenierungen von Exempeln, mit denen irritierende Erscheinungen auf- und vorgeführt wer-

---

230 Vgl. dazu die Beispiele von Thiel (1984 und 2003a), von Breitschuh (1981) und von Soostmeyer (1998 und 2002), außerdem Teil III; 1.1.3 und 3.3. – Als eher kontraproduktiv für die Förderung der Lernfähigkeit erweist sich dagegen ein „animierender" Unterricht, der die Kinder im „Häppchenspringen" des schnellen Wechsels von Themen und Arbeitsformen weitertreibt.

231 Mit der Inszenierung wird nicht nur auf ein Phänomen aufmerksam gemacht, sondern auch eine bestimmte Sichtweise induziert („Natur physikalisch gesehen"; Wagenschein 1975), das kann auch eine neue Sichtweise sein und einen Perspektivenwechsel anstoßen.

den. Solche Inszenierungen sind das Kernstück der didaktischen Kunst, die den Unterricht als einen Handlungsraum *sui generis* konstituiert" (Giel 2007, S. 266 f.). Die Inszenierung von Exempeln erscheint bei Giel zugleich als eine Form der „ästhetischen Darstellung" (Giel 2000b) und als eine Weise der „Verrätselung"; sie stellt die Lernenden vor die Aufgabe, die Fragestellung – die dabei ja nie direkt ist und nicht unmittelbar mit den Fragewörtern (wer, was, wann usw.) aufgenommen werden kann – oder das Problem zu erkennen, zu identifizieren und nun den selbst gestellten Fragen nachzugehen.

Die Frage, die in der Inszenierung zunächst verborgen ist, muss von den Lernenden als ihre eigene rekonstruiert werden. Mit der Inszenierung von Exempeln soll in einen Ausschnitt der Wirklichkeit eingeführt werden, der noch nicht in die schon verstandene Welt der Lernenden integriert ist. Die Inszenierung als Kunstform des Unterrichts ist damit eine Weise der Verrätselung, die von den zu erschließenden Phänomenen durchaus gedeckt ist, denn diese sind offen für unterschiedliche analytische und interpretierende Zugriffe nach Maßgabe von Interessen, Fragestellungen und fachlichen Perspektiven. Wirklichkeit, wie wir sie in unseren Vorstellungen erfassen, wird durch das Denken hervorgebracht. Die didaktische Inszenierung, die die Lernenden als Akteure einbezieht, ist nach Giel Medium des welterschließenden Denkens.

Inhaltliche Ergebnisse solcher verrätselnden Inszenierungen von Exempeln lassen sich im Prozess der Auseinandersetzung oft nur schwer fixieren. Intensität und Lebendigkeit der Darstellung scheinen ihren Preis in einer grundsätzlichen Unsicherheit des Erreichten zu haben. Ihr Zweck liegt wesentlich in der Herausforderung des Denkens, in der Anregung der Lernenden, nach neuen Kategorien und Zusammenhängen zu suchen, Vermutungen zu entwerfen und zu prüfen, also in der intensiven und kreativen Auseinandersetzung mit einer Sache. Deshalb ist der Rückblick wichtig, die Rekonstruktion in einem Metaunterricht sowie die Dokumentation in Zeichnungen und Texten.

Nicht alles, was gelernt werden muss, erfordert diese Intensität unterrichtlicher Arbeit. Tiefgründende exemplarische Pfeiler lassen sich durch weitgespannte Brückenbögen verbinden (vgl. Teil II; 3.1.5). Außerdem gibt es auch dort, wo exemplarische Vertiefung gefordert ist, eine konzeptionelle Alternative zu verrätselnden Inszenierungen, nämlich die Arbeit in Projekten, die stärker auf ein gemeinsames Ziel, auf praktisches Tun, auf entwerfende Planung und die Initiative der Lernenden ausgerichtet ist, und bei der insgesamt das Lernen Priorität von dem Lehren hat (vgl. Teil III; 2.1 und 3.1).

Beide Konzepte, das szenische und das projektbezogene, sind auf die Förderung der Lernfähigkeit mit dem Ziel der Befähigung zu selbstreguliertem Lernen gerichtet, eingeschlossen die soeben genannten Zwecke, wenn auch in unterschiedlich akzentuierter Weise. Sie folgen nicht einer fachlichen Engführung, sondern konzentrieren sich auf das didaktische Potenzial „großer Ideen“ (Kahlert 2009, S. 221) und „großer Themen“ (Feige 2007, S. 269), das in den inhaltlichen Dimensionen des Sachunterrichts als das Elementare und Fundamentale enthalten ist.[232] Die zentralen Ansätze zur Erschließung der Welt, die in den Dimensionen zum Ausdruck kommen, sind es, die diese Welt nicht nur durchschaubarer machen, sondern zugleich kulturelle Bereiche repräsentieren. Sie sind die herausgehobenen Knotenpunkte im Netz des Curriculums, auf die Förderung der Lernfähigkeit inhaltlich ausgerichtet werden sollte.

1.3 Kindgemäßheit, Wissenschaftsorientierung und Sachgemäßheit

Als kurze Formel für die Aufgabe der Grundschule lässt sich seit der durchgreifenden Reform um 1969 *„Grundlegung der Bildung“* angeben (Lichtenstein-Rother 1970; 1980). Sachunterricht hat sich damals als ein Lernbereich konstituiert, in dem mit Sachen der Welt umgegangen wird um zu lernen und zu verstehen, um Lebenswelt zu erschließen und darüber hinaus belastbares Wissen aufzubauen und um weiterführende Perspektiven zu gewinnen.

Die Reform der späten sechziger und frühen siebziger Jahre hat dem Prinzip der *Kindgemäßheit*[233], das in der Reformpädagogik der beiden ersten Jahrzehnte des zwanzigsten Jahrhunderts ausgearbeitet wurde, jenes der *Wissenschaftsorientierung* gegenübergestellt und damit ein Postulat der Aufklärung erneut aufgegriffen (vgl. Köhnlein 1984). Aufklärung besteht, pädagogisch gesehen, vor allem in der Heranführung an überlegenes Wissen durch kritisches Lernen und in der gegenseitigen Fundierung von Wissen und Verstehen.

Kindgemäßheit und Wissenschaftsorientierung sind allgemeine leitende Prinzipien eines modernen Sachunterrichts; gemeinsam markieren sie eine Spannungslinie in einem didaktischen Feld, das durch die zentralen konzeptionellen Prinzipien der genetischen Orientierung und der Exemplarität, der sokratischen Kommunikation sowie durch Konstruktivität und Vielperspektivität gekennzeichnet ist.[234]

---

232 Feige hat a.a.O. für das Beispiel der „stammesgeschichtlichen Entwicklung des Menschen“ das Dimensionsmodell inhaltlich aufgeschlüsselt.

233 Kindgemäßheit bedeutet, dass der Unterricht den Kindern in ihrer je gegebenen Situation gemäß sein muss und betont damit nur eine pädagogische Selbstverständlichkeit. Daneben erscheint dann der Begriff „Kindorientierung“ – auf Kinder hin orientiert – als obsolet.

234 Margarete Götz u.a. kritisieren scharf die unproduktive Entgegensetzung unzureichend explizierter Begriffe: „Der heftig ausgetragene und den Blick auf wichtige andere Fragen verstellende Streit in der Didaktik über schüler- bzw. wissenschaftsorientierten Unterricht hätte schneller beendet werden können, wenn beide Begriffe zur Markierung einer Differenz gründlicher entfaltet worden wären. Dann hätte man sehen können, dass weder die Schülerorientierung die Heranführung an wissenschaftliche Denkweisen ausschließt noch die Wissenschaftsorientierung die Einbeziehung von Schülerinteressen und -vorstellungen. Eine pädagogisch-systematische Sach-

Prinzipien drücken didaktische Ansprüche an den Unterricht aus, und sie geben ihm Leitlinien. Mit der Nennung von Prinzipien werden dauerhafte Motive des Handelns kategorial erfassbar und im Denken bearbeitbar. Als Prinzip hervorgehoben wird, was durchgehend als besonders wichtig erscheint. Prinzipien sind weitgreifender und flexibler als Regeln; sie sind Grundsätze mit hypothetischem und zugleich normativem Charakter, die den Unterricht durchgängig konzeptionell bestimmen sollen. Prinzipien sind regulative Ideen, die immer in gegenseitiger Wechselwirkung zu verstehen sind; sie können sich verstärken oder auch relativieren. Es handelt sich also nicht um Postulate mit totalem Gültigkeitsanspruch, sondern sie bezeichnen notwendig sich ergänzende Gesichtspunkte in einem übergreifenden Zusammenhang.
Hans Glöckel nennt in seiner Didaktik etwa zwanzig Prinzipien (Glöckel 1992, S. 273 ff.); die Liste ließe sich leicht verlängern. Schon dieser Hinweis zeigt, dass die Vielzahl möglicher Prinzipien nicht aus einem einheitlichen didaktischen Entwurf stammt, sondern dass man immer wieder, wenn in der Geschichte der Didaktik der Eindruck entstand, ein bestimmtes Anliegen werde zu sehr vernachlässigt, eben diesen Gesichtspunkt als Prinzip, d.h. als gestaltendes Element für den Unterricht formuliert hat.
Eine Theorie des Sachunterrichts ist wesentlich durch einen Satz dominanter Prinzipien bestimmt; Prinzipien sind in einer didaktischen Theorie strukturierende Momente. Die Einheit des Sachunterrichts sowie seiner Theorie lässt sich daran erkennen, dass diese zentralen Prinzipien einfach, universell gültig und konsistent aufeinander beziehbar sind. Die Möglichkeit und Notwendigkeit, weitere Prinzipien ergänzend hinzuzunehmen, verweist auf die grundsätzlich notwendige Offenheit didaktischer Theoriebildung.

1.3.1 Kindgemäßheit

Mit einer Didaktik des Sachunterrichts ist zwangsläufig – implizit oder explizit – ein generelles Bild von den Kindern verbunden, von ihrer Entwicklung, von ihren Bedürfnissen, Handlungs- und Erkenntnisinteressen, Fähigkeiten, von ihrer geistigen Struktur, von der Wirklichkeit ihrer Lebensumstände und von ihren Erfahrungsmöglichkeiten. Für alle Theorieansätze und Konzeptionen ist grundlegend, wie „das Kind" gesehen wird, wie seine „Anlagen", Erfahrungen, sein Lernstand, seine Motivation und sein Lernpotential eingeschätzt und aufgenommen werden, welcher Raum der kindlichen Individualität im Lernprozess eingeräumt wird und

---

unterrichtsforschung, die die Tragfähigkeit von Begriffen analysiert, sachunterrichtsbedeutsame Erkenntnisse von Bezugsdisziplinen argumentativ stringent erschließt und in guter systematisch-analytischer Tradition (...) nach den theoretischen Implikationen ihrer Konstrukte fragt, könnte helfen, Umwege der Theorieentwicklung zu vermeiden und die Kommunikation vom Ballast unzureichend explizierter Begriffe zu entlasten." (Götz u.a. in Kahlert u.a. 2007, S. 27)

wie seine situativen und weitergreifenden Interessen mit anderen basalen Momenten von Unterricht, wie Bildungszielen und potenziellen Inhalten, in Beziehung gebracht werden. Ein kindgemäßer Unterricht will möglichst allen Kindern einer Klasse als Personen und in ihrer Subjektivität gerecht werden und sie nicht nur in ihrer Rolle als Schüler wahrnehmen.

Die Reformpädagogik hat „das Kind" als die bestimmende Mitte aller pädagogischen Bemühungen neu entdeckt. Im Heimatkundeunterricht der darauf folgenden Jahrzehnte gingen aber unter der Ideologie der „volkstümlichen Bildung" (Glöckel 1964) konstruktive Sachbezüge, produktive und über die unmittelbare Umgebung hinausreichende, weiterführende Auseinandersetzungen mit bedeutsamen Sachverhalten und Problemen weitgehend verloren. Die Curriculumrevision, die in der BRD gegen Ende der sechziger Jahre zum Neuansatz eines modernen Sachunterrichts führte, war wesentlich durch einen neuen Begriff von Kindgemäßheit gekennzeichnet. Hervorgehoben wurden die besondere Lernfähigkeit sowie die intellektuelle Aktivität des Kindes und sein Bedürfnis, sich die ihm zugänglichen Sachverhalte geistig verfügbar zu machen (Robinsohn 1967; Bruner 1970; Roth 1972; Donaldson 1991).[235]

Aufmerksamkeit fanden die vielfältigen Facetten einer „veränderten Kindheit" (Fölling-Albers (2001) als Folge gesellschaftlich-kultureller Entwicklungen, die sich z.B. in einer veränderten Erziehungskraft und -intention von Eltern und Institutionen oder in der Eingrenzung in subkulturelle Milieus zeigen. In curricularer Hinsicht ist der Erfahrungswandel besonders bedeutsam: der oft beklagte Mangel an natürlichen Spiel- und Erfahrungsräumen sowie anregenden sozialen Kontakten, die Verschiebung der Beschäftigung von unmittelbarer Erkundung zuhandener Dinge und Sachverhalte hin zu undurchschaubaren technischen Produkten. Andererseits ist die Welt den heutigen Kindern durch Medien und Reisen vorgestellt, und nicht wenige haben ein beachtliches Umgangswissen in Bezug auf technische Geräte und elektronische Kommunikationsmittel. Dieser Erfahrungswandel zwingt zur Reflexion möglicher oder notwendiger Folgen für das Curriculum und die Gestaltung von Lernumgebungen, denn nicht nur die für das Lernen relevanten situativen Gegebenheiten und Interessen ändern sich, sondern auch die zukünftigen Bedürfnisse. Hier zeigt sich dann der *Zukunftsbezug von Kindgemäßheit:* Die Schule hat nicht nur die aktuelle Situation der Kinder im Blick, sondern ebenso ihr Entwicklungspotential und künftig erforderliche Kompetenzen.

Im außerschulischen Feld erschließen sich Kinder die Welt nach arbiträren oder arrangierten Gelegenheiten, nicht nach Ordnungsstrukturen wissenschaftlicher Domänen. Die lebensweltlich erworbenen, oftmals nur rudimentär ausgebildeten

235 Die gleichzeitige Konstruktion „geschlossener", struktur- und verfahrensorientierter Curricula steht dem nicht entgegen; diese wurden von den Autoren zunächst durchaus als kindgemäß angesehen (vgl. Teil V; 6.3).

Deutungs- und Erklärungsmuster erscheinen in einem genetischen Sachunterricht nicht als Mängel, die zu tilgen wären; vielmehr besteht die Aufgabe darin, diese Vorstellungen kritisch zu prüfen, sie für neue Erkenntnisse zu öffnen, durch neue Einsichten zu überformen und für Anwendungen in der Lebenswelt einsichtig und flexibel zu machen. Immer kommt es darauf an, sowohl den Kindern als auch den Sachen gerecht zu werden. Kindgemäßheit bezieht sich dann auch auf die Bildungsansprüche der Kinder.

Die Kinder mit ihren Vorerfahrungen und schon vorhandenen Ausprägungen von erkenntnisleitenden Mustern, Erklärungsansätzen und (alltagssprachlich vermittelten) Denkschemata sind also der Ansatzpunkt aller auf das Lernen und Lehren bezogenen Bemühungen.[236] Handlungserfahrungen (vgl. Fischer 2004) geben dem weiterführenden Denken eine konkret-materiale Basis; vor kognitiven Prozessen und mentalen Modellen steht oft die körperliche, begrifflich noch leere Übernahme von Bewegungs-[237] oder Verhaltensabläufen. Im Unterricht aufgenommene Begriffe und Aussagen über Sachverhalte ohne diese Grundlage sind oft nur flüchtige Gebilde. Das gilt insbesondere für leistungsschwächere Kinder mit ungünstigen Lernvoraussetzungen. Die Einbettung in einen den Kindern einsichtigen sinnstiftenden Kontext dient nicht allein dem Aufbau von belastbaren Vorstellungen und Denkmodellen, sondern auch der Lernatmosphäre und Motivation, der Lernzufriedenheit und Lernfreude.

Dazu gehört auch, dass Schule als ein Ort des Vertrautseins, der Zugehörigkeit und des Engagements empfunden, begriffen und gepflegt wird. Die Praxis des Zusammenlebens, Feste und Feiern, Projekte, die auch von Erwachsenen ernst genommen werden, prägen die Kultur im „Haus des Lernens" und vermitteln Freude an gelingender Leistung.

Wesentliche Aspekte eines kindgemäßen Unterrichts beziehen sich darauf, wie die schulische Lernumgebung erlebt wird und grundlegenden Bedürfnissen entspricht. Dazu gehören vor allem das Bedürfnis nach *Kompetenzerfahrung,* eng verbunden mit dem Gefühl der Selbstwirksamkeit, sodann das Verlangen nach sozialer Eingebundenheit und Anerkennung („von anderen angenommen sein") und der Wunsch nach Autonomie („sich als eigenständige Person erleben"). Dem Erleben von Kompetenz („sich als erfolgreich und tüchtig erweisen") wird eine hohe positive Wirkung für die Ausprägung intrinsischer Motivation zugesprochen (Hartinger/Fölling-Albers 2002; vgl. Blumberg 2008); wichtig ist daher, dass das Anforderungsniveau den Voraussetzungen der Lernenden möglichst genau ent-

236 Anknüpfungspunkte an das aktuelle Denken von Kindern in Bezug auf anstehende Unterrichtsinhalte ergeben sich oftmals situativ aus dem Gespräch, in dem besondere Sichtweisen und Wahrnehmungen zum Vorschein kommen.

237 Vgl. das Beispiel zur Pendelbewegung von Wagenschein (1989, S. 149 f.; Teil I; 1.4) und zur Mühle von Mach (Teil III; 1.2).

spricht (Passung von Anforderung und Leistungsfähigkeit) und durch angemessene Herausforderungen eine Steigerung der Kompetenz spürbar wird.
Autonomieerfahrung können die Lehrenden dadurch unterstützen, dass sie
- intensiv auf die (einzelnen) Lernenden eingehen und sie ermutigen,
- differenzierende Lernangebote machen und Spielräume zu selbstreguliertem Problemlösen offenhalten,
- Strukturierungen der Inhalte und Gespräche vornehmen und zum Verfolgen eigener Ideen anregen,
- Unterstützung anbieten, Empathie und Perspektivenübernahme zeigen,
- zur Übernahme eigener Verantwortung für Lernfortschritte ermutigen,
- Gelegenheit und ausreichend Zeit für eigenständiges Überlegen und Arbeiten einräumen,
- sich weniger kontrollierend verhalten, weniger Lösungen vorgeben und Leistungen sachgerecht würdigen.

Solche Verhaltensweisen, die ursprünglichen Bedürfnissen der Lernenden entgegenkommen und dadurch die motivationale Qualität des Unterrichts durch Zufriedenheit, Genugtuung, Stolz oder andere positive Affekte steigern, fördern zugleich die Ausprägung eines stabilen Selbstkonzeptes und die Anbahnung sachbezogener Interessen. Das Selbstkonzept betrifft die Einschätzung der eigenen (domänenspezifischen) Fähigkeiten. Interessen gelten als Bedingung guter Schulleistungen und als Voraussetzung für den Aufbau eines tatsächlich verstandenen Wissens, aber auch als wichtige motivationale und kognitive Komponenten in der Struktur des Selbstkonzeptes und schließlich als Merkmale grundlegender Bildung.
Der Zukunftsbezug von Kindgemäßheit, d.h. die Hinwendung zu weiterführenden Aufgaben und Perspektiven, gilt für Mädchen und Jungen in gleicher Weise (vgl. Teil I; 3.1.7). Die mehr oder minder ausgeprägte geschlechtsspezifische Sozialisation in Familie und Kindergarten – begleitet von einer Diversifikation der Kindheitsmuster – beeinflusst das, was Kinder „aus der Welt herauslesen", was sie emotional und kognitiv verarbeiten, und sie gibt für die einzelnen Kinder unterschiedliche Impulse für die Entwicklung von Interessen und des Selbstkonzeptes, was dann im Sachunterricht besonders bei Prävalenzen für Sachgebiete und Tätigkeiten, bei Lernstrategien und in der Einschätzung der eigenen, domänenspezifischen Leistungsfähigkeit sichtbar wird.
Im Sachunterricht sollten wir solche Unterschiede unter den Prinzipien von Individualisierung und Differenzierung nach Möglichkeit produktiv aufnehmen. Genetischer Unterricht mit einer deutlichen konstruktiven Komponente und vielperspektivischer Offenheit berücksichtigt die Bedürfnisse der Kinder in besonderer Weise und ist konzeptionell so angelegt, dass Denken und Tun auch situ-

ativ Spielräume haben und dass die Kinder im Gespräch ihre Sichtweisen, Überlegungen und Wünsche einbringen können. Unter dem Prinzip der Kindgemäßheit heißt das, dass die Kinder ermutigt werden, im Denken und Sprechen an ihren Vorstellungen zu arbeiten, sie kritisch zu prüfen und neue Ideen und Fragen zu entwickeln. Wissen und seine Einbettung in praktische Bezüge werden im kommunikativen Austausch hervorgebracht, gedeutet und verstanden, gestützt durch Recherchen und explorierenden Zugriff. Das eröffnet Entfaltungsmöglichkeiten für Mädchen und Jungen. Das entspricht auch dem Ziel, Defizite auszugleichen, neue Interessen zu stiften und ein breites Fundament zu schaffen, auf das viele Optionen für das Weiterlernen, für Lebensentwürfe und Beruf aufbauen können. „Mädchen stärken" heißt dann auch, ihre oftmals „schwierige Beziehung" zu Naturwissenschaft und Technik (Lore Hoffmann 1993, S. 114 ff.) fördernd zu mildern.[238]

1.3.2 Wissenschaftsorientierung

Die Wissenschaft beginnt mit der Vielheit der Sachen der Welt und steigt auf mit der Frage nach den Zusammenhängen. Kinder erfahren die Welt vorzugsweise an gegenständlichen Paradigmen. Wenn wir sie mit Phänomenen konfrontieren, z. B. im Zuge des Einstiegs, signalisieren wir: Hier ist etwas von Bedeutung. Wir lenken ihre Aufmerksamkeit. Dabei mag es sein, dass das Phänomen für sie bisher noch fremd blieb, dass sie es als das, was es ist, erst identifizieren müssen, weil sie noch keinen Begriff davon haben. Es gehört zum schweren Geschäft des Lernens wie auch der Forschung, dass man die Bedeutung einer neuen Beobachtung oder eines Hinweises erst herausarbeiten und das Problem, das die Neugier wachruft, erst erkennen muss. Das Beispiel, an dem das geschieht, gewinnt für das Individuum eine psychische Qualität als Kristallisationspunkt für Erfahrungen um den fraglichen Sachverhalt. Die Wissenschaften schließlich stellen Kategorien und Denkmodelle bereit, die den Erfahrungen und dem Denken eine feste, überdauernde und kommunizierbare Gestalt geben können. Mit der pluralen Verschiedenheit der Wissenschaftsdisziplinen (und speziell im Sachunterricht der inhaltlichen Dimensionen) ist eine Vielheit der Aspekte auf die Welt gegeben, die als substanzieller Gewinn für den Unterricht genutzt werden sollte.

Die lebensweltliche Offenheit des Sachunterrichts entspricht der Vielfalt des in der Welt positiv Vorhandenen, das dem Wissen zugänglich ist. Die wissenschaftlichen Bezüge, die in den Dimensionen zum Ausdruck kommen, berücksichtigen die Differenz zwischen der Vielfalt der möglichen Wissenselemente und der Notwendigkeit einer Ordnung in dieser Fülle. Der durch die „klassischen" Wissen-

238 Nach den Ergebnissen der Grundschulstudie Iglu 2006 haben die Jungen in Deutschland in Mathematik und in den Naturwissenschaften einen im internationalen Vergleich auffallend großen Leistungsvorsprung vor den Mädchen. (Untersucht wurden Kinder des vierten Schuljahres.)

schaftsdisziplinen repräsentierte Versuch, die Vielfalt des Erfahrbaren in eine Ordnung zu überführen, hat einen Preis, der auch in der Schule immer wieder spürbar wird: Es kommt zu Trennungen zwischen Elementen, die im lebensweltlichen Bereich oftmals verbunden sind, und außerdem zwischen solchen, die in wissenschaftliche Systeme aufgenommen werden und vielleicht sogar bedeutsam sind für die Ausprägung disziplinärer Perspektiven, und anderen, die ausgeschlossen bleiben.[239] Konzeptionell trägt die Didaktik des Sachunterrichts diesem Dilemma in dreifacher Weise Rechnung: durch das integrative Moment der gegenseitigen Durchdringung der Dimensionen nach Maßgabe der unterrichtlichen Themen, durch die vielperspektivische Orientierung, die disziplinären Engführungen entgegensteht und offen ist für unerwartete oder besondere Ereignisse,[240] und schließlich durch die Kriterien der Stoffauswahl, die an lebensweltliche Bedeutsamkeit rückgebunden sind (vgl. Teil I; 2.2).

Die vorwissenschaftlichen und die ersten Probleme mit potenziellem Wissenschaftsbezug sind meist praktischer Art (Worum geht es bei der Sitzordnung in unserer Klasse?, Worauf kommt es an, wenn wir einen Plan unseres Schulgeländes zeichnen?, Warum kann ein Kran kippen, wovon hängt seine Standfestigkeit ab?). Sie führen weiter zu theoretischen Problemen, d.h. zu Fragen nach Erklärungen, mit deren Hilfe sich Sachverhalte verstehen lassen. Im Sachunterricht geht es inhaltlich um die Aufhellung und Klärung von Phänomenen aus der Lebenswelt und methodisch um die Lösung von Problemen, die Kinder bewältigen können. Ein wesentlicher Sinn von Wissenschaftsorientierung liegt in der Annäherung an die Wahrheit, der Wissenschaft verpflichtet ist, ein weiterer im logischen und empirischen Gehalt von Wissenschaft, d.h. in deren Erklärungsmächtigkeit, in ihrem Beitrag zum Verstehen der Welt. Wissenschaft hat den Zweck, unser Wissen, unsere Handlungsmöglichkeiten, unser Können (z.B. durch Technik, Handlungsstrategien und Folgenabschätzungen) zu verbessern. Unter den Gesichtspunkten von Erkenntnisgewinn und Erweiterung der menschlichen Gestaltungsmöglichkeiten hat sie ein den Bemühungen um Bildung vergleichbares Programm. Als Kulturgut wird sie schließlich selbst zum Gegenstand didaktischer Bestrebungen, die auf *Wissenschaftsverständigkeit* gerichtet sind.

Wissenschaften als kulturelle Objektivationen von Wissen und von Methoden zur Gewinnung von Wissen können uns – trotz ihrer immanenten Grenzen – durch ihr kritisches und aufklärendes Potenzial helfen, die Sphäre eines sich selbst bestä-

239 „Ganzheitliche" Ansätze entgehen dieser Schwierigkeit nur vermeintlich oder, weil sie den Blick auf das von ihnen (undefiniert) Gemeinte schon vorweg einschränken, um den Preis eines geschlossenen Weltbildes.

240 Ein solches Ereignis, das den geplanten Fortgang des Unterrichts verändert, kann etwa ein Streit, ein Probealarm durch die Feuerwehr sein, aber auch – von besonderem didaktischen Interesse – das Auftauchen einer unerwarteten Fragestellung, wie es Breitschuh eindrucksvoll beschrieben hat (Breitschuh 1981, vgl. Teilkapitel 2.2.4).

tigenden, milieubezogenen „gesunden Menschenverstandes“ zu übersteigen und aus der kleinen Eigenwelt durch genetische Annäherung an wissenschaftsbezogene Erkenntnisprozesse herauszutreten. Ihre Methoden und ihre Systematiken können uns anregen etwas zu denken, was vorher undenkbar war oder was alte Denkgewohnheiten ausblendeten. Wissenschaftsbezogene Reflexion kann Mängel des alltäglichen Denkens aufdecken, dieses Denken aufbrechen und die Mythen, denen es folgt, zum Vorschein bringen. Die Wissenschaft selbst, wo sie nicht zweckrational verkürzt wird, enthält im Spiel des suchenden Denkens, in der entwerfenden Einbildungskraft und in der Fantasie der Alternativen ein ästhetisches Moment und eröffnet Freiräume. Hierin besteht die ursprüngliche Verbindung zwischen Wissenschaft, Kunst und Philosophie. Dabei bleibt dann auch bewusst, dass Wissenschaft keine endgültigen Wahrheiten kennt, ständig neue Fragen aufwirft und als Konstrukt aus Hypothesen einen kritischen Revisionsvorbehalt als Wesenskern in sich trägt.[241]
Die *Bezugswissenschaften* des Sachunterrichts durchdringen auf ihre je spezifische Weise die „Sachwelt“ und bearbeiten jene konstanten Erfahrungen über Phänomene, Eigenschaften, Beschaffenheiten und Verhaltensweisen, deren ansatzweise Klärung schon Ziel des frühen Lernens ist. Damit enthalten sie eine Fülle von inhaltlichen und methodischen Ressourcen, auf die der Sachunterricht nach eigenen Konzepten zurückgreift und dadurch substantielle Perspektiven gewinnt. Wissenschaftsbezogene Lernprozesse beziehen sich auf
- Gegenstände von Wissenschaftsdomänen,
- Methoden der Erkenntnisgewinnung und epistemisches Denken,
- Wissensbestände als Ergebnisse der Wissensbildung und
- die Rückkoppelung dieser Resultate mit der Lebenswelt der Kinder.

Der Eintritt in wissenschaftsbezogenes Lernen, d.h. in einen Horizont allenfalls geahnter Möglichkeiten für die eigene Persönlichkeitsentwicklung, bedeutet keine binnenfachliche Aufgliederung des Sachunterrichts; Wissenschaftsorientierung ist nicht schon Fachorientierung, sondern impliziert die in der Wissenschaft selbst enthaltene Spannung zwischen sachbezogen integrierender Interdisziplinarität und sich ausdifferenzierender Spezialisierung. Damit ist Sachunterricht frei von Bindungen an einzelfachliche Aspekte und Systematiken seiner Bezugswissenschaften und frei für die Anbindung seiner unterrichtlichen Aussagen an den aktuellen Stand wissenschaftlicher Erkenntnis. „Fachliche“ Inhalte und Perspek-

241 Wissenschaftsorientierung ist demnach kein szientifistisches didaktisches Programm und bedeutet nicht, dass wir „Erkenntnis mit Wissenschaft identifizieren“, denn Wissenschaft ist „eine Form möglicher Erkenntnis“ (Habermas 1973, S. 13). Gleichwohl ist sie für den Sachunterricht erkenntnisleitend. – „Zu den schmerzlichsten Begleitumständen der jüngsten Fortschritte der Wissenschaft gehört die Tatsache, daß wir danach jeweils weniger wissen, als wir zu wissen glaubten.“ (B. Russell: Lob des Müßiggangs. dtv, München 2003, S. 252)

tiven gewinnen zunächst ihre Bedeutung nach Maßgabe allgemeiner, d.h. auch lebensweltlicher Relevanz. Im Fortgang des Curriculums bekommt die Wissenschaftsorientierung zunehmende Bedeutung, und es kommt darauf an, Sach- und Gesellschaftsanspruch, propädeutische Fachorientierung, fachgemäße Arbeitsweisen und offenere Formen des Lernens, Kindgemäßheit und die Erarbeitung bereichsbezogener Kompetenzen integrativ aufeinander zu beziehen (vgl. Feige 2000, S. 70).
In genetischem Verständnis heißt Wissenschaftsorientierung: auf Wissenschaft hin orientiert und rückgebunden an den sich erweiternden Verstehenshorizont der Kinder. Im Unterricht sollen in zunehmendem Maße die Chancen und Vorteile des wissenschaftsbezogenen Zugriffs (Methoden, Begriffe, Denkmodelle) auf die Wirklichkeit deutlich werden, aber nicht durch abschreckende Konfrontation mit überlegenem Wissen und unverstandenen Begriffen, sondern durch eine konstruktive Bearbeitung konkreter Probleme, die den Lernenden Raum gibt für eigene Ideen und deren sorgfältige Prüfung. Dadurch wird dann auch vermieden, dass die Ergebnisse von ihrem Zustandekommen getrennt werden und ihre Beziehung zu Ursprungssituationen des Fragens verlieren. Erziehung zu wissenschaftsorientiertem Denken hat zum Ziel, dieses kritisch in den eigenen Lebensvollzug aufzunehmen. Dabei gilt Wissenschaft in einem weiten Sinn auch als Überwindung von unklarem, unlogischem, animistischem, anthropomorphem, magischem und mythischem Denken. Das bedeutet aber nicht „Entzauberung der Welt" und auch nicht Verzicht auf die produktive Kraft von Imagination und Intuition.

1.3.3 Sachgemäßheit und Integration

Der Leitstern „Wissenschaftsorientierung" – „die prinzipielle wissenschaftliche Orientierung der Lerninhalte und Lernprozesse"[242] – hatte nach 1970 bald an Strahlkraft verloren. Aufgelöst wurde das Missverständnis, ein kindgemäßer Unterricht könnte oder sollte zugleich wissenschaftsförmig sein. Erst seit der Jahrtausendwende gewinnt der Wissenschaftsbezug (unter dem Einfluss international vergleichender Studien zu Schulleistungen[243]) als Orientierung durch Wissen in veränderter Form wieder Einfluss.[244] Wissenschaftlich fundiertes Wissen dient in einem wissenschaftsverständigen Unterricht – auch wenn die Lernenden diese Fundierung noch nicht erkennen –, der Stimulierung von Interessen und dem Aufbau von Kompetenzen. Verbunden damit sind bestimmte Haltungen wie Sachlichkeit, beharrliches Bemühen um Erkenntnis und Verstehen, kritische Rationalität und Verantwortungsbereitschaft.

242 Deutscher Bildungsrat (1970): Strukturplan für das Bildungswesen, S. 133 (abgedruckt in Neuhaus 1991, S. 281 ff.)

243 TIMSS (Third International Mathematics and Science Study), PISA (Programme for International Student Assessment), IGLU/ IGLU-E (Internationale Grundschul-Lese-Untersuchung)

244 Eine prominente Markierung dafür ist der Perspektivrahmen Sachunterricht (2002).

Die pädagogische Diskussion spiegelt hier – in Bezug auf das Curriculum und die Gestaltung von Lernumgebungen – eine übergreifende philosophische und gesellschaftspolitische. Ungerechtfertigte Erwartungen an die Wissenschaften, insbesondere an die Naturwissenschaften, wurden zum Teil revidiert. Wissenschaftsbezug allein ist noch keine hinreichende Bedingung für eine humane Welt. Wenn wir die Welt als unsere Welt bewahren wollen, bedarf unser Rückgriff auf die Möglichkeiten der Wissenschaften eines ethischen Maßes.

Wenn aber Wissenschaft für das Begreifen der Welt und für verantwortliches Handeln nicht ausreicht, dann muss die wissenschaftsbezogene Komponente des Unterrichts durch eine ethische und ästhetische ergänzt und zusammen mit diesen Momenten in einem neuen Prinzip aufgehoben werden. Immer stellt sich in unterrichtlichen Bezügen für die beteiligten Subjekte, Lehrende und Lernende, die Frage nach solchen Zwecken, die gerechtfertigt werden können, d.h. die Frage nach dem Guten, Wahren und Schönen, das uns zur Mitwahrnehmung aufgegeben ist, wo es um Bildungsprozesse geht (vgl. v. Weizsäcker 1977, S. 137 f.). Mitwahrnehmung meint nicht allein ein offenes Aufnehmen, sondern ebenso das gestaltende Handeln sowie die Erfahrung von Sinn (vgl. Teil III, 1.2.1).

Das Prinzip der *Sachgemäßheit* verbindet im Hinblick auf einen bildenden Unterricht den aufklärenden Wissenschaftsbezug mit Ethik und Ästhetik. Gerhard Löffler hat schon vor mehr als zwanzig Jahren vorgeschlagen, „die Bedeutung von ‚Sache' als eines Gegenstandes engagierter Auseinandersetzung festzuhalten". Dabei versteht er „Sache" nicht eingeschränkt als „Ding" und auch nicht reduziert auf Realien, sondern als Sachverhalt im Sinne von Aufgabe, Pflicht, Anlass einer Erörterung. Sachgemäßheit erfordert demnach „ein Urteilen aufgrund reiflicher, angemessener Überlegung", die wiederum nur möglich erscheint, wenn „wir den Gesichtspunkt der Schüler, d.h. ihr Verständnis der betreffenden Sache ... aufgreifen" (Löffler 1988, S. 38; vgl. Löffler 2011).

Ein sachgemäßer Umgang hängt ab von der gültigen Bestimmung der Sache, um die es geht, und von den Interessen der beteiligten Personen, welche sich in Handlungszielen ausdrücken. Unterschiedliche Zugriffsweisen werden unter einer Thematik oder einem projektartigen Vorhaben nach Maßgabe der Sache und der verfolgten Ziele zentriert. Für den Unterricht geschieht die Bestimmung der Sache in der Sachanalyse. Die Handlungsziele beziehen sich in direkter Weise auf ein Produkt (z.B. den Aufbau eines Stromkreises oder die Zubereitung eines Frühstücks) und auf eine bestimmte Einsicht (z.B. in die Wirkungsweise des Schalters oder in die Ursachen und Lösungsmöglichkeiten eines Streites), darüber hinaus aber auf das Gewinnen von Kompetenzen, auf die Erweiterung des Horizontes durch Verstehen und auf die Förderung von Lernfähigkeit und Interesse.

In einem sachgemäßen exemplarischen Unterricht erfolgt die engagierte Auseinandersetzung mit einer Sache als themenspezifische Rekonstruktion des Gegen-

standes. Heinrich Roth hat in pointierter Weise vorgeschlagen, Entstehungsprozesse, das Werden einer Sache, zur Leitidee unterrichtlicher Rekonstruktionen zu machen und dadurch eine „originale Begegnung“ zu ermöglichen: „Alle methodische Kunst liegt darin beschlossen, tote Sachverhalte in lebendige Handlungen rückzuverwandeln, aus denen sie entsprungen sind: Gegenstände in Erfindungen und Entdeckungen, Werke in Schöpfungen, Pläne in Sorgen, Verträge in Beschlüsse, Lösungen in Aufgaben, Phänomene in Urphänomene.“ (Roth 1960, S. 124) Dabei müssen wir die Rekonstruktion einer Sache in der Planung und Durchführung des Unterrichts als Annäherung verstehen; für die Lernenden ist es die Konstruktion von Wissen, das durch Einsicht in Sachverhalte fundiert ist. Dieser Prozess der Rekonstruktion und Konstruktion kann sich zugleich auf mehrere der inhaltlichen Dimensionen des Sachunterrichts beziehen und themenbezogene Inhalte unterschiedlicher Wissensdomänen integrieren.
Als mitgestaltende Subjekte sachgemäßer Arbeit brauchen die Lernenden Freiräume für Überlegungen, weiterführende Fragen und Ideen. Didaktisches Kriterium für sachgerechte Arbeit ist ein gelingender Prozess des Erkennens, Begreifens, der Einordnung in eine kognitive Struktur, d.h. der „Vorrang des Verstehens“ (Wagenschein).

1.4 Zielperspektiven und Zwischenbilanz

Aufbau grundlegender Bildung ist die umfassende Zielformulierung für den Sachunterricht. Seine Aufgaben beziehen sich in inhaltlich akzentuierter Weise auf die Einführung in Sachverhalte und Eröffnung von Denkräumen, auf Wissen, auf ein Können, das in Kompetenzen erkennbar wird und im Verstehen fundiert ist, sowie auf Haltungen wie Moralität, Sachlichkeit und Leistungsbereitschaft, darüber hinaus aber auch auf Steigerung der Lernfähigkeit und die Bereitschaft, einen kritischen Bezug zu sich selbst und zur außersubjektiven Welt einzunehmen und schließlich selbst Orientierungen und Entscheidungsfähigkeit zu gewinnen. In seiner integrativen und zugleich vielperspektivischen Funktion, die auch Sprachkompetenz und mathematische Anwendungen einschließt, ist Sachunterricht der zentrale allgemeinbildende Lernbereich der Grundschule.
Bildung im Sachunterricht geschieht durch klärende Auseinandersetzung mit Sachverhalten. Sie bezieht sich auf das Bemühen

- die Sachen „zum Reden zu bringen“ (motivationale Aufgeschlossenheit),
- den Widerstand der Gegenstände zu überwinden und damit auch die eigene Trägheit und Neigung, sich auf das Einfache und Leichte zu beschränken (Selbstregulation),

- die Freiheit und Fähigkeit zu gewinnen, eine Sache zu ergreifen, sie zur eigenen Sache zu machen und in den eigenen Horizont einzurücken (Aufbau von Weltverstehen),
- die geistige Herrschaft über die Sache zu erringen und sich selbst vorwärts zu bringen (Involviertsein in das Wissen),
- in Verantwortung Zwecke zu setzen und im Hinblick auf die Mittel Entscheidungen zu treffen (Urteilsfähigkeit),
- mit dem Wissen und Können frei und sinnstiftend umzugehen (Sinnstiftung).

Vorrangig kann demnach nicht eine propädeutische Akkumulation eines nach Maßgabe weiterführender Fächer organisierten Wissens oder die Abarbeitung von Kompetenzlisten in Lehrplänen sein. Vielmehr geht es darum, dass die Kinder im Zuge exemplarischer Einführungen in grundlegende Sachverhalte das Selbstvertrauen gewinnen, etwas herausfinden und verstehen zu können. Sie sollen zunehmend Interesse und Freude daran entwickeln
- Phänomene zu erkunden und Probleme zu lösen,
- sich auf forschendes Denken einzulassen und Herausforderungen anzunehmen („science is hard fun"),
- über Fragen und Probleme zu reflektieren und zu kommunizieren,
- ein auf Wissenschaft bezogenes Denken und Arbeiten zu erlernen,
- ein konzeptionelles Basiswissen zu erwerben, das für Erklärungen und Vorhersagen (z.B. über einen technischen Ablauf) nutzbar ist (vgl. Möller 2007c).

Bildender Sachunterricht vermittelt über Stoffziele hinaus Erfahrungen und Einsichten, die vor allem durch Reflexion über die gemeinsame Arbeit gewonnen werden können. Sie beziehen sich u.a. auf das Lösen von Konflikten, auf Zusammenarbeit in der Gruppe, aber auch auf die Unterscheidung von Meinen und Wissen oder auf Arbeitsstrategien und Erkenntnissicherung. Wir haben sie als Funktionsziele beschrieben und charakterisiert (vgl. Teil II; 3.2.2). Maßgeblich sind darüber hinaus Leitziele wie Mündigkeit und Handlungskompetenz, Kommunikationsfähigkeit und Kooperationsbereitschaft. Hinzu kommen Bildungsgrundsätze wie Weltinteresse wecken und Verstehen lehren. Die damit verbundenen Zielperspektiven sollten bei vielfältigen Gelegenheiten verfolgt werden.
Wolfgang Klafki hat im Zuge seiner Reflexion auf eine zeitgemäße Allgemeinbildung sechs *„epochaltypische Schlüsselprobleme"* als Zielperspektiven genannt, die weit über den Grundschulbereich hinausreichen, zu denen aber bereits im Sachunterricht in exemplarischer Weise, d.h. an geeigneten Beispielen, Zugänge geschaffen werden können:
- *Die Frage von Krieg und Frieden.* Friedenserziehung erfordert kritische Bewusstseinsbildung, die Abstand von Gewalt, Zerstörung und Destruktion nimmt.

- *Die Umweltfrage und das ökologische Bewusstsein,* die im Nahen unser tägliches Verhalten und im globalen Maßstab die Probleme der Erdpolitik betreffen.
- *Das rapide Wachstum der Weltbevölkerung* und die damit verbundene Not in vielen Ländern.
- *Die gesellschaftlich produzierte Ungleichheit.* Sie betrifft z.B. die Teilhabe an gesellschaftlichen Gütern und Bildungsmöglichkeiten, aber speziell auch das Verhältnis von Jungen und Mädchen, die Integration behinderter Mitschüler, die Beziehungen zwischen einheimischen und ausländischen Kindern und Familien sowie die Aufgabe interkultureller Erziehung.
- *Die Gefahren und Möglichkeiten der neuen technischen Steuerungs-, Informations- und Kommunikationsmedien.* Medien verändern auch die Kindheit und stellen neue Anforderungen an Lernprozesse und Kompetenzen.
- *Die Erfahrung der Subjektivität, der mitmenschlichen Beziehung, der Anerkennung, der Liebe, des Mitleids und des Verzeihens* (Klafki 1992, S. 18 ff.).

Schlüsselprobleme, wo wir sie an aktuellen Fällen wahrnehmen und (in konkreten Ausprägungen in unserem Gestaltungsbereich) Lösungen versuchen, führen unausweichlich auf Wertentscheidungen, d.h. auf tragende Ideen, nach denen wir unser Handeln ausrichten: Wahrheit, Gerechtigkeit, Freiheit, Ästhetik, Lebenssinn und Glück; Friede, Verständigung, Solidarität; Schuld und Vergebung. Sie zwingen, die Folgen unserer Lösungsbemühungen für andere zu bedenken und zu rechtfertigen.[245]

Ein pädagogisches Schlüsselproblem, auf das hier nur aufmerksam gemacht werden kann, bezieht sich auf den schulischen Aufbau ethischer Haltungen angesichts sich beschleunigt wandelnder Werte, Normen und Einstellungen. Mit diesem Wandel schwindet Geborgenheit in Traditionen, Bräuchen und überkommenen moralischen Postulaten. Größere Bedeutung gewinnt, was Herbart vor nahezu zweihundert Jahren als „Charakterstärke der Sittlichkeit" gefordert hat: „Bestimmend sind die Ideen, *Rechtlichkeit, Güte, innere Freiheit*" (1971, S. 180). Der von Kant formulierte „Kategorische Imperativ" und seine leichter fassliche Vereinfachung in der „goldenen Regel" (Was du nicht willst, dass man dir tu, das füg auch keinem andern zu.) schließt nicht nur ein, dass sich Handelnde zugleich als Behandelte denken, also die Idee der Wechselseitigkeit, sondern für die Erziehung auch die Stärkung des Gewissens (vgl. Köhnlein 1991).

Schlüsselprobleme, die auf gesellschaftliche Defizite verweisen, enthalten ein nicht ausschöpfbares inhaltliches Potential, in dem sich die den einzelnen Dimensionen zugehörigen Elemente des Wissens unaufhörlich mit philosophischen

---

245 Von der Kritik, welche der Vorschlag Klafkis ausgelöst hat, ist der Sachunterricht nur am Rande betroffen, denn sie bezieht sich im Kern auf die Bedeutung fachlich akzentuierten Lernens und die mögliche Vernachlässigung fachlicher Inhalte (vgl. Huber 2001, bes. S. 316 ff.).

Fragen mischen. Schon deshalb lassen sie sich nicht in isolierten Unterrichtseinheiten „erledigen“; vielmehr fordern sie uns zu immer wieder neuer Reflexion heraus. Sie bezeichnen Felder des auf Sachverstand angewiesenen ethischen Diskurses und der Substanzialisierung von Verantwortung. Reflexion heißt dabei: Widerspiegelung des Gegebenen und des Gewünschten in Akten des Denkens, die Anstöße für die Entwicklung von Verhaltensnormen und für zielgerichtetes Handeln geben.[246] Grundlegende Auseinandersetzungen mit Schlüsselproblemen zeigen ganz deutlich, dass es in einem anregenden Sachunterricht nicht allein um das Erreichen von (kodifizierten) Bildungsstandards geht, sondern ebenso um die Anbahnung weiterführender Fragestellungen und Ideen.
Die genannten, aber auch andere Schlüsselprobleme können in projektartigen Vorhaben bearbeitet werden. Ebenso wichtig ist der bleibende, sich an aktuellen Fällen immer wieder erneuernde Diskurs über Gerechtigkeit, Freundschaft und Glück, über Glauben und Lebenssinn, Mitmenschlichkeit und Rücksichtnahme, Vorurteile und Gewalt, über die Würde des Menschen und seine Rechte. Das Gespräch mit konkreten thematischen Bezügen trägt dazu bei, eine Wertebasis zu schaffen, auf die sich die Lernenden (und zukünftigen Bürger) verständigen können.
Wieweit Schule erfolgreich sein kann, solche Werte allen Kindern (und Jugendlichen) zu vermitteln, hängt allerdings auch von einem kulturellen Umfeld ab, das solche Ideen und Werte stützt. Es sind Werte einer Kultur der Freiheit und einer demokratischen Gesellschaft, in der die Würde des Menschen und die verfassungsmäßigen Grundrechte ohne Einschränkung im Mittelpunkt stehen.

2 Strukturen und Methoden des Sachunterrichts

Die Grundschule hat einerseits die Aufgabe, einen Beitrag zu einer sinnerfüllten Gegenwart der Kinder zu leisten, also den Kindern zu helfen, sich in ihrer erlebten Welt zurechtzufinden und diese auch geistig zu erfassen; sie darf aber andererseits die Notwendigkeit der Vorbereitung auf die Zukunft und die Eröffnung von Wegen zu einem vielseitigen Selbst- und Weltverstehen nicht vernachlässigen.

246 Angestoßen werden damit bei den Kindern immer wieder *vorausgreifende Gedanken:* Gedanken und eigene Ideen, die aufblitzen aber doch erst rudimentär vorhanden sind, die man noch nicht durchdenken kann, die aber „aufbewahrt“ werden zur Klärung in einem neuen, einleuchtenden Zusammenhang, und die damit auf die „Zone der nächsten Entwicklung“ (Wygotski, vgl. Teil III; 2.2.4) verweisen. – Die Einschätzung der Bedeutung solcher vorausgreifenden Gedanken für die Genese der Persönlichkeit beruht noch weitgehend auf Spekulation, und Aufschluss geben bisher eher autobiografische Hinweise als wissenschaftliche Literatur.

Inhalte und Methoden bezeichnen im engeren Sinn den Gegenstandsbereich des Sachunterrichts. Die Bedeutung dieser Inhalte und die Notwendigkeit, Kinder frühzeitig in sie einzuführen, geben ihm seine zentrale Stellung in der Grundschule. Dabei erfordert der Bildungsauftrag eine adäquate Verknüpfung von Kindgemäßheit und Wissenschaftsorientierung und er bedingt die Aufgabe, das Lernen und die Lernziele im Sinne der Kinder sowohl auf den Gegenwarts- als auch auf den Zukunftsbezug des Wissens und Könnens auszurichten. Das Prinzip der Wissenschaftsorientierung bezieht sich primär auf die Inhalte sowie auf die Grundlagen sachgemäßen Lehrens und Lernens, es lässt sich aber auch als Zielformel und Strukturprinzip für den Aufbau des Curriculums verstehen; hervorgehoben werden die Bedeutung des Wissens und wissenschaftsbezogener Verfahren für die Erschließung der Welt. Genetischer Unterricht ist der anhaltende Versuch, wissenschaftsorientiertes Lernen produktiv in sachgemäßen Zugriffen auf Phänomene und Probleme mit der Berücksichtigung des fortschreitenden Lernstandes und des sich erweiternden Verstehenshorizontes der Kinder, mit ihren Motiven, Interessen und Erfahrungen, der Freude am Tun, am Entdecken und an Arbeitsergebnissen zu verbinden und ihnen das Werden neuer Einsichten bewusst zu machen. Sie erfahren ihr Wissen und ihren Überblick als etwas Werdendes und sich selbst als Werdende.
Lernen muss für die Kinder als sinnvoll erfahren werden, als Weg zu erwünschten Kompetenzen. An Beispielen können sie verstehen, dass Lernen eine unumgehbare Voraussetzung für Selbstständigkeit und die Realisierung von Lebensplänen ist. Über situative Anlässe hinausreichende Lernbereitschaft setzt allerdings nicht nur Interesse voraus, sondern auch die Einsicht, dass ihre Zwecke unbestimmt in der Zukunft liegen.

> „Die Lebenstätigkeit, die ihre Beziehung auf die Zukunft hat, muß zugleich auch ihre Befriedigung in der Gegenwart haben; so muß auch jeder pädagogische Moment, der als solcher seine Beziehung auf die Zukunft hat, zugleich auch Befriedigung sein für den Menschen wie er gerade ist.“ (Schleiermacher 1957, S. 48).[247]

Die Anstrengung als Investition für die eigene Zukunft zu begreifen ist ein wichtiger Aspekt der Identifikation mit der Rolle als Schüler. Sachunterricht sollte Gelegenheiten finden, in „philosophischen“ Gesprächen den Kindern die Sinnhaftigkeit des Lernens einsichtig zu machen. Das setzt aber voraus, dass Anforderungen, konkrete Aufgaben und die Mühen des Übens so gestaltet werden, dass sie von den Kindern auch als sinnvoll zu erleben und zu verstehen sind.

247 Schleiermacher erörtert an der zitierten Stelle die Frage, ob wir als Erziehende berechtigt sind, gegenwärtige Momente (der Lebenszeit der Kinder) für zukünftige „aufzuopfern“: Je mehr sich die Erfüllung der Gegenwart mit den Erfordernissen der Zukunft durchdringt, „umso sittlich vollkommener ist die pädagogische Tätigkeit. Es wird sich aber beides desto mehr durchdringen, je weniger das eine dem anderen aufgeopfert wird.“ (ebd.)

Inhalte und erkenntniserschließende Methoden des Sachunterrichts sind auf dessen bildende Aufgabe bezogen, nämlich den Kindern einen ersten, richtunggebenden Einblick in den Bereich der Sachen zu eröffnen, „Sache" in weitem Sinn lebensweltlicher und wissenschaftlicher Bezüge verstanden. Die Überlegungen in diesem Kapitel sind zentriert auf die genuin pädagogische Gestaltung und Sinngebung von Unterrichtsgegenständen, d.h. auf das Bemühen um den „Bildungswert", der weder in der bloßen praktischen Verwendbarkeit noch allein in der Anhäufung von „Lernstoff" und „Vielwisserei" (Wagenschein) liegen kann.
Im Mittelpunkt stehen also nicht das „Vermittlungsproblem" und die Untersuchung von Unterrichtsformen, sondern die Frage nach der Strukturierung von Lehr-Lernprozessen und wissenserschließenden Verfahren. Für den Einsatz von Unterrichtsmethoden sind immer auch die jeweilige Lerngruppe sowie die Inhalte und Ziele der betreffenden Unterrichtseinheit maßgeblich. Primär geht es aber um methodische Grundlagen und Prinzipien einer sachgemäßen Strukturierung des Lehrens. Die Lehr-Lernstruktur muss darauf ausgerichtet sein, die zentralen Zwecke des Unterrichts zur Geltung zu bringen, nämlich den didaktischen Primat der Sachen, ihre exemplarische Potenz für Wissen und Können sowie die Methoden, die es den Lernenden ermöglichen, Erkenntnisse zu erarbeiten, Übersicht zu gewinnen und durch Einübung in Verfahrensweisen Kompetenz aufzubauen.
In der öffentlichen Diskussion über Inhalte des Sachunterrichts wird gelegentlich der fatale Fehler gemacht, dieses zentrale Feld der Grundschule als bloßes Sammelbecken von propädeutischen Aufgaben der Bezugsfächer oder von wechselnden Forderungen aus den Erziehungs- und Gesellschaftswissenschaften, aus der Politik oder von Interessengruppen aufzufassen, als einen Bereich, der alles dies nach einer Art Fermentationsprozess für Grundschulkinder aufbereitet. Mit solchem Ansinnen würde Sachunterricht nicht nur überfordert, sondern auch in seiner Struktur gefährdet, die darauf angelegt ist, mit den Kindern ihrem Verstehen zugängliches, belastbares und vernetztes Wissen zu erarbeiten. Ebensowenig darf bei der Auswahl der Inhalte ein situativer Pragmatismus der Gelegenheitsthemen vorherrschen, vielmehr muss die Themenwahl immer auch aus dem curricularen Zusammenhang gerechtfertigt werden.
Die Didaktik des Sachunterrichts entwickelt ihre eigene wissenschaftliche und praktische Position, indem sie nach gerechtfertigten Kriterien Inhalte auswählt und in Prozessen einer komplexen Vernetzung eine aktive Rolle zur Rekonstruktion von „Welt" wahrnimmt. Sie darf sich nicht scheuen, den Diskurs über grundlegendes Wissen zu führen, vorausschauend Ziele vorzuschlagen und damit Bildungsperspektiven zu gewinnen. In gegenseitigem Austausch kann sie dann ihrerseits zur Weiterentwicklung der Grundschuldidaktik und lernpsychologischer Bemühungen beitragen. Ein zentrales Arbeitsfeld der Didaktik des Sachunterrichts liegt also in der produktiven Gestaltung von praxistauglichen Konzepten,

in denen die Bedürfnisse der Kinder, das didaktische Potential der Erziehungswissenschaften sowie die inhaltlichen Ansprüche des Lernens, die sich auf den Bildungsauftrag beziehen, integrativ verbunden sind. Konkret stellt sich diese Aufgabe in der Konstruktion von Curricula, in Strategien des Wissensaufbaus und in der Gestaltung von Lernumgebungen.
Näher zu untersuchen sind in diesem Kapitel die Bedeutung einer didaktischen Priorität der Sache in einem exemplarisch-genetisch-sokratischen Sachunterricht [2.1], methodische Grundlagen sachgemäßer Zugriffe auf die Welt [2.2] und schließlich Aspekte curricularer Strukturierung des Aufbaus von Wissen und Kompetenz [2.3]. Erklären und Verstehen sind übergreifende didaktische Kategorien, die im Sachunterricht eine konzeptionell-gegenstandsspezifische Ausprägung erfahren [2.4].

2.1 Die Sache als didaktische Priorität

Bildung beginnt für Kinder mit dem verstehenden Zugang zu den Sachen der Welt. Wir haben am Anfang von Teil III schon darauf hingewiesen, dass „Sache" der umfassende Ausdruck ist, der auf die Gegenstände unseres Denkens und Sprechens verweist. Sachen sind also nicht nur Dinge und Erscheinungen wie Spazierstöcke und Blitzableiter, Gewitter und Regenbogen, sondern alle realen Phänomene in der Welt, einschließlich der Praktiken, Institutionen und Regeln menschlichen Zusammenlebens, also Freundschaft und Gerechtigkeit ebenso wie Saurier und Feuerwehr. Im Sachunterricht versuchen wir, Gegenstände, Vorgänge, Funktionen, Relationen und Strukturen der physischen und sozialen Welt durch Handeln, Denken und Sprechen zu rekonstruieren um zu lernen sie zu verstehen und zu gestalten. Dabei kann Sachunterricht die Sachen zunächst nach dem Modus eines kritischen Realismus behandeln: als Dinge, die für sich stehen und die unserem Bewusstsein als Phänomene der Wirklichkeit entgegentreten und als solche verstanden werden können. „Sache ist das Gegebensein des Wirklichen, das sich im Gegebensein immer auch entzieht." (Giel 2007, S. 275)
Sachunterricht ist das Lernfeld, in dem der Sachbezug unseres Denkens und auch der Bildung unausweichlich zur Geltung kommt, in dem wiederkehrende markante Erfahrungswerte für den Aufbau eines Weltbildes festgehalten und die Widerständigkeit der sachlichen Bezüge an Beispielen erfahren wird. Die Didaktik des Sachunterrichts rekonstruiert ausgewählte Sachen unter dem Aspekt der Bildung von Kindern und denkt sie im Hinblick auf den Vollzug der Aneignung, also genetisch. Dabei bedient sie sich der Möglichkeiten der didaktischen Reduktion, die darauf ausgerichtet ist, Sachverhalte so zu vereinfachen, dass sie Kindern ohne Verfälschung und Trivialisierung fasslich werden. Schule ist der dafür

erforderliche Handlungsraum, Erfahrungsraum, Erkenntnisraum, Darstellungsraum; sie ist das Haus des Lernens, der Raum der Auseinandersetzung mit den Sachen und engagierter Dingwahrnehmung, in dem sich der Sinn des Erkundens, Erprobens, Bewertens und Präsentierens entdecken lässt. Im Handeln, das auf Gestaltung gerichtet ist, werden die Zwecke des Tuns und die Sachgemäßheit zu entscheidenden Kriterien seiner Begründung.
Unterricht erhält seine innere Dynamik dadurch, dass die Lernenden die Fraglichkeit der Sache mit Interesse aufnehmen. Der Einstieg kann die Sache in den Fragehorizont rücken, die Frage selbst aber oder die Aufgabe stellt sich von der Sache her. Darin liegt die didaktische Priorität von Sachen, die in Exempeln zu Unterrichtsgegenständen werden.

2.1.1 Lernen als Eröffnung von Einsichten und Gewinnen von Wissen

In der Konfrontation mit Sachen, die durch ihren Aufforderungscharakter oder durch ihre Fraglichkeit zu Exempeln werden, richten sich Kinder schon im außerschulischen Feld eine Welt offener Gegenstandsbereiche ein, denen ihr Interesse gilt, die sie auszufüllen und zu strukturieren suchen. Die Sache, die als etwas „Sonderbares", das man aus der vielfältigen Fülle heraushebt, zum Exempel wird, stellt das Gewohnte und scheinbar Selbstverständliche in Frage, indem sie eine neue Frage aufwirft: die Frage nämlich, worum es hier geht, wie hier Erscheinungen, Ursachen und Wirkungen zusammenhängen. Die Sache als ein Phänomen, eine irritierende Angelegenheit, ein Vorgang, stellt sich so gesehen als die innere Verknüpfung von Frage und gesuchter Antwort dar; das Entdecken bisher verborgener Gesetzmäßigkeiten durch empirische Methoden wird zu einem wesentlichen Moment des Bildungsprozesses.
Gegen Ende des dritten Buches seines *Emile* gibt Rousseau ein Beispiel für sein Konzept einer bildenden Sacherfahrung, nämlich wie die zunehmende Einsicht in einem genetisch zu nennenden Geschehen sich gegen Vorurteile, Scheinwissen und Sinnestäuschungen durchsetzt. Er bemerkt zuerst: „Die Art und Weise, wie eine Vorstellung sich bildet, gibt dem menschlichen Geist seinen Charakter. ... Die mehr oder weniger große Fähigkeit, Vorstellungen untereinander zu vergleichen und deren Beziehungen zueinander herauszufinden ist das, was dem Menschen mehr oder weniger Geist gibt ..." (Rousseau 1995, S. 427). Er entwickelt dann eine Inszenierung des Aufkommens von Ideen, ihrer konstruktiven Verbindung und kritischen Prüfung, die an sokratische Dialoge (Menon) erinnert (mit dem Unterschied, dass der dominante Partner nicht der Mentor ist, sondern die Sache):

> „Wenn ein Kind zum erstenmal einen ins Wasser getauchten Stock sieht, sieht es einen gebrochenen Stock: die Sinnesempfindung ist richtig und bliebe es auch dann, wenn wir den Grund für dieses Phänomen nicht kennten. Fragt ihr es also, was es sehe, sagt

es: *Einen gebrochenen Stock*, und damit sagt es die Wahrheit, denn es ist gewiß, daß es die Sinnesempfindung eines gebrochenen Stockes hat. Wenn es aber, durch sein Urteil getäuscht, weiter geht und ... nunmehr noch behauptet, daß das, was es sieht, tatsächlich ein gebrochener Stock ist, dann sagt es etwas Falsches." (Rousseau 1995, S. 429)[248]

Das vorschnelle Urteil trägt in sich die Gefahr des Irrtums; es zielt vielleicht nur darauf ab, dass es vom Lehrer bestätigt oder verworfen wird. Lässt dieser sich darauf ein, so wird der Lernprozess um Entscheidendes verkürzt; das Kind lernt vielleicht, dass sein Urteil auf einer Täuschung beruht, aber es lernt nicht, sich über das merkwürdige Phänomen zu wundern, sich weiter darauf einzulassen, tragfähigere Vermutungen zu finden, zu prüfen und damit selbst den Weg zur Problemlösung zu beschreiten.

Die beste Art und Weise, jemanden richtig urteilen zu lehren, sieht Rousseau im gründlichen Gebrauch der Sinne. Dabei genügt nicht die Prüfung eines Sinnes durch den anderen (des Sehens durch das Tasten); hinzuzulernen sei, „die Beziehungen jedes Sinnes durch sich selbst zu prüfen, ohne einen anderen Sinn zu Hilfe nehmen zu müssen", d.h. schon eine Mehrzahl von Wahrnehmungen durch denselben Sinn korrigiert Fehlurteile (S. 431).

Die methodisch gebrauchte sinnliche Wahrnehmung bestimmt Rousseau hier als ein Instrument unmittelbarer Erkundung des Sachverhalts. Die geforderte Konzentration auf einen der Sinne ist eine Art der *Disziplinierung des Denkens:* Das Denken ordnet das Tun. Nicht der unreflektiert-spontane Zugriff „mit allen Sinnen" wird gefördert, sondern die zeitlich-räumliche Strukturierung der Sinneswahrnehmung und darüber hinaus die planmäßige Untersuchung, welche durch die Sinnestätigkeit zwar angestoßen und begleitet wird, gemäß ihrer Intention aber der Natur Fragen stellt und Beobachtungsmöglichkeiten entwirft.[249]

Dieses Verfahren erfordert vom Lehrer ein hohes Maß an Geduld und Umsicht, „anders aber kann ein Schüler niemals richtig urteilen lernen". Wenn also „der Schüler sich über das Phänomen des gebrochenen Stockes irrt und ihr euch beeilt, den Stock aus dem Wasser herauszuziehen, so befreit ihr ihn vielleicht von seinem

248 Das Exempel des in Wasser getauchten Stabes erscheint in der Literatur immer wieder, vgl. Teil III; 1.1.1, weiterhin bei Soostmeyer 1998, S. 152 ff. und 2002, S. 140 ff. als Unterrichtsbeispiel.

249 Die im lebensweltlichen Umgang bewährte Gewohnheit, verschiedene Sinneseindrücke – optische, akustische, taktile u.a. zusammenzuführen um einen möglichst umfassenden Eindruck von der Umgebung zu erhalten, wird von Rousseau hier ausgesetzt zugunsten einer kognitiven Leistung, die zu einer Erkenntnis führt und nicht nur ein Faktum registriert. (Zu dem auf Sachen bezogenen Erziehungskonzept Rousseaus vgl. Nießeler 2010, S. 145–180) – In dem Beispiel Soostmeyers über Lichtbrechung (1998, S. 152 ff. und 2002, S. 140 ff.) lassen sich an den Aussagen der Kinder Wechselprozesse und Rückkoppelungen zwischen dem genauen Beobachten, dem Aufkommen von Vermutungen und der Elimination geahnter Irrtümer gut verfolgen. In diesem Exempel steckt die Potenzialität, das vorgreifende Erfassen von Zusammenhängen und das kritische Nachforschen anzustoßen und in Bewegung zu halten. Im Denken und im gegenseitigen Austausch leisten die Kinder die mentale Nachkonstruktion des Sachverhalts, d.h. das Verstehen.

Irrtum", aber er lernt dabei „nichts als was er bald auch von selbst gelernt hätte. ... Es geht weniger darum, ihn eine Wahrheit zu lehren, als ihm zu zeigen, wie man es anstellen muß, immer die Wahrheit zu finden." (S. 431 f.)
Er nennt dann die wesentlichen Schritte der Erkundung, in der es zunächst nicht darum geht, die Wahrheit zu erkennen, sondern nicht einem Irrtum zu verfallen: „Laß uns sehn, prüfen wir nach."

> „Dieser zur Hälfte ins Wasser getauchte Stock ist in senkrechter Lage befestigt. Was alles müssen wir tun, um zu wissen, ob er, wie es scheint, gebrochen ist, ehe wir ihn aus dem Wasser ziehn oder mit der Hand berühren!
> 1. Zuerst gehen wir um den Stock herum und stellen fest, daß die Bruchstelle sich dreht wie wir. Also ist es nur unser Auge, die sie verändert, und Blicke können keinen Körper in Bewegung setzen.
> 2. Wir sehen genau senkrecht auf das Ende des Stocks, das aus dem Wasser herausragt: da ist der Stock nicht mehr gebogen. ... Hat unser Auge den Stock gerade aufgerichtet?
> 3. Wir bringen die Oberfläche des Wassers in Bewegung; wir sehen, wie der Stock in mehrere Stücke zusammenknickt, wie er sich im Zick-Zack bewegt und die Wellenbewegungen des Wassers mitmacht. Genügt die Bewegung, in die wir das Wasser versetzen, um den Stock so zu zerbrechen, weich zu machen und aufzulösen?
> 4. Wir lassen das Wasser ablaufen und sehen, wie der Stock sich mit dem Ablaufen des Wassers nach und nach gerade aufrichtet. Ist das nicht mehr als ausreichend, um die Tatsache zu klären und herauszufinden, was es mit der Lichtbrechung auf sich hat? Es stimmt also nicht, daß der Gesichtssinn uns täuscht, da wir nur seiner allein bedürfen, um Irrtümer richtig zu stellen, die wir ihm zuschreiben.
>
> Nehmen wir an, das Kind sei so dumm, das Resultat dieser Experimente nicht zu begreifen. Dann müssen wir den Tastsinn zu Hilfe rufen. Anstatt den Stock aus dem Wasser zu ziehn, laßt ihn in seiner Lage, und wenn das Kind mit der Hand von einem Ende zum anderen darüber streicht, wird es keine Knickung feststellen – also ist der Stock nicht gebrochen." (Rousseau 1995, S. 432– 434)

Auf solche Weise versucht Rousseau seinem Zögling nicht Ergebnisse als vorgegebene Urteile zu lehren, sondern „den Weg der Wissenschaft, der dem leicht erscheint, der die Wahrheit besitzt, der aber lang, unermeßlich und langwierig ist für den, der ihn durchläuft. Ich lasse ihn die ersten Schritte darauf tun, damit er den Anfang erkennt ..." (S. 435). Er eröffnet ihm Wege des Problemlösens, die sein Denken herausfordern und ihn schließlich ermächtigen, eigene Erkenntnisse zu gewinnen und abzusichern. Dem Lernen aus Erfahrung durch gründliche Untersuchung und der Fähigkeit, sich selbst ein Bild von der Welt zu machen, wird ein hoher Bildungswert zuerkannt. „Wissen allein genügt nicht, es muss sich eine Form der eigenen Durchdringung der Wissensinhalte entwickeln, welche im Begriff des Verstehens aufgehoben ist und das entscheidende Moment der Beteiligung des Subjekts an seinem bildenden Erkenntnisprozess markiert." (Nießeler

2010, S. 180) Emile muss vom Sichtbaren zum Einsehbaren fortschreiten um Erkenntnis zu gewinnen.

> „Unter den wenigen Sachen, die er weiß und gut weiß, ist die wichtigste, daß es viele Sachen gibt, die er nicht weiß, aber eines Tags wissen kann, noch viel mehr aber, die andere Leute wissen und er nie in seinem Leben wissen wird, und schließlich unendlich viel andere, die kein Mensch je wissen wird. Er besitzt einen universellen Geist, nicht durch seine Kenntnisse, sondern durch die Fähigkeit, sie zu erlangen, einen offenen, intelligenten Geist, der für alles aufgeschlossen ist ... . Mir genügt es, wenn er das *Wozu ist das gut?* bei allem findet was er tut, und das *Warum?* bei allem, was er glaubt." (Rousseau 1995, S. 435 f.)

Wenn der Anfang eines aussichtsreichen Weges erkannt ist, fällt das Weitergehen leichter. Rousseau bemerkt schließlich zu seiner didaktischen Konzeption, die darauf ausgerichtet ist, grundlegende Sachverhalte selbst zu finden, zu erarbeiten und zu verstehen: „Bei dieser Methode kommt man nur langsam voran, aber man tut nie einen unnötigen Schritt und ist nie gezwungen, wieder zurückzugehen." (S. 436) Und im letzten Satz des dritten Buches stellt er – aus einem ganz anderen Blickwinkel als Schleiermacher etwa zwei Generationen später – die Frage, ob man meine, dass ein Kind, das auf diese Weise geführt werde, diese Jahre verloren habe.[250]

2.1.2 Zwischenbemerkungen zur sinnlichen Wahrnehmung von Sachen

Emile soll entdecken, dass der Sinneseindruck, dass der Stab geknickt sei, eine Täuschung ist. Der Stock ändert sich nicht; scheinbare Veränderungen sind eine Illusion.[251] Obwohl diese Veränderungen an der Wasseroberfläche so regelmäßig eintreten, dass jeder Mensch sie beobachten kann, sind sie doch „in Wahrheit" nicht existent. Auch anscheinend eindeutige sinnliche Wahrnehmungen sind zutiefst unzuverlässig; einen Knick, den man sehen kann, muss es nicht wirklich geben. Irrtümer entstehen oft aus unvollständigen Beobachtungen.

Aber auch die Entdeckung, dass sich der Stab nicht verändert, wird mit Hilfe einer Beobachtung gemacht, hier durch zunehmende Infragestellung des ersten Eindrucks: „Wir gehen um den Stock herum und sehen, daß die Bruchstelle sich dreht ..."; wir sehen senkrecht auf den Stock, da ist er nicht mehr gebogen, usw.

---

250 Schleiermacher 1957, S. 46 ff. – Die Frage, ob das selbstständige Konstruieren bei komplexeren Lernprozessen ausreicht, wird uns in den folgenden Teilkapiteln beschäftigen. Rousseau hat mit den zitierten vier Punkten eine Problemlösungsstrategie in einer strukturierten Lernumgebung vorgegeben (vgl. Popper 1995 und Teil I; 2.1.3, Teil V; 6.4). Ihm kommt es nicht auf eine Ausrüstung mit Wissen an, sondern um eine Bewahrung und Stärkung der natürlichen Kräfte des Kindes.

251 Vgl. dazu andere optische Phänomene, die Wagenschein in seinen Geschichten über das Beobachten und Nachdenken von Kindern berichtet (Wagenschein 2003, S. 41 ff. und 66 ff.), ferner Popper 1998, S. 146 ff. – Zur „Belehrung" der sinnlichen Wahrnehmung durch die dynamische Verschränkung von Frage und Antwort vgl. Giel 2007, bes. S. 277 ff.

Das ist eine sachgemäße Verfahrensweise. Im Handeln und Denken wird verfolgt, wie sich der optische Eindruck verändert, und die Einsicht wächst, dass es nicht der Stock ist, was sich verändert. So kann genauere und umfassendere Beobachtung die Fragwürdigkeit einer vorgängigen Beobachtung aufzeigen *(reductio ad absurdum).* Die Idee aber – die Vernunft lässt keine andere zu –, dass der Stock gerade bleibt, verdankt sich nicht dem Sinneseindruck, sondern dem kausalen Denken. Im Denken wird die Unmittelbarkeit der Wahrnehmung reflexiv gebrochen. Das Nachdenken als vernetzendes Spiel mit dem Wissen ist der Weg zu Erkenntnis und Wahrheit. Der sinnliche Eindruck ohne kognitive Verarbeitung bleibt blind.
Ernst Bloch bemerkt dazu:

> „Die Sinne müssen, da das Ihre an der ‚Oberfläche' liegt, selbst dort, wo sie als Daten durchaus zu gelten haben, nicht gehört, sondern *verhört* werden. Daß der Stab im Wasser nicht wirklich gebrochen ist, diese Täuschung war leicht, ja bereits sinnlich selber zu beheben, nämlich durch den als glaubhafter angenommenen Tastsinn, den Stab entlangfahrend." (Bloch: Tübinger Einleitung in die Philosophie, Gesamtausgabe, Bd. 13, S. 24, Frankfurt a.M. 1977, zit. n. Soostmeyer 2002, S. 142)

Wir „sehen" nicht Gegenstände (Bälle, Sonne, Mond, Telefon), sondern erschließen und erkennen gemäß *sinnlicher Information und begrifflicher Konzepte.* (Das Kind, das noch kein Telefon kennt, kann es sehen, aber nicht als solches erkennen.)

> „Wir sehen Optisches, wir hören Akustisches, wir ertasten Haptisches – aber was das jeweils für Dinge sind, darüber können uns die Sinne nicht belehren. Wir meinen, wir würden einen im Wasser gebrochenen Stab sehen, der dann doch gerade ist. Aber das ist eine Illusion des Skeptikers: Was wir richtig sehen, ist eine graue gebrochene breitere Linie; dass es ein Stab ist, dazu schweigt der Sehsinn, denn von Stäben weiß er nichts. Was ein Stab ist, sagt uns der Verstand." (Reinhard Brandt: Der unsichtbare Vierte. In: Süddeutsche Zeitung vom 14.1.2004, S. 11) [252]

Für den Unterricht heißt das: Der Zugang zur „Wirklichkeit" führt über die Untersuchung der Phänomene. Das Phänomen ist das Sichtbare, das sich zeigt und den Sinnen erscheint. Es zeichnet sich im unsicheren Zeugnis der Sinneswahrnehmung durch Mannigfaltigkeit und Variation aus. Elemente der Erkenntnis werden aus dem prüfenden Vergleich dieser Varianten erschlossen. Der Deutung zugänglich wird das Phänomen durch zum Versuch gesteigerte Veränderungen der Bedingungen, unter denen es wahrgenommen wird. Der zunächst nur sinnli-

252 Der Sehsinn weiß auch nicht, was „gebrochen" oder „breiter" ist. – Auf die seit der Antike anhaltende erkenntnistheoretische Diskussion kann hier nur verwiesen werden. Demokrit relativiert seine kritische Einschätzung der Wahrheit der Sinneswahrnehmung durch die Gegenkritik der Sinne: „Du armer Verstand, von uns nimmst du die Zeugnisse an und willst uns mit ihnen besiegen? Dein Sieg ist dein Fall." (Gadamer 1999, S. 122)

che Zugriff wird auf dem Weg zu einer tragfähigen Vorstellung und Begriffsentwicklung rational überformt, d.h. es muss ein Konzept gefunden werden, das eine Erklärung der Erscheinung ermöglicht.
Eine gedankenlose Sinnlichkeit bleibt bei der vereinzelten Erscheinung stehen, ohne Untersuchung, ohne Vergleich mit anderen Erscheinungen und ohne Reflexion. *Anschauung* aber, die nach Pestalozzi Fundament der Erkenntnis ist (und nicht ein lähmender Dogmatismus), verknüpft im Denken verschiedenartige sinnliche Wahrnehmungen in einem sich begrifflich konturierenden Zusammenhang. Begriffliche Konturierung, zu der die Untersuchung von Phänomenen schließlich führen sollte, ist ein Konstruktions-, Strukturierungs- und Abstraktionsprozess, der von Anfang an und kontinuierlich gefördert werden sollte (vgl. Teilkap. 3.3).

2.1.3 Verstehen und begründetes Handeln

[1] Die auf Verstehen und begründetes Handeln gerichtete Perspektive des Sachunterrichts (vgl. Köhnlein/ Lauterbach 2004) zielt auch auf die kritische Revision des in der gegenwärtigen Didaktik verbreiteten Popular-Sensualismus, nach dem Anschauen flugs zu Anschauungen und brauchbaren Vorstellungen führen soll. Kinder werden leicht dazu verführt, Sinneseindrücke für Denken, Wissen oder Verstehen zu halten. Die Mühe des (kritischen) Denkens, des Konstruierens von Vermutungen und deren Prüfung wird zu oft vernachlässigt. Damit entfällt dann weitgehend die Herausforderung der Kreativität und des produktiven Vermögens der Lernenden. Es entfällt das Unterscheiden und Kategorisieren, die „Anstrengung des Begriffs", das Erkennen von Kontingenz. Das alles erscheint auch nicht nötig, wenn das Ergebnis „ex cathedra" (Arbeitsblatt ...) mitgeteilt und in abprüfbarer Form vorgegeben wird. Das Scheitern vor unkonventionellen Aufgaben wird damit geradezu vorprogrammiert. (Popular-)philosophische Prämissen, ob bewusst oder nicht, haben didaktische Folgen.
Das Exempel, wie Kinder dem Phänomen der Brechung eines Lichtbündels an der Grenzfläche unterschiedlich dichter Medien nachgehen können, ist zugleich ein Beispiel, wie *Verstehen und begründetes Handeln* schon im Erkunden eines Sachverhalts aufeinander verweisen: durch den antizipierenden Entwurf von Möglichkeiten, die dann im Handeln realisiert und geprüft werden. Für den Sachunterricht beschränkt sich die mit dem Handeln wechselwirkende geistige (Re-)Konstruktion von handhabbaren Sachverhalten und weitergreifenden Zusammenhängen freilich nicht auf optische Phänomene oder auf naturwissenschaftsbezogenes Problemlösen, sondern ist auf eine interdisziplinäre Weite gerichtet, die das Lernfeld auszeichnet und ein breites Spektrum von Fachbezügen einbezieht.[253] Dabei

253 Die Bearbeitung fächerübergreifender Themen ist für die Didaktik des Sachunterrichts keine Grenzüberschreitung, sondern Berufspflicht ihrer Vertreter. Sie sind in einer ähnlichen Situation, wie sie Vico 1708 für einen Professor der Eloquenz beschrieben hat, dessen Recht und Pflicht

kommt dann auch in den Blick, dass Handeln nicht nur in faktisch gegebenen Sachstrukturen tragfähige Begründungen wie auch Grenzen findet, sondern ebenso in ethisch gerechtfertigten Normen. Kompetenz, die durch Lernen erworben werden soll, hat ihre wichtigsten Aspekte in Handlungs- und Urteilsfähigkeit.

[2] Unter psychologischem und didaktischem Aspekt erscheint Handeln oftmals nur als ein Medium des Lernens; für den Sachunterricht aber ist es als Mittel für Veränderungen in unserer Umwelt nicht weniger bedeutsam. Durch Handeln erkunden und gestalten wir die (physische und soziale) Welt in unserem Wirkungskreis. Im Handeln begegnen wir der realen Welt der physischen Gegebenheiten und unserer sozialen Umgebung; wir nehmen – oft durch Versuch und Irrtum – Widerstände und Möglichkeiten wahr. Insofern ist es eine Quelle von Erkenntnis und Erfahrung. Indem ein Mensch handelt, erfährt er unmittelbar physisch oder sozial was dieses Handeln bewirkt, und er lernt, diese Wirkungen vorausschauend zu kontrollieren. So werden erprobte Handlungen selber zu Bausteinen komplexer Handlungsstrukturen und -strategien. Ohne konkrete Erfahrung an geeigneten Beispielen können grundlegende Begriffe und Kategorien nicht gebildet werden. Andererseits setzt jede planmäßige Handlung schon ein Wissen oder eine Vermutung sowie Absichten und Erwartungen voraus. Handlungen sind verwickelt mit den Gründen, aus denen sie geschehen. Das Handeln steht also in einem Regelkreis mit dem *Denken*. Unser Bezug auf Sachen verbindet Handeln mit dem *Verstehen* des Sachverhaltes, den dieses Handeln betrifft. Im sozialen Feld, aber auch im ökologischen Bereich ist unser Handeln notwendig mit Wertvorstellungen verknüpft: Das Handeln bringt das Denken, das Wissen, das Verstehen und die Werte in gegenseitige Beziehung.
In didaktischem Kontext ist die *Kommunikation* eine wichtige Form des Handelns. Dabei geht es um die Intersubjektivität möglicher Verständigung. Die Bedeutung des *Gesprächs* für Lehr- und Lernprozesse – insbesondere für die Eröffnung neuer Einsichten, Fragestellungen und Interessen – ist in der Didaktik des genetisch-sokratisch-exemplarischen Unterrichts verankert; sie hat durch die Praxis der Kinderphilosophie erneut Aufmerksamkeit in den Grundschulen gewonnen.[254]

---

es sei, die Bedeutung verschiedener Wissenschaften für sein Fach zu erörtern. Kritikern, die ihm vorhalten, er habe sich alle Gebiete des Wissens vorgenommen und über sie geurteilt, hält er entgegen, dass es sich nur um Urteile darüber handelt, „wie eine Lehre der anderen Vorteile oder Nachteile bringt ...; Urteile also, die nur derjenige, der ‚davon ... nichts vorzüglich und für sich allein ... und doch dies alles in gewissem Maß' (Terenz) studiert hat, richtig fällen kann". (Vico 1974, S. 156 f.)

254 Vgl. Schreier 1999. Philosophieren mit Kindern führt in die Vielfalt und in Möglichkeiten des Denkens ein. Es hat die Aufgabe dafür zu sorgen, dass Grundgedanken von übergreifender Bedeutung gedacht und entsprechende, das Denken und Handeln leitende Vorstellungen und Denkfiguren bei den Kindern (als „Kristallisationskerne" des Weiterdenkens) initiiert werden

Von diesen verschiedenen Aspekten wird in den weiteren Teilen dieses Kapitels ausführlicher die Rede sein. Gemeint sind in unserer Thematik also nicht ein bloßes „Tun der Hand“ oder der Ablauf von Handlungsschemata, sondern ein Handeln als bewusster (geistiger und physischer) Zugriff, der von Motivationen, Fragen oder Zwecken ausgeht und auf einen *Sinn des Tuns* ausgerichtet ist.[255]
Wir erleben Handlungen als sinnhaft, wenn wir Motivationen folgen, Probleme lösen und Zwecke erreichen. Darüber hinaus hat etwas Sinn, „wenn es Verweisungsüberschüsse fixiert, das heißt mehr Möglichkeiten weiteren Erlebens festhält, als aktuell verfolgt werden können, und damit letztlich Welt präsentiert“ (Luhmann 1978, S. 217). Pädagogisch ist diese Form von Sinn, die neue Möglichkeitshorizonte eröffnet, indem sie über das Aktuell-Gegenwärtige hinausgreift, hoch bedeutsam. Die Wirklichkeit erzwingt stets Entscheidungen: Indem wir handeln, wie wir handeln, selektieren wir Möglichkeiten, d.h. wir bahnen künftige Handlungen an und verhindern andere Handlungsvollzüge, die an ihrer Stelle möglich gewesen wären.[256] Aber wir können unsere Entscheidungen im Vergleich mit alternativen Handlungsoptionen kontrollieren und bewerten, d.h. sie mit vertretbaren Gründen ausstatten und als sinnvoll erfassen. Die Ausstattung von realisierten oder nicht realisierten Möglichkeiten mit Sinn verweist auf mögliche Handlungsanschlüsse und zukünftige Entscheidungen.[257] Weiterhin ist es der Überschuss der als sinnvoll erkannten Handlungsmöglichkeiten, der uns in gedanklichen Konstruktionen „Welt“ hypothetisch präsentiert, indem er über Intentionen und Erwartungen gegenwärtige mit zukünftigen Handlungen verknüpft. Damit stellt sich die Handlung als ein „temporalisiertes, sinnhaft-selektiv sich festlegendes Ereignis“ dar (Luhmann 1978, S. 218), das über sich hinausweist.

(vgl. Teil II; 3.3.2).

255 *Sinn* ist die im Verstehen uns zugängliche Bedeutung von etwas im Hinblick auf einen größeren Zusammenhang. Erfahrbar wird Sinn als Resultat oft mühevoller eigener Denk- und Interpretationsleistungen, die sich auf Voraussetzungen, Entstehungszusammenhänge und Intentionen beziehen. Die Frage nach dem Sinn bezieht sich also auf eine grundlegende Idee, die Frage nach dem Zweck auf die Erreichung eines Ziels (vgl. Teil III; 1.2.1). – Langeveld hat darauf aufmerksam gemacht, dass ein Kind, indem es sich mit seiner Welt auseinandersetzt und nach Deutungen und Erklärungen sucht, Akte der Sinngebung vollzieht, die manchmal ganz persönlich sein mögen, die aber auch einverständlich in offener gemeinschaftlicher Arbeit geschehen können und dann eine Welt hervorbringen, „die wir im Wachen gemeinsam haben“ (Langeveld 1956, S. 92).

256 Luhmann bestimmt Handlungen als „Ereignisse“, durch die etwas verändert wird, und als „Entscheidungspunkte, an denen sich Beziehungsnetze restrukturieren“. – Wie weit subjektive Handlungsfreiheit reicht, kann hier nicht erörtert werden. Die moderne Hirnphysiologie scheint zu bestätigen, dass unsere kognitiven Fähigkeiten durchaus beschränkt und unsere Entscheidungen und Wertungen nicht absolut frei, sondern in gewisser Weise determiniert sind.

257 Im Interesse eines begründeten curricularen Aufbaus sollte bei den Planungen für den Unterricht stets bedacht werden (didaktische Analyse), welche Anknüpfungspunkte und weiterführenden Fragen die gegenwärtige Arbeit für künftige Zugänge erzeugt.

Handlungen als Ereignisse sind in der *Zeit* positioniert; sie strukturieren die erlebte Zeit und sie haben durch ihre Dauer eine zeitbindende Funktion, d.h. Handlungen brauchen Zeit und sie geben Zeit für psychische Prozesse, die mit ihnen verbunden sind. So kann eine physische Handlung zugleich dazu dienen, die für das Verstehen eines Sachverhaltes erforderliche Zeit zu gewinnen: Während ich schreibe (physisch) entwerfe ich neue Gedankenzusammenhänge; das Experimentieren (Laborieren) spreizt die Zeit auf für die theoretische Durchdringung. Wo „produktive Findigkeit" und „kritisches Vermögen" fruchtbar werden sollen, muss Muße gegeben sein.

Wenn wir akzeptieren, dass unser Handeln begründet werden soll, dann stoßen wir sofort auf Leitbegriffe wie Zweckmäßigkeit, Sachgemäßheit, Neugier, Suche nach Erkenntnis und Wahrheit, aber auch auf Verantwortung, Moral und Ethik, unter denen sich praktische Handlungen als „richtig" nachweisen oder rechtfertigen lassen.[258] Wir handeln alleine oder gemeinschaftlich: Was bedeutet unser Handeln für uns selbst und was für andere? Was bedeutet es hier und jetzt für die Gegenwart und was für die Zukunft? [259]

Ganz allgemein, d.h. in übergreifender Weise, kann sich die Begründung auf die *Qualität der Erfüllung eines Zwecks* der beabsichtigten oder schon vollzogenen Handlung beziehen. Sie greift dann zurück auf eine Analyse und ein angemessenes Verstehen des erforderlichen Verfahrens. Ein Beispiel: Ich richte ein Experiment mit Sorgfalt so ein, dass es funktioniert und optimiere seine Zuverlässigkeit und Sicherheit. Das entscheidende Kriterium einer Rechtfertigung des Handelns wird dann seine *Sachgemäßheit* sein. Über die Rechtfertigung des Zwecks und der Ziele, die ich verfolge, ist damit noch nichts gesagt. Man könnte diese Art der Begründung die *technologische* nennen. Sie enthält ein Urteil über das Verfahren und die Tauglichkeit der Mittel.

Sodann kann sich die Begründung auf den *Zweck* selbst beziehen. Ein Zweck ist das, um dessen willen eine Handlung unternommen wird (Jonas 1984, S. 105). Die Kennzeichnung des Zwecks ist die Antwort auf die Frage „Wozu?" Freilich sagt die Benennung des Zwecks einer Handlung noch nichts über dessen Rechtfertigung; sie enthält kein Werturteil.

Zur Begründung des Handelns über die Mittel und Wege hinaus muss der Zweck der Handlung näher expliziert und von den beteiligten Personen verstanden wer-

258 Die Forderung nach Begründung hat ihren Ursprung im argumentativen Dialog, wie er insbesondere durch Sokrates für die Infragestellung gängiger Meinungen und herkömmlicher Normen sowie für die vernünftige Begründung dessen, was für wahr und gut gelten kann, gepflegt wurde. Hinzu kommt der begründende Diskurs, der die Anfänge der Realwissenschaften, z.B. bei Galilei, kennzeichnet (vgl. Teil I; 1.1.3). – Außer Betracht bleibt hier der Beweis im mathematischen oder formallogischen Sinn.

259 Ich verfolge hier nicht die Begründung von Handlungen, die zwar bewusst und zielgerichtet, aber unter äußerem Zwang vollzogen werden. Nötigung und sog. Sachzwänge bleiben außer Betracht.

den. Abgesehen von dem Alltäglich-Notwendigen – in dem unsere Handlungen oft okkasionistisch sind – können sich Zwecke z.B. auf die Arbeit an jenen Problemen beziehen, die Klafki (1992) epochaltypisch genannt hat, z.B. das Schlichten von Streit und die Vermeidung von Gewalt, die Hilfe für einen Menschen oder die Durchsetzung einer gerechten Entscheidung. Begründungen dieser Art beziehen sich auf *Werte,* man könnte sie *moralisch* nennen. Sie folgen Normen in einer Kultur und werden gerechtfertigt in der diskursiven Verständigung vernünftiger Menschen.[260]

Worauf es bei der Begründung des Handelns ankommt, sind also die Sachverhalte, die zu verstehen uns aufgegeben ist, die sich in den Zwecken ausdrücken und für die wir Verantwortung übernehmen. Verantwortung bezieht sich damit nicht allein auf unser jeweiliges Tun, sondern vor allem auf die bleibende Sache, auf die sich das Handeln richtet.[261] Mit dem Blick auf die Sache gewinnen wir eine „Orientierung des Handelns über den unmittelbaren funktionalen Zweck hinaus. Nicht allein der Erfolg beim Verfolgen von Zielen soll Qualitätskriterium bei der Beurteilung eigenen Handelns sein, sondern auch die Fähigkeit, die Ziele und Handlungen vor dem Hintergrund von Anforderungen zu beurteilen und zu rechtfertigen, die das Zusammenleben mit anderen wenigstens erträglich machen.“ (Kahlert 2009, S. 29)

Menschliches Handeln unterliegt dem Selbstzweifel und der Sorge um die Richtigkeit des Getanen. In zunehmendem Maße sind wir gefordert, unsere Handlungen zu begründen und zu begreifen, was wir da tun oder unterlassen: Welche sind die Folgen für uns selbst, für andere, für Gesellschaft und Umwelt? Welche Verantwortung haben wir zu tragen? Auch wenn wir die Wirkungen unseres Handelns nur bedingt absehen können verbleibt doch die Verpflichtung, mögliche Folgen zu prüfen. Das aber erfordert neben Sorgfalt vor allem Sachkenntnis und das Bemühen um Verstehen.

[3] Im Bereich der Didaktik ist die Frage nach sachgemäß begründetem Handeln epistemologisch und ethisch, psychologisch und gesellschaftlich, insbesondere aber auch im Hinblick auf die inhaltlichen Bezugswissenschaften in einer

---

260 Verständigung impliziert eine sachbezogene Deutung einer Situation, eines Ereignisses oder eines Zwecks. Sie stützt sich auf Wissen, kognitive Verarbeitung und Moral. Vgl. dazu das Beispiel von Soostmeyer zum Tapeten-Drucken (Teil III; 3.3.1). – Bei Kant heißt es dazu: Man muss „auf die Moralisierung sehen. Der Mensch soll nicht bloß zu allerlei Zwecken geschickt sein, sondern auch die Gesinnung bekommen, daß er nur lauter gute Zwecke erwähle. Gute Zwecke sind diejenigen, die notwendigerweise von jedermann gebilligt werden; und die auch zu gleicher Zeit jedermanns Zwecke sein können.“ (Kant [1803] 1968a, S. 707). Dabei kommt es nicht auf die Anpassung an oft fragwürdige Standards an, die in der Regel von Partialinteressen besetzt sind. – Das Thema Moral und Autonomie kann hier nicht verfolgt werden.

261 Verantwortung verlangt Rechenschaft zu geben und für die Folgen einzustehen. – Festzuhalten ist hier die Bedeutung von ‚Sache‘ als eines Gegenstandes engagierter Auseinandersetzung, z.B. im Sinne von Aufgabe, Pflicht, Anlass einer Erörterung.

pragmatischen und auf Kommunikation ausgerichteten Interdisziplinarität zu reflektieren, ohne dass damit ein Anspruch auf Vollständigkeit verbunden sein kann. Ein kurzer Blick richtet sich zuerst auf einige für die Didaktik bedeutsame Grundlagenwissenschaften, ohne dass deren relevantes Potenzial hier auch nur andeutungsweise kenntlich gemacht werden könnte, sodann auf die Sachwissenschaften als inhaltliche Bezugswissenschaften (vgl. Teil I; 3.2). Der Zugriff auf die für den Sachunterricht wichtigen Inhalte ist Thema von Teil V.

Philosophie: Diese Beziehung legt schon der Begriff des Verstehens nahe. Dem Verstehen gehen allemal Bilder der Vorstellung, ein Erkennen, Interpretieren und Zuordnen sowie ein wenigstens vorläufiges Wissen voraus. Immer stellen sich Fragen nach Ursprung und Gehalt des Verstehens und nach jenem Verständigungsprozess, in dem wir uns die Welt erschließen und in dem die Wissenschaft ein mächtiges Instrument ist. Insofern zielt das Problem des Verstehens und Begründens auch auf zentrale Fragen der Erkenntnistheorie und der Hermeneutik. Und auf welche Grundlagen soll das Handeln bezogen sein? Welches Bild vom Menschen und seiner Stellung in der Welt ist impliziert, wenn wir begründetes Handeln in Zusammenhang mit Verstehen bringen? Anthropologie, zu deren spannendsten Problemen heute unsere Freiheit im Hinblick auf genetische Prägungen und zerebrale Prozesse gehört, und Ethik, die auf das Prinzip Verantwortung verweist, sind gefragt.

Psychologie: Kognitive Voraussetzungen für sachgemäßes Handeln erläutert Piaget in seiner Vorlesungsreihe über genetische Erkenntnistheorie (1973b). Er geht den psychologischen Ursprüngen der Begriffe und Operationen nach, auf denen das Erkennen beruht, d.h. er versucht, Erkenntnis durch die Erforschung ihrer Entwicklung bei Kindern zu erklären.[262] Seine zentrale Hypothese ist, „dass menschliches Erkennen wesentlich aktiv ist" (S. 22), also seinen Ursprung in Handlungen hat. Durch reflektierte Koordination und Abstraktion von Handlungen werden Strukturen und Handlungspläne gebildet, die dem Individuum dann in flexibler Weise zur Verfügung stehen. Erkenntnis und Verstehen gehen aus kontinuierlicher Konstruktion des Individuums im sozialen Austausch hervor (vgl. Teil III; 2.2.2).

Damit ist die in früheren Arbeiten formulierte Stufentheorie, nämlich dass der Stufengang logischer Formate Voraussetzung für Lernmöglichkeiten sei, weitgehend relativiert. Ähnliches gilt für die „Zentrierungsthese", nach der Kinder nicht mehrere Parameter aufeinander beziehen können (z.B. im Zusammenhang von

262 Piaget hat in seinen epistemischen Untersuchungen zu der Frage, wie Wissen generell entsteht, auf die Genese des Wissens bei Kindern zurückgegriffen. Schon länger bekannt und nicht weniger produktiv ist die Umkehrung: Aus der Geschichte des wissenschaftlichen Denkens können sich Hinweise auf mögliche Ansatzpunkte, Schwierigkeiten und Holzwege des Aufbaus von Vorstellungen und begrifflichen Ausprägungen bei Lernenden ergeben.

Geschwindigkeit, Wegstrecke und Zeit). Neuere Untersuchungen mit veränderten Forschungsdesigns zeigen, dass Kinder oftmals in fallbezogenen Konkretionen Leistungen erbringen, zu denen sie nach der Stadientheorie der Intelligenzentwicklung noch nicht in der Lage sein sollten. Das bedeutet, dass *inhaltliches Wissen* und bereichsspezifische Erfahrung, insbesondere aber das Überblicken und Erfassen der Struktur einer Situation, auf die sich eine Aufgabe bezieht, entscheidend sind für kognitive Leistungen und das erfolgreiche Lösen von Problemen. Nach Elsbeth Stern ist die Erweiterung des Wissens das ausschlaggebende Stimulans der kognitiven Entwicklung: „Es ist die Organisation und Vernetzung der Wissensbasis, die zu allen Zeitpunkten der Entwicklung die entscheidende Voraussetzung für bestimmte geistige Kompetenzen ist.“ (Stern 2002, S. 32) „Informationsverarbeitungsfähigkeit und organisierter sowie strukturierter Wissenserwerb entwickeln sich in einem interaktiven Zusammenhang; das Wechselwirkungsverhältnis zwischen beiden ist das Movens der Entwicklung.“ (Einsiedler 2009, S. 64)

In seiner Zusammenfassung neuerer Ergebnisse der entwicklungs- und kognitionspsychologischen Forschung hebt Einsiedler (2009) die Paradigmen einer *kontinuierlichen Wissensvermittlung* und ihre Spezifizierung in unterschiedlichen Domänen hervor: *„Kontinuität“* und *„Bereichsspezifität“* verweisen auf eine große Variabilität der Entwicklung in unterschiedlichen Domänen; entscheidend sei die *Vernetzung* und *Strukturierung* der Wissenselemente. Abstraktionsprozesse sollten von Anfang an stimuliert werden. Kindern im Grundschulalter fehlten für das Lösen von Problemen weniger die Fähigkeit zur Abstraktion und zu logisch formalem Denken, sondern eher die Elemente und Vernetzungen des Wissens (Einsiedler 2009, S. 64 ff.).

Soziologie: Gelingt es uns, unsere sozialen Beziehungen zu verstehen und unser gesellschaftliches Handeln in Sinnzusammenhänge einzubinden und dadurch zu erklären? Handlungsrelevant ist für uns, wie wir unsere soziale, natürliche und technische Umwelt interpretieren. Aber in welchem Maße und auf welche Weise ist diese Interpretation gesellschaftlich und damit auch durch die „geistige Situation der Zeit“ (Jaspers 1955) vermittelt, bedingt und bestimmt? Jürgen Habermas hat 1985 den Begriff der „neuen Unübersichtlichkeit“ geprägt. Inzwischen erleben wir (als einen Aspekt von „Globalisierung“) das Aufsprengen nationaler Bildungskonzepte, das sich im Zuge der weltweiten Vernetzung von Lebensbedingungen vollzieht und in internationalen Vergleichstests (TIMSS, PISA) seinen Ausdruck findet. Noch vor allem Verstehen: Wie weit kennen wir die Bedingungen unseres gesellschaftlichen Handelns?

Pädagogik erscheint als eine Mutterdisziplin der Didaktik, aus der diese die Prämissen der *Erziehungsbedürftigkeit des Menschen* und des *Bürgerrechts auf Bildung* (Dahrendorf 1965) übernimmt, denn wo auf *Verstehen als ein Recht des Menschen* (Wagenschein 1970b) bestanden wird, ist der Begriff *Bildung* dominant gegen-

über den keineswegs zu vernachlässigenden Postulaten des Könnens und der Pragmatik der Lebenstüchtigkeit.
Pädagogik ist eine Handlungswissenschaft. Erziehung soll *Lebenshilfe* (Brezinka) sein im Sinne von Aufklärung und Anleitung, Ermutigung und Stärkung. Sie dient aber auch der Reproduktion von Kultur und der Normen individuellen und gesellschaftlichen Handelns. Der Zusammenhang von Wissenschaft und Praxis wird hier relevant. Wie in den klassischen Fakultäten (Theologie, Jurisprudenz, Medizin) reicht auch in der Pädagogik die unmittelbare Bedeutung der Praxis in die akademische Tätigkeit hinein, und es bestehen ständige Wechselwirkungen zwischen theoretischen und praktischen Bemühungen.
Substanzielles Gewicht bekommen von Anfang an die *inhaltlichen Bezugswissenschaften* der Didaktik des Sachunterrichts (vgl. Teil V). Jeder dieser Wissenschaftsbereiche erweitert die Weltsicht um eine Dimension, und wenn wir die Welt verstehen wollen, ist jeder dieser Bereiche als Bestandteil unserer Kultur eine potenzielle Aufgabe. Sachunterricht führt in die Möglichkeit und Sinnhaftigkeit des jeweiligen Aspektes ein, und in diesem Aspekt selbst in dessen Inhaltlichkeit. Beides ist in Wechselwirkung möglich. Der Bezug auf Inhalte ist nötig, wenn Verstehen und die Fähigkeit zu begründetem Handeln als Ziele gelten. *Verstehen* bezieht sich in jedem Fall auf Sachverhalte und braucht deshalb Sachkenntnis und – wo es über erste Ansätze hinausgeführt wird – das Wissen der Wissenschaften. Das Wissen der Wissenschaften ist nicht das Ganze des Wissens, aber erst dieses wissenschaftlich gewonnene Wissen hat uns Handlungsmöglichkeiten eröffnet, die in einer modernen Zivilisation Grundlagen unserer Existenz betreffen.
Darüber hinaus liegt die Vermutung nahe, dass der Begriff des Verstehens in den Fachdisziplinen jeweils spezifisch ausgeprägt ist, denn Verstehen hat zu tun mit den Gegenständen, mit epistemologischen Grundsätzen sowie damit verbundenen Regeln. Vielleicht kann aber doch ein gemeinsamer Kern festgestellt werden, der *Verstehen als ein Nachkonstruieren von Sachverhalten und ein strukturelles Erfassen ihrer Zusammenhänge, Ursachen und Wirkungen* betrifft, das dann auch kategorial, d.h. durch Begriffe oder Modelle darstellbar ist.
Begründetes Handeln aber wird nicht allein aus dem Verstehen eines Sachverhaltes motiviert sein, sondern aus dem Wünschen und Wollen der beteiligten Personen. Affekte und Emotionen, Motivationen und Absichten kommen ins Spiel. Eine Begründung des Handelns aber scheint ohne das Prinzip der *Sachgemäßheit* und den Rückgriff auf Sachstrukturen nicht möglich zu sein.

2.2 Methodische Grundlagen sachgemäßer Arbeit

Die Charakterisierung der Schule als „Haus des Lernens“ (Bildungskommission NRW 1995) schließt ein, dass sie auch ein „Ort der Sinnstiftung“ (Duncker 1996a, S. 39) ist, ein „Ort des Wissens und seiner Bewertung“ (Künzli 2001), der Vernunft, der Aufklärung und des Denkens über das Alltägliche hinaus. „Schulen als Kulturwerkstätten“ (Reusser 2011, S. 18) bieten Kindern und Jugendlichen die Möglichkeit, unmittelbare Erfahrung durch Lernen zu ergänzen, zu verallgemeinern und auch zu ersetzen. Der Erwerb von Wissen, das eine Kultur bereithält, ermöglicht es, Grenzen des eigenen Lebensbereiches und eigener Erfahrungen (vorgreifend) zu überschreiten und den Horizont zu erweitern. Schulisches Lernen geschieht nicht nur in der direkten Auseinandersetzung mit Phänomenen und Problemen, sondern darüber hinaus auch durch die Übernahme von Wissensbeständen, Einsichten, Argumenten und Verfahrensweisen, die zum kulturellen Erbe gehören. In gegenseitiger Ergänzung dieser beiden Modi der Aneignung, den grundlegenden exemplarischen Erarbeitungen als den „Pfeilern“ des Verstehens und den weitergespannten „Bögen“ der orientierenden und verarbeitenden Aufnahme vorgegebenen Wissens (vgl. Teil II; 3.1.5), vollziehen sich im Sachunterricht Enkulturation und Bildung.
Die Konzeption des genetischen Lehrens und Lernens bringt die Herausforderungen durch die Phänomene nicht in einen Gegensatz zum konstruierenden Zugriff der Lernenden, sondern nimmt die Wechselwirkungen zwischen Erscheinungen, Wahrnehmungen und der gedanklichen Verarbeitung bewusst in die Lehr-Lernprozesse auf. *Verstehen* gleicht dabei einem Entwerfen, das in einem Wechselspiel zwischen individuellen kognitiven Prozessen und den Vorgaben aus der Umwelt (Präsentation des Gegenstandes, didaktische Vorstrukturierungen) neue Zusammenhänge aufbaut. Vielfältige Einflüsse können auf diesen Vorgang einwirken, von persönlichen Haltungen und Präkonzepten, Denkstrukturen und Interessen bis zu den Bedingungen der konkreten Situation, den Gegebenheiten erlernter Sprachmuster sowie des kulturellen Hintergrundes. In dieser Art des entwerfenden Verstehens wird im Zuge eines epistemischen Aufstiegs gewichtet, strukturiert, verallgemeinert und geordnet, ohne dass die notwendigen Objektivierungen, Abstraktionen und Idealisierungen zu einer Entkoppelung von den ursprünglichen lebensweltlichen Anfängen führen.
Sachgemäße Unterrichtsarbeit ist auf ergiebiges und nachhaltiges Lernen und zugleich auf die Steigerung der Lernfähigkeit gerichtet. Die kreative Leistung von Lehrerinnen und Lehrern im Vorfeld des Unterrichtens liegt im Entwurf und der Vorbereitung von Lehr-Lernprozessen, die geeignet sind, bei Kindern Bildungsprozesse zu evozieren und der gemeinsamen Arbeit einen Denk- und Handlungsrahmen zu geben. Methoden der Sacherschließung fungieren im Unterricht als unterrichtsmethodische Mittel.

2.2.1 Formen des Lernens und Lehrens

[1] In seiner Reflexion auf einen lernwirksamen Unterricht hebt Reusser den Begriff des Lernens „von einem (behavioristischen) Verständnis ... als einem vorwiegend abhängigen, reproduktiven, fremdgesteuerten und rezeptiven Vorgang“ ab. In einer „modernen kognitiv-sozialkonstruktivistischen Sicht“ werde „Lernen als konstruktiver, interaktiv-dialogischer, verstehensorientierter, idealerweise selbstregulierter und problemorientierter Prozess verstanden“ (Reusser 2011, S. 18). Gleichwohl ist Lernen – insbesondere bei Kindern – nicht nur eine gedankliche Verarbeitung von Wissen, sondern ein Vorgang, der sich zumeist im Umgang mit Dingen vollzieht und artikuliert. In der Unterrichtsplanung werden typische Formen des Lernens durch Mittel und Medien des Lehr-Lernprozesses vorstrukturiert. Die Zwecke dieser unterrichtsmethodisch eingesetzten Lernformen liegen primär in der Eröffnung neuer Einsichten und Erfahrungsfelder, in der Durcharbeitung sowie in der Festigung und Vernetzung des Gelernten. Für eine kurze Darstellung können wir auf schon behandelte Beispiele und vorgängige Hinweise zurückgreifen.

Kennzeichnend für den Zugang zu neuen Bereichen des Wissens und der Kompetenz ist im exemplarischen Sachunterricht der *Einstieg* in ein eröffnendes Beispiel für einen bedeutsamen Sachverhalt, speziell in Gestalt der *Exposition* eines Phänomens (vgl. Teil II; 3.1.3): Der Lehrer stellt etwas Merkwürdiges vor, er stellt keine Frage, „aber er sorgt dafür, daß sie ‚sich aufwirft‘ ... ‚sich erhebt‘ ... . Die *Sache* muß reden!“ (Wagenschein 1997, S. 81) Der Einstieg ist zunächst auf die gemeinsame *Thematisierung* des nachfolgenden Unterrichts gerichtet, d.h. auf ein Problem, das von den Lernenden erkannt, näher bezeichnet, in Fragen akzentuiert und differenziert, als Aufgabe akzeptiert und zum Thema gemacht wird. Die Frage, das Problem kristallisiert sich in der Wechselwirkung von Beobachtung und Gespräch. Die Exposition verlangt Schülerinnen und Schüler, die weiterdenken, „Nach-denkliche“, deshalb braucht sie auch ausreichend Zeit. Sie beginnt mit dem Unbekannten und endet mit dem „Wunsch es einzuordnen“, d.h. es zu verstehen. „Diesen Drang haben alle gesunden Kinder.“ (a.a.O., S. 82)

Die *Durcharbeitung* beginnt mit der näheren Erkundung der Sache. Es folgen Beobachtungen, Untersuchungen, Recherchen, variierende Versuche, Vergleiche mit ähnlichen oder ganz anderen Fällen, die Konstruktion von Vermutungen im gegenseitigen Austausch und ihre Prüfung auf Plausibilität, die Planung, Durchführung und Auswertung von Experimenten oder die Herstellung eines Produkts. Abgeschlossen wird die Durcharbeitung mit einer rückblickenden Reflexion auf den Prozess der Erkenntnisgewinnung und der Darstellung des erkannten Sachverhalts in Texten, Bildern, Grafiken (Sachunterrichtsmappe, Portfolio) und Produkten.

Anschaulich werden diese strukturierenden Schritte der Eröffnung von Einsichten und des Gewinnens von Wissen an den Beschreibungen und Analysen von Unterricht. Rousseau lehrt Emile in einem genetischen Verfahren Anfänge des Weges sorgfältiger Untersuchungen (vgl. Teilkap. 2.1.1). Die Beispiele bei Soostmeyer (vgl. Teil III; 3.3) zeigen, wie Formen des Lehrens in engagierten Auseinandersetzungen mit der Sache den Charakter von stimmig aufeinanderfolgenden, von den Kindern mitgesteuerten Schritten in der Erarbeitung von Wissen und Können gewinnen (vgl. dazu auch das Beispiel von Bauer zur Temperaturmessung, Teil V; 6.2).

Die genannten Formen eines zugreifenden Lernens müssen ihrerseits gelernt werden. Denn sie sind nicht allein Schritte und Phasen in aktuellen Unterrichtsprozessen, sondern werden zu Mitteln des selbstständigen Problemlösens. Zugleich dient ihre Aneignung der Ausbildung eines methodischen Denkens und Verhaltens. Der Aufbau methodischen Denkens und das Erkennen seiner Rationalität und seines Potenzials für das Gewinnen von Erkenntnissen gehört zu den großen Lernleistungen, welche die Schule bewirken soll.

[2] Ludwig Duncker hat dem Erkenntniswert des Sammelns und Ordnens besondere Aufmerksamkeit gewidmet (Duncker 1994, S. 150 ff.; 1996, S. 79 ff.; 2007, S. 167 ff.; vgl. dazu insgesamt Lauterbach u.a. 1992). Wir haben darauf schon mehrmals hingewiesen (vgl. bes. Teil I; 2.1.1).

Das *Sammeln* ist ein ganz ursprünglicher Vorgang des Findens, Aufgreifens, Suchens und Zusammenstellens von Dingen in einem Kontext, in dem den einzelnen Objekten eine besondere Bedeutung zugewiesen wird. Der Aufforderungscharakter der Dinge rückt sie in den Fokus unserer Aufmerksamkeit; mit dem Sammeln beginnt ein Prozess der Sinngebung; es ist ein kreativer Akt der Sammelnden, der Sammlung und den ihr zugehörigen Objekten eine spezifische Bedeutung zuzuerkennen. Langeveld spricht von „Sinngebungsarbeit", die „aus derselben Sache ... außerordentlich verschiedene Sinnbezüge aktualisieren" kann (1981, S. 136). Er unterscheidet vier Modi der Sinngebung, die auch für das Sammeln relevant erscheinen, nämlich

- die „offene Sinngebung" in der Verständigung mit anderen,
- die „unverbindliche Sinngebung" in der Welt des Spiels,
- die „kreative Sinngebung" des Künstlers,
- die „persönliche Sinngebung", die dem eigenen Weltbild folgt (a.a.O., S. 132 f.).

Gestaltung und Sinngebung wertet Langeveld als ein Vordringen in die Sachwelt – „ins Reich der objektiven Gegenstandseigenschaften" – mit dem geistiges Wachstum verbunden ist (S. 140, vgl. Teil III; 1.2.1).

Duncker weist immer wieder darauf hin, dass sich in den vielfältigen Tätigkeiten des Sammelns ein methodisches Verhältnis zur Wirklichkeit abbildet. Sammeln mache die Welt in der vorprädikativen Weise des Handelns „lesbar", insbesondere im Zusammentragen und Erweitern der Bestände, im Untersuchen und Analysieren, im Vergleichen, Auswählen und Ordnen, Aufbewahren und Präsentieren (2007, S. 167).

Tätigkeiten des Sammelns und Ordnens sind Formen der Weltaneignung, in denen nicht nur Kinder über den Wert von Dingen nachdenken, an Bedeutungen (und nicht nur an vorgegebenen „Stoffen") arbeiten, sich Bereiche der Übersicht schaffen, in denen sie Zuordnungen durch Gliedern und Ausgrenzen probeweise entwerfen und prüfen, aber auch Fantasiewelten schaffen. Helmut Schreier hat eine Geschichte geschrieben, die unsere Überlegungen illustrieren kann:

> **Der Seestern.** Bernd und Ludwig sammeln am Strand Muschelschalen und andere interessante Dinge in einen Beutel. Später breiten sie ihre Funde auf einer Decke aus, und Ludwig legt die Muscheln ordentlich in Reihen nebeneinander:
> „Das hier sind lauter Herzmuscheln", sagt er dabei. „Und hier die langen eckigen heißen Sandklaffmuscheln. Diese hier ist ganz hellbraun, die anderen haben weiße Flecken, wo die Farbschicht abgeblättert ist. Die sind sicher älter. Die braune ist die jüngste und muß ganz vorne in der Reihe liegen."
> „Ich finde die Engelsflügel am schönsten", sagt Bernd. „Sie haben auch ganz verschiedene Farben. Hier ist eine, die wie blauer Rauch aussieht."
> „Und wohin sollen wir die anderen Sachen legen?", fragt Ludwig, als alle Muscheln in geraden Reihen nebeneinander geordnet sind.
> „Also die Steine und die Glasscherben kommen extra", schlägt Bernd vor, und die beiden Jungen legen die flachen Kiesel, die plumpen Feuersteinbrocken und die rundgeschliffenen Flaschenscherben in einer Reihe quer zu den Reihen der Muschelschalen.
> „Und jetzt die Krebse", sagt Ludwig. Er schüttet eine Handvoll Krebsscheren und Schalen auf die Decke. „Der hier ist noch ganz, er kommt als erster in die Reihe", meint Ludwig. „Oder als letzter, ganz am Ende", sagt Bernd. „Dann sieht man, daß es wie ein Ergebnis ist."
> „Na gut", stimmt Ludwig zu und betrachtet die Sammlung. „Die Steine und Scherben liegen hier. Das sind die toten Dinge. Und die Muscheln und Krebse liegen hier. Das sind die Dinge von Lebewesen. Und von jeder Sorte haben wir zwei: Steine und Scherben, Muscheln und Krebse."
> „Aber wohin soll der Seestern?", fragt Bernd und zeigt Ludwig einen kleinen Seestern, den er die ganze Zeit über in der Hand gehalten hatte. Ludwig betrachtet den Seestern, nimmt ihn selbst in die Hand, gibt ihn dann Bernd zurück, schaut die Sammlung auf der Decke an und zeigt schließlich auf die Reihe der Krebse.
> „Dahin", sagt er, „leg ihn zu den Krebsen! Dann haben wir eben eine Gruppe ‚Muscheln' mit lauter verschiedenen Muschelsorten und eine Gruppe, die keine Muscheln sind, auch mit verschiedenen Sorten."
> „Du meinst, ‚Muscheln' und ‚Nicht-Muscheln'?", fragt Bernd. „Genau", antwortet Ludwig. „‚Nicht-Muscheln' – das ist das richtige Wort."
> „Aber ‚Nicht-Muscheln' – irgendwie stimmt das doch nicht!", meint Bernd. „Nämlich die anderen Tiere sind ja dann alle einfach ‚Nicht-Muscheln'. Die Möwe da oben ist

dann genauso eine ‚Nicht-Muschel' wie die Krebse hier. Und die Wolken am Himmel sind auch ‚Nicht-Muscheln'." „Das mit den Wolken stimmt nicht", antwortet Ludwig. „Die gehören ja zu den toten Dingen." – „Aber die Möwen und die Fische und was es sonst noch alles gibt – alle die sind dann ‚Nicht-Muscheln'", entgegnet Bernd. „Da finde ich die alten Namen einfach genauer."
Er legt den Seestern weit weg von den Krebsen über die Muschelreihen.
Ludwig überlegt. Nach einer Weile sagt er: „Ich glaube, ich habs. Es ist nämlich so: Ganz früher, als es noch keine Menschen gab, am Anfang, da hatten alle Tiere solche Schalen außen herum wie die Muscheln. Und dann, später, haben manche Tiere dünnere Schalen gekriegt. Damit konnten sie sich auch besser bewegen. Das waren die Krebse. Und dann ist die Haut noch dünner geworden, wie bei den Seesternen."
Er nimmt den Seestern und legt ihn unter die Krebsreihe: „So ist die Geschichte gewesen; zuerst die Muscheln, dann die Krebse, dann die Seesterne."
Bernd staunt. „Woher weißt du das alles, Ludwig?", fragt er. „Hab ich mir überlegt", sagt Ludwig.
„Du hast es erfunden!"
„Aber wie willst du denn sonst Ordnung in unsere Sammlung bringen?" (Schreier 1993, S. 143–145)[263]

Das *Ordnen* ist ein dynamischer Prozess, in dem ein Bereich der Wirklichkeit gegliedert und dem Denken verfügbar gemacht wird, d.h. es dient dem Gewinnen von Übersicht und Orientierung und hat damit auch ästhetische Qualität. Das Entwerfen von Ordnungen eröffnet Wege des Denkens. Im kreativen Spiel werden in der Verschränkung objektiver Merkmale und subjektiver Sinndeutungen Strukturen erzeugt, die nicht schon in den Fundstücken zu erkennen sind. Ordnen erfordert zunächst eine Ausrichtung auf einen Zweck der Sammlung, z.B. im Hinblick auf eine Präsentation oder die Teilhabe an der Gemeinschaft anderer Sammler. Methodisches Denken wird gefordert und gefördert, wenn es darum geht, Unterschiede und Zusammenhänge zu erschließen und sich dabei Kriterien bewusst zu machen. Das obige Beispiel zeigt, dass dabei ein Verweis auf eine „Sachstruktur" nicht genügt, sondern dass die Strukturierung, also die Logik der Ordnung, erst gefunden, d.h. bewusst übernommen oder für den gegebenen Zweck entworfen werden muss. Vollzogene Ordnungen können in ihrem hypothetischen Charakter erkannt und durch Entdecken von Möglichkeiten des Umordnens als überprüfbare und revidierbare Konstrukte identifiziert werden (vgl. dazu Köhnlein 1992).[264]

---

263 Es gibt keine positive Letztbegründung, sondern nur die kritische Sichtung und die Möglichkeit der Revision. Deshalb bricht Ludwig die Begründung ab (vgl. dazu das von Hans Albert formulierte „Münchhausen-Trilemma"). – Als Aktivitäten für den Unterricht schlägt Schreier vor, eine Sammlung von Fundstücken (z.B. aus dem Wald) zu ordnen. Die Kinder sollten dabei (in Gruppen) verschiedene Möglichkeiten finden und gegeneinander abwägen.

264 Dem Bemühen um die Herstellung einer Ordnung, um Kriterien für die Zusammengehörigkeit oder Unterscheidung kommt im Hinblick auf wissenschaftliche Begriffsbildung und Systema-

Zur pädagogischen Bedeutung des Ordnens unterscheidet Duncker fünf „Funktionskreise“:

1. *Ordnen und Wahrnehmung:* Die Wirklichkeit kann nur in Ordnungen wahrgenommen werden. Sie machen die Welt erst „lesbar“.
2. *Ordnen und Handeln:* „Ordnungen steuern das Handeln, aber Handeln bringt auch Ordnungen hervor.“
3. *Ordnen und Wissen:* „Ordnungen enthalten Wissen und Erfahrung, und Wissen ist nur verfügbar, wenn es geordnet ist. Ordnungen sind eine Art Gedächtnis ...“ .
4. *Ordnen und Denken:* „Denken ist ein Ordnen des Tuns.“ (Aebli)
5. *Ordnen und Kreativität:* „Ordnen ... stiftet Beziehungen zwischen den Dingen.“ (Duncker 1996, S. 81)

Die didaktische Relevanz des Sammelns, die in den Kategorien der Rationalität, der Ordnung, Systematisierung oder Vernetzung, des Wissens und der Übersicht zum Ausdruck kommt, bezieht sich im Sachunterricht z.B. auch auf das Bereitstellen von Gegenständen für einzelne Unterrichtseinheiten auf Sammeltischen oder auf das Recherchieren und Zusammenstellen von Informationen und Gesichtspunkten bei der Erkundung eines Themengebietes (z. B. für ein Referat) sowie auf die Aufbereitung und Gliederung einer Darstellung. Generell geht es darum, Wissen zu organisieren, für bestimmte Fragestellungen zu koordinieren und begriffsbildend zu strukturieren. Duncker sieht darin einen hohen pädagogischen Wert: Die Lernenden gewinnen Einblicke „wie die ‚Steinbrucharbeiten‘ beim Herauspräparieren von Wissen vor sich gehen“ (1994, S. 177).

[3] Die vielfältigen Formen des Lernens, die im Lehren angeregt und vorstrukturiert werden – Zugriffe des Erkennens und Problemlösens (Betrachten, Beobachten, Erkunden, Vergleichen, Messen, Erproben, Experimentieren, Recherchieren, Interpretieren, Klassifizieren, Zuordnen), Methoden des Erschließens von Quellen (Entschlüsseln und Interpretieren von Texten und Bildern, Erkunden von Objekten) und Verfahren des Machens (Spielen, Gestalten, Zeichnen, Konstruieren, Herstellen, Dokumentieren, Präsentieren) –, werden bei der Darstellung der einzelnen Dimensionen (Teil V) berücksichtigt und dort mit entsprechenden Inhalten verbunden. Es zeigt sich dann auch, dass die einfacheren Verfahren häufig in komplexere (z.B. bei experimentellen Untersuchungen) eingebunden sind.
Arbeitsweisen im Sachunterricht sind in der Regel mit denen in anderen Lernbereichen verbunden, z.B. beim Erschließen oder Anfertigen von Texten und Bildern, beim Entwurf von Handlungsplänen oder beim Erstellen von Übersichten und Diagrammen sowie beim sachbezogenen Rechnen. Die Einführung in Kulturtech-

---

tik durchaus auch eine wissenschaftspropädeutische Funktion zu. Vgl. C. Fischer/ C. Sommer (2010): Meine Muschelsammlung – Forschende Zugänge zur Welt finden. In: Fischer, C./ Rieck, K./ Prenzel, M. (Hrsg.): Naturwissenschaften in der Grundschule. Neue Zugänge entdecken. Seelze: Klett-Kallmeyer, S. 43–54.

niken, insbesondere in jene, die der Erschließung und Repräsentation von Sachverhalten dienen, gehört zum Bildungsauftrag des Sachunterrichts (vgl. Teil I; 3.1.3).

2.2.2 Festigung: Wiederholung, Übung und Vernetzung

Zu den methodischen Grundlagen, die Lehren und Lernen verknüpfen, gehören auch die Formen der Sicherung und Verankerung des Gelernten. Gegenüber der Sorge für gelingende Erarbeitungsprozesse darf das Problem der Nachhaltigkeit nicht vernachlässigt werden. Deswegen müssen wir bei der Konzeption eines leistungsfähigen Unterrichts der Dauerhaftigkeit, Verknüpfung und Anwendbarkeit auch aus Vorsorge für die fundierte Weiterführung des Curriculums und eines soliden Aufbaus von Kompetenzen große Aufmerksamkeit und auch eigene Unterrichtszeit widmen. (Vgl. dazu insgesamt Aebli 1983, bes. S. 275 ff.)

Was nur eingeführt, nicht aber auch festgehalten, wiederholt, an Beispielen oder generellen Mustern verankert und angewandt wird, gerät bei den meisten Lernenden rasch in Vergessenheit. Wenn man sich bewusst macht, dass das Vergessen zu den normalen psychischen Prozessen gehört, dann wird die planmäßige Absicherung des „curricularen Hinterlandes" zur selbstverständlichen Notwendigkeit. Die Sicherung und Pflege des Gelernten kann auch nicht dadurch „eingespart" werden, dass es baldmöglich „abgeprüft" oder als Arbeitsblatt abgeheftet wird.

In der Konzeption des exemplarischen Unterrichts mit seinem genetischen Aufbau des Curriculums ist Lernen konstruktiv auf Sinnverständnis, auf Zugewinn von Wissen und Können und auf Wertorientierung gerichtet. Dabei stehen Erarbeitung und Festigung in einem wechselwirkenden Prozess gegenseitiger Optimierung, d.h. die Sicherung des Gelernten beginnt bereits in der Erarbeitung selbst, wenn wichtige Punkte (Fragen, Stichwörter, Vermutungen, Teilergebnisse) festgehalten sowie Skizzen und Bilder, Grafiken und Tabellen, die die Kinder selbst erstellen oder aus Medien übernehmen, übersichtlich zugeordnet werden. Von Bedeutung ist dabei eine Verknüpfung unterschiedlicher Arten der Darstellung (gesprochene Sprache, Lesetexte, Grafiken, Bilder) und von Ebenen der Repräsentation (enaktiv, ikonisch, symbolisch), in denen Wissen von den Lernenden erfasst und gespeichert werden kann. Die vielseitige Verankerung des Gelernten erhöht seine Stabilität und auch die Wahrscheinlichkeit eines erfolgreichen Transfers auf neue Aufgaben.

Eine didaktisch fehlerhafte Funktion bekommen Formen der Sicherung, wo noch unverstandenes Wissen vorzeitig verfestigt und dadurch unflexibel gemacht wird. Im Sachunterricht kann es nicht um mechanisches Lernen vorgegebener Formulierungen oder Darstellungen gehen, sondern vor allem um das Verstehen von Zusammenhängen.

Die der Festigung zuzuordnenden Lehr-Lernformen werden in der schulpädagogischen Literatur uneinheitlich voneinander abgegrenzt und bezeichnet. Für den Sachunterricht erscheint es zweckmäßig, vier typische Formen als Strukturmomente von Lehr-Lernprozessen nach ihren spezifischen Funktionen zu unterscheiden, nämlich *Wiederholung, Übung, Anwendung* und *Vernetzung*. Während Wiederholung und Übung in erster Linie auf die Sicherung bereits erreichten Wissens und Könnens gerichtet sind, führen Anwendung und Vernetzung darüber hinaus und dienen der Weiterführung des Lernprozesses. Allerdings ist die Trennung nicht scharf; jede Form der Festigung schließt auch Momente anderer Formen ein.

FESTIGUNG

SICHERUNG	WEITERFÜHRUNG
der Unterrichtsergebnisse	
Wiederholung ←	→ **Anwendung**
Gegenstand und Ziel sind das Sichern von Wissen und Verstehen durch wiederholten Vollzug geistiger oder praktischer Handlungen.	Gegenstand und Ziel sind die relativ selbstständige Umsetzung erworbener Kenntnisse auf neue Sachverhalte.
Übung ←	→ **Vernetzung**
Gegenstand und Ziel sind das Festigen von Wissen und Können durch wiederholten Vollzug von Denk- und Handlungsabläufen bis zur Herausbildung von Fertigkeiten und Gewohnheiten.	Gegenstand und Ziel sind das Erkennen umfassender, übergreifender Zusammenhänge bzw. die Ordnung erworbener Kenntnisse unter übergreifenden Gesichtspunkten.

Formen der Festigung und ihre spezifischen Funktionen (verändert nach Göbel 1976, S. 149)

1. Bei der dem Üben noch vorgeschalteten *Wiederholung* geht es darum, Kenntnisse und Einsichten mit dem Ziel des Verstehens zu konsolidieren, insbesondere in Bezug auf Begriffe, Konzepte und Verfahren, Handlungsnormen und Regeln der Zusammenarbeit.
   - Die *Wiederholung als Wiederaufnahme des Lernprozesses* zielt auf Absicherung oder Vertiefung der Einsicht. Vertiefung geschieht durch erneutes geistiges Durchdringen. Wenn „die Klasse" einen Begriff oder ein Verfahren erworben oder ein Funktionsziel (Teil II; 3.2.2) erfasst hat, so gilt das auch in günstigen Fällen nicht für alle Kinder; einige haben das Verständnis noch nicht erreicht oder wieder verloren. Hieraus ergibt sich die Notwendigkeit, die entscheidenden Phasen des Lernprozesses erneut zu durchlaufen und dabei Unverstandenes zu klären. Die Wiederholung kann dabei unmittelbar

auf die Einführung zurückgreifen oder einen ganz anderen Zugang zu der entscheidenden Einsicht suchen. Die Begriffe und Erkenntnisse, auf die es ankommt, müssen nicht nur einmal gründlich erarbeitet worden sein, sie müssen auch abgesichert und verstärkt werden. So werden etwa wichtige Aspekte des Marktes (ökonomische Dimension) am Beispiel des Wochenmarktes erarbeitet; bei einem Besuch des Supermarktes gibt es zu den zentralen Begriffen und Zusammenhängen einen erneuten Zugang.

- Die *zusammenfassende und ordnende Wiederholung* greift gegen Ende einer Unterrichtseinheit die entscheidenden Punkte erneut auf, z.B. anhand der Arbeitsmappe, des Experimentiermaterials, der entstandenen Produkte (Zeichnungen, Plakate, Gegenstände). Sie ist ein Prozess kritischer Reflexion und des Sich-bewusst-Machens von Begriffsbildungen, Regelmäßigkeiten, (Verfahrens-)Mustern und Strategien. Die Rekonstruktion der (gemeinsamen) Erarbeitung und die elaborierende Strukturierung des Gelernten markieren ein Kernwissen, das für den weiteren curricularen Aufbau erhalten werden muss.
- Die *immanente Wiederholung* findet gewöhnlich in etwas größerem zeitlichen Abstand zum primären Lernprozess und zur anschließenden Übung statt. Sie stellt Gelerntes in einen neuen, meist umfassenderen Zusammenhang und sichert es durch Auffrischung, Gebrauch, Verstärkung und Verknüpfung mit dem Vorwissen ab. So wird z.B. das beim Bau einer Laterne erarbeitete Wissen über den Stromkreis bei der Einrichtung oder Überprüfung der Fahrradbeleuchtung aufgenommen und unter dem Gesichtspunkt praktischer Bedeutung gefestigt. Immanente Wiederholung ist im Fortgang des Curriculums eine anwendungsbezogene Rekonstruktion des Gelernten.

2. *Übung*, für die eigene Phasen des Unterrichts vorgesehen werden müssen, dient der reproduktiven Festigung, d.h. der sicheren und geläufigen Verfügbarkeit von Wissen und Können, speziell auch der Beherrschung von Verfahrensweisen. Übung bezieht sich auf das Wiederkehrend-Gleiche; sie hilft, in neuen Fällen schon bekannte Elemente und Strukturen zu identifizieren und Aufgaben leichter zu bewältigen. Übung hat eine entlastende Funktion; sie macht Kapazitäten frei für neue Anforderungen und zielt auf Verbesserung der Leistungsfähigkeit ohne das Verstehen zu verschütten.
   Daneben sprechen wir von *Einüben*, z.B. in Standards qualifizierter Arbeit, in Anforderungen, die mit bestimmten Unterrichtsformen verbunden sind (Freiarbeit, Gruppenarbeit, Lernen an Stationen, Projektarbeit), in Regeln des Unterrichtsgesprächs und der Zusammenarbeit. Das Einüben betrifft auch Haltungen und Normen. Es stützt sich auf wiederholte Klärungen (denn Kinder müssen wissen, was wir von ihnen erwarten und die Gründe kennen), im übrigen aber auf Einsicht und Gewöhnung.

Es ist also zweckmäßig, Unterscheidungen zu treffen:

- *Übung von erarbeitetem Wissen und Können* ist immer auf die Rückkoppelung mit verständnissichernder Wiederholung angewiesen, damit die Denk- und Handlungsvollzüge nicht starr und eindimensional werden, sondern flexibel und für neue Anforderungen offen und anpassungsfähig bleiben. Ziel eines bildenden Unterrichts kann es auch nicht sein, undurchschaute Routinen oder Automatismen aufzubauen, die dann – ohne Fundament, d.h. weil sie nicht in die emotional und kognitiv verfassten Dispositionen der Kinder aufgenommen sind – ohnehin rasch verfallen. Übung von Wissen und Können steht also am vorläufigen Ende einer Folge von Lernphasen: Einführung – Wiederholung – Übung.
- *Übung von Arbeitsweisen und Verfahrenskonzepten* setzt voraus, dass diese mit der Klasse erprobt und in ihrer Leistungsfähigkeit erkannt sind. Der Übung zugänglich und bedürftig sind z.B.
  - das Einhalten von Klassenregeln und vereinbarten Ordnungen,
  - die Formen der Kommunikation (Klassengespräch) und der gemeinsamen Arbeit,
  - das Arbeiten in Gruppen oder an Stationen,
  - die Umsetzung von Ideen und Gefühlen in Plan- und Rollenspielen,
  - das Ordnen und Zuordnen (z.B. Blätter – Früchte – Bäume),
  - das Schreiben von Texten für die Sachunterrichtsmappe,
  - die fachpropädeutischen Arbeitsweisen wie Beobachten, Vergleichen, Bestimmen, Beschreiben,
  - das Schätzen von Zeitspannen (Minuten, Stunden), von Strecken (Millimeter, Zentimeter, Meter, Kilometer) und von Volumina (Milliliter, Liter),
  - das Bestimmen von Pflanzen (z.B. Blumen auf einer Wiese),
  - der Umgang mit Arbeitsmitteln (z.B. Wörterbuch, Lexikon; Lupe, Maßstab; Computer; Experimentiermaterialien),
  - und schließlich das Verfahren des Problemlösens: Fragestellung, Vermutungen, Untersuchung (z.B. Versuch oder Befragung), Auswertung, Feststellung des Ergebnisses.
- *Einübung von Standards und Normen forschenden Lernens* ist in hohem Maße abhängig von der nachhaltig-freundlichen Ermutigung durch die Lehrerin oder den Lehrer, dem entsprechenden Bemühen bei allen geeigneten Gelegenheiten und den Erfahrungen, welche die Kinder dabei machen. Zu fördern ist die Bereitschaft
  - Fragen forschend nachzugehen (Hat ein Hund oder ein Hamster einen guten Geruchssinn? – Warum wagen die Zugvögel die anstrengende Reise?) und Möglichkeiten ihrer Beantwortung durch eigene Untersuchungen und Recherchen zu finden,
  - Vermutungen aufzustellen und zu überprüfen, z.B. Bedingungen für das Wachstum einer Pflanze (Bohne, Kresse) und Tests unter verschiedenen Bedingungen durchzuführen,

- Reflexionen über Arbeitsprozesse oder Verhaltensweisen anzustellen und Ergebnisse kritisch zu prüfen (Metaunterricht).

Erfolgreiches Üben setzt Interesse voraus. Lust an Wiederholung und Übung kann aufkommen, wenn den Kindern die Steigerung ihrer Kompetenz bewusst wird: Die Selbsterfahrung des Könnens durch geglückte Anstrengung. Dabei kann Üben ein Mittel zum Zweck, aber auch ein Selbstzweck sein (Bollnow 1978): Üben wird – nicht nur in der Kunst – zu einem den eigenen Ansprüchen verpflichteten, als sinnvoll erlebten Ausüben, d.h. zu einer von intrinsischer Motivation getragenen Tätigkeit.

Lehr-lernstrategisch gesehen enthalten Wiederholung und Übung auch ein retardierendes Moment, ein Moment der Entschleunigung, das dazu beiträgt, den Erfolg schulischer Arbeit zu sichern. Denn es schafft nicht nur Raum für nachbereitende Rückblicke und Reflexionen, sondern hilft auch, ein Zurückbleiben derer zu verhindern, die das Erarbeitete noch nicht hinreichend erfasst haben oder „nicht dabei" waren.

3. Die *Anwendung* steht im Zeichen neuer und weiterführender Aufgaben, zu deren Bewältigung auf schon erworbenes Wissen und Können, auf eingeübte Arbeitsweisen und Verfahren sowie auf Standards qualifizierten Arbeitens zurückgegriffen wird, ohne dass diese Kenntnisse, Fähigkeiten und Haltungen erneut als eigene Lernziele erscheinen. In der Anwendung muss sich Gelerntes in vielfältigen praktischen Anforderungen bewähren, insofern führt diese in eine neue Phase oder Ebene des Lernens. In curricularer Sicht ist früher Gelerntes eine Voraussetzung, um Weiterführendes zu erarbeiten und für das Weiterlernen eine immer breitere und festere Basis zu schaffen. Die nicht nur bei naturwissenschaftsbezogenen Inhalten gegebene Voraussetzungsgebundenheit neuer Lernaufgaben führt zur Notwendigkeit und Chance, das früher Gelernte in immer umfassenderen Zusammenhängen anzuwenden und dadurch präsent zu halten.

   Anwendung trägt nicht nur zur Festigung bei, sondern gleichzeitig zu einer für den *Transfer* notwendigen Flexibilisierung. Dabei sind Festigung und Flexibilisierung keine Gegensätze. Durch Festigung gewinnt das Gelernte Gestalt und Substanz in den Vorstellungen der Lernenden, und vieles deutet darauf hin, dass diese Ausformung, z.B. als Elementares (vgl. Teil II; 3.2.1), Voraussetzung für einen flexiblen Transfer ist.

   Festigung durch Gebrauch dient schließlich dem Aufbau von Kompetenzen, indem sich Cluster von Merkmalen relevanter Anwendungssituationen herausbilden. Durch vielfältigen Gebrauch des Wissens und Könnens entstehen Standards, d.h. Strukturen und Wege, die funktional auf wiederkehrende Situationsmerkmale bezogen sind. Solche Standardisierungen dienen der Komplexitätsreduktion, der Sicherheit, der Überprüfbarkeit und Vergleichbarkeit von Lösungswegen und Arbeitsergebnissen.

4. Die *Vernetzung* als Organisation der Wissensinhalte bezieht sich auf den Aufbau von Begriffsfeldern und insbesondere auf die Kontextualisierung von Aspekten, die mit unterschiedlichen Wissensdomänen verbunden sind. Weiterführendes Wissen entsteht auch dadurch, dass vorhandene Kenntnisse neu organisiert werden.
   Für die begriffliche Strukturierung von Sachwissen hat Hans Aebli semantische Netze vorgeschlagen, in denen auch Abstraktionshierarchien darstellbar sind (Aebli 1980, 1981, 1983). Wolfgang Einsiedler und Sabine Martschinke haben für die mediale Unterstützung des Wissensaufbaus Bedeutungsnetze und mentale Modelle entwickelt und evaluiert. Sie konnten zeigen, dass schon Grundschulkinder auf relativ abstrakte Weise begriffliche Zusammenhänge, logische Strukturdarstellungen und Ursache-Wirkungs-Wissen verarbeiten und verstehen können (Einsiedler 1996, Martschinke 1996).

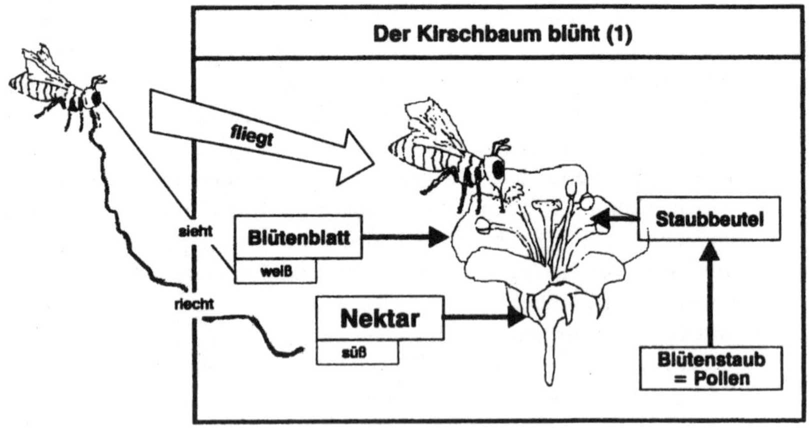

(aus Einsiedler 2002, S. 20)

Vernetzungen zwischen Wissensdomänen bzw. fachbezogenen „Perspektiven" folgen der jeweiligen thematischen Ausrichtung von Unterrichtseinheiten. Der Perspektivrahmen Sachunterricht (GDSU 2002) nennt dafür Beispiele. So verlangt das Thema „Wohnen und Wohnumgebung" – je nach inhaltlicher Akzentuierung – Verbindungen mit der lebensweltlichen Dimension (Wie wir wohnen und wohnen möchten), mit der historischen (Wie haben die Menschen in früheren Zeiten gewohnt?), der technischen (Ein Haus wird gebaut. – Wasser und Abwasser), der naturwissenschaftlichen (Eigenschaften und Eignung von Baumaterial), der ökologischen (Wärmeisolation – Wohnklima – Wohnen im Grünen), der ökonomischen (Bau- oder Mietkosten), der geografischen (Wohnviertel – Siedlungsräume – Verkehrsanbindung) und der sozialwissenschaftlichen Dimension bzw. Perspektive (Nachbarschaft – Einkaufsmöglichkeiten – Schulen – kulturelles Angebot). Themen des Sachunterrichts sind häufig mehrdimensional und vielperspektivisch ausgelegt.

2.2.3 Bemerkungen zur Planung von Sachunterricht

Der theoretische Rahmen und die entscheidungsrelevanten Strukturelemente der Planung von Unterrichtseinheiten wurden jüngst in einem Sammelband umfassend dargestellt (S. Tänzer/ R. Lauterbach 2010). Deswegen mögen hier einige Akzentuierungen genügen.

Im Zuge unterrichtsnaher Curriculumarbeit – von der Aufstellung des Lehrplans bis zur Vorbereitung einer Unterrichtseinheit – sind durchgängig und immer gleichzeitig drei in ihrer näheren Bestimmung voneinander abhängige Momente entscheidend, nämlich die für die Planung maßgeblichen Aussagen über die *Lernenden,* die *Inhalte* als Unterrichtsgegenstände und die *Ziele* als didaktische Absichten. Zweck der Planungsarbeit ist der Aufbau von Wissen und von tragfähigen Vorstellungen im Spannungsfeld zwischen den Vorkenntnissen der Kinder und den Lernzielen. Um sie erfolgreich leisten zu können, sind interdisziplinäre Bezüge der Didaktik des Lernbereichs unverzichtbar; die Dreiheit *Lernende – Inhalte – Ziele* verweist zumindest auf Psychologie und Anthropologie, auf Fachwissenschaft(en) und -didaktik, auf Pädagogik und Philosophie.

Unterricht wird in der Planung antizipiert, d.h. von den gegebenen Ansatzpunkten aus auf den gewünschten Lernprozess hin konstruiert. Diese Konstruktion erfordert Kreativität und schöpferische Phantasie für den Entwurf stimmiger Lehrgänge mit überzeugenden Alternativen für die einzelnen Phasen des Lernprozesses. Mögliche Unterrichtsabläufe werden in Gedanken durchgespielt und optimiert, dabei sind eng gekoppelte Entscheidungen hinsichtlich der Lehrabsichten (Ziele), Inhalte, Verfahren (Methoden), Lernumgebungen und der Lehrmittel (Medien) zu treffen. Dadurch erfährt ein ausgewählter Inhaltsbereich im Zuge der Planung eine Interpretation und thematische Akzentuierung (vgl. Köhnlein 2010).

Für die *Kinder* als Subjekte des Lernens muss die Planung angemessene Spielräume offenhalten. Sie muss aber auch die erreichbaren Informationen über Präkonzepte und Lernstand, über Sprachkompetenz, über Strukturen und Gegenstände von Interessen, über Lernmöglichkeiten und -schwierigkeiten in den betreffenden Domänen heranziehen und offenlegen, von welchen pädagogisch-anthropologischen und didaktischen Hypothesen sie ausgeht. Das geschieht allgemein unter Rückgriff auf Forschungsergebnisse, auf spezifische Untersuchungen (vgl. Möller 1999) und im konkreten Fall eigener Praxis über die permanente Kommunikation mit den Lernenden (vgl. Thiel 2003a,b).

Unterrichtsinhalte sind zumeist durch Konvention, Curricula und Lehrpläne umrissen und erhalten in diesem Rahmen ihren Stellenwert und ihre spezifische Bedeutung für den Lernfortschritt. Für die thematische Akzentuierung stellt sich die Frage, welchen Wirklichkeitsbereich sich Kinder durch diesen Gegenstand erschließen können. Die Planungsaufgabe besteht darin, zunächst in der didaktischen Analyse eine Sache als Bildungsinhalt zu erfassen und ihren Bildungsgehalt zu bestimmen (Klafki 1965, S. 126 ff.), sodann in einem Dreischritt die Sachstruktur im Hinblick auf Lernprozesse zu analysieren (Sachanalyse), eine angemessene didaktische Reduktion vorzunehmen und schließlich den Aufbau des zu vermittelnden Wissens und Könnens als Vorschlag (Skript) für den Unterricht zu (re-)konstruieren. Dabei kommt es auch darauf an, die mit der Sache verbundenen elementaren Ideen aufzufinden, zu formulieren und in die Konstruktion der Sachstruktur für den Unterricht einzubringen.
Aufgabe der *didaktischen Analyse* ist die Untersuchung und Bestimmung des Bildungswertes, d.h. der bildungsbezogenen Relevanz eines potentiellen Inhalts und die Reflexion von Sinn und Ziel des entsprechenden Unterrichts. Eine pädagogische Begründung greift zurück auf Leitziele wie Autonomie und kritische Rationalität, Handlungs- und Kommunikationsfähigkeit, Verantwortungsfähigkeit und Kooperationsbereitschaft. Solche allgemeinen Ziele wirken regulativ, d.h. sie haben eine normative Funktion und stehen einer nur stoffbezogenen Verengung des Curriculums entgegen. – Die didaktische Intention lässt sich in der Regel unter normativem Aspekt (Leit- oder Bildungsziele), pragmatischem Aspekt (Nützlichkeit), inhaltlich-systematischem Aspekt (exemplarische Bedeutung, „Konzepte") und formalem Aspekt (Arbeits-, Denk- und Verfahrensweisen, „Prozesse") diskutieren.

Der *normative Aspekt* verweist auf die umfassenden Richt- oder Bildungsziele, die den gesamten Unterricht leiten, und auf die erzieherischen Schwerpunkte. – Die *pragmatischen Ziele* sind auf Lebensinteressen und Bedürfnisse gerichtet, also auf Orientierung in der Welt, auf praktische Kenntnisse, Fähigkeiten, Fertigkeiten und Gewohnheiten, die im täglichen Leben nützlich sind. – Der *inhaltlich-systematische Aspekt* der didaktischen Absicht umfasst die Bedeutung der Lehrinhalte für das weitere Verstehen: Welche Grundeinsichten, allgemeinen Prinzipien, „Konzepte" sollen gelernt werden? Hat der Stoff Modellcharakter, hat er exemplarische Bedeutung? Wird das Erfassen von Zusammenhängen angestrebt? – Schließlich ist nach dem *formalen Aspekt* der Lehrabsicht zu fragen: nach den Methoden und Prozessen des Erwerbs von Kenntnissen („Lernen des Lernens"), Fähigkeiten usw., nach Arbeitshaltungen und Denkstilen, die angebahnt werden sollten. Hierher gehören auch die *Funktionsziele,* d.h. die fundamentalen Erfahrungen, die der Unterricht anstrebt (vgl. Teil II; 3.2.2).
Eine andere Differenzierung erhalten wir, wenn wir fragen, ob Unterrichtsinhalte vorwiegend auf Kenntnisse bzw. auf *Erkennen* (kognitiver Bereich), auf *Handeln* (psychomotorischer Bereich) oder auf den Aufbau von *Einstellungen* bzw. Haltungen (affektiver Bereich) abzielen.

Das Modell der didaktischen Analyse und Rekonstruktion gibt einen Leitfaden für die Umwandlung lebensweltlicher oder wissenschaftlich-systematischer Zusammenhänge in eine Sach- und Verfahrensstruktur für den Unterricht. Es stellt zugleich einen Rahmen für den ersten, allgemeinen Zyklus der Konzipierung möglicher Unterrichtssequenzen dar. Die unmittelbare Planung und methodische Vorbereitung für eine konkrete Klasse, der Entwurf des Ineinandergreifens von Lehren und Lernen für bestimmte Kinder, des Einsatzes ausgewählter Medien, der „Dramaturgie des Unterrichts" (Hausmann) kann sich an die Ergebnisse und das Verfahren dieses ersten, situative Besonderheiten noch nicht berücksichtigenden Zugriffs anschließen. Bedeutung gewinnt dann das Bemühen, mit den Kindern „die Welt neu zu sehen" und Fäden zu spinnen zu verschiedenen Aspekten, unter denen man die Welt betrachten und Handlungsoptionen entwickeln kann. Es sind die Spuren der Kulturgeschichte und vermutete künftige Herausforderungen, die in die sachbezogenen Dimensionen führen, aus denen dann, jenseits der Grundschule, fachbezogene Perspektiven bewusst werden können.
Quelle für die fachliche Klärung der Sachstruktur sind wissenschaftliche Lehrbücher und eigene Erarbeitung. Die *Sachanalyse* macht den Sachzusammenhang deutlich und benennt die zentralen Begriffe in ihrer gegenseitigen Beziehung. Wissen, das in Kategorien und Begriffen einer wissenschaftlichen Disziplin dargestellt und in deren Kontext erarbeitet ist, muss für den Zweck des Unterrichts für transdisziplinäre Probleme oder Zusammenhänge geöffnet und fruchtbar gemacht werden. – Der nächste Schritt ist die *didaktische Reduktion* (Grüner 1967), nämlich die Vereinfachung der wissenschaftlichen Aussagen in dem Maße und der Art, dass sie für die Lernenden fasslich werden. Dabei stehen solche Transformationen unter mehrfachen Anforderungen: Sie müssen gewährleisten, dass der Sachverhalt unverfälscht bleibt in dem Sinne, dass sich die reduzierte Aussage als tragfähige und nach Möglichkeit repräsentative Grundlage für (spätere) Erweiterungen und Verallgemeinerungen eignet. Sie sollte außerdem auf etwas Elementares gerichtet sein, d.h. auf eine Denkmöglichkeit, eine Einsicht, eine Verfahrensweise, eine bündige Aussage, die als exemplarischer Kern Gültigkeit gewinnt. Die didaktische Reduktion kann dabei in zwei Richtungen geschehen: horizontal durch Konkretisierung, durch Erläuterung an aufschlussreichen Beispielen, durch Analogien oder Modelle und Darstellung in einer für die Lernenden handhabbaren Form (enaktiv in Handlungsweisen, ikonisch in Zeichnungen, Bildern und Diagrammen, symbolisch in Zeichen und Texten); vertikal reduziert wird durch exemplarische Konzentration und vorläufige Beschränkung auf einen wichtigen Spezialfall. In der Regel wirken horizontale und vertikale Reduktion zusammen.
Die didaktische Reduktion als Transformation hebt eine erst auf höherem Niveau (d.h. für Fortgeschrittene) sinnvolle Differenzierung wissenschaftlicher Aussagen zugunsten größerer Übersichtlichkeit für die Lernenden und einer stärkeren Kon-

kretisierung in Beispielen auf. Insofern ist sie immer auch eine Interpretation, die das heraushebt, was unter der didaktischen Zielsetzung als besonders bedeutsam erscheint, und die schwierige Zusammenhänge unter dem Aspekt der Zugänglichkeit vereinfacht. Wichtig ist, dass bei der Transformation jene Zusammenhänge und Probleme erhalten bleiben, die den Kindern erkennbar und fasslich sind, d.h. es darf nicht simplifiziert werden.

Sachanalyse und didaktische Reduktion sind Grundlage der *(Re-)Konstruktion der Sachstruktur für den Unterricht* und der methodischen Instrumentierung, d.h. für den hypothetischen Entwurf eines Lernzusammenhanges und einer angemessenen Lernumgebung. Diese Rekonstruktion muss einbeziehen, dass der gesellschaftliche Alltag und insbesondere die Lebenswelt der Kinder sowie ihre Probleme und Anfragen einen anderen Zuschnitt haben als eine wissenschaftliche Systematik, d.h. der Aufbau einer Sachstruktur für den Unterricht muss wiederum Auswahl und Integration im Hinblick auf den prozessualen und vielperspektivischen Charakter des Lernens leisten und gibt damit dem Konstrukt „Sache" für den Unterricht überhaupt erst eine konkrete Gestalt. Zur Akzentuierung dessen, was – den Zielen entsprechend – inhaltlich im Zentrum des Unterrichts steht, gehört dann auch der Entwurf geeigneter Vorstellungsbilder (Denkmodelle) und Repräsentationsformen, die den Lernenden helfen, das Gelernte in flexibler Form zu bewahren und auf neue Fälle anzuwenden.[265] Wichtig für die Planung ist außerdem, dass die geforderten Leistungen und angestrebten Kompetenzen sowie die Bedingungen ihrer Realisierung deutlich bestimmt werden. Aber immer ist die Konstruktion des Unterrichtsinhaltes ein Entwurf, der offen bleiben muss für die Denkbewegungen der Kinder und für situative Entscheidungen im Hinblick auf den jeweiligen dialogisch-genetischen Prozess der Konstitution und Bearbeitung des Unterrichtsgegenstandes (vgl. Breitschuh 1981, Soostmeyer 1998, dazu Köhnlein 1999 und Teil III; 3.3).

Wirksam werden in der didaktischen Konstruktion als Planungsgerüst für den Unterricht die generelle didaktische Konzeptionierung und damit die vorausgesetzten theoretischen Annahmen in ihrer vielfältigen philosophischen (Bildungs- und Erkenntnistheorie), psychologischen und soziologischen Verflochtenheit. Für genetisches Lehren und Lernen gilt ein unmittelbarer Sachbezug, weil der persönliche Vollzug einer Einsicht nötig ist, damit Bildung in Gang kommen kann. Die Gültigkeit einer (verallgemeinerungsfähigen) Einsicht scheint in der Regel in der Auseinandersetzung mit einem konkreten, repräsentativen Fall auf. Das ist zugleich die Möglichkeit einer vernunftgegründeten, aufklärenden Weise des Lehrens, die bei den Lernenden Eigentätigkeit, das Hervorbringen eigener Einfälle,

265 Mentale Modelle dienen der kognitiven Ökonomie und man kann mit ihnen operieren. Dabei geht es nicht um die größtmögliche Ähnlichkeit mit dem Referenzbereich, sondern um die Funktionalität; deshalb ist z.B. eine Prinzipskizze u.U. besser geeignet als eine realistische Abbildung.

Vorschläge und Lösungen („produktive Findigkeit") und die rationale Kontrolle der Untersuchung und ihrer Ergebnisse („kritisches Vermögen") herausfordert. Auch wenn in die Planung für eine bestimmte Lerngruppe das verfügbare Wissen über die Kinder dieser Klasse sorgfältig einbezogen wird, ist der auf forschend-selbstständiges Aneignen angelegte genetische Weg nie gewiss, und unsicher bleibt auch, was Umweg oder Irrweg ist. Denn Unterricht kann das Denken nur anregen und leitende Impulse geben; er kann nicht über Verstehensprozesse verfügen.
Damit sind wichtige „Transformationsregulative" als Ansatzpunkte für Forschung und Entwicklung genannt. Außerdem wird das Prinzip der *Kindgemäßheit* im Hinblick auf Bildungsziele konkretisiert und differenziert: Offenheit für Inhalte (Interessen), für begründete Deutungsmuster und für Aktivitäten (Selbstständigkeit und Selbstbestimmung) der Kinder; Anschaulichkeit (für den Aufbau von Vorstellungen) und Handlungsorientierung (mit Blick auf Handlungsfähigkeit); Kategorisierung als Förderung der Begriffsbildung und Diskursfähigkeit; Ästhetisierung als Sensibilisierung der Wahrnehmungsfähigkeit und des Gestaltens.
Das hier nur kurz dargestellte Modell konfiguriert zudem fachdidaktische Forschungs- und Entwicklungsaufgaben. Da es Lehrerinnen und Lehrern in der alltäglichen Praxis zumeist nicht möglich ist, für alle anstehenden Unterrichtsaufgaben umfassende didaktische Analysen, Sachanalysen, sachgerechte didaktische Reduktionen und relevante Forschungsergebnisse einbeziehende Rekonstruktionen der Sachstruktur vorzunehmen, ist es eine wichtige, für die Qualität des Unterrichts entscheidende didaktische Forschungs- und Entwicklungsaufgabe, entsprechende curriculare Module für die Praxis auszuarbeiten, zu evaluieren und zu optimieren. Die auf den eigenen Unterricht bezogene Planung und methodische Strukturierung aber bleibt die originäre, gestaltende Kreativität erfordernde, anspruchsvolle Aufgabe der Lehrerinnen und Lehrer.

2.2.4 Gesichtspunkte der Unterrichtsgestaltung

Beispiele zeigen Facetten einer Konzeption von Unterricht; sie illustrieren und belegen aus der Praxis Möglichkeiten der Realisierung dessen, was in der Theorie postuliert, begründet und strukturiert wird.
Gernot Breitschuh bezieht sich mit seinem Bericht aus dem Unterricht auf die Pädagogik Martin Wagenscheins: Wissensvermittlung alleine genügt nicht, denn ihr fehlt noch die pädagogische Dimension. Hinzukommen muss die „Hingabe an die Sache", eine intensive Auseinandersetzung mit ihr. „Wirkliche Bildung (formatio) kann durch das bloße Lernen von vorgegebenen Inhalten nicht bewirkt werden. Nur wenn diese Inhalte im Menschen etwas bewegt haben, ... hat ihre Vermittlung auch pädagogischen Ansprüchen genügt." Das radikale Bemühen um Verstehen macht den Menschen „weniger anfällig für unkritische Bescheidwisserei und naive Wissenschaftsgläubigkeit" (Breitschuh 1981, S. 13). Der Aufbau einer

Einheit von ursprünglichem Verstehen und exaktem Denken gelingt nicht in verschulten und auf Effizienz hin geglätteten Lernprozessen, sondern bedarf einer „ungebrochenen Kontinuität der Übergänge" aus der primären Wirklichkeit des Erkundens und Forschens der Kinder in die zweite Wirklichkeit wissenschaftsbasierter Erkenntnisse (ebd.).

> **Wieviel Luft ist in einem Ziegelstein?** [266] Der Lehrer wollte in einem vierten Schuljahr den Rauminhalt fester Körper vergleichend und messend erarbeiten lassen. Die Kinder sollten zuerst „Kieselsteine" der Größe nach ordnen. Einige Steine waren nicht ohne weiteres nach ihrer Größe zu unterscheiden. Nach Diskussionen in den Tischgruppen schlugen viele Kinder vor, die Steine zu wiegen, andere wollten den Umfang messen; schließlich kam der Vorschlag, die Steine in einen Messbecher mit Wasser zu legen. Diese Möglichkeit wurde in ihren einzelnen Schritten genau besprochen und vom Lehrer an der Tafel in Stichworten notiert.

Von Bedeutung sind hier zunächst die verschiedenen Zugriffe auf das Problem, die von den Kindern gefunden werden. Im Gespräch und kleineren Untersuchungen lässt sich die Eignung dieser Methoden klären: Es mag leichtere und schwerere Steine bei gleichem Volumen geben (d.h. mit etwas unterschiedlicher Dichte); wo misst man den Umfang eines Steins? Schwierigkeiten würde sicherlich jüngeren Kindern die in dem dritten Vorschlag vorausgesetzte Invarianz und Additivität des Volumens bereiten.[267] Offenbar gelingt es aber, diese Messmethode schon im Gespräch verständlich zu machen und ihren Ablauf zu strukturieren.

> Bei der Durchführung der Messung bemerken plötzlich zwei Kinder, dass aus einem Tonziegel, der durch Witterungseinflüsse die typische Form eines Kieselsteins angenommen hatte, Blasen aufstiegen: „Eigentlich gilt das ja gar nicht. In dem Stein ist ja Luft!"[268]

Diese „Entdeckung" weckt sofort das Interesse der übrigen Kinder und gibt dem Unterricht eine gänzlich neue Perspektive: „Wieviel Luft ist in einem Ziegelstein?" Und dann: Wie kann man das feststellen? Ein vollständiger Ziegelstein wird beschafft. Es kommt zu schwierigen Überlegungen zur Einrichtung und Gültigkeit des Messverfahrens, die nur unter der hohen Motivation der Kinder bewältigt werden können. Jetzt wird überlegt und in Gedanken konstruiert, nicht nur um Messmethoden zu erarbeiten oder um das Messen zu üben, sondern das Problem, auf das die Kinder gestoßen sind, verlangt die Messung: Das Ziel des Unterrichts bleibt erhalten, aber die Thematisierung kommt aus der gemeinsamen Arbeit. Für die Kinder ist das Problem zu „ihrer Sache" geworden.

266 Ich folge in meiner Darstellung des Ablaufs der erheblich detaillierteren des Originals (Breitschuh 1981, S. 17 ff.). Vgl. Soostmeyer 2002, S. 136 ff. und 162.

267 Vgl. dazu die Untersuchungen von Piaget/ Inhelder 1969, S. 164 ff.).

268 Piaget/ Inhelder unterscheiden in ihren Untersuchungen ein „Globalvolumen", das Einschlüsse mit umfasst, und ein „Gesamtvolumen" ohne Berücksichtigung der Zwischenräume (Piaget/ Inhelder 1969, S. 167 f.).

„Ein Mädchen schlug schließlich vor: ‚Wir haben doch mal gelernt, daß 1cm³ Wasser ungefähr 1g wiegt. Wir können doch dann den trockenen Stein wiegen und ihn danach ins Wasser legen. Wenn keine Luft mehr herauskommt, wiegen wir ihn wieder. Dann wissen wir, wieviel Wasser drin ist und wissen auch, wieviel Luft vorher drin war.' Einige Kinder begriffen diesen Vorschlag nicht sofort und es dauerte eine gewisse Zeit, bis alle ihn durchschaut hatten. ... Das Ergebnis war erstaunlich: Der Stein war um über 200g schwerer geworden." (S. 18)

Der Lehrer macht auf die Ungenauigkeiten dieses Verfahrens aufmerksam. „Wir müßten den Versuch so machen, daß wir die entweichende Luft einfangen und messen können. Wie aber kann das geschehen?" Eine Antwort fanden die Kinder noch nicht. Er erinnert an die anfängliche Beobachtung mit dem kleinen Tonziegel und entwickelt schließlich mit den Kindern eine Versuchseinrichtung, mit der die aus dem im Wasser stehenden Ziegelstein aufsteigende Luft durch einen Trichter aufgefangen und in einen Messzylinder geleitet wird.

„Bemerkenswert war schließlich, daß diese Messung zwar vom Lehrer (mit Hilfe eines Kindes, das den Trichter hielt) ausgeführt wurde, die Kinder sie aber dennoch mit brennendem Interesse verfolgten. Damit zeigte sich, daß das Selbertun der Kinder zwar ein wichtiges, keineswegs aber entscheidendes Kriterium für einen solchen Unterricht ist. Viel wichtiger scheint es zu sein, daß die Kinder einen Versuch als ihren eigenen betrachten, der ihre eigenen Fragen beantwortet und an dessen Entwicklung sie einen wesentlichen Anteil hatten."– „Als nach über einer halben Stunde das Ergebnis (238 cm³!) feststand, staunten alle (auch der Lehrer!) darüber, daß sich eine solche Menge Luft in dem Ziegelstein befunden hatte." (S. 18)

Breitschuh führt das anhaltende Engagement der Kinder und den Erfolg darauf zurück, dass er in der Situation des aktuellen unterrichtlichen Handelns offen war für einen Wechsel der thematischen Perspektive. Es ist zugleich ein Wechsel von der Perspektive des Lehrers zu jener der Kinder, unter der es dann gelang, „vom Kinde aus mit der Sache, die für das Kind die Sache ist" (a.a.O., S. 18) zu arbeiten. Ein Unterricht, der diesem Prinzip folgt, geht von den sachbezogenen Interessen und der Perspektive der Lernenden aus. Die Kinder selbst haben die neue Fragestellung aufgeworfen und den Weg der Lösung gefunden. Damit hat sich auch ihre soziale Rolle zeitweise verändert: *Wir* haben das Problem entdeckt und gemeinsam gelöst.

Breitschuh resümiert: „Die ganz erstaunliche Anteilnahme und Ausdauer, die die Kinder hierbei zeigten, gab diesem Prinzip damit auch eine überzeugende Bestätigung durch die Praxis. ... Wir dürfen nicht dem Fehler verfallen, daß man Physik nur durch unsere eigenen Themen lernen kann" (a.a.O., S. 18 f.). Vielperspektivität kann bedeuten, unter den möglichen Zugriffen jenen zu finden, der für die Kinder am interessantesten und ertragreichsten ist. In seiner Schlussbetrachtung plädiert Breitschuh dafür, die Zeit für eine Unterrichtseinheit nur bis zu einer gewissen Grenze zu verplanen und die Möglichkeit für die Bearbeitung von unerwartet auftretenden Problemen offen zu halten. „Wenn die Kinder dabei das Gefühl haben können, daß der Lehrer auf solche sich spontan auftuenden Probleme eingeht, ja auf sie wartet, dann wird dies auch seine Auswirkungen auf ihre kritische und interessierte Mitarbeit haben." (S.19) Zu einem bildenden Unterricht gehört die „Freiheit zum Fragen".[269]

2.3 Zur Struktur des Curriculums

Curricula reduzieren die Komplexität der Sachverhalte für den Zweck des Lernens, sie bringen aufeinander Bezogenes und ineinander Verwobenes in eine Reihenfolge, in ein Nacheinander, weil nur so, im Strom der Zeit, Lernen möglich erscheint. Im Curriculum gewinnt das Wissen eine auf Lernprozesse bezogene Ordnung, Begrenzung und Vereinfachung in einer pädagogischen Gestalt und in einer auf Bildung bezogenen Struktur. Zugleich sollten Curricula ein vielseitiges Wachstum des Wissens und Verstehens anregen. In einer dynamischen Wissensgesellschaft kommt ihnen außerdem die Funktion zu, die sich beschleunigende Vermehrung und den damit verbundenen Wandel des Wissens gesellschaftlich zu verankern und neue Erkenntnisse in den lebensweltlichen Wissensvorrat zu überführen. Die forcierte Akkumulation „objektiven", verallgemeinerten und weitgehend entpersonalisierten Wissens hat in der Neuzeit zunehmend an Bedeutung gewonnen und erzwingt eine gewisse Artifizialität des curricularen Aufbaus. Ausgezeichnet ist ein Curriculum durch sachbezogene Offenheit für Neues und Bewahrung zukunftsfähiger Bestände der Kultur. Wo Kultur aktiv angeeignet, erhalten und fortentwickelt werden soll, muss sie auch als Wert erlebt, verstanden und gewürdigt werden. Der Entwurf eines öffentlichen Curriculums ist ein Prozess konstruktiver Selektion.

Die Erarbeitung curricularer Module erzeugt Bausteine für domänenübergreifende Curriculumentwürfe. Die Didaktik des Sachunterrichts, die sich auf eine Vielzahl von Sachwissenschaften bezieht, kann nicht deren heterogenen Systemen folgen, denn die Lernstrukturen sind wesentlich verschieden von den Systemstrukturen der Bezugswissenschaften. Vielmehr ist sie genötigt, eigene Ordnungen der Unterrichtsinhalte zu suchen. In Korrespondenz mit den Fachwissenschaften und deren Didaktiken baut sie zudem durch Sachanalysen, didaktische Reduktionen und Rekonstruktionen, durch Unterrichtsbeispiele, Entwicklungen von Curricula, Lehrgängen und Unterrichtsmaterialien, d.h. im Zuge des Verfügbarmachens von inhaltlichem Wissen für den Unterricht, ein eigenes, an den Zwecken von Bildungsprozessen orientiertes *Sachwissen* auf, das mit dem allgemeinen didaktischen Wissen eng verknüpft ist. Dabei sind die konstruktiv-genetischen Anfänge von besonderer Bedeutung, d.h. die Reflexion auf die Entstehung des Wissens,

269 Vgl. dazu die Argumentation Galileis (Teil I; 1.3.4).

auf tatsächliche und mögliche Anfänge, immer geleitet von der doppelten Frage, wie man darauf kommen kann und welche Einstiege für Kinder möglich sind und naheliegen.

Eine Fachdidaktik enthält einen sachwissenschaftlichen Bereich, in dem gegenüber den fachlichen Bezugswissenschaften bildungsbezogene neue Strukturierungen, Differenzierungen und Ergänzungen sowie Bezüge auf die Lebenswelt möglich sind. Dieses didaktische Sachwissen gibt der pädagogischen Dimension einer jeden fachbezogenen Perspektive ihre inhaltliche Substanz und muss schon deshalb stärker als bisher Gegenstand der Forschungs- und Entwicklungsarbeit sowie der Lehrerbildung werden. Es steht dann auch für die Ausweitung der Bildungsaufgabe des Sachlernens auf die Vorschule oder den Kindergarten zur Verfügung. Die zentrale Bedeutung des auf die Lernstruktur bezogenen Sachwissens hebt die Didaktik des Sachunterrichts von einer allgemeinen Grundschuldidaktik ab.

Der Perspektivrahmen Sachunterricht (GDSU 2002) und seine Weiterentwicklung strukturieren auf dem Hintergrund dieses Sachwissens die inhaltlichen Bezüge in fünf Perspektiven. Die zahlenmäßige Beschränkung hat den Vorteil von Übersichtlichkeit im ersten Zugriff; sie hat zur Folge, dass nicht alle domänenbezogenen Lernfelder, denen für den Sachunterricht prinzipiell gleiche Relevanz zukommt, auf der obersten Gliederungsebene dargestellt werden können. Bereiche wie Ökonomie und Ökologie verlieren dadurch an Gewicht und Repräsentanz, zumal wenn ihre Inhalte auf verschiedene Perspektiven verteilt sind. Die hier verfolgte Darstellung in neun Dimensionen formiert dieses Sachwissen als Basis für den Entwurf schul- und klassenbezogener Curricula (vgl. Teil I; 2.2.3 und Teil V).

2.3.1 Spiraliger Aufbau

Ein Curriculum ist keine Rolltreppe, die Menschen nach dem Betreten nach oben bringt, sondern ein Weg, der Fortbewegung aus eigener Kraft und Einsicht verlangt. Am Anfang der Herausbildung einer modernen Curriculumtheorie hat J.S. Bruner die lernstrategische Bedeutung der „Curriculum-Spirale" als strukturierten Weg des Lernens skizziert (Bruner 1970, vgl. Teil II; 1.2). Der spiralige Aufstieg ermöglicht im Fortgang des Wissenserwerbs die Auseinandersetzung mit Sachverhalten auf verschiedenen Niveaus und die Gestaltung jeweils neuer Zugänge und Sichtweisen. Kay Spreckelsen hat in seinem Lehrgang „Naturwissenschaftlicher Unterricht in der Grundschule" (Spreckelsen 1971, vgl. Teil V; 6.3) diesem allgemeinen Modell die Niveauebenen verbindende Stützen in Gestalt von durchgängigen Konzepten eingefügt (Wechselwirkung, Erhaltung, Teilchenstruktur) und dadurch bewirkt, dass der Blick auf neue Phänomene von erkenntnisleitenden Interpretations- und Verfahrensmustern geführt wird. Der hier entscheidende Punkt ist jedoch, dass diese Muster, die übergreifenden Konzepten der Naturwissenschaften entsprechen, dadurch von Anfang an und langfristig selbst zu zentralen Gegenständen des Lernens werden.

Gestützt auf seine Hypothese, dass „jedem Kind in jedem Stadium seiner Entwicklung jeder Lehrgegenstand in einer intellektuell ehrlichen Form vermittelt werden kann" und unter der Voraussetzung, dass es gelingt, „den Unterrichtsstoff in die Denkformen des Kindes zu übertragen", hält Bruner es für möglich und geboten, „das Kind in einem frühen Alter in die Begriffswelt und Stilformen einzuführen, die im späteren Leben einen gebildeten Menschen ausmachen". „Als Wertkriterium für einen Gegenstand, der in der Grundschule gelehrt wird", sollte gelten „ob er (in gänzlich entwickelter Form) verdient, daß ein Erwachsener ihn kennt, und ob er eine Person dadurch zu einem besseren Erwachsenen macht, daß sie den Gegenstand schon als Kind kennengelernt hat" (Bruner 1970, S. 61). Kriterien sind also Zugänglichkeit, Bedeutsamkeit, Ergiebigkeit und Nachhaltigkeit (vgl. Teil I;1.2.2 und 2.2.4).
Vorschläge, welche Gesichtspunkte, Begriffe, Konzepte, Denkmodelle, welche Elementaria es sind, die im Sachunterricht aufgenommen und für eine Weiterführung vorbereitet werden sollten, bleiben ständige Aufgabe der Curriculumarbeit. Hinweise ergeben sich zuerst aus einer auf Bildungsprozesse bezogenen Durchdringung der Dimensionen des Sachunterrichts, die Sachstrukturen und inhaltliche Konzepte benennt und für die didaktische Analyse verfügbar macht. Das Problem der Lehrbarkeit nach Maßgabe der genannten Kriterien ist Aufgabe einer detaillierten empirischen Forschung, deren Ergebnisse dann in Vorgaben für Lehrpläne aufgenommen werden können.

2.3.2 Kumulative Konstruktion

Kumulation ist ein sich über längere Zeit aufbauender Lernprozess, der durch Aufnahme immer neuer Substanz, durch Strukturierungen (Hierarchisierungen und Vernetzungen) gekennzeichnet ist. Wenn man Kumulation auf Handlungsstrukturen bezieht, kann man der definierenden Beschreibung von Aebli folgen: Die übergeordnete Handlung operiert auf Voraussetzungen, die durch untergeordnete Handlungen geschaffen wurden (Aebli 1980, S. 158). In ähnlicher Weise kann man wohl sagen, dass komplexere Begriffe, Einsichten, Denkmodelle und Verfahrensmuster auf einfacheren aufbauen (vgl. Gagné 1969). Im Unterricht geschieht das oft in flexibler Weise indem einzelne Wissenselemente oder Fragestellungen episodisch aufgenommen werden, d.h. ohne strenge hierarchisierende Vorgaben.
Kumulativer Aufbau von Kompetenz bedeutet, dass bei den Lernenden das Netz miteinander verbundener Denkoperationen und Begriffe dichter, die Substanz des Wissen fester und seine Basis breiter wird. Soostmeyer (1998a, 1998b, 2002) hat unter Rückgriff auf Bruner an vielen Beispielen gezeigt, dass Kinder von sich aus Wissen und Können durch episodische Erfahrungen sammeln und allmählich dazu übergehen, kumulativ aufbauend dieses Wissen durch Ordnen und Herstellen von Stimmigkeiten selbst zu organisieren: „Episodischer Empirismus" geht in

„kumulativen Konstruktivismus" über. Das zeigt sich auch in der Neigung, neu entdeckte Strukturen und Strategien allmählich zu generalisieren (Bruner 1971, S. 26). Wichtige Funktionen kommen dabei der Analogiebildung und dem Aufbau mentaler Modelle zu: Gelerntes wird zum Modell für das Verstehen von anderen Phänomenen. Verdichtet in Denkmodellen oder ausgeformt als Elementares gewinnt Wissen Nachhaltigkeit (vgl. Teil II; 3.1.4 und Teilkap. 1.1.2).
Curricula sollten als offene Programme dieses Aufstiegs konzipiert werden. Zu ihren Qualitätsmerkmalen gehört, dass sie darauf ausgelegt sind, entscheidende Erkenntnisse in der Auseinandersetzung mit Phänomenen (im Sinne des oben genannten Hinweises von Aebli) sorgfältig vorzustrukturieren, *Episoden*[270] im Lernprozess zu „Kristallisationskernen" des Wissens und Denkens (in denen elementare Einsichten facettenreich aufscheinen) zu verdichten und schließlich Rückgriffe auf schon Gelerntes (immanente Wiederholung und Anwendung) sowie Vorgriffe auf Neues (Priming[271]) zu organisieren. Im Sachunterricht kann dies in einer weitgehend offenen Weise geschehen, weil er nicht etablierten Fachsystematiken folgt und deshalb nicht in diesem Sinn kumulativ ist. Gleichwohl ist es ein Vorzug spiralig aufgebauter Curricula, dass in ihnen Vorgriffe auf die nächsthöhere Ebene des Wissens und Könnens wie auch Rückgriffe auf Vorgängiges strukturell angelegt sind. Solche offenen Curricula können – nach Maßgabe übergreifender Kerncurricula und Lehrplanstrukturen, welche eine notwendige Einheitlichkeit gewährleisten – für die jeweilige Schule entworfen und für die einzelnen Klassen ausgestaltet werden.

2.3.3 Lernen und Lernzeit

Die curriculare Kumulation, die zu Kompetenzen führt, unterliegt in gewissem Maße auch einer Ökonomie der Zeit. Das Gewinnen von Einsichten und Kompetenzen setzt nicht nur einen beträchtlichen Aufwand an Anstrengung voraus, sondern erfordert ebenso den Einsatz gegenwärtiger Lebenszeit. Deshalb muss – wie schon Schleiermacher gefordert hat – die Investition in die Zukunft zugleich auch Befriedigung in der Gegenwart sein (Schleiermacher 1957, S. 48). Das Kriterium der Ergiebigkeit für die Stoffauswahl enthält den Grundsatz, dass der zeitliche Aufwand in einem vertretbaren Verhältnis zum erwarteten Lerngewinn stehen muss (vgl. Teil I; 1.2.2). Lehrende müssen umsichtige Zeitmakler sein. Im Übrigen gilt, dass Curricula oder Lehrpläne keine abgeschlossenen Kataloge von

---

270 Episoden als „inszenierte" Ereignisse im Unterricht, die als Knotenpunkte im Lernprozess zur Geltung kommen und lange in Erinnerung bleiben, dem Wissen Struktur geben und das Weiterfragen anregen (vgl. Abschnitt 1.1.2).

271 „Priming" bedeutet, dass ein Gedanke, eine wichtige Einsicht, ein Verfahren, eine Lösung oder ein Elementares durch vorausgreifende Hinweise vorbereitet wird. Entsprechend heißt es bereits bei Herbart: „Die Physik muß lange zuvor, ehe sie vorgetragen wird, durch mancherlei, was die Aufmerksamkeit reizt, von ferne angemeldet werden." (Herbart 1964, S. 112 [§ 262])

Lernaufgaben vorgeben dürfen, sondern grundsätzlich offen sein sollten für Kürzungen wie auch für Erweiterungen.
Außerdem greift auch das „forschende Lernen" auf vieles zurück, was andere vor uns an Wissen und Erkenntniswegen erarbeitet haben und was wir dann nicht selbst originär finden müssen. Mit dem Wissenschafts- und Kulturbezug des Sachunterrichts ist immer auch die produktive Aufnahme solcher Vorgaben gemeint. Diese erleichtern es, „die Welt nochmal zu denken mit dem Blick von Kindern", weil sie Impulse und Orientierungen für dieses Denken geben. Dabei darf nichts aus der „Fragwürdigkeit" ausgeschlossen werden, etwa dass der Mond einmal „dick" und dann wieder „dünn" ist (vgl. Popper 1998, S. 146 f.). Solche Fragen werden in der Erörterung mit Kindern erneut spannend.
Harald Weinrich weist in einem Essay darauf hin, dass die Übernahme von Erkenntnissen als eine „Zeitgabe" zu sehen ist. Lehren und Lernen erscheinen dann als eine „Form des verdichteten Zeittransfers". Nur muss das zu Erkennende, das verdichtete Erarbeitungszeit enthält, mit gebotener Langsamkeit aus dem gesellschaftlich akkumulierten Wissen in jenes der einzelnen Lernenden übertragen werden, denn diese müssen es integrierend verarbeiten, d.h. in ihrem Denken nachkonstruieren, in seiner Bedeutung erkennen, u.U. vorgefasste Meinungen revidieren (conceptual change) und das Neue für ihren eigenen Weltzugriff fruchtbar und lebendig machen (Weinrich 2007, S. 21 f.).

2.4 Erklären und Verstehen

In Lehr-Lernprozessen, um die es hier geht, ist das *Erklären* von der Intention geleitet, ein Verstehen zu erreichen. Lernende können sich etwas selbst erklären, d.h. eine Erklärung (alleine oder kommunikativ in der Gruppe) erarbeiten, indem sie Bedingungen und Ursachen eines Phänomens erkunden und untersuchen, Vermutungen konstruieren und je nach Sachgebiet in geeigneter Weise überprüfen (z.B. durch Vergleichen, Befragen, Auswerten von Quellen, durch Versuche und Interpretation ihrer Ergebnisse). Die Erforschung der Ursachen, also warum jemand oder etwas sich so verhält wie sich beobachten lässt, hat in der Grundschule zunächst enge Grenzen. Eine erste Ebene der Erklärung ist erreicht, wenn ein Phänomen auf Bekanntes zurückgeführt werden kann (vgl. Wagenschein 2003, S. 11) oder wenn die Bedingungen angegeben werden können, unter denen es sich zeigt.

> Der Neunjährige betrachtet mit Hilfe einer Lupe einzelne Schneesterne auf einer dunklen Unterlage. Es fällt ihm auf, dass sie alle sechsstrahlig sind. Spontan fragt er: „Warum sind die alle wie sechseckig?"
> Die Frage setzt implizit die Annahme voraus, dass Schneesterne immer sechsstrahlig sind, sodann aber die Überlegung, dass dies – wenn es immer so ist – nicht Zufall sein

kann, sondern eine Ursache haben muss. Auf diese Ursache richtet sich die Warum-Frage, und sie fordert eine Erklärung heraus. (Für die Grundschule kann sich diese Erklärung darauf beziehen, dass Schneesterne aus Eisplättchen mit sechseckiger Form bestehen. Die molekularen Strukturen sind noch nicht zugänglich.)
Das Beispiel weist zudem darauf hin, dass auch von Kindern kausale Zusammenhänge gesucht und oftmals erkannt werden. *Kausalität* (als Verknüpfung von Ursache und Wirkung) ist eine universelle erkenntnistheoretische Voraussetzung für die Möglichkeit des Erklärens (als ein Zurückführen auf Ursachen oder Zwecke), ebenso wie für die Konstruktion von Hypothesen und Prognosen sowie deren (empirischer) Prüfung. Kausale Verknüpfungen sind Wege zum Verstehen und geben Sachzusammenhängen eine feste Gestalt.

Lehrende erklären etwas mit dem Ziel, den Lernenden zu angemessenem Verstehen zu verhelfen, d.h. einen Sachverhalt durchschaubar zu machen. Sie greifen dabei nicht auf formal-logische Ableitungen zurück, sondern auf Beispiele aus dem Erfahrungshorizont der Lernenden, oder sie versuchen eine Rückführung der Geschehnisse, Dinge oder Eigenschaften auf ein den Lernenden schon einsichtiges Prinzip. Immer aber bleibt der Akt des Verstehens, d.h. die Nachkonstruktion eines Sachverhaltes, eine Leistung des Individuums, über die die Didaktik nicht verfügt. Wer etwas erklärt, muss es, soweit die Erklärung reichen soll, selbst verstanden haben, andernfalls würde diese „Erklärung" zu Missverständnissen führen. Maßstab für die Korrektheit einer Erklärung ist der dokumentierte Stand der Wissenschaft oder – außerhalb dieser – eine nicht mit ihr kollidierende, kritisch geprüfte Plausibilität.
Wenn wir also „Erklärung" nicht als wissenschaftstheoretischen, sondern als didaktischen Terminus verwenden, eröffnet sich eine Reihe von Varianten: Es kann um die Erläuterung des Sinnes eines Textes gehen oder um die Deutung der Absichten und Motive von Handelnden, ebenso um die Rückführung eines Ereignisses auf seine Gründe und Ursachen oder um die Darstellung der Entstehungsweise und die Möglichkeiten der Erzeugung eines Phänomens und schließlich um die Einordnung eines Sachverhalts in allgemeinere Zusammenhänge. Erklärungen sind also nicht trennscharf von Begründungen oder Argumentationen abgesetzt; ihr gemeinsames Merkmal liegt in ihrer Pragmatik, also darin, dass sie Darstellungen von Sachverhalten sind, die über eine Orientierung hinaus Hilfen für das Verstehen geben. Dabei geht es in der Regel zunächst um einen konkreten Fall, tendenziell aber um Fälle einer bestimmten Art und schließlich um das solche Fälle übergreifende Allgemeine. Dieses Allgemeine sind insbesondere subjekt-invariant begrifflich formulierte Regeln, Normen, Konzepte oder (Natur-)Gesetze, denen die fraglichen Phänomene zuzuordnen sind. (Vgl. Mittelstraß 2004, Bd. 1, S. 578 ff.)
Wir haben *Verstehen* als ein mentales Nachkonstruieren eines Sachverhaltes charakterisiert, als ein Durchschauen und strukturelles Erfassen von Zusammenhän-

gen, Ursachen und Wirkungen und als ein Einfügen des Verstandenen in die eigene kognitive Struktur. Im Verstehensprozess, nicht schon durch Erklärungen, werden Lernende zu Subjekten ihres Wissens, d.h. sie gewinnen für ihr eigenes Denken das Erklärungspotenzial von Erkenntnissen.[272] Stabilität gewinnt das Verstehen durch den Entwurf von Denkmodellen und deren kritische Prüfung. Diese allgemeine auf das Lehren und Lernen bezogene Charakterisierung gilt übergreifend für Naturtatsachen wie für Kulturleistungen, für das Durchdringen von Phänomenen und das Erfassen sozialer Beziehungen. Dabei ist der Sachbezug durchaus relevant. So lässt sich z.B. eine Intention oder eine Handlung dadurch verstehen, dass man ihre Funktion, ihren Zweck und ihre Bedeutung erkennt; in der Physik bedeutet Verstehen „auf Grund von Regeln nachkonstruieren" (Hund 1969, S. 9), d.h. das Verstehen institutionell (z.B. in einer Wissenschaft) gebundenen Wissens muss den (epistemologischen und methodischen) Grundstrukturen der jeweiligen Wissensdomäne folgen.[273]

Akte des Verstehens werden erleichtert oder erschwert durch die Erwartungen der Lernenden, insbesondere durch solche Erwartungen, die von tief verankerten Vorstellungen, von Präkonzepten oder von Gewohnheiten geleitet sind und als oftmals nicht bewusste Prämissen fungieren. Deshalb ist es wichtig für den Lernprozess, für seine Ökonomie und seinen Erfolg, dass frühzeitig Ansatzpunkte für produktive, der Entwicklung von Interessen und der Konstruktion von Vermutungen dienliche Erwartungen vorbereitet werden. „Priming" heißt in diesem Zusammenhang, dass bei guten Gelegenheiten der Blick auf künftig zu bearbeitende Fragen und Probleme gerichtet wird und diese die Aufmerksamkeit der Lernenden gewinnen, dass Lehren und Lernen also nicht nur auf gegenwärtig-unmittelbare Ziele gerichtet ist, sondern über diese hinausgreift und Erwartungen evoziert. Didaktisch anspruchsvoller Unterricht ist immer darauf ausgerichtet, für künftiges Lernen eine „kritische Masse" von Wissensbeständen und offenen Fragen zu schaffen. Das genetische Prinzip betrifft nicht nur das Zustandekommen gegenwärtigen Wissens, sondern immer auch die Vorbereitung künftiger Einsichten.

---

272 Lehrende müssen sich bewusst bleiben, dass das Wissen keine endgültige Antwort gibt, vielmehr hält es die Fraglichkeit der sich darin zeigenden Wirklichkeit offen. „Insofern die Wirklichkeit aber darin erhellt wird, ist das Wissen das Medium der beglückenden Erfahrung einer Übereinstimmung unseres ‚geistigen Vermögens' mit der Wirklichkeit" (Giel 2007, S. 278).

273 Wissenschaftsorientierung im Sachunterricht schließt deshalb erste Orientierungen an der bestimmten Hinsicht („Natur physikalisch gesehen", Wagenschein 1975) einer Disziplin ein. – Popper (1995) hat die übergreifend universelle Struktur des methodischen Problemlösens betont. Der von Dilthey postulierte, aber aus heutiger Sicht nur scheinbare Gegensatz von Naturwissenschaften und Geisteswissenschaften – „Die Natur erklären wir, das Seelenleben verstehen wir." – wird schon dadurch relativiert, dass die Naturwissenschaften nicht einfach einzelne Phänomene als gegeben aufnehmen, sondern sie nach Maßgabe einer Theorie, die ihrerseits ein geistiges Konstrukt ist, in ihren Bedingungszusammenhängen erfassen (zit. nach Bischof 1977, S. 178).

3 Sachkompetenz, Sprachkompetenz und Begriffsbildung

Lernen heißt, am Auf- und Ausbau der eigenen Erkenntnis zu arbeiten. Dabei geht es nicht primär um die Kumulation von Wissen und Fertigkeiten, sondern um erkundende Zugriffe auf die Welt, zumeist in kommunikativem Austausch mit anderen. Junge Kinder gewinnen ihre erste Weltkenntnis im Milieu ihrer Umgebung in erprobender und prüfender Auseinandersetzung mit den Dingen (z.B. mit Spielzeug), zunehmend aber auch durch *Sprache*, die hinweist, benennt, strukturiert und kategorisiert. Das geschieht schon indem Kleinkinder beginnen, Dinge beim Namen zu nennen, sie kategorial zu unterscheiden und dann allmählich zunächst noch „begriffslose" Sachverhalte geistig „in den Griff" zu bekommen, d.h. sie für Denken und Sprechen verfügbar zu machen. Sprache ermöglicht eine begriffliche Organisation der Erfahrung.

Wagenschein hat eindringlich darauf hingewiesen, dass „Sachunterricht und Sprachunterricht ... überhaupt nicht zu trennen [sind], weil Denken und Sprechen nicht zu trennen sind" (1976, S. 133).[274] Nach konstruktivistischer Auffassung sind auch Denken und *Sache* nicht unabhängig voneinander, sondern durch Sprache im Begriff vermittelt (vgl. Rustemeyer 1999, S. 478 f.). Von Bedeutung ist in diesem Wechselverhältnis die mit dem Erkenntnisinteresse gegebene Perspektive. Anders als im Sprachunterricht ist der Zweck des Sachunterrichts auf das Erfassen realer Sachbezüge gerichtet; die Sprache ist ein notwendiges Medium für die Klärung der Sachen. Für das Sachlernen sind sachbezogene Sprachkompetenz und Begrifflichkeit freilich nicht nur Mittel der Aneignung, sondern substanzielle Komponenten der angestrebten Kompetenzen selbst. Deshalb gehört ihre Förderung zu den Aufgaben des Sachunterrichts. Sachunterricht ermöglicht ein Eindringen in die Sprache von der Sache aus (vgl. dazu insgesamt Teil II;1.3 und Teil II;2).

Die Bedeutung der Sprache für das Lernen wird deutlich, wenn wir Ebenen sprachlicher Gestaltung und begrifflicher Objektivierung verfolgen [3.1]. Port-

274 Ebenso und mit ausführlicherer Begründung argumentiert Th. Litt: „Profilierung der Sache und Präzisierung des sie bezeichnenden Wortes [sind] nur zwei Seiten eines und desselben Vorgangs." Wenn gilt, „daß die Sache von Menschen nicht als ein bloßes Hinzunehmendes und Aufzugreifendes vorgefunden wird, daß sie nicht am Anfang steht, sondern durch eine unerhörte Anspannung des Denkens aus dem Grunde einer vor-sachlichen Weltverbundenheit herausdifferenziert werden muß, so gilt von der Sprache, in der die Sache sich ausdrückt, genau das gleiche. Auch sie ist nicht ein Anfängliches, sondern herausentwickelt aus dem Grunde einer anfänglichen Sprache ..." (Litt 1961, S. 148 f.).

folios entstehen als Sach- und Arbeitsbücher [3.2]. Begriffsbildung erscheint als kognitiver Kern des Sachlernens [3.3].

3.1 Zur Bedeutung der Sprache für den Sachunterricht

Die Sprache, die wir täglich sprechen, ist untrennbar mit unserer Weltsicht verbunden. Mit dem Erwerb der Alltagssprache haben sich Grundschulkinder auch ein gewisses Vorverständnis der Dinge und Strukturen unserer Welt erschlossen, auf das die Schule – korrigierend und aufbauend – jederzeit zurückgreift. Durch die Sprache wird die spezifische Erkenntnis- und Lernfähigkeit des Menschen bedingt und erst ermöglicht.

> „Es gibt einen immer schon erschlossenen Bereich, in dem man sich gut genug verständigen kann, um – auf das dort herrschende Verständnis aufbauend – neue Bereiche zu erschließen. Der schon erschlossene Bereich, in dem wir uns verständigen können, ist uns erschlossen nicht *nur*, aber *weitgehend* durch die Sprache, die wir immer schon sprechen. Daher ist die ‚natürliche' Sprache, d.h. die Sprache, die wir jeweils haben und die die Logiker heute manchmal Umgangssprache nennen, die Voraussetzung der weiteren Erkenntnis und damit auch der weiteren Verschärfung der Begriffe. Verschärfung der Begriffe heißt aber: Korrektur der Umgangssprache. Und so ist diese Sprache ein Mittel, das uns immer von neuem Wirklichkeit erschließt und uns an Hand der erkannten Wirklichkeit gestattet, jenes Mittel selbst zu korrigieren." (C.F. v. Weizsäcker 1974, S. 82)

Die grundlegende Bedeutung der Sprache für das Lernen bezieht sich nicht allein darauf, dass sie ein Vorverständnis von den Sachverhalten bereithält und eine begriffliche Organisation der Erfahrung ermöglicht. Sprache ist darüber hinaus ein universelles Medium des Unterrichts und des Verstehen-Lehrens, das die Konstruktion und Produktion neuer Ideen und Begriffe ermöglicht. Im Handeln erfahren wir zuerst die Beschaffenheit der physischen Welt und legen die Grundlagen unserer operativen Intelligenz. Das Denken hat seinen Ursprung im Handeln, in der Sprache aber wird es gefestigt und sozialisiert, d.h. mitteilbar und nachvollziehbar gemacht.

Die Sprache ist die dem Menschen eigene Weise des Schaffens, Ergreifens, Begreifens, Speicherns, Akkumulierens, Darstellens und Weitergebens von Wissen; sie begleitet und übergreift die enaktiven, ikonischen und mathematisch-symbolischen Erschließungsmöglichkeiten und Repräsentationsmodi. Sie ermöglicht es, Fragen zu stellen, Intentionen zu entwerfen und Lösungsmöglichkeiten hypothetisch in Gedanken durchzuspielen; sie gibt dem Denken Struktur und erweitert seine Möglichkeiten. Im Medium der Sprache erschließen wir uns die Begriffe als stabile und zugleich bewegliche Denkmuster. Begriffe dienen dem Begreifen. Ein Begriff enthält eine Perspektive, unter der man einen Sachverhalt behandeln und verstehen kann.

Zugänge zu sachbezogener Sprachkompetenz kann die Grundschuldidaktik nicht aus den Fachwissenschaften entnehmen, denn diese haben ihre Ursprungssituationen hinter sich gelassen und „die Schiffe verbrannt". Für den Sachunterricht müssen wir den Einstieg in die Begrifflichkeit erneut finden oder rekonstruieren und dann an konkreten Fällen exemplarisch die Notwendigkeit begrifflicher Fixierung und symbolischer Repräsentation sowie der damit verbundenen Verallgemeinerung von Gedanken und Einsichten erfahren lassen: Jeder Begriff umspannt viele Fälle, die sich aber in anderer Hinsicht als jener, die der Begriff artikuliert, vielfach unterscheiden mögen.

3.1.1 Ebenen der Erkundung und sprachlichen Verarbeitung

In einem exemplarisch-genetisch-sokratischen Unterricht (vgl. Teil II) bringt das „inständige Sich-Einlassen mit der Sache" eigene Formulierungsversuche und Begriffsbildungen der Kinder hervor,[275] die von der Alltagssprache ausgehen und eine zunehmende Präzisierung erfahren. Die wachsende Einsicht in die Sache und die Verschärfung des sprachlichen Zugriffs stehen in Wechselwirkung. Verstehensprozesse verlaufen im Unterricht kommunikativ. Idealtypisch lassen sich – nach einem gelungenen Einstieg (vgl. Teil II; 3.1.3) – drei Ebenen sprachlicher Produktivität und der Annäherung an elaborierte Sprechweisen unterscheiden: Zuerst, nachdem das Problem erkannt ist, geht es um die Suche nach Lösungsideen, dann um die Formulierung des Erkannten und schließlich um die sprachliche Fixierung (vgl. Wagenschein 1976, S. 130 ff.).

Die *erste Ebene* auf der es darum geht, ein Problem oder die Aufgabe zu erkennen, aufzunehmen, erste Vermutungen anzustellen und ihre Plausibilität zu prüfen, ist die des *miteinander Suchens und Denkens.* Von entscheidender Bedeutung ist hier die intuitive Einfühlung, der Ideenreichtum und die produktive Findigkeit der Lernenden, d.h. die aktive Rolle der erkennenden Subjekte. Im *Gespräch* geht es darum, die oft nur scheinbare Vertrautheit mit den Phänomenen und Sachverhalten zu überwinden, das Nichtwissen zu erkennen, weiterführende Einfälle hervorzubringen, zu prüfen und schließlich eine Erklärung zu finden. Damit wichtige Äußerungen nicht verloren gehen, müssen hier schon Stichpunkte festgehalten werden (z.B. durch Tafelanschrieb).

Die Lehrenden sollten sich in dieser Situation der primären Auseinandersetzung zurückhalten: Die Sache muss reden und zum Reden herausfordern. Formalistische Eingriffe und Korrekturen („Sprich einen ganzen Satz!") würden von der Sache ablenken. Vielmehr sollen die Lernenden ermutigt werden, ihre Sicht der Dinge darzustellen und ihre Folgerungen zu begründen. Als Mitdenkende sollten

275 Vgl. dazu Teil II, Kap 2 und insbesondere die Beispiele von Thiel und Soostmeyer (Teil III; 1.1.3 und 3.3). – Es sei hier daran erinnert, dass sich unsere Überlegungen primär auf exemplarische Unterrichtseinheiten und nur bedingt auf „Stunden" beziehen.

sich die Lehrenden der Sprache bedienen, in der die Lernenden denken können, d.h. sie dürfen auch begrifflich nur voraussetzen, was schon geläufig ist. Anfänger können noch nicht in der Fachsprache oder in Fachbezügen denken. Gültige sprachliche Formulierungen sind erst möglich, wenn die Sachen hinreichend klar sind.

Wie Beispiele (Thiel 1984, 2003a; Faust 2003; Soostmeyer 1998a, 1998b, 2002; Breitschuh 1981) zeigen, sprechen hier Kinder und Lehrer ungezwungen in ihrer gewohnten Umgangs- oder Alltagssprache mit ihren Animismen, Metaphern und oft nur in der Situation verständlichen „Begriffen".[276] Diese Sprache des spontanen Zugriffs erleichtert die Fühlung mit der Sache, das Sich-hinein-Versetzen. Die intensive Beschäftigung mit einem Problem fördert Äußerungen, die in der Gruppe den Denkprozess weitertreiben, indem sie Zustimmung, Ergänzungen oder Ablehnung auslösen. „Wenn uns die Sache gefangennimmt, so schleudert das Denken die echten Worte hervor. Will man aber die Sprache polieren, so lang sie noch fließt, so spaltet man die Aufmerksamkeit von der Sache ab und züchtet leere Worte." (Wagenschein 1976, S. 132) Nicht nur Thiel hat gelegentlich darauf verwiesen, dass die Spontaneität, Kreativität und Intensität solcher Prozesse von positiven menschlichen Beziehungen abhängt, insbesondere von Einfühlung, umsichtiger Unterstützung und gegenseitigem Vertrauen.[277]

Das *Gespräch*, wenn es gelingt, hebt einen Sachverhalt aus dem Dunkel des Unverstandenen in Akten begreifender Katharsis in das Licht des Verstehens. Dabei wird der Erkenntnisprozess im Austausch zwischen den Subjekten vorangetrieben; Einsicht und Wissen entstehen im geistigen Mitvollzug (vgl. Teil II; 2.3 und Teil III; 1.1.3). Wesentlich für die Klärung ist das Argumentieren, d.h. die Beteiligten müssen ihre Vorschläge plausibel machen, also – je nach ihrem Leistungsvermögen – überprüfbare Geltungsgründe anführen. Rationalität wird erkennbar in der Fähigkeit und Bereitschaft, nach Gründen und Gegengründen zu fragen und Aussagen kritisch zu prüfen. Sie ist ausgerichtet auf das, was wahr und was gut ist, also auf Vernunft. Ein formales Kernstück des vernünftigen Redens ist die intellektuelle Redlichkeit, insbesondere der gemeinsame Wille, Schlüssiges und Richtiges zu finden. Suchen und Forschen unterliegen der Sorge um die Richtigkeit des Denkens und Erkennens.

---

276 Solche „Begriffe" beruhen auf (spontanen) Akten der Wortgebung. Der Akt des Benennens ist oftmals ein Mittel zur Erkenntnis einer Sache. – Neue Untersuchungen weisen darauf hin, dass Sprachmuster, die auf metaphorischen Konzepten beruhen, eine grundlegende Bedeutung für Denk- und Kommunikationsprozesse und speziell auch für die Weltaneignung von Kindern haben (vgl. Gansen 2011, S. 60 ff.).

277 Zum Zusammenhang zwischen Klassengesprächen und Unterrichtsqualität vgl. Gläser 2006.

Seinen besonderen Ausdruck bekommt das sachliche Denken im *Argumentieren* und *Begründen* (vgl. Beinbrech u.a. 2009). Tastende Zugriffe stehen am Anfang. Sie drücken sich aus

- in der einfachen Frage oder Behauptung, die noch ohne Begründung ist,
- in einer Begründung mit einem Hinweis auf einen gegebenen Fall, d.h. auf ein belegendes Beispiel,
- in einer Begründung aus dem Vergleich, und schließlich
- in einer Begründung aus einem Allgemeinen (gesichertes Wissen, Gesetz, Prinzip).

Solche Stufen argumentativer Festigkeit dienen zunächst dem Gewinnen von Vermutungen, die sich bewähren, sodann – mit dem Aufstieg zu Verallgemeinerungen – dem Aufbau eines konzeptionellen Verständnisses.

Eine *zweite Ebene* ist die der *Erklärung und Formulierung.* Die als tragfähig erkannten Vermutungen, der Ertrag der Recherchen, der Verlauf und das Ergebnis der Versuche oder der gefundene Zusammenhang sollen jetzt – noch immer in der (gehobenen) Umgangssprache, persönlich und lebendig, zugleich aber möglichst genau und sachlich – ausgedrückt werden. Die Formulierenden sind nun in einer anderen Situation. Sie kennen schon den Sachverhalt; jetzt suchen sie nach Begriffen und möglichen Modellen der Vorstellung, die das Erkannte symbolisieren und bewahren. Ihr Bemühen ist es, das Wissen in eigenen Formulierungen zu organisieren und in gegenseitiger Übereinstimmung verständlich darzustellen.[278] Damit das möglich wird, müssen einzelne wichtige Bezeichnungen (Termini) und Wendungen zur Entlastung alltagssprachlicher Beschreibung und zur Präzisierung eingeführt werden. Die sprachliche Bewältigung von Sachverhalten bedarf vielfacher Hilfen und Beispiele. Insbesondere schwächere Schüler brauchen diese sachbezogene gezielte sprachliche Förderung.

Beispielsweise wird es bei der Behandlung eines einfachen elektrischen Stromkreises mit Flachbatterie, Drähten und Lämpchen erforderlich sein, Bezeichnungen wie „Polbleche", „Kontaktplättchen", „Schraubfassung", „Glühfaden", „Glaskolben" u.a. als festgelegte Termini zu verwenden, damit die Kinder nicht gezwungen sind, etwa „von den Dingern da" zu sprechen oder Fantasienamen („Batteriearme") zu erfinden, weil diese die Kommunikation über die Klasse hinaus behindern.

Gerade bei dem Bemühen einen Sachverhalt auch sprachlich angemessen zu erfassen, kann parallel mit der Einsicht in die Sache das sprachliche Ausdrucksvermögen verbessert und mit der Sachkompetenz zugleich die Sprachkompetenz aufgebaut werden. Die originäre sprachliche Darstellung eines Sachverhaltes erfordert dessen Nachkonstruktion in Gedanken, also jenen Prozess, den wir *Verstehen* genannt haben. Im erneuten Formulieren der maßgeblichen Überlegungen

278 Für das Weltbild sind solche Übereinstimmungen in einem gemeinsamen Wissen von außerordentlicher Bedeutung, denn durch sie konstituiert sich die mit anderen geteilte Wirklichkeit als Welt (Giel 2007, S. 278).

schaffen sich die Lernenden eine Distanz und Übersicht, die als befreiend empfunden werden kann. Erkenntnisse und Begriffe gewinnen nachhaltige Festigkeit und Geltung. Der konstruktive, eng verzahnte genetische Aufbau von Sach- und Sprachkompetenz vermeidet damit das Übel des Verbalismus, d.h. die Gefahr der bloß äußerlich-formalen Handhabung sprachlicher Ausdrücke („Worthülsen"), die das Denken ersetzt, die Entwicklung der Denkfähigkeit hemmt und das Verstehen verstellt.[279]

Die *dritte Ebene* ist in der Grundschule die *schriftsprachliche Fixierung* in einem (gemeinsam formulierten) Text. Für vieles, was im Unterricht erarbeitet und erkannt wird, genügt die mündliche Benennung, Formulierung, Beschreibung. Dazu kommen Zeichnungen, Bilder u.ä., außerdem stehen oftmals angemessene Texte in Sachbüchern oder Arbeitsblättern zur Verfügung. Immer wieder aber sollten Arbeitswege und -ergebnisse von den Kindern mit vorsichtiger Anleitung und Hilfe selbst in eine Darstellung für das Arbeitsheft (Portfolio) gefasst werden. Dabei müssen sie überlegen, wie sie das Gemeinte so ausdrücken können, dass man es später, wenn darauf zurückgegriffen wird, wieder verstehen, d.h. den entscheidenden Gedankengang und das Zustandekommen des Ergebnisses rekonstruieren kann.

> Insbesondere in einem exemplarisch-vertiefenden Unterricht ist es sinnvoll, die Schwierigkeiten mit einem Problem und den erfolgreichen Lösungsweg, einen herausgehobenen Versuch, ein Interview, eine Erhebung oder eine prägnante Formulierung (des Ergebnisses) in Text und Bild festzuhalten. Das kann praktisch geschehen, wenn wir uns zuerst einigen, was in unserem Text berücksichtigt werden soll. Dann versuchen einzelne Kinder, geeignete Sätze zu formulieren. Solche Sätze können gemeinsam als „Versatzstücke" in eine sinnvolle Reihenfolge gebracht, sprachlich angeglichen und aufgeschrieben werden.

Die Arbeit an solchen Texten stärkt das fächerübergreifende Moment des Grundschulunterrichts. Die Kinder lernen an konkreten und realen, ihre eigene Arbeit betreffenden Fällen die notwendig intensive Arbeit an einem Text. Solche selbstverfassten Darstellungen dienen aber auch in besonderem Maße der *Festigung* der Unterrichtsergebnisse, denn die Beziehungen der Lernenden zu ihnen sind in der Regel enger und anhaltender als zu vorgegebenen Fremdtexten. Besondere Bedeutung gewinnt die sprachliche Bearbeitung von Sachverhalten schließlich als Einführung in die Bildungssprache („elaborierter Code"). Der Aufbau bildungssprachlicher Kompetenz ist ein Beitrag zur Chancengleichheit, denn erst diese Kompetenz ermöglicht es, sich aus qualifizierten Medien zu informieren und damit das aktuelle Orientierungswissen zu erneuern und zu erweitern.

---

279 Der Verbalismus wird gefördert, wo es z.B. nur darauf ankommt, einen „Begriff" (gemeint ist zumeist schlicht das „richtige" Wort) zu apportieren und in einen Lückentext einzusetzen.

3.1.2 Objektivierung von Wissen

Das skizzierte Fortschreiten in Stufen sprachlicher Ausformung bis hin zur schriftlichen Fixierung ist ein didaktischer Aufbauprozess für Wissen und Verstehen in einem vertiefenden exemplarischen Arbeitsunterricht. Das Wissen muss eine kommunizierbare Gestalt annehmen; seine Objektivierung geschieht im Sachunterricht durch sprachliche Ausformulierung, außerdem durch Bilder und Zeichnungen, Grafiken und Tabellen, aber auch durch Modelle oder Handlungsfolgen in Form von Algorithmen. Typisch für exemplarische Arbeit ist die symbolische und semantische Verdichtung im Begriff, die ikonografische Verdichtung im Bild und die enaktive Verdichtung in spezifischen Handlungen. Dabei sind vorsichtige Verallgemeinerungen nötig, damit das Generelle und Übergreifende in den Blick kommt. Gleichwohl bleiben in der Grundschule die notwendigen Verbalisierungen und begrifflichen Konzeptualisierungen auf einem noch wenig abstrakten und intuitiven Niveau, auf dem auch Anschauung und Vergleiche ihren Ort haben, damit die Rückkoppelung auf konkrete Handlungen, auf Phänomene, Ereignisse, Überlegungen und Vorstellungen leichter möglich ist. Denn genau das ist ein wichtiges Anliegen des genetischen Unterrichts.

Die schriftliche Fixierung folgt im Rückblick auf das offene Gespräch, in dem wir uns um Untersuchung, Erkennen, Einordnung und Verstehen bemüht haben. Das *Schreiben* gibt erneut Zeit und Konzentration für die Sache. Nach Gert Selle (der allerdings seinen Blick auf den einzelnen Schreiber richtet) ist der „Aufmerksamkeits-, Intensitäts- und Reflexionsgewinn durch Schreiben ... nicht hoch genug einzuschätzen, weil zugleich die Geschichte des eigenen Betrachtens mitreflektiert werden kann“ (Selle, zit. n. Rumpf 2002, S. 28). Zusätzlich werden beim Schreiben (und Zeichnen) oftmals neue Ideen entwickelt und geprüft. Damit dient dann das Schreiben nicht nur der Festigung des Gelernten, sondern auch der Begriffsbildung und einem tieferen Verstehen. Freilich ist der Gewinn durch die schriftliche Rekonstruktion und Konturierung, die immer auch eine Reduktion ist, mit einem ohnehin unvermeidlichen Verlust in der Vielheit der Gedanken verbunden, die im Gespräch aufblitzen. Dominanz gewinnen die nicht-situativen, exemplarischen und auf Elementares gerichteten Bezüge.

Wagenschein warnt vor dem Drängen nach einer zu knappen und bildlosen Sprache. Im *Vergleich* und in *Bildern* kann ein Text anschaulich, lebendig und authentisch werden. Auch in einer physikalischen Sprache verwenden wir Ausdrucksweisen wie „ein Magnet stößt ab“ oder „zieht an“, obwohl „stoßen“ eine Berührung verlangt und „anziehen“ ein Seil, während sich doch Magnete für diese Effekte nicht zu berühren brauchen und das Entscheidende die nur indirekt sichtbare Fernwirkung ist. Geschulte Erwachsene verwenden solche Ausdrucksweisen „bildlos“; Kinder aber könnten die für uns abgeblasste Formel ernster nehmen. „Wir sollten also lieber Kinder fragen, wie man das nennen könnte. Und wenn dann eins sagt, man solle ‚wegblasen' sagen, so ist da nichts zu lachen, sondern eher etwas zu bewundern." (Wagenschein 1976, S. 135)[280]

3.2 Portfolios als Sach- und Arbeitsbücher

Das *Portfolio*, in dem die Kinder Aufzeichnungen und Materialien, eigene und gemeinsam verfasste Texte, Zeichnungen und Bilder, geeignete Arbeitsblätter und persönliche Kommentare zur geleisteten Unterrichtsarbeit zusammenstellen, ist nicht nur eine Dokumentation von Lernwegen und Arbeitsergebnissen, sondern darüber hinaus ein Sach-, Arbeits- und Merkbuch persönlicher Gestaltung. Portfolios fungieren also in der hier vorgeschlagenen Konzeption nicht primär als (zu bewertende) Leistungsnachweise (vgl. Grittner 2010). Ihr Zweck liegt vielmehr zunächst in einer erneuten Reflexion, Einordnung und Festigung, sodann in der nachhaltigen Bewahrung des Gelernten, indem sie für jedes Kind und für die Lerngruppe Rückgriffe auf frühere Überlegungen und Ergebnisse nahelegen.
Vielfältige Praxisberichte zeigen, dass Grundschulkinder mit individueller Unterstützung und durch Orientierung an gelungenen Beispielen durchaus in der Lage sind, ihr persönliches Portfolio zunehmend selbstständig zu führen. Den Fähigkeiten der einzelnen Kinder entsprechende Erwartungen der Lehrenden stärken die Eigenverantwortung und einen berechtigten Stolz auf das eigene Produkt, an dem sie auch ihren Lernfortschritt ablesen können.
Wichtig für die Motivation der Lernenden, aber auch für das Sichtbarwerden der Kohärenz der Unterrichtsarbeit ist, dass in deren weiterem Verlauf gezielt auf die früheren Dokumentationen zurückgegriffen wird: Schon bearbeitete Wissenszusammenhänge werden nachgelesen, aufgefrischt und auf die neuen Fragestellungen zentriert. Damit erweisen sich Portfolios als Arbeitsbücher, „die früher Gelerntes als gegenwärtig bedeutsam erfahren lassen und so auch für die Schüler das Lernen als einen auf Kontinuität angelegten Prozess erfahrbar machen".[281] Rückblicke stoßen die Neugier auf Neues an. Weiterführende Fragestellungen sollten als Ausblick auf folgende Unterrichtseinheiten notiert werden. Damit fungieren Portfolios auch als Mindmaps.

280 Wagenschein bezieht sich auf die Protokolle von Agnes Banholzer (vgl. Teil III; 1.1.1). Dort wird ein Junge (7;3) aus einem Gespräch über Magnete zitiert: „Da sind 2 Vöglein drin. ... Die blasen, wenn es nah dran ist. Dann gibt's Luft. Die treibt das Stückle hin." (Banholzer 1936, S. 48; 2008, S. 99)

281 Bernd Feige: Arbeitshefte – Arbeitsmappen. In: Keck/ Sandfuchs/ Feige (Hrsg.): Wörterbuch Schulpädagogik. Bad Heilbrunn 2004. Vgl. zur Thematik auch M. Glaeser-Zikuda: Lernprozesse dokumentieren, reflektieren und beurteilen. Lerntagebuch und Portfolio in Schulforschung und Schulpraxis. Bad Heilbrunn 2007.

Vorbereitet werden kann die Arbeit an Portfolios durch gemeinsames, d.h. im Klassenverband organisiertes Erstellen von Arbeitsberichten und -dokumentationen (z.B. im Rahmen erster kleiner „Projekte") schon im zweiten Schuljahr. Die zunehmend eigenverantwortliche Führung eines Portfolios in der zweiten Hälfte der Grundschulzeit erfordert den Aufbau von Kompetenzen hinsichtlich einer sachgemäßen und verständlichen Darstellung sowie einer ansprechenden und übersichtlichen Gestaltung. Sie muss deshalb selbst immer wieder zum Gegenstand eines lernbereichsübergreifenden Unterrichts werden.

Den Lehrerinnen und Lehrern geben Portfolios bei regelmäßiger Durchsicht und bei der Beratung der Kinder Einblicke in deren kognitive und motivationale Verarbeitung der Unterrichtsinhalte, in Fortschritte oder Defizite im selbstständigen Arbeiten, der Umsetzung eigener Ideen und bezüglich der Sorgfalt des Gestaltens. Sie lassen aber auch Lernpotenziale erkennen und liefern damit Ansatzpunkte für eine gezielte Förderung. Für Lehrende sind Portfolios Instrumente der inneren Evaluation; für Eltern sind sie authentische Berichte über die schulische Arbeit.

3.3 Sachlernen und Begriffsbildung

Damit das Sachlernen eine bleibende und kommunizierbare Substanz gewinnt, muss es mit sorgfältiger Begriffsbildung verbunden werden, d.h. mit dem Aufbau gedanklicher Gegenstände, die dem Denken Material und Festpunkte geben. Mit der Begriffsbildung wird die Identität des Bezeichneten im Bewusstsein der Lernenden verankert und für neue Zusammenhänge leichter verfügbar. Sie ist gleichsam eine Kristallisation oder doch Verdichtung des Inhalts, den wir mit dem gewonnenen Begriff denken. Der entscheidende mentale Akt besteht darin, dass wir in Erscheinungen Merkmale finden, die sie mit anderen Erscheinungen gemeinsam haben, und wir diese Merkmale zu neuen Strukturen verknüpfen (vgl. Aebli 1983, S. 245 ff.). Erfahrungen und das Denken bekommen durch Begriffe, Denkmodelle und Formeln eine feste und kommunizierbare Gestalt. Begriffe präfigurieren aber auch Hinsichten und damit Bereiche unserer Aufmerksamkeit (vgl. Teilkap. 2.1).

Begriffe entstehen, wenn Wahrnehmungen, Vermutungen, erste Einsichten unter einer bestimmten Hinsicht und in Bezug auf besondere Merkmale in mentalen Operationen zueinander in Beziehung gesetzt, gebündelt und als Denkinhalte von anderem spezifisch unterschieden werden. Das kann z.B. in der Erarbeitung von Bedeutungsnetzen („semantische Netze", „Begriffsfelder", „-landkarten") geschehen, in denen thematische Sachzusammenhänge dargestellt werden. Diese Grundoperationen der Konstruktion von Beziehungen und des Unterscheidens sind konstitutiv für die begriffliche Konturierung einer Sache. Begriffsbildung erscheint damit als ein komplexer, sozial angeleiteter Kompositions-, Diskriminierungs-, Strukturierungs- und Abstraktionsprozess, der oftmals nur in fortgesetzten Annäherungen gelingt. Ein Kriterium für gelungene Begriffsbildung ist, dass man bestimmte sprachliche Ausdrücke kompetent als Instrumente des Denkens und Sprechens verwenden kann. Von Wörtern, durch die sie ausgedrückt werden, lassen sich Begriffe schon dadurch unterscheiden, dass verschiedene Wörter (auch in anderen Sprachen) denselben Begriff bezeichnen können.

Damit Kinder originäre Denkmuster als Grundformen für Verallgemeinerungen und Abstraktionen ausbilden können, sollten sie immer wieder Gelegenheit und Anregung bekommen, Handlungserfahrungen und Ideen in Imaginationen, Bildern und Geschichten zu organisieren und durchzuspielen. Solche symbolischen Formen der Weltaneignung und die Genese eigener Muster haben besondere Relevanz für die Begriffsbildung. Die Arbeit an Problemen, die Planung, Durchführung und Auswertung von Untersuchungen und die mit ihnen verbundene unmittelbare Artikulation sind Schlüssel zur Begriffsbildung, wenn es gelingt, einheitliche Vorstellungen zu entwickeln, die einem Begriff inhaltliche Substanz geben können. Aus Mosaiksteinchen der Sachkenntnis formen sich Begriffe. Wenn man einen Namen (ein Wort) dafür hat, erkennt man den Sachverhalt bei vielen neuen Gelegenheiten.[282]

Ein Begriff entspricht demnach einer Vorstellung des menschlichen Geistes, auf die hin eine Mannigfaltigkeit von Objekten oder Sachverhalten aufeinander bezogen und geordnet wird. Damit ist klar, dass unterschiedliche Fragerichtungen oder Perspektiven auch verschiedene Begrifflichkeiten erfordern, z.B. ob wir das Fahrrad unter dem Aspekt der Verkehrssicherheit betrachten oder als Sportgerät, als Spielzeug oder als Verkehrsmittel. Begriffe enthalten Ordnungsprinzipien, die relativ konstant bleiben und es ermöglichen, auch neue, bisher unbekannte Fälle zu erfassen. Die Dynamik und Instrumentalität von Begriffen und Begriffsfeldern besteht also darin, dass sie auch auf neue Phänomene anwendbar sind und diese fassbar machen, dass sie aber auch neue Ideen ermöglichen, die durch sie und mit ihnen gedacht werden können. Vor allem aber stehen Begriffe für generelle Aussagen, die für alle ihnen zuzuordnenden Einzelfälle gelten, d.h. ein Begriff abstrahiert von dem konkreten Ding, darin liegt sein epistemischer Mehrwert.[283]

Beispiel: Es gibt vielerlei technische Lösungen für die Beleuchtung von Straßen und Plätzen. Im Begriff „Straßenlaterne" wird eine spezifische Menge dieser Einrichtungen zusammengefasst und kann damit Gegenstand einer Erörterung werden. – Naheliegende Beispiele, in denen auch das Verhältnis von Oberbegriff und nachgeordneten Begriffen deutlich wird, sind leicht zu finden: Schreibwerkzeuge (Bleistifte, Kugelschreiber ...),

282 Vgl. dazu insgesamt Teil II; 1.3 und 1.4; zur Konstruktion des Begriffes „Messen" vgl. Teil I; 3.1.3.

283 Der Begriff „Blume" steht für alle Blumen, und so enthebt ein Begriff unser Denken von der kontingenten Fülle des Unmittelbaren.

Häuser, geordnet nach Zwecken (Wohnhäuser, Parkhäuser ...) oder Erscheinungsformen (Hochhäuser, Reihenhäuser ...) usw.

Schon aus solchen Beispielen wird deutlich, dass ein Begriff Ausdruck von Strukturen ist, deren Gültigkeit für einen bestimmten Gegenstandsbereich angenommen wird oder die unter bestimmten Aspekten konstruiert werden. Begriffshierarchien und Begriffsnetze sind generell mit einer bestimmten Sichtweise verbunden. So können z.B. Verkehrsmittel nach technischen Merkmalen, nach bestimmten Zwecken und Funktionen, aber auch nach ökologischen Kriterien geordnet und bezeichnet werden. Mannigfaltige Beispiele finden sich in der biologischen (Tier- und Pflanzenarten) wie auch in der geografischen Dimension (z.B. Arten von Siedlungen oder Gewässern).
Ein aufschlussreiches Beispiel der Suche nach Begriffen und der Sinngebung wurde schon an früherer Stelle vorgestellt und unter dem Gesichtspunkt des Ordnens erörtert (H. Schreier: Der Seestern; Teilkap. 2.2.1). Diese Geschichte zeigt einen Prozess der Rückkopplung zwischen ordnender Klassifikation von Dingen und dem spekulativen Moment hypothetischer Begriffsbildung. Begriffe entstehen aus der Zuordnung; als Begriffe sind sie dann Antizipationen einer bestimmten Ordnung oder eines möglichen Zusammenhangs (vgl. dazu Ihmig 2001, S. 126 ff.).
Viele Begriffe, deren Gegenstandsbereich im Sachunterricht durchaus bedeutsam ist, können in der Grundschule nur angebahnt oder an Beispielen festgemacht werden. Das gilt insbesondere, wenn für ihre Konstituierung tiefergreifende und allgemeinere Kenntnisse erforderlich sind, die erst in späteren Schulstufen erarbeitet werden können. Sehr deutlich zeigt sich in den Protokollen von Thiel (2003; vgl. Teil III; 1.1.3) wie sich Kinder in intensiver Auseinandersetzung mit der Sache einem Begriff nähern und relevante Gesichtspunkte gewinnen, ohne den entscheidenden Schritt der begrifflichen Bündelung zu vollziehen. Es entsteht eine noch vage Idee, die sich aber in einem genetischen Unterricht bei neuen Gelegenheiten auskristallisiert. Grundlagenarbeit leistet der Sachunterricht, wenn er die Kinder mit Phänomenen vertraut macht, durch exemplarische Beispiele tragfähige Vorstellungen erzeugt und dadurch die Begriffsarbeit fundiert. Bei der inhaltlichen Aufschlüsselung der Dimensionen des Sachlernens wird das an Beispielen zu konkretisieren sein.

4 Rückblick

Sachunterricht eröffnet für die Kinder Wege, Einsicht zu gewinnen in ein Sachwissen, das sich auf Phänomene ihrer Lebenswelt, auf Sachen und Sachverhalte bezieht; er führt ein in Prozesse des Wissenserwerbs und des Verstehens, und er gibt vielfältige Gelegenheiten, Anwendungsmöglichkeiten von Wissen und Kompetenz zu erfahren und das eigene Können zu erproben. Der lernfeldspezifische Umgang mit Sachverhalten ist eine „grundlegende Geistesbeschäftigung", eine Form „grundlegender Geistesbildung" (W. Flitner).

Bildung ist ein soziales Konstrukt; sie hat individuelle und gesellschaftliche Relevanz; sie bezieht sich auf eine kulturell formierte Welt, und sie hilft, erworbene Kompetenzen richtig anzuwenden. Bildung im Sachunterricht geschieht durch klärende Auseinandersetzung mit Sachen, die nicht nur auf Wissen und Kompetenz, sondern ebenso auf Verstehen und das Erzeugen von Sinnbezügen sowie auf motivationale, ästhetische und moralische Komponenten der Persönlichkeitsentwicklung gerichtet ist. Der Wissenschaftsbezug des Lernens erschließt den Kindern potenziell über ihre Lebenswelt hinausgreifende Möglichkeiten des Denkens, Handelns und Verstehens.

Kompetenzen werden durch ihre Bindung an den Prozess der Bildung aus einem ökonomisch inspirierten Effizienzdenken gelöst und einem geschlossenen System von Zweckrationalität entzogen. Dabei wird ihre Bedeutung für individuelle Handlungsfähigkeit und gesellschaftliche Teilhabe sowie ihre Verschränkung mit Lernleistungen nicht verkannt. Lernfähigkeit hängt aber nicht nur von den Subjekten ab, sondern in hohem Maße auch von der konzeptionellen Gestaltung der Lernumgebungen und von der Inszenierung der Lernsituationen, d.h. von der strukturellen und methodischen Gestaltung des Unterrichts.

Kindgemäßheit und Wissenschaftsorientierung konvergieren in einem genetischen Sachunterricht im Prinzip der *Sachgemäßheit,* das den aufklärenden Wissenschaftsbezug mit Ethik und Ästhetik verbindet und rückgebunden bleibt an die sich erweiternde Verstehensfähigkeit der Kinder. Ein didaktisch und inhaltlich sachgemäßer Unterricht bewahrt das Spiel des suchenden Denkens, hält Freiräume auch für unerwartete Erkenntnisprozesse offen und positioniert die Lernenden als mitgestaltende Subjekte der Konstruktion des Wissens. Die Bearbeitung „epochaltypischer Schlüsselprobleme" (Klafki) impliziert notwendig die Auseinandersetzung mit möglichen Wertentscheidungen.

Sachbezüge haben insofern didaktische Priorität, als sich die zu bearbeitende Fragestellung oder das Problem von der Sache her stellt. Lernen – exemplarisch dargestellt in Rousseaus *Emile* – vollzieht sich dann im Gewinnen von Einsichten und Wissen als bildende Sacherfahrung. Der Zugang zur „Wirklichkeit" führt über die

Untersuchung der Phänomene. Dabei genügt sinnliche Perzeption nicht; erst im konstruierenden Denken verknüpfen sich sinnliche Wahrnehmungen zu einem begrifflich konturierten Zusammenhang. Beim Erkunden eines Sachverhaltes wie auch beim Gestalten von Vorhaben oder Produkten stehen Denken, Handeln und Verstehen in einem (oft mehrfach zu durchschreitenden) Regelkreis, der nicht nur durch das Gewinnen von Einsicht, sondern auch durch Sinngebung bedeutsam wird. Die Begründung des Handelns bezieht sich wesentlich auf Sachgemäßheit und damit auf Sachstrukturen sowie auf moralische Rechtfertigung.

Sachgemäße Gestaltung des Lehrens und Lernens verlangt kreative Leistungen von Lehrerinnen und Lehrern; sie erfordert eine Vorbereitung des Unterrichts, die der gemeinsamen Arbeit einsichtige Ziele setzt und ihr einen Denk- und Handlungsrahmen gibt, der offen ist für Initiativen der Kinder und der spezielle Aktivitäten (z.B. des Sammelns und Ordnens) produktiv aufnimmt. Die generelle Strukturierung des Unterrichts sieht Phasen der Eröffnung neuer Erfahrungsfelder (Einstieg, Exposition), der Durcharbeitung und Vertiefung sowie der Festigung (Wiederholung und Übung) und Vernetzung des Gelernten vor. Die Planung selbst stützt sich auf Aussagen über die Lernenden und die Inhalte, sie ist ausgerichtet auf generelle und themenspezifische Ziele. Ihre wesentlichen Teile sind die didaktische Analyse, die Sachanalyse, die didaktische Reduktion und schließlich die Rekonstruktion der Sachstruktur für die Wege der Lehr- und Lernprozesse und deren methodische Instrumentierung. Ein Beispiel („Wieviel Luft ist in einem Ziegelstein?", Breitschuh 1981) zeigt, dass sachbezogene Flexibilität in der thematischen Ausrichtung des Unterrichts ein hoher Gewinn sein kann.

Curricula repräsentieren potenzielle Unterrichtsinhalte und Wege des Lernens; ihre Funktion ist wesentlich darauf gerichtet, die Lernenden mit Kompetenzen auszustatten, notwendiges Wissen durch schulische Vermittlung gesellschaftlich zu verankern und neue Erkenntnisse in den lebensweltlichen Wissensvorrat zu überführen. Da wir über zukünftige Anforderungen zu wenig wissen, dürfen Curricula nicht von Stoffmassen und kleinteiligen Zielen beherrscht werden, vielmehr müssen sie offen sein für neue Orientierungen, um der Offenheit der Welt gerecht zu werden. Die Didaktik des Sachunterrichts benötigt für ihre immerwährende Curriculumarbeit ein an den Zwecken von Bildungsprozessen orientiertes spezifisches *Sachwissen*, das in ihren inhaltlichen Dimensionen zum Ausdruck kommt. Ein „spiraliger" curricularer Aufbau dient der vertikalen Vernetzung des Wissens und seinem kumulativen Aufbau.

Erklären ist auf *Verstehen* gerichtet und muss deshalb die Präkonzepte der Lernenden berücksichtigen. Es dient dem strukturellen Erfassen von Zusammenhängen, Ursachen und Wirkungen, d.h. der gemeinsamen Konstruktion von Wissen. Im Sachunterricht sind Erklärungen weiterführend, indem sie Neues in den Blick bringen und Verstehensprozesse unterstützen. Argumentationsfähigkeit, gestützt auf verstandenes Wissen, und die Ausbildung eines forschenden Habitus sind wichtige Ziele des Sachunterrichts. Sie stehen nicht im Gegensatz zu lebenspraktischer Handlungskompetenz.

Sprache ist das umfassende Medium für Lehren und Lernen; sie dient zugleich der Kommunikation miteinander und der Darstellung von etwas. Sache und Denken sind durch Sprache in Begriffen vermittelt. Für das Sachlernen sind sachbezogene Sprachkompetenz und Begrifflichkeit substanzielle Komponenten des angestrebten Wissens und Könnens; *Begriffe* fungieren als stabile und zugleich bewegliche Denkmuster, als solche dienen sie dem Begreifen, Behalten und Beurteilen. Der Sachunterricht geht von der Alltagssprache aus; eine zunehmende sprachliche Präzisierung dient zugleich der Begriffsbildung, denn der Prozess des Verstehens erzwingt den Begriff, das Gespräch erzwingt das Wort. Denkakte kommen im Gespräch zum Vorschein. Methodisch bieten sich dafür die Ebenen des gemeinsamen Suchens und Denkens, der Erklärung und Formulierung sowie der schriftsprachlichen Fixierung an. Das *Schreiben* als Akt der Objektivierung von Wissen ermöglicht eine „Abstand nehmende Betrachtung“ (Wagenschein) und damit eine zusätzliche Reflexion, Vertiefung und Festigung des Gelernten sowie seine Umsetzung in Begrifflichkeit.

Portfolios sind nicht nur eine Dokumentation gemeinsamer und individueller Arbeitsergebnisse, sondern darüber hinaus Sach- und Arbeitsbücher persönlicher Gestaltung, die jederzeit Rückgriffe auf frühere Erträge der Lernprozesse ermöglichen und jedem Kind seine Lernfortschritte vor Augen führen.

Begriffsbildung gibt dem Sachlernen eine kommunizierbare Substanz; sie ist gleichsam eine Verdichtung von Denkinhalten. In Begriffen werden Wirklichkeiten fassbar und Möglichkeiten vorstellbar; sie geben dem Denken Fixpunkte, auf die hin eine Mannigfaltigkeit von Objekten oder Sachverhalten durch die Konstruktion von Beziehungen und durch Unterscheidungen geordnet wird. Begriffe, Begriffshierarchien und Begriffsnetze sind mit bestimmten Hinsichten auf Sachverhalte verbunden. Insbesondere solche Begriffe, die wissenschaftlich ausgeschärft (und definitorisch festgelegt) sind, können im Sachunterricht – soweit erforderlich – zumeist nur an Beispielen festgemacht werden.

Im Rückblick und insbesondere bei der Reflexion auf Sprachkompetenz wird deutlich, dass *Sachlernen* nicht nur im Sachunterricht stattfindet, sondern darüber hinaus ein Prinzip des gesamten Unterrichts ist. Deutsch-, Mathematik-, Kunst- oder Religionsunterricht bleiben abstrakt, formal und in gewisser Weise leer, wenn nicht die *Sachen*, auf die sich Sprache, Mathematik und Religionskunde beziehen, befragt, erkundet, für die Kinder ausreichend geklärt und verständlich gemacht werden. Alle Schulfächer haben einen Bezug auf Realitäten, und das verstehende Erfassen dieser Sachverhalte erleichtert ihre mathematische Bearbeitung, ihre sprachliche und bildliche Darstellung oder ihre geografische, historische und gesellschaftliche Einordnung (was Künstler wie Leonardo da Vinci, Albrecht Dürer oder auch Pablo Picasso eindrucksvoll gezeigt haben) oder macht sie überhaupt erst in einer relevanten Weise möglich. Deshalb ist außerhalb des Sachunterrichts selbst, also in allen anderen Lernbereichen, eine *begleitende Sachaufklärung* unabdingbar.

Teil V: Dimensionen und Perspektiven des Sachunterrichts

Schule ist eine Institution der Aufklärung; in ihr soll Wissen nicht dogmatisch oder affirmativ, sondern kritisch bearbeitet werden. Wissensvermittlung wird vom *Lernen* abhängig, d.h. von der Konstruktion von Bedeutungen und von der Veränderung (partiellen Umstrukturierung, Erweiterung und Vertiefung) individueller Wissensbestände. Das verlangt einen Unterricht, der Interesse stimuliert, kognitive Herausforderungen enthält, Lernprozesse nach vorne, d.h. für das Weiterlernen offen lässt und damit die Dynamik der originären Wissensentwicklung produktiv aufnimmt. Genetischer Sachunterricht versucht, an bekannte Vorstellungen, gedankliche Strukturen und Kenntnisse der Kinder anzuknüpfen; gleichzeitig ist er an einer Wissenschaft orientiert, die ihr Wissen kritisch durch Forschung erzeugt, und er führt in ein überlegenes Wissen ein, das für ein belastbares Weltverstehen steht. *„Verstehen lehren"* (Wagenschein) bezieht sich immer auf Prozesse der konstruktiven Erzeugung, Strukturierung und Integration von Wissen als Leistung der Lehr-Lernstruktur und der Lernenden. Dabei geht es unter dem Primat von Bildung im Kern um diese Prozesse des Denkens und des Wissensaufbaus sowie ihre einschätzbaren biografischen Wirkungen, nicht um ein Hasten nach nur oberflächlich angelernten Kompetenzen.

Wir haben den *Sachunterricht als authentischen Unterricht über Sachverhalte,* die für Kinder zugänglich und bedeutsam sind, charakterisiert; sein Programm ist ein Bildungsprogramm, ausgezeichnet durch Sachlichkeit und Vielfalt; sein didaktischer Kernauftrag ist die von Klafki als „kategoriale Bildung" formulierte doppelseitige Erschließung von „Welt" und Individuum (1965, S. 38 ff.). Damit überschreitet er die unmittelbare Lebenswelt in Richtung Zukunft und nimmt Bezug auf die Lebensperspektive der Kinder. Lernen ist ein auf den Lebenslauf des Menschen bezogener Prozess; was Lernen mit seinen verschiedenen Inhalten und Methoden der Vermittlung für ein Kind persönlich bedeutet, erweist sich schließlich im Horizont seines Lebensweges. Umgekehrt hat dieses Lernen mehr oder weniger Einfluss darauf, welchen Gang dieses Leben nehmen wird, welche Lebensziele dem Individuum sinnvoll erscheinen werden, welche Lebensmöglichkeiten ihm eröffnet oder zunächst verschlossen werden und welches Weltbild es ausprägt.

Ein solcher Unterricht lebt hauptsächlich von der Bedeutung seiner Inhalte und Erkenntnismethoden; er muss mit Inhalten gesättigt sein, und er muss sich jenseits von Naivität und Trivialität bewegen, wenn er gesellschaftlich anerkannt und von den Kindern als Aufbau neuer Kompetenzen erfahren werden soll. Ihren bildenden Wert bekommen die Inhalte nicht primär durch ihren Informationsgehalt als lexikalisches Wissen, sondern durch eine auf Versachlichung und Verstehen gerichtete Auseinandersetzung und den damit verbundenen Aufbau von Kenntnissen, Kompetenzen, Haltungen und Überzeugungen. Die Aufgabe des Unterrichts liegt also nicht darin, das Allbekannte nur zu besichtigen und zu bereden, sondern es kritisch zu reflektieren und zu befragen; darüber hinaus aber die Wirklichkeit mit wacher Aufmerksamkeit sehen zu lehren und sie für die Kinder durch neue Einsichten zu erweitern. Das Bildungsprogramm des Sachunterrichts ist von einem kulturellen Anspruch getragen. Es geht von den Kindern aus, ist aber darauf angelegt, Unmündigkeit zu überwinden und Aufklärung zu leisten. Daraus ergibt sich eine generelle Orientierung: *Vorrang für bildende Inhalte und Methoden ihrer Erschließung.*

Die Sachen der Welt sind so beschaffen, dass man in der Regel verschiedene Interpretationen von ihnen geben kann; die Welt, wie wir sie uns vorstellen, ist ein Ergebnis solcher Interpretationen; historische Weltbilder sind dafür Beispiele. Das fordert uns heraus, uns immer wieder der Mühe des Befragens und der Rekonstruktion zu unterziehen. Aber nicht jede mögliche Interpretation bringt etwas hervor, was für das Weiterlernen, für das Lösen von Problemen oder für den Aufbau zusammenhängenden Wissens bedeutsam wäre. Interpretationskriterien für die Sachen sind (sofern es sich um Handlungen oder um technische Produkte handelt) durch deren Zwecke (vgl. Jonas 1994, S. 107 ff.) und im Übrigen durch die Wissenschaften als dem harten Kern des Weltverstehens gegeben.

Der Bezug zu relevanten Inhalten kommt in der Didaktik des Sachunterrichts in dem Modell der *Dimensionen* zur Geltung (vgl. Teil I; 2.2.3). In den Dimensionen erscheinen die inhaltlichen Kerne, aber auch der Bildungswert des Sachlernens; sie legen gewisse Hinsichten auf die Sachen nahe; sie eröffnen relevante Fragehorizonte und Bedeutungszusammenhänge, d.h. sie helfen, eine Sache didaktisch auszuloten. Sachunterricht wird dabei als ein mehrdimensional strukturiertes Lernfeld verstanden. Die Dimensionen stehen für spezifische und erfolgreiche Formen der Erschließung und Rekonstruktion der Welt und repräsentieren grundlegende Bereiche des Denkens und Handelns, die nicht durch andere Arten des Weltzugangs ersetzt werden können. Sie sind orientiert an jenen basalen wissenschaftlichen Ausprägungen und Rationalitätsformen, die in unserer Kultur dominant sind und zunehmend auch auf die Lebensformen in anderen Kulturkreisen einwirken. Als didaktische Konstrukte sind sie zugleich rückgebunden an das lebensweltliche Umfeld der Schule und der Kinder, das sie auf ihre je spezifische Weise abbilden, für das Lernen vertiefen oder auch überhöhen. Damit sind die Dimensionen selbst bipolar strukturiert in ihrer Affinität zu wissenschaftlichen Domänen und zu lebensweltlichen Bedürfnissen.[284] Sie markieren Bereiche, die heute zur Bildung in einem demokratischen Staat gehören, der denkende und kundige Bürger voraussetzt. Zu diesen Dimensionen müssen den Kindern Zugänge eröffnet werden, denn sie enthalten relevante Perspektiven auf die Welt und damit auch Zugangswege, Denk- und Auffassungsweisen sowie Kriterien für Stoffauswahl, mögliche Lernstrukturen, Erkenntnismethoden und Arbeitsweisen.

Solche Anregungen, nicht nur für die Stoffauswahl, sondern auch für die methodische Gestaltung, ergeben sich primär aus dem Studium von Sachverhalten, die den einzelnen Dimensionen zuzuordnen sind. Man muss verfahren wie Faraday, Goethe oder Alexander von Humboldt: sich in Kenntnis der Grundlagen eigene Fragestellungen entwickeln und Antworten durch Untersuchungen und die Auswertung von (wissenschaftlicher) Literatur erarbeiten. Ohne Basis in den Sachwissenschaften fehlt der Didaktik inhaltliche Substanz.

Mit den Dimensionen als seinen inhaltlichen Domänen emanzipiert sich der genetische Sachunterricht vom hierarchischen Anspruch der Systeme von Wissenschaftsdisziplinen, berücksichtigt aber, dass domänenspezifische Wissensstrukturen oftmals von entscheidender Bedeutung für Lernprozesse sind. Man kann und darf mit Bezug auf ein Beispiel oder ein Problem unmittelbar in sachliche und fachliche Zusammenhänge eintreten („Einstieg"). Das Konstrukt des Spiralcurriculums weist darauf hin, dass man Sachverhalte von exemplarischer Bedeutung mehrmals und auf verschiedenen Ebenen durchdringen muss, um den Horizont des Verstehens zu erweitern und dieses selbst zu vertiefen.

Damit ermöglicht das Modell der Dimensionen in unmittelbarer Weise eine *Vielperspektivität* der Zugriffsweisen auf die Wirklichkeit sowie die erforderliche inhaltliche und methodische Vielfalt in der Einheit des Sachunterrichts ohne in einer „transdisziplinären Fusion" die Charakteristik der Gegenstände und Methoden unterschiedlicher Disziplinen aufzuheben (vgl. Teil II; 3.3). Insbesondere berücksichtigt das Modell auch die interdisziplinären Brücken zwischen den „klassischen" Wissenschaftsbereichen und ebenso aktuelle Entwicklungen, denn wo Vielheit ist, dort gibt es auch Hinzufügung und neue Zusammensetzung. Damit kann der Sachunterricht auch das einbeziehen, was nicht als eigenes Fach in den Schulen Eingang gefunden hat, obwohl es sich z.T. um große, kulturell bedeutsame Disziplinbereiche handelt. So umfasst z.B. die gesellschaftliche Dimension wichtige Elemente der Rechtsordnung und des Politischen, der physikalische

284 Durch diese Bipolarität der Dimensionen werden zusätzliche Möglichkeiten eröffnet, lebensweltlich bedeutsame Aspekte der Deutung und Bedeutung von Natur, sozialem Leben und Geschichte in eine eher wissenschaftsbezogen-objektivierende Orientierung zu integrieren. – Zugleich ist klar, dass Sachunterricht in seinen Dimensionen das Curriculum nicht wissenschaftlichen Disziplinen oder weiterführenden Schulfächern überantwortet, sondern die Lernenden darauf vorbereitet, sich diesen zu nähern.

Bezug muss Astronomie und Kosmologie berücksichtigen und der biologische als lebenswissenschafticher einiges aus der Medizin.
Vielperspektivisches Denken bewahrt den offenen Blick für die Vielfalt der Erscheinungen und Deutungen; es nimmt die Pluralität didaktisch relevanter Weltsichten und Erkenntniswege auf und steht für eine bestimmte *Offenheit,* nämlich die Offenheit für die vielfältigen, uns Erwachsene (und auch „erfahrene" Lehrerinnen und Lehrer) nicht selten überraschenden Ideen, Sicht- und Denkweisen, Fragen und Vorschläge der Kinder. Vielperspektivität eröffnet im Rückgriff auf den sich ergänzenden inhaltlichen Vorrat der Dimensionen für Lehrende und Lernende Freiheiten in der Ausrichtung von Unterrichtsinhalten auf unterschiedliche Ziele und erleichtert es, *adaptive Lernarrangements* zu gestalten, die auf eine kontinuierliche Passung zwischen den aktuellen Vorstellungen der Kinder und den angestrebten Erkenntnissen ausgerichtet sind. Für die Vorbereitung des Unterrichts repräsentieren die Dimensionen die Fülle potenziell relevanter Inhalte, Erschließungsmethoden und Hinsichten, die dann bei der Planung unterrichtlicher Handlungskontexe je nach thematischer Akzentuierung ausgewählt und für eine didaktische Einheit synoptisch zentriert werden können. Durch Lernen als Prozess, in dem Neues entsteht, entwickelt sich das Verhältnis zwischen Kind und den einzelnen Dimensionen bildungsbedeutsamer Welterschließung.
Wir haben die Dimensionen als inhaltliche Bereiche des Sachunterrichts und als Interpretationshorizonte zur Auslegung von Wirklichkeit gekennzeichnet; in ihrer gegenseitigen Durchdringung ergeben sie das inhaltliche Ganze des Sachunterrichts und bilden eine gemeinsame Basis des Wissens und Verstehens, aus der heraus Differenzierungen zu entsprechenden Perspektiven auf die „Welt" führen. *Perspektiven* lenken die Aufmerksamkeit auf den Fortgang des Lernens im Hinblick auf bestimmte Fragerichtungen; sie sind auf Domänen der Generierung von systematisch verbundenem Wissen und zugehörigen Begriffssystemen gerichtet, d.h. auf etablierte (wissenschaftliche) Disziplinen. Perspektiven bezeichnen damit Aspekte, unter denen Sachen aufgefasst und gedacht werden; sie organisieren disziplinär orientierte Erkenntnisprozesse. Damit dienen sie als Mittel der Didaktik, um „Welteinsicht" prismatisch aufzufächern und auch andere als lebensweltlich-geläufige Hinsichten curricular zu fassen.
Im *Perspektivrahmen Sachunterricht* (GDSU 2002) sind Spannungsfelder zwischen Erfahrungen der Kinder und fachlich gesichertem Wissen als Perspektiven benannt. Die Kennzeichnung des Bildungspotenzials, das in diesen Spannungsfeldern liegt, ist grundlegend für die didaktische Konzeption des Perspektivrahmens. Darüber hinaus ist er ein nach fünf Perspektiven gegliederter Fundus von potenziell sich ergänzenden Inhalten und Komponenten für den Aufbau von Kompetenzen. Die Strukturierung dieser Inhalte ist der „Eckstein" dieser Vorgabe für die Erstellung von Lehrplänen.

Zweifellos könnten in den Perspektivrahmen auch andere oder weitere Inhalte oder Perspektiven, z.B. die ökonomische, eingeführt werden und die aktuell vorgeschlagenen im Einzelnen verändern oder ersetzen. Aber der Kernpunkt ist nicht die Zuordnung dieser je besonderen Inhalte, sondern die Gültigkeit der Idee, dass eine Strukturierung des Sachunterrichts nach wissenschaftsbezogenen Perspektiven überhaupt möglich und sinnvoll ist. Immer wieder muss betont werden, dass die Perspektiven und ihre inhaltliche Füllung nur in ihrer *Vernetzung* als Lösung der curricularen Probleme der Trivialisierung, der Uferlosigkeit und des Strukturmangels gelten können.

Dabei stellt sich permanent die prinzipielle Frage, welche Grundlagen in der Grundschule angesichts immer schneller wachsender wissenschaftlicher Erkenntnisse und sich beschleunigender gesellschaftlicher Entwicklungen als Basis für den weiteren Aufbau des Curriculums geschaffen werden müssen. Für die Didaktik erfordert das ein kontinuierliches Forschungsprogramm mit offenem Horizont, für das Schulsystem die Bereitschaft, den gewohnten Kodex für neue Bedürfnisse offenzuhalten. Die systemimmanente strukturelle Verspätung des Kanons der Lehrinhalte gegenüber gesellschaftlichen und wissenschaftlichen Entwicklungen kann in einem auf die Zukunft gerichteten Bildungssystem ein Ärgernis, aber auch ein Schutz vor krassen modischen Schwankungen sein.

Eine durchgängige Schwierigkeit bei der inhaltlichen Darstellung der einzelnen Dimensionen liegt in den allenthalben anzutreffenden Forschungsdesiderata. Joachim Kahlert und Klaus Zierer (2011) haben jüngst dieses Dilemma am Beispiel des ökonomischen Bereiches dargestellt. Gleichzeitig plädieren sie im Zuge der didaktischen Entwicklungsforschung entschieden für das Wagnis, angesichts der „Unvermeidbarkeit des ‚Nichtwissens'" unter reflektiertem Umgang mit „Wissen", „Noch-nicht-Wissen" und „Nicht-wissen-Können" mit wenigstens vorläufig begründeten Anregungen zu beginnen und diese in „Arbeitsmodellen" als Angebote für die pädagogische „Gestaltungsöffentlichkeit" zu skizzieren. Solche Angebote tragen dann auch dazu bei, die scheinbare Dichotomie zwischen Theorie und Praxis, Wissen und Handeln zu überwinden, wenn sie darauf ausgerichtet sind

- Wissensgebiete zu strukturieren sowie Inhalte durch sachlogische und lerntheoretische Überlegungen aufzubereiten,
- Innovationen anzuregen, indem sie fachliche Kenntnisse und didaktische Hinweise transportieren,
- die Planung von Lernsequenzen und des Unterrichts zu erleichtern, indem sie die mit den Sachen gegebenen Komplexitäten und Unsicherheiten reduzieren,
- die professionelle Reflexion zu fördern, indem Sachinformationen, Theoriebezüge, didaktische und methodische Begründungen sowie Beispiele angeboten werden (Kahlert/ Zierer 2011, S. 79 f.).

Die hier vorgestellten *Dimensionen* haben im Curriculum keine Reihen- oder Rangfolge. Insbesondere ist die lebensweltliche Dimension nicht nur den ersten Schuljahren zugeordnet. Die doppelte Bezeichnung deutet ebenso die Spannung zwischen dem Lernstand der Kinder und den Angeboten aus den jeweiligen Wissensdomänen an wie auch das Erfordernis eines Kind und Sache verbindenden Lernens. Bei den einzelnen Dimensionen sind grundlegende Ideen und Fragen an den Anfang gestellt um Kontexte sichtbar zu machen, aus denen Einzelfragen erwachsen. Auf diese Weise wird das Besondere auf das Allgemeine bezogen, und die Komplexität des Generellen wird im Spezielleren sichtbar. Unterrichtsbezogene Konkretisierungen greifen auch auf den Perspektivrahmen zurück, ohne dass das jeweils kenntlich gemacht wird. Die genannten Inhalte und Kompetenzerwartungen sind als Vorschläge zu verstehen, offen für Varianten und Ergänzungen. Sie greifen bewusst über die Möglichkeiten einer vierjährigen Grundschule hinaus und beziehen Fortsetzungen des Sachlernens in den Jahrgängen fünf und sechs ein. Eine Auswahl für die einzelne Lerngruppe (Klasse) sollte nach den schon diskutierten Kriterien (Teil I; 2.2.4) erfolgen.

1 Kinder und Lebenswelt: die lebensweltliche Dimension

Die Dimensionen des Sachunterrichts sind Dimensionen unseres Bezuges zur realen Welt, in der wir leben. Das zunehmende Eindringen in diese Dimensionen, das Gewinnen dieser Dimensionen für die eigene Persönlichkeit, charakterisiert den Prozess der Bildung. Dabei wird „Welt" im Sachunterricht nicht nur vorgefunden und untersucht, sondern – im kulturellen Sinn – auch hervorgebracht und verarbeitet. Welt entsteht für die Kinder immer auch mit der Durchdringung der Phänomene, allgemein der Sachen, und kommt zunächst in der Erweiterung des Horizontes der Einzelnen zur Geltung.

Der lebensweltliche Bezug erfasst primär das, was mit dem griechischen Wort *pragma* gemeint ist: „das, worein man in der Praxis des Lebens verwickelt ist, was also nicht gegenübersteht und entgegensteht als etwas zu Überwindendes, sondern worin man sich bewegt und womit man es zu tun hat" (Gadamer 1999, S. 155 f.).[285] Im Vordergrund stehen Phänomene als das, was sich selbst zeigt

285 In seiner Reflexion des in der Phänomenologie Husserls zentralen Begriffs *Lebenswelt* bezeichnet Hans Blumenberg diese als eine „durch Selbstverständlichkeit bestimmte Wirklichkeit" (Blumenberg 2010, S. 229, ähnlich S. 202 und 234) und untersucht zahlreiche mit dem Begriff verbundene Implikationen. Dieser philosophische Ansatz wird hier nicht verfolgt; vielmehr steht

und worauf sich unser Handeln richtet, also die in die alltägliche kommunikative Teilhabe gestellte Welt, ähnlich wie sie in der „Kunde" des auf „volkstümliche Bildung" angelegten heimatkundlichen Anschauungsunterrichts repräsentiert wurde (vgl. Götz 1989; Neuhaus 1991; Thomas 2009).[286] Diese Kunde stand für unkritische Passung mit einer unhinterfragten Erfahrungswelt und die Ausrichtung auf Bedürfnisse und Tätigkeiten, die unmittelbare Sachbegegnung erforderten, ohne über sich hinauszuweisen. Der Sachunterricht bewahrt in seiner lebensweltlichen Dimension der Welt des Common Sense und auch solchen subjektiven Sichtweisen und „Singularitäten" ihren Ort, die zwar individuell bedeutsam sein mögen, aber nicht transfer- oder verallgemeinerungsfähig sind. Darüber hinaus geht es zunächst um Wahrnehmungen, die als Basis zur Orientierung in der Lebenswelt dienen und deren pragmatische, eben dieser Orientierung dienende Verarbeitung. Lebenswelt ist für Kinder in der Regel das heimatliche Umfeld mit seiner jeweiligen Wohn- und Sozialstruktur; sie umfasst die Bereiche, in denen sie handeln, die sie erkunden und in denen sie Erfahrungen machen. Der emotionsmächtige Heimatbegriff des Heimatkundeunterrichts war unperspektivisch auf den Nahraum des Wohnortes, auf die jeweiligen Lebensverhältnisse und deren erlebnismäßige Aneignung zentriert, d.h. auf Heimatbindung. Natur und Kultur sollten als ein großer „Lebensorganismus" begriffen werden. „Heimat", die beschreibend in den Blick genommen wurde, war als Quelle der Realitätserfahrung immer schon vorgegeben und nicht ein erst im Denken zu konstruierender Lebenszusammenhang (vgl. Spranger 1962).[287]

Solche homogenen Leitvorstellungen von in sich abgeschlossenen Totalitäten wären in der Gegenwart, in einer zunehmend multikulturell beeinflussten Welt, unangemessen und hinderlich für die intellektuelle Verarbeitung der heutigen Lebenswelt sowie für die Entfaltung der Persönlichkeiten und für die Gestaltung sozialer Beziehungen. Nicht nur die Sozialwissenschaften, sondern auch die Kulturgeschichte belehren uns, dass dem Paradigma der *Vielperspektivität* auch für

---

der Terminus „Lebenswelt" für den Horizont selbstverständlich gegebener vorwissenschaftlicher Erfahrungen und Praxisbezüge, die wesentliche Voraussetzungen für wissenschaftsorientiertes Lernen sind; d.h. die Lebenswelt und die Alltagssprache sind den wissenschaftsbezogenen Zugriffen vorgängig.

286 Vgl. dazu als Beispiel aus dem zweiten Jahrzehnt des 20. Jahrhunderts das Lehrstück zum Thema „Thermometer", das Johannes Kühnel in seinem Buch „Moderner Anschauungsunterricht" (8. Aufl. 1923) veröffentlicht hat (abgedruckt in: Bauer/ Köhnlein 1984, S. 38–41). – Einen ganz anderen, an den Erkenntnissen der Gestaltpsychologie orientierten Ansatz verfolgte Johannes Wittmann in seiner „Theorie und Praxis eines ganzheitlichen, analytisch-synthetischen Unterrichts" (1929, [4]1967); ihm ging es wesentlich darum, Strukturen sichtbar zu machen und Einzelwissen durch Ordnen in Beziehung zu setzen.

287 Zu Spranger und zur Rekonstruktion des Heimatbegriffs vgl. Giel 2000 b, ferner F. Maurer: Räumliche Umwelt und Identität. In: W. Loch (Hrsg.): Lebensform und Erziehung. Essen 1983, hier S. 35 f.

einen Pluralismus der Weltbilder in Gestalt verschiedener Traditionen, Heimatbeziehungen, Erzählungen und Zukunftsperspektiven Geltung zukommt, um die Sachen in einem menschlichen Kontext zu erfassen und den Kindern die Welt in einer Vielfalt vorzustellen, die Neugier auslöst und Raum gibt für die Entdeckung eigener Möglichkeiten. Bildung ereignet sich hier im vielfältigen Zusammenspiel von Wahrnehmungen, Wissen, Vermutungen und deren Überprüfung an der Realität. Gerade diese Vielperspektivität ermöglicht es, auch das heimatliche Umfeld angemessen in den Unterricht aufzunehmen und eine „Kenntnis seiner nähesten Verhältnisse" zu gewinnen.
Der Sachunterricht greift zurück auf das „soziale Kapital", das Kinder in einem Netzwerk sozialer Beziehungen schon erworben haben und sichert durch eine lebensweltliche Basis seine Rückgebundenheit an die Gemeinsamkeiten der Lebensbezüge der an den Lernprozessen Beteiligten; dazu gehören vor allem Sprache, (sub-)kulturelle Prägungen und Verhaltensweisen, Wissen und Können. Damit erfasst er auch die ursprünglichen Erfahrungen, die in gewisser Hinsicht reicher sein könnten als die unter dem Wissenschaftsbezug gewonnenen Erkenntnisse, und er bewahrt gegenüber den Konstrukten der Wissenschaften eine als uneinholbar vorausgesetzte Wirklichkeit des unmittelbaren Umgangs und tragfähiger Anschaulichkeit. Durch seine lebensweltliche Rückbindung steht der Sachunterricht weniger als andere Fächer in der Gefahr, Aspekte der Welt zu übersehen, die in der Begrifflichkeit der Sachdisziplinen nicht präsent sind. Außerdem ist der lebensweltliche Bezug immer auch Kritik und Korrektur eines sich einengenden wissenschaftsförmigen Denkens und dazu eine Quelle der Vernunft und der Alternativen. Dabei bleibt bewusst, dass die Authentizität, die Situationsbezogenheit und Lebensnähe uns noch nicht in die Sachen hineinführen, bis dorthin, wo sie kompliziert werden, oder den für das Verstehen erforderlichen Zusammenhang erklären. Deshalb müssen Geltungsansprüche von lebensweltlich erworbenen Meinungen, von Deutungen und gewohnten Verhaltensweisen als problematisierbar erkannt und einer rationalen Verständigung zugänglich gemacht werden. Denn das Weltwissen, das Kinder in die Schule mitbringen, ist in hohem Maße geprägt durch eine soziokulturelle Abhängigkeit der Wahrnehmung und der frühen Lernprozesse.
Die lebensweltliche Dimension ist zunächst das Feld des vielfältigen Vertrautwerdens mit Phänomenen und Ereignissen des Alltags, in den die Kinder involviert sind. Alltagserfahrungen spannen Sinnhorizonte auf, aus denen heraus Kinder fragen und deuten, kumulativ Kenntnisse sammeln und Vorstellungen konstruieren. Wir sollten sie ermutigen und unterstützen, Auffälligkeiten und Merkwürdigkeiten zu entdecken, sich fragend und probierend mit ihnen auseinanderzusetzen und auch das scheinbar Selbstverständliche in Frage zu stellen. Die Schule lenkt das Interesse auf Neues durch Zeigen, durch Präsentieren in Geschichten und

Medien; sie schafft Situationen des Erkundens, des Herstellens, Gestaltens und des Lösens von Problemen. Die entscheidende Kategorie ist hier die des anhaltend aufmerksamen Umgangs: *Umgang* als Erprobung, als handelnde Gestaltung, als Geneseprozess des Wissens und Könnens, der Versachlichung, aber auch der Routine. Relevant ist der Lebensweltbezug aber nicht nur für die Anfänge der Lernprozesse, sondern auch für ihre Ergebnisse: Kriterium für die Lebenswelt ist die *praktische Tauglichkeit* und Bewährung; das Wissen rekurriert auf den *sensus communis,* auf die Alltagsvernunft, in der Pragmatik, Moral, Effizienz, Sensation u.a. kombiniert werden. Gegenüber den (fach-)disziplinären Anliegen (Wissenschaftsorientierung) kommt der Common Sense ins Spiel und fordert seine Kultivierung, insbesondere als Urteilsfähigkeit, die auf sachlicher Kenntnis beruht und auf humane Tauglichkeit ausgerichtet ist.

Viele Untersuchungen zeigen, dass Kinder von sich aus selbstgesteuerte Lernprozesse initiieren, planen und verfolgen können, und dass sie sich dabei als naive Realisten verhalten. Die Schule muss diese selbstständigen Zugriffe stärker auf die für das Weltverstehen bedeutsamen inhaltlichen Felder steuern. Das geschieht einerseits durch die Impulse der mit dem Schuleintritt bedeutsam werdenden *kompetenten Anderen* (Lehrerinnen und Lehrer, ältere Kinder; vgl. Benner 1999), die Einfluss darauf gewinnen, was Novizen für relevant und wichtig halten, und andererseits – damit verbunden – durch einen Wandel im Sinnbezug (Motivierung) des Tuns: weg von der Spiel- und hin zu der Lerntätigkeit. Im Unterricht wird für das Erkunden von Sachen gegenüber dem Spielparadigma das Erkenntnisparadigma dominant.

Inhalt der lebensweltlichen Dimension ist ein vielseitiges *Weltwissen* und praktisches Können, ein Vertrautwerden mit Dingen, alltäglichen Situationen und Handlungsweisen durch erkundenden Umgang, erste Erfahrungen, Analogiebildungen und Recherchen; ihre Akzentuierung liegt im Kennenlernen von Phänomenen und in Erfahrungssituationen, die für praktisches Weltwissen und das Umgehen-Können mit alltäglichen Anforderungen wichtig sind. Man muss Dinge, Mittel, Einrichtungen kennen, um sie nutzen und weiterführende Fragen stellen zu können. „Weltwissen" (Elschenbroich 2002; Lauterbach 2009) und die mit ihm gegebene Sachkundigkeit sind eine Basis, auf der sich das gedankliche Handeln immer wieder vor das praktische schieben kann, auf der Spekulationen oder vorausgreifende Gedanken über Sachverhalte entstehen und Kinder sich als kleine Forscher, Sammler und Erfinder versuchen können.[288] Denn Weltwissen reduziert sich nicht auf materielle Gegenständlichkeit (physische Gegenstände und Zustände; Popper: „Welt 1"), sondern impliziert auch Bewusstseinszustände

---

288 Lebensweltliches Erkunden setzt noch nicht voraus, dass man eine Hypothese hat oder ein Problem formulieren könnte. Es folgt einer akuten Neugier und der Lust am Tun. Nicht das systematische Denken, sondern der fragmentarische Zugriff steht im Vordergrund.

(„Welt 2") und in Ansätzen „Wissen im objektiven Sinn" („Welt 3"), d.h. geistige Auseinandersetzung (Popper/ Eccles 1982, S. 433).

Der unmittelbare, nicht an subkulturelle Milieus gebundene lebensweltliche Bezug des Sachunterrichts enthält einen *Primat der Gegenwärtigkeit* und des neuen Anfangs für die je aktuelle persönliche Problembewältigung eines jeden Kindes, und er bietet Möglichkeiten für die Verbesserung der Chancen benachteiligter Kinder, indem er tendenziell Erfahrungsdefizite ausgleicht und dazu beiträgt, gültige Vorstellungen zu erzeugen. Darüber hinaus öffnet er das Lernen für das, was gesellschaftlich aktuell und bedeutsam ist, nämlich für jene überindividuellen Kulturgebiete und Grundrichtungen möglicher Bildung, die durch die wissenschaftsbezogenen Dimensionen bezeichnet sind.

Der Reichtum lebensweltlich bedeutsamer Verweisungen und lebendiger Anschaulichkeit ist eine Grundlage der Flexibilisierung des Wissens in multiplen Perspektiven. In vielfältigen Verweisungszusammenhängen (Bedeutungsnetzen, vgl. Aebli 1980) entstehen Handlungskonzepte und Begriffe, die ihre Bedeutung zunächst aus Kontexten der alltäglichen Kommunikation gewinnen, d.h. aus kulturell geprägten Vorverständnissen. In der Schule steht dabei der Kontingenz der positiven Gelegenheiten die Gefahr einer uferlosen Fülle lebensweltlicher Assoziationen und Belanglosigkeiten gegenüber. Darum gelten auch hier Kriterien wie Bedeutsamkeit und Ergiebigkeit, und auch deshalb ist in der Didaktik immer wieder versucht worden, wesentliche Inhalte zu identifizieren, zu ordnen und ihnen in einem Kanon Gestalt zu geben, d.h. Komplexität zu reduzieren und Übersicht zu schaffen, angefangen bei Ratke und Comenius (*Orbis sensualium pictus*, 1658) über alle Lehrpläne bis zum Perspektivrahmen Sachunterricht. Ausdrücklich sei hier auf die von Kahlert erarbeitete Konzeptualisierung in *„didaktischen Netzen"* verwiesen, in denen „Herausforderungen der Lebenswelt" und „typische Kinderfragen" mit „Lernangeboten von Fachkulturen" produktiv verbunden werden. An klar strukturierten Beispielen erläutert Kahlert Möglichkeiten der unterrichtlichen Umsetzung (2009, S. 216 ff.).

Konkret beinhaltet die lebensweltliche Dimension die Anfänge dessen, was man wissen und können muss, um im Alltag und auch in der Schulgemeinschaft kooperationsfähig und selbstbewusst bestehen zu können. Dazu gehören primär topologische und zeitliche Orientierungen und ihre Kombinationen wie links – rechts, vorne – hinten, in der Mitte, oben – unten, über – unter – neben, hoch – tief, innen – außen, offen – geschlossen; früher – später, vorher – nachher – gleichzeitig;[289] sodann

– Ordnungen und Freiräume in der Schule und im Klassenraum, Regeln, Rituale und Verhaltensimperative,

289 Vgl. die Funktionsbeschreibungen der Ordnungsbegriffe bei J. Wittmann (1967, S. 92 ff.).

- räumliche Orientierungen im Schulhaus und im Umfeld von Schule und Wohnung; Richtungen, Entfernungen, bedeutsame Orte (Spielplatz, Schwimmbad, Bibliothek ...),
- Strukturierungen im Tagesablauf, in der Woche, im Monat und Jahr; besondere Ereignisse (z.B. Geburtstage) und Feste, Schulzeiten und Ferien, Uhr und Kalender,
- Nutzung von Verkehrsmitteln (z.B. Schulbus), Fahrpläne; Regeln im Verkehr,
- Deutung von Zeichen (z.B. Gesten), Symbolen und Piktogrammen (z.B. Kreuz, Halbmond, Logo der eigenen Schule, Verkehrszeichen),
- Umgang mit Medien (Kommunikations-, Unterhaltungs- und Informationsmedien), z.B. Telefon, Computer, Bücher,
- Anregungen zu sinnvollen Freizeitaktivitäten.

Solche Inhalte sind integriert in das Schulleben, das seine Akzente auch dadurch bekommt, dass Kinder eigene Ideen und Pläne entwickeln und verfolgen, z.B. bei Gelegenheiten

- ein Spiel erfinden,
- über eine Sache genau recherchieren und berichten,
- einen Brief schreiben,
- ein Frühstück vorbereiten,
- ein Beet im Schulgarten (ein Aquarium ...) anlegen und pflegen,
- ein Fest oder ein kleines Projekt (mit-)gestalten.

Alle Lehrpläne übergreifend haben Phänomene und Handlungsmuster Bedeutung, die man kennen muss, um Differenzierungen und Folgerungen zu verstehen:

- Erkundungen von Naturphänomenen und technischen Produkten, z.B.
  - schwere und leichte Gegenstände
  - Wasser „trägt“ (Auftrieb), strömendes Wasser reißt mit
  - Geräusche und Klänge identifizieren
  - Schall braucht Zeit, Echo
  - Luft füllt den Raum, bewegte Luft kann etwas bewegen (Windrad, Segel)
  - Gleichgewicht (auf der Wippe, auf dem Trampolin)
  - Beharrung von „Körpern“ beim Anfahren und Bremsen (Trägheit)
  - Nutzung einfacher Werkzeuge und Geräte
  - Feuer entzünden und löschen
  - Pflege und Erkundung von Pflanzen
  - Leben und Verhalten von Tieren
- Soziale und ökonomische Erfahrungen und Kenntnisse, z.B. über
  - Freundschaft, Solidarität, Geben und Nehmen, Versprechen, Zuverlässigkeit
  - Streit und Konkurrenz
  - Familie und Verwandtschaftsbeziehungen

- Verhaltensmuster, z.B. in Märchen, im täglichen Leben
- Möglichkeiten gemeinsamer (demokratischer) Entscheidungen; Regelungen verhandeln, festlegen, verändern
- Vertreter (öffentlicher) Institutionen: Klassen- und Schulsprecher, Bürgermeister, Gemeinderat
- fremde Lebensformen und verschiedene kulturelle und religiöse Orientierungen
- Religionsgemeinschaften, Parteien
- Zeugen früherer Zeiten: Museum, Burg, Schloss, Kathedrale, Stadtmauer
- Kaufen und Verkaufen, Einkauf, Tausch, Konsum
- Umgang mit Geld, Sparen und Vorsorgen

– Orientierung in der physischen Welt
  - Gebirge, Ebene, Küste, Meer, Bäche, Flüsse, Seen
  - Städte und Dörfer, Verkehrswege
  - Länder und Staaten; Kontinente
  - Jahreszeiten, Wettererscheinungen
  - Erde, Sonne, Mond und Sterne

Anfänge lebensweltlicher Kenntnisse, Fertigkeiten und Verhaltensformen werden in vielfacher Weise im sozialen Alltagshandeln erworben. Besondere Bedeutung für die schulische Arbeit gewinnen

– das *Erkunden* in Formen des Beobachtens, Untersuchens, Erprobens, Vergleichens und Unterscheidens, Befragens und Nachfragens. Dabei wird Wissen situativ in ausgewählten Kontexten aufgebaut.
– das *Besprechen* als Austausch von Erfahrungen, Meinungen, Vorschlägen. Dabei gewinnt die Sprachschulung eine besondere Bedeutung: Begriffsbildung und sprachliche Differenzierungsfähigkeit schaffen erst die Voraussetzungen, dass alle authentisch mitreden und mitprüfen können.
– das *Üben* (Einüben und Ausüben) sozialer Praktiken. Übung dient dabei nicht allein der Steigerung des Könnens und der Habitualisierung von Verhaltensweisen, sondern auch dem besseren Kennenlernen dessen, worauf sich die Übung richtet.

2 Kinder und Geschichte: die historische Dimension

2.1 Zeit und Geschichte

Die Möglichkeiten von miteinander verketteten Abläufen stehen im Rahmen physikalischer und biologischer Gegebenheiten, und die *Zeit* ist der Horizont, in dem alles Geschehen erscheint. Die Geschichte des Kosmos, die Evolution organischen Lebens, das fortschreitende Ausgreifen des Menschen in die außermenschliche Natur (durch das er sich Ressourcen schafft) bleiben gewöhnlich außerhalb der geisteswissenschaftlichen Geschichtsbetrachtung, ebenso wie die Geschichte der (Natur-)Wissenschaften und der technischen Innovationen (vgl. z.B. Serres 1994; Simonyi 2001).[290] Notwendig vorausgesetzt wird freilich der Unterschied zwischen Faktizität und Möglichkeit, von Vergangenheit und Zukunft und die Erfahrung der Unumkehrbarkeit der Folge der Ereignisse sowie der Unwiederholbarkeit jeder Situation, die sich in der klassischen Objektivierung der Zeit als linearem Ablauf ausdrückt.

Eine Bedingung des geschichtlichen Denkens ist die Erfahrung der Irreversibilität physischer Vorgänge und der Möglichkeit unvorhergesehener Ereignisse: Das Vergangene bleibt zurück, aber das Wissen darüber kann überliefert werden und später erneut Virulenz gewinnen.[291] Die metaphorische Rede von der Zeitrichtung oder vom *Zeitpfeil* impliziert, dass das Vergangene faktisch und unabänderlich ist; Zukunft ist das Feld der Möglichkeiten. Diese phänomenologische Prämisse und damit den qualitativen Unterschied von Vergangenheit und Zukunft, getrennt durch das „Jetzt“, müssen Kinder verstehen, bevor geschichtliches Denken möglich erscheint. Das Jetzt, die augenblickliche Gegenwart, geht mit uns in der Zeit (und trotzt als Bleibendes der Vergänglichkeit), wir können es – anders als einen Ort – nicht verlassen. Das vergangene Jetzt kommt nicht wieder, das zukünftige Jetzt können wir nur erwarten. Was also vorausgesetzt wird – nicht nur für geschichtliches Denken, sondern auch in der Naturwissenschaft – ist die Struktur der Zeit in ihren Modi von Vergangenheit, Gegenwart und Zukunft.

Carl Friedrich v. Weizsäcker gibt einen Abriss der platonischen Definition der Zeit. Zeit wird gemessen durch die Umläufe der Himmelskörper. Das ganze Himmelsgewölbe kreist in vierundzwanzig Stunden einmal um die ruhend gedachte Erde. Die verschiedenen Tage unterscheiden sich durch die immer wechselnden Stellungen der Planeten. Zeit ist nach diesem Verständnis schon ihrer astronomi-

---

290 „Die heutige Bewußtseinslage erfordert, daß wir auch die unvollendete Geschichte der Menschheit und ihres Wissens im Horizont der Geschichte der Natur sehen.“ (C.F. v. Weizsäcker 1991, S. 20) Im Sachunterricht haben Themen aus der Archäologie (aktuelle Ausgrabungen) oder der Paläontologie (z.B. Thema Saurier) sowie kultur- und technikgeschichtliche Längsschnitte durchaus ihren Ort. Allerdings verweisen die Lehrpläne oft nur auf einfache Vergleiche („früher und heute“) ohne hinreichende Berücksichtigung gesellschaftlicher Zusammenhänge, neuer wissenschaftlicher Erkenntnisse und technischer Innovationen.

291 Deutlich wird dies bei geistigen Strömungen und Produkten, z.B. Ideen und Ideologien, Erfindungen und Herstellungsmöglichkeiten. Hier scheint es eine verwandelnde Kontinuität zu geben: Die demokratischen Rechte, die 1848 in der Paulskirche formuliert wurden, bildeten nach einem Jahrhundert den Kern des Grundgesetzes. Computer wurden erfunden, und niemand konnte die Folgen vorhersehen. Könnte die Menschheit die Technologie der Kernwaffenproduktion aus der Welt schaffen, selbst wenn sie es ernsthaft wollte?

schen Konstruktion nach zyklisch. Man braucht, um sie zu messen, eine Uhr (die gleichbleibend umläuft) und einen Abreißkalender (dessen Blätter den einzelnen Umläufen zugeordnet sind, damit man diese zählen kann) (v. Weizsäcker 1977, S. 340 ff.). Ein zyklisches Zeitverständnis ist getragen von dem Gedanken der Wiederkehr des Gleichen, z.B. im „Jahreskreis". Aber die Zeit, wie sie in der *Geschichte* verstanden wird, ist nicht zyklisch; Geschichte kennt eine faktische Vergangenheit, die sich nicht wiederholt, und eine offene Zukunft. Vergangenheit und Gegenwart sind gekennzeichnet durch bestimmte Fakten (und keine anderen), Zukunft durch erkannte und zu ergreifende Möglichkeiten (und keine anderen). Möglichkeit heißt, dass dieses oder jenes zur Wahl steht und nicht mehreres zugleich ergriffen werden kann (a.a.O., S. 587).
Der Ursprung der Geschichte ist die *Erinnerung* und die mit ihr verbundene Erfahrung des Wandels. Wer sich erinnert, denkt nach. Nachdenken heißt zuerst: sich etwas (erneut) vergegenwärtigen, einer Sache in Gedanken nachgehen. Es heißt aber auch: bedenken, nämlich das Erinnerte nach seinen Ursachen und Folgen zu durchdenken und zu bewerten: So ist es gewesen, so hätte es sein können und so ist es geworden (vgl. dazu v. Weizsäcker 1991, S. 15 ff.). In noch höherem Maße als andere Wissenschaftsfelder hat die Geschichte die Aufgabe, den Gedankenvorrat der Vergangenheit zugänglich zu halten.
Die Geschichtswissenschaft überwölbt die historische Erfahrung durch theoretische Konstruktionen und macht dadurch Zusammenhänge verständlich. Sie untersucht das Zusammenspiel von historischen Ereignissen mit menschlichem Handeln und Verhaltensmustern, sozialen Strukturen und gesellschaftlichen Institutionen. Geschichte ist dann nicht einfach das Vergangene, nicht eine scheinbar objektive „Ereignisgeschichte", sondern rekonstruierte Vergangenheit. Als „Strukturgeschichte" ist sie eine *geistige Form,* in der wir uns Vergangenes vergegenwärtigen und nach Gründen für Entwicklungen suchen. Das Bemühen, Geschichte zu verstehen, ist auf solche Konstruktionen und hypothetische Rekonstruktionen verwiesen, in denen das Einmalige seine Einmaligkeit nicht verliert und doch in übergreifenden Kategorien, allgemeinen Formen und typischen Strukturen gefasst werden kann.[292]
Ein Problem besteht darin, dass Geschichte als Deutung der Vergangenheit unter dem Einfluss bestimmter „Weltanschauungen" oder Interessen geschrieben werden kann. So ist es ein großer Unterschied, ob Geschichte z.B. aus der Sicht der Herrschenden oder der Beherrschten, der „Verursacher" oder der „Betroffenen", als Ereignisgeschichte der Kriege, der Gewalt und des Herrschaftswechsels oder als Kulturgeschichte, welche die geistige Situation der jeweiligen Zeit aufzuschließen versucht, betrieben wird. Auch deshalb hatte Leopold v. Ranke schon im 19.

292 Was der Historiker für Erklärungen des Geschehens verstehen muss, sind damals geltende Normen und Verpflichtungen von Rollenträgern unter institutionalisierten Rahmenbedingungen.

Jahrhundert gefordert, herauszufinden „wie es eigentlich gewesen ist", d.h. es ging ihm um möglichst große Objektivität bei der Darstellung der Geschichte. Nach dem Zweiten Weltkrieg forderte der Soziologe Alfred Weber den „Abschied von der bisherigen Geschichte". Beide bewegte die Erfahrung der interpretativen Manipulation, d.h. die alte Erfahrung (von der schon Goethe spricht) von der Relativität geschichtlicher Erkenntnis.[293] Es ist offen, wie in einem geschichtlichen Prozess Wahrheit definiert werden könnte (vgl. v. Weizsäcker 1992, S. 185 f.). Deshalb sollte größtmögliche Klarheit bestehen über den je spezifischen Deutungskontext, in dem historische Faktizität rekonstruiert wird.[294]

Die Auseinandersetzung mit Geschehenem und den mit ihm verbundenen Ideen dient dem kulturellen Gedächtnis und ist schon deshalb Teil der Bildung und des Curriculums. Sie transportiert Muster von Lebensformen und normative Gehalte, die uns zur Reflexion aufgegeben sind. Sie gibt Gelegenheit, aus der Vergangenheit für die Zukunft zu lernen, d.h. überindividuelle Erfahrung aufzubauen und Handlungsoptionen zu gewinnen. Das Wissen um das Zustandekommen von Lebensverhältnissen, kulturellen Ausprägungen und politischen Gegebenheiten erleichtert es, Gegenwärtiges zu verstehen und Gestaltungsmöglichkeiten für die Zukunft wahrzunehmen. Geschichte erscheint als Wandel aller Verhältnisse, in dem es nicht nur das Gewordensein gibt, sondern auch Fortdauer, und in dem das Gegenwärtige die Grundlage oder das Material ist, aus dem das Zukünftige entsteht.

Individuelle und gesellschaftliche Gestaltung unterliegt unserer Verantwortung, aber sie wird immer wieder gebrochen durch Ereignisse, die nicht in unserer Hand liegen und als glückliche Fügungen oder Katastrophen Umbrüche erzwingen. Trotz aller Bemühungen durch wissenschaftliche Analysen und politisches Handeln erfahren wir Menschen unsere Ohnmacht vor dem „Selbstlauf" der Ereignisse und dem Einbruch des Unerwarteten.[295] Denn Geschichte ist Resultat und Folge des Zusammen- und Gegeneinanderwirkens unzähliger Willensimpulse,

---

293 Ein Beispiel aus der jüngsten Vergangenheit ist der „Historikerstreit" (1986/87), also die Kontroverse über die Einordnung und Bewertung des Nationalsozialismus, die sich darüber hinaus auch auf die Bestimmung des zeitgenössischen Geschichtsbewusstseins sowie auf die Aufgaben der Geschichtsschreibung und der Geschichtswissenschaft bezog. – Für den französischen Philosophen Michel Foucault ist die Geschichte eine Abfolge von Diskursen. Jeden dieser Diskurse zeichnet ein eigenes Verständnis von Wirklichkeit aus.

294 Zu Problemen der Historiografie in Bezug auf den Unterricht vgl. Jung 2006, bes. S. 100. – Geschichte fordert von den Lehrenden die Reflexion der eigenen Position, Wachheit gegenüber ideologischer Anfälligkeit und sorgfältige Selbstprüfung, denn sonst dient sie allzu leicht als nur scheinbar objektiver Rahmen dem Transport politischer Interessen.

295 In der Nacht des 9. Novembers 1989 begann das Ende der Sowjetunion und damit auch der bipolaren Machtkonstellation, die über mehr als vierzig Jahre Deutschland und Europa getrennt hatte. Kaum jemand hatte – wie der ehemalige Außenminister Joschka Fischer anmerkte – dieses umstürzende Ereignis für möglich gehalten „und doch geschah es, quasi über Nacht".

Machtansprüche und Absichten, Zufälligkeiten der Konstellationen, materiellen Gegebenheiten, technischen Möglichkeiten und auch Naturereignissen.

2.2 Geschichtsbewusstsein als zentrale didaktische Kategorie

Im Sachunterricht können für das Erkennen der geschichtlichen Bedingtheit unserer Gegenwart Anfänge gefunden werden, wenn aus Beispielen der Auseinandersetzungen mit historischen Verhältnissen oder Ereignissen Kristallisationskerne für Einsichten in die zeitlichen Veränderungen der Lebensumstände und schließlich für Orientierungskompetenz entstehen (vgl. Jung 2006 und das zitierte Beispiel von Soostmeyer über die Erfindung der Druckkunst; Teil III; 3.3.2). Deshalb sind die Lernprozesse auf geistige Verarbeitung überlieferter Sachverhalte und Deutungen gerichtet; sie sollen historisch fundierte Entscheidungsgrundlagen für Gegenwart und Zukunft anbahnen. Zukunftsperspektiven sind ohne Bezüge zur Vergangenheit nur schwer zu gewinnen.
Bildung durch Geschichte wird – insbesondere für den Sachunterricht – gewöhnlich an dem Begriff des *Geschichtsbewusstseins* festgemacht (vgl. v. Reeken 1997, 2004, 2008; Schreiber 2004; Michalik 2004). Dazu ist festzuhalten, dass Geschichtsbewusstsein nicht einfach eine mentale Haltung sein kann, nicht eine rückwärtsgewandte Mythisierung, sondern ein kognitives Bezugssystem, das einen rationalen Zugriff auf das Geschehene ermöglicht, um es in das individuelle und gesellschaftliche Bewusstsein zu integrieren (vgl. v. Reeken 1997, S. 219). Im Geschichtsbewusstsein vollziehen sich Akte historischer Erinnerung, Reflexion und Sinngebung. Das Gewinnen einer eigenen Identität, die auch eine Distanzierung von Überkommenem ermöglicht, geschieht in kritischer Aufarbeitung historischer Gegebenheiten durch Vergegenwärtigung von Fakten, durch Vergleiche, Einordnung und Wertung. Zum Geschichtsbewusstsein gehört das Wissen über die Bedeutung von Vergangenheit für die Gegenwart und von Gegenwart für die Zukunft. Sein inhaltlicher Kern entsteht aus belegbarem Wissen über historische Ereignisse, Personen und Zustände sowie aus Einsicht in allgemeine geschichtliche Phänomene wie zeitliche Bedingtheit und Kontingenz, Entstehung, Veränderung und Vergehen, Kontinuität und Umbruch, Multikausalität und Interdependenz von Entwicklungen. Dabei besteht ein enger Zusammenhang von historischen, gesellschaftlichen und speziell politischen wie auch ökonomischen Aspekten.[296]

296 Es stellt sich die Frage, ob und in welcher Weise Geschichtsbewusstsein mit Moralität verknüpft werden muss. – Wenn Geschichtsbewusstsein als singuläre übergreifende Kategorie der historischen Dimension des Sachunterrichts gesetzt wird (die dann auch Geschichtsverständnis einschließt), dann besteht die Tendenz, dieser alle Aufgaben und Bezüge von Geschichte als Schulfach zuzuordnen. H.-J. Pandel schlägt dafür sieben „Dimensionen" vor, von denen sich die ersten drei auf „Geschichtlichkeit" beziehen (Temporal- oder Zeitbewusstsein, Wirklichkeitsbewusst-

Die Frage nach den historischen Bedingungen ist ein charakteristischer Punkt des Geschichtsdenkens.

Geschichtsbewusstsein ist die zentrale Kategorie der historischen Dimension des Sachunterrichts. Sie hängt mit einigen Aspekten des Begriffes der Zeit und mit *Zeitverständnis* zusammen, d.h. mit einer entsprechenden Verbindung von Erlebnissen und Erfahrungen. Insoweit sollten Geschichtsbewusstsein und Zeitbewusstsein parallel aufgebaut werden. Geschichtsbewusstsein steht in Wechselwirkung mit Erinnerung und Erwartung oder Voraussicht. Indem das Kind Geschichtsbewusstsein gewinnt, übersteigt es die Gegenwart und wird fähig, die historische Dimension in Erkenntnisse und Entscheidungen einzubeziehen.

- Wichtige Begriffe sind *Werden (Gewordensein)*, *Fortdauer (Kontinuität)*, *Vergehen (Vergangensein)* } Modi des *Wandels* und der *Veränderung*

  sowie *Vergangenheit, Gegenwart, Zukunft*

- Geschichtsbewusstsein bezieht sich auf
  - *Zeit und Vergangenheit (Zeitbewusstsein)*
    - alle Ereignisse verlaufen in der Zeit (früher, heute, morgen)
    - Zeiten ändern sich, deshalb unterscheidet sich unsere Zeit von früheren Zeiten
    - die eigene Biographie und Erinnerung
  - *Politik und Zukunftsgestaltung*
    - Gestaltung des privaten und öffentlichen Lebens
    - Schicksal, Verantwortung und Hoffnung (Geschichte ist unvorhersagbar)
    - Macht, Ideologie (Glaube) und soziale Strukturen
  - Überlieferung und Interpretation
    - Quellen und Zeugen
    - „Geschichtsbilder" und Ursachenzuschreibungen
    - Epochen und Weltbilder

- Fragen:
  Woher wissen wir etwas über frühere Zeiten?
  Was bedeutet Erinnerung?
  Wie kann man etwas über diese Zeiten herausbekommen?
  Warum ist solches Wissen wichtig und wie kann man es fruchtbar machen?
  Was bedeutet unser Handeln für die Gegenwart und Zukunft?

---

sein, Historizitätsbewusstsein), die restlichen vier aber auf „Gesellschaftlichkeit" (Identitätsbewusstsein, politisches Bewusstsein, ökonomisch-soziales Bewusstsein, moralisches Bewusstsein) (vgl. v. Reeken 1997, S. 217 f.).

Geschichtsbewusstsein bildet sich, indem die Kinder lernen, Vergangenheit, Gegenwart und Zukunft aufeinander zu beziehen und die Fähigkeit zu historischem Denken gewinnen, indem sie z.B.

- begreifen, dass Ereignisse der Vergangenheit eine Bedeutung für die Gegenwart und Zukunft haben,
- Einsicht in das Werden und in den Wandel der (kulturellen, politischen, ökonomischen) Verhältnisse und in das Gewordensein der Gegenwart erwerben und
- Geschichte als zukunftsoffenen und durch menschliches Handeln beeinflussbaren Strom der Geschehnisse erkennen,
- lernen, Ereignisse auf dem Zeitstrahl (Zeitleiste) festzumachen und mit Zeitstrukturen (zeitliche Verortungen, „Zeiträume") umzugehen,
- erkennen, dass unser Wissen über die Vergangenheit von Quellen abhängig ist, die durch Interpretation erschlossen werden müssen,
- die Botschaft der Dinge (z.B. Denkmale) und gesellschaftlichen Strömungen wahrnehmen: ihren Handlungszusammenhang, aus dem sie entstanden sind, ihr Altern, ihr Fortbestehen.

Zur Anbahnung des geschichtlichen Denkens und des Geschichtsbewusstseins gehören das Erkennen der Zeitabhängigkeit historischer Erscheinungen sowie des permanenten Wandels, der in Veränderungen sichtbar wird. Dafür erforderlich sind

- die Entwicklung des *Zeitverständnisses:* Ablauf von Tag, Woche, Monat, Jahr im Lebensbereich der Kinder: Uhr und Kalender (als übergreifende Aufgaben mit dem Deutsch- und Mathematikunterricht),[297]
- die Anbahnung eines *historischen Zeitsinns:* Generationenfolge der Familie, Bauwerke und andere Zeugen der Vergangenheit, Geschichte des Heimatortes,
- Vorbereitung der *Einsicht in den Wandel* gesellschaftlicher, staatlicher, kultureller, technischer und wirtschaftlicher Zustände und in das *Gewordensein der Gegenwart,*
- Einblick in den *Zusammenhang zwischen individueller* (Familien-, Orts-) *und überregionaler Geschichte* (Beispiel Krieg),
- Annäherung an *frühere Wirklichkeiten* und Beurteilung menschlichen Handelns aus den Gegebenheiten der jeweiligen Zeit,
- Einführung in elementare Methoden, insbesondere Umgang mit „Quellen", z.B. Bildern, einfachen Texten, Inschriften u.a.[298]

---

297 Vgl. Markus Kübler: Die Entwicklung von Zeitbewusstsein bei 6- bis 11-jährigen Kindern. In: R. Lauterbach u.a. (2009), S. 253–260.

298 Zur inhaltlichen Ausgestaltung dieser Aufgabenbereiche nennt der Perspektivrahmen (GDSU 2002, S. 22) zahlreiche Beispiele. Vgl. außerdem Voit (1980) und Hantsche/ Schmid (1981).

Zentrieren lassen sich diese Punkte des Aufbaus von Geschichtsbewusstsein und geschichtlichem Denken in wenigen *Kernkompetenzen,* für die der Sachunterricht erste Grundlagen schafft:
- die Kompetenz, historisch zu fragen, d.h. nach zurückliegenden und künftigen Möglichkeiten,
- die Kompetenz, mit Quellen angemessen umzugehen,
- die Kompetenz, historische Erfahrungen für die Lebenspraxis fruchtbar zu machen.

2.3 Paradigmatischer Zugang

Geschichte ist ein detailfreudiges Fach. Verschärft wird die Situation, wenn Bildung in unserer Zeit der „Globalisierung" und der Kinder von Migranten in den Schulen pluralistisch sein muss und dadurch neue Probleme und Ansprüche auf geistige Bewältigung entstehen. Deshalb erscheint es angebracht, den Unterricht nicht an inhaltlichen Lehrplänen, die „Stoffe" vorgeben, zu orientieren, sondern an *Funktionsplänen,* die sich auf Gesichtspunkte für den Aufbau von Geschichtsbewusstsein und Arbeitsmethoden beziehen. Dadurch werden dann auch Spielräume für ein vielperspektivisches, mehrere Dimensionen übergreifendes Lernen gewonnen, und die Aufmerksamkeit kann auf die Herausarbeitung von Vergleichen und typischen Konstellationen konzentriert werden.
Es ist evident, dass die ersten Kristallisationspunkte geschichtlichen Denkens nicht an eine Fülle von Fakten rückgebunden werden können; erforderlich sind vielmehr *exemplarische Ansätze,* in denen tragende Ideen historischen Bewusstseins virulent werden. Der Historiker Hermann Heimpel hat in seinem Vortrag bei der Tübinger Konferenz (1951), die als Initiation der Konzeption der exemplarischen Lehre gelten darf (vgl. Teil I; 2.2.1), die Überzeugung vertreten, „dass im Einzelnen das Allgemeine enthalten und auffindbar sei: mundus in gutta." Aus dieser Überzeugung ergibt sich für Heimpel „der Grundbegriff des paradigmatischen Lernens und Lehrens" als ein Konzept der Vereinfachung des Stoffes, die durch eine „Neuorganisation des geschichtlichen Wissens" im Hinblick auf einen Gesamtzusammenhang zu erreichen sei. Es komme darauf an, „an einzelnen Stellen eine echte Begegnung mit der geschichtlichen Welt zu haben und diese Begegnung als Erfahrung auf andere Gebiete anzuwenden." (Heimpel 1956, S. 69)
Die Voraussetzungen eines „allgemeinen Überblicks" und der „Bewahrung des Gesamtzusammenhangs" hat Heimpel in Bezug auf fortgeschrittenes Lernen formuliert. Was aber bedeuten sie für den Anfang, wenn zunächst die ersten Knoten eines variablen Netzes aus Vorstellungen und Kenntnissen geknüpft werden müssen? An die Stelle des Überblicks tritt eine *lebendige Anschaulichkeit,* die sich aus dem intensiven Umgang und der tätigen Auseinandersetzung (z.B. mit Gegen-

ständen in einem Museum oder mit didaktischem Material) ergibt, verschiedene sinnliche Eindrücke verknüpft und als geistige Repräsentation schließlich ein internes Modell eines Sachverhaltes bildet. – Die Bewahrung des Gesamtzusammenhangs bezieht sich für den Anfang auf die *Verbindung mit der lebensweltlichen Erfahrung* der Kinder und ihrer Fähigkeit des intuitiven Erfassens eines Sinnes oder eines Zusammenhangs, aus der heraus es möglich erscheint, Motive in den Handlungen, Zwängen und Entscheidungen von Menschen in früheren Zeiten zu erkennen und mit eigenen oder bekannten Lebensumständen in Beziehung zu bringen. Dabei gelten die genannten Momente des Geschichtsbewusstseins als das Allgemeine, das aus dem Einzelnen der behandelten Themen gewonnen wird. Die ersten Eintritte in die Domänen des Wissens sind paradigmatische Prozesse. Ihre Bedeutung verlangt, dass sie sehr sorgfältig mit Blick auf den Fortgang des Lernens gestaltet werden. Für die historische Dimension gilt in akzentuierter Weise, was H. Roth als „originale Begegnung" generell gefordert hat, nämlich den Sachverhalt in seinen Werdensprozess zurückzuführen und in eine Ursprungssituation einzutreten, d.h. dass an Beispielen das historische Ereignis als ein Handeln von Menschen mit Absichten und Interessen dargestellt werden muss, aber auch als etwas, das über Menschen durch den Willen anderer hereinbricht (Roth 1960, S. 116 ff., bes. S. 124; vgl. Teil IV; 1.3.3). Dabei ist der Streit, ob dem Aufbau eines Geschichtsbewusstseins ein Zeitverständnis vorausgehen muss (vgl. Roth 1965), durch neuere Untersuchungen obsolet geworden (Schorch 1982, Schaub 2004): Abgesehen von phänomenal erfahrbaren Unterschieden von früher und später, von vergangen, gegenwärtig und zukünftig, die in geschichtlichen Bezügen immer schon vorausgesetzt werden, können Zeit- und Geschichtsverständnis in enger Verzahnung erarbeitet werden.

Für den Zugang schlägt Bernd Feige eine Konzentration auf „große Themen" vor, die nicht an einem chronologischen Durchgang orientiert sind, aber unmittelbares Interesse erregen und exemplarisch bearbeitet werden können.[299] Er verweist auf alltags-, natur- und technikgeschichtliche Inhalte, die u.U. mit regional- oder lokalgeschichtlichen Bezügen sowie mit Schwerpunkten aus anderen Dimensionen verbunden sein können (Feige 2001, S. 158 f.). Bei solchen Themen sind die Bedingungen lebendiger Anschaulichkeit (z.B. an außerschulischen Lernorten) und lebensweltlicher Nähe oftmals schon durch den Gegenstand nahegelegt. Außerdem zeigt Feige, dass es das exemplarische Prinzip war, das es namhaften Autoren wie Konrad Barthel, Hans Ebeling und Kurt Fina schon in den fünfziger und sechziger Jahren ermöglichte, Geschichte für das Lernen in den frühen Klassenstufen fruchtbar zu machen.

299 In diesem Zusammenhang schlägt er neun domänenspezifische Funktionsziele vor, die an solchen Themen verfolgt werden können (Feige 2001, S. 164). – Als Beispiel für ein großes Thema, das auch dem Aufbau des Zeitverständnisses dient, vgl. Feige (1998): Dinosaurier als Gegenstand des Sachunterrichts. In: Praxis Grundschule, H. 6, S. 20–28.

2.4 Zur Organisation geschichtlicher Lernprozesse

Im Sachunterricht erscheint Geschichte als ein wesentliches Element menschlichen Lebens. Schon wenn Kinder Vergangenheit, Gegenwart und Zukunft unterscheiden und sprachlich artikulieren können, gewinnen sie Bezug zu ihrem bisherigen und zukünftigen Lebenslauf. Sie nehmen sich als Person wahr, indem sie sich an Ereignisse erinnern und sich ihrer kurzen Lebensgeschichte vergewissern; sie nehmen Erwachsenenrollen und damit manchmal auch Zukunftsprojektionen in ihren Spielen vorweg. In Erzählungen über die Vergangenheit oder geschichtliche Ereignisse, die von den Eltern oder Großeltern erlebt wurden, lernen sie ihre eigene kurze Vergangenheit im Kontext zeitgeschichtlicher Abläufe zu begreifen. Im Märchen werden Grundmuster menschlichen Verhaltens aus prähistorischer Zeit zur subjektiven Verarbeitung vermittelt. Dabei kommen Fragen auf: „Wo komme ich her?“, „Wer bin ich?“. Die eigene Lebensgeschichte wird bedeutsam für die Identität der Persönlichkeit. Über historische Vergleiche (z.B. „Menschen in der Steinzeit“, „Kinderarbeit in Bergwerken und Fabriken“) können Kinder zur Reflexion über ihre eigenen Lebensbedingungen geführt werden. Im Sich-Erinnern und Vergleichen, im gemeinsamen Nachdenken und im Gespräch tragen Zugänge zur Geschichte in spezifischer Weise zum Bildungsprozess bei. Indem Erinnerung und Wissen über das subjektive Erleben hinausgreifen, wird eine Voraussetzung für ein geschichtliches Verständnis geschaffen, das in sich ein Moment der Aufklärung trägt.

Hier liegt nun ein weiterer Grund für die Einbeziehung der Geschichte in den Sachunterricht: Kinder sollen erkennen, dass ihre gemachte Umwelt auf einer langen Entwicklung beruht und dass diese Umwelt sich auch heute noch entwickelt. Zu vermitteln ist der Grundgedanke, dass es auch früher Fortschritte gegeben hat und dass sich Erfindungen und Neuerungen immer in Wechselwirkungen mit gesellschaftlichen Entwicklungen durchgesetzt haben. In diesem Sinn bieten Ausschnitte aus der Technikgeschichte die Möglichkeit, gesellschaftsbezogene und naturwissenschafts- bzw. technikbezogene Perspektiven zu verbinden.

Geschichte vollzieht sich in der Zeit; die Zeit ist die Achse des Geschehens. Umgekehrt wird die vergangene Zeit erst fassbar, indem sie durch Geschehenes ausgefüllt wird. In der Rekonstruktion erscheint vergangene Zeit noch nicht als ständiger Strom, sondern als eine Folge von Schwerpunkten. Das können solche sein, die sich im Wandel zyklisch wiederholen (Jahreszeiten, Feste, Ferien, die Gliederung des Schuljahres): Der Baum, der wieder blüht, ist derselbe geblieben, aber er ist gewachsen. Es können aber auch solche sein, die einmalig sind. Fasslich wird der Fortgang des Lebens und der Geschichte durch Markierungen auf der *Zeitlinie.*[300]

---

300 Zeit hat ihre besondere Beziehung zum Raum; Ereignisse finden in der Zeit und im Raum statt,

Für Grundschulkinder ist die zeitliche Einordnung von Ereignissen, die etwas länger zurückliegen, oft überaus diffus; zeitliche Abstände werden im Rückblick perspektivisch verkürzt. Zwischen der Zeit, als Oma ein Kind war, und der Zeit, als die Stadtmauer gebaut wurde, ist dann vielleicht kein großer Unterschied. Die unmittelbare Vergangenheit sowie die nahe Zukunft haben in unserem Bewusstsein breiteren Raum als entferntere Zeitspannen. Objektiviert und maßstäblich dargestellt werden zeitliche Distanzen durch Markierungen auf der Zeitlinie, anschaulich werden sie durch das didaktische Medium der *Zeitleiste.* Die Zeitleiste veranschaulicht das Nacheinander historischer Ereignisse durch ein Hintereinander der räumlichen Anordnung, sie macht die Zeitrechnung übersichtlich und stützt den Umgang mit Zeitstrukturen. Damit werden zugleich Voraussetzungen für den Aufbau eines Daten- und Epochengerüstes geschaffen. Auch der *Kalender* als ein Verzeichnis der Tage des Jahres kann so als eine Reihe von Marken dargestellt werden, welche die Tage, Wochen, Monate oder Jahre bezeichnen.

Auf einer „individuellen" Zeitleiste lassen sich die Lebensdaten des Kindes, seiner Geschwister, von Eltern und Großeltern eintragen. Ebenso können Ereignisse, welche die ganze Klasse betreffen, in Bildern festgehalten, über Jahre verfolgt und als didaktisches Mittel zum Gewinn von Gruppenidentität wie auch zur Anbahnung eines historischen Interesses eingesetzt werden. Andere Darstellungen (Wechsel des Maßstabes) enthalten Daten des Ortes, von bekannten Bauwerken usw. Wird die Präsentation mit Bildern u.ä. angereichert, dann erfolgt der Übergang zum *Geschichtsfries.*
Durch die Darstellung auf der Zeitleiste oder auf dem Geschichtsfries werden Epochen und Ereignisse aus dem Halbdunkel des Sagenhaften herausgehoben und in den geschichtlichen Ablauf eingereiht. Der Zeitraum wird durch Fixpunkte gegliedert; Vergleiche wie früher – später, älter – jünger, kürzer – länger werden unmittelbar möglich. Die perspektivische Verkürzung entfernter Epochen in unserer Vorstellung wird durch Vergleiche bewusst.

Für die Organisation geschichtlicher Lernprozesse bieten sich verschiedene thematische Schwerpunkte an (vgl. Michalik 2004; Beilner 2007):

- Für erste Orientierungen eignet sich die eigene *Lebensgeschichte der Kinder* und ihre Darstellung in zeitlich geordneten Bildern, verbunden mit der Einführung der Zeitleiste. Zeitzeugen können den Rückblick auf die Generation der Eltern und Großeltern erweitern und anschaulich machen. Die Geschichte des Wohnorts wird durch Gebäude, vielleicht auch durch Namen von Straßen und Plätzen repräsentiert.
- *Themen, die sich auf Entwicklungen und frühere Lebensweisen* beziehen („Schule früher und heute", „Vom Kienspan zur Energiesparlampe") sind besonders geeignet, die

räumliche Distanzen lassen sich nur in der Zeit überwinden. Die Zeitlinie ist eine räumliche Darstellung der Zeit. Entsprechend zeigen wir den Zeitablauf auf den Zifferblättern von Uhren durch die zyklische Bewegung des Zeigers von Raummarke zu Raummarke an. Dabei muss klar sein, dass Zeit nicht einfach etwas ist wie eine räumliche Linie, und dass Geschichtlichkeit nicht durch den eindimensionalen Zeitpfeil zum Ausdruck kommt.

geschichtlichen Perspektiven mit Aspekten aus anderen Dimensionen zu verbinden, z.B. technischen, ökonomischen, ökologischen und gesellschaftlichen (politischen).

- *Vieldimensional angelegte Themen* („Vom Korn zum Brot“, „Leben in der Stadt/ in unserem Dorf“) erfordern neben biologischen, chemischen, technischen, wirtschaftlichen, ökologischen oder geografischen, politischen und sozialen immer auch historische Akzentuierungen. Ähnliches gilt für Themen wie „Reisen“, „Wohnen“, „Kinder aus anderen Ländern“, „Arbeit und Freizeit“ usw.
- Neben thematischen Längsschnitten bieten sich *epochale Querschnitte* an (z.B. „Leben im Mittelalter“) um im Rückgriff auf Gebäude, erhaltene Befestigungsanlagen, Bild- und Textquellen wichtige geschichtliche Zeitabschnitte der heimatlichen Region zu rekonstruieren. Dabei lässt sich besonders gut zeigen, wie landschaftliche Gegebenheiten, wirtschaftliche und gesellschaftliche Voraussetzungen, politische Verhältnisse sowie Neuerungen in Wissenschaft und Kunst in gegenseitigem Bezug zur Blüte oder auch zum Niedergang einer Stadt oder Region beigetragen haben.
- Schließlich können *erd- und naturgeschichtliche Themen,* z.B. mit evolutionsbiologischen Inhalten (vgl. Feige 2004, S. 191 ff.) auch dazu dienen, die kaum vorstellbaren Zeiträume der Evolution in den Horizont der Kinder zu rücken.

Die Beispiele für Zugangsmöglichkeiten zur Geschichte zeigen, dass die historische Dimension in der Regel mit anderen Dimensionen verbunden ist, insbesondere wenn es darauf ankommt, die Gegenwart auch von der Vergangenheit her zu erschließen. Zugleich wird deutlich, dass es nicht primär um politische Historie geht, sondern dass Sachunterricht ebenso Wirtschafts-, Technik-, Siedlungs- und vor allem Sozialgeschichte berücksichtigt, d.h. die Frage nach den Lebensbedingungen der Menschen und den Innovationen, die für die Gegenwart von Bedeutung sind.

Für die geschichtliche Dimension gilt nicht weniger als für Inhalte aus Natur und Technik, dass Einsichten von exemplarischer Qualität durch unmittelbare Auseinandersetzung mit den Gegenständen erarbeitet werden müssen. Deshalb sollten mit den Inhalten zugleich angemessene *Methoden* erarbeitet werden. Im Perspektivrahmen Sachunterricht heißt es dazu ganz grundsätzlich, dass „Wissen, Inhalte und Methoden nicht unabhängig voneinander gesehen werden können“. Vielmehr sind die „entsprechenden verfahrensorientierten Ziele mit inhaltlichen Zielen zu verknüpfen, um sinnbezogenes Lernen zu ermöglichen“ (GDSU 2002, S. 4 f.). Methodische Schritte lassen sich zu Strategien verbinden, die den Kindern zunehmend selbstständiges Arbeiten ermöglichen. Eine wissenschaftsorientierte Einführung in methodisches Arbeiten, die Entwicklung einer methodenbewussten Lernkultur durch Integration erster erkenntnistheoretischer Überlegungen, also des Nachdenkens über die Verfahren und ihre Leistung für die Erkenntnisgewinnung, geben dem Sachunterricht zusätzliche Substanz im Hinblick auf das Weiterlernen und den Aufbau von Kompetenzen.

Besondere Bedeutung hat der Zugriff auf Quellen. Dazu muss den Kindern bewusst werden, dass unser geschichtliches Wissen von konkreten Zeugnissen (Funden, Urkunden, Berichten ...) abhängig ist und dass diese oft in unterschiedlicher Weise interpretiert werden können.[301] Ergiebig für den Sachunterricht sind u.a.

- *Erzählungen.* Geschichte beginnt für Kinder über die eigenen Erinnerungen hinaus mit Geschichten. Geschichtserzählungen verbinden den oft komplexen historischen Sachverhalt mit der leicht erinnerlichen Anekdote; sie erleichtern dadurch das Lernen, geben dem Wissen Fixpunkte und eröffnen in der Spannung des Universellen und des Partikularen Einsichten in weitere Bezüge. Historische Darstellungen finden sich in zahlreichen Büchern für Kinder und Jugendliche. Ihre Verwendung für den Unterricht sollte nicht ohne kritische Prüfung der sachlichen Zuverlässigkeit und der vermittelten Weltsicht erfolgen. Schilderungen von Ereignissen durch die Lehrerin oder den Lehrer unterliegen schon deshalb hohen Anforderungen, weil sie nicht nur sachlich korrekt sein müssen (Sachanalyse), sondern zugleich auch das Wesentliche in lebendiger Anschaulichkeit vermitteln sollten. Besondere Chancen und Gefahren sind mit Erzählungen verbunden, wo sie Muster für Sinndeutungen enthalten. Dann erscheint es unerlässlich, sie im Gespräch kritisch aufzuarbeiten.
- *Befragungen und Berichte von Zeitzeugen.* „Oral History“ ist eine Methode auch der Wissenschaft; sie ist allerdings mit Risiken verbunden: Die Zuverlässigkeit der Erinnerung kann fragwürdig sein, die Darstellung kann für ein Gesamtbild unerhebliche Zufälligkeiten persönlicher Erlebnisse unangemessen akzentuieren. Der Quellenwert kann also immer nur im Vergleich mit anderen Informationsgrundlagen beurteilt werden. Deshalb warnt v. Reeken davor, diese Methode naiv zu verwenden und damit ein falsches Verständnis von Geschichte zu befördern. „Ein Mensch kann uns darüber berichten, wie er etwas empfunden hat, wie er es erlebt hat, welche Erfahrungen er gemacht hat – aber nicht, wie etwas ‚war‘.“ Kinder lassen sich durch Erzählungen von „früher“ leicht faszinieren, sie können ohne Unterstützung noch nicht die notwendige kritische Distanz einnehmen oder gar eine Erzählung in einem größeren Kontext bewerten. Geschichte aber ist ein Konstruktions- und Rekonstruktionsprozess, der eine kritisch-vergleichende Haltung erfordert. Die notwendige kritische Vorsicht können Kinder gewinnen, wenn sie versuchen, gemeinsam Erlebtes nach einigem zeitlichen Abstand zu erinnern. Dabei werden sie feststellen, dass sich verschiedene Erzählungen zum gleichen Ereignis unterscheiden und gemeinsam darüber nachdenken, woran das liegen kann (v. Reeken 2004, S. 157 ff.).

---

301 Zur Arbeit mit Quellen gibt Feige (1998) praxisnahe Hinweise, insbesondere zum Thema „Schule früher und heute“. – Prinzipiell sind originale Quellen (Texte, Bilder, Gegenstände) von (späteren) Darstellungen und Interpretationen, die oft mit Interessen oder didaktischen Absichten verbunden sind, zu unterscheiden.

An Beispielen sollten sie schließlich erkennen, dass verschiedene Individuen unterschiedliche Wahrnehmungen haben und zu differenten Beschreibungen, Erklärungen und Bewertungen kommen, denn der Fähigkeit zum kritischen Umgang mit Informationen kommt eine generelle Bedeutung für die Welterschließung zu; sie stärkt das „kritische Vermögen" (Wagenschein, vgl. Teil II; 3.2.3).

- *Interpretation von Bildern.* Bilder ermöglichen es, von einem Sachverhalt ein Bild zu geben, also nicht nur etwas (nach den Vorstellungen eines Künstlers) zu veranschaulichen (z.B. den Kampf in der Varus-Schlacht), sondern auch als (originalgetreue) Abbildung (z.B. von Fundstücken, historischen Bauten oder technischen Anlagen). Auch hier verlangt eine methodenbewusste Arbeit die Frage, um welche Art von Bild es sich handelt, wann es entstanden ist und welche Absichten mit ihm verbunden sind. In Museen können Kinder erkennen, dass verschiedene Zeiten und Kulturen unterschiedliche „visuelle Handschriften" hatten (v. Reeken 2004, S. 160). – Bilder als historische Quellen zu verwenden heißt dann, das Dargestellte zu identifizieren und zu beschreiben, wichtige Details zu untersuchen, zu bewerten und das Bild insgesamt in weitergreifende Zusammenhänge einzuordnen.[302] D. v. Reeken weist darauf hin, dass dabei über das historische Lernen hinaus wichtige Kompetenzen erworben werden, etwa die Fähigkeit, im Sinne von „visual literacy" Bilder sinnerschließend zu bearbeiten.
- *Erkunden von Objekten.* Möglichkeiten des Erkundens von (rekonstruierten) Originalen (z.B. historische Haus- und Wohnformen), der erprobenden oder gestaltenden Auseinandersetzung mit Gegenständen (z.B. Arbeits- und Transportgeräte, Waagen) und Techniken früherer Zeiten (z.B. das Töpfern und Brennen von Gefäßen, Spinnen und Weben) an speziellen außerschulischen Lernorten oder das Setzen von Texten mit Lettern geben authentische, oftmals exemplarische Einblicke in vergangene Lebensverhältnisse und können zu Kristallisationspunkten für Geschichtsverständnis werden, insbesondere dann, wenn im Unterricht die weiteren Entwicklungen bis in die Gegenwart (orientierend) verfolgt werden.
- *Entschlüsselung von Texten.* Aufschlussreich sind manchmal Inschriften und Jahreszahlen an Gebäuden oder in Kirchen, wenn sie mit Hilfe von Erwachsenen lesbar werden. Alte Urkunden und Bücher sind als Objekte der Anschauung durchaus von Interesse, aber Kindern kaum direkt erschließbar. Vereinfachun-

302 Erinnert sei an die sorgfältigen Analysen und Unterrichtsprotokolle, die Kurt Fina vorgelegt hat: „Stadtgeschichte auf der Primarstufe" (in: Sachunterricht und Mathematik in der Primarstufe, 7(1979)8, S. 312–321), „Partnerarbeit mit Bilderbogen ‚Technikgeschichte'" (in: Grundschule, 11(1979)12, S. 575–578, „Kind und Krieg" (in: Sachunterricht und Mathematik in der Primarstufe, 10(1982)2, S. 50–57).

gen aber sollten als solche kenntlich sein, damit Fehlvorstellungen vermieden werden. Wichtig ist schließlich die Einsicht, wozu die schriftliche Fixierung von besonderen Ereignissen, von Absichten und Begebenheiten, von Ordnungen (z.B. Marktordnung), Regelungen und Verträgen diente und dient, welche Zwecke also das Aufzeichnen und Dokumentieren von „Geschichte" hat, nämlich Orientierung, (Rechts-)Sicherheit und Kenntnis zu schaffen, vor allem aber um dem Vergessen entgegenzuwirken.

3 Kinder und Raum: die geografische Dimension

3.1 Räumlichkeit und Ort

Raum und Zeit sind die Rahmenbedingungen aller physischen und sozialen Verhältnisse des Menschen. Die geografische Dimension umgreift nicht nur die Beziehung „Mensch und Raum" (Bollnow 1963) in einem sozialwissenschaftlichen oder anthropologischen Sinn, sondern die Sachen insgesamt in bezug auf ihren *Ort im Raum* sowie deren Eigenschaften, die mit diesem Ort zu tun haben, z.B. indem sie ihm Gestalt geben. Umgekehrt sind Objekte durch ihre Lage im Raum diesbezüglich charakterisiert. An Flüssen, Bergen, Städten, aber auch an Himmelskörpern ist das leicht einsichtig. Ganz allgemein erscheinen Räume als Systeme von Lagebeziehungen; ihre konkrete Gestalt gewinnen sie durch ihre Ausstattung mit natürlichen oder gemachten geografischen oder astronomischen Objekten.
Dabei gilt die lebensweltlich-phänomenale Erfahrung der Kontinuität des Raumes, in dem die einzelnen Orte durch Bezeichnung unterscheidbar sind. Auch wenn Kinder noch keinen abstrakten Begriff des Raumes haben und der Ort – anders als im Gitternetz der Längen- und Breitenkreise – nicht durch ein Koordinatensystem, sondern durch die gegenseitige Lage bestimmt wird („südlich von Hannover"), so ist uns doch *Räumlichkeit* als Form der Anschauung so selbstverständlich, dass sie nur durch weitreichende philosophische oder physikalische Abstraktionen als theoretische Annahme erscheinen kann. Im Geltungsbereich der klassischen Physik und in der Praxis der „Raumwissenschaften" verstehen wir sie als empirisches Faktum (vgl. v. Weizsäcker 1985, S. 381; zu Raumanschauung, Begriff und Gestaltung des Raumes vgl. Schubert 1987).
Der Gegenstandsbereich der geografischen Dimension bezieht sich also generell auf Räumlichkeit und die Relationen der Sachen zu ihrem Ort im Raum (Lagerelationen und Distanzen) sowie auf das Zusammenspiel von Einzelfakten, speziell aber auf die Wechselwirkungen unseres Lebens und Arbeitens mit den räumlichen

Gegebenheiten und Gestaltungsmöglichkeiten. Relevant für den Sachunterricht sind dabei nicht allein die „Erdwissenschaften“ (Geografie, Geologie ... mit ihren zahlreichen Unterdisziplinen), sondern auch der Bezug auf das Sonnensystem als unsere astronomische Heimat und der Blick in den Sternenhimmel. Im Fokus der Aufmerksamkeit stehen für den Anfang freilich die Geosphäre und in ihr jene Bereiche, die uns als Umwelt naheliegen. Die Komplexität wird dadurch aber kaum vermindert, denn die *Geografie* selbst unterscheidet sich von den meisten anderen Wissenschaften durch ihren inhaltlichen Umfang, vor allem aber durch die Verschiedenheit ihrer Gegenstände, die von politischen Gebilden und Abgrenzungen über die Wirtschafts- bis zur Klimageografie reichen und breite Überschneidungen mit benachbarten Disziplinen aufweisen. Deshalb wurde die Geografie als eine „assoziierende“, d.h. Natur- und Sozialwissenschaften verbindende Wissenschaft bezeichnet,[303] auch wenn „Raum“ in ihr seine Ausformung wesentlich in „Land“ findet, so wie „Zeit“ eine solche in Geschichte.

In der didaktischen Bearbeitung verbindet nicht nur das Kennenlernen von physischen Gegebenheiten der Erdoberfläche, sondern auch die Auseinandersetzung mit den Eingriffen des Menschen, mit der Kultivierung des Landes, dem Bau von Siedlungen und Verkehrswegen, der Ausbeutung und Verwertung von Bodenschätzen und Wäldern, der Schaffung von Industrieflächen, Wirtschaftsräumen und (Mega-)Städten, d.h. der Nutzung von Raum als Lebens- und Wirtschaftsraum, einen breiten Fächer naturwissenschaftlicher und sozialwissenschaftlicher Aspekte. Ähnlich wie der Bezug auf „Zeit“ bündelt auch der auf „Raum“ eine zusammenhängende Vielheit möglicher Perspektiven.

Der zentrale Begriff des Raumes wird gewöhnlich in einer offenen Weise gebraucht und ist oft nur durch den Kontext näher bestimmt. Er enthält sowohl das Moment umfassender Unbegrenztheit (Weltraum) wie auch das der Grenze und der Ordnung der Sachen zueinander. Man spricht von Landschaftsräumen, Wirtschaftsräumen, Siedlungsräumen, die durch bestimmte Strukturen gekennzeichnet sind, aber z.B. auch von Sprachräumen.[304] Ähnliches gilt für den Begriff der Region, der sich auf Verwaltungs-, Wirtschafts- aber auch Landschaftsstrukturen bezieht. Die Geografie untersucht das funktionelle Zusammenspiel von Einzelfaktoren, das solche Strukturen hervorbringt, d.h. die gegenseitige Abhängigkeit solcher Faktoren in einem Wirkungsgefüge. Wie auch in anderen Disziplinen geht es dabei um Beschreibung und Erklärung, d.h. um das Wie der Phänomene

303 Nach H. Köck richtet sich die spezifisch geografische Fragestellung auf die Strukturen und Ordnungen räumlicher Gebilde, und das Erkenntnisinteresse bezieht sich primär auf das Verstehen räumlicher Ordnungen, d.h. die Frage nach der räumlichen Ordnung konstituiert das Kernparadigma der Geografie (Köck 1987, S. 34 f.).

304 Virtuelle Räume, die nicht nur in der Fantasie, sondern als Ausdrucksformen des Denkens durch Medien vermittelt existieren, sind von realen Räumen zu unterscheiden.

und um das Warum ihrer spezifischen Ausprägung. Gekennzeichnet wird dann ein „Raum" durch das, was ihn in bestimmter Hinsicht charakterisiert.

3.2 Physische Gegebenheiten und menschliche Nutzung

Die Erdoberfläche formende Prozesse (z.B. Vulkanismus, Gezeiten, Erosion) und die Gliederung von Räumen durch natürliche Gegebenheiten (Flüsse, Seen, Gebirge, Küsten) setzen menschlichen Aktivitäten Grenzen, eröffnen ihnen aber auch spezifische Möglichkeiten. Gestaltete Räume sind oft durch die Leistungen vieler Generationen geprägt; sie geben Einblicke in kulturelle Verhältnisse und in den menschlichen Entfaltungswillen. In den Formen ihrer Nutzung und Bebauung werden sie zu Manifestationen des Lebens und Wirtschaftens. Die Präferenzen von Menschen für bestimmte Landschaften und Lebensraummodelle, die sich z.B. im Städte- und Siedlungsbau auswirken, mögen weitgehend sozial konstituiert und gesellschaftlich vermittelt sein, immer aber sind sie von der Beschaffenheit des Landes abhängig und durch wirtschaftliche und ökologische Notwendigkeiten mitbestimmt. Die physischen Fakten (Lage des Landes oder einer Landschaft, Klima, Gewässer, Oberflächenformen und Vegetation, Bodenbeschaffenheit und Bodenschätze) sind Rahmenbedingungen für menschliche Gestaltung; Kulturlandschaften haben geologische, topografische und historische Grundlagen. Deshalb gilt das didaktische Interesse im Sachunterricht beidem: den physischen Gegebenheiten und Vorgängen ebenso wie der menschlichen Wahrnehmung, Gestaltung und Nutzung des Raumes.[305] Naturgeografische und sozial- oder kulturgeografische Gegenstände und Betrachtungsweisen sollten aufeinander bezogen werden.

Die *Heimatkunde* war bis in die sechziger Jahre gekennzeichnet durch ihren engen Bezug zur Landschafts- und Länderkunde, ergänzt durch sozialkundliche Betrachtungsweisen. Mit Schulhaus, Garten, Straße, Kirche, Marktplatz, Fluss, Heimatberg, aber auch Fabrik wurde zuerst der ländlich oder städtisch geprägte Schulort als heimatlicher Bezugsraum erlebt und betrachtet. Nach dem Prinzip der „konzentrischen Kreise" folgten nach der engsten Heimat die benachbarten Gegenden. Dieser Lehrgang wollte die Kinder zur Kenntnis ihrer Heimat führen und sie auch affektiv an den Heimatraum binden. In geografischer Hinsicht richtete die Heimatkunde besonderes Augenmerk auf landschaftliche Grundbegriffe (Berg, Hang, Tal, Flusslauf), auf die Einführung in ein grundlegendes Kartenver-

305 Die einseitige Akzentuierung sozialgeografischer Aspekte hat ihre Ursache vermutlich zunächst in Tendenzen in der Fachwissenschaft, dann aber auch in der Geografiedidaktik, wenn Räume primär „als Kategorie der Sinneswahrnehmung" und „als Konstruktionen" wahrgenommen werden und diese Verschiebung auch dem Sachunterricht anempfohlen wird (vgl. Daum 2007).

ständnis und auf naturgeografische Verhältnisse (z.B. Boden der Heimat, Wetterkunde, Himmelserscheinungen). Diese Inhalte sind im Sachunterricht unverändert wichtig.
Aber schon damals wurde eine Dominanz des sozialkundlichen Aspektes gegenüber dem landschaftskundlichen gefordert: Der Mensch in seinen Lebensbezügen sollte im Mittelpunkt stehen. Zentrales Bildungsziel wurde die Ausstattung zur Bewältigung von Lebenssituationen. Anliegen wie Raumordnung, Landschafts-, Natur- und Umweltschutz, Orts- und Landesplanung bekamen eine dominierende Bedeutung. In diesem Zusammenhang werden nun für den Sachunterricht Ziele genannt wie

- Lageskizzen anfertigen und lesen können,
- Stadtpläne und Wanderkarten benutzen und sich daran orientieren können,
- der Wetterkarte Informationen entnehmen können,
- Fahrpläne benutzen können,
- eine Wohnlage beurteilen können (Verkehrslage, Einkaufsmöglichkeiten ...).

Ein wichtiges Datum sozialgeografischer Orientierung war die Formulierung von *„Daseinsgrundfunktionen“* durch den Deutschen Geographentag (1969/70), in denen das ursprüngliche und unablösbare Verhältnis des menschlichen Lebens zum Raum zur Geltung gebracht wurde. Raum gilt nun als Herausforderung für menschliche Aktivitäten; er unterliegt einer „Raumplanung“ und „Raumordnung“ und wird nach gesellschaftlichen Bedürfnissen gestaltet. „Raumpolitik“ gehört zur Daseinsvorsorge des Staates und der Gebietskörperschaften. Ihr Ziel ist die funktionsgerechte Zuordnung von Gesellschaft, Wirtschaft und Raum. Dem Menschen ist es aufgegeben, seine existenzielle Beziehung zum Raum für seine Lebensgestaltung produktiv zu machen. Dabei kann sich dem Einzelnen das Entfernte als vertraut erweisen und das Nahe als befremdlich. Immer sieht sich der Mensch genötigt, sich aus dem umgebenden Raum seine eigene Welt zu schaffen. So werden Räume zu „Selbstauslegungen des Menschen“.[306] Das reicht vom häuslichen Wohnraum, vom Klassenzimmer, vom Schulhaus bis zur Gestaltung unserer Städte und Landschaften.
Der Raum ist für unser Leben ein Rahmen der Beständigkeit, in dem wir Sicherheit und Kontinuität erfahren, auch wenn sich die Zeiten ändern: *stabilitas loci – tempora mutantur*. Wir kennen das Gefühl der Verwirrung, das an unbekannten Orten sich einstellen kann: die Orientierungsnot eines Menschen, der sich verlau-

306 F. Maurer: Räumliche Umwelt und Identität. In: W. Loch (Hrsg.) Lebensform und Erziehung. Essen 1983, S. 27–46. Bei Maurer findet sich ein interessanter Exkurs „Zur Ökologie von Schulräumen“, a.a.O., S. 37 ff. – Vgl. dazu die Teilcurricula „Wohnen“ und „Verkehr“ aus „Stücke zu einem mehrperspektivischen Unterricht“ (MPU) (Giel u.a. 1974; vgl. Teil III; 2.3). – In diesem Sinn kann auch Architektur, in der sich eine bestimmte Lebensform konstituiert, als symbolischer Ausdruck einer Gesellschaft verstanden werden.

fen hat, die Beklemmung durch die Unübersichtlichkeit des Schulhauses und die Fremdheit des Klassenzimmers am Schulanfang, die Verlassenheit eines Menschen in Gefangenschaft.
In der Sozialgeografie wurden Hauptbereiche des menschlichen Lebens, die in ihrer Raumbezogenheit als geografisch relevant erscheinen, als *Daseinsgrundfunktionen* zusammengestellt:

sozialgeografische Aspekte	Thematik im Sachunterricht
Wohnen	Wohnbereiche und ihre Gestaltung
Arbeiten	Betriebe und Fabriken, Verwaltungen
sich versorgen	Markt, Supermarkt, Spezialgeschäfte
am Verkehr teilnehmen	Verkehrsnetze und Verkehrsmittel
sich erholen	Naherholungsgebiete, grüne Inseln in der Stadt
sich bilden	Kindergärten, Schulen, Theater, Museum
in Gemeinschaft leben	Familie, Nachbarschaft, Dorf, Stadt(-teil)

Diese Daseinsgrundfunktionen sind auf Situationen des alltäglichen Lebensvollzuges abgestimmt, auf die lebensweltlichen Besorgungen des Alltags und die Bewegung des Menschen im Raum, die erforderlich ist um bestimmte Zwecke zu erreichen. Entsprechend wird die Behandlung von Orten und Landschaften nach Maßgabe menschlicher Aktivitäten bestimmt. Themen wie „Einkaufsstraße im Stadtzentrum", „Markt", „Fußgängerzone", „Neubau- oder Sanierungsgebiet", „Naherholungsgebiet" oder „öffentliche Verkehrsmittel und Verkehrsverbindungen" bekommen demnach eine besondere Bedeutung. Landschaft erscheint also nicht mehr als etwas statisch Vorgegebenes; sie wird vielmehr als Prozessfeld im Wirken des Menschen begriffen.
Aus der Verknüpfung dieser sozialgeografischen Intentionen mit gesellschaftsbezogenen pädagogischen Bestrebungen entwickelte sich eine Neuorientierung des erdkundlichen Bezuges im Sachunterricht: Die Daseinsgrundfunktionen wurden als Katalog der Lebenssituationen der Kinder in ihrer Umwelt verstanden und zu konstituierenden Prinzipien sozialgeografisch orientierter Konzeptionen gemacht. Hier liegt die Gefahr einer unangemessenen Einschränkung, wenn die Abhängigkeit menschlicher Aktivitäten von physischen Gegebenheiten der Landschaft, des Landes und der Erde insgesamt vernachlässigt wird. Außerdem haben auch Kinder ein Interesse, vielfältige natürliche Erscheinungen wie etwa Erosion, Überschwemmung, Verlandung oder Quellen und Bäche, Berge und Seen, Moore und Strände an naheliegenden Beispielen zu erkunden. Die Frage nach ihrer Entstehung und Veränderung führt weiter zur Beschaffenheit des Untergrundes: Boden-

und Gesteinsschichten, Steine und Gesteinsarten („wachsen Steine?"), Höhlen und vieles andere, das im Sachunterricht auf der Ebene der Phänomene vorläufig behandelt werden kann. Darüber hinaus lenken aktuelle Ereignisse und Medien die Aufmerksamkeit auf Erdbeben und Vulkanismus, aber auch auf Bodenschätze, ihr Zustandekommen und ihre Gewinnung, auf fossile und solare Energiequellen, auf die Bedeutung von Wasser und Luft für das Leben. Damit sind schon einige Inhalte bezeichnet, die je nach Anlass thematisiert, aber in der Grundschule noch nicht geklärt werden können.

Eine einseitig sozialgeografische Orientierung hat den in der Gegenwart nicht mehr akzeptablen Nachteil, dass sie die Wechselwirkung zwischen menschlichen Eingriffen und natürlichen Prozessen nicht hinreichend erfasst. Globale wirtschaftliche Verflechtungen, moderne ökologische Fragestellungen und aktuelle Probleme der Ausbeutung von Rohstoffquellen verbinden erneut gesellschafts- und naturbezogene Aspekte; sie beziehen dann aber auch biologische, klimatische, technische, ökonomische und politische Gesichtspunkte ein. Das Bemühen um Bewahrung und verantwortliche Gestaltung von Lebensräumen für Menschen, Tiere und Pflanzen sowie um den Schutz natürlicher Ressourcen erfordert zwingend die Bündelung aller dieser Domänen unterschiedlicher Kompetenzen (vgl. Hemmer 2008).

Mit ihrem doppelten Schwerpunkt im sozialen und im physischen Bereich gewinnt die geografische Dimension eine wichtige, einzelne Lernbereiche integrierende Funktion. Der geografische Fachbezug ist weitgehend offen für Inhalte und Methoden anderer Fachbezüge, umgekehrt ist er aber auch auf sie angewiesen. Ein naheliegendes Beispiel ist die *Wetterkunde.* Die Kinder sollen

- die wichtigsten Faktoren des Wetters (Temperatur, Niederschlag, Wolken, Wind) ermitteln und aufeinander beziehen,
- den Einfluss des Wetters auf die aktuelle persönliche Tagesgestaltung und menschliche Aktivitäten überhaupt erkennen,
- mit Hilfe von Anzeige- und Messgeräten (Windfahne und Windsack oder (Schalenkreuz-)Anemometer, Thermometer, Barometer, Regenmesser) Wetterbeobachtungen anstellen, die Messergebnisse aufzeichnen (tabellarisch und grafisch) und interpretieren und
- die eigenen Beobachtungen mit den Wetterberichten in Medien vergleichen können.

Hier ist die Verbindung zu naturwissenschaftlichen Inhalten und Methoden besonders deutlich, denn die Einführung des Messens und von Größen selbst und Vorbegriffe von Temperatur und Luftdruck sind Gegenstände des physikalischen Bezugs. Die angestrebte Fähigkeit, sich durch Wetterbeobachtung über das Wettergeschehen zu informieren und die Anbahnung eines Verständnisses für die wichtigsten Faktoren des Klimas liegen also gleichermaßen in der geografischen wie in der physikalischen Dimension des Sachunterrichts.[307]

3.3 Raumwahrnehmung und Raumaneignung

Auf das Kennenlernen, Erfassen und Verstehen von Räumen bezogenes Lernen lässt sich generell mit dem Begriff der *Raumaneignung* fassen. Abgesehen vom Vertrautwerden mit Wohnung und Haus durch das Kleinkind beginnt die Herausforderung mit Orientierungen auf den ersten Wegen, die das Kind selbstständig oder mit zurückhaltender Begleitung zurücklegt: zum Spielplatz, zum Kindergarten, in die Schule. Die Didaktik des Sachunterrichts bleibt gegenwärtig bei der Aufklärung solcher Lernprozesse weitgehend auf ältere Darstellungen, Praxisberichte und biografische Erinnerungen angewiesen; aktuelle empirische Untersuchungen sind auch hier ein dringendes Desiderat; die Benennung von Bildungsstandards und Kompetenzen gewönne dadurch erst eine auf das Denken und Lernen der Kinder bezogene Basis.

Eine herausfordernde Lernleistung für Schulanfänger ist die Orientierung im Schulhaus. Wir gehen gemeinsam zur Turnhalle und achten auf die Gliederung des Weges: von der Tür des Schulzimmers nach rechts bis zum Treppenhaus, hinunter in das Erdgeschoss, nach links hinaus auf den Hof, diesen schräg überqueren zum Eingang des Nebengebäudes. Zurück im Klassenraum versuchen wir in der Mitte des Sitzkreises den *Wegeplan* gemeinsam zu skizzieren: Angabe der Richtungen, Besprechung der Lagebeziehungen; „... aber der Weg über den Schulhof ist doch länger als das Stück bis zum Treppenhaus ...", „ ...das müssen wir auch so zeichnen!" (grobe Berücksichtigung der Längenverhältnisse der Teilstrecken). Die Wegskizze in einfachen Strichen ist abstrakt, aber sie hilft als ikonische Repräsentation, den bekannten Weg in Gedanken zu verfolgen und zu überblicken. Das wäre ein erster Schritt zum Aufbau einer räumlichen Orientierung und zur Vorbereitung des Kartenverständnisses (vgl. Engelhardt/ Glöckel 1977; Köhnlein 1987, bes. S. 68 ff.; Hemmer 2008). Die Vereinfachung, Verebnung und Verkleinerung ergibt sich dabei von selbst und muss hier noch nicht thematisiert werden. Die Erkundung des Schulhauses wird zur notwendigen ersten raumkundlichen Unternehmung bald nach der Einschulung. Spielerische Wegbeschreibungen folgen. Wie findet man zur Patenklasse, zum Lehrerzimmer ...? Oder: Wohin komme ich, wenn ich zuerst rechts bis zur Treppe gehe und dann links bis zur zweiten

---

307 Das Verstehen der Notwendigkeit des Klimaschutzes setzt den Aufbau eines zumindest rudimentären Begriffes von Klima (Begriffsnetz) voraus. Das aber übersteigt – wenn es nicht nur auf Erwärmung und Abkühlung bezogen wird – in seiner Komplexität die Möglichkeiten des Sachunterrichts.

Tür? Wer sieht nach, ob wir recht hatten? Welche Klassen sind neben, unter oder über uns? Elementare Ordnungsbegriffe strukturieren die Raumvorstellung; reale Verhältnisse werden in Vorstellungsmöglichkeiten überführt („mental maps"). Geografie und Geometrie haben hier einen gemeinsamen curricularen Ansatzpunkt. Für eine erste Fundierung geografischen Denkens kommt es darauf an, den Raum (das Haus, die Nachbarschaft, das Stadtviertel) durch Wege zu erschließen. Dem Schulweg kommt dabei eine oftmals exemplarische Bedeutung zu, wenn wir in Gruppen (unter Aufsicht von Erwachsenen) einzelne Kinder begleiten: „Jetzt weiß ich, wo du wohnst!"

Der tägliche Weg wird für Kinder eine Schneise relativer Vertrautheit in einem bisher vielleicht wenig bekannten Bereich des Wohnortes. Markiert wird diese Schneise durch Punkte, die im Blickfeld des Kindes liegen, die ihm auffallen oder auf die es aufmerksam gemacht wird und die deshalb eine Leitfunktion übernehmen können: der gelbe Briefkasten an der Ecke, die Fußgängerampel, das Wartehäuschen an der Bushaltestelle. An sachlich bestimmten Einzelobjekten, die Signale der Orientierung liefern, setzt die Ausbildung des „Ortsbewusstseins" ein (Stückrath 1955, S. 38). Als Leitmarken sichern sie die Orientierung. Manchmal aber werden sie auch zu Knotenpunkten, von denen aus Kinder nach und nach Seitenwege erkunden. Dann löst sich der starre Zusammenhang zwischen Weg und singulärem Ziel; die Fortbewegung präsentiert ein Nacheinander von neuen Eindrücken. Durch Sehen und Gehen erschließen sich Kinder den umgebenden geografischen Raum. Malen sie (im zweiten oder dritten Schuljahr) ihren Schulweg, so wird das für sie Auffällige hervortreten. Für das Kartenverständnis ist dabei die Zeichnung und Strukturierung des Wegenetzes bedeutsam, auch wenn die Maßverhältnisse zunächst im Ungefähren bleiben.[308]

In dem Maße, in dem sich Kinder ihres Weges sicher werden, werden sie frei für neue Eindrücke und mutig, Seitenwege und Umwege zu erkunden. Einen neuen Schub der Erweiterung bringen wiederholte Ausflüge in die weitere Umgebung, die Schulkinder mit der Familie oder Freunden unternehmen. Dabei geschieht im wörtlichen Sinn ein Lernen durch „Erfahrung", denn das Erkunden neuer Wege und Orte spielt für das Raumbewusstsein eine entscheidende Rolle:[309] Zonen der Vertrautheit bilden sich aus. Das Vertrautsein mit konkreten Stellen und Plätzen

308 Es wäre zu prüfen, ob dabei im Internet verfügbare Übersichten oder virtuelle Fahrten durch bekannte Straßen („street view") hilfreich sein können. Vgl. dazu die Vorschläge in *weltwissen Sachunterricht,* 2009, Heft 1; außerdem Adamina 2009, S. 83 f.

309 Selbstverständlich sind das gemeinsame Erkunden von Wegen und Orten von hervorragender Bedeutung auch für das soziale Lernen. Unterstützt werden das Raumbewusstsein und die Orientierungsfähigkeit, wenn wir uns mit einem Kompass orientieren und die zurückgelegten Wege auf einer (Wander-)Karte oder einem Messtischblatt verfolgt werden. Die Fähigkeit zur Orientierung in Realräumen und zu einem angemessenen Umgang mit Karten als wichtige Kompetenzen stehen dabei in engem Zusammenhang.

ist die ursprünglichste Form des Bewusstseins von Raum und des Gefühls für Räume (vgl. Loch 1996). Außerdem liegt die Vermutung nahe, dass sich – im Gegensatz zu dem Modell der „konzentrischen Kreise" – kartografische Raumvorstellungen zunächst aus vertrauten „Inseln" und dann allmählich aus verbindenden Korridoren zu Netzen eines topografischen Überblicks aufbauen.
Wenn Erfahrungs- und Erlebnisräume (z.B. die Wohnung der Großeltern, das Gelände des Sportvereins) so weit entfernt liegen, dass Kinder die Distanzen nicht selbstständig überwinden und auch noch nicht überblicken können, sollten wir also nicht in negativer Weise von „Verinselung" sprechen, sondern die unterschiedlichen Eindrücke und die Vergleichsmöglichkeiten, die Kinder an verschiedenen Orten gewinnen, produktiv aufgreifen: Denn schon von sich aus sind sie dabei, ihren wachsenden Horizont nach neuen Möglichkeiten abzusuchen.

> Barbara B., kurz vor der Einschulung, war oft ohne ihre Geschwister mehrere Tage bei ihren Großeltern in unserer Nachbarschaft (Einfamilienhäuser, Garten, ruhige Nebenstraße). „Zu Hause" ist sie in der Nordstadt (hohe alte Häuser, Sanierungsgebiet, zu kleine Wohnung für die alleinerziehende Mutter mit ihren Kindern). Barbara kennt beide Bereiche der Stadt und nimmt das bewusst vergleichend auf. Zu mir sagt sie: „Hier ist ein Garten und eine Schaukel." Und, beinahe triumphierend: „Hier sind meine Freunde ... (nennt mehrere Namen) ... die kennst du auch. In der Nordstadt sind meine Freunde ... (mehrere Namen) ... die kennst du nicht!".

Nicht nur durch Gelegenheiten, sondern durch lebendige Neugier erschließt sich das Kind die Welt durch Vergleichen von „Filial-Heimaträumen" (Fiege); es gewinnt – wenigstens ansatzweise – den Blick von außen, und dazu gehört, dass es probeweise auch die Perspektive von Erwachsenen einzunehmen versucht.
Eine andere Hinsicht auf Raumwahrnehmung und -konstruktion entsteht, wenn Kinder nicht nur verarbeiten, was sie in ihrer Umgebung vorfinden, sondern die Rolle von Planern und Gestaltern übernehmen. Johannes Wittmann hat (in den zwanziger Jahren des letzten Jahrhunderts) unter dem Titel „Die ideale Stadt" dazu eine Fülle von zum großen Teil auch heute noch gültigen Anregungen gegeben (Wittmann 1967, S. 215–230). Unter anderen Gesichtspunkten – des Arbeitens als einer Grundform der Bildung und des Handelns als ästhetischer Prozess – hat Hans-Joachim Fischer (2002, S. 195–216; 2004, S. 117–129) den Bau eines Stadtmodells für den modernen Sachunterricht vorgeschlagen und Unterrichtsverläufe dokumentiert.

3.4 Unterrichtliche Aufgaben

Sehr ausführlich behandelt Hartwig Fiege (1976) die „erdkundliche Komponente" des Sachunterrichts und zeigt in detaillierter Weise vielfältige Aufgaben und

Möglichkeiten des geografischen Bezuges. Insbesondere beschreibt er an Beispielen wie aus der intensiven Beschäftigung mit Ausschnitten aus dem Nahraum allgemeine Einsichten und Begriffe (z.B. Quelle, Bach, Flusslandschaft, See, Moor, Berg und Tal, Gebirge) gewonnen werden können und wie Kinder im Entfernten das am Nahen gewonnene Allgemeine wiedererkennen. „Ein erfaßtes Allgemeines erweist seine bildende Wirkung an neuen Besonderen." (a.a.O., S. 43) Als methodische Schritte nennt er

- das Erleben der Landschaft,
- das Betrachten und Beobachten einzelner Landschaftserscheinungen,
- die genauere Erforschung von Einzelfragen und das Erschließen nicht unmittelbar einsehbarer Sachverhalte, z.B. durch Rekonstruktion ihrer Entstehung,
- das Herausarbeiten eines Zusammenhangs und das Gewinnen eines Überblicks,
- die Ausweitung in die Ferne (S. 39 ff.).

Die Klärung von Einzelfragen durchläuft bei Problemen aus der physischen wie aus der Sozial-Geografie ähnliche Stufen:

a) Herausarbeitung des Problems	
Warum wandert die Schleife des Flusses immer mehr nach außen und trägt den Hang ab?	Warum ziehen die Menschen aus der Innenstadt in neue Baugebiete (und umgekehrt)?
b) Ausbildung von Vermutungen	
Das Wasser prallt an den Hang und schwemmt die Erde weg.	Lärm, teure Mieten, wenig Grün vs. gute Einkaufsmöglichkeiten, Nähe zu kulturellen Angeboten und Schulen
c) Beobachtung und Beschreibung vor Ort, Versuche, Interview, Zählen, Kartieren	
Beobachtung am Fluss – Versuche im Sand	Interview, Recherche bei der Stadtverwaltung
d) Auswertung von Versuchen und der erhobenen Daten	
Erde und Sand werden durch die Strömung weggespült.	Die Menschen fühlen sich im Stadtkern (nicht) wohl, Häuser werden für andere Zwecke umgebaut.
e) Verallgemeinerung und Übertragung	
Prallhang und Gleithang	Menschen verlassen unwirtliche Stadtkerne oder suchen zentral gelegene Stadtwohnungen.

Landschaftsdarstellungen drücken sich ursprünglich in Bildern und Zeichnungen aus. Nach Vorarbeiten sind die meisten Kinder im dritten Schuljahr in der Lage, den Verlauf von bekannten Wegen mit zahlreichen Richtungsänderungen in Gestalt von Wegenetzen aufzuzeichnen. Der Sandkasten mit dem Aufbau der Schul-

umgebung und der damit gegebenen Sicht von oben ist eine bewährte Hilfe für das Gewinnen von Raumvorstellungen. Ein entscheidender Schritt ist dann der Übergang zur Plandarstellung, in der die Objekte nicht mehr als solche, sondern nur noch durch Symbole, vereinfachte Grundrisse oder Farbgebungen angegeben sind. Solche Pläne genügen dem pragmatischen Zweck der Orientierung.
Der Gebrauch und das Verständnis professionell erstellter Pläne und *Landkarten* erfordern gegenüber eigenen Zeichnungen inverse Operationen, nämlich die Entschlüsselung der spezifischen Symbolik, der Grundriss- und Höhendarstellung, das Erfassen der Längenverhältnisse zwischen verkleinerter Darstellung und Wirklichkeit, ausgedrückt in einem Zahlenverhältnis („Maßstab") sowie der Nordung (ausführlich bei Fiege 1976, S. 43 ff. und Engelhardt/ Glöckel 1977). Ähnlich wie beim Geschichtsfries ergibt sich die Notwendigkeit der (schrittweisen) Verkleinerung des Maßstabes auf Karten, welche die Region, Deutschland, Europa und schließlich (in einer den Kindern nicht zugänglichen Projektion) die gesamte Erdoberfläche (und auf dem Globus die Erde selbst) darstellen. Die *Einführung in das Kartenverständnis* hatte schon in der Heimatkunde eine lange Tradition, die zeigt, dass das Erfassen der Gegenstandsstruktur von Karten sowie von Liniennetzen öffentlicher Verkehrsmittel als Medien der Information und Orientierung in der Grundschule mit Erfolg angebahnt werden kann.
Parallel zur Durchdringung des unmittelbaren Erfahrungsraumes und nahegelegener „Inseln" sollte der Blick immer wieder auch auf entferntere Orte, Landschaften und Länder gerichtet werden. Die Orientierung im Atlas, auf Satellitenbildern und auf dem Globus gibt eine realitätsbezogene Vorstellung von der Erde sowie von den Größen- und Lagebeziehungen der Kontinente, Länder und Städte, der großen Gebirge, Seen, Wüsten und Flüsse, darüber hinaus aber auch Ausblicke auf neue Fragestellungen und Substanz für den Aufbau eines geografischen Überblickswissens und die Aufmerksamkeit auf unser „Leben in einer Welt".
Eine weitere Aufgabe ist das Lesen (stark vereinfachter) *Wetterkarten,* wie sie in Zeitungen und Fernsehen präsentiert werden. Hier setzt schon ein anfängliches Verstehen voraus, dass grundlegende Methoden der Erfassung der Faktoren des Wetters (Temperatur, Wind(-richtung), Bewölkung, Niederschläge) erlernt werden und schließlich auch den Ursachen solcher Erscheinungen (durch Beobachtungen, experimentelle Untersuchungen und Recherchen) nachgegangen wird. Fiege (1976, S. 51 ff.) nennt dafür Beispiele und zeigt, wie Handeln, Sprechen und Begriffsbildung methodisch verknüpft sind. Er weist aber auch auf notwendige orientierende Überbrückungen durch die Lehrerin oder den Lehrer hin.
Zur geografischen Dimension gehört auch der Bezug zur *Astronomie* und was in der Methodik-Literatur als „Himmelskunde" bezeichnet wird. In der bewussten Wahrnehmung des regelmäßigen Wechsels von Tag und Nacht, des Bogens der Sonne von ihrem Aufgang bis zum Untergang sowie in der Beobachtung der

wechselnden sichtbaren Gestalt des Mondes begegnen Kinder einem Teil der Welt, der außerhalb der Geosphäre und der Einflussmöglichkeiten der Menschen liegt. Gegenstände des Unterrichts sind Tag und Nacht in ihrer wechselnden Länge und die aufsteigende und abfallende (scheinbare) Bahn der Sonne im Lauf des Jahres als Ursache der Jahreszeiten. An einem Schattenstab im Schulhof lassen sich Schattenlängen messen und ihre Abhängigkeit von der Sonnenhöhe erkennen, Himmelsrichtungen feststellen (Windrose) und Uhrzeiten eintragen. Daran anschließen könnte sich der Bau einer Sonnenuhr.[310]

Bemerkenswert ist, dass die Sonne und der Mond recht ähnliche Bahnen zu durchlaufen scheinen, dass sich Sonne und Vollmond gegenüberstehen und sich immer von Osten nach Westen bewegen, ebenso wie „Fixsterne“, die ihre gegenseitige Position scheinbar nicht verändern. Auch hier führt die Beobachtung und Kenntnis von Phänomenen nicht nur zu lebendigem Wissen, sondern ist zugleich Basis für weitergreifende Fragen und Einsichten.

Die Mondphasen sind nicht nur Kindern zunächst rätselhaft.[311] Ein Verstehen setzt Kenntnisse über die Konstellation Sonne – Erde – Mond und ein gewisses räumliches Vorstellungsvermögen voraus: Je schmaler die Sichel ist, umso mehr beleuchtet die Sonne überwiegend die Rückseite des Mondes, und wir sehen nur

---

310 „Himmelskunde“ bleibt in der Grundschule primär an den sichtbaren Phänomenen orientiert, ohne dass dadurch ein geozentrisches Weltbild vermittelt wird. – Anregungen und Anleitungen (die z.T. weit über die Möglichkeiten der Grundschule hinausgehen) sind dokumentiert in H. Schwedes (Hrsg.): Zeit. Bausteine für ein offenes Curriculum. Stuttgart: Klett 1975 (Es handelt sich um eine Bearbeitung aus dem englischen Curriculum Science 5/13). Vgl. auch M. Ganter: Erstaunliche Himmelsphänomene. In: Grundschule, 32(2000)2, S. 48–50.

311 Nicht wenige Erwachsene führen die Mondphasen auf den Erdschatten zurück. Aber schon Kinder, die mit Schattenphänomenen etwas vertraut sind, können an Tagen, an denen Sonne und Mondsichel gleichzeitig zu sehen sind, erkennen, dass bei dieser Konstellation der Erdschatten nicht auf den Mond fallen kann. Dabei zeigt der Rücken der Sichel immer zur Sonne. Aus dieser Konstellation ergibt sich außerdem, dass die Sonne sehr viel weiter als der Mond von uns entfernt sein muss. – Erhellende Reflexionen zur Himmelskunde, die das Wissen lebendig werden lassen, anschaulich und manchmal poetisch, sind zusammengestellt bei Wagenschein 1988, S. 268–342 (vgl. auch Wagenschein 1965).

Sehen, Denken und Verstehen verbindet jene präzise Fassung der naturwissenschaftlichen Einsicht, die wir Leonardo da Vinci verdanken: *„Der Mond hat kein Licht von sich aus, und soviel die Sonne von ihm sieht, so viel beleuchtet sie; und von dieser Beleuchtung sehen wir so viel, wieviel davon uns sieht.“* (Leonardo da Vinci: Philosophische Tagebücher. Rowohlts Klassiker, Bd. 25, S. 69, zit. nach Wagenschein 1970b, S. 67)

Eine helle Sichel auf einer Kugel lässt sich mit einem Gymnastikball und einem Projektor in dunkler Umgebung erzeugen; Ball, Projektor und Beobachter bilden dabei die Eckpunkte eines Dreiecks. Am einfachsten lassen sich die optischen Verhältnisse mit einer Orange darstellen, die am ausgestreckten Arm etwas über Kopfhöhe gehalten und von einer Lampe (in einem sonst dunklen Raum) beleuchtet wird: unser Kopf stellt die Erde dar, die Orange den Mond, die Lampe die Sonne. Wenn man sich einmal um sich selbst dreht und dabei die Orange beobachtet, kann man die „Mondphasen“ im Laufe eines Monats verfolgen. Das aber sind modellbezogene Veranschaulichungen, deren Leistung für das Verstehen zu wenig untersucht ist.

einen kleinen Teil der angestrahlten Fläche. Über Mond und Sonne hinaus gibt es vielleicht Gelegenheiten für Blicke auf die Sterne (Milchstraße, auffällige Sternbilder) in einer klaren Nacht und im Planetarium. In gewisser Weise komplementär zu der Sicht in den Sternenhimmel ist die auf den Planeten Erde aus der Perspektive von Raumfahrzeugen. – Leider fehlen für gesicherte Aussagen über die Möglichkeiten und Motive von Kindern, gut sichtbare Himmelsphänomene zu verstehen, empirische Untersuchungen, die dann auch kreative methodische Zugänge berücksichtigen müssten.

Durch ihren weitgespannten Gegenstandsbereich und ihre vielfältigen Verknüpfungen mit anderen Wissensdomänen ist die geografische Dimension in besonderem Maße auf eine verbindende Vielperspektivität des Unterrichts bezogen. So verweist z.B. die Geschichte unseres Wohnortes auf die historische Dimension. Das Thema „Markt" hat naheliegende Bezüge zur Stadtgeschichte wie auch zu Ökonomie und Ökologie. Wenn wir fragen, wo die Dinge unseres Gebrauchs herkommen, richtet sich die Aufmerksamkeit auf weltweite wirtschaftsgeografische Zusammenhänge. Die Ortung von prähistorischen Funden (von Ammoniten über Saurierspuren bis zu Kulturgegenständen) verknüpft eine Landschaft mit ihrem Werden und ihrer Geschichte und kann darüber hinaus einen Hinweis auf die Evolution geben. Die Frage nach der Entstehung von Bodenschätzen eröffnet ausbaufähige Einblicke in die Erdgeschichte und in die Geologie. Das Ausmessen des Schulzimmers, das Vermessen des Schulhofes, das Zeichnen und Interpretieren von Lage- und Wegeplänen führt zur Geometrie. Wettererscheinungen oder der Kreislauf von Verdunstung, Wolkenbildung, Niederschlag oder auch der Kompass sind ohne physikalische Grundkenntnisse nicht zu verstehen. Ansätze dazu liegen nicht nur in vielperspektivischen Planungen von Unterrichtseinheiten, sondern auch schon in der Offenheit für Anregungen durch die Kinder, die z.B. von Eindrücken aus Medien und Reisen berichten. Städte, Regionen und Länder, die dabei genannt werden, lokalisieren wir auf Landkarten. In zwangloser Weise wird so, auch außerhalb der gerade laufenden Thematik, in einem kontinuierlichen Prozess der Blick immer wieder über den Heimatbereich hinaus auf ganz Deutschland, Europa und vielleicht – auch durch die Herkunft von Kindern – auf noch fernere Länder oder Erdteile gerichtet und bei den Lernenden der Aufbau vielperspektivisch angelegter Wissenskonzepte gefördert.

Generalisiert ergeben sich zentrale unterrichtliche Aufgaben, in denen physische und soziale Aspekte eng aufeinander bezogen sind. Sie setzen mit unmittelbar erfahrbaren Beispielen an und sind exemplarisch auf allgemeine Erkenntnisse gerichtet:

– Der *Aufbau von räumlichen Orientierungsmustern* beginnt mit der Erschließung des eigenen Lebensraumes im Wohnort durch die Erkundung von Wegen, markanten Stellen und Verkehrsverbindungen sowie in ihrer Darstellung in Zeichnungen, Wegeplänen und Karten. Strukturiert werden Orientierungsmuster durch Lagebeziehungen und Distanzen zwischen Straßen, Plätzen und Landschaftselementen wie Fluss, Tal, Berg.

- Das *Erkunden geografischer Räume* konzentriert sich zunächst auf Nahräume, sodann auf Landschafts- und Siedlungsformen, auf Räume spezifischer Ausprägung, ihre Nutzung und charakteristischen Merkmale (Landwirtschaft, Erholungsgebiete, Gewerbe- und Industriebereiche, Häfen, Verkehrsanlagen). Wichtige Orientierungsmittel sind Kompass und Kilometerzähler (am Fahrrad), Karten unterschiedlicher Art und in verschiedenen Maßstäben sowie Bilder und Texte.
- Das *Gewinnen eines geografischen Überblicks* erfordert den kundigen Umgang mit Karten und dem Globus. Inhaltlich bezieht es sich auf die Lage von Landschaften, Städten und Ländern, auf Küsten, Gebirge, Seen und den Verlauf von Flüssen und schließlich auf die Gliederung der Erdoberfläche in Kontinenten und Ozeanen.
- Die *Nutzung und Gestaltung von Räumen* durch die Menschen ist zunächst durch die genannten Daseinsgrundfunktionen bezeichnet. Von Bedeutung sind Einrichtungen (an unserem Wohnort und in seiner Umgebung), verbunden mit der räumlichen Infrastruktur (z.B. Einkaufsmöglichkeiten, Freizeitanlagen, Schulen, Museen, Theater, Betriebe, Behörden), Netze des öffentlichen Verkehrs sowie der Versorgung (Wasser, Energie) und der Entsorgung (Abwasser, Müll) und ebenso wirtschaftliche Verflechtungen.
- Die *Veränderung von Räumen und die Vielfalt ihrer Verflechtung* zeigt sich in erdgeschichtlichen Ereignissen (z.B. Vulkanismus, Eiszeiten und Ablagerungen) sowie in Spuren vergangener Flora und Fauna (z.B. Lagerstätten von Kohle, Erdöl oder Salz; Fossilien) und früherer Besiedelung (Ausgrabungen), aber auch in der jüngeren Geschichte der Rodung von Wäldern, der Gewinnung von Bodenschätzen, der Bebauung und verkehrstechnischen Erschließung, in Zu- und Abwanderungen und im Wechsel der politischen Zugehörigkeit. Aus der Geschichte wie aus der geografischen Lage wird oftmals die Eigenart von Räumen und Orten sowie ihre wirtschaftliche und kulturelle Orientierung verständlich.
- Der *Blick auf die Erde als unser (blauer) Planet* richtet die Aufmerksamkeit auf Konstellationen im Sonnensystem, auf das Zustandekommen der Jahreszeiten und des Wechsels von Tag und Nacht sowie der Mondphasen, auf natürliche Zyklen und Kreisläufe in der Atmosphäre (z.B. Wasserkreislauf in Verbindung mit Wettererscheinungen), auf die Klima- und Vegetationszonen, aber auch auf globale Meeresströmungen und ihre Bedeutung für Klima und Lebensräume von Pflanzen, Tieren und Menschen.

3.5 Exkurs: Verkehrserziehung

Verkehrserziehung gehört insofern zum Sachunterricht, als es dabei nicht nur um Belehrung und richtiges Verhalten in einem Teil der Lebenswirklichkeit der Kinder geht, sondern grundlegend um Verstehen des Sinnes von Verkehrsordnungen, um Normen, die solchen Ordnungen zugrundeliegen, sich in Handlungsvorschriften ausprägen und Verantwortung einfordern, aber auch um kritische Auseinandersetzung mit dem Straßenverkehr sowie um einen umweltfreundlichen Umgang mit Mobilität. Diese konzeptionelle Zugehörigkeit bedeutet zugleich eine Einbindung in den Bildungsauftrag und Bildungsanspruch des Sachunterrichts. Die schulische Aufgabe der Verkehrserziehung wird hier der geografischen Dimension zugeordnet, weil es dabei eben nicht nur um lebensweltlich bedeutsame Verhaltensregeln geht, sondern immer auch um Orientierung in Räumen (z.B. Erkundung des Stadtteils unter dem Gesichtspunkt des Verkehrs) und um die Daseinsgrundfunktion „Teilnahme am Verkehr" einschließlich der Wahl der Verkehrsmittel.[312]

Der Anfang der Verkehrserziehung lag zuerst bei einem Verkehrsunterricht, der vorwiegend pragmatisch begründet war und in erster Linie der Unfallverhütung dienen sollte. Entsprechend waren Belehrungen über Verkehrsvorschriften und Gefahren im Straßenverkehr, deren Beachtung man durch Ermahnung, Übung und Gewöhnung sicherzustellen versuchte, die dominierenden Inhalte. Verkehrsunterricht geschah meist nur am Rande des Heimatkundeunterrichts und war weitgehend Gelegenheitsunterricht anlässlich vorgeschriebener Belehrungen. Auch heute noch spielen diese speziellen periodischen Belehrungen eine wichtige Rolle; ihre Durchführung sichert die Lehrenden bei Unfällen insoweit rechtlich ab.

Über die traditionellen „Maßnahmen zur Hebung der Verkehrsdisziplin" hinaus hat sich in den sechziger Jahren eine neue didaktische Konzeption durchgesetzt, die 1972 in einer von der Konferenz der Kultusminister (KMK) beschlossenen „Empfehlung zur Verkehrserziehung in den Schulen" offizielle Anerkennung fand und 1994 um Aspekte sozial- und umweltgerechten Verhaltens erweitert wurde. Die Rahmenvereinbarung der Kultusminister fußt auf einer didaktischen Analyse des Lerngegenstandes „moderner Straßenverkehr". Daraus ergeben sich Beziehungen der Verkehrserziehung zu naturwissenschaftlich-technischen und zu sozialwissenschaftlichen Bezügen des Sachunterrichts sowie eine Neubestimmung ihrer Ziele, Inhalte und Aufgaben.

312 Gelegentlich sind Bezeichnungen wie „Mobilitätserziehung" oder „Mobilitätsbildung" vorgeschlagen worden, die jedoch nur bestimmte Aspekte der Verkehrserziehung akzentuieren. Vgl. Spitta in Bayer u.a. 1999, S. 213–228.

- Verkehrserziehung befasst sich mit den Menschen in ihrer Beziehung zu Fahrzeugen und Verkehrseinrichtungen. Insofern ist sie auch technische Bildung und Erziehung. Das Standardbeispiel für die Grundschule ist das Fahrrad.
- Verkehrserziehung bezieht sich ebenso auf Menschen in ihrem Verhältnis zur Wahl von Verkehrsmitteln, zur Verkehrsordnung und gegenüber anderen Verkehrsteilnehmern. Insofern ist sie auch gesellschaftliche Bildung und Erziehung.

Die Kinder sollen lernen, sich im Straßenverkehr (als Fußgänger und Radfahrer) umsichtig, sicher und gewandt zu bewegen und sich situationsgerecht zu verhalten. Darüber hinaus sollen sie – mit zunehmendem Alter – ein kritisches Verständnis für den Verkehrsablauf erlangen und befähigt werden, an der Verbesserung der Verkehrsverhältnisse mitzuwirken (KMK-Empfehlung). Ein Beispiel ist die Verkehrssituation im unmittelbaren Umfeld der Schule. Es geht also um beides: um Verhaltenssicherheit im Straßenverkehr und um jenes Verkehrsverständnis, das die Voraussetzung demokratischer Mitwirkung an einer humanen Verbesserung der Verkehrsverhältnisse ist. Verkehrserziehung soll die jungen Menschen mit Sach- und Sozialkompetenz ausstatten.
Diesem Anspruch gemäß lassen sich einige allgemeine Aufgaben und Leitziele benennen: Der Unterricht soll die Lernenden anleiten und unterstützen

- ihre verkehrsbezogene Wahrnehmungsfähigkeit und ihr Reaktionsvermögen sowie ihre Einschätzung der eigenen Möglichkeiten und Grenzen im Verkehrsablauf zu entwickeln,
- ein verkehrskundliches Wissen aufzubauen und verkehrspraktische Fertigkeiten einzuüben,
- sozialintegrative Formen des Verhaltens im Straßenverkehr zu internalisieren,
- komplexere Verkehrssituationen im lokalen Umfeld zu analysieren,
- beobachtete Verhaltensweisen zu reflektieren und Verkehrsmittel in ihren Funktionszusammenhängen zu bewerten,
- Vorschläge zur Lösung örtlicher Verkehrsprobleme zu entwerfen.

In Rahmenrichtlinien und Lehrplänen werden häufig folgende Themenbereiche genannt und zugehörige praktische Übungen (z.B. im Schonraum von Verkehrsgärten und im Umfeld der Schule) empfohlen:

- Orientierung auf dem Schulweg und im Straßenverkehr, Verkehrsbeobachtungen,
- Verhalten als Fußgänger,
- Wir fahren mit Bus und Bahn, Fahrpläne und Liniennetze,
- Polizeibeamte und Schülerlotsen helfen,
- Wichtige Verkehrszeichen, Vorfahrtsregeln,
- Verhalten als Radfahrer,
- Vorbereitung auf die Radfahrerprüfung.

Der Unterricht soll also bei der von den Kindern erfahrbaren Wirklichkeit des Straßenverkehrs seinen Ansatz nehmen und nicht bei Medien, die oftmals fremdartige Situationen darstellen.

4 Kinder und Wirtschaft: die ökonomische Dimension

4.1 Ökonomie und gesellschaftliche Entwicklung

Es charakterisiert die Dimensionen, dass die ihnen zugehörigen spezifischen Fragestellungen, inhaltlichen Impulse und ihr Problemlösungspotenzial unsere gesamte Lebenswelt betreffen und insgesamt auf eine Einführung in das Wissen von der Welt angelegt sind. Dabei sind sie keine getrennten Sphären, sondern überlagern sich gegenseitig. *Ökonomie (oikos:* Haus(-haltung)) betrifft nicht nur „unser Haus", sondern die Erde, die Biosphäre insgesamt. Im Mittelpunkt stehen dabei nicht so sehr die einzelnen Individuen, sondern systemische wirtschaftliche Komponenten und Zusammenhänge wie Nutzen- und Kostenkalküle, Zielentscheidungen oder durch Geld vermittelte, vielfach verschlungene Kreisläufe zwischen Produzenten und Verbrauchern, Unternehmen und Kunden, Innovationen und Infrastruktur, Knowhow und Produktivität, Abgaben und staatlichen Sicherungssystemen, aber auch zwischen Rohstoffen, Energie und Abfällen.
Alles das verbindet Ökonomie nicht nur mit Ökologie und dem Konzept der „Nachhaltigen Entwicklung" (Hauenschild/Bolscho 2005; Bolscho/Hauenschild 2008), sondern ebenso mit geografischen, biologischen und insbesondere soziokulturellen (Gesellschaft und Politik) Aspekten. Gleichwohl ist es sinnvoll, die unterschiedlichen Akzentuierungen der einzelnen Dimensionen und mit diesen ihre Leistung für das Erreichen von Bildungszielen und für das Gewinnen von Kompetenzen hervorzuheben. Denn eine alles vereinnahmende „Ganzheitlichkeit" übersieht in ihrer Unbestimmtheit allzu leicht ihre eigenen Defizite und hat in ihrem totalisierenden Anspruch zumeist auch noch den Preis von umfassender Unschärfe. Die Metapher von der Vernetzung setzt das unter bestimmten Intentionen zu Verbindende immer schon voraus.
Die Ökonomie hat im zwanzigsten Jahrhundert, vor allem nach dem Zweiten Weltkrieg, eine dominierende Rolle gewonnen. Wissenschaft und Technik, oft auch das Bildungssystem, werden als Wirtschaftsfaktoren gesehen und stehen mit wirtschaftlichen Bedingungen in Wechselwirkung. Länder werden nach ökonomischen Gesichtspunkten klassifiziert, und das Wohlergehen der Völker hängt weitgehend von der Wirtschaft ab. Eine Wirtschaftsordnung ist mit einer Gesell-

schaftsordnung auch darin verknüpft, dass sie nicht nur ein Warenangebot organisiert, sondern mit neuen Waren (z.B. technischen Innovationen) auch dazugehörige Lebensweisen hervorbringt. Das Wirtschaftliche ist weltweit ein Faktor der Kulturentwicklung.

Es gibt wichtige Vorboten. Im 18. Jahrhundert war es die nationalökonomische Schule der Physiokraten in Frankreich, die in Ablehnung des Merkantilismus ein unreglementiertes Wirtschaftsleben forderten. Adam Smith (1723–1790), der Begründer der klassischen Nationalökonomie in England, sieht die Basis des Wohlstandes in der Förderung der Arbeit durch Investitionen in die Produktion und in der Mechanisierung sowie in der durch Arbeitsteilung gesteigerten Ertragskraft der Arbeit aller.[313] Der Marktwert der Güter ist ihr Tauschwert; im freien Wettbewerb soll sich (im nationalen Rahmen) ein Gleichgewicht zwischen Produktion, Verbrauch, Lohn und Preis und damit eine natürliche Harmonie des wirtschaftlichen und sozialen Lebens entwickeln. Alle Eingriffe in die sich selbst herstellende Ordnung seien schädlich. Wenn jeder Wirtschaftsakteur seine eigenen Interessen verfolgt, dann ordne eine „unsichtbare Hand" die individuellen Handlungen so, dass das Gemeinwohl am besten gefördert wird. Eigennutz, nicht etwa Altruismus sei die Triebfeder des gesamtwirtschaftlichen Wohlstandes.[314]

Ein durchgreifendes wirtschaftliches Phänomen des 19. Jahrhunderts ist die Industrialisierung und mit ihr die Entstehung der Arbeiterklasse. Karl Marx (1818–1883) hat insbesondere mit seinem Hauptwerk (Das Kapital. Kritik der politischen Ökonomie. Bd. 1, 1867) eine umfassende und grundsätzliche, sozialphilosophisch begründete Analyse und Kritik dominanter Züge der kapitalistischen Produktionsweise und ihrer Theorie vorgelegt. Marx ist der Überzeugung, dass die Geschichte von ökonomischen Bedingungen geleitet wird, und dass, wer die Lebensbedingungen der Menschen ändern will, die ökonomischen Bedingungen ändern muss. Er macht deutlich, dass wirtschaftliche Verhältnisse von Menschen gemacht und veränderbar sind, dass sie Beziehungen von Personen oder „Klassen" ausdrücken und nicht durch vermeintliche Sachzwänge festgelegt, also auch nicht ohne Alternative sind. Radikal stellt er die Frage, wem das Wirtschaf-

313 Hintergrund für die industrielle Revolution, die um 1770 in England ihren Anfang hat, sind – bei steigendem Potential an Arbeitskräften – einerseits die Erfindung der Dampfmaschine mit den weitreichenden Folgen für eine effiziente Kohleförderung, die gesteigerte Herstellung von Stahl und Baumwollprodukten, schließlich die Verbesserung des Transportwesens (Eisenbahn und Schifffahrt) und die Ausweitung des (Übersee-)Handels, andererseits aber auch die geistigen Leistungen der Aufklärung und die Sicherheit von Besitzrechten an Produktionsmitteln.

314 A. Smith: Der Wohlstand der Nationen (1776). – An die Stelle des Glaubens an die „unsichtbare Hand" als ordnende und treibende Kraft des Fortschritts scheint mehr und mehr der an die unsichtbare Herrschaft der ökonomischen Zwecke oder an das Wachstum getreten zu sein: „Nachdem sie zunehmend unter Arthrose zu leiden begann, übernahm das Desiderat des wirtschaftlichen Wachstums selbst diese Funktion." (Niklas Luhmann: Die Wirtschaft der Gesellschaft, 1988, S, 99 f.).

ten nutzen soll, also nach der gerechten Verteilung der Erträge. Er diskutiert die Fragwürdigkeit eines fortgesetzten Wachstums in real beschränkten Verhältnissen und das Problem der Zyklen von Auf- und Abschwüngen, also Schwächen des Kapitalismus, die bis heute fortwirken. Das Kapital identifiziert er als eine gesellschaftliche Macht.

Am Ende des Jahrhunderts untersuchte Georg Simmel (1858–1918) in seiner „Philosophie des Geldes" (1900) wie die Geldwirtschaft Gesellschaft und menschliches Verhalten beeinflusst und verändert. Er bezeichnete das Geld als Kommunikationsmittel ersten Ranges; in der Welt der Waren würden die sozialen Beziehungen auf reine Rechenhaftigkeit gestellt. Indem das Geld zum Ausdruck und Äquivalent aller Werte werde, fänden in ihm die fremdesten Dinge ihr Gemeinsames. Als universelles Mittel, das ursprünglich nur den Handel erleichtern sollte, kann sich Geld zu einem Selbstzweck verselbstständigen, Sachzwänge erzeugen, Lebensziele überformen und dem Menschen ein fortwährender Stachel zur Tätigkeit sein.

Unter dem Eindruck der Weltwirtschaftskrise der zwanziger Jahre wandte sich der britische Ökonom und Mathematiker John Maynard Keynes (1883–1946) gegen die herrschende wirtschaftsliberale Lehre. In seinem Hauptwerk (Allgemeine Theorie der Beschäftigung, des Zinses und des Geldes, 1936) entwarf er Grundzüge einer Wirtschaftspolitik, in welcher der Staat durch gesamtwirtschaftlich orientiertes Handeln eine entscheidende Rolle spielt.

Kolonialismus und Erster Weltkrieg, Weltwirtschaftskrise und Massenarbeitslosigkeit, Inflation, dann – in Deutschland – Konjunktur durch Aufrüstung, Zwangs- und Kriegswirtschaft unter dem Nationalsozialismus, Hunger und Not in den Nachkriegsjahren, schließlich das „Wirtschaftswunder" und Konjunkturwellen sind Erfahrungen des 20. Jahrhunderts. Das ökonomische Interesse steht hinter Weltpolitik und Entwicklungshilfe, regionalen Kriegen (Golfkriege) und Völkergemeinschaften (Europäische Wirtschaftsgemeinschaft 1957 und Europäische Gemeinschaft 1993, Europäische Währungsunion 1999). Die Ökonomie hat kulturprägende Vorstellungen von Lebensstandard und Konsum hervorgebracht oder doch ermöglicht; ökonomische Werte kennzeichnen unsere Lebenswelt ganz wesentlich. Wirksam geworden ist aber auch das Prinzip der sozialen Gerechtigkeit, das in der „sozialen Marktwirtschaft" seinen Ausdruck finden sollte und dem „Sozialdarwinismus" entgegensteht. Es verdankt sich nicht allein sozialphilosophischen Einsichten, sondern auch der Erfahrung, dass der Markt kein gutartig selbstlaufender Mechanismus ist und staatlicher Regelung bedarf, um Benachteiligungen und Abhängigkeiten abzumildern, einen unerlässlichen Ausgleich zu sichern und eine demokratische Entwicklung nicht zu behindern.

In der aktuellen, durch die 2008 beginnende Wirtschaftskrise ausgelösten Diskussion wird insbesondere darauf hingewiesen, dass der *Markt* kein geeignetes

Steuerungssystem für das Gemeinwohl und gesellschaftliche Entwicklungen ist, denn erstens erweist er sich als zukunftsblind, da er die Interessen der künftigen Generationen kaum berücksichtigt. Die Geltung des Prinzips der Nachhaltigkeit des Wirtschaftens muss dem Markt durch eine politisch gesetzte Rahmenordnung erst abgerungen werden. Zweitens ist der Markt verteilungsblind. Die gesellschaftliche Ordnung aber muss darauf ausgerichtet sein, eine gerechte Verteilung von Einkommen und Teilhabe zu fördern, schon um demokratische Prinzipien und den sozialen Frieden zu sichern. Drittens ist der Markt nicht darauf ausgerichtet, die notwendigen kollektiven Güter bereitzustellen. Über die Infrastruktur von Verkehrs-, Kommunikations- und Versorgungseinrichtungen hinaus, die auch unmittelbar der Wirtschaft dienen, hängt die Lebensqualität in hohem Maße davon ab, dass es gute Schulen für alle Kinder gibt, außerdem z.B. Theater, Museen, Bibliotheken oder Forschungseinrichtungen, die unter öffentlicher Verantwortung stehen und durch Steuern zu finanzieren sind.

Bedeutung für das Curriculum des Sachunterrichts gewinnt die ökonomische Dimension nicht allein durch den Gesichtspunkt der Nützlichkeit, der Vorbereitung auf mündiges, existenzsicherndes wirtschaftliches Handeln, sondern zugleich auch als erste Einführung in einen hochkomplexen Bereich menschlicher Konstrukte, Institutionen und Mittel, die in ihren Zusammenhängen nicht „zu handen" und unmittelbar erfahrbar sind, wohl aber in ihren Auswirkungen die einzelnen Menschen und die Gesellschaft insgesamt gravierend betreffen. Da Wirtschaft, lokal und global, nicht nur die eigene Lebensführung beeinflusst, sondern auch ganz wesentlich mit gesellschaftlichen Interessen und staatlichem Handeln verknüpft ist, müssen die Bürger in einer Demokratie mit Grundkenntnissen ausgestattet werden, die ihnen Alternativen wirtschaftlicher Entscheidungen verständlich machen und eine Urteilsfähigkeit über gesamtwirtschaftliche Komponenten ermöglichen. Das gilt zumal in einer *Marktwirtschaft*, die nicht nur vielfältige Chancen, sondern auch die entsprechenden Gefahren bereithält. Die Vorbereitung ökonomischer Einsichten, d.h. einer Ausstattung zur Bewältigung ökonomiebezogener Lebenssituationen in ihrer Gesamtheit, ist Teil der grundlegenden Bildung, welcher der Sachunterricht verpflichtet ist.

Dabei sind die Schwierigkeiten offensichtlich: Einzelwirtschaftliche Optionen oder Handlungsmuster aus dem engeren Erfahrungsbereich sind nicht in einfacher Weise auf die Gesamtwirtschaft übertragbar. Die Interdependenz ökonomischer Faktoren ist so komplex, dass auch ein aufmerksamer Beobachter die gesamtwirtschaftlichen Zusammenhänge kaum mehr zu überblicken vermag und die Abschätzung von Folgen gegenwärtigen Handelns von Einzelnen (z.B. Verbrauchern), Institutionen und Staaten in hohem Maße unsicher bleibt. In (Welt-) Wirtschaftskrisen wird besonders deutlich, dass globale Entwicklungen Auswirkungen bis in den privaten Bereich haben (z.B. Arbeitslosigkeit, Energiepreise,

Inflation). In den notwendigen Vereinfachungen auf ökonomische Fakten und Relationen, die Kindern fasslich sind, sollten von den Lehrenden übergreifende Strukturen immer mitgedacht werden, damit keine falschen Bilder und Vorstellungen vermittelt werden und dabei fremd bleibt, was außerhalb des eigenen Anschauungsbereiches liegt. Sachunterricht, der Ansatzpunkte weiterführenden Verstehens setzt, wird sich darauf konzentrieren, überschaubare wirtschaftliche Tätigkeiten und Beziehungen, in denen ökonomische Grundideen stecken, als Phänomene exemplarisch zu erhellen, in ihren inhärenten Bedingungen zu erklären und ihre Bedeutung einsichtig werden zu lassen.

4.2 Marktwirtschaftliche Elementaria

Theoretische und inhaltliche Bezugssysteme für die ökonomische Komponente grundlegender Bildung sind ein wirtschaftswissenschaftliches Grundverständnis und eine Wirtschaftsordnung, die für die Europäische Union konstitutiv ist und die sich in Deutschland als „soziale Marktwirtschaft" ausgeprägt hat. Denn auf diese marktwirtschaftliche Ordnung beziehen sich alle für den Sachunterricht relevanten Handlungsfelder sowie die strukturellen Zusammenhänge des Wirtschaftens (vgl. Kaminski 2008, bes. S. 51 ff.).[315] Dabei sollten ungelöste Probleme (z.B. Grenzen und Qualität des Wachstums, zyklische Abfolgen von Expansion und Rezession, Regulierung des Marktes, gerechte Verteilung von Erträgen) ebensowenig ausgeblendet werden wie die verführerische Verheißung, dass Leistung, Kreativität und Risikobereitschaft unbedingt lohnende Rendite versprechen. Unübersehbar ist die Tendenz, dass wirtschaftliche Dynamik zum Zwang wird, den Konsum zu steigern, Produktionszyklen zu verkürzen, die Lebensdauer von Gebrauchsgütern durch neue Anreize einzuschränken und dadurch den Wirtschaftskreislauf immer mehr zu beschleunigen. Wo die Gefahr erkannt wird, dass ein immanenter Wachstumszwang, getrieben von einer bemerkenswerten merkantilen Fantasie, Gewalt über Leben und Denken gewinnt, Ungleichheiten verstärkt und ökologische Lebensbedingungen gefährdet, wächst aber auch ein kulturelles Unbehagen und schließlich die Bereitschaft, Möglichkeiten für eine nachhaltige Entwicklung (sustainable development) zu suchen und in den Bildungsprozess

315 Kaminski betont mit Nachdruck, dass diese Einschränkung (d.h. der Ausschluss von Planwirtschaft) nicht die Fortschreibung einer Wirtschaftsordnung bedeutet, sondern Voraussetzung ist, „um überhaupt die Grundlage für eine problemorientierte Auseinandersetzung mit ihren Strukturen und Prozessen zu ermöglichen und einen Ansatz zu finden, sich mit den virulenten Überzeugungen, Wertmustern, die es in unserer Gesellschaft zur Sozialen Marktwirtschaft gibt, auseinander zu setzen ..." (a.a.O., S. 53). – Außerdem gelten ökonomische Gesetze nur unter den Rahmenbedingungen einer institutionalisierten Wirtschaftsverfassung, diese definiert die Bedingungen ihrer Gültigkeit.

einzubringen (vgl. Bolscho/Hauenschild 2008). Das Nachdenken über Nachhaltigkeit, also über Wege, notwendiges wirtschaftliches Wachstum und das Leben in einer hochtechnisierten Gesellschaft bei gleichzeitiger Schonung von Ressourcen und Umwelt zu ermöglichen, ist eine zunehmend dringliche gesamtgesellschaftliche Aufgabe und ein moralisches Gebot.[316]

Wirtschaften enthält eine immanente Logik, die wohl zuerst aus den materiellen Bedürfnissen menschlicher Gesellschaften angestoßen wird, dann aber, wenn es über die Hauswirtschaft hinausgeht, eine Eigendynamik entwickelt. Das teilinvalide Mitglied einer Steinzeitsippe, spezialisiert auf die Herstellung guter Pfeilspitzen, wird in der Zeit vor dem Aufbruch zur großen Jagd die Produktion bis an seine Grenzen steigern, in der Erwartung, dass es später von den erfolgreichen Jägern angemessen an der Beute beteiligt wird. Seine Arbeit dient künftigen Bedürfnissen. Schon in dieser fiktiven, rudimentären und marktwirtschaftlich gedachten Situation gibt es Arbeitsteilung, Wertschöpfung und Erlös, Angebot und Nachfrage, Erwartung und Spekulation, „Kredit" (als zeitversetzte Bezahlung), „Tilgung" und „Rendite". Denn der Pfeilspitzen-Produzent stellt seine Ware in der Erwartung einer sicheren und rentierlichen „Rückzahlung", d.h. im Vertrauen auf die Verlässlichkeit der Gruppe, ihrer Regeln und Normen, im Voraus zur Verfügung. Die Geschichte enthält den ursprünglichen Kerngedanken des Wirtschaftens: die eigenen Bedürfnisse und die der anderen in einer fairen Tauschbeziehung zu befriedigen. Man kann die Überlegung unter kapitalistischem Vorzeichen ausweiten: Der Meister wird andere Gruppenmitglieder anleiten, und es entwickelt sich eine „Werkstatt" als „Unternehmen", das Gewinne macht. Gute Produkte sind auch außerhalb der engsten Umgebung begehrt, und es entsteht ein weitergreifender Tauschhandel; Angebot und Nachfrage regulieren den Preis (Überangebot oder Knappheit eines Gutes).[317]

Damit ist in elementarer Weise ein zweckrational-kapitalistisches Handlungssystem skizziert, das Teil der sozialen Wirklichkeit wird und dessen regulatives Prinzip der „freie Markt" ist. Es ist an wenige Voraussetzungen gebunden: eine allgemeine Erwerbs- und Vertragsfreiheit jedes Einzelnen, die unbeschränkte Freiheit

316 Vgl. dazu H. Ch. Binswanger (Die Wachstumsspirale, Marburg 2006), der unter ökonomischen Gesichtspunkten im Hinblick auf die Begrenztheit der Ressourcen für eine Begrenzung der Wachstumsraten argumentiert.

317 In der politischen Debatte wird das Wort Kapitalismus oft als Kampfbegriff gebraucht, deshalb wird im deutschsprachigen Raum zumeist von Marktwirtschaft gesprochen, in der vielfältige Möglichkeiten bestehen, durch welche die Menschen mit Einfallsreichtum und Initiative ihren Lebensunterhalt erwirtschaften können. – Die Handlungen und Motive des Pfeilspitzenherstellers können freilich auch anders gedeutet werden, z.B. in kommunitaristischem Sinne als Dienst für die Gemeinschaft oder man könnte an die Vergesellschaftung der Produktionsmittel denken. – Ersichtlich wird aber auch, dass Marktmodelle, die über einfachen Tauschhandel hinausgehen, zusätzliche Komplexität für das soziale Leben schaffen.

des Handels- und Kapitalverkehrs und die Garantie der Verfügungsfreiheit über individuelles Eigentum, einschließlich des Besitzes von Wissen, (technischem) Können und von Produktionsmitteln. Nicht vorgesehen ist in der kapitalistisch verstandenen Freiheit und im Eigentumsrecht des Einzelnen das Gemeinwohl; das soziale Moment einer Marktwirtschaft muss durch staatliche Regulierungen gewährleistet werden.
Für aktuelle Bedürfnisse stand nicht immer ein gefragtes Tauschobjekt zur Verfügung. Man braucht also – wo einfache Versprechen nicht mehr genügen – zur Überbrückung „Geld", das den Wert der Ware (den Preis) repräsentiert und das später wieder in Ware umgesetzt werden kann, zwischenzeitlich aber als Wertspeicher fungiert und schließlich zum universellen Zahlungsmittel wird, das überall und unabhängig von den Personen, die damit umgehen, dem Bedürfnis nach Tauschmöglichkeit (Liquidität) dient. Damit wird *Geld* zum zentralen Medium des Wirtschaftens und gültigen Äquivalent des Wertes von Arbeit und Waren. Geld kann man horten und akkumulieren. Als Verrechungseinheit und allgemeines Maß des Wertes gewinnt es die Funktion einer potentiellen Kaufkraft für Waren und Dienstleistungen und verleiht dadurch Macht. Zu *Kapital* wird es, wenn es zur Vermehrung aus sich selbst oder zur Erweiterung der Produktion eingesetzt wird: Man kann es gegen Zins verleihen, man kann es in Geräte, Maschinen, Werkstätten und Fabriken, in Geschäfte, Gebäude und Grundstücke, in die Gewinnung von Rohstoffen und Energie, aber auch in die Entlohnung von „Mitarbeitern", d.h. von Arbeitskraft und Arbeitszeit – immer mit dem Ziel einer Rendite – investieren.[318] Kapital kann sich schließlich von der Realwirtschaft ablösen und diese beschädigen, wie die jüngste Wirtschaftskrise erneut gezeigt hat. Andererseits ist wirtschaftliche Produktion, Warenverteilung und Dienstleistung an den Einsatz von Kapital gebunden. Der Aufbau oder die Modernisierung einer Firma erfordert Investitionen bevor erste Produkte entstehen und verkauft werden können. Diese Kluft zwischen vorgängiger Investition und einsetzender Rendite wird in der Regel durch einen Kredit überbrückt. Kredite haben einen Preis (Sicherheiten und Zinsen). Der Verkaufswert (Ertrag) der erzeugten Waren muss also mindestens so hoch sein, dass neben den eigentlichen Produktionskosten (Material, Energie, Löhne, Steuern ...), Zinsen und Tilgung auch noch ein Gewinn erzielt wird. Es gilt das wirtschaftliche Prinzip von Risiko und Erfolg. Die Kapitalzinsen und der Gewinn des Unternehmens drücken sich in einem Mehrwert aus, der erwirtschaftet werden muss. Den Mehrwert erzeugen (nach Karl Marx) die arbeitenden Menschen mit ihren stets verbesserten Werkzeugen und Maschinen. (Die Arbeitsmittel und -gegenstände, wie überhaupt die gesamte materielle Ausstattung, werden in der Ökonomie dem Kapital zugerechnet.)

318 Geld als fragwürdige Belohnung kann sogar Spiel in bezahlte Arbeit verwandeln, z.B. im Sport.

Generell aber sind marktwirtschaftliche Aktivitäten in spezifischer Weise auf Gewinn, Wachstum und Fortschritt ausgerichtet, nicht immer im Sinne gesamtgesellschaftlicher Interessen. Eines ihrer zentralen Merkmale ist der Wettbewerb auf dem Markt, d.h. die Konkurrenz der Ideen und Produkte, aber auch der Individuen und Unternehmen, unterstützt durch die Versprechungen der Werbung.
Mit zunehmender Industrialisierung hat der Zusammenhang zwischen Ökonomie und Umwelt Bedeutung gewonnen. Solange das Wirtschaften die Umwelt nicht ernsthaft belastet hat, konnten Luft und Wasser als allgegenwärtige Ressourcen betrachtet werden, deren beliebige Nutzung freistand. Heute muss umweltbelastendes Wirtschaften als Abgabe von Kosten nach außen verstanden werden, für die Verantwortlichkeit einzufordern ist. Schon vor mehr als zwanzig Jahren mahnte der Biologe und damalige Präsident der Deutschen Forschungsgemeinschaft Hubert Markl:

> „Wenn der Nutzen eines umweltbelastenden Verhaltens für den Einzelnen groß, gewiß und unmittelbar ist, während seine Nachteile sich auf viele Menschen und lange Zeit verteilen und vielleicht sogar nicht sicher vorhersagbar sind, dann ist die Versuchung, sich am öffentlichen Kollektivgut Umwelt zu vergehen, für allzuviele unwiderstehlich. ... Externe Kosten sind es auch, wenn wir heute die Vorteile einer Wirtschaftsweise genießen, für deren anschwellende Nachteile unsere Nachkommen aufzukommen haben, oder wenn wir Länder der dritten Welt dazu verleiten, ihre Umwelt zu unseren Gunsten auszubeuten. Externe Kosten sind Ausdruck unserer Neigung zum Sozialschmarotzertum, sei es nun absichtsvoll oder in Unkenntnis der Folgen. Ein Vorgang, der meist auf eine Ausbeutung der Ungeborenen durch die Geborenen hinausläuft, eine Art Intergenerationenversicherungsbetrug." (H. Markl: Die Natur schlägt zurück. In: Die ZEIT, Nr. 50 v. 4.12.1987, S. 82)

Freilich ist es schwer für den einzelnen Bürger, ein Wirtschaftsunternehmen oder eine Kommune, nicht den schnellen Vorteil zu suchen, denn die umweltbelastenden externen Kosten zu vermeiden heißt zunächst, die eigenen Kosten zu erhöhen. Wenn etwa eine Firma ihre Produktion verteuern oder einschränken muss, um den Belangen der Umwelt zu genügen, so braucht sie dazu nicht nur technisches Wissen, Kapital, Einsicht und Mut, sie braucht auch nationale und internationale Rahmenbedingungen, die es ihr erlauben, so vorzugehen ohne sich zu ruinieren, also z.B. ein entsprechendes Bewusstsein der Verbraucher und rechtliche Regelungen, die jene bestrafen, die ihre Kosten externalisieren. Allein schon deshalb ist das Wirtschaftssystem eines Landes auf weltweite friedliche Kooperation angewiesen, weil es nur im Frieden zu vernünftigen Verträgen und einem allseitigen Interessenausgleich kommen kann.
Auch das verweist auf Wechselwirkungen zwischen Wirtschaftsordnung und Gesellschaftsordnung. Aber wenn im Curriculum der ökonomische Bezug unter einen allgemeinen gesellschaftlichen subsumiert würde, dann träten auch in der

didaktischen Ausgestaltung dieser Perspektive domänenspezifische Kategorien, funktionale Zusammenhänge und Regeln (Umgang mit Knappheit und Bedarf, Tausch und Geld, Nutzen und Gewinn), die für ein ökonomisches Grundverständnis erforderlich sind, gegenüber Problemen der sozialen Ordnung in den Hintergrund.[319] Dimensionen aber sollen spezifische Perspektiven eröffnen. Gleichwohl sind Prinzipien wirtschaftlichen Handelns in hohem Maße mit einem Gesellschafts- und Menschenbild verbunden. Doch das Konstrukt eines *Homo oeconomicus,* des ausschließlich nach einem Nutzenkalkül handelnden Menschen, beschreibt unter pädagogischen Gesichtspunkten, zu denen die Prinzipien Verantwortung (Jonas 1984) und Gerechtigkeit gehören, kein Leitbild, sondern nur einen Aspekt menschlicher Möglichkeiten.[320]
Ökonomische Prozesse beruhen auf direkten oder indirekten Interaktionen, die Interessenkonflikte erzeugen können. Deshalb sind Regelsysteme und Institutionen erforderlich, die Rahmenbedingungen schaffen, Ordnungen stiften und Sicherheiten geben. So darf z.B. bei einem „Tausch" keiner der Partner von einem anderen beherrscht werden, und jeder muss die Sicherheit haben, dass ein Vertrag durch ein Rechtssystem geschützt ist, das seinerseits auf ethischen Prinzipien beruht. Eine verlässliche Regelung problematischer Interessenkonstellationen verlangt deshalb eine Beschränkung wirtschaftlicher Macht und eine demokratische Beteiligung sowie eine angemessene Berücksichtigung berechtigter Ansprüche Anderer auf der Grundlage moralischer Bindungen und verbindlicher Rechtsnormen. Zur Ordnungsfunktion des Staates, der dem Rechtsfrieden und der Freiheit, einem gerechten sozialen Ausgleich und der Vorsorge verpflichtet ist, kommt seine Zuständigkeit für eine gute öffentliche Infrastruktur (Einrichtungen für Verkehr und Kommunikation, Bildung und Gesundheit, Sicherheit und Recht). Finanziert werden müssen der Bestand und die Leistungen des Staates und seiner Institutionen aus den Erträgen der Volkswirtschaft, also aus Steuern und Abgaben. Die kollektiven Güter, zu denen insbesondere auch kulturelle Einrichtungen gehören, sind nicht nur Bedingungen einer guten Lebensqualität, sondern auch Voraussetzungen für Wirtschaftsstandorte und ihre Vernetzung.

---

319 Diese Gefahr besteht, wenn die ökonomische Perspektive der gesellschaftlichen untergeordnet wird, wie es im Perspektivrahmen Sachunterricht (GDSU 2002) geschehen ist.

320 In der Pädagogik hat wohl erstmalig Eduard Spranger den Homo oeconomicus charakterisiert: „Der ökonomische Mensch im allgemeinsten Sinne ist also derjenige, der in allen Lebensbeziehungen den Nützlichkeitswert voranstellt." (Spranger: Lebensformen. Geisteswissenschaftliche Psychologie und Ethik der Persönlichkeit. Tübingen ^{8}1950, S. 148)

4.3 Grundbegriffe und Lernaufgaben

Kinder sind insbesondere im Bereich der Hauswirtschaft in vielerlei lebensweltliche Aktivitäten einbezogen. Schon einfache ökonomische Kompetenzen setzen aber nicht nur ein Handlungswissen, sondern auch ein Verstehen von Zusammenhängen voraus. Im Unterricht verbinden sich deshalb die für alltägliche wirtschaftliche Verhaltensweisen erforderlichen Erfahrungen mit ersten Einblicken in systemische Komponenten und allgemeineren Strukturen. Wirtschaft ist ein verschlungener Zusammenhang komplexer Regelkreise, an denen auch irrationales Verhalten Anteil hat. Trotzdem müssen wir im Sachunterricht mit (durch lebensweltliche Nähe und didaktische Reduktion gewonnenen) monokausalen Ursache-Wirkungsbeziehungen beginnen.

Einige Ansatzpunkte für primäres Lernen liegen nahe:

- Kinder entwickeln Bedürfnisse, die sie befriedigen wollen. Sie bemerken aber auch, dass viele Wünsche – eigene, die von Freunden, Geschwistern, Eltern – nicht erfüllt werden können, weil die wirtschaftlichen Mittel (das Geld) dafür nicht vorhanden sind. Und so denken sie über die Herkunft und die Verteilung des Geldes nach.[321]
- Kinder tauschen Spielzeuge, Süßigkeiten, Medien, Bücher und anderes mehr. Dabei erkennen sie, dass der Tauschwert nicht einfach objektiv gegeben ist, sondern von der Bedürfnislage („Angebot und Nachfrage") der Tauschpartner abhängt und dass man vielleicht unbedacht schnell etwas Wertvolles für ein „Linsengericht", d.h. für ein nur augenblickliches Bedürfnis vergeben hat.
- Kinder werden in wirtschaftliche Aktivitäten der Familie einbezogen, z.B. beim Einkaufen. Dabei erhalten sie einen ersten Einblick in die Bedürfnisse einer Gemeinschaft und in das entsprechende Warenangebot, also auch in konkurrierende Wünsche und Ziele.
- Kinder sind potente Konsumenten im Bereich von Handel und Unterhaltungsindustrie. Vom Spielzeug bis zum Computer: „Das Kind ist zum Kunden geworden. Es ist auf dem Weg zu lernen, daß ein gutes Leben darin besteht, die richtigen Waren und Dienstleistungen zu konsumieren ...".(H.-G. Rolff, zit. n. H. Ullrich: Vom Kinde lernen. In: Ullrich/ Hamburger 1991, a.a.O., S. 102)
- Kinder entdecken globale wirtschaftliche Zusammenhänge, insbesondere wenn sie sich die Herkunft von Waren ihres eigenen Gebrauchs bewusst machen (Trauben und Äpfel aus Südafrika oder Chile, Spielzeug aus China, T-Shirts und Jeans aus Indien oder Taiwan) oder fragen, wohin deutsche Produkte verkauft werden, z.B. Autos und Maschinen.

321 Vgl. dazu die bei Kahlert dokumentierte Unterrichtsvorbereitung zum Thema „Wünschen und Brauchen" (Kahlert 2009, S. 248 ff.), außerdem das unter der Leitung von J. Kahlert verfasste und vom Bayerischen Staatsministerium der Justiz und für Verbraucherschutz herausgegebene Arbeitsheft „Kaufen, tauschen, herstellen – was ist mir das wert?" (München 2010).

- Kinder lernen sparen, d.h. Mittel zu akkumulieren für eine größere Anschaffung (Fahrrad, Gameboy ...). Sie lernen dabei, aktuelle Wünsche zugunsten größerer Ziele zurückzustellen und werden unabhängiger von momentanen Situationen.
- Kinder entwickeln Vorstellungen über die Arbeit oder Arbeitslosigkeit ihrer Eltern, vergleichen die wirtschaftlichen Verhältnisse in ihrer Umgebung und fragen nach den Bedingungen des Geldverdienens.
- Kinder sind schließlich (bevorzugte) Adressaten der Werbung und zunehmend deren Verlockungen und Bedürfnismanipulationen ausgesetzt; sie sind zwar nur bedingt geschäftsfähig, doch steht ihnen ein vielschichtiger Markt gegenüber. Sie müssen lernen, ihre Interessen (als Verbraucher) von denen anderer zu unterscheiden und auch über die Folgen von Schulden nachzudenken.

Solche in soziale Kontexte eingebundene Ansatzpunkte des Lernens enthalten affektive und kognitive Momente. Sie können nicht allein zufälligen außerschulischen Erfahrungen überlassen bleiben. Wo es gilt, Sachzusammenhänge zu durchschauen, hat der Unterricht eine Aufgabe. Darüber hinaus sollte die Ethik der Gerechtigkeit schon an der Basis des ökonomischen Lernens ansetzen: Sie relativiert die Bedeutung des eigenen Nutzens.
Eine Durchsicht von Lehrplänen und Richtlinien zeigt, dass die Spannweite der für den Sachunterricht vorgesehenen ökonomischen *Inhalte* groß ist; genannt werden z.B.

- Bedürfnisse und Angebote an Waren und Dienstleistungen,
- Kaufverhalten und Umgang mit Geld, Sparen und Vorsorge, Kredit und Kapital,
- Konsum als Verwendung des Einkommens und Umgang mit den Dingen,
- Güterherstellung und -verteilung, Handel und Güteraustausch, wirtschaftliche Kreisläufe,
- Verbraucherschutz und Verbrauchererziehung,
- Armut und Reichtum bei uns und in anderen Ländern,
- Haus- und Erwerbsarbeit,
- Arbeit und Arbeitsteilung, verschiedene Berufe, Betriebe und Wirtschaftszweige, Arbeitsplätze und -bedingungen, Arbeitslosigkeit,
- Produktionen und Dienstleistungen am Ort, Herstellung ausgewählter Güter,
- Arbeits- und Wirtschaftsbedingungen in früheren Zeiten, Kinderarbeit,
- Bedeutung von technischen Innovationen,
- Sinn und Begriff des Wirtschaftens sowie ökonomische Prinzipien.

Grundbegriffe, die in diesen Zusammenhängen als erschließungsmächtige Kategorien vorbereitet und allmählich mit Inhalt gefüllt werden müssen, sind u.a.

- *Geld* als universelles Tauschmittel und Wertspeicher, Bank (Sparkasse) und Konto,

- *Güterherstellung* als handwerkliche und industrielle Produktion,
- *Markt* als Verteilungssystem und Angebot von Gütern und Dienstleistungen,
- *Verbraucher* als Träger von Bedürfnissen und seine wirtschaftliche Position,
- *Preis* als Entgelt für die Erlangung einer Ware oder Leistung bzw. als Relation zwischen Wert und gefordertem Entgelt, Nutzen und Kosten, „preiswert" im Unterschied zu „billig",
- *Arbeit* als individuelles und gesellschaftliches Phänomen und die auf Schaffung von Werten gerichtete körperliche und geistige Tätigkeit des Menschen,
- *Einkommen* als verfügbare Geldmittel – Schulden und Verbindlichkeiten,
- *Werbung* als Information über ein Warenangebot und Versuch der (suggestiven) Beeinflussung von Verbrauchern im Zeichen des Wettbewerbs,
- *Konsum* als Verbrauch von Sachgütern und Inanspruchnahme von Dienstleistungen zur unmittelbaren Bedürfnisbefriedigung – Konsumentenverhalten,
- *Eigentum* als Besitz, Verfügungs- oder Nutzungsrecht über eine Sache.

Auch in diesen Punkten kommt der prinzipielle Zusammenhang zwischen Wirtschaft und Gesellschaft zum Ausdruck. Die Behandlung ökonomischer Sachverhalte und Probleme soll deshalb auch „die Einsicht vorbereiten, daß die Art, wie wir arbeiten und unsere Güter tauschen, Bedingungen schafft, die das Leben in unserer Gesellschaft mitprägen" (Ackermann 1976, S. 64). Arbeit und Güteraustausch sind ganz wesentliche Momente in einer Kultur.

Als besondere erzieherische Aufgabe ist die *Konsumentenerziehung* zu nennen, in der es gilt, neben Kenntnissen und Handlungsfähigkeiten (z.B. beim Einkaufen) auch Verhaltensdispositionen aufzubauen. Kinder sind dadurch, dass sie selbstständig über Geldmittel (Taschengeld) verfügen, für die werbende Wirtschaft interessante Marktteilnehmer. Sie müssen lernen, sich unter Prüfung der eigenen Wünsche, Bedürfnisse und Ansprüche preis- und qualitätsbewusst zu verhalten und ihre Rolle als Verbraucher mit hinreichender Selbstsicherheit nach eigenen Vorstellungen zu spielen und einer „Polung auf das Warenglück" durch eine „angebotsorientierte Ökonomie" zu widerstehen. Von besonderer Bedeutung ist dabei die Fähigkeit Informationen auszuwerten, die eigenen Bedürfnisse sorgfältig zu prüfen, die Qualität der Waren zu beurteilen, Preisvergleiche vorzunehmen usw., d.h. der Unterricht soll insgesamt ein kritisches Urteilsvermögen aufbauen, das Konsumzwängen und der Gier des Habenwollens entgegenwirkt. (Vgl. dazu Kahlert 2009, S. 248–257; 2010, S. 275–277.)

D. v. Reeken u.a. machen darauf aufmerksam, dass Konsumwünsche und Konsumverhalten – insbesondere bei Kindern – in hohem Maße von sozialen Faktoren abhängen und „ein zentraler und offenbar immer wichtiger werdender Teil der kindlichen Lebenswelt" seien (v. Reeken u.a. 2000, S. 186). Konsumentscheidungen seien demnach motiviert vom Streben nach sozialem Prestige, sie könnten Freiheit simulieren und Orientierungen zum Ausdruck bringen. Von Lehrerinnen und Lehrern wird eine „gesellschaftswissenschaftliche Reflexionskompetenz" gefordert, um produktiv mit solchen Tendenzen umgehen zu können, also die „Fähigkeit, mit Hilfe wissenschaftlicher Fragestellungen, Methoden und Theorieansätze Strukturen und Wandel der Gesellschaft selbstständig und kritisch zu analysieren" sowie „die Fähigkeit, in Wahrnehmung divergierender Einschätzungen auch die jeweils eigene Position in ihren sozialen Voraussetzungen und Bedingungen bestimmen zu können" (a.a.O., S. 189).

Eine schwierige Lernaufgabe, die im Sachunterricht ihren Anfang haben muss, betrifft die Konzeption des Geldes. *Geld* ist eine universelle Variable zum Messen von Produktion, zur Regulierung von Verteilungsvorgängen (Kauf und Verkauf) und des Marktwertes von Sachen, aber auch von finanziellen Verbindlichkeiten; eine Banknote ist ein symbolisches Äquivalent für Arbeit und Güter. Wenn man aber Geld als einzigen Wertmaßstab verabsolutiert, dann verdrängt man die Tatsache, dass viele ökonomisch und sozial wichtigen Aktivitäten außerhalb der Geldwirtschaft ablaufen: Bereiche der privaten Hausarbeit, der Kinderbetreuung, der Nachbarschaftshilfe, der Sorge für alte und kranke Menschen u.a., aber auch die Vorbereitung auf spätere Lebensabschnitte durch Lernen. Diese (noch) nicht kommerzialisierten Bereiche menschlicher Kooperation und die sie tragenden uneigennützigen Motive dürfen nicht durch eine Überbewertung des Geldes gefährdet werden. Außerdem sind zumindest Markwert (Preis), Nutzwert (Ich habe ein Auto, das niemand mehr zu einem guten Preis kauft, das mir aber Dienste wie ein neues tut.) und Liebhaberwert, d.h. der Wert und der Preis einer Sache, zu unterscheiden.

Ältere Kinder verfügen nicht selten über ein eigenes Konto und müssen lernen, damit sachgemäß umzugehen. Sie werden dadurch (wenn auch in bescheidenem Maße) Gläubiger einer Bank, und durch die Verzahnung mit Wirtschaftskreisläufen erbringen Spareinlagen einen Zinsertrag. Darüber hinaus wird das Konzept des Geldes in unserem Wirtschaftssystem zunehmend abstrakter, undurchschaubarer und mehr und mehr abgehoben von ökonomischen Realitäten (Produktion) und erst recht von der alltäglichen Erfahrung. Im heutigen globalen Banken- und Börsensystem können Geldeinheiten und Währungen durch die Macht von länderübergreifenden Institutionen manipuliert und das Finanzsystem partiell von der Realwirtschaft abgekoppelt werden. Die Verbreitung von Kreditkarten („Plastikgeld"), elektronischer Kontenführung und bargeldloser Transfersysteme führt zu einer Komplexität, welche die didaktische Aufgabe zunehmend erschwert.

Wichtige Aspekte (arbeitsteiliger) *Güterherstellung* hat Soostmeyer in der Unterrichtseinheit „Tapetenfabrik" exemplarisch und vielperspektivisch dargestellt (vgl. Teil III; 3.3.1). Zu den Themen „Sprudelfabrik" (industrielle Produktion) und „Supermarkt" (Handel und Gewerbe) liegen ausführlich ausgearbeitete „Stücke zu einem mehrperspektivischen Unterricht" vor (vgl. Teil III; 2.3).

Markt, das ist für die lebensweltliche Wahrnehmung zuerst der Ort, an dem (zu bestimmten Zeiten) Waren des täglichen Bedarfs angeboten und gekauft werden, d.h. der wohl den meisten Kindern bekannte Wochenmarkt auf dem Marktplatz. Die Waren kommen zuerst frisch aus der Umgebung; mit der Verbesserung der Verkehrsmittel, der Techniken der Konservierung und einem offenen Handel aber auch aus fernen Ländern.[322] Ein Rückgang in der Geschichte zeigt, wie sich mit Handelsplätzen, an denen Waren und Informationen ausgetauscht wurden, auch institutionelle Regelungen ausgebildet haben, die es einer Kommune nicht nur erlaubten, einen Markt zu haben, sondern auch ein Marktrecht zu setzen, also Normen festzulegen, die für alle verbindlich und verlässlich sind: Maße und Gewichte, Zahlungsmittel, Wettbewerb und Verbraucherschutz. Solche Regelungen überführen Willkür in Verlässlichkeit, sie geben Sicherheit und legitimieren eine Instanz, in Streitfällen zu entscheiden. Damit wurde die Marktordnung auch zu einer Friedensordnung. – Ein verwandtes Erfahrungsfeld ist der Supermarkt als eine Einrichtung des Einzelhandels, die vorwiegend auf Selbstbedienung setzt und damit das Verkaufsgespräch eliminiert.

Ökonomische Kompetenzen durch handlungsintensives Lernen können Kinder durch ein Projekt *„Schülerladen"* gewinnen (Hauenschild/ v. Monschaw 2009). In einem solchen unternehmerischen *Projekt* bekommen durch den (begrenzten) Ernstcharakter des Tuns vielfältige Aspekte ökonomischer Rationalität ausschlaggebendes Gewicht, z.B. Entscheidungen in Bezug auf das Kosten-Nutzen-Kalkül, Abwägung von Unsicherheiten und Rahmenbedingungen, Berücksichtigung unterschiedlicher Interessen, aber auch ethische und ökologische Kriterien. In den Blick kommen Probleme des Managements bei Einrichtung und Betrieb, d.h. der Gestaltung, sodann Hersteller oder Zulieferer und Verbraucher, Qualität und Preis, Investition, Umsatz und Gewinn oder Verlust, Werbung und Wettbewerb, Disposition, Kalkulation und Geschäftsbetrieb, also mannigfache betriebswirtschaftliche Handlungsfelder.[323] Ein Projekt ist aber nicht nur ein Erfahrungsfeld. Dazu gehört die Reflexion seines gesellschaftlichen Sinnes, der sich im gegebenen Fall auf eine Dienstleistung zum Wohl der (Schul-)Gemeinschaft bezieht.

Eine verallgemeinernde begriffliche Transformation ist dann der Markt, auf dem Märkte selbst zu Objekten werden (z.B. Ölmarkt, Rohstoffe, Wertpapiere) im Sinne der freien Marktwirtschaft als übergreifendes und globales System zur effektiven Verteilung von Gütern und Dienstleistungen aller Art (einschließlich

322 Offensichtlich bietet sich hier eine Verbindung mit der geografischen Dimension an: Wo liegen die Herkunftsländer von Produkten; welche Wege haben Bananen, Weintrauben, Ananas oder Kokosnüsse zurückgelegt, wenn sie schließlich bei uns angeboten werden.

323 Zur Praxis: Meike Wulfmeyer/ Katrin Hauenschild: Ökonomische Bildung in der Grundschule. Wie Kinder handlungsorientiert Wirtschaft machen! Didaktische Perspektiven und Beispiele für die Praxis. Hannover 2008 (vgl. Kapitel 9.3).

des Geldmarktes) sowie der Regulation von Angebot und Nachfrage, aber auch der Spekulation, des Geldes und der Auswirkungen schwer durchschaubarer Geschäftsmodelle über nationale und kontinentale Grenzen hinweg. Für die Grundschule ist das allenfalls ein Ausblick.

5 Kinder und soziales Umfeld: die gesellschaftliche und politische Dimension

5.1 Bildung als Fundierung gesellschaftlicher Gestaltung

Bildung ist ein notwendiges Gemeinsames in einer differenzierten, durch ein breites Spektrum von Weltsichten und Lebensformen charakterisierten demokratischen Gesellschaft. Im sozialen Umfeld bezieht sie sich nicht allein auf Wissen und Kompetenz, Handlungsfähigkeit und Teilhabe, sondern ebenso auf Haltungen, auf Moral und Beziehungen zwischen Menschen, darüber hinaus aber auch auf Werte und Entwürfe einer mündigen Lebensgestaltung, auf Motive und Prinzipien des Zusammenlebens und das Finden einer eigenen Identität. Geprägt sind solche Aspekte des Sozialen durch ein kulturelles Erbe und Aufklärung; der für eine lebendige Gesellschaft notwendige soziale Wandel, in den wir stets verwickelt sind, wird in unserer Zeit beschleunigt durch technische Innovationen (z.B. elektronische Medien) und durch zunehmende globale Verflechtungen und Migrationsbewegungen. Als ein mächtiges Mittel, den Zerfall in „Parallelgesellschaften" zu verhindern, erscheint eine gemeinsame Grundlegung der Bildung für alle Kinder in der demokratisch legitimierten Schule.

Der Aufbau von politischer Mündigkeit als einer Zielperspektive des Unterrichts macht es erforderlich, dass die heranwachsenden Mitglieder der Gesellschaft schon frühzeitig die essenziellen demokratischen Prinzipien kennenlernen, in elementaren Formen in ihrem Umfeld erfahren und sie zunehmend verstehen und schätzen lernen. Eine demokratische Staats- und Gesellschaftsordnung lebt nicht primär aus Verfassungsnormen, sondern aus der Zustimmung ihrer Bürger.

Die gesellschaftliche Dimension umfasst eine ganze Reihe von Funktionssystemen, Domänen lebensweltlicher Praxis und Wissenschaftsbezügen. Kernbereiche sind der öffentliche Raum von Staat und Gesellschaft, kulturelle Konstellationen, die Politik, das Recht, soziales Verhalten und Normen, mitmenschliche Zuwendung und nicht zuletzt die Familie und das private Leben. Darüber hinaus ist sie auch mit solchen Feldern eng verknüpft, die wir eigenen Dimensionen zugewiesen haben. So ist insbesondere die wirtschaftliche Verfasstheit ein dominantes Merkmal eines gesellschaftlichen Systems mit tiefgreifenden Folgen für die Lebenswelt, und man kann fragen, ob der Erfindungsreichtum und die Dynamik des Kapitalismus die Krisen, die er immer wieder erzeugt, die Spannungen zwischen Kapitalinteressen und demokratischen Prinzipien oder die wachsende soziale Ungleichheit, hinreichend aufwiegen. Die Frage verschärft sich, wenn (globalisierte) Märkte als Handlungssysteme dazu tendieren, ihre eigene Funktionslogik auf andere Lebensbereiche auszuweiten (z.B. auch auf das Bildungssystem) und dadurch die soziale Wirklichkeit und politische Gestaltung überformen. Rückwirkungen auf die gesellschaftlichen Verhältnisse und Entwicklungen in anderer Art haben die ökologischen Grenzen des Wachstums, insbesondere mit Blick auf die national und weltweit asymmetrisch verteilten Lebensbedingungen.

Die allgemeine Grundschuldidaktik, die postuliert, dass die ersten Schritte für das Lernen entscheidend sind, muss berücksichtigen, dass es denkbare Schritte in verschiedene Richtungen gibt. Es kommt also darauf an, den richtigen ersten Schritt in die richtige Richtung zu tun und dabei die Offenheit für Erweiterungen und Korrekturen zu bewahren. In gesellschaftsbezogenen Lernfeldern ist das besonders schwierig, weil sich die Phänomene, auf die wir hier treffen, einer einheitlichen Wahrnehmung zu entziehen scheinen und dem jeweils aktuellen Streit der Meinungen unterliegen. Schon deshalb ist es wichtig, im Unterricht ordnende Begriffe zu gewinnen. Hinzu kommen die Spannung oder der Blickwechsel zwischen Vorfindlichem und Wünschenswertem, also der Analyse und Erklärung dessen „was ist" (der gesellschaftlichen Wirklichkeit, wie sie insbesondere von der Soziologie und Sozialpsychologie erfasst wird) sowie der rechtlich fixierten Regelungen einerseits und dem nicht weniger wichtigen, ganz anderen Hinblick auf zukünftige Möglichkeiten, der von Visionen und Hoffnungen getragen wird und in dem die immanente Offenheit der Zukunft thematisiert wird. In diesem Sinn ist der demokratische Rechtsstaat als eine politisch-ethische Struktur institutionelle Grundlage von Bildung und Erziehung, und *Demokratie* ist nicht nur die Bezeichnung einer politischen Ordnung, sondern eine Richtungsangabe, die auf Ziele schulischer Bemühungen hinweist: die Förderung von Urteilsvermögen und der Bereitschaft zur kritischen Prüfung eigener Meinungen sowie der Fähigkeit, Gemeinsamkeiten zu finden, zu pflegen und schließlich an gesellschaftliche Projekten mitzuwirken.

Wissenschaftsbezug führt auch hier nicht in Weltlosigkeit oder in eine Abspaltung von der Lebenswelt, vielmehr geben die sozialwissenschaftlichen Disziplinen dem Erkennen des Gegebenen und Erstrebten Kategorien des Erfassens und Struktur; darüber hinaus helfen sie, fundierte Argumente und gute Begründungen zu erarbeiten sowie Chancen und Risiken künftiger Entwicklungen abzuschätzen. Wir müssen Kriterien haben für den rationalen Diskurs. Wissenschaft dient also nicht nur dem Begreifen der Welt und der (technischen) Sicherung der Zivilisation, sondern auch dem Erhalt der Freiheit. Mit dem Problem aktueller und in die Zukunft weisender Gestaltung kommt die *Politik* ins Spiel und mit ihr die Frage nach dem Wünschbaren und prinzipiell Möglichen, unmittelbar aber die nach dem konkret Machbaren. In der Politik geht es um das Wohl des Gemeinwesens, um Entscheidungen für die Zukunft, die zumeist mit unsicheren Prognosen über ihre Auswirkungen verbunden sind. Damit ist Politik nicht nur ein Feld von Macht und pragmatischen Regelungen, sondern ebenso – in einer demokratischen Gesellschaft – der ethischen Debatte.

Für Kinder stellt sich die Aufgabe des Hineinwachsens in für sie immer schon vorfindliche institutionelle und informelle soziale Strukturen, in die – sich vielleicht verändernde – Familie, in den Kindergarten, die Nachbarschaft, den (Sport-)Verein und schließlich die Schule. Dabei wandelt sich dieses Hineinwachsen zunehmend in ein Sich-Erschließen, in ein bewusstes Wahrnehmen und Erkunden, geleitet und gefördert durch funktionale und intentionale Erziehung. Enkulturation ist kein Integriertwerden durch Anpassung, sondern das Erlernen sozialer Symbole, Regeln, Normen und Strukturen, begleitet von dem vielleicht noch unbewussten Wunsch, gestaltend mitwirken zu können, d.h. Anerkennung, Kompetenz und Mündigkeit zu gewinnen. Für die Kinder ist das zugleich Personalisation, eine (Selbst-)Formung ihrer Persönlichkeit, die dann auf ihre gesellschaftliche Umgebung zurückwirkt. Mündig ist, wer aus eigenem Nachdenken für sich selbst sprechen kann. Soziale Gestaltungskraft zeigt sich bei Kindern z.B. im Aufbau und Lebendighalten eines Freundeskreises; ihre Perversion ist die destruktive Störung sozialer Prozesse.

Die Einführung in gesellschaftliches Denken soll den Kindern helfen, soziale Situationen und Konstellationen, Institutionen und Regeln zunehmend zu durchschauen und damit ihre Erkenntnis-, Entscheidungs- und Verhaltenskompetenz zu erweitern. An Beispielen kann erkannt werden, dass gesellschaftliche Strukturen nicht quasi-natürliche, unveränderliche Gegebenheiten sind, sondern Folgen von Entwicklungen und Entscheidungen auf dem Hintergrund von Macht- und Interessenkonstellationen. Dabei ist zu bedenken, dass die gesellschaftliche Wirklichkeit zwar immer eine interpretierte Wirklichkeit ist, dass aber in einem Kulturkreis viele Situationen, die Menschen erleben, für sie recht einheitlich definiert und auch schon für Kinder deutbar sind.[324]

---

324 Kinder müssen die gesellschaftlichen Deutungen ihrer Umwelt zunächst übernehmen, um Kontakte zu gewinnen und zu erhalten. Ihre Fähigkeit, bekannten Objekten fantasievoll neue Bedeutungen zuzuordnen, lenkt vielleicht auf die Möglichkeit der späteren Erwachsenen, gesellschaftlichen Konventionen neue Impulse und Deutungen zu geben.

5.2 Normative Grundlagen von Freiheit und Demokratie

Rahmenbedingung des sozialen Umfeldes sind ein Wertesystem und die *staatliche Ordnung,* die in wesentlichen Punkten in der Verfassung (Grundgesetz, Länderverfassungen, Europäische Grundrechte-Charta) sowie in gesetzlichen Regelungen festgelegt ist. Hinzu kommt die Verantwortung des Staates (der „öffentlichen Hände") für die Bereitstellung kollektiver Güter (von der Infrastruktur für Kommunikation und Versorgung, für Sicherheit und Recht bis hin zu kulturtragenden Institutionen, aber auch der sozialen Absicherung der Bürger). Diese Ordnung und Verantwortung steht in einem anspruchsvollen Konzept von *Demokratie* unter dem Postulat menschlicher *Freiheit,* die unter den Bedingungen des Zusammenlebens nicht als absolute, sondern als rechtsgebundene und mit Bürgerpflichten verbundene Freiheit gedacht und verwirklicht werden muss. Demokratische Selbstbestimmung und die ihr entsprechende Wertbindung verweisen auf Lernaufgaben von elementarer Bedeutung.

Der Aufstieg der *Menschenrechte* zur zentralen politischen und kulturellen Norm (nach dem Zweiten Weltkrieg in der jungen BRD und am Ende der achtziger Jahre in der DDR) war zugleich eine Werteverschiebung, die den Schutz und die Freiheit des Individuums an die Stelle von Kollektivsubjekten wie Klasse, Volk und Volksgemeinschaft setzte. Im Grundgesetz ist die unantastbare *Würde des Menschen* an die Spitze gestellt und zum Fundament der Staatsverfassung gemacht (Art. 1 Abs. 1 GG). Sie impliziert die gegenseitige Anerkennung der Gleichheit und Gleichrangigkeit aller Menschen. Alle Grundrechte und die mit ihnen verbundenen Grundwerte, d.h. die unveräußerlichen Menschenrechte, das Prinzip der Demokratie, des Rechtsstaats und der sozialen Gerechtigkeit, aber auch die Verantwortlichkeiten der in öffentlichen Einrichtungen (z.B. in Schulen) tätigen Personen werden auf diese grundlegende Wertentscheidung bezogen.

Substantiell sind die Grundwerte einer freiheitlichen Demokratie an kulturelle Bestandsvoraussetzungen, an sozial-moralische Ressourcen und den Konsens der Bürger gebunden, also nicht nur an den Verfassungsgehorsam der Regierenden und Regierten, sondern auch an ethische Orientierungen. Allerdings schwindet in modernen Gesellschaften die Fixierung durch Traditionen; Pluralisierung eröffnet neue Gestaltungsspielräume, führt aber auch zu mehr Diskussions- und Verhandlungsbedarf. Dabei zeigt sich, dass Demokratie eine fragile Kulturleistung ist, die von der Willenskraft und moralischen Anstrengung vieler getragen und als eine Lebens- und Gesellschaftsform realisiert werden muss um erfolgreich zu sein. Der spätere Verfassungsrichter Ernst-Wolfgang Böckenförde wies 1976 darauf hin, dass der freiheitliche säkulare Staat von Voraussetzungen lebt, die er selbst nicht

garantieren kann.[325] Umgekehrt muss die staatliche Ordnung Rahmenbedingungen gewährleisten, die das Vertrauen der Bürger rechtfertigen und stärken.
Die normativen Grundlagen unserer rechtsstaatlichen Demokratie öffnen diese zugleich für die Liberalität eines freiheitlichen Pluralismus. Mit der inneren Bindung an diese Grundwerte sind Weltsichten und Lebensformen verknüpft, die für westliche Demokratien charakteristisch sind. Das schließt keineswegs aus, dass über ihre konkrete Auslegung, über ungeklärte Implikationen oder Folgen für die politische Praxis und die Gesetzgebung im Zuge gesellschaftlicher Entwicklungen im einzelnen immer wieder gestritten werden muss, zumal durchaus Unterschiede in den philosophischen, politischen, theologischen und juristischen Konzeptualisierungen bestehen. Auch deshalb hat sich in demokratisch verfassten Staaten das Prinzip der *Gewaltenteilung* durchgesetzt: Legislative, Exekutive und Judikative sollen möglichst getrennt und unabhängig voneinander sein. Darüber hinaus müssen die drei Gewalten der Transparenz verpflichtet sein; ohne diese hätte die politische Meinungsfreiheit der Bürger wenig Substanz. Zu dieser Transparenz tragen außerdem eine kritische Öffentlichkeit und ein unabhängiger, durch garantierte Pressefreiheit geschützter Journalismus bei, der sorgfältig recherchiert und der Nachricht und Meinung selbstkritisch unterscheidet. Demokratie braucht Zugang zu Fakten.
Die durch die Verfassung als *Menschenrechte* fixierten Grundwerte sind zugleich Leitwerte für Bildung und Erziehung sowie inhaltlich bedeutsam als kulturelle Errungenschaften und als Erbe der europäischen Aufklärung. Sie sind gleichsam Vorzeichen für wünschenswerte Unterrichtsstile und die Art der Bearbeitung von Unterrichtsgegenständen ebenso wie für den Umgang zwischen Erwachsenen und Kindern und allen untereinander. Das Postulat einer demokratischen Schule, einer zur Demokratie erziehenden Schule, erfordert zunächst diese Voraussetzungen. Solche *Grundwerte*, die in der Schule nicht nur gelehrt, also in ihrer Bedeutung und ihren Auswirkungen für das Zusammenleben erklärt, sondern auch gelebt werden sollen, sind insbesondere

– *Menschenwürde:* Sie ist der zentrale, prägende Begriff der Menschenrechte und bezeichnet als ethisches Grundprinzip den Selbstwert des Menschen, der als Träger geistig-sittlicher Werte um seiner selbst willen zu achten ist, unabhängig von allen sonstigen Gegebenheiten oder einer Gegenleistung. Menschenwürde und Menschenrechte werden durch staatliche Normierung nicht erst geschaffen, sondern als Verpflichtung anerkannt, sie zu achten und zu schützen. Sie garantieren das Recht auf Leben, körperliche Unversehrtheit, die Freiheit der Person, des Glaubens und Gewissens. Dabei gehen westliche Verfassungen vom Individuum aus, d.h. die Würde und Freiheit des Einzelnen ist vorrangig

325 Ernst-Wolfgang Böckenförde: Staat, Gesellschaft, Freiheit. Frankfurt 1976, S. 60

z.B. gegenüber dem Familien- oder Stammesverbund. Nur wo der unbedingte Schutz der Menschenwürde gewährleistet und konstitutives Prinzip des Staatsverständnisses geworden ist, kann man von einem freiheitlichen Gemeinwesen sprechen. – Auch im Bereich der Schule ergibt sich daraus die (moralisch gebotene) Aufgabe, die Würde aller zu schützen und zu verteidigen.

– *Freiheit:* Die Autonomie und freie Entfaltung der Persönlichkeit als Prinzip der Gesellschaftsordnung bezeichnet die Möglichkeit, zwischen verschiedenen Alternativen wählen und rational entscheiden zu können, unabhängig von äußerem (z.B. durch Institutionen) oder innerem (z.B. durch Rollenmuster oder Konventionen) Zwang: Freiheit als Möglichkeit der Vielfalt. In der Idee der Freiheit treffen sich verschiedene Aspekte, je nachdem ob der Gedanke der Befreiung des Individuums aus Bindungen und Bevormundungen („Freiheit wovon", „negative Freiheit") oder der Aufruf zu selbstverantworteten Entscheidungen („Freiheit wozu", „positive Freiheit") überwiegt. Individuelle Freiheit bedeutet aber nicht die Unabhängigkeit von allen Interaktionspartnern (mit der Gefahr der „Isolierung des Subjekts"), vielmehr kann sie durch förderliche Bindungen (z.B. in der Familie) auch gestärkt werden. Grenzen der Freiheit werden durch Ethik und Gesetzgebung (Willkürverbot) gesetzt. Freiheit setzt Einsicht voraus; das Individuum kann nur jene Freiheitsformen beanspruchen, die wechselseitig und allgemein unter prinzipiell Gleichberechtigten zu rechtfertigen sind. – Die Schule muss dazu beitragen, dass junge Menschen das Wissen und die Kompetenzen gewinnen, die für Selbstbestimmung und die ihr entsprechende Selbstverantwortung erforderlich sind.

– *Gleichheit:* Grundlegend ist die Idee von der angeborenen und unveräußerlichen Gleichheit der Menschen. Auf Freiheit und Gleichheit gründet sich die Ordnung demokratischer Gemeinwesen. Der Gleichheitsgrundsatz umfasst die Gleichheit vor dem Gesetz („ohne Ansehen der Person") wie auch spezielle Privilegierungs- und Diskriminierungsverbote (z.B. Gleichberechtigung und Gleichstellung, Chancengleichheit). Das bedeutet auch, dass nach Maßgabe eines zulässigen Differenzierungskriteriums nur gleichartige Lebenssachverhalte gleich, ungleichartige aber entsprechend ungleich behandelt werden müssen. Damit sichert die politische und rechtliche Norm der Gleichheit auch die Freiheit der Individuen, in ihrer Verschiedenheit selbstbestimmt zu leben, und Heterogenität erscheint als Ausdruck von auf Gleichheit beruhender Freiheit. – Aktuell für die Schule erscheint das Gebot der Nichtdiskriminierung einzelner Kinder, z.B. durch Mobbing.

– *Gerechtigkeit:* Als Grundnorm des Zusammenlebens ist Gerechtigkeit zunächst maßgeblich für menschliches Handeln, besonders für Gesetzgebung und Rechtsprechung. Sie kann als persönliche Tugend gelten; zu denken ist sie aber immer auch in Bezug auf andere, also auf sich wechselseitig anerkennende Personen. Deshalb erfordert ein gerechtes soziales Miteinander ein Recht auf Teilhabe und Schutz vor Ausgrenzung, darüber hinaus einen angemessenen und einforderbaren Ausgleich der Interessen sowie eine entsprechende Verteilung von Gütern und Chancen zwischen den beteiligten Personen und Gruppen. Weiterhin stellt das verwandte Prinzip der Verhältnismäßigkeit an den Einzelnen wie an die Gemeinschaft die Forderung, jedem zukommen zu lassen, was ihm gebührt und Gleiches gleich zu behandeln. Immer stehen die Grundwerte Gerechtigkeit, Gleichheit und Freiheit in einem (manchmal nicht spannungsfreien) Ergänzungsverhältnis. – Brisant für die Schule ist das Gerechtigkeitsempfinden der Kinder, insbesondere in Bezug auf Entscheidungen von Lehrerinnen und Lehrern und auf Fairness untereinander. „Gerechtigkeit", bezogen auf bestimmte Konstellationen von Interessen und Ansprüchen, auf Moral und Verantwortung, ist außerdem ein ergiebiges Thema für das Philosophieren mit Kindern (vgl. Michalik/ Schreier 2006, S. 268 ff.).

- *Toleranz:* Das Geltenlassen anderer Anschauungen, Normen, Werte und Verhaltensweisen ist Bedingung und auch Kennzeichen einer humanitären, offenen und pluralistischen Gesellschaft. Im Grundsatz der Toleranz kommen der Schutz der (religiösen) Überzeugungen von Minderheiten sowie die Achtung vor Entscheidungen anderer Menschen, aber u.U. auch die Wertschätzung der Vielfalt von Weltsichten und Lebensformen zur Geltung. Freilich muss klar sein, dass Toleranz nicht pervertiert und gegen die Grundwerte selbst in Anspruch genommen werden darf. – In der Schule und in heterogenen Klassen erfordert das Prinzip vor allem Rücksichtnahme auf spezielle Bedürfnisse (z.B. der Unterstützung) und Persönlichkeitsausprägungen.
- *Solidarität:* Das Solidaritätsprinzip äußert sich in gegenseitiger Verbundenheit, Hilfe und Unterstützung. Es beruht auf der Anerkennung des Wertes der Gemeinschaft und ist zunächst getragen von Gemeinsamkeiten, z.B. der Gesinnung, der Interessen oder der sozialen Gruppierung), greift aber als Mitmenschlichkeit („Brüderlichkeit" als Begriff der Verbundenheit und der freundlichen Zuwendung zum Anderen; im christlichen Sinn als Nächsten- und auch Fernstenliebe) über diese hinaus. Durch Solidarität beschränken wir zugleich unseren Egoismus. Kennzeichen und Symbole können die Zugehörigkeit zu einer Solidargemeinschaft nach außen hin zeigen und vielleicht auch stärken. – Diese Funktion kann auch eine einheitliche Schulkleidung haben.
- *Frieden:* Der Zustand eines verträglichen Zusammenlebens setzt ein gewisses Maß von Einvernehmen und Sicherung der Ordnung, möglicherweise aber auch Wertschätzung anregender Koexistenz voraus. Frieden erfordert gegenseitiges Bemühen; „niemand kann in Frieden leben, wenn es dem bösen Nachbarn nicht gefällt". Deshalb ist er besonders eng mit Gerechtigkeit und Toleranz, aber auch mit rechtlichen Regelungen verknüpft, die es erlauben,

Konflikte durch Schiedsgerichte beilegen zu lassen. – In vielen Schulen bemühen sich Streitschlichter, gewaltsame Auseinandersetzungen zu verhindern und bewähren sich dabei als Friedensstifter.

Die in der Verfassung genannten Grundwerte sind für viele Menschen zugleich religiös oder (als Ertrag der Aufklärung) weltanschaulich fundiert; verbindlich als Normen des Verhaltens sind sie für alle Menschen, die im Geltungsbereich des Grundgesetzes leben, unabhängig von religiösen Bindungen oder kulturellen Traditionen. Für die Schule haben sie nicht nur im formalen Sinn Geltung, sondern als erlebbare Realität. Darüber hinaus sind sie – insofern ähnlich wie die von Klafki angegebenen Schlüsselprobleme (vgl. Teil IV; 1.4) – Zielperspektiven der Reflexion und des Verhaltens, die in ihren Begründungen und Implikationen zwar weit über den Grundschulbereich hinausreichen, zu denen aber bereits im Sachunterricht in exemplarischer Weise, d.h. an geeigneten Beispielen, Zugänge geschaffen werden können. Dabei geht es noch nicht um die Zuordnung als Verfassungsnormen. Vielmehr sollen sich die Kinder an konkreten Fällen (im Gespräch) selbst Gedanken machen, sich eigener Wertvorstellungen bewusst werden, über deren Begründbarkeit nachdenken und versuchen, Begriffe (wie z.B. Fairness) zu klären, zu differenzieren und mit Inhalt zu füllen. Demokratische Erziehung soll dazu führen, dass die eine Gesellschaft verbindenden Normen schließlich subjektiv evident, gefühlsmäßig vertraut und als Richtwerte des Handelns internalisiert werden.

In engem Zusammenhang mit den für alle Menschen gültigen Grundrechten ist die 1989 verabschiedete und 1990 in Kraft getretene *UN-Konvention über die Rechte der Kinder* zu nennen. Sie formuliert die potentiell weltweit verbindlichen Grundwerte für den Umgang mit Kindern. Die wichtigsten dieser Rechte sind

- das Recht auf Leben, Gesundheit, Entwicklung und Fürsorge,
- das Recht auf Gleichheit und Gleichbehandlung (Nichtdiskriminierung),
- das Recht auf Schutz vor Ausbeutung und auf gewaltfreie Erziehung,
- das Recht auf Bildung und Entfaltung der Persönlichkeit,
- das Recht auf Meinungsäußerung und Beteiligung an Entscheidungen, die das Kind betreffen.

Das Selbstbestimmungsrecht, das bedeutet, dass der Wille eines Menschen auch wirklich rechtliche Geltung hat und dass ihm dieses Recht nicht fürsorglich genommen wird, ist – wie auch andere Rechte, Pflichten und Verantwortlichkeiten – nach Altersstufen gestaffelt. Insofern stehen Kinder unter besonderen Rechtsverhältnissen.

Ein Katalog der Menschenrechte bildet den Grundwertebestand aller demokratischen Staatsverfassungen. Auch die Grundrechte, die in den ersten neunzehn Artikeln des Grundgesetzes formuliert sind, stellen einen Katalog von politisch-moralischen Grundwerten dar, auf die sich unser Gemeinwesen ohne Vorbehalte verpflichtet hat. Harald Weinrich nennt diese Grundrechte „kollektive Tugendwerte" (vgl. Weinrich 2007, S. 99 ff.).

Die Verpflichtung von Bildung und Erziehung auf *Tugendwerte* wie

- Menschenwürde als Selbstwert des Menschen,
- Freiheit als Wert der Autonomie der Persönlichkeit und der Selbstverantwortung,
- Gleichheit als Wert der Nichtdiskriminierung und eines demokratischen Gemeinwesens,
- Gerechtigkeit als Wert der Verhältnismäßigkeit und des Ausgleichs,
- Toleranz als Wert der Vielfalt der Weltsichten und Lebensformen,
- Solidarität als Wert der Gemeinschaft und der Verantwortung für das Gemeinwohl,
- Frieden als Wert der verträglichen Koexistenz,

die nicht nur individuelle, sondern auch soziale Bedeutung haben, wirkt Tendenzen in der politischen Debatte entgegen, moralische Kategorien durch ökonomische zu ersetzen und sie nach und nach aus dem öffentlichen Bewusstsein zu verdrängen. Hinzufügen könnte man – diese Tugendwerte in gewisser Weise übergreifend und auf sie gerichtet – das Bemühen um Herstellung von Vernunft in Verständigungsprozessen, also wesentlich im symmetrisch angelegten Gespräch. Aufgabe der Didaktik ist es, solche Werte und Prinzipien für Lernprozesse zu konzeptualisieren.

Kataloge von Tugendwerten verzichten in ihrer Pluralität auf Systematik und damit auf randscharfe Abgrenzungen. Als konstitutive Prinzipien demokratischer Gemeinwesen haben sie eine gegenseitig ergänzende und begrenzende Funktion. Ihr Vorzug liegt in ihrer Inhaltlichkeit und in der direkten Benennung ihres Anspruchs. Damit unterscheiden sie sich von der abstrakten und universellen Sollens-Ethik Kants, die in der Form des kategorischen Imperativs Verhaltensweisen verlangt, wie sie auch zur Grundlage einer allgemeinen Gesetzgebung gemacht werden könnten (vgl. Köhnlein 1991).

Weinrich verweist außerdem auf den „Katalog der Zehn Gebote", wobei z.B. das Verbot, ein falsches Zeugnis abzulegen, mit geringer Unschärfe als Tugendwert der Aufrichtigkeit gelesen werden könne, oder das Tötungsverbot als Lebensschutzgebot (a.a.O., S. 207). Andere Tugendwerte, die nicht Verfassungsrang haben, kommen z.B. aus dem Ideenbestand der ökologischen Bewegung. Hier nennt er „Schonung, Pflege und Langsamkeit im Umgang mit Natur und Kultur" (S. 108). Nicht als bloße Sekundärtugenden sollten Betragen (in der Form von Höflichkeit – vielleicht sollte man sagen: Anstand –), Aufmerksamkeit, Fleiß und diszipliniertes Arbeiten abgewertet werden. Dem Fleiß komme schon deshalb eine besondere Bedeutung zu, weil ohne Fleiß der zeitaufwendige Erwerbsprozess für geistige Werte und entsprechende Kompetenzen nicht zu steuern sei.

5.3 Der Mensch in der Gesellschaft

Das komplexe Feld der gesellschaftlichen Dimension erstreckt sich auf vielerlei Inhalte: einerseits auf die soziale Natur des Menschen *(zoon politikon)* und seine unterschiedlichen Rollen in einem kulturellen Rahmen, durch die er seine sozialen Positionen ausfüllt *(homo soziologicus)*, also auf Persönlichkeit, mitmenschliche Beziehungen und Gesellschaft, andererseits auf den öffentlichen Raum und dessen systemische Institutionen und Strukturen, auf Politik, das Recht und gesellschaftliche Normen. Der Perspektivrahmen (GDSU 2002) verortet das *soziale Lernen* im Spannungsfeld zwischen Erfahrungen des Zusammenlebens und den inhaltlichen wie auch methodischen Angeboten der Sozialwissenschaften (S. 6). Dabei ist der Terminus „soziales Lernen" inhaltlich gefasst und bezieht sich auf die Intentionen, Inhalte und Maßnahmen, die darauf gerichtet sind, dass Individuen lernen, nach Maßgabe von Normen miteinander umzugehen, eine Stellung in Gruppen und im gesamtgesellschaftlichen Gefüge einzunehmen, ein Bewusstsein von der näheren und weiteren sozialen Umwelt zu gewinnen und schließlich mitgestaltend an gesellschaftlichen Prozessen teilzunehmen. Die Untersuchung für Kinder erschließbarer Erfahrungsfelder dient der inhaltlichen Fundierung sozialen Lernens, der Rückgriff auf die zuständigen Wissenschaftsdisziplinen nutzt deren erhellende Potenz, die nicht nur hilft, neue Einsichten zu gewinnen, sondern auch Vorurteile kritisch zu hinterfragen.

Gesellschaft als dynamische Gesamtheit von Menschen, die in den gleichen Lebenszusammenhang und ein gemeinsames Ordnungssystem eingebunden sind (z.B. in einem Staat), lässt sich begrifflich nur im Rahmen einer Gesellschaftstheorie scharf fassen. Für die Didaktik sind zentrale Kategorien relevant, die insbesondere anthropologische Grundannahmen, gemeinsame regulative Werte, übergreifende soziale Strukturen, rechtliche Regelungen und politische Institutionen betreffen. Dabei deuten Begriffe wie „pluralistische" oder „multikulturelle" Gesellschaft darauf hin, dass sich herkömmliche Lebensformen zugunsten eines vielschichtigen Wertesystems relativieren und wandeln (z.B. die Familienstruktur). Das erinnert daran, dass gesellschaftliche Strukturen nicht naturgesetzlich festgelegt sind, sondern von menschlichem Denken und Handeln abhängen, also von Menschen sanktioniert, aber auch verändert werden können.

Die gesellschaftliche Natur des Menschen ist kulturell überformt. Am deutlichsten hat das in Deutschland Arnold Gehlen (1904–1976) in den ersten Jahrzehnten nach dem Zweiten Weltkrieg durch seine philosophisch-anthropologischen Untersuchungen in den Blick gerückt.[326] Nach Gehlen ist der Mensch durch sein

326 A. Gehlen: Der Mensch (zuerst 1940); Urmensch und Spätkultur (zuerst 1956) und Moral und Hypermoral (zuerst 1969)

„Unfertigsein" zur Formierung seiner Lebensumstände gezwungen. So erscheint er als ein vorhersehendes Wesen, das die Zukunft in den Blick nimmt und nicht nur im Hier und Jetzt aufgeht. „Weltoffen" sei der Mensch, und die produktive Kehrseite der fehlenden Ausstattung mit sicheren Instinkten und angeborenen Fertigkeiten seien eben seine Freiheitsmöglichkeiten, seine Plastizität und Weltoffenheit, seine Kulturfähigkeit, seine Lernfähigkeit und seine Entwicklungschancen. Konfrontiert mit Unsicherheiten und Gefahren muss er auf die Zukunft orientiert die Welt und sich selbst zu beherrschen lernen, „denn allein die Umarbeitung der Natur führt zu einer menschlichen Welt, zur ‚Kultur', welche seine ‚zweite Natur' geworden ist." (Rehberg in Gehlen 1986, S. III)
Der Mensch muss in „Eigentätigkeit" sein spezifisches Lebensfeld selbst herstellen, seine eigene Natur bearbeiten und Mittel der Stabilisierung entwickeln, insbesondere durch „Sozialregulation" feste institutionelle Bindungen und Ordnungen aufbauen, um sich von den Zufälligkeiten jeder gegebenen (Handlungs-)Situation zu entlasten. Dabei könne es durchaus einen Pluralismus solcher Sozialregulationen geben, ebenso der Moral und Ethik. Entscheidend ist in der Anthropologie und Sozialtheorie Gehlens die Entlastungsfunktion: Gewohnheitsmäßige, institutionelle und moralische Regelungen entlasten von einer unübersehbaren Vielfalt situativer Wahrnehmungen und unkontrollierter Verhaltensweisen dadurch, dass der Handlungsimpuls „nach oben" abgegeben wird, in eine kulturell konstruierte „fortschreitende Indirektheit menschlichen Verhaltens" und einen „feineren, freieren und mehr variablen Kontakt" (Gehlen 1986, S. 62 ff.).
Bei Gehlen erscheint der Mensch im Gehäuse institutionell gefestigter, schützender Strukturen, die er sich schaffen muss, denen dann aber auch, wie z.B. dem Staat, ein überindividuelles Ethos zukomme. Eine stärker naturwissenschaftlich orientierte Sicht betont die Doppelrolle des Menschen als Teil und als Gegenüber der Natur. Die Leistungen von Kulturen bestehen demnach zunächst darin, ihren Trägern physisches Überleben zu sichern, also Beziehungen zur natürlichen Umwelt zu gestalten und Mittel zur Erleichterung der Lebensbedingungen hervorzubringen (Technik) und schließlich Muster des Verhaltens der Individuen und Gruppen in sozialen Systemen und zur Deutung von Wirklichkeit zu etablieren. Natur und Kultur erscheinen dabei nicht als Gegensätze; die Natur umschließt die Sphäre des Menschen, und Kultur ist als Notwendigkeit in der menschlichen Natur angelegt.
Die *Soziologie* lenkt mit Kategorien wie Position, Rolle und Rollenerwartung, Hierarchie, Struktur, Norm, Sanktion und Herrschaft den Blick auf den Zusammenhang zwischen sozialem Handeln und gesellschaftlichen Strukturen, die Handlungsspielräume eröffnen und auch begrenzen, sowie auf das rollenmäßige Verhalten der Menschen. In ihr geht es nicht um philosophisch-anthropologische Entwürfe, sondern um Empirie und rationale Erklärung menschlichen Verhal-

tens, d.h. um Aufklärung über soziale Makro- und Mikrobereiche und damit indirekt auch um Verdeutlichung von Handlungschancen sowie um Antizipation möglicher Entwicklungen in der Gesellschaft. Akzentuierende Begriffe wie „homo soziologicus" oder „homo oeconomicus" bezeichnen Aspekte des Verhaltens, dürfen aber nicht als Entwürfe eines Menschenbildes missverstanden werden.[327] Menschen stehen sich immer in gewissen Eigenschaften bzw. als Träger bestimmter Positionen gegenüber: der Lehrer dem Schüler, die Chefin der Mitarbeiterin, die Kollegin dem Kollegen. Jeder Mensch hat eine Vielzahl solcher Positionen inne (in der Familie, in Freundeskreisen, im Verein, am Arbeitsplatz ...), das entspricht der inneren Differenzierung der Gesellschaft.[328] Gesellschaftliche Positionen definieren ein Feld sozialer Beziehungen: Indem wir „Lehrer" sagen, denken wir „Lehrer – Schüler", „Lehrer – Lehrerin", „Lehrer – Eltern" u.a. mit, d.h. wir entwerfen ein *Feld von Positionen* um das Zentrum der jeweils in Rede stehenden Position, das auch wertende Zuordnungen und Hierarchisierungen einschließen kann. Jede Gesellschaft oder Gruppe (Klasse) stellt ein eigenes und aufgrund der qualitativen Verschiedenheit der Positionen auch mehrdimensionales[329] Feld solcher Positionen und sozialer Konstellationen dar.

Die aktuellen Positionen der Kinder in einer Klasse („Peer-Status") lassen sich fallbezogen durch *Soziogramme* ermitteln und darstellen, z.B. hinsichtlich der Bildung von Binnengruppen, der Stellung von „Stars" und Außenseitern oder der bevorzugten Partnerwahl bei Gruppenarbeiten. Dabei werden Sympathien und Ablehnungen sowie Häufigkeiten und Rangfolgen der Wahl ausgedrückt.

Die Positionsstruktur einer Gesellschaft oder Gruppierung wird nicht nur dadurch faktisch wirksam, dass sich Felder sozialer Positionen vielfach überschneiden, sondern vor allem durch spezifische Verhaltenserwartungen und Verhaltensweisen, die an eine *soziale Rolle* geknüpft sind. Durch die Rolle, die jemand spielt, gibt er seiner sozialen Position Inhalt. Dabei sind institutionalisierte Positionen durch übergreifende Strukturen normiert (z.B. in der Schule) und die entsprechenden Rollen in ihrem Kern verbindlich oder sogar durch ein System von Sanktionen

---

327 Ralf Dahrendorf, auf den der Begriff *homo soziologicus* zurückgeht, nennt ihn ein theoretisches Konstrukt, das „nicht das Wesen des Menschen richtig und realistisch beschreiben will" (R. Dahrendorf: Soziologie. In: A. Flitner u.a.: Wege zur pädagogischen Anthropologie. Heidelberg 1963, S. 115).

328 Dabei geht es nicht um Unterschiede zwischen Menschen, sondern allein um ihre soziale Position. – In einem Feld von Positionen zeigt sich – unter demokratischen Bedingungen –, dass Macht nicht monolithisch ist, sondern Ergebnis von Gruppendynamik oder von institutionellen Regelungen, die der wenigstens schweigenden Zustimmung der Mehrheit bedürfen.

329 Die Person X ist nicht nur Lehrer, sondern auch Vater, Vereinsvorsitzender, Parteimitglied usw., d.h. sie steht in mehreren Beziehungsdimensionen. – In der Schule kennen wir die Kinder oft nur als Schüler. Das ist ein Mangel, z.B. wenn das Kind umfassenderer Hilfe bedarf, kann für das Individuum aber auch ein Moment der Freiheit sein.

abgesichert. Gleichwohl gibt es Spielräume produktiver persönlicher Gestaltung, und der Fixierung in Rollen steht die Tendenz zur Individualisierung gegenüber. Andere Rollen können unter Gruppendruck entstehen (z.B. des Mobbing-Opfers) oder aus der Gruppendynamik erwachsen (z.B. Klassenkaspar). Lernprozesse im Sachunterricht sind, besonders im gesellschaftlichen Bereich, immer auch Sozialisationsprozesse, also ein Aufbau von personaler Identität in der Auseinandersetzung mit Lebensbedingungen und den Inhalten des Unterrichts. Pädagogisch gesehen heißt das, dass die Kinder auch befähigt werden müssen, sich gegen Gruppendruck, unangemessene gesellschaftliche Ansprüche, mediale Einflüsse und modische Trends zu behaupten, darüber hinaus aber – alle Rollenerwartungen übergreifend und relativierend – als Persönlichkeiten zu wachsen. Zugleich aber ist der Mensch in seiner Freiheit offen und bleibt in gewisser Weise unberechenbar.

Aus dem Bereich des *Rechts* ist für den Sachunterricht neben den Kinderrechten, die vor allem auf die Respektierung der Persönlichkeit gerichtet sind, insbesondere der Tugendwert der *Gerechtigkeit* – für die Kinder oft in Spannung zu empfundenem Unrecht – von zentraler Bedeutung. Das Verlangen nach Gerechtigkeit wird hervorgebracht durch Gründe der Vernunft und der Moral und gestützt durch Autorität und Macht; es bezieht sich auf Gleichheit, Wahrheit und sachgerecht begründete Entscheidungen. Gerechtigkeit ist die moralische Grundlage in vielen Fällen auch da, wo rechtlich verbindliche Regelungen gelten, z.B. bei Käufen, bei Zuordnung des Eigentums und auch bei der Beachtung der Rechte der Anderen. Immer dient die Respektierung der Rechte und Bedürfnisse der Anderen auch der Erhaltung des Friedens. Moralische Normen und Rechtsnormen sind Sollensforderungen, die grundsätzlich an alle gerichtet sind. Sie erscheinen als Gebote (Handlungspflicht, z.B. Schulpflicht), Verbote (Unterlassungspflicht), Erlaubnis (Handlungsrecht) und Freistellung (Unterlassungsrecht) und damit als Rahmenbedingungen zulässigen Handelns. Im Sachunterricht werden sie nicht (rechts-)systematisch vermittelt, sondern als Komponenten des Curriculums situativ und fallbezogen zum Gegenstand gemacht. Dabei geht es auch um die Einsicht, dass Ordnungen in vielfältigen Bereichen des Lebens eine regulative Funktion haben. Akut wichtig für Kinder sind rechtliche Regelungen des Straßenverkehrs, soweit sie Fußgänger und Radfahrer betreffen. Im Unterricht werden sie als Verkehrsregeln thematisiert, in ihrer praktischen Bedeutung bewusst gemacht und als Verhaltensdispositionen eingeübt. Dabei kann einsichtig werden, dass sie als „technische“ Regelungen z.T. auch anders sein könnten (z.B. Rechtsfahrgebot), aber gemäß dem Zweck, Unfälle zu vermeiden und den Verkehr flüssig zu halten, in sich stimmig sein müssen.

Politik geschieht, wo Menschen den öffentlichen Bereich ihres gesellschaftlichen Lebens zu regeln versuchen. Sie erfordert nicht nur ein ethisches, sondern auch ein aus praktischen Notwendigkeiten motiviertes Handeln, getragen von der *Macht der Gestaltung* und gerichtet auf die Funktionen sozialer Systeme und das Wohl des Gemeinwesens in seinen inneren Verhältnissen und seinen Außenbeziehungen. Wesentliches Merkmal ist die Bestimmung durch Interessen, Weltanschauungen und Meinungen, die sich in Verbänden und (politischen) Parteien formieren und aus der sich – im Mikrobereich naher Verhältnisse bis hin zur Weltpolitik – ein Streit um das richtige Leben und ein permanenter Kampf um die Macht ergibt. Durch die Verfassung institutionalisierte Politik hat wesentlich die Funktion, Regelungen unter rationaler Interessen- und Risikoabwägung zu erarbeiten und wirksam werden zu lassen. Legitimiert wird institutionelle *Macht* durch demokratische Verfahren (Wahlen, Abstimmungen) und die Verpflichtung auf vorausgesetzte Ordnungen (Satzung, Gesetz, Verfassung), Tugenden und Ziele; sie bedarf aber auch der Kontrolle und Limitierung. Das Majoritätsprinzip bei Entscheidungen dient der Handlungsfähigkeit. Durch das Grundgesetz sind aber auch Mehrheitsentscheidungen Grenzen gesetzt. Das ist ein Schutz der Grundrechte, über die das Verfassungsgericht wacht, und insofern auch der Freiheit von Minderheiten.

Politik ist auf allen Ebenen (vom Schulparlament oder dem Gemeinderat bis zum Regierungshandeln) das Feld der ein Gemeinwesen steuernden Entscheidungen und damit ein Teilbereich gesellschaftlichen Handelns. Politisches Lernen ist immer auch soziales Lernen; soziales Lernen wird für politisches Lernen relevant, wenn es gelingt, in den demokratischen Grundwerten fundierte Haltungen aufzubauen. Macht, Herrschaft und Konflikt sind zwar Leitbegriffe des Politischen, aber für das Verstehen demokratischer Prozesse sollte dieses nicht auf Machtstrukturen eingeengt werden; im Mittelpunkt stehen vielmehr die – durchaus kritisch zu befragende – gesellschaftliche Ordnung und das Gemeinwohl als Wirkungsbereich politischen Handelns.

Eine anhaltende gesellschaftlich-politische Herausforderung, von der auch Kinder oftmals existenziell betroffen sind, wird mit dem Begriff *„multikulturelle Gesellschaft“* bezeichnet. Gemeint ist das Nebeneinander von verschiedenen soziokulturellen Gruppen, die teils unterschiedliche, teils auch gegensätzliche Werte und Normen vertreten und zugleich auf deren gleichberechtigter öffentlicher Repräsentation bestehen. Das erscheint nur möglich, wenn diese diversen kulturellen Ausprägungen hinreichende Gemeinsamkeiten in den Grundlagen haben, also ein demokratisches Grundverständnis von Gesellschaft, der Achtung der Würde und Autonomie aller Menschen und der Gleichberechtigung. „Interkulturelle Erziehung“ soll erreichen, dass Menschen in ihrer Unterschiedlichkeit und Vielfalt ohne Vorurteile anerkannt werden; damit wirkt sie der Xenophobie und dem Rassismus entgegen.

Die Vorbereitung auf eine kulturelle Pluralität der Gesellschaft erfordert *Toleranz*, verbunden mit der Einsicht, dass aus der Diskriminierung von Minderheiten Konflikte entstehen, die dann nur schwer beherrschbar sind. Andererseits ist der rechtsstaatliche Schutz der Identität und des Selbstverständnisses einer Gesellschaft ein hohes Gut und Bedingung der Möglichkeit des friedlichen Zusammenlebens. Unter diesen Voraussetzungen wird soziale Erziehung insofern schwieriger, als sie mit dem Verlust selbstverständlicher Konventionen immer abstraktere Lernleistungen erfordert. Denn die Regeln des Zusammenlebens beruhen immer weniger auf Herkommen und Gewohnheit als auf bewusster Entscheidung, staatsbürgerlicher Übereinkunft und politischer Steuerung. Multikulturalität bedingt ein stärkeres Angewiesensein auf demokratisch legitimierte Grundsätze gegenüber gruppenbezogenen Verhaltensweisen, d.h. sie verlangt eine Verpflichtung auf Verfassungsnormen. Das Konzept des „Verfassungspatriotismus" bringt diese zivilgesellschaftlich geprägte Identität des Gemeinwesens zum Ausdruck.

5.4 Soziales Lernen und politische Bildung

Die Auseinandersetzung der Kinder mit ihrem sozialen Umfeld und das soziale Lernen berühren alle sozialwissenschaftlichen Aspekte des Sachunterrichts, also die lebensweltliche, die historische, die geografische, die ökonomische und auch die ökologische Dimension. Alle diese Bezüge akzentuieren das Lehren und Lernen in ihrer spezifischen Weise. Die gesellschaftliche Dimension hat ihren inhaltlichen Kern im sozialkundlichen Bereich, der auch politische Aspekte einschließt. Aber gerade hier sind die Bausteine für ein Curriculum von vielfältiger Art, und genannt werden können nur einige grundlegende Elemente. Eine Geschlossenheit des gesellschaftlichen Schulcurriculums verbietet sich schon deshalb, weil in unserer Gesellschaft mannigfache legitime und zu respektierende religiöse und philosophische Grundüberzeugungen in gegenseitiger Toleranz zusammenwirken sollen. Die gemeinsame verbindliche Grundlage liegt in den Grundwerten und -rechten als den sozialen Regulativen unserer Kultur. Das bedeutet, dass die Schule die sittliche und emotionale Bindung an das Gemeinwesen auf den universalistischen Gehalt des Grundgesetzes beziehen muss.

Die Leitprinzipien sozialen Lernens hängen also zusammen mit Vorstellungen vom Menschen und von der Gesellschaft (Menschenbild und Gesellschaftsbild). Solche Vorstellungen sind nicht nur durch Tradition bestimmt, überliefert hauptsächlich durch Religion und Philosophie, sondern in zunehmendem Maße auch durch ökonomische, technische und biomedizinische Entwicklungen und ihre politischen Reflexe. Trotz einiger Ansätze in der Zukunftsforschung wissen wir nicht, welche Entwicklungen mit der rasch wachsenden Informationstechnik, mit der qualitativen Veränderung der Energiegewinnung, des militärischen Potentials, mit der zunehmenden Umweltbelastung und der weltweiten Störung des ökologischen Gleichgewichts verbunden sein werden. Deshalb muss sich die Erziehung von den Idealen der Menschlichkeit und Freiheit, der Demokratie und des Friedens leiten lassen und die Kinder darauf vorbereiten, den Staat als Funktion der Selbstorganisation der Gesellschaft zu begreifen.

Die Didaktik des Sachunterrichts und dieser selbst haben diese verschiedenen Voraussetzungen curricular in unterrichtsrelevanter Weise aufeinander zu beziehen. Für diese Aufgabe gibt es keine einheitliche Lösung, schon deshalb nicht, weil die Vieldeutigkeit der gesellschaftlichen Phänomene und Entwicklungen ein Wesensmerkmal des Zusammenlebens ist und der Horizont des Möglichen und Wünschenswerten offenzuhalten ist. In der Dimension des Sozialen zeigt sich mit besonderer Deutlichkeit die Potenz einer vielperspektivischen Konzipierung des Sachunterrichts. Dabei geht es freilich um eine durch gesicherte Fachbezüge gebundene Vielperspektivität und keine, die Beliebiges zulassen würde.

Moderne Konzeptionen sozialen Lernens nahmen in Deutschland ihren Anfang mit der Curriculumreform der späten sechziger Jahre und mit der Einführung des Sachunterrichts (vgl. Beck 1972; Beck/ Claussen 1979, bes. S. 178 ff.; Claußen 1976). Überwunden wurden die Verengung des Blicks auf (oftmals idealisierte) nähere Verhältnisse und die Ausklammerung des Politischen (vgl. Richter 1997). Überschritten wurde die Primärebene familialer oder freundschaftlich-nachbarlicher Gemeinschaften, die in direktem Umgang erfahrbar, aber manchmal auch mit sozialen Zwängen verbunden sind, sowie paternalistischer Vorstellungen („Landesvater", der für uns sorgt) durch Berücksichtigung übergreifender Strukturen eines demokratischen Staatswesens (z.B. Gesetzgebung, Verwaltung und vernetzter Abhängigkeiten).[330]

Inhaltliche Anstöße kamen zunächst aus der anglo-amerikanischen und englischen Curriculumforschung (Social Studies) und regten dann auch in der BRD eine differenzierte Entwicklung an (vgl. Kahlert 2009, S. 179 ff.; Thomas 2009, bes. S. 55 ff.). Unabhängig von diesen Einflüssen geschah das in originärer Weise durch die unterrichtliche Rekonstruktion gesellschaftlicher Wirklichkeit und sozial bedeutsamer Handlungsfelder in der Konzeption „Mehrperspektivischer Unterricht" (MPU), wo es in der politisch-öffentlichen Zugriffsweise darum ging, den Kindern ihre tatsächliche Partizipation an gesellschaftlichen Prozessen verständlich zu machen und dadurch ihre Unabhängigkeit zu stärken (vgl. Teil III; 2.3).

330 Schon im Erfahrungsraum Schule und in Korrespondenz mit Partnerklassen können Kinder erkennen, dass ihre eigenen Handlungsmöglichkeiten zwar durch allgemeine Regelungen (Schulpflicht, Schulsprengel, Schulordnung, Schulzeiten) eingeschränkt sind, aber doch Spielräume enthalten, die genutzt werden sollten.

Ansätze zu einer „emanzipatorischen Programmatik sozialen Lernens" legte frühzeitig Bernhard Claußen vor. Soziales Lernen muss demnach politische Erziehung einschließen, weil Werte und Erziehungsziele wie Demokratisierung (d.h. gesellschaftliche Realisierung der im Grundgesetz vorgegebenen Normen und ihre Vitalisierung im Denken und Handeln) oder Emanzipation (d.h. die Befreiung aus entmündigenden Rollenzuweisungen und aus einem Zustand der Abhängigkeit) nicht ohne entsprechende Lernleistungen erbracht werden können. Ohne eine solche Lernleistung unterliege der Prozess der Sozialisation einer Wildwüchsigkeit, dem Zufall und der Ambivalenz des alltäglichen Meinens und naiven Dafürhaltens, wie es im Heimatkundeunterricht, der (gesellschaftliche) Konflikte unter dem Deckmantel harmonischer Partnerschaft ignoriert und damit einer affirmativen Grundhaltung Vorschub geleistet habe, weitgehend üblich gewesen sei.

Politische Erziehung habe Vorbereitung auf rationales politisches Handeln zum Ziel. Das setzt freilich ein bestimmtes Menschenbild voraus und hat Konsequenzen für die gesamte Unterrichtskonzeption und alltägliche Praxis. So müsse die Schule zu einem „Aktionsraum" werden, der den Lernenden Handlungs- und Erprobungsmöglichkeiten eröffnet; die Lehrenden aber müssten den Mut finden, den Kindern Grenzen in Form von strukturierten Angeboten zu setzen, in denen Erfahrung überhaupt erst möglich wird. Dabei geht es um Verantwortung, Hilfestellung, konstruktive Kritik und gegenseitige Achtung als Grundbestandteile einer den Diskurs ermöglichenden Interaktion (Claußen 1976).

Damit wird für den Sachunterricht politische Bildung von Anfang an als Aspekt des sozialen Lernens thematisiert. Sie realisiert, dass Grundschulkinder politische Ereignisse (z.B. Wahlen) durchaus wahrnehmen (wenn auch in den Anfängen zumeist recht vage und in hohem Maße abhängig von der Thematisierung im Elternhaus) und Fragen stellen, die Anlass zu erklärenden Gesprächen geben, die wiederum das Interesse stärken. Politisches Lernen umfasst über die nahen Verhältnisse in Schule und Gemeinde hinaus auf die Gesamtgesellschaft bezogene macht- und herrschaftsrelevante Inhalte und Strukturen. Im Unterricht bezieht sie sich auf Vermittlung von Wissen, Aufbau von Kompetenz und von ethischen Prinzipien. In einer demokratischen Gesellschaft dient politische Bildung der Demokratiefähigkeit und hat das Ziel, dass die künftigen Erwachsenen in der Lage und gewillt sind, Verantwortung für sich selbst und kritische Mitverantwortung für die Gesellschaft zu übernehmen.[331] Erforderlich sind also ein politisches Strukturwissen, kommunikativ-diskursive Fähigkeiten und eine demokratische Überzeugung.[332]

---

331 Man denkt und handelt aus Verantwortung, wenn man bereit ist, für die Folgen seines Handelns einzustehen. „Verantwortung impliziert deshalb die Forderung, im Rahmen unserer Möglichkeiten die Wahrheit zu erkennen und nach ihr zu handeln. Wer Verantwortung wahrnimmt, tritt in das Bewußtsein ein, daß ein Umkreis von Leben, der über ihn selbst hinausreicht, von der Wahrheit seiner Antizipation abhängig ist." (Georg Picht: Das richtige Maß finden. Freiburg u.a.: Herder 2001, S. 124)

332 Einen Überblick über Orientierungen, Themenfelder und Zugangsweisen gibt der Sammelband

Ein wesentlicher Aspekt der Gesellschaftsordnung, in welche die Schulen einzuführen haben, ist die *Freiheit* im Rahmen der demokratischen Grundordnung: Freiheit des Individuums, der gesellschaftlichen Gruppen, also Freiheit auch der Anderen, der Andersdenkenden, Freiheit der Lebensstile und Überzeugungen. Im weiterführenden Unterricht muss gelernt werden, dass diese Freiheit nicht von selbst entsteht, sondern im Ganzen und nach ihren verschiedenen Facetten (Verbundenheit, Toleranz, Übernahme von Verantwortung und von Pflichten) ständig neu erarbeitet werden muss. Gefordert ist zunächst die reflektierte Arbeit an unserem eigenen Verhalten im Rahmen der Klasse und der Schule.

Freiheitliche Ordnungen werden in der Kommunikation der Beteiligten aufgebaut, stabilisiert und weiterentwickelt. Die sachbezogene Motivation für diese Arbeit kommt aus der Einsicht: Einsicht in den Wert, den Freiheit darstellt und in die Notwendigkeit der Arbeit an ihr.

Einsicht hat eine emotionale, eine normative und eine kognitive Komponente. In der Schule beginnt sie mit entsprechendem Umgang und Gebrauch, der als gedeihlich und angenehm empfunden werden muss. Zunehmend aber (z.B. in Verbindung mit der Arbeit an der Klassenordnung) ist Einsicht in soziale Verhaltensweisen an *Verstehen* geknüpft. Der Aufbau des Verstehens ist ein fortgesetzter Prozess, der seine Dynamik aus der Hoffnung gewinnt, dass man verstehen kann.

Soziales Lernen ist auf den Erwerb von Wissen, von Fähigkeiten und Haltungen ausgerichtet, die es den Kindern (und späteren Erwachsenen) ermöglichen, am sozialen Leben kompetent teilzunehmen, Entscheidungen verantwortlich zu treffen und sich an sozialer bzw. politischer Gestaltung zu beteiligen. Die soziale Umwelt konstituiert sich für Kinder zunächst durch Personen und den Umgang mit ihnen; schon deshalb kann sich das Lernen nicht auf den kognitiven Bereich beschränken. Eingeschlossen sind die Bereiche des Fühlens und Wollens, der Empathie und eingeschliffener Handlungsmuster, durch die soziale Beziehungen und Prinzipien subjektive Bedeutung gewinnen. Im Umgang mit Menschen sind Fragen der Ethik stets relevant. Für das heranwachsende Kind bedeutet das inhaltlich

- lernen wer man selber ist: Wer bin ich? Wie bin ich?,
- erfahren und verstehen, was andere empfinden,
- Maßstäbe (Normen) erwerben, an denen man eigenes und fremdes Verhalten misst.

Es geht darum, ein Bild von sich selbst zu gewinnen und im sozialen Sinn handlungsfähig zu werden. Aber die Entwicklung der Persönlichkeit ist immer auch abhängig von sozialen Kontexten, zu denen dominant Institutionen wie Kindergarten und Schule gehören. Die eigene Identität wird gestärkt durch Entscheidungen, die das Individuum trifft, und durch die Aufnahme von Welt in das eigene Bewusstsein, nicht durch Akkumulation von Belehrungen. Die Unterscheidung zwischen dem Ich und der Position des Anderen ist für Kinder eine hohe Abstraktionsleistung und erfordert die Überwindung des kindlichen Egozentrismus.

---

von Richter (2007).

Korrespondierende Kategorie zu sozialem Lernen und Sozialerziehung ist die *Sozialisation* der jungen Menschen, d.h. dass bei ihnen die Fähigkeit und Bereitschaft erzeugt wird, die Rollen zu übernehmen, die das Individuum als Mitmensch (unter den gegebenen gesellschaftlichen Bedingungen und kulturellen Erwartungen) zu spielen hat. Freilich nicht unkritisch und in bloßer Anpassung, sondern nach Maßgabe einer zunehmend bewussten Orientierung an eigenen Lebenszielen. Der Unterricht soll also helfen, „in die Gesellschaft einzuüben und gegen sie zu immunisieren, wo diese zwingen will, Stereotypen des Denkens und Handelns zu folgen, statt kritischer Einsicht" (Mitscherlich). Dabei zielt die pädagogische Arbeit darauf ab, Kinder aus der Subjektivität von (Zufalls-)Eindrücken herauszuführen und sie im distanzierenden Durchdringen elementarer sozialer Situationen allgemeingültige Einsichten gewinnen zu lassen.

Ein grundlegender sozialer Vorgang ist die *Rollenzuweisung* innerhalb von Gruppen bzw. in der Gesellschaft. Wir kennen diesen Prozess in Schulklassen: Da gibt es Stars, andererseits aber auch Kinder, die von vielen abgelehnt werden, u.U. den Klassenkaspar usw. Die Zuweisung einer Rolle geschieht in dynamischer Weise und in komplexer Wechselwirkung zwischen der Gruppe und ihren einzelnen Mitgliedern. Sie ist oftmals mit Prozessen der Hierarchisierung, der Inklusion oder Exklusion verbunden und hängt von vielerlei allgemeinen (Gruppendynamik) und besonderen (Persönlichkeit) Faktoren ab, z.B. von individuellen Eigenschaften, Merkmalen und Fähigkeiten, von Gruppennormen oder auch von Regelungen, welche eine Gruppe konstituieren (z.B. Zwangsgruppe Schulklasse).

Im sozialen Geschehen teilen sich Menschen Rollen zu und haben Wünsche, welche Rolle sie spielen möchten. Die Möglichkeit der Rollenwahl oder der Rollenzuweisung ist ein ursprünglicher Ausdruck gesellschaftlicher Macht. Mit *Macht* verbunden sind die informellen Führungsrollen in einer Gruppe, viel deutlicher noch sind es die institutionalisierten Rollen, z.B. der Lehrerin, der Eltern. Macht ist offenbar ein Grundphänomen sozialer Beziehungen. Deshalb muss soziales Lernen Machtstrukturen durchschaubar machen, und die Sozialerziehung muss einen vernünftigen und verantwortlichen Umgang mit Macht zum Ziel haben. So sollte z.B. erkannt werden, dass durch Wahlen (z.B. Klassensprecher, Bürgermeister ...) demokratisch legitimierte, aber auch begrenzte Macht auf bestimmte Zeit verliehen wird.
Oftmals hängen Rollenzuweisungen für einzelne Menschen, für gesellschaftliche Gruppen oder für Ethnien von *Vorurteilen* ab. Für fast jedes Vorurteil gibt es stützende (subjektive) Wahrnehmungen, die dann als belegende Beispiele herangezogen werden. Die – wenn auch sehr selektive – eigene Anschauung hemmt emotional die sachliche Analyse. Erforderlich sind (da in der Grundschule statistische Aussagen zumeist noch nicht fasslich sind)

- die kritische (Rück-)Frage, ob es denn immer so ist, wie das Vorurteil meint,
- Gegenbeispiele, die zeigen, dass der das Vorurteil stützende Fall nicht repräsentativ ist,
- der Aufbau der Einsicht, dass es im sozialen Feld keine mit den Naturwissenschaften vergleichbaren Konstanten und Gesetze gibt, die Voraussagen „für alle Fälle“ erlauben.

Ein weiterer Aspekt des sozialen Lernens und der Sozialisation ist der Aufbau der Bereitschaft und Fähigkeit, mit *Konflikten*, die in der gesellschaftlichen Realität unvermeidlich sind, vernünftig umzugehen. Grundlegend dafür ist die sich entwickelnde Fähigkeit, Perspektiven Anderer zu erfassen, zueinander in Beziehung zu setzen und Situationsdeutungen zu koordinieren. Das bedeutet

- Konflikte verhindern, wo sie nicht notwendig sind, und präventiv einen Ausgleich suchen,
- mit Konflikten, die zunächst nicht gelöst werden können, leben zu lernen, d.h. sich ihnen zu stellen, sie auszutragen und zu ertragen,
- Konflikte zu überwinden, d.h. im privaten und öffentlichen (schulischen) Bereich Lösungen anzustreben, die auf gegenseitiger Zustimmung beruhen und Zwänge oder Ängste beseitigen.

Schwer erkennbar ist für Kinder systemisches, strukturell gefestigtes soziales Unrecht, teils weil Gewohntes als selbstverständlich erscheint und nicht hinterfragt wird, teils weil es sich zu subtil darstellt, z.B. der Gegensatz von Armut und Reichtum oder die Verteilung von Bildungschancen. Ein erstes Verständnis und eine entsprechende Sensibilität kann aber an geeigneten Beispielen angebahnt werden, insbesondere wenn diese Beispiele Kinder betreffen (Ausländerkinder, hungernde Kinder, Kinderarbeit).

Die Entwicklung der *Sozialfähigkeit,* die den Umgang mit ethischen Imperativen, gesellschaftlichen Tugendwerten, mit Rollenzuweisungen, Machtansprüchen und Konflikten einschließt, ist ein erstrangiger Auftrag an Erziehung und Unterricht. Dazu werden in amtlichen Richtlinien oder Lehrplänen gewöhnlich übergreifende Ziele genannt wie soziale Sensibilität, Toleranz, Kommunikationsfähigkeit, Kooperationsfähigkeit, Kritikfähigkeit und Fähigkeit zu solidarischem Verhalten. Alle diese Ziele enthalten in der Kultur erarbeitete geistige Werte, ihre Verinnerlichung begründet Kompetenzen. Harald Weinrich hat von *Kompetenzwerten* gesprochen. Den Kompetenzwerten rechnet er alles zu, „was man sich in einem Lernprozeß aneignet und nach gehöriger Anstrengung des Geistes schließlich bis zu einem bestimmten Kompetenzgrad ‚kann‘“ (Weinrich 2007, S. 101). Kompetenzen unterliegen der „Ökonomie geistiger Werte“. Ihr Erwerb erfordert Arbeit und Zeit, er kann u.U. durch ein Zeugnis dokumentiert werden. Der Werterhalt erfordert Anstrengung, die sich kontinuierlich in der Zeit erstreckt. Schließlich aber dienen auch geistige Werte bestimmten Zwecken, hier dem Zusammenleben

nach Maßgabe der genannten Tugendwerte und der Konstitution der Persönlichkeit.
Mit dem Bezug auf Ökonomie meint Weinrich weniger die finanziellen Aufwendungen in der Phase des Lernens, sondern eine „viel härtere Währung“, „nämlich die Zeitwährung“. Denn diese hat „immer eine existentielle Bedeutung und kann daher als Hartwährung schlechthin angesehen werden, da sie auf der nicht erneuerbaren Ressource Lebenszeit beruht“ (S. 104). Allgemein bedeutet Lernen eine erhebliche Zeitausgabe und erfordert einen zeitökonomischen Umgang mit dem begrenzten Zeitvorrat. Lernende investieren Arbeit und Lebenszeit. Deshalb bedeutet Ökonomie der Zeit in didaktischen Prozessen aber auch, dass Hast – längerfristig gesehen – das knappe Gut *Zeit* verschwendet, denn Eile macht Lernprozesse unproduktiv, sie schadet dem Verstehen und der Nachhaltigkeit des Wissens. Comenius verspricht auf dem Titelblatt seiner Großen Didaktik wohl nicht nur aus barockem Überschwang die „sichere und vorzügliche Art und Weise“, in der die Jugend in den Schulen *„rasch, angenehm und gründlich* in den Wissenschaften gebildet, zu guten Sitten geführt“ und angeleitet werden kann (Comenius [1632/1657] 1960, S. 7).

5.5 Zielkomplexe sozialen und politischen Lernens

Soziales Lernen ist ein Bereich der Bildung, der seinen Anfang in Umgang und Erfahrung hat. Für die Schule als Kulturraum des gemeinsamen Lernens bedeutet dies, dass Schulleben und Umgangsstil den Zielen der Sozialerziehung in einem Klima mitmenschlicher Zuwendung, des gegenseitigen Respektes, der Gerechtigkeit und Güte entsprechen müssen. Die Verantwortung für diese Erziehung haben in hohem Maße die Lehrerinnen und Lehrer, denn sie repräsentieren durch die Art und Weise des Umgangs mit den Kindern, durch ihre fürsorgliche Zuwendung, durch ihren Lehrstil, das Eingehen auf die Kinder (z.B. bei der Beantwortung von Fragen) die gültigen Normen, die von den Kindern übernommen werden sollen. (Auch das ist ein Aspekt des „heimlichen Lehrplans“.)
Die Haltung der Lehrenden wird deutlich in der wahrgenommenen persönlichen Wertschätzung, die sie den einzelnen Kindern entgegenbringen, in der Annahme und Anerkennung ihrer Persönlichkeit, unabhängig von Herkunft, Leistungsvermögen oder äußerem Erscheinungsbild der Einzelnen. Dazu gehört es z.B., jeden ernstgemeinten Beitrag positiv aufzunehmen, jedenfalls ohne diskriminierende Bemerkungen, Ironie oder Überheblichkeit. Wenn das Unterrichtsgeschehen nicht sozial genug ist, hat das soziale Lernen wenig Chancen.

Joachim Kahlert hat in diesem Zusammenhang auf *„Achtsamkeit und Anerkennung“* als fruchtbares Leitbild für soziales Lernen hingewiesen (2004, bes. S. 42 ff.). Anerkennung

> ist bejahende Hinwendung zu einer Person mit eigenen Wünschen, Bedürfnissen (eben auch nach Anerkennung), Auffassungen, Interessen und Wertvorstellungen sowie Bereitschaft zur Perspektivenübernahme. Ihren praktischen Ausdruck findet die Haltung der Anerkennung in Achtsamkeit, Zuversicht, Vertrauen und Geduld, schließlich in dem Bewusstsein, dass die eigenen Urteile über andere Menschen unzuverlässig sind und unter Revisionsvorbehalt stehen sollten.

Chancen für Übung des sozialen Verhaltens der Kinder sind besonders bei Unterrichtsformen gegeben, die ihnen ein höheres Maß an selbstbestimmtem und selbstverantwortlichem Lernen zugestehen und zumuten, und die dabei die Möglichkeit zu wechselseitiger Unterstützung offenhalten. Geeignete Formen des offenen Unterrichts lassen ein breites Spektrum von Entscheidungsmöglichkeiten für alle Beteiligten zu, und sie enthalten Bewährungssituationen und -möglichkeiten für soziales Handeln.

Schon in der Zeit der Neuordnung des Primarbereichs in den siebziger Jahren – einer Zeit der produktiven Curriculumentwicklung – wurden viele Elemente für soziales Lernen erarbeitet, die sich bis heute als fruchtbar erweisen, z.T. auch wegen der Bemühung um klare Begrifflichkeit und systematische Konsistenz.[333] Das zeigt auch der Vergleich mit der neueren Literatur (vgl. Petillion 1993; Schäfer 1994; Beck/ Scholz 1995; Glumpler 1996; George/ Prote 1996; Claußen 1997; Kuhn 2003; Richter 2007).

Inhaltlich umfasst *soziales Lernen* mehrere Zielkomplexe. Dabei kann es im Sachunterricht nicht um eine formale Institutionenlehre gehen; im Mittelpunkt stehen vielmehr die für Individuum und Gesellschaft notwendigen Funktionen, Aktivitäten und Kompetenzen. Die Spanne reicht von der Identität der Persönlichkeit über die Haltungen und Tugenden, welche Gesellschaft möglich, nützlich und angenehm machen, bis hin zu dem politischen Kalkül, dass gesellschaftliche Regelungen von Menschen gemacht sind, von ihnen verantwortet werden müssen und im Rahmen übergreifender Prinzipien verändert werden können. Menschliche Verhältnisse unterliegen dem Wandel und erneuern sich durch Wandel; sie betreffen die Ausprägung der Persönlichkeit (durch Wachsen, Lernen und Erfahrung) ebenso wie die gesellschaftlichen Institutionen (die doch der Stabilität und

---

333 Paul Ackermann (1976): Einführung in den sozialwissenschaftlichen Sachunterricht. München: Kösel – Walter Popp (1976): Orientierungsrahmen für die Analyse und Planung sozialen Lernens in der Schule. In: H. Halbfas/F. Maurer/W. Popp: In Modellen denken. Stuttgart: Klett, S. 120-143 – Bernhard Claußen (1978): Didaktische Konzeptionen zum sozialen Lernen. Ravensburg: Maier – Gerhard Velthaus (1978): Didaktische Leitvorstellungen des sozialen Lernens in der Grundschule. In: W. Loch: Modelle pädagogischen Verstehens. Essen: Neue Deutsche Schule Verlagsgesellschaft, S. 103-140 – Hans Süssmuth (Hrsg.)(1980): Soziale Studien in der Grundschule. Düsseldorf: Schwann – Ilse Lichtenstein-Rother (1981): Zusammen lernen – miteinander leben. Freiburg: Herder – Heidrun Knoll-Jokisch (1981): Sozialerziehung und soziales Lernen in der Grundschule. Bad Heilbrunn: Klinkhardt

Verlässlichkeit dienen). Sie sind immer gefährdet und brauchen deshalb kreative Impulse und die Anstrengung guter Gestaltung. Zentrieren lässt sich soziales Lernen auf Kompetenzen der Partizipation und des Urteils in inner- und außerschulischen Bewährungssituationen. Dabei stehen Zusammenhänge der Kommunikation und Interaktion, der gesellschaftlichen Organisation und der leitenden Normen sowie der kulturellen Orientierungen in Zentrum:

- Sensibilisierung der sozialen Wahrnehmung, dazu gehören z.B.
  - Erfahrung und Bewältigung sozialer Verschiedenheit und Respektierung des Andersseins,
  - Einsicht in die Funktion sozialer Regeln (als Stützen von Ordnungen und Vorformen des Rechts),
  - Erhellung von Emotionen, Affekten, sozialen Mechanismen und Motiven,
  - Selbstwahrnehmung und Frustrationstoleranz als Selbstschutz, Zuneigung und Abgrenzung,
  - Bewusstwerden gesellschaftlicher Abhängigkeiten und Möglichkeiten der Emanzipation,
  - Aneignung sozialer Tugenden, z.B. der freundlichen Zuwendung und Aufrichtigkeit, der Hilfsbereitschaft und Solidarität, Achtsamkeit und Anerkennung.
- Erlernen von sozialen Rollen und Verhaltensweisen, insbesondere die Fähigkeit
  - der Aneignung gesellschaftlich-poltischer Standards sowie der Einsicht in Rollenstrukturen und Handlungsspielräume in der eigenen sozialen Umwelt,
  - des Erkennens und der Reflexion verfügbarer Verhaltensrepertoires,
  - des Findens der eigenen Rollen und des Aufbaus einer eigenen Identität,
  - der reflektierend bewussten Lösung aus ungerechtfertigten Normen und Verhaltensweisen,
  - der Integration in Gruppen oder Gemeinschaften und der Identifikation mit sozialen Werten,
  - der Anteilnahme, der solidarischen Zusammenarbeit und der Bereitschaft zu Empathie.
- Bewusstwerden der Bedeutung privater Beziehungen, dazu gehören
  - Familie und familiäres Zusammenleben, Kinder, Geschwister und Eltern,
  - Verwandtschaft und verwandtschaftliche Strukturen, Generationenfolge,
  - Freundschaft, Nachbarschaft und Bekanntenkreis,
  - Aktivitäten und Beziehungen im außerschulischen Bereich (z.B. im Sportverein),
  - Wahrnehmung und Reflexion von Differenz, Dissens und Konsens,
  - Umgang mit fremden Menschen und Distanz sowie die Unterscheidung zwischen privatem und öffentlichem Bereich.
- Mitwirkung an der Gestaltung des Zusammenlebens, z.B.
  - Hilfen und „Patenschaften“ für andere Kinder in der Schule,
  - Beteiligung an Projekten und Gemeinschaftsaufgaben (z.B. Klassendienste, Theateraufführung),

- Aktivitäten im vorpolitischen Feld (Klassenrat, Schülerparlament),
- Einübung in demokratische Beteiligungsformen und Konfliktlösungsstrategien,
- Aufbau von gegenseitigem Vertrauen und Abbau von Vorurteilen,
- Bereitschaft zu einvernehmlichen Konfliktlösungen und Kompromissen.

• Einsicht gewinnen in die Notwendigkeit und Funktion öffentlicher Institutionen, u.a.

  - Schule als Haus des Lernens dessen, was alle wissen und können müssen,
  - Gemeinde (Gebietskörperschaft) und ihre wichtigsten Organe (z.B. Gemeinderat und Bürgermeister), Einrichtungen und Funktionen (z.B. Versorgung mit Wasser und Energieträgern, Entsorgung, Feuerwehr, Verkehrsregelung, Straßen- und Wegenetz, öffentlicher Personennahverkehr, Spielplätze und Bäder, Schulen, Bibliotheken, Theater und Museen, Tierpark),
  - Bundesland und Staat als übergreifende gesellschaftliche Gebilde (Parlament, Regierung, Justiz), staatliche Aufgaben und Institutionen (z.B. Gesetzgebung, Rechtsordnung und Gerichte, Polizei, Infrastruktur und kulturelle Einrichtungen, soziale Sicherheit und Gesundheit),
  - Glaubensgemeinschaften und Kirchen, Organisationen und Verbände im öffentlichen Leben,
  - Lebensstile und kulturelle Vielfalt,
  - Regelungen und Verbindlichkeiten im öffentlichen Leben.

Diese Zielbereiche schließen notwendige *Denk- und Arbeitsweisen* ein, insbesondere Fähigkeiten

• der aktiven Beteiligung: Partizipation und Kooperation erfahren und üben, z.B.

  - soziale Konstellationen, Situationen und Prozesse erfassen,
  - Interessen prüfen, wahrnehmen und vertreten,
  - Entscheidungen treffen und begründen,

• des Recherchierens und Kommunizierens: Informationen sammeln und auswerten, Argumentieren lernen, z.B.

  - Befragungen planen, durchführen und auswerten,
  - Motive und Meinungen artikulieren und kritisieren,
  - soziale Prozesse in Rollen- und Planspielen simulieren,

• des Entwerfens und Aushandelns von Problemlösungen: Situationen erfassen, analysieren und gestalten, z.B.

  - Konfliktlösungen suchen und vertreten,
  - Positionen und Sichtweisen erkennen und bewerten,
  - Kompromisse finden und vermitteln.

Soziales Lernen als Aufbau deklarativen Wissens und sozialverträglicher Haltungen muss darauf ausgerichtet sein, aus bedeutsamen Fällen allgemeine Erkenntnisse zu gewinnen. Soziale Kompetenzen, die z.B. das Lösen von Problemen betreffen, brauchen eine rationale Fundierung in elementaren Kenntnissen und Einsichten, die es schließlich erlauben, im Rückgriff auf solche *Elementaria*[334] ein aktuelles Phänomen mit einem Muster, einem Typus, einer Denkfigur vergleichend zu verbinden und zu bewerten; d.h. man schlägt prüfend Brücken zwischen Ereignissen, Aufgaben oder Problemen und sucht nach gemeinsamen charakteristischen Elementen und Strukturen. Im *Vergleich* zeigen sich typische Übereinstimmungen; die notwendige Differenzierung zeigt dann das je Besondere.

Elementares wird in der Untersuchung konkreter Fälle erarbeitet. Es gibt gemeinsame Elementaria sozialen und politischen Lernens, zu denen alle Kinder, insbesondere auch solche aus anderen Kulturkreisen, frühzeitig Erfahrungen an Beispielen gewinnen sollten. So müssen z.B. bestimmte Grundgedanken gedacht und Vorstellungen kreativ angeeignet werden, welche dann *Demokratie als Lebensform* erst ermöglichen. Dazu gehören

- die Vorstellung, dass der Ursprung politischer Autorität in der Gesellschaft selbst liegt, also die (im 16. Jahrhundert entstandene) Idee von einem Gesellschaftsvertrag.

  Bespiel: Die Idee entwickelt sich ansatzweise mit dem Entwurf und dem Aushandeln von

  Regeln für unsere Klasse: Wie wünschen wir die Verhältnisse bei uns und was müssen wir dafür tun?

  Arbeitsweisen und Einsichten:
  - Informationen beschaffen und Meinungen artikulieren
  - Diskussion, Argumentation, Denken in Alternativen, kommunikative Verständigung, Mehrheitsfindung: Das Aushandeln von Regeln stärkt das Zusammengehörigkeitsgefühl.
  - Es gibt (institutionelle) Rahmenbedingungen, die von außen gegeben (Schulordnung, Schulgesetz, Verantwortung der Lehrer), aber ihrerseits demokratisch legitimiert sind.
  - Wir geben uns die Regeln, denen wir gehorchen wollen. Über ihre Einhaltung müssen wir gemeinsam wachen.
  - Regeln entlasten von der Notwendigkeit, alles und jedes ständig neu zu verhandeln, und Ordnungen vermeiden präventiv Konflikte, aber sie müssen gerechtfertigt werden und sie dürfen kritisch hinterfragt werden.
  - Wir sind Souverän unserer Regeln; wir wissen, wie sie konstruiert sind, wir können sie interpretieren und flexibel mit ihnen umgehen, wir können sie auch ändern, aber nur gemeinsam.

---

334 Elementaria sind Einheiten lebendigen und strukturierten Wissens, die unter verschiedenen Anforderungen als Modelle dienen können (vgl. Teil II; 3.2.1). – J. Kahlert skizziert dazu ein aufgabenbezogenes Beispiel: „Muss der Badestrand am Baggersee geschlossen werden?" (2007, S. 223–226)

- das Verständnis dafür, dass verbindliche Regelungen auf *Mehrheitsentscheidungen* beruhen.
  Beispiel: Die Bestimmung von Klassensprechern geschieht durch *Wahlen.*
  Arbeitsweisen und Einsichten:
  - Finden von Kandidatinnen und Kandidaten im Gespräch.
  - Mehrheitsfindung; Mehrheiten entscheiden durch Abstimmungen.
  - Rücksicht auf Minderheiten und die (relative) Berechtigung anderer Interessen nehmen.
  - Entscheidungsprozesse analysieren, gegenläufige Sachverhalte (Vor- und Nachteile bestimmter Entscheidungen) erwägen.
  - Die Wahl in ein Amt gibt Rechte und Pflichten auf Zeit.

- die Einsicht, dass Menschenrechte, Achtung der Persönlichkeit und die Gleichheit vor dem „Gesetz" Voraussetzung für Freiheit und Liberalität ist.
  Beispiel: Die Entscheidung über einen Streit muss sachgerecht sein und eine friedliche Lösung anstreben.
  Arbeitsweisen und Einsichten:
  - Wir müssen uns bemühen, andere in ihren Wünschen und Interessen zu verstehen.
  - Alle Beteiligten haben das Recht auf Anhörung; Grundrechte müssen gewahrt werden.
  - Emotionen können die Aussagen und Entscheidungen beeinflussen.
  - Lehrerinnen und Lehrer müssen gerecht und verlässlich sein.

Das Denken bestimmter Grundgedanken, das Herausarbeiten elementarer Einsichten und der damit verbundene Aufbau von Vorstellungen und Mustern gibt Grundlagen auch für intuitive Problemlösungen. *Intuitionen* beruhen nicht auf schrittweisem, gedanklich-sprachlichem Verfolgen von Gründen und Argumenten, sondern auf „Ahnungen", auf vorbewussten Wissensbeständen und Einsichten, Denkmodellen und Überzeugungen, also auf Referenzen, die einmal bewusst waren, ins Nichtbewusste abgesunken sind und unter bestimmten Umständen auch wieder bewusst werden können. Oftmals ist intuitives Denken verbunden mit Episoden, die für den Lernprozess bedeutsam geworden sind (vgl. Teil II; 3.1.4).
Wissensbestände und Einsichten sollen im sozialen und politischen Bereich schließlich handlungsleitende Funktionen bekommen, die sich als *Funktionsziele* ausdrücken lassen (vgl. Teil II; 3.2.2). Diese sind auf Haltungen, Fähigkeiten und Kompetenzen ausgerichtet, die durch Gebrauch und Reflexion praktisch wirksam werden. So sollen Kinder für den Aufbau von Kompetenzen im Umgang mit Konflikten an Beispielen erfahren und in ihrem Handeln wirksam werden lassen,

- dass es oftmals verschiedene (berechtigte) Interessen und Interpretationen gibt,
- dass es notwendig ist, die Perspektiven anderer zu beachten und zu prüfen,
- dass Interessenkonflikte zum alltäglichen Leben gehören und sich meist sinnvoll lösen lassen, wenn man die Interessen der Beteiligten angemessen berücksichtigt,

- dass ein Konflikt aus Missverständnissen entstehen kann,
- dass Konfliktlösung Kommunikationsfähigkeit und kritische Reflexion erfordert, Gewalt aber nicht dauerhaft zu befriedigenden Lösungen führt,
- dass eine neutrale Person oder ein „Schiedsgericht“ für eine Konfliktlösung hilfreich sein kann,
- dass man Verantwortung für das eigene Handeln übernehmen muss,
- dass manchmal nur Mehrheitsentscheidungen zu einer Lösung führen,
- dass (politische) Entscheidungen sachgemäß getroffen und verantwortet werden müssen.[335]

Die Reflexion auf solche Funktionsziele ist eine Chance des vertieften Nachdenkens mit Kindern (vgl. Schreier 1999). Ein weitergreifendes Beispiel ist die Frage nach der *Freiheit des Handelns* in formaler oder auch ethischer Hinsicht. Bedeutet Freiheit viele Möglichkeiten zu haben und offenzuhalten? Oder zeigt sie sich in entschlossenem Entscheiden? Immer ist die Konstellation der jeweiligen Gegebenheiten (der „Umstände“) eine Verengung und reduziert die denkbaren Möglichkeiten. Erst durch Entscheidungen verliert man alle Möglichkeiten, außer der gewählten Option. Getroffene Entscheidungen bestimmen also den Spielraum der Möglichkeiten, die sich durch diese Entscheidungen eröffnen, und sie schließen alternative Möglichkeiten aus, die damit unvereinbar sind. Denn Entscheidungen erzeugen neue Gegebenheiten und mit der Logik der Tatsachen verknüpfte Konsequenzen. Zugleich eröffnen sie neue Möglichkeiten, zwischen denen schließlich wiederum entschieden werden muss, zumeist ohne verlässliches Wissen darüber, welche Wege erwünschte Optionen eröffnen und welche in Sackgassen („Holzwege“), in scheinbar ausweglose Situationen führen. – Anschaulich und für Kinder nachvollziehbar wird diese hier nur abstrakt skizzierte Struktur in vielen Märchen und Geschichten, aus denen sie erarbeitet werden kann.

In der Summe geht es um Erziehung zur Freiheit in einer offenen, sich wandelnden Gesellschaft, die große Spielräume für persönliche Optionen und Handlungen bereithält, aber immer auch in Antinomien lebt. Das erfordert eine Ausrichtung auf Ziele und Ideale für die eigene Lebensführung wie Selbstverantwortung und Selbstbestimmung, Mitmenschlichkeit und Solidarität, ebenso aber auch Urteilsfähigkeit und das Bewusstsein, dass für jeden Einzelnen und für jede Gruppe moralische und rechtliche Grenzen bestehen, die nicht überschritten werden dürfen. Die Mitglieder einer pluralistischen Gesellschaft müssen lernen, ein Mindestmaß an reflexiver Distanz zu ihren Weltanschauungen und Interessen zu gewinnen, darüber hinaus aber die Bereitschaft und Fähigkeit entwickeln, produktiv an gesellschaftlicher Gestaltung mitzuwirken und Verantwortung für das Gemeinwesen zu übernehmen. Die Schule aber ist den Lebenschancen der Kinder und Jugendlichen verpflichtet und sollte auch ihrerseits dazu beitragen, die Selektivität des Bildungswesens zu überwinden und die notwendige Durchlässigkeit der Gesellschaft offenzuhalten.

---

335 Auch hier gilt, dass eine Benennung in Katalogform unabgeschlossen bleiben muss, nicht frei von Kontingenz ist und durch Vergleich mit anderen Vorschlägen weiterentwickelt werden sollte.

6 Kinder und physische Welt: die physikalische und chemische Dimension

6.1 Ansätze der Wissenschaftsorientierung

Physik- und chemiebezogene Inhalte hatten in der Grundschule der Reformpädagogik und in einem ungefächerten, auf direkte Anschauung gegründeten Heimatkundeunterricht bis in die sechziger Jahre nur marginale Bedeutung. Den Gründen für diese Vernachlässigung kann hier nicht nachgegangen werden; sie sind einerseits in einem neuhumanistisch verengten Bildungsbegriff und der Forderung nach „volkstümlicher Bildung“ zu suchen, andererseits in einer zeitbedingten Einschätzung der Interessen, Fähigkeiten und geistigen Potenzen von Grundschulkindern, wie sie in einer einseitig gepolten „Pädagogik vom Kinde aus“ zum Ausdruck kam (vgl. Neuhaus 1991; Götz 1989).
Die Überwindung eines unkritisch nur auf unmittelbare Anschauung und auf eine vermeintlich kindliche Lebenswelt ausgerichteten Unterrichts zeichnete sich am Anfang der sechziger Jahre ab, als sich zunehmend die Bezeichnung „Sachunterricht“ durchsetzte und der Blick stärker auf die Sachen gerichtet wurde.[336] In der didaktischen Theorie wurde diese Hinwendung zu den Sachen maßgeblich durch Klafki angestoßen, der 1958 in einer einflussreichen, für die Lehrerbildung paradigmatisch gewordenen Studie die „didaktische Analyse als Kern der Unterrichtsvorbereitung“ herausstellte, für diese Vorbereitung Rechenschaft über den „Bildungsinhalt und Bildungsgehalt“ eines Stoffes forderte, nach der exemplarischen Bedeutung eines Inhalts fragte und verlangte, in der „Sachanalyse“ seine Struktur zu erschließen (Klafki 1965, S. 126 ff., bes. S. 135 ff.). Die damit intendierte gedankliche Strenge bei der Konzipierung des Unterrichts und insbesondere die auf verlässliches Wissen bezogene Sachanalyse sind es, die kindertümelnden Verfälschungen und Banalisierungen entgegenstehen.[337] Eine rationale und sachbezogene Planung bewirkt eine neue Mentalität im Unterricht.

---

336 Vgl. Ilse Rother (1961); weiterhin Friedrich Gärtner: Neuzeitliche Heimatkunde. Der ungefächerte Sachunterricht in der Volksschulunterstufe. München: Ehrenwirth 1958 – Rudolf Karnick: „Redet um Sachen!“. Weinheim: Beltz [1958] 1966 – Ilse Lichtenstein-Rother: Sachunterricht und elementare Weltkunde. In: Die Grundschule (Beiheft zu Westermanns Pädagogischen Beiträgen), H. 4, 1968, S. 1–16

337 Klafki spricht im Zusammenhang mit der Erhellung der Struktur eines potenziellen Unterrichtsgegenstandes sogar von einer „vorpädagogischen“ Sachanalyse, die also noch vor jedem pädagogischen Bezug „theoretisch-wissenschaftlich“ fragt und zu „wissenschaftlich gemeinten Antworten führt“ (Klafki 1965, S. 137). – Eine ähnliche Forderung findet sich schon bei Heinrich Roth in seiner Arbeit über *Die Kunst der rechten Vorbereitung* (vgl. Roth 1960, S. 127 ff., bes. S. 128).

Für die Umsetzung im Unterricht selbst haben dann 1965 Rainer Rabenstein und Fritz Haas die Bedeutung der Sachstruktur hervorgehoben und bereits für die beiden ersten Schuljahre Themen vorgeschlagen, die „stärker fachlich ausgerichtet sind", denn „mit dem realistischen Erfassen der Umwelt sind notwendigerweise die Verwendung facheigener Grundbegriffe, die Anwendung facheigener Denkweisen verbunden", und es wird „grundlegende Arbeit für den späteren Fachunterricht geleistet" (S. 44). Vorgeschlagen und näher ausgeführt werden dann auch Themen „aus dem Bereich der Naturlehre", z.B. „Wir basteln eine Tischlampe" (2./3. Schuljahr), „Wir bauen eine Sonnenuhr", „Der Wasserhahn tropft", „Wir bauen eine Kläranlage" (3./4. Schuljahr). (ausführlicher in Köhnlein 1984; vgl. Köhnlein 2001, bes. S. 304 ff.)

In der grundschulpädagogischen Diskussion wurde eine stärkere Hinwendung zu fachlichen Inhalten und speziell zu physik- und chemiebezogenen Themen mit dem Argument gefordert, dass der Unterricht dem entsprechen müsse, „was Kinder unserer Zeit als Sachwelt vorfinden" und was geeignet ist, sie zu produktivem Denken herauszufordern (Höcker). An Beispielen wurde erörtert, ob „naturwissenschaftlicher Unterricht in der Grundschule" möglich ist. Große Aufmerksamkeit fanden Veröffentlichungen zum elektrischen Stromkreis (Witte 1966) und zu Themen wie „Warum kann ein Dampfer schwimmen?" (R. Karnick), „Unterricht über Stabmagnete" (G. Höcker) oder „Wir gewinnen Gas" (H. Werner u.a.).[338] Als großes Problem erwies sich dabei – wie auch in den Schulbüchern – die korrekte didaktische Reduktion auf Aussagen, die für Kinder verständlich, aber nicht irreführend sind. Gesetzmäßigkeiten sollten möglichst von den Kindern selbst gefunden und angemessen versprachlicht werden.

Bedeutung gewann die Frage, wie Kinder die Herausforderung durch die Sachen erfahren und von sich aus mit Naturphänomenen lernend umgehen. Martin Wagenschein hat erstmalig 1962 unter dem für die damalige Zeit sicherlich etwas provokanten Titel „Kinder auf dem Wege zur Physik" Beobachtungen beschrieben, die das zugreifende Interesse von Mädchen und Jungen schon vor der Einschulung dokumentieren. Es geht ihm dabei um den Nachweis für seine anthropologisch begründete These, dass Kinder von sich aus die ihnen zugängliche physische Welt erkunden und dabei Wege einschlagen, die methodisch und inhaltlich zu den Sachwissenschaften führen. Aufgabe der Schule ist es dann, mit den Kindern den Blick auf die Sache zu richten und die frühe Erfahrung des Verstehens zu ermöglichen. „Ursprüngliches Verstehen" ist ein erstes, oft noch unkritisches Verstehen, das noch nicht auf schon Verstandenes zurückgreifen kann (Wagenschein 1970a, S. 487– 499 und 2003; vgl. Teil III; 1.1.2).

Seine auch programmatisch gemeinte These, dass Kinder ursprünglich „wissenschaftsorientiert" sind und bleiben, wenn die Schule diese Orientierung produktiv aufnimmt (Wagenschein 2003, S. 9) formuliert er auch gegen die prominent von Carl Schietzel

---

338 Alle in: Die Grundschule (Beiheft zu Westermanns Pädagogischen Beiträgen), H. 4, 1968.

vertretene Position, dass eine Ausrichtung des Unterrichts auf Wissenschaft nicht den Bedürfnissen und dem Lebensgefühl der großen Mehrheit der praktisch tätigen Menschen entspreche (Schietzel 1968).[339] Für Schietzel sind Lebenswelt und Wissenschaft verschiedene Welten. Die Welt der Wissenschaft sei für die jungen Menschen unwirklich, „sie ist kein denkend erfüllter Existenzraum, keine von Bewußtsein durchdrungene Lebenssphäre ... Aus diesem Grunde vermögen die wissenschaftlichen Gegenstände nur sehr selten geistig produktive Inhalte eines Unterrichts zu sein" (Schietzel 1968, S. 23). Schietzel geht es prinzipiell um eine „elementare Phänomenologie der Sachen", also um einen aspektfreien und unperspektivischen Zugriff, und inhaltlich um die praktischen Dinge der Technik; alle Einsicht in die Sachen und Sachphänomene hänge davon ab, „ob das Denken der Anschaulichkeit sich hat hinreichend ausbilden können" und von Sinneswahrnehmungen ausgeht.[340] Das Konkrete, das den Sinnen Gegebene sei das Wirkliche und damit auch das Fassliche und Verständliche. Das Denken im Unterricht bleibt also im Bann der unmittelbaren Anschaulichkeit, auch wo die „Sachen des Denkens der Anschauung unanschaulich" sind, wie z.B. die chemischen Prozesse im Feuer (S. 40). Einen didaktischen Zugang zum „ideale(n) Bereich der Natur" und zur Naturwissenschaft sieht Schietzel nur über „die technische Welt der Lebenspraxis".

Fünf Jahre später, nach dem radikalen Paradigmenwechsel und der Hinwendung der Grundschule zu einem naturwissenschaftlich orientierten Sachunterricht (vgl. Köhnlein 1984) und kurz nach dem Erscheinen von „Kinder auf dem Wege zur Physik" (1973) postuliert Schietzel in scharfen Formulierungen, „dass Naturwissenschaften in der Grundschule" und naturwissenschaftliche Erkenntnis als spezifische Erkenntnisform nicht möglich sind, weil Kinder weder in der Lage seien, präzise nach einem „naturwissenschaftlichen Sachverhalt" zu fragen und entsprechende Experimente zu entwerfen, noch in ihren Denkvollzügen dem logischen Schema der Induktion zu folgen, und schließlich verweigere sich die Sprache des Grundschulkindes dem „wissenschaftlichen Erkenntnisakt" (Schietzel [1973] 1984, S. 117; S. 133).[341]

Immerhin meint er, in den Protokollen Thiels (vgl. Teil II; 2.2 und Teil III; 1.1.3) lasse sich „die Fähigkeit zum logisch-methodischen Denken" und „zur kritischen Induktion"

---

339 Besonders deutlich wird das in dem Briefwechsel zwischen Wagenschein und Schietzel, in dem Wagenschein auch fragt, ob Schietzel „weiterhin am ‚volkstümlichen Denken' festhalten" wolle (abgedruckt in Wagenschein 1976, S. 306 ff., hier S. 310). In seiner Antwort ordnet Schietzel dieses Denken den „unterprivilegierten" Schichten zu, die nur über „restringierte" Sprachfähigkeiten verfügen, für die „der Weg zur wissenschaftlichen Denkweise so gut wie verschlossen" sei und für die sich der Unterricht auf „praktische Interessen" konzentrieren sollte (S. 314). – Das Werk Schietzels (1968) steht am Ende der Epoche eines sich von „höherer Bildung" abgrenzenden Volksschulunterrichts und fasst vieles von dessen guter Tradition zusammen.

340 Die Hervorhebungen sind hier weggelassen. – Schietzel hebt drei für ihn entscheidende Modi des Denkens hervor und bezeichnet sie mit fragwürdigen Metaphern „als Denken der Sprache, Denken des Auges und als Denken der Hand" (a.a.O., S. 102 ff.).

341 Gewiss ist die Kritik Schietzels an manchen Unterrichtswerken der damaligen Zeit berechtigt. Aber er nennt keine Quellen für die von ihm bekämpfte Behauptung, dass „exakte Naturwissenschaft" in der Grundschule möglich wäre. Auf den zwischenzeitlich erfolgten Umbruch in der Lehr-, Lern- und Begabungsforschung (vgl. Roth [1968] 1972) sowie auf neue Erkenntnisse in der Entwicklungspsychologie geht Schietzel nicht ein.

bei den ältesten Schülern „erahnen". Die Protokolle aus dem vierten Schuljahr zeigten eine Wandlung an und ließen deutlich werden, „wie wissenschaftliches Denken aufzukeimen beginnt" (S. 119). – Hier zeichnet sich ab, dass richtig angelegte Lehr- und Lernprozesse entscheidende Bedeutung für die Entwicklung des (domänenspezifischen) Denkens haben können.

Es sollte klar sein, dass die Anfänge noch nicht mit den Maßstäben wissenschaftsbezogenen Denkens zu messen sind, die für Ziele gelten mögen, auf die hin Unterricht orientiert ist. Hier lag ein Mangel von Lehrgängen aus den siebziger Jahren, die einseitig von der Fachwissenschaft aus geplant waren. Denn im Unterricht geht es nicht darum, mitzuteilen wie oder was Naturwissenschaft ist, sie nachzuahmen oder „die fertigen Abstraktionen in den Sprachgebrauch der Schüler hineinzustecken", sondern „erfahren zu lassen, wie Physik (als Aspekt) *kontinuierlich wird"*, d.h. *genetisch* zu arbeiten. Angestrebt wird dann auch nicht Wissenschaftsfähigkeit, sondern *Wissenschaftsverständigkeit*, also die Möglichkeit, (am Ende der Schulzeit) an Beispielen schließlich zu durchschauen, was Wissenschaft ist, wie sie arbeitet und wie man (in Formeln fassbare) Verknüpfungen auch in Worten sagen kann (Wagenschein 1976, S. 310 f., S. 320).[342]
„Genetisch" bedeutet dabei den Kindern zu helfen, so selbstständig wie möglich Sachverhalte zu erkunden, Probleme zu entdecken, Lösungsmöglichkeiten auszudenken und zu prüfen, Erkenntnisse zu formulieren und im Zuge des Erkennens von Zusammenhängen Verallgemeinerungen zu wagen, immer mit der Maßgabe, das Verstehen nicht abreißen zu lassen. Sie lernen also nicht nur „wie es ist", auch nicht nur wie man es verifizieren kann, sondern „wie es kommt", d.h. es gilt zu durchschauen, wie man darauf kommt. Ein wissenschaftsorientierter Unterricht ist dann darauf gerichtet, „die ersten Regungen wissenschaftlichen Denkens zu erwecken und zu ermutigen" (S. 319). Der didaktisch angemessene Weg geht also von den vorwissenschaftlichen Ansätzen der Kinder zu exemplarisch erarbeiteten Einsichten von elementarer Bedeutung für das Weiterlernen und Verstehen.
Wagenschein geht es auf dem Weg zu dieser Wissenschaftsverständigkeit – alle Inhalte übergreifend – zunächst um ihr „Hervorquellen und Hervorkeimen aus ganz bekannten gemeinverständlichen und unbestrittenen Prinzipien" (Galilei), „die in der Naturwissenschaft führend geworden sind":

– *Wiederholbarkeit:* Naturwissenschaftliche Prozesse (Experimente) müssen personenunabhängig wiederholbar, demonstrierbar, reproduzierbar sein, wenn sie zu gültigen Ergebnissen führen sollen.
– *Erhaltung:* Masse, Energie und Impuls bleiben erhalten, d.h. es wird die Erwartung von Kindern gefestigt, dass Gegenstände oder auch Bewegungen Konstanz haben.[343]

342 Aus „je mehr ich ein Gasvolumen zusammendrücke, desto mehr Kraft brauche ich" (Beispiel Luftpumpe) wird schließlich: $p \cdot v = const.$

343 Aus kognitionspsychologischer Sicht vermerken dazu Hasselhorn/ Mähler: „Schon Säuglinge

- *Ordnung:* Phänomene, Vorgänge, Gegenstände, Materialien können nach übergreifenden Gesichtspunkten (die bis zur Bewährung willkürlich sein können) einander zugeordnet und dadurch gekennzeichnet oder klassifiziert werden. Damit gelingt die Strukturierung des Vielerlei und die Bildung verallgemeinernder Kategorien sowie das Erkennen von Gesetzlichkeiten (Wagenschein 2003, S. 13; vgl. Teil III; 1.1.2).

Die natürliche Welt bestätigt zunächst unser Vertrauen: Sie ist so zuverlässig, dass die erwartete Wiederkehr des Gleichen (z.B. im Tages- und Jahreskreislauf), aber auch die Gelegenheit offener Möglichkeiten für Kinder außer Frage steht. Auch auf die technische, von Menschen konstruierte Umwelt ist weithin Verlass; dass die ohnehin undurchschaubare Funktion des Hightech-Spielzeugs plötzlich versagt, gehört schließlich zum normalen Verlauf der Welt, trägt aber vielleicht doch bei zur Kontingenzerfahrung auch im Bereich des Physischen.

6.2 Unterrichtsbeispiel: Einführung in die Temperaturmessung

Das Problem, wie Kindern in angemessener Weise ein Zugang zu naturwissenschaftlich und technisch bezogenem Denken eröffnet werden kann, ist – durch alle Krisen der Grundschulpädagogik hindurch – ein aktuelles Thema der Sachunterrichtsdidaktik. Es betrifft die Frage, welche Bedeutung dieses Denken für das Schulcurriculum hat, und wie sich Kinder mit unserer Hilfe diesen zentralen Bereich unserer Kultur erschließen können. Sie sollen damit nicht nur ihr Wissen und ihre Fähigkeiten, sondern – mit neuen Grunderfahrungen – auch ihre Lebenswirklichkeit erweitern. Denn *Lernen* ist eine Öffnung des Blicks, eine Erweiterung der Optionen und Handlungsmöglichkeiten; dem Erschließen der Welt durch das Individuum entspricht das Wachstum seiner geistigen Gestalt.
Ein frühes Beispiel für genetisch-exemplarischen Unterricht hat Herbert F. Bauer gegeben (Bauer 1984). Dabei erweist sich das Experiment als Zugang zu naturwissenschaftsorientiertem Denken und Arbeiten. Das experimentelle Verfahren ist im Rahmen eines exemplarischen Unterrichts ein Zusammenspiel von kreativen Einfällen und kritischer Prüfung, von Exploration und Kommunikation. Es ist eine „operative Interpretation" (P. Lorenzen) in einem Gefüge von Sachverhalten mit dem Zweck des Erforschens und Verständlichmachens.

‚wissen' bzw. erwarten, daß materielle Objekte dauerhaft existieren, daß sie sich auf kontinuierlichen Bahnen bewegen (und nicht plötzlich die Richtung wechseln), daß sie aus solider Substanz bestehen und Effekten wie der Schwerkraft und Trägheit unterliegen." Sicherlich, so darf man hinzufügen, gehört dazu eine wenigstens rudimentäre Vorstellung des dreidimensionalen Raumes. „Die Grundlagen bzw. Kernprinzipien solcher ‚naiven' oder ‚intuitiven Theorien' sind nach Auffassung einiger Autoren bereits angeboren oder werden sehr früh erworben" (1998, S. 79 f.). Vielleicht liegt hier ein Ansatzpunkt für „ursprüngliches Verstehen" (Wagenschein). Vgl. dazu auch Sodian/ Koerber (2007); kritisch: Piaget (1974, S. 243 ff.).

Thema der Unterrichtseinheit ist *„Das Thermometer“*, 3. Schuljahr, 46 (!) Kinder; sie stammt aus den hoffnungsvollen Anfängen des modernen Sachunterrichts (Dokumentation Februar 1972). Im Rückblick erweist sie sich als ein Lehrstück von hohen Graden und als didaktisches Muster, in dem Inhalts- und Verfahrenskomponenten in sinnvolle Beziehungen gesetzt werden, denn Erfolg und Nachhaltigkeit des Lernens hängen wesentlich davon ab, dass die Kinder *im handelnden Verfolgen eigener Ideen strukturelle Zusammenhänge erkennen* und in ihre Vorstellungen aufnehmen. Die unterrichtliche Konstruktion eines Gefüges von Sachverhalten und ihre operative Interpretation in Lernsequenzen soll gerade auch das zum Vorschein bringen, was den Kindern in der lebensweltlichen Praxis unverständlich bleibt und damit das Aufkommen von Handlungsfähigkeit erschwert (vgl. Giel 1974, S. 14). Wesentlich ist, dass der Unterricht auf *Verstehen* angelegt ist und nicht auf Nachvollzug von Anweisungen. – Ich verfolge kommentierend die aufeinander aufbauenden Phasen des Unterrichts, füge Bemerkungen zur Sachstruktur hinzu und versuche dann nach Maßgabe einer theoretischen Konzeption zu generalisieren.[344]

(1) Als erstes Phänomen entdecken die Kinder, dass unser Wärmeempfinden wesentlich situativ ist, d.h. abhängig von unmittelbar vorausgehenden Sinneswahrnehmungen. Ist es deshalb unzuverlässig oder defizitär? Was würde das heißen, z.B. in biologischer, physikalischer oder technischer Hinsicht? Weshalb ist Objektivierung nötig und damit ein technisches Messverfahren? Sind es nicht zuerst soziale und auch ökonomische Motive, die zu Maßeinheiten und Messverfahren führen? Hier wiederholen sich in einem wohlbedachten Curriculum Begründungen, welche die Kinder schon (im 2. Schuljahr) bei der Längenmessung kennengelernt haben. Der Sinn der Messung ergibt sich zuerst aus seiner lebensweltlichen Bedeutsamkeit.

Ausdrücke wie „warm“ und „kalt“ kennen die Kinder aus der Umgangssprache; der *Vergleich* führt von den rein qualitativen zu komparativen Begriffen: Dieses Wasser ist „wärmer als“ jenes. Dabei genügen zuerst subjektive Empfindungen. Die Notwendigkeit von Kommunikation und von Entscheidungen in paradoxalen Situationen wie z.B. bei dem bekannten „Dreigefäßeversuch“[345] weckt das Bedürfnis nach Feststellungsmethoden, die objektiv, d.h. unabhängig von unseren subjektiven Empfindungen sind. Objektive, d.h. intersubjektiv gültige Messun-

344 Vgl. dazu das Beispiel „Thermometer“ aus der Zeit der Reformpädagogik: Joh. Kühnel: Moderner Anschauungsunterricht. Eine Reformschrift. Leipzig: Klinkhardt ^{8}1923, S. 108–110 (abgedruckt in Bauer/ Köhnlein 1984, S. 38 ff.). Ferner: G. Löffler (1985): Der Gegenstand des Themas „Warm und Kalt“ im Sachunterricht. In: Sachunterricht und Mathematik in der Primarstufe, 13. Jg., H. 12, S. 442–448 (dort auch Verweise auf die vorausgegangene Diskussion, vgl. auch Löffler 1988 und 2011).

345 Halten wir die eine Hand in warmes Wasser, die andere in kaltes und dann beide Hände zugleich in lauwarmes, dann erscheint das gleiche Wasser der einen Hand warm, der anderen kalt.

gen sind aber nur erreichbar, wenn an die Stelle der phänomenologischen Begriffe theoretisch definierte treten: Die Aussage „Das Wasser ist warm" wird durch eine Temperaturangabe ersetzt. Wir benötigen also einen (neuen) Begriff („Temperatur") und ein Verfahren (Messmethode).

Der Übergang von phänomenologischen Begriffen („warm", „kalt") zu dem theoretischen Begriff *Temperatur* ist in einem curricularen Aufbau des Messens deshalb interessant und schwierig, weil es hier, im Gegensatz zu Grundgrößen wie Länge (Urmeter) und Masse (Urkilogramm[346]), kein materielles Substrat gibt (keinen „Urgrad") und die zu messende Größe Temperatur ein theoretisches Konstrukt ist. Die Temperatur ist eine physikalische Größe, die das Maß der Erwärmung eines Körpers angibt. Sie kann nur indirekt gemessen werden; die Messung beruht auf der Temperaturabhängigkeit solcher physikalischer Eigenschaften von Substanzen, die einer unmittelbaren Messung zugänglich sind (z.B. Volumenausdehnung).

(2) In einem großen Topf heißen Tees, der für die ganze Klasse reicht, ist mehr Wärme als in der Tasse, die vor mir steht. Aber die *Temperatur,* also jene Eigenschaft, die wir unmittelbar sinnlich wahrnehmen und die uns hier interessiert, ist gleich. Das ist ein schwieriger Gedanke, er verlangt die Unterscheidung von Temperatur und Wärmemenge (Energie).[347] – Wir messen also, wie heiß, wie warm, wie kalt etwas ist. Der Begriff der Temperatur bekommt seinen ersten Ansatzpunkt oder einen Kristallisationskern, wie Wagenschein sagt (1976, S. 206 ff.), und an diesen Kern kann sich Substanz ansetzen und formen. Beispiele werden sich Beispielen zuordnen oder – nochmal mit Wagenschein – das Neue erweist sich bei näherem Zusehen als „alter Bekannter" (2003, S. 11): Zusammenhänge werden aufgebaut.

Grundlegende Begriffe, die neue Zugänge zu Sachverhalten eröffnen oder diese überhaupt erst in das Denken der Lernenden einführen, brauchen ein langes Wachstum. Neue Vorstellungen und Einsichten, wenn sie sorgfältig erwogen werden, müssen sich gegen alte Meinungen erst durchsetzen. „Die Entstehung des Neuen" (T. Kuhn 1977) ist oft ein langwieriger Prozess. Wir kennen das auch aus der Wissenschaftsgeschichte.

(3) Für verschiedene Zwecke braucht man unterschiedliche Thermometer. An gegebenen Beispielen können die Kinder erkennen, dass die Bauart von den Zwecken abhängig ist. Der Gedanke, dass die Eigenart der Bauweise aus der Zweckbestimmung folgt, ist ein grundlegend technischer und von übergreifender Gültigkeit. Thermometer können für diese Einsicht ein einführendes Beispiel geben.

(4) Zur Einsicht in die Funktion gehören die Kenntnis der notwendigen Bestandteile eines Flüssigkeitsthermometers und die Beobachtung des Steigens und Fal-

346 Wenn auch diese historischen Festlegungen und Repräsentanten heute nicht mehr der Definition dienen, so eröffnen sie doch anschauliche Zugänge.

347 Zur Sachanalyse vgl. W. Jung (1970), S. 46 ff.

lens der Flüssigkeitssäule. Damit führt der Weg vom Technischen zum Physikalischen. – *„Ausdehnung“* ist das Phänomen, auf das wir spätestens hier aufmerksam werden. „Der Begriff der ‚Ausdehnung‘ bedarf der Reflexion“ (Bauer 1984, S. 44). Zuerst muss diese in einer sorgfältigen Unterrichtsvorbereitung erfolgen: Ist das nicht ein merkwürdiges und zugleich universelles Phänomen? Welche spontanen „Erklärungen“ geben Kinder? Welche Erklärungsmächtigkeit hat die „Wärmestofftheorie“? Und an welche bekannten Mißverständnisse und Verstehensschwierigkeiten müssen wir im Unterricht denken?

Gesucht wird ein plausibler Zusammenhang, eine Kausalverbindung zwischen dem Steigen bzw. Fallen der Thermometerflüssigkeit und der Erwärmung oder Abkühlung. Aus der Geschichte der Physik kennen wir die Hypothese, dass „Wärme“ ein feiner Stoff oder ein (gewichtsloses) Medium sei, das alle Körper durchdringt und, je nach Anreicherung, zur Ausdehnung oder Zusammenziehung führt.[348] – Kinder, die von sich aus auf ähnliche Ideen kommen, vollbringen eine bemerkenswerte Leistung.

Manche Kinder kennen das Phänomen der Wärmeausdehnung nicht, und sie verfügen über keine übertragbaren diesbezüglichen Kenntnisse. Der Zugang zu entsprechenden Erfahrungen aus Umgang und Reflexion, die einer Begriffsbildung zugrunde liegen, muss ihnen erst eröffnet werden. Solange der Begriff der Wärmeausdehnung auch nicht ansatzweise vorhanden ist, werden interessierte Kinder probeweise auf andere Vorstellungsmuster zurückgreifen: Ist es nicht denkbar, dass die Flüssigkeit der Hitze ausweicht und sich vom Vorratsgefäß in das Steigrohr verschiebt? Wenn man diesem „Verschiebungskonzept“ folgt, dann ist die Annahme naheliegend, dass an ihrem ursprünglichen Ort (im Vorratsgefäß) ein Hohlraum entsteht.

Ein sorgfältiger, genetischer Unterricht wird unzutreffende Vorstellungen nicht zu übertünchen versuchen. Erforderlich für nachhaltiges Lernen ist vielmehr, dass Kinder den falschen Ansatz aufgeben, indem sie einen neuen gewinnen. Paradigmenwechsel finden statt, wenn sich neue Überzeugungen durchsetzen. Dabei kommt es im Sachunterricht zunächst auf das Phänomen selbst an, d.h. auf die Erscheinung, die wir mit unseren Sinnen erfassen, und noch nicht auf den physikalischen Hintergrund (kinetische Bewegung der Atome und Moleküle; „Teilchen“; S. 61).[349]

(5) Eine wichtige Einsicht besteht darin, dass es „wärmeabhängige“ Eigenschaftsänderungen gibt, die für eine Messung genutzt werden können. Ein weiterer Schritt wäre die Entdeckung der (unter Normalbedingungen gültigen) Konstanz von Schmelz- und Siedepunkten und ihrer Eignung für die Festlegung einer

---

348 Überwunden werden solche Hypothesen oder Theorien durch widersprechende Fakten: Die Schmelzwärme (von Eis) ist nicht mit diesem Konzept zu erklären; durch Bewegung kann Wärme „erzeugt“ werden, z.B. beim Bohren oder Hämmern (Temperatur als Bewegungsenergie der Moleküle und Atome).

349 Zur Möglichkeit einer Gliederung der Physik nach Maßgabe der Zugänglichkeit der Fakten, die das Sicht- und Tastbare an den Anfang stellt, vgl. F. Hund 1969, bes. S. 11 ff.

Skala. Der Übergang von der Schmelztemperatur des Eises („Eispunkt") zur Siedetemperatur von Wasser („Siedepunkt") ist zwar ein auch in der Schule reproduzierbarer Temperaturschritt. Die Überlegung aber, dass man zwei Fixpunkte braucht, außerdem die Feststellung, dass sich die Thermometerflüssigkeit linear ausdehnt, und schließlich die Kenntnis, dass ein Grad der Temperaturschritt ist, der ein Hundertstel der Ausdehnung zwischen den Fixpunkten bewirkt, sollten der Sekundarstufe vorbehalten werden.

Zwei Gesichtspunkte wären aber in einer angemessenen Sachanalyse noch zu berücksichtigen, weil sie bei aufmerksamen Kindern und auch bei manchen Erwachsenen gelegentlich zu Problemen führen:

a) Der Quotient zweier Celsiustemperaturen hat weder einen physikalischen noch einen lebensweltlichen Sinn. Man kann nicht sagen: Heute morgen war es 10° C warm, jetzt ist es 20° C warm, „also doppelt so warm".
b) Wird die Flüssigkeit, die sich ausdehnt, mehr? Hier gilt es, zwischen Volumen und Masse zu unterscheiden (Bauer S. 53 ff.).
   Zumindest für die Redeweise der Lehrenden haben solche Sachverhalte Bedeutung.

In dem Beispiel von Bauer (wie auch in anderen Untersuchungen) erfordert der Aufbau einer zutreffenden Vorstellung von *Ausdehnung* die härteste intellektuelle Arbeit. Im Unterricht arbeiten die Kinder an diesem Problem konzentriert über siebzig Minuten. Das Ringen um die Deutung des Phänomens, um die Einsicht, um das Verstehen des immer wieder beobachteten Sachverhalts geschieht im *Gespräch* mit vielen Formulierungsversuchen. „Die Sprache liefert die Mittel, um sich von unmittelbarem Anschein als einziger Beurteilungsgrundlage frei zu machen." (Bruner 1974, S. 22) Denken ist hier wesentlich ein mentales Operieren mit konkreten Vorstellungen. Etwas verstehen, das heißt: einen Sachverhalt konsistent in Gedanken nachkonstruieren.[350]

Am nächsten Tag wird das Problem erneut aufgegriffen. Jetzt geht es um die Unterscheidung: Was kann man *sehen,* beobachten? Was aber *denken* wir uns dazu? Die Frage, ob beim Steigen des Flüssigkeitsfadens im Vorratsgefäß ein Hohlraum entsteht (wie einige Kinder annehmen), lässt sich empirisch entscheiden. Experimente und Beobachtungen werden geplant und durchgeführt (50 Minuten).

Die Versuche zeigen: Es gibt keinen Hohlraum im Ausdehnungsgefäß. Der Begriff der Ausdehnung festigt sich im anschaulichen Bereich der Phänomene. Elementare Begriffe, die so entstehen, stützen sich auf erfolgreiche Handlungen; ihre Erschließungsmächtigkeit wird an konkreten Beispielen erfahren (nochmal 95 Minuten experimentelle und interpretierende Arbeit).

---

350 Es gibt Stufen des Nachkonstruieren-Könnens. „Das Verstehen ist bei diesen frühen Schritten also immer relativ." Und das Phänomen selbst bedarf anfangs keiner anderen Legitimation, als dass es „immer so ist", wie es eben ist. (Wagenschein 2003, S. 11)

Exkurs über das Messen

Das Messen der Temperatur baut auf dem Messen von Längen (2. Schj.) und der Arbeit an anderen Größenbereichen auf, die die Kinder schon kennengelernt haben. Sie sollen diesen Zusammenhang, d.h. die strukturelle Gleichheit der Meßvorgänge, erkennen. Das Neue wird, wo es geht, auf Bekanntes zurückgeführt. So werden Zusammenhänge aufgebaut, und das Erkennen von Zusammenhängen ist eine notwendige Bedingung des *Verstehens.*

Beim Thema „Thermometer und Temperaturmessung" gibt es physikalische und technische Zusammenhänge, aber auch historische und soziale, denn die Messung einfacher Größen ist ein Akt lebensweltlichen Handelns. Wir könnten die genannten Zusammenhänge in den Dimensionen des Sachunterrichts verfolgen, und in der Planung von Unterrichtseinheiten kann man unterschiedliche Akzente setzen.

Von Interesse ist hier auch der Zusammenhang der Einführung des Messens selbst, d.h. das Verstehen dessen, was eine Messung ist. *Messen ist wesentlich Vergleichen;* verglichen wird eine gegebene Größe (z.B. die vorfindliche Temperatur) mit einer definierten Maßeinheit nach einem festgelegten Verfahren (vgl. Teil I; 3.1.3).

Weil Messen ein Vergleichen ist, beginnt es mit der Metrisierung komparativer Begriffe wie „länger als", „größer als", „schwerer als", „wärmer als" (vgl. Wittmann 1967). Wir messen in der Grundschule zuerst Längen, dann Zeiten, Flächen, Volumina, Gewichte, Temperaturen. Strukturell ist das immer der gleiche Grundakt des Vergleichens. Das sollte den Kindern bewusst werden.

Wesentliche Schritte bei der Einführung der Temperaturmessung

1. Sinnlicher Vergleich von Temperaturen
   - Sinnestäuschung bezüglich der Temperatur
   - Sinnestäuschung bezüglich des Materials
2. Unterscheidung von Temperatur und Wärmemenge
3. Gibt es eine „objektive" Messung?
   - Kennenlernen von Thermometern
   - Messungen mit Thermometern
4. Thermometer für verschiedene Zwecke
5. Wie funktionieren (Flüssigkeits-) Thermometer?
   - Teile des Thermometers: Welche sind es, welche Funktion haben sie und wie funktionieren sie? (Flüssigkeitsgefäß, Steigrohr, Skala)
   - Ausdehnung von Flüssigkeiten am Beispiel von Wasser und Alkohol (Spiritus)

Die Unterrichtseinheit ist ein Beispiel für exemplarisch-genetisch-sokratisches Lehren und Lernen. Sie nimmt insgesamt etwas über 16 Unterrichtsstunden in Anspruch. Gründlichkeit braucht Zeit. In einer Epoche von zwei Wochen setzen sich die Kinder und ihre Lehrerin intensiv mit dem Thema auseinander. Dabei gibt es wechselweise *exemplarische Fundierungen* und *informierende Ergänzungen.* Neben dem Ineinandergreifen lebensweltlicher (praktischer Gebrauch), physikalischer und technischer Aspekte ist es vor allem die Konstruktion (oder Komposition) des Unterrichts in aufeinander aufbauenden und voneinander abhängigen thematischen Phasen, die ein vertieftes und kumulatives Lernen ermöglicht, indem sie immer wieder neue Zugriffe und Rückgriffe (und damit immanente Wiederholung) vorsieht.

Wenn man von den *Stoffzielen* – sie sind implizit genannt –, von den *methodischen Zielen* bezüglich des experimentellen Verfahrens und seiner sequentiellen Struktur (der Weg der Auseinandersetzung mit einem Sachverhalt, der zum Problem geworden ist, als Handlungsfolge) und auch von den *normativen Zielen* (das strenge Nachdenken und Experimentieren an einem Beispiel kann erzieherisch wirken) in der gegenwärtigen Erörterung absieht, dann lässt der Unterricht einen ausgewogenen doppelten Ansatz erkennen: nämlich bei den *Kindern* und bei den *Sachen;* Sachen als Phänomene, hinter denen die Kinder ein Problem erkennen und an denen sie erfahren, was es heißt, sich ein Stück *Verstehen* im Austausch mit anderen zu erarbeiten.

Das Bestehen auf sorgfältiger, abwägender, gründlicher Auseinandersetzung geschieht nicht so, dass man in ein glückliches Kinderleben das Unglück einer schweren Anforderung wirft, sondern dass man einen naiven „Wirklichkeitsbezug" und Gebrauch überschreitet, dass sich der Gesichtskreis erweitert und neue Ausblicke eröffnet werden; z.B. darauf, dass es Dinge gibt, die man in ihrer Zweckmäßigkeit (Technik) oder sogar Notwendigkeit (Naturwissenschaft) einsehen kann, auch wenn das etwas distant zur alltäglichen Lebenswelt sein mag. Zur *Grundlegung der Bildung* gehört, dergleichen am eigenen Leib und an der eigenen Seele (wie C. F. v. Weizsäcker in einem Interview gesagt hat; Siemsen/ Görnitz 1994) zu erfahren. Am Beispiel geschieht dann auch, was H. v. Hentig (1985) griffig formuliert hat: „Die Menschen stärken, die Sachen klären".

Ein curricularer Aufbau von Erkenntnis- und Wissensbeständen kann nicht mit Strukturen der Wissenschaften beginnen und dann vielleicht versuchen, aus ihnen die Realitäten unserer Wahrnehmung abzuleiten. Systemische Ordnungsmuster sind Ergebnisse, nicht Anfänge. Für das Curriculum sollte man das Sicht- und Tastbare an den Anfang stellen (vgl. Hund 1969, S. 11 ff.) und vertretbare Verallgemeinerungen suchen. J. S. Bruner, der oft missverstanden worden ist, überschreibt das erste Kapitel seines 1966 erschienenen Buches „Toward a Theory of

Instruction"[351] bezeichnenderweise mit „Wachstumsmuster“ (Pattern of Growth). Wissenschaftsstrukturen können dem Curriculum Stützen geben, sachbezogene Festigkeit, aber die elementaren Einsichten (hier z.B. thermische Ausdehnung) müssen auch auf seiten der Lernenden auf soliden Fundamenten sinnlich und geistig erfahrener Wirklichkeit stehen.
Ein dem heutigen Forschungsstand entsprechender Aufbau wird versuchen, in der Kindern zugänglichen Wirklichkeit und in möglichst „dichter Anschauungsnähe“ (Scheler) Ansatzpunkte zu finden, die aus dem gewohnten Alltagsgeschehen heraustreten, d.h. bei *Phänomenen,* um von ihnen aus Wege zu universelleren Urteilen, Kategorien und Vorstellungsmustern zu finden. Gemeint sind damit grundlegende *Begriffe,* fächerübergreifende *Verfahrensweisen* und auf Normen gegründete *Haltungen,* wie wir sie in der pädagogischen Tradition schon bei Dewey ([1910] 1951) und Kerschensteiner ([1914] 1963) finden.
Für die ersten Schritte des Lernens (wie auch für fortgeschrittene Wissenschaft) gilt: Wahrnehmungen in der realen Welt sind ursprünglicher als ihre Deutungen (v. Weizsäcker 1991, S. 18). Aber wir brauchen auch schon in der Grundschule Ansätze des kritischen Fragens, des Vergleichs, der Reflexion, der Objektivierung, des Herstellens von Zusammenhängen und der damit verbundenen vorsichtigen Verallgemeinerung, wenn wir über situatives Meinen und alltagsweltlich wohlfeile Urteile hinauskommen wollen. Denn nicht nur persönliche Denk- und Wissensstrukturen, sondern auch „viele Entwicklungsphänomene, die sich während der Kindheit als Veränderungen persönlicher Merkmale, motivationaler Tendenzen und individueller Präferenzen kennzeichnen lassen, sind Folge spezifischer Lernprozesse. Dabei gibt es eine große Nachhaltigkeit früher Erfahrungen.“ (Weinert 1998, S. 33) „Der Mensch ist von Anfang an darauf angewiesen, analysierend seine Umwelt zu erarbeiten. Diese Analyse verweist ihn auf die Fächer, die ihm den Weg dazu zeigen“ (Bauer 1988, S. 102). Hier liegt nach wie vor ein aktuelles Problem der Grundschulpädagogik.
Auf der *Objektseite* beginnt man also mit *Phänomenen* von exemplarischer Bedeutung. Ich transferiere einen Gedanken, den Nietzsche in seiner Antrittsvorlesung von 1869 im Hinblick auf die Altphilologie zur Sprache gebracht hat, auf die Didaktik des Sachunterrichts. Er sagt, dass es sich zwar um eine Wissenschaft handelt, dass aber die Einzelfälle besonders wichtig seien. Denn Altphilologie ist „ihrem Ursprung nach und zu allen Zeiten zugleich Pädagogik“; sie hat mit der „Kunst gemein, dass sie das Alltäglichste völlig neu und anziehend, wie durch die Macht einer Verzauberung als eben geboren und jetzt zum erstenmal lebend erscheinen lässt“ (zit. n. Siemsen/ Görnitz 1994, S. 6).

351 deutsch: Entwurf einer Unterrichtstheorie (1974)

Auf der *Subjektseite* muss man zuerst die Menschen sehen, also die *Kinder,* und von ihnen aus zu denken versuchen. Wenn man mit Kindern etwas klären will, dann muss man sich diese Kinder ansehen und mit ihnen einen Zugang finden, also mit den Kindern von der Sache aus, die für die Kinder die Sache ist (Wagenschein 1973, S. 11). Ein offener, d.h. nicht schon fachspezifischer Ansatz in Bereichen des Umgangs, der Erfahrungen und der Interessen der Kinder gibt dieser Forderung Raum und vermeidet demotivierende Einengungen, auf die Klaus Giel schon in der Zeit der Entstehung des modernen Sachunterrichts hingewiesen hat: „Was Grundschüler im Sachunterricht häufig genug als erstes lernen müssen, ist die ‚Einsicht', dass ihre eigenen Fragen vor den zu verhandelnden Sachen irrelevant und kindisch sind. ... Wir machen uns im allgemeinen nur selten klar, dass viele Kinderfragen nicht von den Sachen, sondern vom Erwachsenen-Schulwissen abgewiesen werden." (Giel 1974, S. 48) Für die Lehrenden bedeutet das, mit den Kindern denken und Sachverhalte aus ihrer Perspektive zu sehen zu lernen.

6.3 Neue Curricula

Das Lehrstück von Bauer und ebenso die Unterrichtseinheiten von Thiel (vgl. Teil III; 1.1.3) kennzeichnen die Spitze einer Entwicklung zu einem neuen Sachunterricht in Deutschland. Zu einer Revolutionierung gegenüber der heimatkundlichen Tradition haben aber in viel radikalerer Weise die neuen, durch die angloamerikanische Curriculumforschung und -entwicklung angestoßenen und durch öffentliche Finanzierung gestützten Konzeptionen geführt, die programmatisch auf grundlegende Ideen der Naturwissenschaften, insbesondere der Physik, bezogen waren. Nicht die „klassischen" Lehrbuchsystematiken (die immer die Tendenz zur inhaltlichen Ausweitung haben und keine Kriterien der Stoffbeschränkung oder der Auswahl für elementare Lehrgänge kennen) sollten das Curriculum strukturieren, sondern zentrale Muster und Zugriffsweisen, die es ermöglichen, die Fülle der Phänomene unter übergreifenden Gesichtspunkten zu erfassen und jene Gesetzlichkeiten zu erkennen, die dem Beobachtbaren zugrunde liegen.[352]

[1] Vorbereitet wurde die curriculare Wende der Grundschule durch tiefgreifende bildungspolitische Neuorientierungen (vgl. Köhnlein 1984), speziell aber durch fächerübergreifende Reformideen, zuerst zum Mathematikunterricht (vgl. Bauersfeld in: Köhnlein/Schreier 2001, S. 65–84),[353] sodann zum frühen natur-

352 Zentrale Texte aus der amerikanischen Diskussion und zu Elementarschulcurricula in den USA haben H. Tütken und K. Spreckelsen vorgelegt (1970; 1973). Eine frühe Beschreibung und Einordnung deutscher Adaptionen geben Beck/Claussen (1979), bes. S. 94 ff.

353 Hier sind insbesondere die Schriften und Vorträge von Zoltan Paul Dienes zu nennen: Aufbau der Mathematik (1965, ^{2}1969); Schulmathematik als Bildungsfach (1967); Moderne Mathematik in der Grundschule (1968), alle Freiburg: Herder.

wissenschaftsbezogenen Lernen. Der *Strukturplan* des Deutschen Bildungrates (1970) hatte das Prinzip *Wissenschaftsorientierung* zum Leitstern für Curriculumentwicklung und Unterricht gemacht. Nur der Wissenschaft wurde zugetraut, sicheres und für die Weiterentwicklung der Gesellschaft relevantes Wissen zur Verfügung stellen zu können. Die Einübung in wissenschaftliches Denken und Arbeiten sollte früh beginnen, um eine solche Haltung *(„science as a way of life")* bei vielen Mitgliedern der Gesellschaft zu habitualisieren.
Die theoretische Fundierung der neuen Curricula und Konzepte für das Lernen geschah wesentlich durch

- Heinrich Roth (Hrsg.): Begabung und Lernen ([1968] 1972; vgl. Teil III, 2.2.3):
  Nicht mehr die Begabung als angeborene Ausstattung steht im Fokus pädagogischer Aufmerksamkeit, sondern die Förderung der *Lernfähigkeit.*
- Robert M. Gagné: Die Bedingungen des menschlichen Lernens (1969) [The Conditions of Learning, 1965]:
  Gagné vertritt ein Modell des *kumulativen Lernens* mit hierarchisch geordneten Modulen des erkundenden Handelns, an deren Spitze das Problemlösen steht, und aufeinander aufbauender Lernsequenzen. Nach der Grundidee dieses Modells ist für alle anstehenden Lernaufgaben im Voraus zu klären, welche unmittelbaren Vorkenntnisse („learning sets") vorhanden sein müssen, um die neuen Anforderungen erfüllen zu können, d.h. um die Aufgabe zu erfassen, relevante Informationen aufzunehmen und zu verarbeiten. Lernstrukturen sind nach Gagné eine Form von Sachstrukturen, also sachlogisch aufeinander aufbauende Wissens- und Könnensebenen.
- Jerome S. Bruner: Der Prozeß der Erziehung (1970, vgl. Teil II; 1.2) [The Process of Education]:
  Nach Bruner erhält jedes Fach (oder jede Fächergruppe) sein Konzept aus der Struktur der Disziplin. Zumindest in den Naturwissenschaften ließen sich grundlegende Prinzipien und Begriffe angeben, die ebenso einfach wie umfassend sind. Diese *„fundamental ideas"* und *„basic concepts"* haben eine große erfahrungserschließende und -organisierende Wirkung. Lerninhalte sind nach Bruner um zentrale Begriffe der Disziplin zu gruppieren. Das erfordert einen „spiraligen" Aufbau des Curriculums, der eine Wiederholung, Differenzierung und Formalisierung der basalen Ideen und Begriffe auf den verschiedenen kognitiven und sprachlichen Niveaus ermöglicht.

Praktische Umsetzung fanden diese Ideen durch Adaption und Neufassung naturwissenschaftlich orientierter Curricula aus dem englischen Sprachraum. Zu nennen sind zunächst zwei Konzeptionen, die in Deutschland größeren Einfluss auf die Entwicklung des Sachunterrichts gewannen und ihm als didaktisches Potenzial erhalten bleiben sollten:

	amerikanische Fassung	deutsche Adaption/ Neufassung
sachstrukturell orientierter Ansatz	SCIS Science Curriculum Improvement Study *R. Karplus*	Naturwissenschaftlicher Unterricht in der Grundschule *K. Spreckelsen*
methoden-orientierter Ansatz	S-APA Science – A Process Approach *R. M. Gagné*	Weg in die Naturwissenschaft *Arbeitsgruppe Göttingen (H. Tütken)*

(1) Ausgangspunkt des Lehrgangs *„Naturwissenschaftlicher Unterricht in der Grundschule"*, konzipiert von Kay Spreckelsen, ist das Curriculum „Science Curriculum Improvement Study" (SCIS) von Robert Karplus.[354] Dabei handelt es sich um ein strukturorientiertes Curriculum im Sinne von Bruner, das von der Hypothese ausgeht, dass sich sachstrukturell fundiertes, verallgemeinerungsfähiges Wissen durch bessere Nachhaltigkeit und leichtere Anwendbarkeit auszeichnet. Wichtig sind bei Karplus neben den grundlegenden Begriffen die *Lernphasen*, die der Unterricht durchlaufen muss (vgl. dazu insgesamt Spreckelsen 1971; 1984; 2001):

- *Exploration:* Im Umgang mit ausgewähltem Material gewinnen die Kinder Erfahrungen, die in den folgenden Lernphasen verarbeitet werden.
- *Invention:* Eingeführt werden die (naturwissenschaftlichen) Begriffe, die es ermöglichen, das von den Kindern Beobachtete zu beschreiben und vielleicht auch zu erklären.
- *Discovery:* Es werden Lernsituationen und Ereignisse herbeigeführt, die es erforderlich machen, die gelernten Begriffe oder Konzepte auf neue Sachverhalte zu übertragen. Dabei sollen die Kinder angeregt werden, das Gelernte auch auf außerschulische Sachverhalte anzuwenden (Transfer). (vgl. Beck/ Claussen 1979, S. 94)

SCIS ist zwar stark an konzeptionellen fachlichen Grundbegriffen und Vorstellungsweisen orientiert, aber doch in diesem Rahmen relativ offen für Erfahrungen der Kinder. Eine unverkennbare Orientierung an der Psychologie Jean Piagets führt dazu, dass auch dem Handeln (insbesondere in der Exploration) Raum gegeben wird.

In dem Lehrgang von Spreckelsen erfuhr der Ansatz von Karplus eine deutliche Veränderung und Verengung; neu entwickelt und erprobt wurden u.a. über neunzig Lektionen in sechs Unterrichtseinheiten. Eine entscheidende – und für die damalige Zeit auch realistische – Voraussetzung Spreckelsens war, dass sein Material möglichst unabhängig

354 Vgl. die Darstellung von B.S. Thomson/ A.M. Voelker in Tütken/ Spreckelsen 1973, S. 61 ff.

von der meist fehlenden Ausbildung der Lehrerinnen und Lehrer für einen naturwissenschaftlichen Unterricht in der Grundschule sein sollte. So wurde die Zahl der grundlegenden „Konzepte", die als tragende Säulen den Lehrgang strukturieren, auf drei begrenzt und das explorierende Handeln der Kinder durch Vorgaben formaler Spiel- und Übungsformen stark eingeengt.

Die grundlegenden Konzepte in „Naturwissenschaftlicher Unterricht in der Grundschule" sind

- das *Teilchen(struktur)konzept:* „die Vorstellung, alles Materielle sei zusammengesetzt aus kleinsten Bausteinen, die in Systemen zusammengefaßt die uns umgebenden Körper konstituieren" (Eigenschaften und Aufbau der Materie),
- das *Wechselwirkungskonzept:* „die Interpretationsweise, physikalische und chemische Vorgänge zurückzuführen auf Wechselwirkungsereignisse, in denen jeweils mehrere Partner aufeinander einwirken" (Kräfte, Felder, gegenseitige Beeinflussung von Objekten),
- das *Erhaltungskonzept:* „die Möglichkeit, bei physikalischen und chemischen Prozessen Größen bestimmen zu können, die unverändert bleiben (z.B. die Masse eines Körpers, der unter einer äußeren Einwirkung verformt wird" (Veränderungen und Erhaltung, Energietransfer, Energieerhaltungsprinzip). (Spreckelsen 1971, S. VI; nähere Erläuterungen in Spreckelsen 2011)

Diese Begriffskonzepte werden nicht nur als begriffliche Konstrukte, sondern vielmehr als „operative Denkmittel (Interpretationsstrategien)" verstanden (Spreckelsen 2001, S. 95). Sie repräsentieren nach Spreckelsen grundlegende, strukturbestimmende Prinzipien der Naturwissenschaft mit durchgreifender „Erschließungsmächtigkeit"[355], d.h. sie sind Schemata für Anschauung und Denken, die allen Erfahrungen vorgegeben werden, und von denen man hofft, dass sie für Wahrnehmung, Wissen und Urteil strukturgebend wirken und auf diese Weise einsichtiges Verstehen unterstützen. Lernen vollzieht sich als Prozess der Strukturierung; in ausgebildete Denkstrukturen kann weiterführendes Wissen eingeordnet werden. – Zugleich bilden diese Konzepte das didaktische Gerüst für das Curriculum; sie sind die drei Säulen, um die sich der Lehrgang spiralig nach oben bewegt und ausdifferenziert.

(2) Zu den bedeutendsten amerikanischen Curriculumprojekten der sechziger Jahre gehört das Curriculum *„Science – A Process Approach"* (S-APA), das von der American Association for Advancement of Science (AAAS) unter Leitung des

355 Die Erschließungsmächtigkeit besteht darin, dass einerseits diese hochabstrakten Begriffe an Beispielen in der Alltagserfahrung aufweisbar sind und andererseits die Abstraktion weit über die menschliche Lebenswelt hinaus in das Ganze des Universums trägt. Die Vermittlung solcher Konzepte, auch wenn sie von den Kindern noch nicht aktiv verwendet werden, impliziert gleichwohl eine zunehmende Unabhängigkeit des Verstehens von der Anschauung als Leitlinie des Curriculums, also eine qualitative Veränderung des Verstehens.

Lernpsychologen Robert M. Gagné entwickelt wurde[356] (vgl. Lauterbach 2001). Im Mittelpunkt stehen hier die *Verfahrensmuster* der naturwissenschaftlichen Disziplinen: Die Lernenden sollen mit einem alle Naturwissenschaften übergreifenden methodischen Ansatz zum „Lösen von Problemen durch Experimentieren" befähigt werden und auf diese Weise eine grundlegende naturwissenschaftliche Bildung *(scientific literacy)* erhalten. Mit dem Zugang über die Verfahrensmuster *(process approach)* sollte primär die Beherrschung jener geistigen Operationen vermittelt werden, die sich im Zuge des Problemlösens als nützlich und erfolgreich erwiesen haben. Es geht also in erster Linie um problemlösendes Verhalten der Lernenden, nicht so sehr um inhaltliches Wissen.
Übersetzt, für die beiden ersten Jahrgänge adaptiert und erprobt wurde das Curriculum in den Jahren 1969 und 1970 durch eine Arbeitsgruppe für Unterrichtsforschung am Pädagogischen Seminar der Universität Göttingen unter Leitung von Hans Tütken (vgl. Lauterbach 2011).[357]
Für die vorrangige Entscheidung zugunsten von Verfahrenszielen waren im wesentlichen folgende Gründe maßgebend:

a) In einem Zeitalter der Wissensexplosion und der Kurzlebigkeit mancher Teile dieses Wissens kann die Hauptaufgabe der Schule nicht mehr in der traditionellen Weise der Wissensvermittlung bestehen. „Die stabileren und zugleich dynamischeren Methoden des Erwerbs von Wissen, die heuristischen Strategien als Werkzeuge des selbständigen Entdeckens sind zumindest ebenso wichtig wie das Wissen selbst. ‚Naturwissenschaft ist mehr als ein Wissensbestand, eine Zusammenstellung von Grundgedanken ... Sie ist ein strukturierter und gerichteter Weg, Fragen aufzuwerfen und zu beantworten'." (Arbeitsgruppe f. U. 1971, S. 17)
b) Kinder können naturwissenschaftliche Verfahren in elementarer Form erlernen und anwenden.
c) Die naturwissenschaftlichen Verfahren entsprechen z.T. generellen intellektuellen Fertigkeiten, also allgemeinen Formen des Erarbeitens von Informationen. Die anspruchsvolle Ausformung und Generalisierung dieser Fertigkeiten ist geeignet, die intellektuelle Entwicklung zu fördern.

Die Schlüsseloperation *Experimentieren* ist ein komplexer Vorgang; deshalb wird versucht, den Prozess in aufeinander aufbauende Teilfertigkeiten zu zerlegen, die als Komponenten verfügbar sein müssen. In einem Schema der Verfahrensstruk-

356 Vgl. den Beitrag von R.M. Gagné et al. In Tütken/ Spreckelsen 1973, S. 111 ff. Dort ist auch ein aufschlussreiches Beispiel („Die erstickende Kerzenflamme") angegeben. – Zur rückblickenden Diskussion des Curriculums vgl. Lauterbach (2001), der auch die Gründe nennt, die zur Einstellung des Adaptionsverfahrens geführt haben (bes. S. 119).

357 Der Band für das erste Schuljahr wurde 1971 unter dem Titel „Weg in die Naturwissenschaft. Ein verfahrensorientiertes Curriculum im 1. Schuljahr" vorgelegt. Weitere Bände sind nicht mehr erschienen. Das Buch enthält neben einer Beschreibung von S-APA und einem Bericht über das Adaptionsverfahren 19 Unterrichtseinheiten.

tur (Arbeitsgruppe f. U., S. 19 ff.) werden dreizehn Einzelverfahren angegeben und erläutert (davon acht grundlegende, die in fünf komplexere eingehen): Beobachten – Klassifizieren – Gebrauch von Zahlen – Messen – Gebrauch von Raum-Zeit-Beziehungen – Kommunizieren – Voraussagen – Schlussfolgern – Operational definieren – Formulieren von Hypothesen – Interpretieren von Daten – Variablenkontrolle – Experimentieren.
Wenn Naturwissenschaft in dieser spezifisch verfahrensbezogenen Weise als ein Weg verstanden wird, Fragen aufzuwerfen und zu beantworten, und der Lehrgang um das Erlernen entsprechender Verfahren als intellektuelle Fertigkeiten zentriert wird, dann bleibt offen, an welchen *Inhalten* dieser methodische Aspekt vermittelt werden soll. Gegen Inhalte wird für die Anfangsklassen argumentiert, dass sie meist ohnehin nur als unverstandenes verbales Wissen angeeignet würden und dass immer die Tendenz bestehe, zunehmend mehr Stoffe in die frühen Klassenstufen zu verlagern (Arbeitsgruppe f. U., S. 23). Den Inhalten, ihren Zusammenhängen und mit ihnen der welterschließenden Funktion des Begreifens von Grundphänomenen wird also keine besondere und eigenständige Bedeutung zugemessen. Vermutlich fehlen deshalb auch Kriterien für ihre Auswahl. Außerdem erscheint eine Zentrierung auf Verfahren zu eng für einen angemessenen Aufbau eines Verständnisses von Naturwissenschaft und für den Aufweis ihrer gesellschaftlich-lebensweltlichen Relevanz. Zudem besteht die Gefahr, dass die Fertigkeiten von der Sache abgekoppelt werden und das methodische Können das Ziel des Erkennens verliert.

[2] Sach- und begriffsstrukturell inspirierte Ansätze haben versucht, das Problem des Aufbaus naturwissenschaftsbezogener Grundvorstellungen durch die Konzentration auf Begriffskonzepte (Teilchen, Wechselwirkung, Wellen, Energie, Erhaltung) zu lösen. Dominant ist dabei das Paradigma der Physik, das auf verallgemeinerungsfähige Modelle gerichtet ist. Realisiert werden soll dieser Zugang durch den prinzipiell über die gesamte Schulzeit geplanten Auf- und Ausbau solcher Begriffskonzepte und Modellvorstellungen, d.h. durch ihre inhaltliche Anreicherung und zugleich Verallgemeinerung im Aufstieg von konkreten Untersuchungen zu übergreifenden Zusammenhängen, repräsentiert in Handlungen (enaktiv), graphischen Veranschaulichungen und mentalen „Bildern" (ikonisch), und vor allem – solange mathematische Kalküle nicht zur Verfügung stehen – durch Sprache (symbolisch).
Die verfahrensorientierten Ansätze stellen den kumulativen Aufbau formaler Fähigkeiten in den Vordergrund, vor allem jene Verfahren und intellektuellen Fähigkeiten, die mit dem experimentellen Problemlösen, der Erhebung, Darstellung und Interpretation von Daten und Zusammenhängen (z.B. in Graphiken), aber auch der Erschließung von Informationen aus Medien verbunden sind. Gestützt wird diese Konzeption der Einführung in die Naturwissenschaften durch die An-

nahme, dass die Lernenden schließlich befähigt würden, sich (aktuelles) inhaltliches Wissen selbstständig anzueignen.

Die schon in den frühen siebziger Jahren einsetzende Kritik an solchen Curricula, die maßgeblich auf durchgreifende Ideen und generelle Strukturen der Naturwissenschaften ausgerichtet waren, bezog sich ganz wesentlich auf deren Abgeschlossenheit *(„teacher proof curricula")* gegenüber Initiativen, Interessen und Erfahrungen der Lehrenden und Lernenden: „Verfrühte ‚Hilfen', vorzeitig zugeschobene Strukturen lassen leicht das fließende Denken in den Marsch durch das Nadelöhr vorgeplanter Lernschritte verfallen." (Wagenschein [1973] 2003, S. 15) Außerdem wurde gegen eine zu einseitig fachwissenschaftliche Ausrichtung eingewendet,

- dass sie die gesellschaftliche Funktion der nur scheinbar interessen- und wertfreien Naturwissenschaften und der Technik verschleiere,
- dass sie die Rolle des Menschen in Bezug auf die Entwicklung von Wissenschaft und Technik und seine ständige Wechselwirkung mit ihr vernachlässige,
- dass sie die Tendenz zur Parzellierung des Wissens in gegeneinander und gegen die alltägliche Erfahrung abgeschlossene Fächer fördere und desintegrativ im Hinblick auf („ganzheitliche") Bildung und Erziehung der Persönlichkeit sei,
- dass sie den Unterricht auf die Fragestellungen, Methoden und Inhalte traditioneller Fachwissenschaften verenge, dabei kindgemäße Erfahrungsweisen und Interessen überspringe und die Lernenden verfrüht mit der abstrakten semantischen Ebene der Wissenschaften konfrontiere,
- dass sie von ungeklärten methodischen und psychologischen Prämissen ausgehe, tendenziell das selbstständige Denken und Handeln der Kinder erschwere und grundlegende Erfahrungen mit Gegenständen der Umwelt auslasse,
- dass eine bildungstheoretische Rechtfertigung der Lernziele unterbleibe und der Unterricht weitgehend mit autoritären Führungsmitteln gesteuert werde und schließlich eine „denksterile Beschreibungsphysik" die Kinder frustriere.

Diese Kritik beruhte zum Teil auf Missverständnissen und bezog sich manchmal auf extreme Beispiele. Außerdem war sie selbst nicht frei von ungeprüften Prämissen, z.B. dass Sachunterricht nicht auf die Wissenschaften, von denen diese Curricula ohnehin kein zutreffendes Bild geben könnten, sondern auf den Alltag ausgerichtet sein sollte (vgl. Löffler 2001). Eine Vertreibung der Schule aus der lebensweltlichen Erfahrung war nicht beabsichtigt, vielmehr sollte Welt unter übergreifenden Gesichtspunkten erfasst werden. Neben den berechtigten Hinweisen auf Defizite der naturwissenschaftsbezogenen Curricula der ersten Generation sowie der Befürchtung, diese würden die soziale Dimension – das Kind in seiner sozialen Umwelt – zu sehr verdrängen, machte sich bald auch ein (wiederum von den USA ausgehendes) *anti-scientific movement*[358] bemerkbar, das eine hervorra-

358 Vgl. W. Köhnlein: Anti-scientific attitude in der Grundschule? In: H. Härtel (Hrsg.): Zur Didak-

gende Bedeutung der (Natur-)Wissenschaften für das Verstehen der Welt und für kompetentes Handeln bestritt.

[3] Offenere Curricula, die auch Tiere und Pflanzen oder auch Technik einbeziehen, wurden in England entwickelt. „Offen", das bedeutete, dass den Lehrerinnen und Lehrern Vorschläge gemacht werden, wie der Unterricht methodisch und inhaltlich gestaltet werden sollte und dass reichlich Material angeboten wird, dass aber ihre professionelle Freiheit gewahrt wird und jede Gängelung oder die Festschreibung kleinschrittiger Ziele unterbleibt. Damit erhalten auch die Kinder mehr Spielraum für selbstbestimmtes und kooperatives Arbeiten.
Sehr früh stellte Walter Jung das 1967 publizierte *Nuffield Junior Science Project* („Naturwissenschaft in der Grundschule") vor. Die zugehörigen Materialien wurden nicht als Lehr- oder Schülerbücher konzipiert, sondern wesentlich als „Teacher's Guides", also als Handreichungen für Lehrer. Sie enthalten viele Unterrichtsbeispiele, aus denen Ziele und Methoden abgelesen werden können; dazu kommen methodische Bemerkungen, die sich auf Organisation der Arbeit in der Klasse, auf Möglichkeiten der inneren Differenzierung und den Einsatz von Arbeitsmitteln beziehen. Die Zielsetzungen des Grundschulprojektes fasst Jung kurz zusammen:

> „1. Die Kinder müssen so früh wie möglich mit *vielfältigen Erfahrungen* versorgt werden, die Anlaß zu naturwissenschaftlichen Untersuchungen und Betrachtungen sind. 2. Das Ziel des Unterrichts besteht nicht im Erwerb von Stoffkenntnissen, sondern primär in der Förderung *naturwissenschaftlicher Denk- und Forschungsweisen.*" (Jung 1968, S. 45).

Illustriert wird das durch ein charakterisierendes Zitat:

> „Die Mitglieder des Junior Science Projekts ... glauben, daß die Art, wie Kinder praktische Probleme lösen, wesentlich eine naturwissenschaftliche Arbeitsweise ist, so daß die Aufgabe in der Schule nicht darin besteht, die Kinder Naturwissenschaft zu lehren, sondern vielmehr die den Kindern eigene naturwissenschaftliche Arbeitsweise als ein wirkungsvolles Instrument der Erziehung zu nutzen." (ebd.)

Betont wird „learning by doing", eingebettet in ein Konzept der „geleiteten Erfahrung", zugleich aber auch die Bedeutung der Reflexion und die Fähigkeit, Ideen und Einsichten auszudrücken und sich Informationen zu beschaffen. Diskussionen sollten weniger im Plenum der Klasse, sondern in Arbeitsgruppen und unmittelbar mit der Lehrerin oder dem Lehrer stattfinden, damit auch die „langsamen Lerner" angemessen zum Zuge kommen.[359]

---

tik der Physik und Chemie. Probleme und Perspektiven. Alsbach 1982, S. 109 –112.

359 Jung referiert ein Unterrichtsbeispiel über die Taschenlampe aus einer Klasse mit 35 Mädchen und Jungen, das die Kinder fünf Wochen beschäftigt hat. – Eine nähere Beschreibung des Projektes sowie eine Auswahl und Übersetzung von Unterrichtsprotokollen aus Teacher's Guide 1 und 2 haben E. Klewitz und H. Mitzkat (1979) vorgelegt. Vgl. dazu auch Klewitz/ Mitzkat 1977,

Das Nuffield Junior Science Project gab eine grundlegende Einführung in Theorie und Praxis eines offenen naturwissenschaftlichen Unterrichts in den Anfangsklassen. Das ab 1972 veröffentliche Nachfolgeprojekt *Science 5/13* (Naturwissenschaft für 5- bis 13jährige Kinder) wurde als unmittelbare Hilfe für den Unterricht entwickelt und zeichnet sich durch seine Fülle gut ausgearbeiteten, anspruchsvollen Materials aus. Es handelt sich um ein integriertes naturwissenschaftliches Curriculum, offen auch für sozialwissenschaftliche Bezüge, das keinen Gegensatz zwischen Wissenschafts- und Kindorientierung konstruiert. Mehrere Bände wurden in deutscher Übertragung von Hannelore Schwedes sowie von Elard Klewitz und Horst Mitzkat unter dem Gesamttitel „Naturwissenschaftlicher Unterricht Primarstufe – Bausteine für ein Offenes Curriculum" herausgegeben.[360]
Der Band, der über die theoretischen Grundlagen informiert, trägt im Original den programmatischen Titel *With Objectives in Mind* (Lernziele/ Erste Erfahrungen) und bezeichnet damit die Grundidee, das gesamte Curriculum nach einem System miteinander verzahnter Lernziele zu strukturieren und es gleichzeitig für Lernwege so „offen" wie möglich zu halten. Es ist die Aufgabe der Lehrenden, „mit den Lernzielen im Sinn" Fragen und Probleme anzuregen und unter Rückgriff auf das angebotene reichhaltige Material für die jeweilige Lerngruppe angemessene Wege zu den Zielen zu finden.
Die systematisch in drei Ebenen geordneten Lernziele sind um ein zentrales Ziel gruppiert: *„Entwickeln einer Fragehaltung und eines wissenschaftsorientierten Problemlöseverhaltens"*. Dieses übergreifende Anliegen ist (auf einer zweiten Ebene) in acht allgemeine Teilziele ausdifferenziert:

- entwickeln von Interessen, Einstellungen und ästhetischer Sensibilität,
- beobachten und explorieren, Beobachtungen ordnen,
- entwickeln von Grundkonzepten und logischem Denken,
- Fragen stellen und experimentieren, um die Fragen zu beantworten,
- Wissen erwerben und Fertigkeiten erlernen,
- Kommunikation,
- Beziehungen und Strukturen erkennen,
- Ergebnisse kritisch interpretieren.

Schließlich folgen etwa 170 durch ein Klassifikationssystem den höheren Zielen zugeordnete, aber nicht verbindliche Einzelziele, von denen viele spezielle Kompetenzen bezeichnen.

---

außerdem Beck/ Claussen (1979), S. 131 ff.

360 In Deutschland sind erschienen: H. Schwedes (Hrsg.): Zeit (1975), H. Schwedes (Hrsg.): Lernziele/ Erste Erfahrungen (1976), E. Klewitz/ H. Mitzkat (Hrsg.): Wir und unser Körper/ Wir entdecken Farben (1977), H. Schwedes (Hrsg.): Holz und Bäume (1977), E. Klewitz/ H. Mitzkat (Hrsg.): Thema: Umwelt (1978), alle bei Klett, Stuttgart.

Zur näheren Charakterisierung des Curriculums hebt Schwedes sechs Eigenschaften besonders hervor: schülerzentriert, offen, auf Gruppen- und Einzelarbeit sowie auf entdeckendes Lernen ausgerichtet, integriert (Inhalte und Lernziele aus Physik, Chemie, Mathematik, Biologie, Erdkunde und Technik) und über die Naturwissenschaften hinaus förderlich, insbesondere für das (logische) Denken und Argumentieren (Schwedes 1976, S. 8, S. 49 ff.). Keinesfalls soll das Suchen, Vermuten und Überprüfen durch vorgefertigte Ergebnissätze verstellt werden (vgl. Schwedes 2001).

Die *Materialien* in den thematischen Bänden sind so gestaltet, dass sie Lehrende und Lernende nicht festlegen, sondern Anregungen geben, Probleme aus der näheren Umwelt der Kinder zu identifizieren, aufzugreifen und gemeinsam möglichst selbstständig Lösungswege zu suchen. Sie umfassen Hinweise für die inhaltliche Ausgestaltung des Unterrichts, auf das Lernen bezogene Sachinformationen, Vorschläge für Versuche und Versuchsanordnungen, Bauanleitungen für einfache Geräte, Muster für die Gestaltung von Tabellen und Diagrammen, Dokumentationen aus dem Unterricht (in Erprobungsklassen), aber auch Hinweise zur Kulturgeschichte von Naturwissenschaft und Technik. Neben den Ideen zu einem offenen, durch frei bleibende, orientierende Ziele und inhaltliche Vorschläge geleiteten Unterricht sind es vor allem diese Materialien, die auch in Gegenwart und Zukunft Anregungen für einen anspruchsvollen, die Lernlust der Kinder herausfordernden Sachunterricht geben können.

Im Rückblick nach einem Vierteljahrhundert würdigt Klewitz (2001) die Impulse, die aus den Bemühungen um die englische Primarschulreform, insbesondere aus dem *Plowden Report*[361] und den genannten Curriculumprojekten für den Sachunterricht fruchtbar geworden sind. Im Vordergrund steht dabei das Prinzip der *Offenheit*, das aber durch einen breiten Fundus von Materialien hoher Qualität und strukturierende inhaltliche Ziele gestützt werden muss, um nicht in Belanglosigkeiten abzugleiten. In der Umwelt der Kinder (nicht in wissenschaftlichen Konzepten, Strukturen oder fachlichen Perspektiven) wird das Reservoir lernrelevanter Anlässe gesehen; zu dieser Umwelt gehört aber auch eine gestaltete Lernumgebung mit einem reichhaltigen Materialangebot (z.B. Tische mit Gegenständen, die zum Erproben und Experimentieren einladen).

Die Kritik, die Klewitz in wenigen Punkten bündelt (2001, S. 231), bezieht sich vor allem auf die eher zufällige Auswahl der Inhalte, auf wenig effektive Arbeitsweisen, auf oftmals fehlende Vertiefung, auf Mängel im Herstellen von Zusammenhängen und damit auf die Vernachlässigung nachhaltiger Verstehensprozesse. In Deutschland wurde in den offenen Konzeptionen eine Möglichkeit gesehen, „auf der Grundlage reformpädagogischer Vorstellungen naturwissenschaftliche

361 Children and their Primary School. A Report of the Central Advisory Council for Education. London 1967

Inhalte sowohl kindbezogen wie wissenschaftsorientiert zu unterrichten" (S. 232). Nicht überwunden wurde allerdings die Schwierigkeit, Offenheit und die Anstrengungen, die Erkenntnisprozesse immer wieder erfordern, produktiv zu verbinden. Dass Schulversuche in Anlehnung an das englische Vorbild nicht recht vorangekommen sind, mag Gründe in den weitreichenden Konsequenzen für Schulleben und Unterrichtsorganisation gehabt haben, außerdem in den hohen Anforderungen an die fachliche Qualifikation, die Kreativität und das Engagement der Lehrerinnen und Lehrer, wohl aber auch in der Einseitigkeit, mit der das Kind als Agent seiner Lernprozesse gesehen wurde (vgl. dazu Schwedes 2001, bes. S. 142 ff., ferner die Beiträge von Klewitz und Schwedes in Hempel/ Wittkowske 2011).

6.4 Problemlösen und forschender Zugriff

Innovationen der siebziger Jahre, die den Naturwissenschaftsbezug des Sachunterrichts zu einer kurzen, aber intensiven Blüte gebracht hatten, betonten zugleich die hohe Bedeutung eines forschenden Zugriffs für das Lernen und das Gewinnen von Einsichten, insbesondere auch für die Entwicklung kognitiver Kompetenzen. Neuere entwicklungspsychologische Untersuchungen und schulpraktische Erfahrungen deuten darauf hin, dass Grundschulkinder den konstruktiven und interpretativen Charakter der Erarbeitung von Wissen grundsätzlich verstehen und eine grundlegende Methodenkompetenz erwerben können und – wenn auch mit großen individuellen Unterschieden – insgesamt ein Verständnis für Experimentierstrategien zeigen (Koerber u.a. 2008, S. 139; 144). Kritische Punkte sind dabei immer wieder das Interpretieren von Daten im Hinblick auf die Fragestellung, das Gewinnen von begründeten Vermutungen (Hypothesen) sowie überhaupt das Erkennen der Notwendigkeit und das Finden von Möglichkeiten, Vermutungen (experimentell) zu überprüfen. In Bezug auf wissenschaftsbezogenes Denken wie auch für die Relevanz im Alltag sollten dabei zwei Stufen unterschieden werden: (1) die Prüfung der Fakten und die Klärung des Sachverhaltes bzw. der empirischen Bedingungen gemäß der Frage „Wie ist es?", (2) die tiefer gehende Frage nach einer (aus Gesetzlichkeiten rekonstruierten) Erklärung: „Warum ist es so?".

Rousseau führt Emile durch Beobachtungen zu der Erkenntnis, dass der Stock im Wasser nur gebrochen erscheint: Der Sachverhalt wird auf der Ebene der Phänomene geklärt. Noch nicht angemessen ist hier die Frage nach Gesetzlichkeit oder den Ursachen (nach Lichtbrechung, dem Brechungsgesetz oder dessen Hintergrund im Verhalten von Wellen).[362]

362 Vgl. Teil IV; 2.1.1, außerdem Soostmeyer 1998, S. 192 ff. und Wagenschein 2003, S. 66 f.

Den genannten naturwissenschaftsbezogenen Curricula lag implizit die Hypothese zugrunde, dass ältere Grundschulkinder in der Lage sind, ein anfängliches Wissenschaftsverständnis zu erreichen, das sich z.B. im Testen von Vermutungen und im Suchen von Zusammenhängen zeigt. Entwicklungs- und lernpsychologische Studien stützen solche Annahmen (vgl. Stern 2002; 2003; Koerber u.a. 2008). Allerdings sind diesbezügliche Fortschritte an einen Unterricht gebunden, der solche Ziele in geeigneter Weise verfolgt.

[1] Mit der Absicht, bei Kindern vorhandene oder ihnen zugängliche „erschließungsmächtige Interpretatonsstrategien" zu ermitteln und für den Unterricht fruchtbar zu machen, hat Kay Spreckelsen in der zweiten Hälfte der achtziger und in den frühen neunziger Jahren *„Phänomenkreise"* als Übungsfelder für das Erkennen von Analogien und Zusammenhängen erprobt und vorgeschlagen (Spreckelsen 1997; 2004).[363] Dabei handelt es sich um die Zusammenstellung von jeweils fünf einfachen Versuchen in der Weise, dass vier von ihnen dem gleichen physikalischen Funktionsprinzip zugeordnet sind (z.B. Balance – Gleichgewicht oder Auftrieb – Schwimmen), ein weiterer aber nicht diesem Prinzip zugehört.
Die Aufgabe besteht darin, im Vergleich Ähnlichkeiten zu entdecken und das Gemeinsame zu erfassen. Kindern gelingt das in der Regel noch nicht durch Deduktion oder Subsumtion (da ihnen die relevanten allgemeinen Gesetzlichkeiten nicht bekannt sind) oder durch Induktion (dafür fehlt ihnen die empirische Basis), aber oftmals durch *Transduktion,* also im vergleichenden Übergang von der beurteilenden Einschätzung eines Phänomens zu der des nächsten und der probeweisen analogen Übertragung bestimmter Merkmale.[364]
Auf der Grundlage seiner empirischen Untersuchungen (im 3. und 4. Schülerjahrgang) unterscheidet Spreckelsen zwischen einer

- *phänotypischen* Analogiebildung, bei der sich der Vergleich unmittelbar auf die äußeren Erscheinungsformen des Phänomens oder der Versuchsanordnung bezieht (z.B. Erscheinung und Bewegung bei der Wippe und bei der Kerzenschaukel), und einer
- *genotypischen* Analogiebildung, bei der sich der Vergleich auf gleiche Wirkungsmechanismen oder Funktionsprinzipien bezieht, die „unter der Oberfläche der Erscheinungen" zu erkennen sind, ohne dass diese explizit benannt werden müssen (z.B. die Gleichgewichtsbeziehungen bei Wippe und Kerzenschaukel).

363 Spreckelsen verweist auf Anregungen durch Wagenschein: „Verstehen heißt verbinden", also suchen einer Beziehung zu schon Bekanntem, „Verstandenem" (Spreckelsen 1997, S. 111; 2004, S. 133 f., vgl. Teil I; 1.4).

364 Piaget bezeichnet die Transduktion als einen „Denkprozeß, der vom Besonderen zum Besonderen ohne Verallgemeinerungen und ohne logische Strenge vorgeht ... es ist eine Folgerung vom Einzelnen auf Einzelnes ohne allgemeines Gesetz." (Piaget 1981, S. 189 und 191)

Eine erhöhte Chance für die Kinder, eine für sie zunächst adäquate Erklärung zu finden, sieht Spreckelsen in unterrichtlichen Situationen, in denen eine ganze Reihe genotypisch analoger Phänomene als *„Simultanexperimente"* präsentiert werden.[365] Der Unterricht sollte demnach also nicht auf die Klärung eines einzelnen Phänomens abgestellt werden, sondern auf einen „Kreis" von Phänomenen, „deren Interpretationen sich gewissermaßen gegenseitig stützen und stabilisieren, da sie dem selben Funktionsprinzip angehören, also ‚strukturell identisch' sind" (Spreckelsen 1997, S. 125).
Das Erfassen einer Ähnlichkeit oder Übereinstimmung in Bezug auf ein bisher unbekanntes Funktionsprinzip heißt aber, eben dieses Prinzip – wenn nicht zu erkennen, so doch – in Akten „beziehungsvollen Lernens" zumindest zu ahnen. Die Zentrierung mehrerer Phänomene auf ein gemeinsames Wirkungsprinzip bedeutet, dass dieses Prinzip (das dann eine gewisse Allgemeinheit haben muss) im gleichen Zug konzipiert wird. Die Leistung der Kinder besteht also nicht nur im Entdecken einer Gemeinsamkeit, sondern vor allem in der (probeweisen) Konstruktion eines Funktionsprinzips aus vorgegebenen Phänomenen.
Die Bearbeitung solcher Phänomenkreise ist in mehrfacher Hinsicht kognitiv anregend und stellt Entwicklungskeime für das Verstehen bereit. Sie unterstützt von Anfang an eine bestimmte Art des Denkens, nämlich das Herausfinden, welche Einflussgrößen in Phänomenen wesentlich und welche vernachlässigbar sind. Dieses Vorgehen ermöglicht es, dass man sich auf die strukturell bedeutsamen Faktoren konzentrieren kann. Weiterhin leistet sie einen Zugang zur Systematisierung physikalischer Phänomene, indem die Kinder im Erschließungsprozess genotypisch übergreifende Funktionsprinzipien und -regeln finden und dabei Konstrukteure ihrer Einsichten sind. Es geht dabei um erste Annäherungen an den generellen Systemcharakter des naturwissenschaftlichen Zugriffs, d.h. um das Denken in Kategorien und das *Ordnen* der Vielfalt der Phänomene, konkret um Ordnungsaktivitäten des Vergleichens, Verknüpfens und Einordnens nach Maßgabe aufzufindender Gesichtspunkte, keineswegs aber um Vorgabe einer Lehrbuchsystematik.
Solche Ordnungsaktivitäten haben durchaus Merkmale des Theoretischen, insofern ihnen die hier vielleicht aufblitzende implizite Annahme zugrunde liegt, es gebe allgemeine Prinzipien und Gesetzlichkeiten, die immer gelten. Mit dem Ordnen bekommt der Phänomenkreis-Ansatz neben der inhaltlichen auch eine methodische Komponente (vgl. Spreckelsen 1997, S. 125). Darüber hinaus erfordern genotypische Analogiebildungen Übergänge zu anfänglichem induktiven und deduktiven Denken. Leider liegen dazu keine weiteren Untersuchungen vor.

---

365 Das könnte z.B. auch in „Stationen" geschehen. Für Inhalte gibt Spreckelsen näher erläuterte Hinweise.

[2] Das *Experimentieren* dient dem Lösen von Problemen auf der Suche nach Wissen, darüber hinaus aber – und das ist die übergreifende didaktische Perspektive – eröffnet es auch einen Zugang zu naturwissenschaftlichen Denkweisen und Verfahren. Wir sollten uns aber im Klaren darüber sein, dass kurze Berührungen mit allerlei Phänomenen, zumal wenn sie isoliert von größeren Zusammenhängen bleiben, diese Hoffnung nicht erfüllen können. Es kommt nicht darauf an, dass ein Versuch oder ein Experiment in der Grundschule „auch schon geht", sondern dass anschlussfähige Deutungen geschehen, nicht vermeintlich kindgerechte „Erklärungen". Denn es geht um Relevanz für grundlegende Bildung – hier um einen Beitrag zur Wissenschaftsverständigkeit –, nicht um unterrichtliche Machbarkeit. Zentrale Bedeutung für das Lernen im Bereich der physikalischen und chemischen Dimension haben die Schritte des Problemlösens, die als Formen planmäßigen Handelns in ihrem strukturellen Zusammenhang von Dewey ([1910] 1951) dargestellt und von Soostmeyer für den Sachunterricht bearbeitet worden sind (vgl. Teil III; 3.2.2).[366] Im naturwissenschaftlich-technischen Bereich hat die *Methode* den Vorteil des „sicheren Schrittes" auf dem Weg zu Erkenntnissen; sie hat die Einschränkung, dass sie nur einen Aspekt auf die erlebte Wirklichkeit eröffnet, also den Horizont möglichen Interesses nicht abdeckt, z.B. im Ästhetischen. Denn ein Spezifikum dieser Methode ist, das sie nur das erfasst, was der Fragestellung entspricht, was prinzipiell allen zugänglich ist und was wiederholbar ist. Dabei zielt sie auf Generalisierung, Quantifizierung und Vorhersagbarkeit. Nicht-quantitative Feststellungen bleiben oft nur eine Vorstufe physikalischer Urteile, aber sie sind unentbehrlich für die Erschließung von Phänomenen.
Carl Friedrich v. Weizsäcker zitiert am Anfang seines inzwischen schon fast klassisch gewordenen Artikels *Das Experiment* ([1947] 1970, S. 169 –183) die berühmte Stelle aus Kants Vorrede zur Kritik der reinen Vernunft: „Als Galilei die Kugeln die schiefe Fläche mit einer von ihm selbst gewählten Schwere herabrollen ... ließ, ... so ging allen Naturforschern ein Licht auf..."[367] (Kant, KdrV, B XII –XIV; vgl. Teil I; 1.1.2 und Teil III; 1.1.2). Einige Gedanken aus der längeren Passage seien hier hervorgehoben:

---

366 Zur pädagogischen Bedeutung der Einführung in methodisches Denken vgl. Teil I; 2.1.3.

367 Kant vergleicht die erforderliche Art des naturwissenschaftlichen Zugriffs mit dem „eines bestallten Richters, der die Zeugen nötigt, auf die Fragen zu antworten, die er ihnen vorlegt". Wagenschein hält es „für eine Selbsttäuschung, von einem inquisitorischen Verhör zu sprechen;" „Das erstaunliche ist ja, daß nur dann, wenn wir freiwillig *beschränkt* und *beschränkend* fragen – nämlich nur *quantitativ* und in Rahmen des ‚Experiments' –, daß dann .... die Natur zu antworten *geruht* ...." (Wagenschein 1970a, S. 437).

1. Nämlich „daß die Vernunft nur das einsieht, was sie selbst nach ihrem Entwurfe hervorbringt ...". – Das heißt, man versteht nur da, wo man das Problem erkannt, die Frage gestellt und den Lösungsweg entworfen hat.
2. Dass die Vernunft „mit Prinzipien ihrer Urteile nach beständigen Gesetzen vorangehen und die Natur nötigen müsse, auf ihre Fragen zu antworten ...". – Gewöhnlich setzen wir (und auch Kinder) intuitiv voraus, dass Kausalität gilt, dass materielle Körper mit sich identisch bleiben und dass Versuche unter gleichen Bedingungen wiederholbar sein müssen.
3. Und schließlich, dass die Untersuchung planmäßig (nicht willkürlich) in Zusammenhängen geschehen muss, denn „allein übereinkommende Erscheinungen" können zum Erkennen von Gesetzlichkeiten führen. – Aus einer isolierten Beobachtung kann man Spekulationen ableiten, keine Erkenntnisse.

Das schon zitierte Beispiel von Wagenschein über den Ruf des Raben entspricht tendenziell diesen Voraussetzungen (vgl. Teil I; 1.1.2, Teil III; 1.1.2):

> Dem fünfjährigen Mädchen fällt auf, „daß ein Rabe, der weit entfernt auf einem Zaune sitzt, seine schöpfende Kopfbewegung vor jedem Rab-Rab-Ruf macht und nicht gleichzeitig. Sie denkt sich etwas aus: läuft weiter weg vom Raben (...), bleibt stehen, horcht wieder und blickt: es ist wie vermutet: die Verspätung ist etwas länger! – Das Kind ist beruhigt: der Ruf läuft her ‚wie ein Ball'." (Wagenschein 1989, S. 104). Auch beim Wasser eines Baches, das in Stößen über eine Kippvorrichtung lief, war es so (ders. 2003, S. 38 f.).
>
> 1. Die Vernunft sieht nur ein, was sie selbst hervorbringt: Ist der Ruf „einfach da" oder kommt er „durch die Luft herangeflogen wie ein Ball", d.h. braucht er Zeit? Das Mädchen erkennt: Es gibt nur diese beiden Möglichkeiten.
> 2. Die Vernunft muss nach einsichtigen Prinzipien die Natur „nötigen": Nur eine der Möglichkeiten kann zutreffen, dann aber immer. Nur die Objektivierung in der experimentellen Untersuchung kann ergeben, welche der denkbaren Möglichkeiten zutrifft.
> 3. Allein „übereinkommende Erscheinungen" können zeigen, was richtig ist: Man muss den Versuch so variieren, dass aufeinander verweisende Feststellungen möglich sind, die schließlich ein Urteil nicht nur über den Einzelfall zulassen.

Es gelingt dem Kind, einen Sachverhalt aus dem Hintergrund der umgebenden Natur, der unbefragt hingenommen wird, herauszulösen und ihn zum Problem, zur Aufgabe einer Untersuchung zu machen. Es ergreift die Chance der Irritation und macht damit die Situation zu einem elementaren Erlebnis. Der Zugriff erfolgt intuitiv mit dem Entschluss, etwas zu unternehmen, dessen Ausgang ungewiss ist. Es macht dabei bewusst Erfahrungen, d.h. es arbeitet an seinen Vorstellungen im Zuge eines erkundenden Verfahrens, indem es das Problem analysiert, Vermutungen entwickelt, die Exploration durchführt, sie auf ihre Konsequenzen hin prüft und schließlich die neue Idee sich zu eigen macht. Die Untersuchung selbst bleibt qualitativ, „noch nicht Physik", aber „auf dem Wege". Immerhin zeigt sich schon ein Ansatz zum Halb-Quantitativen: Je länger der Weg des Schalls ist, desto länger braucht er.

Ein *Experiment* im naturwissenschaftlichen Sinn ist nicht nur eine „Frage an die Natur", sondern auch ein Zugriff auf die Natur; sein Zweck ist das Gewinnen von Erkenntnis. Dieser Zugriff erfordert Denken, Handeln und Wahrnehmen. Direkte Wahrnehmung fordert unsere Sinne in vergleichender Betrachtung und im sachlichen Erfassen von reproduzierbaren Phänomenen. Das Gegenüber experimentierender Menschen sind Objekte. Das Denken verknüpft Wahrnehmungen, plant den experimentellen Eingriff und deutet sein Ergebnis; es entwirft Erwartungen auf dem Hintergrund vorgängiger Erfahrungen und Annahmen, über die dann die empirische Prüfung entscheidet. Aber nicht nur Kinder sind geneigt, ihre Vorstellungen durch Versuch und Irrtum auf neue Bereiche anzuwenden und in einem Wechselspiel von Handeln und Wahrnehmen zu sehen, wie weit sie damit kommen. Das Denken bewährt sich dabei im Handeln, aber Handeln ohne sachbezogene Fragestellung, ohne Bestimmung des Problems und ohne Vermutung oder Hypothese ist nur rezeptives Laborieren.[368]

Didaktisch bedeutsam ist zunächst die durch viele Untersuchungen gestützte These, dass der spontane Forschungsprozess bei Kindern „mit Beobachten, Wiederholen, Vergleichen, Vermuten, Eingreifen, planmäßig Verändern, der bemerkenswert ähnlich ist dem wissenschaftlichen Vorgehen" (Wagenschein 2003, S. 11), in gewisser Weise in seiner Struktur einen allgemeinen, in der lebensweltlichen Praxis fundierten Charakter aufweist. Auch Popper (1995) kommt – mit wissenschaftslogischen Argumenten – zu dem Ergebnis, dass Natur- und Sozialwissenschaften in ähnlicher Weise von Problemen ausgehen bzw. davon, dass etwas unsere Verwunderung (Staunen) erregt. Als grundlegendes Verfahren der Lösung von Problemen und zur Erschließung der Welt nennt er das von *Versuch und Irrtum;* es ist die Methode, versuchsweise Lösungen des Problems aufzufinden und dann die falschen Lösungsvorschläge (Vermutungen) als Irrtümer zu eliminieren. Eng damit verbunden ist die von den gleichen Autoren – wenngleich aus unterschiedlichen wissenschaftstheoretischen Positionen – übereinstimmend vertretene genetische *Kontinuitätsthese*, nämlich dass insbesondere die Physik von Alltagserfahrungen aus erschließbar ist (vgl. Jung 1979, bes. S. 108; Popper 1995, S. 19); dabei muss auf Tatsachen und Zusammenhänge, die von allen Menschen erfahren werden können, großer Wert gelegt werden. Der Prozess des Problemlösens ermöglicht es schon Kindern, einen ersten grundlegenden Einblick in Verfahren der wissenschaftlichen Produktion zu gewinnen, der Voraussetzung dafür ist, Informationen (z.B. aus Medien), die nicht auf eigener Einsicht, sondern auf Übertragung durch Sprache und Bilder beruhen, mit Gewinn aufnehmen zu können.

368 Im Unterschied zum Experimentieren, dem eine Fragestellung, die Kennzeichnung eines Problems und der Entwurf eines Versuches vorausgehen, ist Laborieren der bloße Vollzug vorgegebener Anweisungen (z.B. durch „Arbeitsblätter").

[3] *Problemlösungsstrategien* sind Grundlage für die Methodenkompetenz bei der Bewältigung von Sachproblemen und für ein zunehmendes Methodenbewusstsein der Lernenden. Sie müssen im Unterricht sorgfältig erarbeitet, vielfach angewandt und in ihrem Ablauf bewusst gemacht werden, damit sie als *Handlungspläne* auf neue Gegebenheiten übertragen werden können. Für den Wissenserwerb und für die Begriffsbildung hat das Lösen von Problemen eine sinnstiftende Funktion (vgl. Einsiedler 1985), für die Kinder ist es eine Herausforderung der Anstrengung des Denkens.

Problemlösungsstrategien als eine Verfeinerung der Methode von Versuch und Irrtum werden schon von ungeschulten Kindern angewandt (Soostmeyer 1978). Im Sachunterricht gehen die Erkundung der Welt und speziell forschendes Lernen von Fragen oder *Problemen* aus und folgen einem charakteristischen Ablauf des Denkens und Handelns: *Vermutungen* stellen einen möglichen Zusammenhang zwischen der Ausgangssituation und denkbaren Lösungen her. Diese Lösungsversuche müssen kritisch überprüft und schließlich (z.B. durch Beobachtungen, Sammlung von Informationen, Experimente) vorläufig *bestätigt* oder als nicht zutreffend *ausgeschieden* (eliminiert) werden. Unzutreffende Vermutungen sind dann durch neue zu ersetzen; erfolgreiche Lösungsversuche können zu neuen Fragen führen. Im Einzelnen:

0. Am Anfang des untersuchenden oder problemlösenden Verfahrens steht – auf dem Hintergrund von Erwartungen, die wir uns nicht immer bewusst machen – zumeist eine das Interesse auslösende *Beobachtung* oder die Wahrnehmung einer Auffälligkeit. Schon diese Wahrnehmung ist mit einer zumindest rudimentären Analyse des Sachverhalts verbunden.
1. Ein *Problem,* das Fragen auslöst und nach einer Lösung verlangt, entsteht, wenn die Erwartung unsicher ist oder nicht eintritt, wenn die „gewohnte Ordnung“ (Wagenschein) gestört erscheint.[369] Im Zuge eines didaktischen Verfahrens, das oftmals mit einem Einstieg beginnt (vgl. Teil II; 3.1.3), muss das Problem in einer offenen Phase der Problemgewinnung deutlich und bewusst werden. Eine Frage, die dann die Untersuchung leitet, wird formuliert.
2. Die *Lösungsversuche* sind von der Identifikation, Zuordnung und Bewertung des Problems abhängig. Sie werden durch Probier- oder Suchbewegungen eingeleitet. Diese können unmittelbar handelnd oder als geistige Akte auftreten.
   a) In einem planmäßigen Verfahren beginnen die Lösungsversuche mit dem Sammeln und Ordnen relevanten Wissens, dem Herstellen von Beziehungen und der Konstruktion von Vermutungen oder Hypothesen über Lösungsmöglichkeiten. Das Auffinden von Vermutungen ist ein kreativer

369 Die Frage kann sich auch auf eine genauere Feststellung eines (qualitativ) schon bekannten Sachverhaltes beziehen. Wenn z.B. schon erkannt ist, dass Schall Zeit braucht, dann liegt die Frage nahe: Wie schnell ist Schall?

Akt, in dem Kenntnisse herangezogen, neu in Beziehung gesetzt und Lücken übersprungen oder probeweise ausgefüllt werden. Er beruht wesentlich auf Intuition, gesteuert von Denkfiguren und Präkonzepten der einzelnen Kinder. – Im Klassen- oder Gruppengespräch können mehrere (konkurrierende) Vermutungen entstehen.

Vermutungen sind aus Wissen, Erfahrung und Intuition kombinierte Wahrscheinlichkeiten. Das Ausbilden von Vermutungen entspricht der lebensweltlichen Praxis von Versuch und Irrtum und geschieht in der Regel spontan. Für die Denkerziehung ist es wichtig, wenn Lehrerinnen und Lehrer, differenziert nach dem Leistungsvermögen der einzelnen Kinder, für die Vorschläge Begründungen (Plausibilitäten) einfordern.

b) Vermutungen lassen sich durch weitere Beobachtungen, logische (mathematische) Ableitungen[370] oder durch Versuche und Experimente[371] überprüfen.

Die Entwicklung geeigneter Versuche oder Experimente ist wiederum von Einfällen, d.h. von kreativem Denken abhängig. Insbesondere im Experimentieren unerfahrene Kinder brauchen hier dosierte Hilfe; sie brauchen Beispiele und Verfahrensmuster, an denen sie sich bei ihren eigenen Überlegungen und Bemühungen, einen geeigneten Versuch einzurichten, orientieren können. Die Planung und Einrichtung von Versuchen ist eine fruchtbare Phase im Lernprozess, denn sie erfordert zugleich den Blick auf die Fragestellung, die materiellen und technischen Erfordernisse und auf die Art der zu erwartenden Ergebnisse.

Das *Experiment* selbst steht im Mittelpunkt des Verfahrens; es setzt eine zielgerichtete Frage voraus und verlangt eine interpretierende Auswertung. Es ist ein „Ausfluß der geistigen Vorarbeit“ (Kerschensteiner); als ein planmäßiges und bewusstes Handeln ist es aber auch ein Zugewinn für Kompetenz.

Die praktische Ausführung erfordert große Sorgfalt, Vorsicht, Geschick und oftmals Geduld. Sie ist auch in dieser Hinsicht ein Lernprozess. Zunehmend sollten Kinder in Einzel- und Gruppenversuchen auf mögliche Fehlerquellen achten und sich darüber verständigen. Bei der Auswertung muss zuerst abgelesen werden, was das Experiment anzeigt. Was kann ich ablesen, welche (in einem Beobachtungsprotokoll, einer Messreihe) festzuhaltenden „Antworten“ (Daten) bekomme ich?

---

370 In einem 5. Schuljahr argumentierte ein Mädchen bei der Frage, ob Luft ein Gewicht hat, mit dem Hinweis auf einen Satz im Physikbuch: Alle Körper haben Gewicht und Volumen.

371 Zur Terminologie: Vermutungen und Versuche basieren auf Erfahrungen und Vorwissen, aber noch nicht auf einer (wissenschaftlichen) Theorie, die für Hypothesen und Experimente maßgeblich ist. Der Versuch bezieht sich zunächst auf die Prüfung eines vermuteten Effektes und ist im Ansatz qualitativ; das Experiment dient darüber hinaus der Prüfung eines speziellen hypothetischen Zusammenhangs, d.h. einer Erklärung.

c) Erst in einem weiteren Schritt geht es um die Interpretation dieser Daten. Geben sie eine Antwort auf unsere Frage? Stimmen sie mit der Vermutung (Hypothese) überein? Welches ist das Ergebnis?

Es ist ein zentraler Punkt der Wissenschaftslogik, dass eine Vermutung (Hypothese) durch ein widersprechendes Experiment widerlegt werden kann. Wir sind dann auf neue Lösungsversuche zurückgeworfen. – Entspricht das Ergebnis der Vermutung oder Hypothese, so ist diese nicht „bewiesen", sondern sie wird durch das Experiment gestützt; es ist wahrscheinlicher geworden, dass sie zutrifft. Auch positive Ergebnisse müssen prinzipiell durch weitere Untersuchungen (Variationen des Experiments, Kontrollexperimente, Voraussagen für andere Fälle) erhärtet werden. Ganz wesentlich durch den sorgfältigen Umgang mit diesem Punkt unterscheidet sich das wissenschaftliche Verfahren von der lebensweltlichen Praxis einfacher Probierhandlungen, die zunächst nur situative Bedeutung haben, aber durch Versuch, Irrtum und Reflexion auch zum kumulativen Aufbau von Erfahrung beitragen.

d) Die Feststellung und Bewertung des Ergebnisses, einschließlich einer Formulierung für die Sachunterrichtsmappe, sollte schließlich von den Lernenden so weit wie möglich selbst vorgenommen werden. Denn das gemeinsame Prüfen von Einfällen, Vermutungen und Argumenten sowie die Kontrolle des Lösungsweges festigt nicht nur die Einsicht, sondern führt auch in eine deskriptive Sprache, in der Aussagen vorgelegt und zum Gegenstand einer bewusst kritischen Untersuchung gemacht werden können.

Popper hält es für einen entscheidenden Schritt, von einem unausgesprochenen Gedanken zu einem ausgesprochenen Satz zu kommen, denn „die sprachliche Formulierung bedeutet, daß etwas, was vorher Teil meiner Persönlichkeit ... war, nunmehr objektiv vorliegt und damit der allgemeinen kritischen Diskussion zugänglich wird." (1995, S. 22 f.) Der ausgesprochene Satz wird durch die sprachliche Formulierung von der Person losgelöst; die Aussage ist objektiviert und kann von allen Beteiligten versuchsweise bejaht oder verneint werden, Gründe für und wider können abgewogen und diskutiert werden.
Die *Diskussion,* also das kritisch prüfende Unterrichtsgespräch, ist auch im Unterricht ein entscheidendes Moment wissenschaftsbezogener Wahrheitsfindung. Sie dient der Vertiefung in das Problem, der Entdeckung neuer Probleme und der Formulierung von Fragen, der Kreation von Lösungsvorschlägen (Hypothesen), ihrer kritischen Prüfung und schließlich ihrer Stützung oder Falsifikation und Eliminierung.

3. Im täglichen Leben wie auch in der Wissenschaft ist es wichtig, Irrtümer zu eliminieren. Die *Elimination* ist ein Verfahren der Aussonderung falscher Annahmen, Erwartungen, Vermutungen oder Hypothesen. Wenn ein erfolgloser oder irrtümlicher Lösungsversuch eliminiert wird, steht das Problem ungelöst da und gibt Anlass zu neuen Lösungsversuchen.[372]

372 Der Prozess der Elimination von Irrtümern wird besonders deutlich in den Unterrichtsbeispielen

Erfolgreiche Lösungsversuche heben das Problem auf, die Lösung (aber auch der erkannte Irrtum) gibt neues *Wissen*, das (schon zum Teil im Zuge des Lösungsprozesses) erlernt wird. Der Aufbau des Wissens besteht darin, dass die erfolglosen Lösungsversuche als Irrtümer erkannt[373], der erfolgreiche Weg (einschließlich seines Ergebnisses) aber gefestigt und die neue Erkenntnis integriert wird. Wir lernen also nicht nur, dass etwas falsch oder richtig ist, sondern wir lernen auch, warum das so ist. Zugleich wird die Verbindung mit den bisherigen Kenntnissen gefördert, also die Herstellung zusammenhängenden Wissens. Erst durch das Verknüpfen der Einzelkenntnisse und die damit verbundene Verallgemeinerung wird ein weitergreifendes Verstehen ermöglicht. Verarbeitetes Wissen hebt die Lernenden auf eine höhere Ebene von Einsichten, auf der neue und u.U. schärfer gefasste Probleme erscheinen, die dann wiederum Ausgangspunkte neuen Suchens und Fragens sind.

Schematisiert lässt sich das experimentelle Problemlösungsverfahren nun so darstellen:

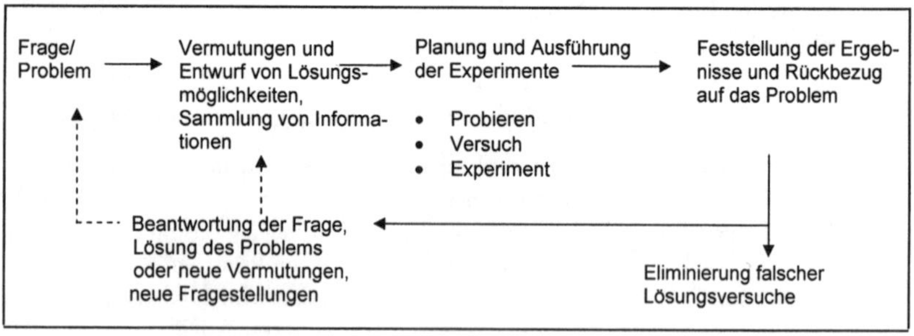

Man kann aus dem vorgeschlagenen Schema ablesen, dass wir beim Lernen (wie in der Wissenschaft) von Problemen, die gelöst werden, zu neuen Problemen kommen und in einem Zyklus von Problemen über Vermutungen (Hypothesen), Lösungsversuchen (einschließlich experimenteller Prüfungen) und Eliminationsbemühungen zu neuen Problemebenen vorstoßen. Das Schema hat also einen zyklischen oder besser: spiralig-aufbauenden Charakter.

von S. Thiel (2003a).

373 Hierin besteht die weiterführende didaktische Funktion des Irrtums. Man erkennt: So ist es nicht. Die Korrektur falscher Annahmen ist ein wichtiger Akt des Lernens.

[4] Experimentelle Untersuchungen dienen der Erarbeitung von Erklärungszusammenhängen. Für den Unterricht gilt, dass Experimente nicht bloß das Lernen unterstützen, vielmehr sind sie basal für elementares Lernen und deshalb unentbehrlich für den Aufbau von Kompetenzen. Der *Einstieg* lenkt die Aufmerksamkeit auf ein Phänomen, das gut beobachtet und dann auch reproduziert werden kann. Ein Beispiel sind Untersuchungen zur *Hebelwirkung* (2. Schuljahr):

> Nahe bei der Schule wird ein Haus gebaut. Eines der möglichen Themen war der *Kran*. Es war ein einfacher Kran, ohne Laufkatze, sondern mit einer festen Rolle am Ende des Auslegers.
> Wir beobachten den Kran bei der Arbeit. Kinder zeichnen Kräne: „Zeichnen als Medium des Denkens" (Biester 1991, S. 43 ff., bes. S. 55; vgl. Möller 1998, S. 238; Ullrich/Klante 1973, S. 30 ff.). Spielzeugkräne werden mitgebracht, auch von einigen Mädchen. Ein zentraler Punkt ist die Standfestigkeit bei steigender Belastung, abhängig von der Neigung des Auslegers. Körperliche Erfahrungen machen die Kinder (im Sportunterricht) mit Hanteln oder Steinen, die sie abwechselnd mit ausgestrecktem und mit angezogenem Arm halten. Vermutungen werden formuliert, diskutiert und im Versuch erprobt (Arbeit in Gruppen und im Plenum). Von entscheidender Bedeutung sind offenbar die Standfläche, die Gewichte am Fuß des Mastes und das Ausgreifen des Auslegers. Es gibt also mehrere Variablen, die getrennt und zusammen untersucht werden müssen; das ist die Schwierigkeit: Die Kinder müssen erkennen, dass immer nur eine der Variablen verändert werden darf.
> Mit Spielzeugkränen, auch mit einem selbstgebauten Modell aus einem Metallbaukasten, sind befriedigende Untersuchungen kaum möglich. Der Lehrer bringt aus der Physiksammlung – zum skeptischen Erstaunen einiger Kolleginnen – Stativmaterial und Rollen in seine Klasse. Die Kinder finden das interessant: „Wir arbeiten wie die Großen!". An Spielzeugmaterial gut vorbereitet haben die Kinder keine besonderen Schwierigkeiten. Nun können wir den Zusammenhang zwischen Ausladung und Belastung qualitativ untersuchen und dringen vor bis zu Je-desto-Aussagen. Es sind Aussagen, die durch Probieren, spielerische Versuche und gemeinsam gefundene Erklärungen fundiert sind.

Hier ist eine Zwischenbemerkung angebracht zu der Frage, ob Demonstrationsversuche in der Grundschule sinnvoll sind. Der entscheidende Punkt dabei ist der geistige Mitvollzug durch die Kinder. Verstehen sie, was da gezeigt wird? Dieses Verstehen wird ermöglicht und erleichtert durch die Einbettung in Handlungszusammenhänge, die die Kinder in einer offenen Weise des Probierens und Untersuchens selbst vollziehen können. Entweder gehen diese Handlungserfahrungen dem Demonstrationsversuch voraus, der dann das, was wir schon erkundet haben, „auf den Punkt bringt", oder der Lehrerversuch dient der Exposition eines Phänomens, das dann zur Untersuchung ansteht.[374]

---

374 Vgl. die Beispiele von S. Thiel: Kann Wasser auch den Berg hinauffließen? (1984), Wie springt ein Ball? (2003)

Im dritten oder vierten Schuljahr kann dann ein Thema die *Wippe* sein:

> Am Anfang steht die Frage: Wie ist es möglich, dass offensichtlich unterschiedlich schwere Kinder „Gleichgewicht" halten können? Die Herstellung einer Balance gelingt den Kindern auf dem Spielplatz schnell. Intuitiv erfassen sie die Erfordernisse des praktischen Handelns. Notwendig ist an dieser Stelle das *Gespräch* und die sprachliche Fassung dessen, was erfahren wird: „Ich muss weiter nach vorne rücken, wenn ich für die anderen zu schwer bin." – „Ich muss weiter nach hinten rücken, wenn ich für die anderen zu leicht bin." Denken entsteht hier im Handeln. Wichtiges wird auf dem Weg des *explorativen Spiels* eingeübt; die Energie des Tuns wird von Lust und Neugier mobilisiert. Das Gespräch dient dem Bewusstmachen des erforderlichen Handlungszusammenhangs. Vermutungen werden aus der Reflexion der Konstellationen von Gegebenheiten gewonnen.
>
> Im Klassenzimmer wird überlegt, wie wir die Situation „Wippe" prüfend nachvollziehen könnten. Es gibt z.B. Improvisationen mit Linealen. Schließlich bekommen die Kinder (in Gruppen) „Rechenwaagen" mit den zugehörigen Gewichtsstücken. Zuerst sollte frei probiert werden. Dabei wird die Zahl der „Treffer", geleitet durch Vermutungen, steigen. Schließlich heißt die Aufgabe: Tragt auf dem Arbeitsblatt mit den gezeichneten Rechenwaagen mögliche Gewichtskonstellationen für ein Gleichgewicht ein! Prüft auf der Rechenwaage nach!
>
> Falsche Vermutungen werden durch den Versuch eliminiert. Ergebnisse werden in einer Tabelle an der Tafel gesammelt. Wichtig ist wiederum die sprachliche Darstellung: „Zwei Gewichtsstücke am vierten Haken halten einem Gewichtsstück am achten Haken das Gleichgewicht." Im Gespräch wird dann auch deutlich, dass hier der Begriff „Gleichgewicht" (da der Begriff des Drehmoments noch nicht zur Verfügung steht) durchaus zu hinterfragen ist: Balance erfordert nicht das gleiche Gewicht auf beiden Seiten.
>
> Möglichkeiten innerer Differenzierung liegen nahe: Gewicht oder Kraft und Hebelarm, Entdeckung der multiplikativen Beziehung (im Sonderfall des Gleichgewichtes);[375] oder ganz praktisch: Öffnen der Tür bei „abgebrochenem" Türdrücker. Am Ende stehen Zeichnungen und Texte im Sachunterrichts-Portfolio der Kinder.

Sachunterricht bewegt sich wesentlich im Bereich der Lebenswelt der Kinder, zugleich setzt er Anfangspunkte für das fachbezogene Weiterlernen. Wissenschaftsorientierter Unterricht hat da seinen Ansatz, wo die Sache selbst in eine das Forschen anregende Form gebracht wird. Dabei müssen die Grundlagen solide und

375 Bei einem neuen Zugriff auf der nächsten Ebene des aufsteigenden Curriculums kann dann thematisiert werden, dass es der Hebel ermöglicht, „aus kleinen Kräften große zu machen" (Wagenschein 1970a, S. 437). Widerspricht das nicht der „Regel" von der Erhaltung („ex nihilo nihil fit")? Aber es ändert sich auch der Weg, die Strecke, um die sich der Angriffspunkt der Kraft bewegt. („Was an Kraft gewonnen wird, geht an Weg verloren.") Man muss also weiter suchen und schließlich einen Zusammenhang finden oder konstruieren, etwas Neues, einen neuen Begriff: „Kraft mal Weg" (Drehmoment). Aus dem Wandel des einen (Kraft) ergibt sich ein entgegengesetzter Wandel des anderen (Weg), und insgesamt etwas, das wir als „mechanische Arbeit" (als Form der Energie) bezeichnen, für die dann der Grundsatz der Erhaltung gilt.

tragfähig sein. Am Horizont erscheinen große Bereiche der Mechanik bis hin zum Begriff des Drehmoments.

Diese Beispiele sind zugleich ein Plädoyer für die Einbindung von Versuchen oder Experimenten in Unterrichtseinheiten, die „Stundenhäppchen" hinter sich lassen. Zu zeigen, dass man mit einer Brechstange eine schwere Kiste anheben oder auch aufbrechen kann, ist vielleicht unterhaltsam, trägt aber in dieser Verkürzung wenig zum Verstehen von Zusammenhängen bei. Der Vollzug der *Planung des Weges* der Untersuchung, angestoßen von der Frage und geleitet von begründeten Vermutungen, ist entscheidend für die Einsicht in das Zustandekommen von Ergebnissen. J. S. Bruner hat vor vierzig Jahren gefordert, die *„fundamental ideas"* in den Mittelpunkt zu stellen und die Lernenden als Forschende arbeiten zu lassen. Mitgedacht ist ein „spiraliger" Aufbau des Curriculums, der eine Wiederholung, Vertiefung und Differenzierung grundlegender Konzepte auf verschiedenen kognitiven und sprachlichen Niveaus ermöglicht. Damit verbunden ist der Aufstieg der Lernenden vom konkreten (Handeln) zu formalen Operationen (Denken). Dieser Aufstieg wird ermöglicht „durch die antizipierende Funktion des intuitiven Erfassens von Zusammenhängen, das die Konzepte entwirft, die das analytische Denken ausarbeitet" (W. Loch in Bruner 1970, S. 14). – Die zentrale allgemeine Kompetenz, um die es hier geht, heißt (experimentelle) *Problemlösefähigkeit.* Sie bezeichnet eine Grundqualifikation für methodische Bildung. Eng damit verbunden ist die Idee der *kritischen Prüfung,* die darauf zurückgeht, dass unser Denken und Handeln der Möglichkeit von Irrtümern unterworfen ist.

Wagenschein hat die sich aus der Sache entwickelnde Präzisierung des Zugriffs in einem Dialog (mit dem ursprünglichen Titel „Natur und Apparatur") in unübertroffener Weise dargestellt (1970b, S. 110 ff.):

> Ein Besucher in einem Labor bittet den Physiker, ihm „Licht-Wellen" zu zeigen. Aber sichtbar sind nur Phänomene, die auf die „periodische Struktur des Lichtes" verweisen, nicht die theoretisch-begrifflichen Konzeptualisierungen.
>
> Man geht hinaus in den Garten. Physik „ist nicht im Labor entstanden". Durch die Schlitze zwischen den Blättern blendet die tiefstehende Sonne. Man kneift das Auge zu. Farbige Strahlen werden sichtbar. Aber die Augenlider zittern, die Blätter bewegen sich: „Man müßte das alles festlegen und mehr in die Hand bekommen ...".
>
> Im Zimmer wird verdunkelt und eine Kerze angezündet. Die Physik isoliert das Phänomen und versucht es handhabbar zu machen. Man guckt durch einen schmalen Spalt zwischen den Fingern. „Die *Sache* muß reden!" Wenn der Spalt eng ist, sieht man ein Band von Flämmchen, nach außen immer dunkler. „Aber es stört, dass der Spalt zwischen den Fingern nicht überall gleich breit ist." Zwei Rasierklingen, in einen Apfel gesteckt, ersetzen die Finger. Man müsste den Spalt leicht verstellen können ... Eine Apparatur entsteht, und man sieht ein Band von hellen und dunklen Streifen: Periodizität. Es scheint am Licht zu liegen. Aber um das zu untersuchen braucht man weitere Experimente, andere Arrangements und Apparaturen.

Bei diesem, gewiss fiktiven Beispiel geht die *Frage* vom Begriff aus („Lichtwellen"). In exemplarischen Einheiten des Sachunterrichts wird es anders sein: Die Frage wird in der Regel durch eine Irritation, die ein Phänomen auslöst, angestoßen: „Braucht der Schall Zeit?", „Warum schwimmt ein eisernes Schiff?" Oder sie zielt direkt auf eine Handlungsoption: „Feuer machen und Feuer löschen" (vgl. Teil III; 3.3.3). Phänomene liegen vor Augen, entweder in der „Natur", in einer technischen Einrichtung, einem Gerät, oder sie werden präsentiert in einer durch die Lehrerin, den Lehrer inszenierten Exploration.

6.5 Inhalte und Aufbau von Kompetenzen

[1] Wie in den anderen Dimensionen kann es auch bei den naturwissenschaftlichen Bezügen nicht um die Fülle der Wissensbestände gehen, sondern um ihre exemplarische, d.h. erschließende und orientierende Bedeutung für das Weltverstehen (Relevanz), um ihre Anwendungsmöglichkeit (Funktionalität), ihren inneren Zusammenhang (Konsistenz) und um ihre curriculare Fügung (Integration) im Hinblick auf das Weiterlernen, also den Aufbau von Verstehen und Kompetenz.
Nicht das viele Einzelne, sondern Paradigmen des Wissens und grundlegende Auseinandersetzungen mit *Schlüsselphänomenen* ermöglichen eine Grundlegung der Bildung, indem sie Material liefern, das für die Konstruktion weiterer Erkenntnisse gebraucht wird. Schlüsselphänomene sind solche, denen im Bereich der Physik und Chemie des Vordergrundes (vgl. Hund 1969, S. 11 ff.) ein großes erschließendes Potenzial zukommt, d.h. deren Untersuchung im Sachunterricht die Denk- und Handlungsspielräume der Kinder in ergiebiger Weise erweitert.[376]
Dabei hängen Zugänglichkeit und Ergiebigkeit solcher Schlüsselphänomene nicht schon von diesen selbst ab, sondern vom Gelingen der didaktischen Bearbeitung. Deshalb ist es auch nicht möglich, eine vollständige oder verbindliche Liste solcher Phänomenbereiche anzugeben. Erforderlich ist darüber hinaus die Benennung von einzelnen Wissensbeständen, sachgemäßen Arbeitsweisen (Verfahren) und Kompetenzen, die in exemplarischen Unterrichtseinheiten berücksichtigt werden sollten.
Bei der exemplarischen Auseinandersetzung mit Schlüsselphänomenen wird die Spannung zwischen dem Erleben und Deuten von Naturerscheinungen durch die Kinder und den inhaltlichen und methodischen Angeboten der Naturwissenschaften fruchtbar. Der naturwissenschaftliche Zugang eröffnet sich im Erschließen einfacher physikalischer und chemischer Zusammenhänge, insbesondere wenn Kinder

376 Vgl. die in Teil I; 2.2.4 genannten Auswahlkriterien.

- Probleme im Verhältnis von Mensch und Natur wahrnehmen, identifizieren und bearbeiten,
- Stoffeigenschaften untersuchen und Stoffumwandlungen kennenlernen,
- Naturphänomene im Hinblick auf physikalische und chemische Regelhaftigkeiten untersuchen,
- naturwissenschaftliche Verfahren erarbeiten und die Verfahrensbezogenheit der Ergebnisse erkennen (GDSU 2002, S. 7 f.).

Dabei zeigt sich, dass die naturwissenschaftliche Dimension auf vielfältige Weise mit anderen Dimensionen verknüpft ist und vor allem enge Verbindungen zwischen physikalischen, chemischen, biologischen und ökologischen Aspekten bestehen. Wenn sich Grundschulkinder mit dem Thema *Luft* auseinandersetzen, entdecken sie, dass Luft einen Raum einnimmt, einen Widerstand verursacht, Gewicht hat, sich bei Erwärmung ausdehnt und „leichter" wird (physikalischer Aspekt). Sie erarbeiten, dass Luft Sauerstoff enthält, der für unsere Atmung, für Verbrennungs- und Oxidationsprozesse wichtig ist (chemischer und biologischer Aspekt) und dass die Verschmutzung der Luft sich auf die Umwelt gefährdend auswirkt (ökologischer Aspekt). Weiterhin: Dass das Luftmeer auf alle Gegenstände einen großen Druck ausübt; dass sich die Wirkungen des Luftdrucks technisch nutzbar machen lassen und Druckveränderungen Einfluss auf das Wetter haben, ist auch in der Lebenswelt wichtig. Historische Bezüge, wie z.B. auf die Erfindung eines Barometers durch den Magdeburger Bürgermeister Otto von Guericke, zeigen darüber hinaus, wie Menschen Gesetzmäßigkeiten in der Natur erforscht und neues Wissen konstruiert haben (GDSU 2002, S. 18).

Zur Weiterentwicklung des mathematischen und naturwissenschaftlichen Grundschulunterrichts wurde ab 2004 am Leibniz-Institut für die Pädagogik der Naturwissenschaften (IPN) das Projekt *SINUS-Transfer Grundschule* entwickelt und ab 2009 als *SINUS an Grundschulen* fortgeführt. Der naturwissenschaftliche Bezug umfasst physikalische, chemische und biologische Aspekte. Es liegen zehn ausführlich ausgearbeitete Module vor, in denen didaktische Probleme in praxisnahen Konkretisierungen aufgearbeitet sind (www.sinus-an-grundschulen.de).
Forschungsbasierte Unterrichtsmaterialien und Lehrerbegleithefte wurden und werden am Seminar für Didaktik des Sachunterrichts der Universität Münster entwickelt und für die Schulpraxis zur Verfügung gestellt (vgl. Möller 2005 ff.)

[2] *Kompetenzen* gewinnen Kinder aus einer Bearbeitung von Inhalten, die auf Verstehen und Handlungsfähigkeit ausgerichtet ist. Grundlegende Aufgaben sind

1. *Naturphänomene sachorientiert wahrnehmen, beobachten, benennen, beschreiben, analysieren und einordnen.* Dazu gehören ein differenziertes Erfassen sowie das Erkennen und Bezeichnen der besonderen Merkmale von Phänomenen durch Formen planmäßigen Handelns:

- Betrachten und Beobachten
- Vergleichen und Messen
- Sammeln, Klassifizieren, Ordnen und Bestimmen
- Untersuchen, Prüfen und Ausprobieren
- Beschreiben, Protokollieren und Dokumentieren
- Sachkundliches Zeichnen
- Daten ermitteln und interpretieren
- Tabellen und graphische Darstellungen (Diagramme) anfertigen und auswerten
- Mittelwerte berechnen (in Verbindung mit Mathematik)
- Probleme identifizieren und experimentell bearbeiten; Versuche planen, durchführen und auswerten

2. *Ausgewählte Naturphänomene auf physikalische und chemische Gesetzmäßigkeiten zurückführen.* Dazu gehören das Identifizieren von Vorgängen und Veränderungen und ihre Rückführung auf physikalische Regelhaftigkeiten und chemische Reaktionen bzw. Stoffumwandlungen sowie das Erarbeiten von Interpretationsmustern (z.B. Kreisläufe) und Denkmodellen oder Konzepten (z.B. Teilchen, Wechselwirkung, Erhaltung). Wichtige Inhalte sind

- Materialien (Stoffe) und ihre Eigenschaften, z.B. Festigkeit, Zähigkeit, Löslichkeit; Stoffgemische; Stoffumwandlungen
- Einfache Maschinen und Kraftübertragung, z.B. Hebel, Seil, Rolle; Wippe und Waage
- Klänge, Töne, Geräusche (Schall); Schallübertragung
- Licht und Schatten; Farben; Spiegelung und Brechung
- Wärme, Wärmeübertragung (Wärmeleitung, -strömung und -strahlung), Wärmeausdehnung, Messung der Temperatur
- Schmelzen und Erstarren, Sieden und Verdampfen (Aggregatzustände), Verdunsten (z.B. Trocknen), Kondensation, Energieumsatz (Wärme) und Volumenveränderung bei Phasenübergängen (Dampfdruck, Sprengwirkung des Eises)
- Magnetische Anziehung und Abstoßung, Kompass
- Wirkungen des elektrischen Stromes, Stromkreis, Energieumwandlung (Wärme, Licht, Bewegung)
- Schwimmen, Sinken und Schweben; Fliegen
- Verbrennungsprozesse (z.B. Kerze), brennbare und nicht brennbare Stoffe, Feuer und Brandschutz, Sauerstoff, Kohlendioxid, Oxidation von Metallen (Eisen, Kupfer, Silber; Bildung von Rost)
- Lösungen, Lösungsverhalten z.B. von Zucker und Salz in Wasser, Kristallisation
- Wettererscheinungen und -beobachtungen (Temperatur, Niederschlag, Wolken, Wind, Luftdruck und Luftfeuchtigkeit)
- Wasser, Luft und Boden; Kreisläufe; Nutzung der Kräfte von Wasser und Wind
- Erde, Sonne, Mond und Gestirne (als Phänomene, vgl. Teilkapitel 3.4)
- Messgrößen (Länge, Fläche, Volumen, Masse [Gewicht], Temperatur, Zeit) und Messinstrumente (in Verbindung mit Mathematik)

3. *Fragehaltungen aufbauen, Probleme identifizieren und Verfahren der Problemlösung anwenden,* insbesondere durch

- Entwickeln und formulieren von Vermutungen
- Recherchieren, sammeln und ordnen von Informationen
- Entwerfen, durchführen und auswerten von Versuchen
- Darstellen von Ergebnissen
- Übertragen von Erkenntnissen (aus Versuchen) auf weitere Phänomene
- An Beispielen erfahren, dass mit dem experimentellen Verfahren Wissen gewonnen werden kann und Sachverhalte intersubjektiv feststellbar sind.
- An Beispielen erfahren, wie man ein Experiment als eine Frage an die Natur ausdenkt, ausführt und auswertet.

Erkennbar werden *Kompetenzen,* indem die Kinder zum Beispiel

- einen Versuch (nach einer Vorgabe) aufbauen, in Gang setzen und verbessern,
- einen Versuch beschreiben und angeben, was mit diesem Versuch geprüft wird,
- sich eine Versuchseinrichtung ausdenken und darstellen (sprachlich, zeichnerisch, mit einfachen Geräten und Materialien),
- eine Problemlösung entwickeln, diskutieren, erproben und optimieren,
- mit Instrumenten, Geräten und Hilfsmitteln sachgerecht umgehen,
- Phänomene und Prozesse (fachsprachlich) korrekt bezeichnen,
- einen Begriff oder Sachverhalt (an einem Beispiel) erläutern,
- Eigenschaften von Stoffen benennen, Stoffe nach Merkmalen unterscheiden und ausgewählte Stoffumwandlungen merkmalsbezogen beschreiben,
- Ursache-Wirkungszusammenhänge erkennen, Regelmäßigkeiten in chemischen oder physikalischen Prozessen angeben und Modellvorstellungen aufbauen,
- Wissen in neuen Zusammenhängen anwenden und Transferleistungen vollziehen.

[3] Alle Kompetenzen überschreitend ist *Bildung* mit *Ideen* oder Leitgedanken (als Korrelate des Wissens und Verstehens) verknüpft, die für ein Individuum durchgängige Gültigkeit haben, ohne in der Anschauung gegeben zu sein. Wir wissen zu wenig darüber, wie bei Kindern solche, die Einheit der Erfahrung und die Verständlichkeit der Welt sichernde Ideen mit domänenspezifischer Ausprägung entstehen oder durch Unterricht gefördert werden können[377]. Im naturwissenschaftsbezogenen Bereich des Sachunterrichts ist es z.B. die

- Idee der *Objektivierung:* Durch deutende Bearbeitung von Versuchen oder Experimenten lässt sich ein Wirkungszusammenhang als universell gültig und unabhängig von subjektiven Motiven oder Interessen ausweisen.

  Der zweijährige Junge Claudio, der Steinchen immer wieder fallen lässt, scheint zu fragen: „Hast du es *auch* gesehen?" (Wagenschein 2003, S. 20, vgl. Teil II; 1.1)

377 Anekdotische Berichte mit hoher Evidenz zeigen zugleich Desiderata der empirischen Forschung.

- Idee der *Kausalität:* Ebenso lässt sich der Folgezusammenhang von Ereignissen in der asymmetrischen Relation von Ursache und Wirkung erschließen, der im weiteren zu der Suche nach Naturgesetzlichkeiten führt.

  Claudio erfährt im Spiel, „daß es Dinge gibt, die sich wiederholen lassen und uns so lehren, daß wir der Welt vertrauen dürfen" (ebd.).

- Idee von *genotypisch vergleichbaren Strukturen:* In äußerlich verschiedenen Gegebenheiten können gleiche Wirkungsmechanismen oder Funktionsprinzipien wirksam sein.

  Ein Kind entdeckt „die hellen wie die dunklen, die Raben- wie die Wasserrufe kommen wie Bälle durch die Luft angeflogen" (Wagenschein 2003, S. 39).

- Idee der *kritischen Prüfung:* Der Sinneseindruck kann täuschen, eine Messung kann fehlerhaft (zufällige und systematische Fehler) und ein vorschnelles Urteil falsch sein.

  Claudio wiederholt sein „Fallen lassen"; das Mädchen, dem die Verzögerung der Rufe auffällt, entwirft einen anderen Versuch und vergleicht (Wagenschein 2003, S. 38 f.); Rousseau variiert mit Emile die Beobachtung des an der Wasseroberfläche „gebrochenen" Stockes (Rousseau 1955, S. 433, vgl. Teil IV; 2.1.1).[378]

[4] Übergreifende Ideen als Leitgedanken für ein sich anbahnendes naturwissenschaftliches Denken können schon bei der Untersuchung leicht zugänglicher Einzelphänomene aufkeimen. Ein in der Didaktik zu wenig untersuchtes und diskutiertes Problem besteht darin, ob oder wie weit im Sachunterricht für Erklärungen Begriffe und Modellvorstellungen (der Mikrophysik) herangezogen werden sollen oder dürfen, die ihrerseits nicht mehr durch unmittelbare Anschauung zu stützen und schon deshalb bei Kindern schnell zu Missverständnissen führen können.[379] Denn einerseits ist nicht direkt durchschaubar, worauf die Vielfalt der Stoffe beruht, wie ihre besonderen Eigenschaften zustande kommen, wie z.B. Veränderungen beim Schmelzen und Verdampfen, bei Lösungsvorgängen oder bei chemischen Umsetzungen zu verstehen sind (vgl. Hund 1969, S. 151), andererseits sind Objekte und Konstrukte im atomaren Bereich eben nicht die gleichen wie jene auf der Ebene des Sicht- und Tastbaren. Viele Phänomene weisen auf einen (zunächst hypothetischen) Hintergrund hin, nämlich auf den Aufbau der Stoffe aus kleinen *Teilchen* (Atome mit Elektronen, Moleküle). Die Frage ist also: Soll schon im Sachunterricht die Welt der Phänomene für den nicht sichtbaren

378 Vgl. dazu die „Geschichten" über „Augentäuschendes Wasser" (Wagenschein 2003, S. 66 ff.) und die Berichte von Soostmeyer (1988a, S. 152 ff.).

379 Über einen erfolgreichen Versuch, eine Modellvorstellung zum Magnetismus (Elementarmagnete, „Eisen-Magnet-Modell") und damit in den „Unterschied zwischen Erfahrungswelt und physikalischer Modellwelt" einzuführen, berichten Heran-Dörr u.a. (2011).

Hintergrund geöffnet werden, in der Absicht, den Interpretationsrahmen für Erscheinungen und Vorgänge zu erweitern? Wie früh, in welchen Zusammenhängen und in welcher Weise sollte in die Vorstellung einer „körnigen Struktur“ der Materie eingeführt werden? Wie sind unausweichliche *misconceptions* zu bewerten und zu korrigieren?

Spreckelsen charakterisiert in seinem Lehrgang „Naturwissenschaftlicher Unterricht in der Grundschule“ das *Teilchenkonzept* durch „die Vorstellung, alles Materielle sei zusammengesetzt aus kleinsten Bausteinen, die in Systemen zusammengefaßt die uns umgebenden Körper konstituieren“. In der Lektion „Spiritus riecht – Flüchtigkeit von Spiritus“ (1. Schj.) sollen die Kinder durch Interpretation ihrer Beobachtungen feststellen, „daß Spiritus an der Luft verdunstet und man ihn dann riechen kann“. Gewarnt wird vor „einer atomistischen Beschreibung“ auf dieser frühen Stufe (1971; Stoffe und ihre Eigenschaften, S. 49).
Die „Entwicklung der Teilchenvorstellung“ ist Gegenstand im dritten Schuljahr:
„Die Teilchenvorstellung verwenden bedeutet ... sich eines allgemeinen Konzeptes zu bedienen, nämlich der Interpretationsweise des *Bausteinprinzips*. Dieses Bausteinprinzip leitet uns bei den Untersuchungen unserer Umwelt. Es besagt, daß wir uns materielle Dinge (feste Körper, Flüssigkeiten und Gase) aus isolierbaren, einzelnen Bausteinen, eben Teilchen, aufgebaut vorstellen und diese Vorstellung zur Deutung bestimmter physikalisch-chemischer Phänomene verwenden können.“
„Dabei handelt es sich für den Grundschulunterricht *zunächst* nur um die Einsicht in die ‚Körnigkeit‘ des Materiellen. Die weitere Ausdifferenzierung (Atome, Elektronen, Kernbausteine) fällt in die Kompetenz der Sekundarstufen.“ (Vom Aufbau der Stoffe, 3. Schuljahr, erster Teilband, S. XII)
Die Lektionen des Bandes sind auf Lösungs-, Kristallisations-, Verdunstungs-, Kondensations-, Verdampfungs- und Destillationsprozesse sowie die Wasserdurchlässigkeit eines Tonzylinders akzentuiert, also auf Phänomene gestützt. Mit Sorgfalt wird vermieden, was zu bekannten Fehlinterpretationen führen könnte.

Mit seinem Teilchenkonzept greift Spreckelsen auf naturphilosophische Vorstellungen zurück, die – seit der Antike (wenn auch mit Unterbrechungen) im europäischen Denken verankert – in der Physik des zwanzigsten Jahrhunderts entscheidend differenziert und präzisiert wurden und eigentlich erst durch die Quantentheorie ihrerseits hinreichend verständlich geworden sind (vgl. Simonyi 2001, S. 71 ff.; v. Weizsäcker 1985; ferner Teil I; 1.3.2). Mit der Einführung des Teilchenbegriffs verbindet sich vermutlich die Hoffnung, dass er zunächst für einfache Erklärungen genügt und sich dann im Fortgang des Curriculums (ähnlich wie in der Geschichte der Naturwissenschaft) präzisieren und mit anderen Konzepten (z.B. Wechselwirkung, Wellen und Felder) in Beziehung setzen lässt.[380]

380 So gesehen ist das Wort „Teilchen“ nur ein Symbol für einen Befund aus der Beobachtung von Vorgängen und eine Deutung, die auf makroskopischen Vorstellungen beruht. – Nicht immer wird das Teilchenkonzept mit dieser Sorgfalt eingeführt. So heißt es in einer aktuellen

Es ist offen, ob Kinder bei dem Bemühen, Erklärungen für Phänomene (z.B. das Trocknen der Schultafel) zu finden, zu rudimentären Modellvorstellungen kommen, beeinflusst auch durch gängige Sprechweisen und Darstellungen über Atome, Moleküle und Elektronen in Medien, und in welcher Weise sich dann solche *conceptions* als erfahrungserschließend und ausbaufähig erweisen (vgl. Duit 1999; Möller 2007a). Denn naheliegend ist immer, sich Bilder zu machen und diese mehr als erforderlich auszumalen, also den „Teilchen" Eigenschaften zuzuschreiben, die wir bei makroskopischen Körpern kennen (Form, Farbe, Härte, Temperatur), d.h. Merkmale, die durch sie erst erklärt werden sollen. Für Novizen müsste die Teilchenvorstellung hypothesenhaft bleiben, solange sie nicht in der Lage sind, für sich selbst entscheidende Hinweise (z.B. Brownsche Bewegung) zu interpretieren und zu überprüfen. Gerade Kinder sind damit (in doppelter Hinsicht) überfordert.

7 Kinder und konstruierte Welt: die technische Dimension

Die Naturwissenschaften haben eine Schlüsselfunktion für die technologische und schon damit auch für die gesellschaftliche Entwicklung sowie für die Sicherung der menschlichen Lebensgrundlagen. Im Sachunterricht geht es um Hinführungen, die auf die Teilhabe aller Menschen gerichtet sind, nicht nur an den gesellschaftlich erforderlichen Kompetenzen, sondern ebenso am kulturellen Bewusstsein, das sich im Begriff der Bildung ausdrückt. Indem sich Technik in modernen Gesellschaften durchgreifend auf das Denken und Wahrnehmen der Menschen auswirkt, auf ihre Lebenspraxis, ihre Vorstellungswelt und den gesamten Stil ihres Weltbezuges, muss der lernend-aneignenden Auseinandersetzung mit ihr ein Bildungswert und Relevanz für den Bildungsgang des Individuums zuerkannt werden.[381] Dabei ist in der technischen Dimension in besonderer Wei-

Interventionsstudie zu Stoffkonzepten: „Der Unterricht sollte ein wissenschaftsorientiertes Denken der Kinder anbahnen, in dem die Kinder durch Instruktion erfuhren, dass Wasser aus Teilchen besteht und sie auf dieses Wissen bei der Erklärung von Aggregatzustandsänderungen von Wasser verwiesen wurden." (I. K. Schneider/ F. Oberländer in Lauterbach u.a. (2009), S. 210) Hier geschieht die Bereitstellung eines Sprachmusters offenbar ohne kritische Reflexion darüber, wie Begriffe ohne didaktischen Aufbau einer Modellvorstellung zu Denkkonzepten werden sollen. Ein sprachliches Versatzstück verdeckt das Unverstandene, und die Kinder sind gehalten, sich damit zufriedenzugeben.

381 Für die frühzeitige Aufnahme der Technik in Bildung und Erziehung hat Heinrich Roth schon in den sechziger Jahren des vergangenen Jahrhunderts eindringlich plädiert: H. Roth: Technik als Element der Bildung. In: Ders. (Hrsg.):Technik als Bildungsaufgabe der Schulen. Hannover

se der Gedanke einer Vernetzung von naturwissenschaftlichen, ökonomischen, ökologischen und soziokulturellen Aspekten relevant, die sich in Relationen von Bedürfnissen, Mitteln und Zwecken vielfältig verschränken. Die Bedeutung der Technik für unser Leben erschließt sich in vielen Fällen schon im Zusammenhang mit außertechnischen Erfordernissen.

7.1 Zum Begriff der Technik

[1] Möglich wird Technik als Resultat einer durchgängigen Kausalität und Bewährung alltagsweltlicher und naturwissenschaftlicher Erfahrung und als Produkt konstruktiver Kreativität, die sich auf ein in die Menschheitsgeschichte zurückreichendes kumulatives Verfahrens- und Produktionswissen stützt. Als „technisch" bezeichnen wir gewöhnlich das von Menschen zu praktischen Zwecken Hervorgebrachte (im Unterschied zu dem von Natur aus Gewordenen), aber auch die Verfahren zur Erschließung oder Nutzung natürlicher Stoffe und Kräfte sowie zur Herstellung von Artefakten, welche dann ihrerseits einen instrumentellen Charakter haben können (z.B. Werkzeuge, Geräte, Maschinen).[382] Zur Technik gehören unsere gebaute Welt des Wohnens und Arbeitens, die Verkehrsmittel und -verbindungen, die Versorgungs- und Kommunikationsnetze, die Gebrauchsgegenstände des täglichen Lebens bis hin zu den Medien geistiger Tätigkeit. In modernen, hoch industrialisierten Gesellschaften ermöglicht eine technisch gebaute Welt überhaupt erst das Leben der Menschen.
In Bezug auf ihre Instrumentalität und Zweckrationalität ist in erziehungswissenschaftlichen Zusammenhängen ebenso die *gesellschaftliche Bedeutung der Technik* zu berücksichtigen: In einer Zeit mit raschem wissenschaftlich-technischen Fortschritt wandelt der Mensch nicht nur weite Bereiche seiner unmittelbaren Verbindungen mit der Natur eine mittelbare technische um. Technik ist nicht beschränkt auf die Arbeitswelt und auf Produktionsprozesse, sondern dringt in nahezu alle Bereiche des gesellschaftlichen Lebens ein, in die Wissenschaft, die Kunst, die Politik, und ebenso in die persönliche Lebensführung. Das zeigt sich besonders deutlich an dem alltagsverändernden Potenzial des Einsatzes von Computern und der Informationstechnologie. Wenn man neben der Finalität und Instrumentalität auch diese die Lebenswelt mitgestaltende Universalität der Technik berücksichtigt, dann erscheint sie als ein Faktor des gesellschaftlichen Seins, der mit seinen zielgerichteten Wirkungen nicht nur auf eine praktische Beherrschung

---

1965, S. 14 ff. – Vgl. außerdem: A. Gehlen (1957).

382 Nicht gemeint sind hier Handlungsschemata oder sog. Kulturtechniken oder Techniken künstlerischer Produktion, die zwar auch auf Zwecke, aber eben nicht auf „technische" Produkte unmittelbarer Nützlichkeit ausgerichtet sind und primär ästhetischen oder symbolischen Kriterien unterliegen.

der Natur, sondern auch auf die Gestaltung des gesellschaftlichen Lebens gerichtet ist. Eingebettet in die soziale Organisation der Menschen wirkt Technik als ein mächtiges Moment der Kultur.[383] Technik ist ein Teil der kulturellen Evolution, und technischer Wandel ist ein Wandel unserer Welt mit dem sich auch Lebensformen und Gestaltungsmöglichkeiten für die Zukunft verändern.

Technik kann als Entlastung und Schutz oder als Bedrohung erscheinen, je nachdem, welcher Sachzusammenhang hervortritt. *Entlastung* und Erweiterung seiner Handlungsmöglichkeiten braucht der Mensch als „Mängelwesen" (Gehlen 1986); die Herstellung von Werkzeugen und einfachen Gebrauchsgegenständen, das Gewinnen von Energieträgern und Materialien ermöglicht zuerst Kultur; die Übernahme von Funktionen durch Einrichtungen und „Maschinen" – von einfachen Schöpfrädern zur Bewässerung bis hin zur Substitution von Kognitionsleistungen – erweitert Schritt für Schritt die menschliche Sphäre und schafft zunehmend Freiräume für die Entfaltung der Persönlichkeiten und für kulturelle Kreativität.

Dabei vertrauen wir darauf, dass technische Produkte und Systeme zuverlässig, sicher und effektiv sind. Dieses Technikvertrauen ist nötig für das Leben in modernen Gesellschaften, weil wir immerfort technische Mittel benutzen (z.B. im Verkehr), die wir als Einzelne nicht hinreichend kontrollieren können, und es ist nötig für den normalen Ablauf des Alltagsgeschehens. Vertretbar wird dieses Vertrauen durch hohe Sicherheitsstandards, d.h. durch ein enges Raster von Normen und Überprüfungen, denen technische Geräte und Einrichtungen genügen müssen. Immer aber bleibt ein Restrisiko, das zwar zumeist um den Preis eines steigenden Aufwandes vermindert, aber wohl nie ganz beseitigt werden kann. Denn auch technische Entwicklungen, die alte Unzulänglichkeiten überwinden, führen zu neuen Komplexitäten und Gefährdungen.

Als *Belastung* erscheint Technik schon durch die (ethische) Ambivalenz der instrumentellen Mittel, die auch destruktiven Zwecken dienen können. Oft benannte Gefahren liegen in der eigendynamischen Ausweitung systemisch-technischer Entwicklungen, in den nur schwer einschätzbaren Folgen großtechnischer Systeme und des damit verbundenen Risikos von Unfällen, oder z.B. auch darin, dass durch die Möglichkeiten moderner Informationstechnologien auch die Freiheit beschränkt werden kann. Ein ungelöstes Problem ist der durch technische Mittel erleichterte konsumistische Zugriff auf endliche Ressourcen, der die Stabilität der natürlichen Umwelt bedroht und an die „Grenzen des Wachstums" (Meadows u.a. 1973) führt. Dem steht die Hoffnung gegenüber, dass die Menschheit mit neuen Technologien den Weg zu einem umweltfreundlichen (Wirtschafts-) Wachstum finden werde, denn in ihrem Ansatz ist die Technik nicht gegen die

383 Auch die „Informationsgesellschaft" ist eine Ausprägung des technischen Zeitalters, für das Arnold Gehlen schon vor mehr als fünfzig Jahren die Technik als herausragendes Merkmal und Bedingung unserer Kultur beschrieben hat (Gehlen 1957).

Natur gerichtet, aber die Heterogenität ihrer Zwecke, die sich zunehmend auch auf die Natur des Menschen selbst auswirkt, lässt Verheißung immer wieder in Bedrohung umschlagen und hat zu neuen ethischen Herausforderungen geführt, die Hans Jonas (1984) in dem Begriff „Verantwortung" zusammengefasst hat:

> „Was der Mensch heute tun kann und dann, in der unwiderstehlichen Ausübung dieses Könnens, weiterhin zu tun gezwungen ist, das hat nicht seinesgleichen in vergangener Erfahrung. ... Keine überlieferte Ethik belehrt uns daher über die Normen von ‚Gut' und ‚Böse', denen die ganz neuen Modalitäten der Macht und ihrer möglichen Schöpfungen zu unterstellen sind. Das Neuland kollektiver Praxis, das wir mit der Hochtechnologie betreten haben, ist für die ethische Theorie noch ein Niemandsland." (Jonas 1984, S. 7)

[2] Kennzeichnend für Technik ist in jedem Fall die *Mittel-Zweck-Verbindung;*[384] aus ihr ergibt sich *Technik* als „der Begriff für alle Gegenstände und Verfahren, die zur Erfüllung individueller oder gesellschaftlicher Bedürfnisse auf Grund schöpferischer Konstruktion geschaffen werden, durch definierte Funktionen bestimmten Zwecken dienen und insgesamt eine weltgestaltende Wirkung ausüben" (Tuchel 1967, S. 24). Eigenart und Eigenständigkeit der Technik als kultureller Bereich zeigen sich nach Tuchel nicht in ihren naturwissenschaftlichen Grundlagen und auch nicht in ihrer wirtschaftlichen Bedeutung, sondern im schöpferischen Konstruieren. Ihr Beitrag zur Veränderung des Weltbildes zeigt sich zu Beginn der Neuzeit exemplarisch in der Folge der Erfindung von Fernrohr und Mikroskop, im 20. Jahrhundert durch die Anfänge der Raumfahrt.

Als interessenbezogenes Feld materieller Konstruktionsleistungen und planmäßiger Herstellung ist Technik nicht angewandte Naturwissenschaft, sondern ein eigener menschlicher Zugriff, der seinerseits die Entwicklung der Naturwissenschaft weitgehend bedingt und mitbestimmt. In der Technik nutzt der Mensch die ihm bekannten, mit der Natur gegebenen Gesetzlichkeiten. Die Naturwissenschaft aber lebt ihrer Intention nach aus einem anderen Impuls: Sie ist unter quantitativem Aspekt auf allgemeingültige Erkenntnis der Natur gerichtet. Mit ihren Methoden der Beobachtung, der Messung, des Experiments und der mathematischen Beschreibung erforscht sie die naturgegebenen Zusammenhänge. Von ihren Zielen her lassen sich Naturwissenschaft und Technik nicht aufeinander zurückführen. Die forschend-entdeckende Haltung des Menschen ist eine andere als die erfindend-herstellende, beide sind gleichermaßen ursprünglich.

Dennoch scheint es gute Gründe zu geben, dass Technik und Naturwissenschaft häufig in einem Atemzug genannt werden. Ebenso wie das Erforschen ist auch

384 Bei der Mittel-Zweck-Relation handelt es sich um eine offene Beziehung: Gleiche Zwecke können u.U. durch verschiedene technische Mittel erreicht werden, gleiche Mittel können verschiedenen Zwecken dienen. Auch deshalb müssen Zwecke und die Schaffung von Mitteln gerechtfertigt werden. Immer entsteht das Problem der oft kaum vorhersehbaren Nebenfolgen („Technikfolgenabschätzung").

das Erfinden eine schöpferische Leistung; sind es dort die Erscheinungen der Natur, die den Menschen zum Entwurf erklärender Hypothesen anregen, so sind es hier die Zwecke, die Erfinder nach effektiven künstlichen Mitteln suchen lassen. Experimente werden entworfen und entsprechende Geräte gebaut, d.h. die Arrangements der Naturwissenschaftler kommen auf ähnliche Weise zustande wie die Maschinen der Techniker und sind wie diese von ihrem Zweck her konstruiert. Forscher brauchen die Apparatur um Probleme zu lösen; Natur wird technisch aufgebrochen und die Naturforschung durch immer neue technische Hilfsmittel weitergetrieben.

Die schiefe Ebene, mit der Galilei die gleichförmig beschleunigte Bewegung untersuchte oder sein Fernrohr sind Beispiele für einfache Experimentiergeräte und technische Hilfsmittel, die schon am Anfang neuzeitlicher Naturwissenschaft gebraucht wurden. In vielen Fällen genügt manchmal eine kleine Wendung der Intention, „um aus der Haltung des Physikers in die des Technikers hinüberzugleiten" (Gehlen 1957, S. 13); das naturwissenschaftliche Experiment ist mitunter der erste Schritt zu seiner technischen Verwendung. Deshalb kann man nicht mehr davon ausgehen, dass die Naturwissenschaften einen vorgefundenen Objektbereich zu erkennen versuchten, während die Technik nur künstliche Systeme hervorbringe und untersuche. In vielen Bereichen der modernen Physik, Chemie und Biologie sind technische Systeme Ergebnis und Voraussetzung der Forschung; in der Technik werden die bekannten Naturgesetze immer systematischer angewandt. Im Objektbereich sind deshalb die Grenzen zwischen Naturwissenschaft und Technik außerordentlich fließend; beide Bereiche sind gegeneinander offen und erweiterungsfähig, die Theorien und Methoden des einen gehen in den anderen über.

Damit relativieren sich auch Unterscheidungen, die Naturwissenschaft durch Entdeckung und Erklärung, Technik durch Erfindung und Entwicklung charakterisieren. Denn in der Naturwissenschaft müssen experimentelle Arrangements erfunden und entwickelt, in der Technik Möglichkeiten für Wege der Zweckerfüllung entdeckt werden. Bedeutsam für didaktische Folgerungen ist die Einsicht, dass es in beiden Bereichen isomorphe Denk- und Handlungsmuster gibt – Formen des Fragens, Vermutens, Urteilens und Schließens, Verbindens, des konstruierenden Entwurfs und explorierenden Zugriffs, der Eliminierung und der Bewährung –, sie aber doch in den mit ihnen verbundenen Intentionen verschieden sind. Beide Domänen haben ihre besonderen Ausgangspunkte, praktischen und theoretischen Ansätze, Ziele und Arbeitsfelder.

Dabei bestimmen die Naturbedingungen absolut die Grenzen, in denen sich Technik bewegen kann. Technik verlangt ein erfindungsreiches Sich-Einfügen in die Naturgesetzlichkeit: *naturam parendo vincimus* (Bacon, vgl. Teil I; 1.1.2). Wir beherrschen durch Technik nicht die Natur; unsere Herrschaft ist beschränkt auf umgrenzte, sorgsam gebaute Arrangements und Systeme.[385] Die strenge Gültig-

385 Das gilt auch für elektronische Instrumente und Einrichtungen, die sich von konventionellen

keit der Naturgesetze ist aber auch die Voraussetzung für beliebig wiederholbare und berechenbare Abläufe, ohne die Technik nicht möglich wäre. Die „Wendung der Naturwissenschaft zum Experiment und der Wille, daraus Konsequenzen zu ziehen, [ist] die folgenreichste aller Erfindungen gewesen, ohne die es keine moderne Technik gäbe". (Blankertz 1965, S. 17)

7.2 Aufgaben des Sachunterrichts im Hinblick auf die Technik

Die technische Dimension des Sachunterrichts umgreift Gegenstände und Verfahren der Technik, ihre Zwecke, spezifischen Bedingungszusammenhänge sowie ihre erwünschten und unerwünschten Folgewirkungen. Im Zentrum steht die gedankliche Erschließung technischer Sachverhalte, daneben aber auch die praktische Bewältigung konkreter Aufgaben. Beides zielt auf ein Verstehen von Funktionen, Zwecken, Ursachen, Bedeutungen und Folgen des Einsatzes von Technik, nicht nur auf ein Bedienungs- und Umgangswissen. Konzeptionelles Wissen über Sinn und Bedeutung, Fakten und Begriffe und prozedurales Wissen über Methoden, Verfahren und praktische Anwendungen sind im Bereich der Technik eng aufeinander bezogen. Eine grundlegende technische Bildung im Sachunterricht soll die Kinder unterstützen

- ihr lebenspraktisches Können und Wissen zu erweitern, d.h. eine technisch-praktische Handlungsfähigkeit auszubilden, die ihnen hilft, in einer von Technik geprägten Welt zurechtzukommen;
- in eigenen Versuchen des Herstellens und Konstruierens den produktiv-schöpferischen Charakter der Technik sowie ihre Mittel-Zweck-Verbindung zu erfahren;
- einfache technische Funktions- und Handlungszusammenhänge zu verstehen, d.h. Kenntnisse und Einsichten zu gewinnen, die einen überlegten und bewertenden Umgang mit Technik ermöglichen;
- Bedingungszusammenhänge von Technik, Arbeit und Wirtschaft, Naturwissenschaft und Gesellschaft zu erkennen und zu reflektieren;
- sich mit Folgewirkungen von Technik, insbesondere mit Problemen der Umwelt- und Sozialverträglichkeit (z.B. Ersatz und Veränderung menschlicher Arbeit) auseinanderzusetzen und Umgestaltungen der Lebensverhältnisse durch technische Innovationen kennenzulernen;

---

dadurch unterscheiden, dass sie programmiert sind. Anders als ein Hammer oder eine Zange sind sie mit Informationen ausgestattet, die sich nicht nur auf ihren Gebrauch, sondern auf ihr selbsttätiges Verhalten beziehen. – Solche fundamentalen Einsichten können im Sachunterricht allenfalls punktuell angebahnt werden.

- Hemmnisse, Ängste und Inkompetenzgefühle im Umgang mit Technik abzubauen, geschlechtsspezifische Einstellungen zu thematisieren und durch Kompetenzerfahrungen Voraussetzungen für eine rationale und kritische Haltung zur Technik aufzubauen (vgl. Möller 1998, GDSU 2002).

Die Inhalte des Unterrichts können wesentlich unter drei korrespondierenden Aspekten aufgegriffen und bearbeitet werden:

1. Technik in ihrer Instrumentalität und als Mittel zur Befriedigung menschlicher Bedürfnisse,
2. Technik als Konstruktionsleistung und technisches Handeln,
3. Technik als Kulturfaktor und ihre gesellschaftliche Bedeutung.

1. Die *instrumentelle Funktion der Technik* für die Befriedigung von Bedürfnissen zeigt sich primär in Inhaltsfeldern wie Arbeit und Produktion, Bauen und Wohnen, Versorgung und Entsorgung, Transport und Verkehr, Information und Kommunikation, bei denen die technischen Produkte und Verfahren eng mit ihren gesellschaftlich-lebensweltlichen Verwendungszusammenhängen verknüpft sind:

   - Viele *Berufe und Arbeitsstätten* lassen nicht nur den aktuellen Stand des technischen Zugriffs erkennen, sondern auch verschiedene, durch die Bedürfnisse bestimmte Formen der Herstellung (z.B. Backen im Haushalt, in der handwerklichen Bäckerei, in der Brotfabrik) oder technische Entwicklungen (z.B. in der Druckerei; vgl. Soostmeyer 1998a, S. 242 ff., 306 f. und Teil III; 3.3.2). An einem Beispiel (etwa Schmied – Schlosser – Automechaniker – Mechatroniker) kann nicht nur die Umgestaltung vieler Berufe, sondern auch die Herkunft konventioneller Technik aus dem Handwerk gezeigt werden.
   - *Werkzeuge, einfache Maschinen und Geräte* sind Hilfen für alltägliche Anforderungen im Haushalt und in Werkstätten. An ihnen lassen sich in exemplarischer Weise Veränderungen in Arbeitsprozessen durch Mechanisierung, die Entlastung durch Automaten (z.B. Waschmaschine) und Funktionsweisen (z.B. die Verstärkung der Kraft bei einer Zange oder der Vorteil einer Handbohrmaschine gegenüber einem Nagelbohrer) untersuchen.
   - *Besondere technische Hilfsmittel und Einrichtungen,* z.B. elektronische Geräte für Kommunikation und Unterhaltung, Güter des täglichen Gebrauchs, bis hin zu Kränen und Baumaschinen, ebenso Verkehrsmittel (Autos, Bahnen, Schiffe, Flugzeuge), aber auch Bauten (z.B. Straßen, Brücken, Tunnels, Häuser, Bahnhöfe) sollten als technische Produkte identifiziert werden.
   - *Ver- und Entsorgung* (Wasserleitungen, Abwasserkanäle, Klärwerk; Wasser- und Windkraftnutzung, Stromnetze; Recycling) sind wichtige Inhalte auch „heimatkundlich“ orientierter Unterrichtseinheiten.

2. *Technik als innovative Konstruktionsleistung* wird für Kinder durch eigenes Handeln, aber auch in der Auseinandersetzung mit (schrittweise verbesser-

ten) Erfindungen erfahrbar. Die Leistungen des Erfindens, Konstruierens und Optimierens von Produkten, Anlagen und Verfahren sind wesentliche Komponenten für ein angemessenes Verständnis von Technik und technischem Fortschritt. Konkretisierungen in unterrichtlichen Schwerpunkten sind auf elementare Kompetenzen gerichtet:

- Das *Herstellen von einfachen Gegenständen* (z.B. Vasen und Figuren aus Ton, Recyclingpapier, Fahrzeug aus Holz) ist nicht nur auf entsprechende Produkte ausgerichtet, sondern auch auf das *Kennenlernen von Werkstoffen* und deren Eigenschaften (z.B. Ton, Holz, Metalle) und insbesondere auch auf die *sachgerechte Verwendung von einfachen Werkzeugen* (z.B. Messer, Schere, Hammer, Zange, Säge, Bohrer, Spaten, Schaufel, Zirkel), Vorrichtungen und Materialien.
- Das *Montieren, Demontieren, Untersuchen und Reparieren* dient nicht allein der Ausbildung einfacher Fertigkeiten, sondern auch der Erkundung grundlegender *technischer Funktionsweisen* (z.B. der Fahrradklingel, der Beleuchtung am Fahrrad, der Luftpumpe, einer Handbohr- oder Brotschneidemaschine, eines Föhns oder Bügeleisens), *Wirkungsprinzipien* (z.B. Zahnradübersetzungen, Übertragung von Kraft und Bewegung, Steuerung) und *Bauformen* (z.B. Fachwerk, Gitterkonstruktion).
- Das *Konstruieren und Bauen* nach Anleitungen und eigenen Ideen (z.B. Drachen, Wasser- und Windräder, Kräne, Fahrzeuge, Waagen, Beleuchtungs- und Klingelanlagen) unter Verwendung einfacher Materialien und technischer Baukästen dient zugleich der Einführung in das Planen und Konstruieren, in das Analysieren und Nacherfinden guter technischer Lösungen (z.B. Lenkung eines Autos, Getriebe und Übersetzungen), aber auch in das sprachliche und zeichnerische Entwerfen und Darstellen sowie in das Vergleichen und Bewerten von Lösungen unter Gesichtspunkten wie Nützlichkeit, Praktikabilität und Ästhetik.
- Das *Untersuchen von Funktionsweisen und des Nutzens* von Gebrauchsgegenständen und Spielzeugen (z.B. Thermometer oder „weinende" und „sprechende" Puppen) sowie der *Nachvollzug grundlegender Erfindungen* in ihrer Bedeutung für die Menschheit (Rad, Hebel, schiefe Ebene, Seilzüge ... Fahrrad, Auto, Flugzeug ... Telefon, Computer) und deren geschichtliche Einordnung (Zeitleiste) gibt einen anfänglichen Einblick in die Kulturgeschichte und erhellt zugleich die Bedingtheit und Bestimmtheit der Zivilisation durch die Technik.

3. Einsicht in die *gesellschaftliche Bedeutung der Technik als Kulturfaktor* wird vorbereitet, wenn Kinder an Beispielen Einblick in technische Entwicklungen und in Zusammenhänge von allgemeinen Bedürfnissen, innovativen Lösungen (einschließlich der mit ihnen verbundenen Schwierigkeiten, Entwicklungsschritte und Rückschläge), die oft mit herausragenden Persönlichkeiten verbunden sind, und in die mit ihnen einhergehenden Veränderungen für das Leben der Menschen gewinnen. Sie sollen dabei erkennen, dass Technik mit allen ihren Produkten von Menschen erdacht und gemacht und insgesamt zu einem wesentlichen Teil unserer Umwelt geworden ist. Die Verknüpfung unseres Lebens mit Technik lässt sich exemplarisch thematisieren:

- *Herausragende Erfindungen* zählen zu den epochemachenden Kulturleistungen der Menschheit (z.B. Verfügbarkeit des Feuers, Rad, Konservierung von Lebensmitteln, Papierherstellung, Buchdruck, Eisenbahn, Auto, Flugzeug, Kommunikations- und Informationsmedien, Roboter). Die *Substitution menschlicher Kognitionsleistungen durch Geräte* zeigt sich schon bei der Verwendung von Taschenrechnern. An Beispielen sollen Kinder technische Entwicklungen kennenlernen und sie im Hinblick auf ihre Zwecke, die durch sie bewirkten Veränderungen im Leben der Menschen sowie auf erwünschte und nicht erwünschte Auswirkungen einzuschätzen und zu bewerten lernen.
- *Arbeit, Produktion und Wirtschaft* sind in entscheidender Weise von technischen Möglichkeiten abhängig; ihr beschleunigter Wandel wird von technischen Innovationen angetrieben. Deshalb sollten Themen wie „Berufe und Arbeitsstätten früher und heute" nicht auf Situationsbeschreibungen und Vergleiche verkürzt werden; bedeutsam sind vor allem Ursachen und Mittel von Veränderungen.
- Eng damit zusammen hängt die *historische Entwicklung technischer Geräte und Systeme* (z.B. Beleuchtungsmittel, Maschinen im Haushalt, Verkehrsmittel). Ausbaufähige Einblicke in den geschichtlichen Prozess der Technisierung können auch Kinder in (technischen) Museen gewinnen, zumal wenn auch wichtige Ursachen und Folgen des technischen Wandels in die Präsentation und Aufarbeitung einbezogen werden. Zur Geltung kommt dabei eine übergreifende Überlegung: Maschinen erleichtern und verbessern nicht nur die Arbeit, sondern erschließen auch neue Produktbereiche (z.B. Webstuhl, Druckmaschine).
- Für ihren eigenen Wirkungskreis und als künftige mündige Bürger müssen Kinder einen *überlegten, verantwortlichen Umgang mit Technik* und mit den durch sie eröffneten Möglichkeiten lernen. Das bedeutet insbesondere den Nutzen des Gebrauches abzuwägen, Nachteile und Belastungen zu erkennen (z.B. den Zeitaufwand für elektronische Unterhaltung) und Alternativen zu prüfen (z.B. Auto vs. Fahrrad). Dabei sollte sich der Gesichtskreis immer mehr über den privaten und gegenwärtigen Bezug hinaus weiten: Die Prinzipien der Schonung von Ressourcen und der Nachhaltigkeit sind im Gebrauch von Technik nicht nur ethisch geboten; sie sind auch längst zu Richtwerten und Effizienzkriterien moderner, zukunftsfähiger Technik geworden.

7.3 Handeln, Denken und Verstehen

[1] Für den unterrichtlichen Zugang zur Technik ist neben dem Gegenstandsebenso der Tätigkeitsaspekt von besonderer Bedeutung: Technik umfasst nicht nur ausgearbeitete Produkte, Mittel und Verfahren, sondern auch das Auffinden und die Anwendung dieser Mittel in Herstellungs-, Gestaltungs- und Untersuchungsprozessen. In der Literatur wird für die Grundschule zunächst dieser Tätigkeitsaspekt hervorgehoben (Ullrich/ Klante 1973, Biester 1991, Möller/ Wiesenfarth 1992, Möller 1998 und 2000, Fischer 2004), d.h. das Lernen durch technisches Handeln: Die Kinder sollen sich die Technik im Zuge des Handelns

zunehmend erschließen und selbst für sie erschlossen werden.[386]
Erleichtert wird das in vielen Fällen durch Rückgriffe auf ursprüngliche Situationen, aus denen heraus elementare Formen technischer Lösungen und Gegenstände entstanden sind und für die Lernenden neu entstehen können.[387] Von den Anfängen aus kann die Entwicklung technischer Verfahren und Produkte in wichtigen Stationen verfolgt werden; aus dem (handelnden) Nachvollzug ihrer schrittweisen Verbesserungen, der allmählichen Beseitigung von Mängeln, dem Zugriff auf natürliche Kräfte (Wasser, Wind) und dem Sprung in die Automatisierung (Schöpfräder zur Bewässerung) wird einfache Technik grundlegend in ihrem Werdensprozess verstehbar (vgl. Möller/ Wiesenfarth 1992).
Technik ist ein Ergebnis der Bemühung, die Welt rational zu verstehen und rational zu gestalten. Das Erkennen der *Rationalität der Technik* ist ein Funktionsziel des Unterrichts. Deshalb muss das Verhältnis zur Technik auf Einsicht und Verständnis gegründet werden, denn zu unverstandener Technik gewinnt der Mensch leicht ein magisches Verhältnis. An exemplarischen Fällen sollen Kinder erkennen, dass Technik etwas Gemachtes ist, dass jedes technische Gerät durchschaubar ist, auch wenn die eigenen Kenntnisse dazu nicht ausreichen. Unsere technisch gemachte Umwelt verlangt, dass wir das gleiche Prinzip, aus dem sie entstanden ist, nämlich die entwerfende Rationalität, konsequent auf sie anwenden.
Der Weg dahin führt über das eigene produktive Handeln, das Untersuchen, Probieren, Planen, Konstruieren und „Erfinden“. Eigene „schöpferische“ Leistungen, mögen sie noch so bescheiden sein, sind vielleicht das sicherste Mittel, Selbstbewusstsein zu gewinnen, nicht nur gegenüber der Technik. Deshalb ist *Schulung des produktiven und konstruktiven Denkens* das übergreifende formale Ziel im Bereich der technischen Dimension. Aufgabe des Unterrichts ist es also nicht allein, technische Kenntnisse anzubahnen oder den Kindern zu zeigen, wie dieser oder jener Apparat funktioniert, sondern an Beispielen erfahren zu lassen welche Idee, welcher geistige Prozess in solchen Apparaten und technischen Systemen Gestalt gewonnen hat.
Produktiv-konstruktives Denken überschreitet im Spiel der Gedanken das schon Bekannte und führt zu neuen Einsichten. Die Sache tritt in einen neuen Zusammenhang, ermöglicht durch ein Sich-Loslösen von der Fixierung auf das, was unmittelbar vor Augen ist. Die Freiheit und potentielle Offenheit des Denkens eröffnet Spielräume, in selbsterschaffenen inneren Bildern das sinnlich oder in vorgängiger Erfahrung Gegebene in psychischen Akten willkürlich abzuwandeln und zu überformen. Die „Erfindungsfreiheit der Einbildungskraft“ (Jonas 1994, S. 227) steht im Dienst des kognitiven oder ästhetischen Interesses und erlaubt

386 Es geht also nicht primär um das Herstellen selbst und um Produkte wie im technischen Werken, sondern um das technische Denken und das aus ihm resultierende Wissen und Verstehen.
387 Anregungen und auch entsprechende Kurse geben viele (Heimat-)Museen.

die tastende Annäherung an neue Möglichkeiten. Kreatives Handeln hat sein Vorspiel in den Vorstellungen.

Das mentale Spiel mit Vorstellungsbildern, das zu neuen, einem Kind unmittelbar evident erscheinenden Einsichten führt, liegt nicht in unserer didaktischen Verfügungsmacht. Voraussetzung ist in der Regel eine ruhig-entspannte Atmosphäre ohne Zeit- und Ergebnisdruck sowie Offenheit für die Ideen der Kinder und ihre Anregungen in Handlungen, Zeichnungen und im Gespräch.

Bildhafte Vorstellungen sind vorzüglich im technischen Bereich geeignet, den mentalen Aufbau von strukturiertem Wissen vorzubereiten und zu begleiten. Erinnerungen, vorgängiges Wissen, Beobachtungen, situative Anregungen, spontane Einfälle werden in einen sinnvollen Zusammenhang gebracht, erprobt und als Strukturwissen verarbeitet. Wolfgang Biester hat durch seine Untersuchungen das *Zeichnen* als erkenntnisleitendes und kommunikatives „Mittel des Denkens" und Medium des Lernens fruchtbar gemacht (Biester 1981; 1991, bes. S. 43 ff.; vgl. Möller 1991 und 2000). An vielen Beispielen macht er die Funktion des Zeichnens für das Auffinden und Lösen von Problemen, für das Erkunden technischer Produkte, für das Durchschauen von Grund-Folge-Beziehungen bzw. Wirkungszusammenhängen und das Gewinnen neuer Vorstellungen einsichtig. Im Unterricht fungiert das Zeichnen als Manifestation von Auffassungs- und Denkweisen; es dient dem Ordnen des Tuns und der Verinnerlichung. In ihrer „präsentativen Symbolik" ergänzt die Zeichnung gestische und verbale Ausdrucksmöglichkeiten.[388]

> „Zeichnen als komplexer Vorgang, in dem geordnet, betrachtet, geprüft und korrigiert wird, enthält *analysierende* und *sythetisierende* Schritte im Wechsel. Das zeichnend geäußerte, anschauliche Denken stellt eine versachlichende Distanz her", „die für eine *objektivierende Betrachtung*" und „das kritische Gespräch unerläßlich ist" (Biester 1991, S. 57 ff.).

Ein Standardbeispiel Biesters ist die Umsetzung der Drehbewegung in Bezug auf Richtung, Geschwindigkeit und Drehebene bei der Handbohrmaschine. Nachdem die Kinder ausreichend Umgangserfahrung mit dem Gerät gewonnen haben, versuchen sie (unter Anleitung durch den Lehrer) mit Hilfe von Zeichnungen Vorstellungen von dem im Gehäuse verborgenen Getriebe zu entwickeln. Sie bemühen sich, Bilder des Ineinandergreifens der Zahnräder zu entwerfen, die Drehung an der Kurbel in dem „schwarzen Kasten" des Gehäuses zu verfolgen, d.h. sie unternehmen es, einen verdeckten technischen Funktionszusammenhang gedanklich nachzukonstruieren und damit die Übertragung der Bewegung durch das Getriebe in bildhaften Vorstellungen zu erfassen.[389]

---

388 Möller/ Wiesenfarth (1992, S. 176) weisen darauf hin, dass Darstellungen aus zwei Blickwinkeln („Umklappungen") oder „Röntgenbilder", die bei jüngeren Kindern häufig sind, nicht als mangelhafte Absonderlichkeiten gewertet werden sollten. Vielmehr wäre zu fragen, welche Möglichkeiten der Informationsvermittlung in solchen Darstellungsweisen liegen.

389 Bei diesen Annäherungen und auch nach der Entfernung des Gehäuses wird das Drehmoment

Viele (moderne) technische Geräte (z.B. Computer, elektronisch gesteuerte Einrichtungen, Funktionszusammenhänge in Autos) sind für Laien nicht durchschaubar und haben den Charakter von „schwarzen Kästen". Wichtig ist hier die Hinführung zu der Erkenntnis, dass auch diese Dinge von Menschen konzipiert und gebaut sind und im Detail wie im Ganzen auch verstanden werden. Die dafür erforderlichen Kenntnisse kann man (in einer Berufsausbildung) lernen. Berufe wie Mechatroniker, Elektroniker, Informatiker und Ingenieure sind dafür Beispiele. Im Bereich der Technik wird besonders deutlich, dass für spezielle Bereiche und Aufgaben Fachleute als Spezialisten gebraucht werden.

[2] Verstehensprozesse im Zuge des Handelns beziehen sich auf inhaltliche Schwerpunkte, an denen sich *übertragbare Erkenntnisse* gewinnen lassen (vgl. dazu insgesamt Möller 1998, außerdem die zahlreichen Beispiele bei Soostmeyer 1998 und 2002).

1. Die Lernenden müssen zuerst das *durch Zwecke gegebene Problem* verstehen. Ihr Engagement setzt voraus, dass sie das Problem, das nach einer technischen Lösung verlangt, erkennen, d.h. den Sinn und die Bedeutung des Zweckes, der erreicht werden soll. Dann erst beginnt die Suche nach einer angemessenen Lösung, d.h. nach technischen Möglichkeiten und ihrer Realisierung.

   Durch eigenes Tun können Kinder die Mühen und den Arbeitsaufwand z.B. bei der Kartoffel- oder Getreideernte und der Verarbeitung in vortechnischer Zeit ermessen. Auf diesem Hintergrund lässt sich das Bedürfnis nach der Entwicklung arbeitserleichternder landwirtschaftlicher Maschinen (z.B. Rode-. Mäh- und Dreschmaschinen, bis hin zu modernen, z.T. automatisch gesteuerten Mähdreschern) verstehend nachvollziehen. Ähnliche Beispiele lassen sich bei vielen Berufssparten und Industriezweigen finden (vgl. die Beispiele in Teil III; 3.3.1 und 3.3.2).

2. *Technische Verfahrens- und Fertigungsweisen* (z.B. beim Haus- und Straßenbau oder bei der Papierherstellung) sind leichter verständlich, wenn wir zunächst auf einfache, anfängliche und elementare Prozeduren und Techniken zurückgreifen.

   Kinder können Ziegelsteine herstellen und (im Schulgarten) eine Mauer bauen. Sie erkennen dabei welche Tätigkeiten durch technische Hilfsmittel erleichtert, vereinfacht und in ihrer Qualität verbessert werden können (z.B. das Mischen von Ton und Sand oder des Mörtels, das Formen der Steine und das Brennen). – Beim Hausbau lässt sich dokumentieren, in welcher Abfolge die Arbeiten durchgeführt werden (müssen), welche Berufe beteiligt sind und welche Maschinen eingesetzt werden. Wichtig sind

noch nicht thematisiert. Auch andere Aspekte (z.B. Auslegung des Übersetzungsverhältnisses im Hinblick auf Arbeitserleichterung) können noch nicht simultan berücksichtigt werden. Der Unterricht muss sich phasenweise auf ganz bestimmte Sachzusammenhänge konzentrieren und kann nicht ständig die kaleidoskopartige Vielfalt aller möglichen Gesichtspunkte präsent halten. Dies ist eine generelle Regel für den sinnvollen Aufbau einer Unterrichtseinheit und des Curriculums.

dabei nicht nur diese Beobachtungen, sondern ebenso Reflexionen über eine sachgerechte Planung und Koordination der Arbeitsabläufe: Größere Vorhaben erfordern eine angemessene Logistik.

3. *Funktionsweisen technischer Geräte und Einrichtungen,* funktionale und kausale Zusammenhänge lassen sich in handlungsintensiven Formen des Demontierens und Analysierens, des Entwerfens und Probierens, Konstruierens und Experimentierens aufklären.

   Im Versuch erkennen Kinder, dass ein in den Stromkreis eingefügter Konstantandraht zum Glühen kommt und Wärme abgibt. Die gleiche Funktionsweise finden sie beim Demontieren eines Bügeleisens oder eines Föhns.[390] Sie identifizieren Heizdrähte, Isolierungen, Schalter und verfolgen den Verlauf der Drähte. – In anderen Versuchen finden sie heraus, wie ein Stromkreis für eine Christbaumbeleuchtung (Hintereinanderschaltung) oder für die Beleuchtung der Zimmer eines Puppenhauses (Parallelschaltung) angeordnet werden muss. – An der Handbohrmaschine oder am Fahrrad lassen sich die wesentlichen Elemente und Funktionen von Getrieben untersuchen.

4. *Prozesse des selbstständigen Problemlösens und des produktiven technischen Handelns* gelingen in der Regel nur, wenn sich Kinder wiederholt und längerfristig mit technisch-konstruktiven Aufgaben beschäftigen, über vertraute Materialien und Werkzeuge, vor allem aber über basales Wissen verfügen und genug Freiraum haben, um Einfälle auch in Vorformen versuchsweise entwickeln und ausprobieren zu können (vgl. Möller 1998). Ebenso wie beim Entwurf von Experimenten brauchen die Lernenden zunächst Anleitungen, übertragbare Muster und situative Hilfen, um Konstruktionsaufgaben zu bewältigen.[391]

Oftmals greifen bei der Untersuchung technischer Geräte oder bei Bemühungen um die Lösung eines technischen Problems technisches und naturwissenschaftliches Denken und Handeln ineinander. Eine technische Aufgabe kann im Unterricht zu physik- oder chemiebezogenen Fragestellungen führen; auf Naturwissenschaft orientiertes Lernen kann in technische Anwendungen münden. Der enge gegenseitige Bezug von Naturwissenschaft und Technik sollte im Sachunterricht bei guten Gelegenheiten immer wieder fruchtbar werden.

---

390 Die Demontage muss für den Unterricht vorbereitet sein, Stecker und Zuleitungskabel müssen aus Sicherheitsgründen entfernt werden.

391 Hilfreich und zugleich anregend sind technische Baukästen, wenn sie viele Handlungsspielräume geben, vor allem aber sorgfältig entwickeltes, thematisch akzentuiertes Material (Bauelemente) für die Hand der Kinder. Eine ergiebige Aufgabe ist der Bau von Brücken und die Bewältigung der damit verbundenen Stabilitätsanforderungen (vgl. Möller 2005 ff.).

8 Kinder und lebendige Welt: die biologische Dimension

Die *Biologie* versucht lebende Systeme, so wie sie vorgefunden werden, um ihrer selbst willen zu verstehen. Durch zunehmende Verflechtungen mit Chemie, Physik, Medizin und Ökologie sowie durch innere Differenzierung in zahlreiche Spezialgebiete ist sie eine rasch wachsende und umfassende Naturwissenschaft. Im Verbund mit ihren Nachbar- und Teildisziplinen trägt sie durch neue Erkenntnisse zu einem tiefgreifenden Wandel unseres Weltbildes bei. Ökologische Einsichten und biotechnische Möglichkeiten der Steuerung und des Eingriffs stellen moderne Gesellschaften vor ethische Herausforderungen und Zwänge zu Entscheidungen, deren Folgen wir nur zum Teil überblicken.

Die biologische Dimension des Sachunterrichts umfasst nicht nur die konventionellen Bereiche der Zoologie und Botanik, sondern potenziell alles, was den *Lebenswissenschaften* zuzurechnen ist. Dabei bleiben in der Grundschule Gebiete wie Physiologie, Biochemie oder molekulare Genetik und Grundlagen der Evolutionstheorie, für die von den Lernvoraussetzungen her die Zugänglichkeit noch nicht gegeben ist, im Hintergrund. Einige Aspekte der Humanbiologie sowie der Tier- und Pflanzenökologie sind von Anfang an bedeutsam und erscheinen hinreichend verständlich; Priorität für biologisches Wissen hat aber zunächst das Kennenlernen von Tieren und Pflanzen und die (mit Pflege verbundene) Erkundung ihrer Eigenschaften, ihres Verhaltens, ihrer Lebensräume sowie ihrer (oft von Menschen geprägten) Lebensbedingungen. Betrachtung, Beobachtung, Untersuchung und Beschreibung, Vergleich und Dokumentation sind der Kern der methodischen Zugriffsweisen im Unterricht.

8.1 Zur Komplexität des Biologischen

[1] Leben ist in biologischer Hinsicht die Daseinsform aller Organismen mit ihren typischen Merkmalen des Stoff- und Energiewechsels, des Wachstums, der Reizbarkeit und Bewegung, der Fortpflanzungsfähigkeit und der Vererbung, also der Selbstvermehrung und Übertragung komplexer Eigenschaften, der Fähigkeit zu Mutationen, der Anpassung an Veränderungen der Umwelt und zur Synthese von Molekülen.[392] Dabei ist alles Lebendige durch seinen Systemcharakter ausgezeichnet, d.h. dass ein Organismus ein System ist, in dem alles mit allem in Wechselwirkung steht, und das die Fähigkeit hat, seine Struktur zu bewahren, zu entwickeln und zu erneuern.

392 Allerdings treffen solche Eigenschaften z.T. auch auf einige chemische, physikalische und technische Systeme zu.

Das erweckt den Anschein, grundlegende Lebensprozesse stünden fundamentalen Prinzipien der Physik entgegen: Nach dem zweiten Hauptsatz der Thermodynamik verlaufen in der Natur alle Vorgänge, die sich in einem abgeschlossenen System von selbst abspielen, immer in dem Sinne, dass die Entropie zunimmt, dass also molekulare Ordnung in Unordnung übergeht und Differenzierungen bis zu strukturloser Gleichförmigkeit eingeebnet werden. Damit haben die von selbst ablaufenden Naturvorgänge eine zeitliche Richtung, sie sind nicht umkehrbar, und der ungeordnete Zustand ist sehr viel wahrscheinlicher als der geordnete.

Dagegen erhält sich der lebende Organismus in einem Zustand wachsender Unwahrscheinlichkeit; in der embryonalen Entwicklung und in der Evolution gehen die Organismen in Zustände höherer Ordnung und Differenzierung über. Charakteristisch für das Leben als eines offenen Systems, das von außen Materie und Energie aufnimmt, ist also die Selbsterhaltung und Selbstregulation, für die sich für abgeschlossene Systeme gültige Prinzipien als unzureichend erweisen. Die klassische Physik ist aus nichtbiologischen Vorgängen entwickelt worden; die Biologie ist demgegenüber ein erweiterter Erfahrungsbereich, der sich z.B. auch auf die Regeln der Vererbung und der mit ihr verbundenen Infomationsweitergabe erstreckt. Die spezifischen Prozesse des Lebens sind in physikalischen und chemischen Theorien nicht vollständig enthalten. Das verweist auf den grundsätzlichen Unterschied zwischen belebter und unbelebter Natur. Aus der Gültigkeit der Physik und Chemie auch für die Biologie folgt nicht, dass spezifische Formen und Erscheinungen des Lebens, insbesondere psychische Zustände (z.B. Bewusstsein) aus physikalisch erfassbaren Konstellationen abgeleitet werden könnten (vgl. Gierer 1977).

Wesentlich unter dem Einfluss von Systemtheorie und Kybernetik führte die Beschreibung lebender Systeme im zwanzigsten Jahrhundert immer mehr weg von (mechanistisch gedachten) linearen Ursache-Wirkungs-Beziehungen und hin zu Mustern zyklisch-vernetzter Informationsweitergabe und -verarbeitung. Zudem findet man zu fast allen biologischen Regel- oder Gesetzmäßigkeiten Ausnahmen, und es ist fraglich, ob es – über bestimmte Prinzipien hinaus – überhaupt Universalgesetze der Biologie gibt. Die Biologie ist stärker als andere Naturwissenschaften vom Zufall beeinflusst und damit schwerer in mathematischen Kalkülen zu fassen. Deshalb ist hier auch das Verfahren der Falsifikation (Popper 1995; vgl. Teil I; 2.1.3) nur bedingt anwendbar.

Leben lässt sich kennzeichnen durch die Nennung der Eigenschaften biologischer Systeme (also abgegrenzter Einheiten wie Zellen, Lebewesen, Biotope). Wesentliche Merkmale solcher Systeme sind

- *Offenheit*, die sich in einem ständigen Energie-, Stoff- und Informationsaustausch, d.h. in Stoffwechselprozessen zeigt. Diese Prozesse sind in die Zukunft gerichtet; sie äußern sich in Fortpflanzung (Reproduktion) und in der Fähigkeit einer begrenzten Selbsterneuerung (Regeneration) von Organen (z.B. Heilung von Verletzungen).
- *Selbstregulation,* die sich in allen Lebensfunktionen manifestiert, und *Regenerationsfähigkeit*, deren Rhythmus durch die Generationenfolge einer Spezies oder eines biologischen Systems als Zeitmaß bestimmt ist.

- *Innovationsfähigkeit,* die sich in Entwicklungen durch neue Variationen und Kombinationen der molekularen Bausteine des Lebens und in dem evolutionären Potenzial zeigt, sich veränderten Lebensbedingungen zur Stärkung der Überlebenschancen anzupassen.
- *symbiotische Verbindungen* und Abhängigkeitsverhältnisse zu gegenseitigem Nutzen.

[2] Ein Grundphänomen des Lebens ist die *Vererbung,* d.h. die Übertragung von Merkmalsanlagen (genetischen Informationen) auf die Nachkommen. Die ersten kritischen, auf das wesentliche beschränkten und korrekt interpretierten Vererbungsversuche sind das Verdienst von Gregor Mendel (1822–1884). Um die Zahlenverhältnisse von Merkmalskombinationen in der Nachkommenschaft („Mendelsche Regeln") verständlich machen zu können, nahm er hypothetisch „Zellelemente" an, die sich unabhängig voneinander vererben und neu kombiniert werden können, also etwas, was später als Erbfaktoren erkannt wurde.
Der Vorgang, durch den sich das Lebendige nach und nach durch Veränderung der vererbbaren Merkmale einer Population zu differenzierteren Formen entwickelt hat und weiter entwickelt, heißt *Evolution.* Nach dem Evolutionsforscher Ernst Mayr ist Evolution „der wichtigste Begriff in der gesamten Biologie. Es gibt in diesem Fachgebiet keine einzige Frage nach dem Warum, die sich ohne Berücksichtigung der Evolution angemessen beantworten ließe." (Mayr 2003, S. 14) In Prozessen der Evolution geht es um den Phänotypus von Individuen, um die Population und um Arten.[393] Nach Mayr sind die beiden wichtigsten Einheiten der Evolution das „Individuum als grundlegendes Objekt der Selektion und die Population als Ebene der Evolution von Vielfalt" (a.a.O., S. 16). Entsprechend lassen sich fast alle Evolutionsphänomene entweder „dem Erwerb und der Beibehaltung eines angepassten Zustandes oder der Entstehung und Funktion biologischer Vielfalt" zuordnen (S. 15).

393 Evolutionsbiologen konzentrieren sich nach Mayr auf Warum-Fragen, auf den Vorgang, durch den sich die Welt des Lebendigen nach der Entstehung des Lebens nach und nach entwickelt hat und weiterhin entwickelt, Molekularbiologen dagegen auf Wie-Fragen: Wie funktionieren Prozesse in einer Zelle, in einem Zellkern? – Populationen sind Gruppierungen von Lebewesen, die aus einzigartigen, voneinander verschiedenen Individuen bestehen, welche potenziell miteinander in genetischen Austausch treten können. Aus der Sicht vieler Evolutionsbiologen sind Populationen die primäre Ebene, an der die Evolution durch Selektion wirksam wird, noch vor der Ebene der Gene oder der Arten. – Arten sind Fortpflanzungsgemeinschaften, deren Individuen sich nur miteinander paaren und dadurch von anderen Arten getrennt sind.

Als die wichtigsten Evolutionsfaktoren gelten

- *Mutation* als erbliche Veränderung im genetischen Material. Genmutationen entstehen während der Zellteilung durch Kopierfehler, also durch die ungenaue Verdoppelung eines Gens bei der Zell- bzw. Kernteilung. Jede Mutation, die zu einem veränderten Genotyp führt, wird durch die natürliche Selektion begünstigt oder benachteiligt.
- *Selektion* als der richtunggebende Faktor der Evolution. Mayr beschreibt sie als einen zweistufigen Vorgang: Zum ersten Schritt gehört die mit Zufälligkeiten behaftete Entstehung von Variationen (z.B. bei der Keimzellenbildung und Befruchtung) als Quelle der Vielfalt, die der natürlichen Selektion das Material liefert, zum zweiten gehören die für die *Anpassung* entscheidenden nicht-zufälligen Ereignisse von Bestehen im Wettbewerb, Überleben und Fortpflanzung. Natürliche Selektion über viele Generationen führt zur Evolution, d.h. zu neuen Merkmalsausprägungen.
- *Rekombination* als die Umordnung der Gene in einer befruchteten Eizelle während der Kernteilung. Dadurch entstehen Nachkommen mit individuellen Kombinationen von Erbanlagen. Die Rekombination innerhalb einer Population ist die wichtigste Ursache phänotypischer Variationen.
- *Isolation* als Verhinderung der Kreuzung verschiedener Populationen, insbesondere durch genetisch bedingte Eigenschaften, die eine Kreuzung verschiedener Arten verhindern, oder die geografische Trennung (z.B. Besiedlung eines neuen Lebensraumes durch eine kleine Gründerpopulation), die zu einer zufallsbedingten Änderung des Genpools führt (Gendrift).

In seiner Erklärung der Evolution greift Mayr auf die grundlegenden Erkenntnisse Darwins zurück: Evolution geschieht durch Variation und hat einen deutlich gerichteten Ablauf.[394] Biopopulationen setzen sich aus genetisch einzigartigen Individuen zusammen; der Typus erscheint demgegenüber als Durchschnittswert und statistische Abstraktion.

---

394 Charles R. Darwin (1809–1882) ist Begründer der modernen Evolutionstheorie. Mit seinem Hauptwerk „Die Entstehung der Arten durch natürliche Zuchtwahl“ (On the Origin of Species by Means of Natural Selection, or the Preservation of Favoured Races in the Struggle of Life, London 1859) leitete er mit einem langfristigen Forschungsprogramm eine Wende in der Geschichte der Biologie ein. –
Das Verständnis von Evolution als eines gerichteten Wandels impliziert nicht notwendig eine teleologische Denkweise, die eine innere Zielgerichtetheit unterstellt. „Evaluationsfortschritt“ kann auch empirisch definiert werden als Verbesserung von Leistungsfähigkeit und Erfolg in Bezug auf die Umwelt. Mayr zitiert zustimmend eine Definition von R. Dawkins, danach ist Evaluationsfortschritt „eine Tendenz der Abstammungslinien, ihre an ihre jeweilige Lebensweise angepasste Eignung kumulativ zu verbessern, indem sie die Zahl der Merkmale steigern, die sich in Anpassungskomplexen verbinden“ (a.a.O., S. 263). – Ob die Natur für die Entwicklung von Komplexität und Intelligenz ein Programm enthält, scheint gegenwärtig mit wissenschaftlichen Mitteln nicht entscheidbar zu sein. Die alte Frage nach Zufall oder Notwendigkeit bleibt offen.

„Die Welt des Lebendigen besteht nicht aus unveränderlichen Wesensformen (...), sondern aus sehr vielgestaltigen Populationen, und die Veränderung solcher Populationen von Lebewesen macht die Evolution aus. Evolution ist also der Wechsel von Individuen aller Populationen von einer Generation zur nächsten." „Ihre Grundlage ist die Vielgestaltigkeit der Populationen." (Mayr 2003, S. 112 f.)
Nach dieser Theorie der Evolution durch Variation „entsteht in jeder Generation eine ungeheure Fülle genetischer Abweichungen, aber von der Riesenzahl der Nachkommen überleben nur wenige Individuen, die dann die nächste Generation hervorbringen. Die Theorie postuliert, dass die Individuen mit der höchsten Überlebens- und Fortpflanzungswahrscheinlichkeit auf Grund ihrer besonderen Merkmalskombination am besten angepasst sind. Da diese Merkmale im Wesentlichen von Genen bestimmt werden, ist der Genotyp solcher Individuen in der Selektion begünstigt. Und da immer wieder diejenigen Individuen (Phänotypen) überleben, die auf Grund ihres Genotyps am besten mit Umweltveränderungen fertig werden, ergibt sich ein ständiger Wandel in der genetischen Zusammensetzung aller Populationen. Das unterschiedlich gute Überleben ist zum Teil auf die Konkurrenz zwischen den neu kombinierten Genotypen innerhalb der Population zurückzuführen, zum Teil aber auch auf Zufallsprozesse, die sich auf die Genhäufigkeit auswirken. Die so entstehende Veränderung von Populationen nennt man Evolution. Und da alle Veränderungen sich in Populationen aus genetisch einzigartigen Individuen abspielen, ist die Evolution zwangsläufig ein stetiger, allmählicher Prozess." (a.a.O., S. 114)

Evolution ist damit gekennzeichnet durch
- Veränderlichkeit der Arten und Unvoraussagbarkeit der weiteren evolutionären Entwicklung des Lebendigen,
- Abstammung aller Lebewesen von gemeinsamen Vorfahren,
- allmählichen Ablauf ohne Sprünge oder Diskontinuitäten,
- Entwicklung biologischer Vielfalt durch Vermehrung der Arten,
- natürliche Selektion und Adaption.

Zugleich ist Evolution ein historischer Prozess des Gewordenseins und des Werdens. Sie muss immer auf dem aufbauen, was schon da ist. Deshalb gibt es Ansätze der Fähigkeiten des Menschen auch schon im Tierreich. Im Genom eines Organismus sind Phasen seiner Entwicklung gespeichert, und so ist es kein Zufall, dass das Genom des Menschen zu einem sehr hohen Prozentsatz dem des Schimpansen gleicht und jede befruchtete Keimzelle ihre evolutionäre Vorgeschichte in sich trägt.
Ein wichtiges Moment der Selektion sind die nur schwer überschaubaren Wechselwirkungen zwischen Genen (also zwischen den vererblichen Eigenschaften von Organismen) und den daraus resultierenden Ergebnissen. Nach Mayr sprechen zahlreiche indirekte Indizien dafür, dass es ein „inneres Gleichgewicht" oder einen „Zusammenhalt" des Genotyps (also der Gesamtheit der Gene eines Individuums) gibt, ein „bewahrendes Element", mit dem sich die Konstanz vieler

entwicklungsgeschichtlicher Abstammungslinien erklären lässt (a.a.O., S. 161). Als überholt gilt die Annahme einer Vererbung (durch Lernprozesse) erworbener Merkmale oder Eigenschaften.
Die Erklärung für die Variationen liegt in den grundlegenden Tatsachen der *Vererbung,* d.h. in der Übertragung genetisch festgelegter Merkmale auf die Nachkommen. Die genetische Ausstattung (der Genotyp) steuert den Aufbau des Körpers (den Phänotyp) mit allen seinen Eigenschaften.[395] Der Phänotyp ist das Ergebnis von Wechselwirkungen zwischen Genotyp und der Umwelt während der Entwicklung; seine Variationsbreite, d.h. der Rahmen für Erscheinungsformen, die derselbe Genotyp unter unterschiedlichen Umweltbedingungen ermöglicht, wird als Reaktionsnorm bezeichnet. Umweltbedingungen verändern also nicht die Gene selbst, sie können aber auf ihre Funktion einwirken.

Es ist gut zu beobachten, dass Pflanzen bei guter Düngung und Bewässerung größer und üppiger heranwachsen als ohne diese Pflege. Besonders auffällig ist die hohe Anpassungsfähigkeit des *Löwenzahns* (Kuhblume, Pusteblume, Butterblume), der je nach den Gegebenheiten des Standortes (z.B. Wiese oder Wegrand) eine ausgreifende oder eine sehr gedrungene Wuchsform ausbildet mit entweder langen oder sehr kurzen Blütenschäften, mit schräg aufrecht gehaltenen oder viel kürzeren, dicht am Boden aufliegenden Blättern, mit je nach Belichtung abweichender Blattgestalt (schmale Sonnenblätter, die wenig Wasser verdunsten, oder breitere, weniger tief gezackte Schattenblätter).[396]

Es war lange strittig (und wird auch heute noch diskutiert), ob eine bestimmte Eigenschaft eines Lebewesens auf seine Gene oder auf die jeweilige Umwelt zurückzuführen ist. Aktuelle Forschungsergebnisse (z.B. auch der Zwillingsforschung) weisen darauf hin, dass die meisten Merkmale eines Organismus oder das Potenzial eines Individuums von beiden Faktoren beeinflusst werden. Das gilt insbesondere für Eigenschaften, die von mehreren Genen gesteuert werden. Dabei gibt es in einer Population mit sexueller Fortpflanzung zwei sich überlagernde Ursachen, nämlich die individuellen Abweichungen im Genotyp und die Variationen des Phänotyps im Rahmen der Reaktionsnorm (Mayr 2003, S. 119).

Die Evolutionstheorie mit ihrer tragenden Idee, dass alle Organismen durch natürliche Selektion physikalisch-chemischer Systeme entstanden sind, steht im Widerspruch zum Kreationismus, also zu der Behauptung, die biblische Schöpfungsgeschichte (1. Mose 1–2) sei eine reale, wörtlich zu nehmende und nicht etwa eine symbolische Beschreibung der Anfänge des Lebens und seiner Voraussetzungen. Sie richtet sich aber ebensowenig wie die Erkenntnisse Kopernikus‘ und Galileis gegen aufgeklärte Glaubensüberzeugun-

395 Vererbt wird also nicht eine Gestalt, sozusagen das Tier oder die Pflanze winzig klein im Erbgut verpackt (wie auch Kinder manchmal vermuten), sondern eine Art Anweisung, ein Plan, eine Information wie die Gestalt entstehen und aussehen soll.

396 Vgl. dazu die ausführliche Ausarbeitung von Roland Lauterbach: Verständigung über Natur. Löwenzahn. In: Duncker 1996, S. 81–106.

gen, für die z.B. eine „Schöpfung durch Evolution" und ein Schöpfer, „der macht, dass die Dinge sich machen" (Teilhard de Chardin) möglich erscheint.

[3] Die Evolutionstheorie erklärt die Vielfalt des Lebendigen, nicht aber das Leben selbst und seine Erscheinungsformen oder gar die Entstehung des Bewusstseins. Das sind große offene Fragen der Forschung.
Anlässlich des Darwin-Jubiläums im Jahr 2009 wurde vielfach auch auf die philosophischen Reflexionen Darwins hingewiesen, oft im Zusammenhang mit den ethischen Herausforderungen der modernen Lebenswissenschaften und den durch sie ermöglichten Biotechniken. Der *Mensch* ist durch seine Abstammungsgeschichte in einen natürlichen Evolutionszusammenhang eingebettet; als Kulturwesen aber hat er sich große Freiheitsspielräume gegenüber der Natur erarbeiten können. Unser heutiges allgemeines Bild von der Natur, speziell aber unser Menschenbild, ist durch die Evolutionstheorie, die durch sie skizzierte Entwicklung des Lebendigen und durch unsere verwandtschaftliche Beziehung zu den Tieren vor besondere Herausforderungen gestellt. In seinem Werk über die „Abstammung des Menschen" (1871) kennzeichnet Darwin die kognitive Überlegenheit des Menschen gegenüber den höchstentwickelten Tieren als eine nur graduelle, nicht als eine qualitative. Moralfähigkeit aber komme allein dem Menschen zu durch sein Vermögen zu philosophischem Denken und zur Orientierung seines Urteilens und Handelns an moralischen Prinzipien. Voraussetzungen dafür seien hoch entwickelte kognitive Fähigkeiten, Selbstbewusstsein und eine verbale Sprache.[397] Aber nicht nur durch die Sprache, sondern auch durch die Möglichkeit, Kenntnisse und kulturelle Errungenschaften weiterzugeben und über eine kulturelle Evolution zu verbessern, unterscheidet sich der Mensch dramatisch von den Tieren.
Pädagogisch bedeutsam ist der Hinweis, dass unsere moralischen Verhaltensdispositionen zwar Wurzeln in den sozialen Instinkten unserer vormenschlichen Vorfahren haben, aber der Orientierung und Kultivierung durch moralische Prinzipien bedürfen.[398] Darwin leitet solche Prinzipien nicht aus der Biologie ab (wie einige spätere Soziobiologen, die z.B. von einem „egoistischen Gen" sprechen), sondern greift zurück auf philosophisch-ethische Traditionen.[399] Moralischer Fortschritt

---

397 Vgl. dazu insgesamt den Beitrag von Eve-Marie Engels in: Süddeutsche Zeitung vom 24.11.2009, S. 12.

398 Im Rahmen der Theorie einer natürlichen Selektion ist es eine interessante These, dass Merkmale und Fähigkeiten, die sich als Vorteile für das Überleben herausgebildet haben, durchaus auch weitere Spielräume der Bedeutung über ihre ursprüngliche Funktion hinaus und damit eine gewisse Offenheit für neue Entwicklungen haben können. Solche Redundanzphänomene sichern die Innovationsfähigkeit als Kennzeichen des Lebendigen.

399 Damit stellt schon Darwin implizit klar, dass ethische Fragen nicht allein von Naturwissenschaftlern beantwortet werden können. Wissenschaft hat die Aufgabe, Entscheidungsmöglichkeiten und deren Konsequenzen offenzulegen, die ohne Wissenschaft nicht erkennbar wären.

besteht etwa in der Erweiterung der Humanität über den Nahbereich (der Familie, des Stammes, Volkes) hinaus auf die gesamte Menschheit und schließlich auch auf die Tiere. Moral ist demnach ein kulturelles Phänomen mit naturgeschichtlichen Wurzeln.

In unserer Zeit zunehmender ökologischer Gefährdungen der Vielfalt und des Reichtums der Natur liegt in der verwandtschaftlichen Beziehung des Menschen zu anderen Lebewesen eine ethische Herausforderung und moralische Verpflichtung. In den letzten Jahrzehnten ist immer deutlicher geworden, wie sehr auch der Mensch selbst auf die Natur angewiesen ist. Die Kehrseite luxurierender zivilisatorischer Entwicklungen zeigt sich in einer fortwährenden Gefährdung von Quellen regenerativer Ressourcen (z.B. Luft und Wasser), aber auch in der Zerstörung natürlicher Lebensräume und damit der durch die Evolution hervorgebrachten Vielfalt des Pflanzen- und Tierlebens (Mayr 2003, S. 318).

[4] Große Bedeutung für grundlegendes Lernen haben einige Erkenntnisse der (klassischen vergleichenden) *Verhaltensbiologie* (Ethologie), die auf der Ebene der Phänomene in einigen ihrer elementaren Aussagen von Kindern manchmal nahezu intuitiv erfasst werden können (z.B. hinsichtlich des Verhaltens von Tieren). Denn oft ist auch die Rolle der Kinder die von „Verhaltensforschern“: Sie beobachten und beschreiben Auffälligkeiten unter den wechselnden Bedingungen des Alltags und gewinnen auf diese Weise Präkonzepte, bestehend aus (unhinterfragt) übernommenen Informationen, eigenen Erkundungen, weiterführenden Annahmen und Fragen.

Der in Deutschland vermutlich bekannteste Repräsentant der klassischen Ethologie ist Konrad Lorenz (1903–1989). Die empirische Basis der Erkenntnisse von Lorenz besteht wesentlich in einer jahrzehntelangen, intensiv betriebenen vergleichenden Beobachtung des Verhaltens von Tieren, speziell von Vögeln verschiedener Arten (vgl. Lorenz 1984, S. 13–113). Hinzu kommen philosophische Reflexionen, die sich (in der Auseinandersetzung mit Kant) wesentlich auf die „Naturgeschichte des menschlichen Erkennens“ beziehen (Lorenz 1973) und in eine „evolutionäre Erkenntnistheorie“ münden.[400]

Aber Ziel- und Wertentscheidungen können nicht von Experten allein getroffen werden. Sie sind öffentlich-politische Aufgaben, und die Gesellschaft als Ganze muss für sich klären, wie sie mit Möglichkeiten, die die Wissenschaft eröffnet, umgeht. Deshalb ist es nötig, die wesentlichsten wissenschaftlichen Gesichtspunkte umgangssprachlich zu formulieren und zu diskutieren, wenn sie für bedeutsame gesellschaftliche Entscheidungen relevant sind (vgl. Gierer 1977, bes. S. 78).

400 „Kants Frage, wie man erklären kann, daß unsere apriorischen Kategorien des Denkens und der Vorstellung so gut zu unserer Außenwelt passen, findet in der Evolution eine leichte, wenn nicht sogar banale Antwort“, nämlich „daß das ‚innere Gefüge‘ unseres Körpers – ... unsere Sinnesorgane ebenso wie unser Zentralnervensystem – etwas ‚Wirkliches‘ ist und in einer Auseinandersetzung mit und Anpassung an die äußere Wirklichkeit, die uns umgibt, entstanden ist. Eben dieses ‚innere Gefüge‘ ermöglicht es uns, unsere Umwelt, unsere ‚Außenwelt‘ wahrzunehmen.“

Frühzeitig (1936) wies er darauf hin, dass es neben den bekannten Unterscheidungsmerkmalen der vergleichenden Anatomie und der Morphologie (z.B. Körperbau, Bildung von Zähnen oder Federn) auch erbliche Ähnlichkeiten und Unterschiede der *Verhaltensweisen*, insbesondere der Bewegungsmuster gibt, die für Tiergruppen bezeichnend sind. Das bedeutet, dass sich in dem vielfältig und variabel erscheinenden komplexen Verhalten der Tiere gleichartige Grundbausteine (Instinktbewegungen) identifizieren lassen. Die Erklärung für solche Muster als verlässliche Merkmale einer Tiergruppe sieht er in deren Ursprung in gemeinsamen Vorfahren, d.h. sie sind phylogenetisch entstanden und im Genom verankert (Lorenz 1982, S. 18 ff.).[401]
Außerdem wandte sich Lorenz einerseits gegen die von Vitalisten vertretene Meinung, dass „Instinkt" als ein quasi übernatürlicher Faktor alles tierische Verhalten nach einer festgelegten Zielbestimmung lenkt, und andererseits gegen die behavioristische Position, dass alles Verhalten durch die Umwelt geformt wird. Ein Tier sei sehr wohl imstande, durch zweckgerichtetes und variables Verhalten ein Ziel anzustreben. Entscheidende Bedeutung habe jedenfalls das Zusammenwirken angeborener und erworbener (andressierter) Anteile im Verhalten höherer Tiere (vgl. Lorenz 2003, S. 60 ff.). Darüber hinaus hat er (insbesondere am Beispiel der Graugans) gezeigt, dass es eine frühe Entwicklungsphase gibt, in der eine dauerhafte Prägung möglich ist.[402]

Dabei dürfen nach Lorenz die Begriffe des Angeborenen und des Erworbenen nicht als disjunktive Gegensätze formuliert werden. Als angeboren hat ein Verhalten zu gelten, wenn die Information, die ihm zugrunde liegt, im Genom verankert ist. Gleichwohl kann dieses Verhalten durch Lernprozesse veränderbar sein. Die Überschneidung der Begriffsinhalte liegt darin, „daß allem Lernen ein stammesgeschichtlich gewordenes Programm zugrunde liegen muß", nach dem es „arterhaltend sinnvolle Verhaltensweisen produzieren soll" (1982, S. 25 f.). Jedes Lernen findet demnach auf der Basis eines phylogenetisch erworbenen Lernmechanismus statt.
Das Angepasstsein eines Organs oder einer Verhaltensweise an eine bestimmte Umweltgegebenheit bedeutet, dass Information über diese Gegebenheit in den Organismus

(Lorenz 2003, S. 71)

401 Die Entdeckung der genetischen Verankerung charakteristischer Bewegungsweisen markiert Lorenz als den „archimedische(n) Punkt, von dem aus die Ethologie oder vergleichende Verhaltensforschung ihren Ursprung genommen hat" (1982, S. 20).

402 *Prägung* ist von dem durch Bekräftigung bedingten Lernen zu unterscheiden; ihr wichtigstes Charakteristikum ist ihre Irreversibilität. „Eine Eigenart des Prägungsvorgangs liegt darin, daß er phylogenetisch für einen ganz bestimmten Zeitpunkt der Ontogenese des Individuums ‚vorgesehen' ist, in welchem der noch junge Organismus auf gewisse unbedingt auslösende Reizkombinationen gewissermaßen wartet und sie augenblicklich mit gewissen gleichzeitig eintreffenden, an sich nicht auslösenden Reizen zu einer Einheit assoziiert. ... In den meisten und am genauesten untersuchten Fällen besteht die teleonome Funktion des Prägungsvorganges darin, eine bestimmte Verhaltensweise auf das adäquate Objekt zu fixieren." (Lorenz 1982, S. 305)

gelangt sein muss. Das kann nur auf zwei Wegen geschehen: im Laufe der Phylogenese durch Mutation und Selektion oder durch individuellen Informationsgewinn in der Ontogenese. „‚Angeborenes' und ‚Erlerntes' sind nicht durch den Ausschluß des anderen definiert, sondern durch die *Herkunft der die Außenwelt betreffenden Information,* die Voraussetzung jedes Angepaßtseins ist." (S. 27) Aber nicht jeder phylogenetisch programmierte Verhaltensmechanismus ist durch adaptives Lernen modifizierbar; insbesondere sind es jene Verhaltenselemente nicht, die „Lernvorgänge in die richtigen Wege leiten" (S. 27). Erlerntes Verhalten hat also eine genetische Basis. Diese Basis, der das Lernen ermöglichende Apparat, hat sich im Zuge der Evolution herausgebildet und ist selbst kaum durch Lernen modifizierbar.

Angeborene Verhaltensformen erklärt Lorenz durch evolutionäre Prozesse, d.h. diese haben sich in der Evolution durchgesetzt, weil sie den maßgeblichen Bedingungen der realen Welt angepasst waren. Man kann also die Evolution durchaus mit einem Lernprozess vergleichen, der eine Zunahme von Information bewirkt. Dabei ist es nicht das Ziel der vergleichenden Ethologie, spezifisch menschliches Verhalten zu erklären, sondern zu zeigen, dass es Verhaltensweisen gibt, die älter sind als das Menschengeschlecht und an deren Allgemeingültigkeit wir teilhaben, vor allem in Bezug auf unsere Wahrnehmungs- und Erkenntnisfähigkeit. Uns Menschen sind Anschauungs- und Denkformen (z.B. bezüglich der Zeit- und Raumwahrnehmung) angeboren, weil sie unseren Vorfahren als nützliche Mutationsergebnisse im Kampf um das Dasein gedient haben.[403]

Das wichtigste Beispiel ist für Lorenz unsere Raumanschauung, eine angeborene Vorstellung des dreidimensionalen Raumes, also die Fähigkeit, geometrische Einsichten zu haben, die nicht erst durch subjektive Erfahrungen des Individuums entstehen, sondern angeboren sind: Ohne diese Ausstattung wären unsere Vorfahren, die Affen, bei ihren Sprüngen von den Bäumen gefallen.

403 Die gegenwärtige biologische Forschung bemüht sich weiterhin um Nachweise, dass auch Säugetiere bestimmte Merkmale ihres Lebensraumes von Geburt an erkennen können. – Im Bereich der Psychologie nehmen manche Forscher auf der Basis von Untersuchungen mit Säuglingen an, dass es auch beim Menschen Kernelemente angeborenen „Wissens" über die physische Welt gibt, insbesondere über die Solidität von Objekten: Gegenstände bestehen aus solider Substanz, d.h. sie existieren kontinuierlich und können nicht einfach verschwinden, sie können sich nicht gegenseitig durchdringen und sie ändern nicht ohne Anstoß ihre Bewegung; die erwarteten Effekte entsprechen den Gesetzlichkeiten der Trägheit und Schwerkraft (vgl. Hasselhorn/ Mähler 1998, S. 80; Sodian 1998; Sodian/ Koerber 2007). Der Gehirnforscher Wolf Singer vermerkt dazu ganz allgemein: „Human babies are born with an immense knowledge base about the properties of the world in which they are going to evolve, and this knowledge resides in the genetically determined functional architecture of their brains. Thus, their brains are far from being a freely instructable tabula rasa." (Singer in Scheunpflug/ Wolf 2006, S. 13) – Ebenso wie die Biowissenschaften erkannt haben, dass der neugeborene Mensch keine tabula rasa ist, gehen sie davon aus, dass unsere kognitiven Eigenschaften, unsere Wahrnehmungs- und Sinnensysteme sowie unsere Hirnstrukturen und -funktionen durch evolutionäre Entwicklungen geformt sind und deshalb unserem Weltverständnis nach Maßgabe der Adaption in der Evolutionsgeschichte Grenzen setzen (vgl. Liebau/ Zirfas 2006, S. 234).

Die Fähigkeit des *Lernens* scheint universell zu sein. Aber es gibt, wie Lorenz betont, „keinen teleonomen Vorgang des Lernens, dem nicht ein phylogenetisch programmierter Mechanismus zugrunde liegt, der eine große Menge angeborener Informationen enthält“ (Lorenz 1982, S. 287). Ein Lernen, das zur Auswahl bestimmter Verhaltensweisen führt, kommt nach Lorenz fast nur bei den höchstentwickelten Tieren vor, zumeist „unter dem Antrieb jener merkwürdig unabhängigen Motivation, die wir *Neugier* nennen“.

> „Lernen mit Verhaltensauswahl (...) entfaltet seine wesentliche teleonome Leistung im Rahmen des explorativen oder Neugierverhaltens, das nur von dieser einen Motivation aktiviert werden kann, und nur so lange, wie alle anderen Antriebe schweigen.“ (1982, S. 350)[404]

Exploratives Verhalten sei zu unterscheiden von dem, das nach dem Prinzip von Versuch und Irrtum im Rahmen festgelegter, schon bekannter Verhaltensweisen abläuft. Durch Neugier ausgelöste Exploration kann nur im „entspannten Feld“ vor sich gehen und folgt einer autonomen Motivation, die den Lernvorgang unabhängig macht von speziellen Motivationen, d.h. die Erkundung erfolgt begierdelos und hat keinen unmittelbaren Wert für die Triebbefriedigung. Lorenz nennt das im Anschluss an Gehlen (1986) eine *sachliche* Exploration, durch welche eine Sache „intim gemacht“ und zu eventuellem weiteren Gebrauch „dahingestellt“ wird, d.h. sie wird in dem Sinne „ad acta“ gelegt, dass das Tier im Bedarfsfall darauf zurückgreifen kann (1982, S. 350 ff.). Das durch freie Exploration erworbene Wissen gewinnt dadurch eine gewisse Objektivität, dass es unabhängig vom Situationsdruck wechselnder Motivationen erworben wird und für spätere Gelegenheiten zur Verfügung steht.

[5] Besonders eindringlich hat Adolf Portmann (1897–1982) auf *die „Sonderstellung des Menschen im Reich des Lebendigen“* hingewiesen und die „Eigenart des Humanen“ betont. Durch das Aufkommen des Menschen wurde in der Geschichte der Evolution eine neue Periode eingeleitet, die das Bild des Planeten gewaltig verändert.

In einem kurzen Rückblick auf seine einschlägigen Arbeiten hebt er hervor, dass die Entwicklung der menschlichen Individuen durch die „soziale Vererbung“ in der Kultur mitbedingt wird und die bei der „Evolution der Naturgestalten wirksamen Faktoren ... vom ganz anderen Geschehen der geschichtlichen Lebensform überspielt worden“ sind (1966, S. 75). Die „natürliche“ Wesensart des Menschen als Erben höherer Säugetiere sei „historisch“, sie sei gesellschaftlich gebunden und weitgehend bestimmt durch kulturelle Entwicklungen und Entscheidungen.

---

404 Lorenz betont die teleonome Leistung des Lernvorgangs, nämlich dass „aus den mannigfaltigen Möglichkeiten eines offenen Programms diejenige aus(ge)wählt und verwirklicht (wird), die auf die vorliegende Umweltsituation teleonom paßt“ (1982, S. 286).

Seinen eigenen Beitrag zu solchen Erkenntnissen sieht Portmann in dem Nachweis, dass die frühe Individualgenese des Menschen seiner weltoffenen Lebensform zugeordnet ist:

> „Es ist der Nachweis, daß der Werdegang des menschlichen Individuums in allen seinen Einzelheiten in einer gründenden Beziehung zu der Eigenart unserer Daseinsführung, zu unserer Geschichtlichkeit also steht. Da ist die Rolle des ganz besonderen Erstjahrs nach der Geburt, da ist ferner die Bedeutung der ganz untierischen Langsamkeit unserer Kindheits- und Jugendjahre und des späten Pubertätsschusses ...". (1966, S. 75 f.)

Die Sonderstellung des Menschen zeigt sich aus der phylogenetischen und ontogenetischen Sicht Portmanns in seiner „physiologisch völlig unspezialisierten" Wesensart und in seiner offenen Entwicklung als „ewig Werdender". Das junge Kind beschreibt er als „physiologische Frühgeburt" und als „sekundären Nesthocker". Gemeint ist, dass der Mensch – anders als vergleichbare Tiere – deutlich zu früh geboren wird und deshalb noch lange nach seiner Geburt hilflos auf Totalversorgung angewiesen ist. Aber bedingt durch diese frühe Geburt verlaufen entscheidende Entwicklungsprozesse eingebettet in eine soziokulturelle Umgebung und in Wechselwirkung mit ihr. Der „sekundäre Nesthocker" ist nicht nur auf Versorgung und Pflege angewiesen; zu seiner emotionalen und geistigen Entwicklung braucht er ebenso soziale Kontakte und Anregungen, die zu elementaren Lernprozessen führen. Eine lange Kindheit und Jugendzeit gibt Raum für anspruchsvolle Prozesse der Enkulturation.

[6] Wenn man die *Einheitlichkeit des Lebendigen* stärker betont, ist es der biologischen Zugriffsweise durchaus angemessen, auch Tiere und Pflanzen als Individuen, d.h. als „unteilbare", in sich geschlossene Lebewesen zu betrachten, die aber offen sind im Austausch mit ihrer Umwelt. Untersuchungen über die im Grundbauplan vergleichbaren Gehirne von Wirbeltieren zeigen, dass das lymbische System, zuständig u.a. für Gefühle, durchgängig zur Basisausstattung gehört.[405] Aus Beobachtungen ist bekannt, dass auch Tiere zu freundschaftlichen Beziehungen fähig sind, dass sie in besonderen Fällen Menschen Hilfe leisten, dass sie täuschen können (z.B. Rabenvögel) und Gefühle oder Stimmungen wahrnehmen und auch teilen. Selbst Pflanzen sind stressanfällig, z.B. bei Wassermangel, Hitze, Parasitenbefall.
Über individuelles Verhalten hinaus sind Symbiose, Kooperation und Kommunikation von genereller Bedeutung.

Symbiose, das Zusammenleben in gegenseitiger Angewiesenheit, findet in vielfacher Weise artübergreifend statt, z.B. zwischen Pflanzen und Pilzen, zwischen Tieren und Pflan-

---

405 Für wertvolle Hinweise, insbesondere zu diesem Abschnitt, danke ich Frau Prof. Dr. Irene Würdinger.

zen (Flötenakazien und Ameisen), Tieren und Pilzen (Pilzgärten der Blattschneideameisen). Im Magen-Darm-Trakt von Tieren leben Mikroorganismen, die entscheidend bei der Verdauung mitwirken (z.B. Bakterien im Pansen der Wiederkäuer). – Im weitesten Sinn können hier auch Blütenpflanzen und ihre Bestäuber genannt werden.
Kooperation gibt es – auch artübergreifend – bei vielen Tieren (z.B. zwischen Putzerfischen und ihren „Kunden", bei der Aufzucht der Jungen bei vielen Vogelarten, bei der Jagd im Rudel (Wölfe, Schakale), aber auch bei Pflanzen: Weiden warnen bei Parasitenbefall ihre Nachbarn mit Düften, die mit den Blättern aufgenommen werden und zur vermehrten Produktion von Abwehrstoffen führen.
Kommunikation: Tiere und Pflanzen sind entsprechend ihrer Lebensumwelt mit Sinnen ausgestattet, wenn auch die Sinnesorgane höchst unterschiedlich in Bau und Leistung sind und oftmals über die Ausstattung des Menschen nicht nur quantitativ (z.B. Frequenzen des Hörvermögens), sondern auch qualitativ und der Art nach weit hinausreichen (z.B. Wahrnehmung des Magnetfeldes der Erde oder der Polarisation des Lichtes). Immer hängt die wahrgenommene Umwelt einer jeden Art davon ab, welche Informationen über ihre „Wirklichkeit" die ihr zugehörigen Individuen aufnehmen können. – Tiere kommunizieren durch Gestalt, Haltung, Gesten, Färbungen und Muster, Düfte und Laute, oft in Kombination dieser Möglichkeiten. Bäume gleicher Art geben Botschaften durch Düfte, kommunizieren aber auch durch Myzelstränge der symbiotischen Wurzelpilze. Ein auch für Grundschulkinder gut fassliches Beispiel sind die Blütenpflanzen und ihre Bestäuber: Blüten senden ihre Signale wie Blütenbau, Farbe, Muster und Düfte, die Bestäuber sind empfänglich für diese Reize und reagieren auf sie.

[7] Eine didaktische Aufarbeitung solcher Ergebnisse biologischer Forschung, die unser Weltbild in den letzten eineinhalb Jahrhunderten verändert haben, muss philosophische und erziehungswissenschaftliche Reflexionen einbeziehen und versuchen, das kulturelle Erbe wie auch unsere unausweichliche „mentale Programmierung" in der Kultur und durch die Kultur produktiv und kritisch mit den Erträgen der Naturwissenschaft zu verbinden (vgl. Scheunpflug/ Wulf 2006). Die „kulturelle Evolution", d.h. eine kulturelle Weitergabe ist schneller und auch flexibler als die Evolution der Organismen, und sie vollzieht sich wesentlich durch die von (erzieherischen) Intentionen geprägte Interaktion in der Ontogenese (junger) Menschen. Sie ist möglich, weil der Mensch mit Dispositionen ausgestattet ist, die in seiner Ontogenese durch frühe Interaktionen aktiviert werden können und müssen. Wesentlich sind die Fähigkeit zu Sprachkompetenz und zum Symbolgebrauch, außerdem einige in hohem Maße gegebene Fähigkeiten, nämlich sich bewusst zu sich selbst zu verhalten, sich auf andere und auf deren Perspektiven zu beziehen, sich mental „in sie hineinzuversetzen" oder auch sich kritisch zu distanzieren und schließlich die Genese der eigenen Persönlichkeit zum Projekt zu machen (vgl. Brumlik in Scheunpflug/ Wulf 2006, S. 158). Deutlich wird dann der rechtliche und moralische Unterschied zwischen Mensch und Tier: Nur Menschen haben Verantwortung; Tiere sind weder schuld- noch verantwortungsfähig. Nur der Mensch ist ein Kulturwesen.

Umbrüche, die durch die molekulare Genetik und die durch sie gegebenen diagnostischen und therapeutischen Möglichkeiten unsere Gegenwart kennzeichnen, haben noch wenig Auswirkung auf das Curriculum der Grundschule, auch weil die Zugänglichkeit des erforderlichen Wissens für jüngere Kinder noch nicht gegeben ist. Bedeutsam für Unterricht und Erziehung ist die seit Darwin virulente Debatte um die Sonderstellung des Menschen. Sie wird wesentlich geführt zwischen „Naturalisten", für die unsere Herkunft in der Stammesgeschichte, die uns mit den Tieren verbindet, entscheidend ist, und den „Humanisten", die das spezifisch Menschliche hervorheben. Dabei sollte die Pädagogik – auch im Hinblick auf Thesen der gegenwärtigen Gehirnforschung – die Errungenschaft der europäischen Aufklärung bewahren, nämlich dass Menschen, anders als Tiere, für ihr Handeln verantwortlich sind (vgl. Janich 2010).

8.2 Biologiebezogenes Lernen

[1] Grundzüge einfachen biologiebezogenen Wissens werden von frühester Kindheit an durch Umgang, Erfahrung und sprachliche Prädikation erworben, insbesondere über Menschen und Tiere und deren Verhalten, sowie über einige Pflanzen (Blumen, Gras, Sträucher, Bäume), über deren Wachsen, ihre lebensnotwendigen Bedürfnisse und die Begrenzung ihres Lebens.
Ansätze zur Unterscheidung zwischen Lebewesen und Nicht-Lebewesen haben nach Hasselhorn/ Mähler ihren Anfang möglicherweise schon im Säuglingsalter (1998, S. 79). Entscheidendes Kriterium ist aber noch zu Beginn der Grundschulzeit die Fähigkeit zu autonomer Bewegung; deshalb besteht oft noch lange Unsicherheit, ob Pflanzen zu den Lebewesen gehören, auch wenn die Kinder wissen, dass diese wachsen, Wasser und Licht brauchen und u.U. gedüngt werden müssen. Pflanzen werden nach ihrem Erscheinungsbild zunehmend differenziert unterschieden und benannt, Tiere auch nach speziellen Verhaltenseigenschaften und Lebensräumen. Die Bezeichnungen folgen nicht hierarchischen Systematisierungen (Arten, Gattungen, Familien usw.), sondern in lebensweltlich-pragmatischer Weise dem alltäglichen Sprachgebrauch. Jüngere Kinder erfassen und beurteilen die Lebensäußerungen von Tieren zumeist nach Maßgabe eigener Wünsche und Bedürfnisse. Aber erst mit der allmählichen Überwindung solcher anthropozentrischen Haltungen eröffnen sich Ansätze einer biologischen Denkweise.
Hasselhorn/Mähler verweisen in ihren Ausführungen auf zahlreiche Studien (a.a.O., S. 80). Danach werden in den Grundschuljahren – fundiert durch den Unterricht – Menschen, Tiere und Pflanzen in einem Konzept „Lebewesen" zusammengefasst und Kenntnisse über lebenserhaltende biologische Vorgänge (z.B. Atmung, Nahrungsaufnahme, Verdauung) sowie über die dafür erforderlichen

Organe und Funktionen erworben. Außerdem gewinnen Kinder zu Beginn der Grundschulzeit ein Verständnis für Verwandtschaft, Vererbung und familiäre Ähnlichkeiten. Aber erst mit sieben oder acht Jahren bahnt sich die Einsicht an, dass Geburt und leibliche Verwandtschaft notwendige Bedingung für Vererbung ist, und erst am Ende der Grundschulzeit wird die Reproduktionsfähigkeit als ein entscheidendes Kriterium für Leben verstanden.

Wittkowske/Giest (2008, S. 16 ff.) erinnern daran, dass Kinder (von Einzelfällen abgesehen) mehr oder minder als „universelle Novizen" anzusehen sind, weil sie noch wenig verlässliches Wissen haben und weil (auch deshalb) die Konsistenz des Wissens fehlt. Gleichwohl (oder gerade deshalb) können durch die Suche nach einem stimmigen Weltbild „intuitive Theorien" ausgebildet werden, die dann, bedingt durch Wissenslücken, Denkfehler und falsche Kategorisierungen (z.B. Wale als Fische) häufig in *„misconceptions"* führen. Für den Unterricht stellt sich dann die komplexe Aufgabe, dass mit dem Aufbau von Wissen immer auch dessen Einbettung in Zusammenhänge, oftmals aber auch ein begrifflicher Wandel *(conceptual change)* geleistet werden muss, d.h. die kritische Überprüfung und korrekte Kategorisierung vorgängigen Wissens.

Aus einer psychoanalytischen Position verfolgt Ulrich Gebhard in seinen Reflexionen über „Naturbeziehung und Naturerfahrung bei Kindern" (1997) die Frage nach der psychischen Bedeutung der nichtmenschlichen Umwelt. Dabei haben vor allem Tiere, aber auch Pflanzen eine besondere Bedeutung.

Das „animistische Denken" von Kindern (Piaget 1968), das sich oft in Anthropomorphismen zeigt, weicht zunehmend der im Unterricht vermittelten Erkenntnis, dass Tiere ein arteigenes, eben nichtmenschliches Verhaltensrepertoire haben, oder wird doch von dieser überformt. Die anfängliche Tendenz aber, Tiere und Pflanzen nach menschlichem Muster als beseelt zu denken, offenbart nach Gebhard „nicht nur eine kognitive Interpretation der Welt, sondern zugleich auch eine affektive Beziehung zu ihr (1997, S. 57).[406] Nach Untersuchungen von Gebhard u.a. scheinen „Anthropomorphismen bei ethischen Argumentationen gegenüber Pflanzen und Tieren eine zentrale Rolle zu spielen (S. 59). Auch über die Kindheit hinaus bleibe die Bedeutung animistischer Deutungen für das Welt- und Persönlichkeitsbild als ein „affektives Band zwischen Ich und Welt" erhalten (S. 61). Deshalb gelte es, „die Spannung zwischen beiden Seiten – die rational-naturwissenschaftliche einerseits und die animistisch-anthropomorphe andererseits – auszuhalten" und „die unbewußten Teile unseres Seelenlebens als eine schöpferische Potenz zu betrachten und sie nicht als eine irrationale, realitätsinadäquate, kindliche Perspektive zu denunzieren" (S. 63).

---

406 Auf den spielerischen Animismus in Märchen und Teilen der Kinderliteratur, nämlich auch Gegenstände als lebendig und mit Absichten ausgestattet darzustellen, kann hier nur hingewiesen werden.

Nachdrücklich plädiert Gebhard für anhaltend-dynamische Naturbeziehungen als bedeutsam für die psychische Entwicklung, denn Natur bietet ständig Neues und zugleich Kontinuität, Verlässlichkeit und Sicherheit: Der Baum im Garten überdauert im Wechsel der Jahreszeiten die Zeitläufe der Kindheit (S. 67).

[2] Der *Bildungswert* des auf das Lebende bezogenen Lernens liegt nicht schon in dessen Gegenstand selbst oder in „der Natur" überhaupt, sondern in der Produktivität der Auseinandersetzung mit den in Menschen, Tieren und Pflanzen manifestierten Erscheinungen und Vorgängen des Lebens. Bildungsarbeit ist auf ein durch Kenntnisse fundiertes Weltbild ausgerichtet. Ein grundlegender Beitrag dazu ist von Anfang an der Umgang mit Tieren und die Pflege von Pflanzen. Beobachtungen und Untersuchungen führen zur Entdeckung von Zusammenhängen. Die von Ahnungen oder Vermutungen geleitete Suche nach Besonderheiten und übergreifenden Merkmalen ist das stärkste Motiv für nachhaltiges Lernen.[407] Dabei ist es eine Aufgabe des Unterrichts, bisher Unbekanntes in den Horizont der Aufmerksamkeit zu bringen und dadurch neue Anknüpfungspunkte für Kontexte des Suchens und Fragens zu schaffen.

Wissenschaftsorientierung – genetisch gesehen – bedeutet auch hier: aus dem Besonderen erarbeiteter und gesicherter Einzelkenntnisse mit den Kindern gemeinsam Allgemeineres zu destillieren und auf den Wegen des Abstrahierens übergreifende Erkenntnisse zu gewinnen. Wobei im biologischen Bereich – in höherem Maß als etwa im physikalischen – das Wissen in der Grundschule zunächst auf das gegenwärtige Objekt (diese Pflanze oder Pflanzenart, unsere Fische im Aquarium ...) konzentriert ist und erst dann auf Typisierungen und allgemeinere Strukturen gerichtet wird.

Konkret lassen sich einige übergreifende Aufgabenfelder des Sachunterrichts benennen, die auf *elementare Einsichten* gerichtet sind. Solche Einsichten müssen thematisiert, an Beispielen erarbeitet und beim Fortschreiten im Curriculum immer wieder gefestigt, vertieft und erweitert werden. Gute Anstöße dafür können aus der Arbeit im *Schulgarten* kommen (vgl. Giest 2009, S. 106–139).

Das Erkennen und Benennen von Pflanzen und Tieren, das Erfassen ihres Erscheinungsbildes, ihrer Eigenschaften, Besonderheiten und Bedürfnisse *(Artenkenntnis)* ist durchgängig von Bedeutung und sollte bei möglichst vielen Gelegenheiten wahrgenommen werden. Das Gewinnen von Einsichten in Lebenserscheinungen und -vorgänge ist ein zentraler Inhalt des Unterrichts: bei *Pflanzen* das Keimen

407 Gute Gelegenheiten dazu geben schul- oder klassenbezogene Projekte wie z.B. das Anlegen und die Pflege eines Aquariums oder eines Teiches auf dem Schulgelände, kontinuierliche Arbeiten im Schulgarten, daneben aber auch die Angebote schulbiologischer Zentren und Zooschulen. – Projekte haben auch hier ein besonderes Potenzial, weil sich in ihnen in der Regel Vernetzungen von Wissensdomänen und Stellen des Andockens weiterführender Fragestellungen für die Kinder unmittelbar aus der Sache ergeben.

und Wachsen, Blühen und Bestäuben, Hervorbringen von Früchten und Verbreiten von Samen, bei *Tieren* das Suchen nach Nahrung und die Art des Fressens, die Fortbewegung, das Erobern und Verteidigen von Lebensräumen sowie die Ausrichtung von Lebenszyklen an den Jahreszeiten.[408]

Dabei fallen bei Tieren Vergleichbarkeiten mit uns Menschen auf, z.B. Atmung, Nahrungsaufnahme, Verdauung; Orientierung mit Hilfe der Sinne; Sorge für den Nachwuchs und Zuwendung zu Artgenossen. Wo Kindern solche nicht auf den Menschen beschränkte Grundfunktionen unseres Lebens bewusst werden, entstehen weiterführende Fragen: Ist das bei allen Tieren so? Atmen Insekten (z.B. Maikäfer)? Wie atmen Fische? Und wie ist es bei Pflanzen? Durch Fragen, die sich aus der jeweiligen Situation ergeben, entstehen Neugier, anhaltendes Interesse und eine von den Kindern mitgetragene Dynamik im Curriculum: „Das wollen wir doch noch untersuchen und wissen!" Dabei stehen in der Grundschule die von den Kindern zu erkundenden *Phänomene* im Vordergrund der unterrichtlichen Arbeit.

Mit dem Kennenlernen von Tieren und Pflanzen und dem Wissen über ihre Lebensräume und -bedingungen ist uns zugleich – insbesondere in unserem Umfeld – ihr *Schutz* aufgegeben. Wo Tiere (und Pflanzen) nicht „wild" leben, sondern aus ihrem natürlichen Habitat herausgenommen sind und unmittelbar unter der Obhut des Menschen stehen (Haustiere, Nutztiere, Zootiere) stellt sich das Problem der *artgerechten Haltung*. Um Leben, Gesundheit und Wohlbefinden dieser Tiere schützen und das Gedeihen von Pflanzen unterstützen zu können, sind Kenntnisse über deren ursprüngliche *Angepasstheit* an eine natürliche Umwelt Voraussetzung, also auch ein Wissen darüber, dass Lebewesen im Verlauf der Evolution körperliche Eigenschaften (Phänotypus), Fähigkeiten und Verhaltensweisen ausgebildet haben, die genetisch festgelegt und auf bestimmte Umweltbedingungen abgestimmt sind. Denn diesem Angepasstsein entsprechen ganz bestimmte Bedürfnisse, die erkundet und beachtet werden müssen.[409]

Schnellen Veränderungen der Umwelt (z.B. durch menschliche Einflüsse) können Tiere und Pflanzen in der Regel umso weniger folgen, je spezifischer sie auf (manchmal nur kleinräumige) Lebensbedingungen eingestellt sind. Andererseits

---

408 H. Fiege (1976, S. 61 ff.) nennt eine Fülle sinnvoller Unterrichtsinhalte und gibt Hinweise für ihre methodische Erschließung. R. Karnick (1966) ordnet seine unmittelbar praxisbezogenen Vorschläge im Jahreszyklus eines heimatkundlich orientierten Unterrichts (im zweiten Schuljahr). Die Schwierigkeit von Erstklässlern, Kreisläufe zu verstehen, zeigen D. Benkowitz/ H.-J. Lehnert: Vom Samen zum Samen – Studie zum Verständnis des pflanzlichen Entwicklungszyklus. In: Lauterbach u.a. (2009), S. 237–244.

409 Wittkowske/Giest (2008, S. 13) machen am Beispiel der Landwirtschaft darauf aufmerksam, dass Arbeit eine besondere Form des Umgehens mit der Natur ist, und dass wirtschaftliche Nutzenkalküle ergänzt werden müssen durch Ausrichtung auf Nachhaltigkeit, also z.B. im Hinblick auf die Erhaltung natürlicher Kreisläufe.

gibt es auch im Erfahrungsbereich der Kinder Arten, die mit einer sehr hohen Anpassungsfähigkeit ausgestattet und in recht unterschiedlichen Lebensräumen verbreitet sind (z.B. Rabenvögel, Ratten). Manche dieser Lebewesen erschließen sich erfolgreich die von Menschen geschaffene Kulturlandschaft und sogar Dörfer und Städte (Kulturfolger). Bei Nutztieren und -pflanzen hat der Mensch durch gezielte *Züchtung* bestimmte Potenziale von Lebewesen gesteigert (und andere unterdrückt, z.B. Aggressivität) und dabei immer wieder neue Rassen (bei Hunden oft in grotesken Formen) hervorgebracht.

Das Leben kennzeichnende Prozesse von elementarer Bedeutung sind Kreisläufe, gekennzeichnet durch *Fortpflanzung* (reproduktive Vermehrung) und *Vererbung*, die zunächst in ihren Ergebnissen wahrgenommen werden. Pflanzen werden bestäubt und verbreiten ihre Samen auf sehr unterschiedliche Weise oder vermehren sich vegetativ; Tiere paaren sich, Säugetiere werden trächtig und gebären Junge; Vögel legen (wenige) Eier und brüten sie aus. Die Jungtiere sind von ihren Eltern abhängig, sie werden von ihnen ernährt, gepflegt und in lebensnotwendige Techniken (z.B. der Jagd) eingeführt. Tiere, die keine Brutpflege kennen, produzieren gewöhnlich potenziellen Nachwuchs in großer Zahl, z.B. Fische und Frösche, die Laich absetzen (äußere Befruchtung). An Beispielen können Kinder solche Zusammenhänge erkennen, in denen Ursachen und Folgen ineinandergreifen. Vererbung zeigt sich äußerlich darin, dass die Nachkommen (manchmal erst nach Zwischenstadien, z.B. bei Fröschen und Insekten) schließlich den Eltern gleichen. *Entwicklungen* der Arten finden in der ständigen Konfrontation mit ihrer Umwelt und ihren Artgenossen, aber auch mit ihren Feinden statt.

Elementare Einsichten, die in diesem Zusammenhang in der Grundschule angebahnt werden können, sind darauf gerichtet,

- dass es vererbliche Eigenschaften von Organismen (Tieren und Pflanzen) gibt,
- dass sich Formen und Gestalt (Phänotypus) nach einem in den Erbanlagen gespeicherten Grundplan bilden,
- dass sich Organismen – anders als Maschinen – „selbst machen" können.

Ein wichtiges Regulativ für die Vielfalt und das Gleichgewicht in der Natur wird durch die Modelle der *Nahrungskette* (oder besser: des Nahrungsnetzes) und des *Stoffkreislaufes* beschrieben. Zurück an die unterste Stufe der Konsumenten führen die Destruenten. Für den Unterricht haben solche Modelle den Vorzug, dass der an naheliegenden Beispielen eingeführte grundlegende Gedanke durch das Modell repräsentiert und für Differenzierungen offengehalten wird. Zugleich gilt, dass Prozesse in der Natur, die unabhängig vom Menschen ablaufen, nicht nach ethischen Maßstäben beurteilt werden können, auch wenn sie uns als grausam erscheinen mögen. Ganz banal: „Fressen und gefressen werden" hat eine lebenserhaltende Funktion.

Alles das sind typische Kennzeichen des Lebendigen, die bei geeigneten Beispielen

berücksichtigt werden sollten. Nicht ein tieferes Eindringen in diese Sachverhalte ist Aufgabe des Sachunterrichts. Vielmehr geht es zunächst darum, ein Bewusstsein für solche übergreifenden Prozesse in der lebendigen Natur anzubahnen und Anknüpfungspunkte für das Weiterlernen zu schaffen. In gemeinsamen Funktionen erscheint – in der Sekundarstufe – die Verwandtschaft von Organismen, und erst in der Vielheit der genannten Aspekte kann schließlich das Phänomen des Lebendigen erfasst werden (vgl. Wagenschein 1970a, S. 471–486).
Zum Lernen in der Natur gehört nicht zuletzt die fundamentale Erfahrung des *Schönen*. Kinder sammeln Früchte (z.B. Kastanien), die ihnen gefallen, und verwenden sie zum Spielen und Basteln. Sie freuen sich über die Farben und Muster der Blätter im Herbst, die nicht nur zum Herbarisieren, sondern auch zu künstlerischen Gestaltungen anregen. Bewusst nehmen sie Veränderungen im Erscheinungsbild von Pflanzen und Tieren im Fortgang der Jahreszeiten wahr und sie genießen die Schönheit und den Wohlgeschmack der Früchte, die mit Farben und Düften zum Verzehr locken (Wittkowske/ Giest 2008, S. 13; vgl. Teil III; 1.2.2). Im Umgang mit (Haus-)Tieren erfahren Kinder Momente der Empathie, nämlich die Fähigkeit auch des Tieres, auf ein Gegenüber einzugehen, Erwartungen zu erkennen und erkennen zu lassen und insbesondere sich in Interaktionen in einer Weise einzubringen, die Reaktionen der Partner vorweg aufnimmt. Der Einfühlung, die mit Trost und Hilfe verbunden sein kann, kommt insofern eine ästhetische Qualität zu, als sie eben auch eine sinnliche Wahrnehmung und Erkenntnis des Schönen ist und zu einem Gefühl der Lust führt.

[3] Wichtige naturwissenschaftliche *Methoden* dienen in vereinfachter und gegenstandsbezogener Form auch im biologiebezogenen Lernen dem Gewinnen von Erkenntnissen. Hervorzuheben sind

- das *Betrachten* als Wahrnehmen von Erscheinungsformen bei Tieren und Pflanzen,
- das *Bestimmen* als Verfahren der Kennzeichnung durch besondere Attribute als Unterscheidungsmerkmale und die Zuordnung zu einer Art oder Spezies,
- das *Beobachten* als gezieltes Registrieren von Vorgängen und Verhaltensweisen,
- das *Zählen* und *Messen* als Gewinnen von Daten,
- das *Untersuchen* als Feststellen des (inneren) Aufbaus von Tieren und Pflanzen sowie der Funktion von Organen und biologischen Prozessen,
- das *Beschreiben* als Darstellen von Beobachtungs- und Messergebnissen,
- das *Experimentieren* bzw. Durchführen von Versuchen als Prüfung von Hypothesen bzw. Vermutungen.

Von besonderer Bedeutung für den Aufbau von Wissen sind außerdem das Sammeln und Ordnen, Vergleichen und Klassifizieren, das Anfertigen von Beschreibungen, Protokollen und Zeichnungen, aber auch das Pflegen, das zugleich Gelegenheit zu Langzeitbeobachtungen gibt. Viele dieser Verfahren sind Kindern in

Ansätzen bekannt. Exemplarisch und genetisch Lehren heißt hier, sie als Methoden der empirischen Erkenntnisgewinnung aus dem unbefangenen Umgang mit einem Gegenüber allmählich bewusst zu machen und dann in ihrer sachgerechten Durchführung anzuwenden; die Besonderheit der jeweiligen Methode wird durch den Gegenstandsbezug hergestellt, z.B. bei der Beantwortung einer Frage an die Natur. Dazu gehören dann auch Reflexionen über die spezifische Leistungsfähigkeit der einzelnen methodischen Zugriffe: Einzelne anfängliche Betrachtungen, Beobachtungen und Beschreibungen ermöglichen zunächst nur temporäre, lokale oder manchmal korrelative Aussagen (z.B. über das Vorkommen einer Pflanze oder das Verhalten eines Tieres); sie rechtfertigen keine Verallgemeinerungen, Vorhersagen oder Feststellungen über kausale Zusammenhänge, sie können aber Anregungen für Vermutungen geben. Erst der systematische Einsatz solcher Methoden über angemessene Zeiträume (für Kinder z.B. in biologischen Zentren) erlaubt generalisierende Aussagen (vgl. Wittkowske/ Giest 2008, S. 13 ff.).

Der experimentelle Zugriff auf Lebewesen wird in der Grundschule nicht allein durch fehlende Expertise und begrenzte Ressourcen eingeschränkt, sondern grundsätzlich durch die emotionale Nähe zu Pflanzen und Tieren, oder – objektiviert – durch ethische Vorbehalte. Die Neigung von Kindern (und Erwachsenen), insbesondere vertrauten Tieren in ihrem Verhalten menschliche Intentionen zuzuschreiben, kann die genannten methodischen Zugriffe tiefgreifend beeinflussen. Der Sachunterricht sollte mit diesem Problem sensibel umgehen, d.h. die dem Lebenden zugewandte Haltung bestärken, zugleich aber unhaltbare Anthropomorphismen in Frage stellen. Das geschieht nicht durch kategorische Belehrung, sondern durch gemeinsame Reflexion im Medium des Gesprächs. Vorzüglich kann es im „Philosophieren mit Kindern" geschehen (vgl. Schreier 1993, 1999; Michalik/Schreier 2006).

> „Unser Verständnis von der Natur ist immer auch verschränkt mit menschlichen Selbstentwürfen und unserem eigenen Selbstverständnis. Das Nachdenken über Natur verbindet sich mit dem Nachdenken über unsere Stellung als Mensch in der Welt, unser Verhältnis zur Natur und zu allen anderen Lebewesen. Was uns eigentlich von Pflanzen und Tieren unterscheidet, ist eine wichtige Frage, die auch im Hinblick auf ethische Probleme, menschliche Natureingriffe und unser Verhalten gegenüber anderen Lebewesen, von Belang ist. Welches Naturbild wir haben, von welchem Naturbild wir ausgehen, ist eine weitere Frage, die sich in diesem Kontext stellt: Handelt es sich um ein eher anthropozentrisches oder eher physiozentrisches Naturbild, betrachten wir Natur als ‚Umwelt' oder als ‚Mitwelt' (Meyer-Abich), und welche Konsequenzen hat dies für unser Handeln?" (Michalik/ Schreier 2006, S. 156)

8.3 Exkurs: Lebensgemeinschaft Dorfteich

Ein bis heute nachwirkendes und auch für den Sachunterricht anregendes didaktisches Paradigma hat Friedrich Junge mit seiner inzwischen zum Klassiker gewordenen Schrift „Der Dorfteich als Lebensgemeinschaft" (1885) vorgestellt. Angeregt durch den von seinem Förderer Karl-August Möbius geprägten Begriff der „Biozoenose" übertrug Junge den neuen wissenschaftlichen Ansatz am Beispiel der Lebensgemeinschaft des Dorfteiches auf den Unterricht in „Naturgeschichte".[410]
Der entscheidende neue Gedanke, der mit dem zentralen Begriff *„Lebensgemeinschaft"* schon anklingt, besteht in dem integrierten Zugang zu biologischen Phänomenen und setzt damit eine Alternative zu der monografisch-beschreibenden Behandlung einzelner Pflanzen- und Tierarten. Bei den Kindern soll ein Bewusstsein von der „Einheit der Natur" aufgebaut werden (Junge 1985, S. 4). Die didaktische Innovation liegt außerdem in der durch den bleibenden Standort Teich gegebenen Möglichkeit, unmittelbare Anschaulichkeit durch „originale Begegnung" (H. Roth 1960, S. 116 ff.) zu gewinnen, eigene Beobachtungen und Untersuchungen im natürlichen Umfeld kontinuierlich durchführen und die Entwicklung ausgewählter Pflanzen und Tiere in einem überschaubaren *Ökosystem* verfolgen zu können.
Zur Rechtfertigung seiner Konzeption zitiert Junge eine Stellungnahme von Möbius:

> „Alle lebenden Pflanzen und Tiere, die das Kind sieht, gehören natürlichen, aber durch den Menschen veränderten, künstlichen Lebensgemeinschaften an. Blumentöpfe, Blumenbeete, Alleebäume, Schwalben und Sperlinge in den Straßen der Dörfer und Städte, Gärten, Wiesen, Felder und Wälder bieten reichliche Gelegenheit dar, *Schüler aller Altersstufen* zu belehren, daß alle lebenden Wesen ... Glieder von Lebensgemeinschaften sind." (Möbius, zit. von Junge 1985, S. XI)

Und zur Klärung seiner Absichten, die er mit seinem Buch verfolgt, fährt Junge an späterer Stelle fort:

> „Der ‚Dorfteich' soll in erster Linie ein Beispiel sein, wie eine Lebensgemeinschaft in ihren einzelnen Gliedern und deren Gesamtheit zu behandeln ist ... , wie die Tatsachen zu verknüpfen sind; aber er soll beileibe nicht ein Buch sein, aus welchem man unterrichten könne – der Lehrer muß *aus der Natur* unterrichten." (S. XVIII, Hervorhebungen z.T. weggelassen)

Aus den Ausführungen Junges über „Ziel und Verfahren des naturgeschichtlichen Unterrichts" geht hervor, dass dieser Unterricht an der Mädchen-Bürgerschule in Kiel mit dem vierten Schuljahr begann. Den „Schwer- und Angelpunkt" in der

410 Vgl. dazu das Vorwort von W. Janßen sowie die ausführliche Einordnung und Würdigung der „Dorfteich Naturgeschichte" von G. Trommer. In: Junge 1985, S. 016–053.

Volksschule bilden acht Regelhaftigkeiten (Junge spricht von Gesetzen), die Botanik und Zoologie übergreifen und als biologische Grundsachverhalte dazu dienen sollten, ein fundamentales Verständnis für Lebensprozesse aufzubauen:

- „Erhaltungsmäßigkeit“: Aufenthalt, Lebensweise und Ausstattung der Tiere und Pflanzen entsprechen einander.
- „Organische Harmonie“: „Jedes Wesen ist ein Glied des Ganzen.“
- „Anpassung“: Lebensweise und Ausstattung passen sich z.T. veränderten Verhältnissen an, z.B. die Tarnfarbe.
- „Differenzierung der Organe“: Organe sind in spezifischer Weise spezialisiert.
- „Entwicklung“: Organismen und Lebensgemeinschaften entwickeln sich aus einfachen Anfängen bis zur relativen Vollendung.
- „Gestaltenbildung“: Organismen wachsen gemäß ihrer (Erb-)Anlagen.
- Zusammenhang: „Die einzelnen Organe sind von der Gesamtheit und voneinander abhängig.“
- „Sparsamkeit“ in Raum und Zahl: „Je sorgfältiger die Brutpflege, desto geringer die Zahl von Eiern.“ (a.a.O., S. 10 ff.)

Für das didaktische Beispiel des Dorfteiches als Lebensgemeinschaft werden 22 Tier- und 19 Pflanzenarten als Glieder des Ganzen benannt und für die unterrichtliche Behandlung (mit Hinweisen für Beobachtungen und Versuche) aufbereitet. In je einem „Rückblick“ auf die Lebensweise dieser Arten werden Gemeinsamkeiten und Unterschiede erfasst, „Nährtiere“ und „Raubtiere“ unterschieden (S. 146)[411] und allgemeine „Entsprechungen“ formuliert, in denen gegenseitige Bezüge zwischen Aufenthaltsort (Standort), Bewegungsorganen, Lebensweisen, Nahrung und „Ernährungswerkzeuge(n)“, also „die Idee der Entwicklung“ und die der Anpassung an den Lebensraum, zum Ausdruck kommen und schließlich in morphologischen Vergleichen die „Anschauung von der Einheit in der Natur“ eine Stütze bekommt (S. 167). Auch bezüglich der Pflanzen wird diese Entsprechung formuliert: „Zu dem Aufenthalt der Pflanze paßt ihre Einrichtung und mit dieser stimmt auch ihre Lebensweise (Ernährung – Entwicklung) überein.“ (S. 246)

Junge stellt das Ökosystem Teich als gut fassbares Beispiel dar, das einerseits überschaubar, andererseits vielfältig genug ist, um gegenseitige Beziehungen, Abhängigkeiten und „Entsprechungen“ in einem Biotop erkennbar werden zu lassen, d.h. die verschiedenen Lebewesen erscheinen „als Glieder eines Ganzen“. Am Anfang steht jedoch das auch für Kinder an Organismen unmittelbar Wahrnehmbare. Die von Junge gemeinte Exemplarität wird auch in dem von Alexander v. Humboldt entliehenen Motto deutlich: „Die Natur ist in jedem Winkel der Erde

411 „Nicht allein darf es Raubtiere geben, wir können uns also über ihr Vorhandensein nicht wundern, sondern es müssen solche da sein, damit die bestehende Ordnung in der Welt bleibt.“ (a.a.O., S. 147)

ein Abglanz des Ganzen.“ Dabei ist das Naturganze eine in der Tradition der Romantik gedachte, ästhetisch erspürte Einheit der gegebenen natürlichen Vielfalt. Das Konzept der Biozoenose gibt dieser Einheit ein wissenschaftlich-empirisches Fundament. Der Mensch wird vom Tier abgehoben, aber er ist zugleich in einer abhängigen Gebundenheit ein Glied der Natur, verantwortlich für die gemeinsamen Lebensgrundlagen (vgl. Trommer in Junge 1985, S. 020 ff.).
Junges Blick auf ein Biotop sich selbst regulierender Gleichgewichtsbeziehungen zeigt ein noch weitgehend ungestörtes Naturreservat. Aber auch die Konkurrenz der Individuen und Arten, der Kampf um Ressourcen und Lebensraum bleibt hinter der harmonisierenden Vorstellung einer Lebensgemeinschaft verborgen. Ebenso ausgeblendet sind die in der zweiten Hälfte des neunzehnten Jahrhunderts schon aktuellen Gefährdungen durch Gewässerverschmutzung (Düngung und Industrieabwässer).

8.4 Beispiele genetisch-ästhetischen Zugriffs und ursprünglichen Verstehens

8.4.1 „Das Wiegen der Bäume im Wind“

Ästhetisch sind uns die Dinge der Natur in den Eigenschaften Gestalt, Bewegung, Farbe und in der aus der Stofflichkeit hervorgehenden Beschaffenheit der Oberfläche gegeben. „Phänomene werden durch ihre wesentliche anschauliche Eigenschaft in einem Grundmuster wahrgenommen und wiederholen sich unter ähnlichen Bedingungen.“ (Freeß 2008, S. 182) Aber die inneren Anteile der Phänomenstruktur sind der sinnlichen Wahrnehmung nicht unmittelbar zugänglich und können nur durch nähere Untersuchungen gefunden und schlussfolgernd beschrieben werden.
Doris Freeß hat die anschauliche Qualität des Wiegens der Bäume im Wind zum Ausgangspunkt für Untersuchungen über elastische Bewegungen gemacht. Durch einen sorgfältig gewählten Einstieg wird die Bewegung zum anschaulich Wesentlichen, und es entsteht eine Frage an die Natur: Warum ist die Bewegung im Wind notwendig und wie ist eine solche Bewegung ohne Bruch möglich?

> „Die bewusste Reflexion des Sichtbaren eines Phänomens ist ein grundschulgemäßer Ansatz des Lernens, der eine große Reichweite und Tiefe der Auseinandersetzung impliziert. Das Lernen wird durch ein Philosophieren über die Natur mit Hilfe ästhetischen Denkens initiiert. ‚Ästhetisches Denken ist ein wahrnehmendes Denken, welches auf die Erschließung der Bedeutung des Wahrgenommenen gerichtet ist‘ (...). Aus dem Wahrnehmen einer weitgehend vollkommen ausgeprägten anschaulichen Qualität erwächst das Bedürfnis nach Einsicht in die Zusammenhänge ihres Entstehens ...“ (Freeß 2008, S. 183).

In dem von Freeß ausführlich geschilderten Unterrichtsverlauf (3. Klasse, zwei Unterrichtsstunden) sehen die Kinder auf Fotos die „starre" Bewegung der Bäume, die sich von den Zweigen und Ästen bis in den Stamm fortsetzt. Aber „Bäume besitzen keine Gelenke". – Als geeignete Methode für das Gewinnen der Erkenntnis, dass die Biegungsfähigkeit im pflanzlichen Gewebe liegen muss, wählt Freeß das *„Sokratische Gespräch":* „Hier soll in Ruhe durch gemeinsames Nachdenken ... der Sachverhalt gesucht werden, der das Phänomen hervorbringt." (S. 184) Die Schüler gehen der Frage in gedanklichen Eigenkonstruktionen nach und versuchen, das Phänomen sachorientiert wahrzunehmen und auf physikalische und biologische Gesetzmäßigkeiten zurückzuführen.
Freeß betont die Bindung des ästhetischen Denkens an einen kooperativen Denk- und Kommunikationsprozess der ganzen Klasse; denn ein „einzelner Schüler vermag diesen Denkprozess nicht zu bewältigen". Im Gespräch ist die Rückkoppelung und wechselwirkende Steigerung (Intensivierung) von Beschreibung, Vermutung, Bewertung und Erklärung möglich. Gewinnen sollen die Kinder ein Selbstbewusstsein bezüglich der Kompetenz „mit Hilfe subjektiver Vorstellungen hypothetische Sachzusammenhänge zu konstruieren, die helfen, einen Problemlösungsprozess voranzutreiben. Auch das Konzentrieren auf fremdes Gedankengut und Aufnehmen in die eigenen Konstruktionen, deren fortwährendes Überprüfen und Weiterentwickeln oder Verwerfen auf Grund des gedanklichen Fortschreitens im Team sind wichtige persönlichkeitsbildende Kompetenzen." (a.a.O., S. 184; vgl. Teil II, Kap. 2)
Einen künstlerischen Ausdruck finden die Untersuchung und das Nachempfinden der elastischen Bewegungen der Bäume im Wind und Sturm schließlich in Bleistift-Zeichnungen der Kinder: Der ästhetische Eindruck schlägt sich in bildlichen Veranschaulichungen nieder. Bilder haben aber nicht nur einen illustrativen, sondern auch einen hinweisenden und performativen Charakter (vgl. Teil III; 1.2.2).
„Ästhetisches Lernen" hat hier die kennzeichnenden Merkmale des *Genetischen*: Im Gespräch ko-konstruieren die Kinder Vermutungen als Erklärungsmöglichkeiten und erarbeiten am thematisierten Beispiel eine exemplarische Einsicht. Mit dem Begriff der Elastizität (der allerdings nicht explizit verwendet wird) greift das biologisch akzentuierte Lehrstück auf physikalische Grundlagen zurück. Das ästhetische Erleben des Phänomens selbst erzeugte ein emotional-motivationales Moment des Lernens, das nach Aussage der Autorin ganz entscheidend durch die subjektive Erfahrung, selbstständig und im sozialen Miteinander das Problem lösen zu können, durch den gesamten Unterricht getragen wurde (a.a.O., S. 190).

8.4.2 Wahrnehmung und ursprüngliches Verstehen

Stücke des ästhetischen Lernens können für Kinder bedeutungsvolle Episoden sein, die im Rückblick zu Bezugspunkten für weiteres Wahrnehmen und des Denkens werden. Vorstellungen, Begriffe und die prüfende Konstruktion von Zusammenhängen orientieren sich an dem aufschlussreichen Beispiel. Das *Exempel,* von dem die Kinder zunächst nicht wissen, dass es zum Exempel wird, regt neue Überlegungen, Fragestellungen und Vermutungen an. Es wird gleichsam zu einem wachsenden Kristall, der sich schließlich mit anderen Kristallen verbindet (vgl. Wagenschein 1976, S. 206 ff.) und in diesem Konnex Emotionen und Kognitionen steuert. Genetischer Unterricht bildet den konzeptionellen Rahmen ästhetischer Bildungsprozesse.

Eine Unterrichtsepisode kann vielleicht den Blick dafür öffnen, dass der Prozess ästhetischer Bildung in der biologischen Dimension des Sachunterrichts mehrere Akzentuierungen hat.[412] Er betrifft zumindest die Kultur des Schullebens und des Lernens und – im Blick auf die einzelnen Kinder

- die Beziehung zur Natur,
- die Art des Erschließens von Wirklichkeit und das Gewinnen eigener Vorstellungen,
- den Aufbau authentischen Wissens,
- das Entdecken ehrfurchtgebietenden Lebens und des Schönen,
- die Identitätsfindung in einer rational gestalteten Lebenswelt.

Die Unterrichtseinheit trägt den Titel *„Entstehung des Lebens – Entwicklung des Vogeleies“* (Rinke 1990). In dem hier gewählten Ausschnitt soll die dynamische Beziehung von sinnlicher Erfahrung und Wissenserwerb, von Emotion und Sachlichkeit sowie von Empathie und Respekt wenigstens andeutungsweise zum Vorschein kommen.

Der Student (L.) eröffnet den Zugang zu dem sensiblen Thema, indem er den Kindern (4. Schülerjahrgang) einige 20 bzw. 10 Tage bebrütete Hühnereier in die Hand gibt, die Eier mit den Kindern durchleuchtet und dabei zum genauen Beobachten auffordert. Die Kinder halten die Eier vorsichtig in der Hand, hören das Piepen, sehen die Embryonen in den Schalen und spüren die Bewegung des Kükens. Dazu einige Stellen nach dem Tonbandprotokoll:

---

412 Vgl. dazu Teil III; 1.2.2. Ausführlicher und in einem anderen Zusammenhang ist das Beispiel vorgestellt in Köhnlein 2006b. – Die nachfolgenden Ausführungen folgen der von Wolfgang Welsch formulierten Leitidee, „daß ästhetisches Denken heute in besonderer Weise zum Begreifen unserer Wirklichkeit fähig ist“: „Ästhetik [...] wird zu einem generellen Verstehensmedium für Wirklichkeit.“ (Welsch 1990, S. 7) Überschritten werden dabei Ansätze, die das Ästhetische auf Kunst, Musik und Literatur beschränken oder „Kultur“ auf die schönen Künste einengen. Ebenso wird durch die Beispiele gezeigt, dass die analytisch-experimentelle Denkkultur nicht im Gegensatz zu einer ästhetischen steht.

Florian: *„Oh, hier, guck mal, hier guckt ein Schnabel raus."*
Phasen des Durcheinanderredens: *„niedlich"*, – „schlüpft es gleich"? – „es piept ganz leise", – „Angelina, hör 'mal, ich halte es dir 'mal ans Ohr", – „lass es aber bloß nicht fallen, du", – „glaubst du, ich lasse so eine Kostbarkeit fallen?" – „I, das ist ja ekelig!" – „Nein, fass' es doch 'mal vorsichtig an, es tut dir nichts". Solche Phasen wechselten sich ab mit Momenten der absoluten Stille, in denen die Schüler gelegentlich flüsterten: „Ja, es piept ganz leise", – „seid doch 'mal ruhig, ich hör sonst nichts", – freudig: „Ja, es hat im Ei gekratzt und es knackt!"

Beim Durchleuchten der 10 Tage bebrüteten („halbleeren") Eier konnten die Kinder kräftige Blutadern und lebhaft sich bewegende Embryonen erkennen. *„Ja ... da, es zuckt so,* es *lebt ... wo ist denn der Schnabel?" – „Wann schlüpfen denn die halbleeren Eier?"*

Im anschließenden zweiten Unterrichtsabschnitt tauschen die Kinder ihre Eindrücke aus und berichten über ihre Beobachtungen:

Nicole: *„Wann könnte ungefähr das eine Küken schlüpfen, das schon das Loch drin hat?"*
L.: *„Das dauert vielleicht noch ein paar Stunden, aber vielleicht können wir jetzt erst einmal beschreiben, was wir gesehen haben, als wir uns die Eier angeguckt haben."*
Harald: *„Die Küken wollten raus aus den Eiern".*
L.: *„Sagst du das bitte noch einmal laut".*
Harald: *„Also, die Küken wollten aus den Eiern schlüpfen".*
Nicole: *„Und das eine Küken, das hat schon gegen die Eischale gehauen, damit es raus will, aber das dauert vielleicht noch ein bißchen, und die haben auch immer so gequietscht und so".*
Kathrin: *„Das Küken, das war noch ganz klein und wenn das Ei dann voll ist, dann platzt es und dann ist es draußen."*
Nina: *„Da war ein halbleeres Ei mit dabei und da war das Küken noch nicht so groß, aber das hat sich schon bewegt, als Sie die Lampe dagegengehalten haben".*
Marc-Andre: *„Wann schlüpfen denn die Küken von dem halbleeren Ei?"* (S. 91 f.)

In einem dritten Abschnitt schließlich schreiben die Kinder in Gruppenarbeit ihre Fragen auf, die dann im Sitzkreis behandelt werden. Es wird im Gespräch geklärt, wie sich das Küken im Ei ernährt, welche Funktion die sichtbaren Blutadern und die Nabelschnur haben. Das Wort „Embryo" wird eingeführt und geübt, die Poren in der Eischale werden entdeckt und ein Schüler (Andre) erklärt was Sauerstoff ist: *„Es ist in der Luft, man atmet es und es ist lebensnotwendig."* (Rinke 1990, S. 99)

In diesem kurzen Unterrichtsausschnitt kommt nicht nur die produktive Wechselwirkung zwischen emotionaler Betroffenheit und sachlicher Begrifflichkeit zum Ausdruck, sondern vielleicht auch ein wenig jener geistige Formungsprozess, der primär durch die diskursive Suche nach Erkenntnis und nach einem ästhetischen Urteil gefördert wird.

Das Unterrichtsbeispiel zeigt eine klare, für die Kinder leicht mitvollziehbare Strukturierung:

- originale Begegnung und ein sachbezogener freier Umgang mit dem Gegenstand,
- das auf Verstehen angelegte Gespräch, das weiterführende Akzente setzt und das den Freiraum gibt, in dem sich ein eigener Sachbezug entfalten kann,
- Formulierung und Klärung von Fragen.

Indem das Phänomen „in die Hand der Kinder" gelegt wird, sind verschiedene Sinne direkt angesprochen (Fühlen, Hören, Sehen), dadurch ist es leichter, eine affektiv-positive Beziehung aufzubauen. So wird von einer „Kostbarkeit" gesprochen, was eine starke emotionale Einfühlung zeigt. – Aber das Phänomen wurde den Kindern auch insofern in die Hand gelegt, als es nun an ihnen war, herauszufinden, was mit den Eiern bzw. den Küken passiert. Durch die unmittelbare Konfrontation mit dem Phänomen (körperliche und geistige Berührung) haben sie das Bedürfnis, sich mit anderen Kindern darüber auszutauschen, Beobachtungen zu vergleichen, Vermutungen zu äußern. Dadurch werden die Aussagen immer genauer:

> „Ja, es piept ganz leise". – „Ja, es hat im Ei gekratzt und es knackt!" – „ ... Es zuckt so, es lebt ...". – „... Das eine Küken ... hat schon gegen die Eischale gehauen ... die haben ... so gequietscht ...". – „Das Küken ... war noch ganz klein". – „Da war ein halbleeres Ei ... da war das Küken noch nicht so groß ...".

Die Erkundungen werden allmählich in Zusammenhang gebracht; das führt zu Vermutungen: „Die Küken wollten ‚raus aus den Eiern". – Nicole und Kathrin begründen die schon von Harald geäußerte Vermutung, dass das Küken aus dem Ei will, mit ihren Beobachtungen.
An diesen Stellen zeigt sich, dass das Schlüpfen der Küken durch die Erkundung mit Hilfe der verschiedenen Sinne in ursprünglicher Weise als notwendig begriffen werden kann. Durch die Kombination von Untersuchung und Vermutung wird das Verstehen initiiert und gefördert. Mit der am Phänomen orientierten heuristischen Erklärung haben wir zugleich ein Beispiel für den Ansatz des *„ursprünglichen Verstehens"*.
Die Frage „Wann schlüpfen denn die halbleeren Eier?" spiegelt das unmittelbare Interesse der Kinder und den Sog des Phänomens. Nicht nur der augenblickliche Zustand interessiert, auch die Entwicklung und das Schicksal dieser Küken wird hinterfragt.
Durch die Präsentation der verschiedenen Entwicklungsstadien (unterschiedlich lang bebrütete Eier) ist Kathrin in der Lage vorauszusehen, wie die Entwicklung fortschreiten wird: Irgendwann passt das Küken nicht mehr in das Ei und die Schale platzt.

Das schwierige Wort „Embryo“ kann nun von den Kindern sinnvoll mit Bedeutung gefüllt werden, da sie den Sachverhalt unmittelbar und intensiv wahrgenommen haben. Hier erleichtert es die sinnliche Erfahrung, von der Umgangssprache zur Fachsprache zu gelangen.

Wahrnehmungsintensive Erfahrungen fordern den Aufbau von Vorstellungen, Bewertungen und Begriffen heraus. *Begriffsbildung* beginnt in der Auseinandersetzung mit dem Sachverhalt und hat mit der Übernahme der richtigen Bezeichnung einen ersten Abschluss. Als ein Akt präzisierender und zugleich verallgemeinernder geistiger Konstruktion überschreitet sie notwendig das, was vor den Sinnen und zu Händen ist.

Die Kinder werden in diesem Beispiel für ein Naturphänomen sensibilisiert und können es schließlich als sinnvoll in ihre Denkstrukturen eingliedern. Nicht nur bei der nächsten Begegnung mit einem Küken oder einem brütenden Vogel, sondern darüber hinaus und generell bei dem Phänomen Geburt werden Erinnerungen an diese Episode noch vorhanden sein.

Der skizzierte Verstehensprozess lässt sich in folgenden Phasen nachvollziehen:

a) Einlassen auf das Phänomen, beobachten und untersuchen,
b) Beunruhigung darüber, dass das Phänomen nicht aus dem vorhandenen Wissen zu erklären ist und überraschende Momente in sich trägt,
c) Suchen nach einer Erklärung, äußern von Vermutungen (Harald, Nicole und Kathrin vermuten, dass die Küken aus dem Ei wollen, weil sie sich so stark bewegen),
d) Überprüfung der Vermutung und Aufbau von Begriffen,
e) Integration neuer Einsichten in die Denkstruktur und Festigung neuer Begriffe.

Der eingangs genannte *Prozess ästhetischer Bildung* bezieht sich in dem Beispiel insbesondere auf

- eine konzentrierte Aufmerksamkeit und gegenseitige kommunikative Anregung bei der engagierten Erkundung von Sachverhalten und den freundschaftlich-partnerschaftlichen Umgang in der Klasse,
- die genaue Auffassung des Gegebenen, die „zarte Empirie, die sich mit dem Gegenstand innigst identisch macht“ (Goethe) und die Intensität der originalen Begegnung (H. Roth 1960) mit dem Vorgang des Geborenwerdens,
- das Gewinnen von Vorstellungen, die sich nicht aus begrifflich gefassten Belehrungen herleiten, sondern aus Wahrnehmungen und Fragen, aus Intuition und Konstruktion oder aus dem Gefühl der Evidenz,
- die Grundlegung eines durch sinnliche Erfahrung authentischen Wissens, das in der Gruppe kritisch geprüft, bewertet und dadurch vor bloßer Subjektivität bewahrt wird,
- die Selbsterfahrung in der Überwindung von Ekel, im wachsenden Gefühl des Könnens und im Durchbruch zu aufgeschlossener Sachlichkeit.

Wahrnehmungen haben eine affektive, vorrationale Erlebnisqualität; sie sind ursprünglicher als Deutungen. Entscheidend für das Lernen ist, dass die Kinder durch gemeinsames Bemühen im Regelkreis von sinnlicher Erfahrung, Denken, Erkunden und Urteilen zu eigenen Einsichten kommen. Der Prozess der ästhetischen Bildung ist im Sachunterricht an die Offenheit[413] für die sachbezogenen Überlegungen und Vorschläge der Kinder und an die Freiheit für individuelle Ideenfindung und geistige Produktivität geknüpft. Diese *Erfahrung von Offenheit und Freiheit* wird möglich, wo das Individuum im wechselseitigen Austausch, in dem sich Menschen über Situationen und Sachverhalte verständigen, nach eigener Entscheidung, Einsicht und Vernunft urteilen und handeln kann. Damit wird das *Gespräch* zum dominanten Medium ästhetischer Bildung, in der – nach Schiller – Sinnlichkeit und Vernunft zugleich wirksam sind (Schiller o.J., S. 238). Die Unterrichtseinheit steht in bewusstem Kontrast zur Aufzucht und Haltung von Hühnern unter den keineswegs heilen „industriellen" Bedingungen der Massentierhaltung, von der auch Kinder durch Medien erfahren und die sie vielleicht ansprechen. Auch die Grundschule sollte solchen Spannungen, die gesellschaftliche Probleme und Diskussionen betreffen, nicht ausweichen. Es ist u.U. eine große Herausforderung für Lehrerinnen und Lehrer, Emotion und Sachlichkeit, Information und Engagement in einem ausgewogenen Verhältnis zu halten und den Kindern die Schwierigkeiten eines vertretbaren Urteils bewusst zu machen.

8.5 Inhaltliche Fülle und curriculare Strukturen

8.5.1 Biologische Bezüge

[1] Das Kennenlernen von Pflanzen im Umfeld des Wohnortes sowie von Tieren und deren besondere Merkmale und Verhaltensweisen gehörte seit Gründung der Grundschule zu den bevorzugten Inhalten der Heimatkunde und später des Sachunterrichts.[414] Einen Überblick über die „Situation der Grundschulbiologie" in der BRD kurz nach dem Erscheinen der ersten Richtlinien und Lehrpläne zum Sachunterricht am Anfang der siebziger Jahre gibt Dieter Eschenhagen. Als neue Inhalte nennt er z.B. Sexualerziehung und Umweltschutz. Zusammenfassend stellt er fest,

> „dass die Richtlinien es offenbar für angemessen halten, in der Grundschule die meisten ‚Grundphänomene des Lebendigen' oder ‚Grundsachverhalte der Biologie' in einem ersten Durchgang bereits in den geistigen Horizont der Schüler zu rücken. So geht es

---

413 Offenheit heißt nicht „gewähren lassen", sondern meint die Ermutigung zur freien Entfaltung von Gedanken und Vorschlägen; sie ist Voraussetzung für „produktive Findigkeit".

414 Vgl. dazu die Auswahl von Beiträgen aus der Zeit von 1919 bis 1976 in J. Knoll (1979): Biologieunterricht in der Grundschule. Bad Heilbrunn

um das Phänomen ‚Vielfalt der Formen – Einheit der Grundmuster', die Grundsachverhalte ‚Stoff- und Energiewechsel', ‚Fortpflanzung', ‚Zusammenhang Bau und Funktion', ‚Umweltbeziehungen'. Kaum angesprochen werden die Grundsachverhalte ‚Konstanz des Erbgutes', ‚Wandel des Erbgutes – Evolution' und ‚Zelligkeit'." (Eschenhagen 1979, S. 104)

Nach Eschenhagen müsste ein Biologielehrer im fünften Schuljahr darauf bauen können, „dass seine Schüler

- für den Biologieunterricht (noch) besser motiviert sind als bisher,
- mit den wichtigsten Lebewesen der Umgebung des Schulortes vertraut sind,
- wesentliche Problemstellungen der Biologie und wichtige Merkmale des Lebendigen kennen,
- eine Reihe biologischer Grundbegriffe beherrschen,
- an den sachgemäßen Umgang mit Lebewesen gewöhnt sind und ihre Neigung zu anthropomorphistischen Deutungen z.T. überwunden haben,
- wichtige Verfahren der Biologie, vor allem die experimentelle Problemlösung, kennen,
- mit wichtigen Arbeitsmitteln der Biologie umgehen können,
- die vielfältige Verflechtung der Lebewesen mit der unbelebten und belebten Umwelt an Beispielen kennengelernt haben,
- die Abhängigkeit des Menschen von der Natur und seine Herrschaft über die Natur an Beispielen reflektiert haben." (A.a.O., S. 110 f.)

Außerdem sollten auch ökologische Probleme „bereits in der Grundschule berührt" werden. Nachdrücklich plädiert Eschenhagen für ein schulstufenübergreifendes Spiralcurriculum. Das bedeutet, Inhalte des Sachunterrichts in der Sekundarstufe „unter dem Aspekt und unter Benutzung neuer Objekte den Schülern erneut interessant zu machen" (S. 111).
Bemühungen um schulstufenübergreifende Curricula scheitern bisher an der Abgrenzung der Schularten und an Eigenheiten in den einzelnen Bundesländern. Sie müssten aber auch berücksichtigen, dass der Sachunterricht nicht einem „Bündelmodell" getrennter Fachbezüge folgen kann, also nicht einer Verlängerung der Fächer der Sekundarstufe „nach unten", sondern seine Fruchtbarkeit für die Grundlegung der Bildung wesentlich aus seinem exemplarisch-vielperspektivischen Zugriff auf die Sachen gewinnt. Deshalb erscheinen die Fachbezüge im Sachunterricht als Dimensionen oder miteinander verknüpfte Aspekte und Perspektiven. Die Erarbeitung durchgängiger Curricula ist ein herausforderndes, umfassendes Forschungs- und Entwicklungsdesiderat, das eine koordinierte Zusammenarbeit der Fach- und Stufendidaktiken erfordert. Der Perspektivrahmen Sachunterricht (GDSU 2002) war immer auch als initiierender Anstoß gemeint.

[2] Vorschläge für Inhalte des Sachunterrichts und seiner Dimensionen müssen reichlicher sein als das, was in einer Klasse unter dem gegebenen Zeitkontingent

erarbeitet werden kann. Erst dadurch entstehen Spielräume für Entscheidungen, welche dann auch die jeweiligen Gegebenheiten der einzelnen Schule und Lerngruppe berücksichtigen, primär aber den Kriterien für eine verantwortbare Stoffauswahl folgen (vgl. Teil I; 1.2.2) und exemplarische Vertiefungen vorsehen. Dabei sind für die biologische Dimension des Sachunterrichts morphologische oder taxonomische Systematiken noch nicht maßgeblich. Am Anfang steht das, was den Kindern möglichst unmittelbar zugänglich ist. Systematiken haben später die Funktion des Ordnens von schon Bekanntem.

Als *Inhaltsbereiche* und Orientierungen – immer offen für neue Akzentuierungen – seien genannt

- *Tier- und Pflanzenarten* im Erfahrungshorizont der Kinder (Gestalt oder Form, Fortbewegung, Sinneswahrnehmung, Lebensraum und Angepasstheit, typische Verhaltensweisen) kennenlernen und – wesentlich nach dem Erscheinungsbild – als Säugetiere, Vögel, Fische, Insekten, Spinnen, Reptilien, Krebse, Muscheln, Würmer bzw. als Bäume, Sträucher, Kräuter, Blumen, Gräser, Farne, Moose, Algen ... oder als Pilze zuordnen können.
- *Entwicklungs- und Lebenserscheinungen* und -bedingungen von Menschen, Tieren und Pflanzen erkennen und vergleichen: Körperbau von Menschen, Wirbeltieren und Insekten; Keimung, und Wachstum sowie Aufbau und Bestandteile von (höheren) Pflanzen.
- *Auffällige Kennzeichen des Lebendigen* entdecken (Bewegung, Nahrungsaufnahme, Verdauung und Atmung als Stoffwechselprozesse, Wachstum und Entwicklung, Reizbarkeit, Fortpflanzung und Vererbung) und unterscheiden zwischen Erscheinungen der belebten und der unbelebten Natur.
- *Methoden* biologiebezogenen Arbeitens (vgl. Teilkapitel 8.2) sowie Regeln für die Haltung und Pflege von Tieren kennenlernen, erproben und einüben.
- *Interpretationsmuster für Lebensprozesse* erarbeiten, z.B. Nahrungskette (Produzenten, Konsumenten, Destruenten), Kreislauf, Entwicklungszyklus, Lebensraum und Lebensgemeinschaft (Biotop, Ökosystem, Symbiose).
- *Gesetze und Regelhaftigkeiten* der unbelebten Natur als Bedingungen für Lebensprozesse und -zyklen erkennen, z.B. Klima und Jahreszeiten, Tag und Nacht, Ebbe und Flut.
- *Einblicke in die Beziehungen des Menschen zu seiner belebten Umwelt* sowie in die *Bedeutung von Tieren und Pflanzen für den Menschen* (Haus- und Nutztiere, Zier- und Nutzpflanzen), z.B. als Grundlage für Ernährung und Bekleidung, gewinnen und Beispiele für deren Gefährdung durch menschliche Eingriffe kennen und bewerten.
- *Naturwissenschaftsbezogene und ethische Gründe für einen verantwortlichen Umgang mit den Ressourcen der Natur* (z.B. Begrenztheit von Populationen und der

Regenerationsfähigkeit) und für den Schutz von Tieren und Pflanzen (Bedeutung der Artenvielfalt, Lebensrecht von Tieren) erfassen.

Eine naheliegende Vernetzung der biologischen mit der historischen und auch der geografischen Dimension ermöglichen Thematiken wie „Saurier" oder „Archaeopteryx" (vgl. Feige 2004). Aber auch hier geht es nicht darum, Spezialkenntnisse aufzubauen. Die allgemeine und über das Biologische hinausgreifende Einsicht bezieht sich vielmehr darauf, dass Veränderung stattfand und stattfindet, die Aufstieg und Niedergang einschließt, und dass das, was wir gegenwärtig vorfinden, Ergebnis einer *evolutionären Entwicklung* ist.

8.5.2 Gesundheits- und Sexualerziehung

[1] In Verbindung mit medizinischen und hauswirtschaftlichen Bezügen gehören zur biologischen Dimension auch Anfänge der *Gesundheits- und Sexualerziehung* sowie eine Einführung in Regeln einer *gesundheitsfördernden Ernährung und Lebensführung*. Erziehung und Bildung geschehen im Sachunterricht durch Auseinandersetzung mit Sachen: Die Kinder sollen nicht nur befähigt werden, gesund zu leben und zunehmend Kontrolle über ihre Lebensbedingungen und das eigene Verhalten zu gewinnen, sondern solche Verhaltensdispositionen auch zu reflektieren. Dabei bedürfte der Begriff der *Gesundheit* einer eigenen Erörterung.[415]

> In der Literatur finden sich für Gesundheit Merkmale wie: sich wohlfühlen, sich frei bewegen können, guten Appetit haben, arbeiten können, belastbar zu sein, normal in seinen Funktionen sein und daher keinen Arzt aufsuchen müssen und im Fall einer Verletzung rasch wieder zu gesunden, aber auch sich auf eine wechselnde Umgebung einstellen können.

Ist Gesundheit eines Menschen Funktionstüchtigkeit seiner Organe und des Organismus im Ganzen? Und wie ist der Zweck dieser Funktionstüchtigkeit bestimmt? Liegt er beim Individuum oder bei der Gesellschaft? Die Medizin und die Biologie neigen dazu, Gesundheit mit „Normalität" gleichzusetzen. Aber wodurch ist diese Norm festgelegt? Wenn man von spezifisch Menschlichem absieht:

---

415 H. Giest und K. Hintze stellen dem konventionellen einen salutogenetischen Gesundheitsbegriff gegenüber: „Hierbei ist von besonderer Bedeutung, dass Gesundheit nicht als Schicksal, sondern als aktiv durch Handeln beeinflussbar aufgefasst wird." Der Vorzug des dynamischen Gesundheitsbegriffs wird darin gesehen, dass diametrale Gegensätze (gesunde vs. ungesunde Ernährung oder Lebensweisen) zugunsten eines ausgewogenen Verhaltens aufgehoben werden (Giest/ Hintze: Zur Entwicklung des Gesundheitsbegriffes im Grundschulalter. In: Lauterbach u.a. (2009), S. 245–252). Aber auch für ausgewogenes Verhalten müsste klar sein, wie Verhaltenselemente zu gewichten und welcher Waagschale sie zuzuordnen sind. Denn in der Gesundheits-, besonders aber in der Ernährungsforschung bestehen offenbar noch viele Unsicherheiten, schon deshalb, weil Studien in diesem Bereich von vielen kaum messbaren Einflüssen abhängig und immer wieder auch widersprüchlich sind.

„Durch die Überlebensfähigkeit in der gegebenen Umwelt, also ... durch die Angepaßtheit an die Umwelt. Die Norm eines Lebewesens ist nichts isoliert Bestehendes, sondern sie gehört zu einer bestimmten Umwelt und innerhalb dieser Umwelt zu einer ‚ökologischen Nische'." (v. Weizsäcker 1974, S. 325). Gesundheit eines Individuums oder einer Spezies heißt dann: optimale Angepasstheit an die Bedingungen des Lebens in einer gegebenen Umwelt.
Der Mensch ist ein anpassungsfähiges und seine Umwelt gestaltendes Wesen, deshalb werden zu seiner Gesundheit die Kraft und das Vermögen gehören, immer neue Anforderungen des menschlichen Lebens aktiv aufzunehmen, Widerstände zu überwinden und Neues zu wagen, d.h. so zu handeln, wie die Lebensbedingungen es erfordern und diese Bedingungen selbst zu verändern. Wir Menschen sind in unsere Umwelt eingebunden, aber wir spielen in ihr die Rolle von Subjekten.

Wir wissen aus Erfahrung, dass aktuell notwendige Anpassung u.U. schwer ist und in bedrohende Krisen führen kann. Unsere Gesundheit ist gefährdet, wenn sich die Bedingungen unseres Lebens so schnell und grundlegend verändern, dass unsere Anpassungsfähigkeit oder -bereitschaft dauerhaft überfordert ist. Das trifft immer wieder auch für Kinder zu, z.B. wenn ihre subjektive Leistungsbereitschaft oder -fähigkeit und erzwungenes Lernen auseinanderlaufen und deshalb das Interesse („Dabei-Sein") verloren geht und sie nicht mehr „mitkommen". In anderen Fällen erscheint eine Unangepasstheit mitunter als Krankheit, obwohl sie auf bewussten Entscheidungen der Verweigerung beruhen kann („Dissident").

Gesundheit und Krankheit sind also nicht nur „Zustände" des menschlichen Individuums, betrachtet auf der Ebene der Persönlichkeit und des Organismus, es sind auch Zustände, die in der jeweiligen Kultur und in der sozialen Struktur der Gesellschaft gewertet und institutionell anerkannt werden. Das soziale Umfeld spielt eine bedeutende Rolle für die Einschätzung der Gesundheit, und der Komplex Gesundheit vs. Krankheit ist über ein Normensystem in die gesamte Kultur eingebettet, wobei innerhalb der Gesamtgesellschaft in den einzelnen Subkulturen verschiedene Einstellungen vermittelt werden.

Dass Gesundheit nicht nur ein subjektives oder privates Phänomen ist, sondern auch ein gesellschaftliches, sieht man schon daran, dass sie durch gesellschaftliche Bedingungen (erzwungene Arbeitsbedingungen, Umweltbelastungen) gefährdet werden kann, und dass z.B. Dauerkonflikte durchaus gesundheitliche Folgen (insbesondere auch im psychischen Bereich) haben können. Umgekehrt hat die Gesellschaft nicht nur ein legitimes Interesse an der Gesundheit ihrer Mitglieder, sondern auch eine diesbezügliche soziale Verpflichtung, in die auch die Schule eingeschlossen ist.

Ein ganz anderer Ansatz als der naturwissenschaftliche, der in Bezug auf Gesundheit von Begriffen wie (empirisch ermittelter) Normalität und Funktionstüchtigkeit ausgeht, ist in dem weitgreifenden Postulat der Weltgesundheitsorganisation (WHO, 1948) zu erkennen. Gesundheit wird dort politisch-emanzipatorisch gefasst; sie bezeichnet einen *Zustand des vollkommenen körperlichen, geistig-seelischen und sozialen Wohlbefindens* und nicht allein das Fehlen von Krankheit und Gebrechen. Das für jeden Menschen erreichbare Höchstmaß an Gesundheit gehört demnach zu seinen Grundrechten.

Durch die Bestimmung der WHO ist die Möglichkeit eröffnet, organisch nicht begründbare Beschwerden in den Krankheitsbegriff einzubeziehen, also z.B. psychosomatische Reaktionen auf gesellschaftlichen Druck. Solche Reaktionen vermuten wir etwa bei (wirklichen oder vermeintlichen) Diskriminierungen. Man denkt dabei an bestimmte Gruppen von Ausländern, an auffällige Schüler u.a. Psychosomatische Folgen können eintreten wo ein individuelles Anspruchsniveau (Selbstkonzept oder Leistungsfähigkeit) nicht mit den wirklichen Gegebenheiten oder den Erwartungen von außen übereinstimmt, wie wir es bei vielen (nicht unbedingt schlechten) Schülern finden, also dort, wo Erfolge erwartet werden, die sich nicht einstellen, oder wo das Individuum seine Interessen und Ansprüche nicht adäquat einbringen kann.

Gesundheit ist also mehr als frei zu sein von Krankheit und Leiden; neben den physischen Bezug tritt gleichberechtigt der soziale und metaphysische, neben den objektiven Befund das subjektive Befinden. Gesundheit ist schließlich ein gesellschaftlich erwünschter Idealzustand. Durch das Bestreben, bestmögliche Annäherungen zu erreichen, gewinnen die Medizin wie auch entsprechende pädagogische Bemühungen ihre soziale und ethische Zielbestimmung. Ein erweiterter Gesundheitsbegriff kommt pädagogischen Intentionen insofern entgegen, als er auch auf Haltungen und Verhaltensbereitschaften zielt, die erlernt oder doch durch Erziehung beeinflusst werden können. Mit dem Ziel der Befähigung zu einem gesundheitsförderlichen Handeln sollen erzieherische Maßnahmen Wissen, Fertigkeiten und Einstellungen vermitteln.
Richtiges Verhalten im Hinblick auf die Gesundheit sollte schon in der Vorschulzeit angebahnt werden. Der Unterricht unterstützt Grundschulkinder, sich möglichst frühzeitig und selbstständig ein gesundheitsgerechtes Verhaltensrepertoire anzueignen, das ihnen hilft, aktuelle und spätere Risiken erfolgreich zu bewältigen. Dazu gehört

- gesundheitsförderliche Verhaltensweisen zu stärken und vorhandenes Wissen zu erweitern,
- fehlerhafte Informationen zu korrigieren und falsches Verhalten abzubauen,
- elementare gesundheitsorientierte Verhaltensweisen zu vermitteln und einzuüben.

Diese Aufgaben sollte die Schule in Kooperation mit den Eltern wahrnehmen. Ziel sollte es sein, Möglichkeiten und Maßnahmen zu finden, die einer Zusammenarbeit aller Beteiligten förderlich sind, also Elternhaus, Kindergarten, Schule, Sportvereine und Institutionen des Gesundheitswesens. Der Erfolg wird wesentlich von der Kontinuität und von der gesellschaftlichen Unterstützung der Bemühungen abhängen.

Als unmittelbare Lehr- und Lernaufgaben sind insbesondere zu nennen

- der Körper von Jungen und Mädchen in seiner Entwicklung und die Bezeichnung der Körperteile,[416]
- wichtige Bedürfnisse und Funktionen des Körpers (z.B. Ernährung, Anspannung und Erholung, Schlaf), des Skeletts (Haltungsschäden) und der Gelenke sowie einiger Organe (z.B. Herz und Lunge),
- Sinne und Sinnesleistungen, Schutz der Sinnesorgane,
- geschlechtsspezifische Unterschiede, Sexualität, Fortpflanzung, Schwangerschaft und Geburt,
- Gesundheit und ihre Gefährdung, Körperhygiene und Zahnpflege, häufige Krankheiten und entsprechende Schutzmaßnahmen; einfache Regeln für Erste Hilfe,
- Medikamenten- und Drogenkonsum sowie Suchtprophylaxe,
- richtige Ernährung, bekömmliche Nahrungsmittel und ausgewogene Mahlzeiten.

Naheliegend ist eine Verbindung der Gesundheitserziehung mit Fragen der Ernährung, von Arbeit und Freizeit (Arbeitsrhythmen, Arbeitsbedingungen und Arbeitsplatz, Ruhe und Erholung), des Abbaus von Stress und Aggression, der Sicherheit (Unfallverhütung, Schutz vor Gewalt) aber auch mit Problemen der Umweltbelastung und -verschmutzung.

[2] *Sexualerziehung* sollte auf die körperlichen und seelischen Veränderungen in der Pubertät vorbereiten, über Gefahren von Pornografie, sexuellen Übergriffen und von Missbrauch informieren und Verhaltensrichtlinien erarbeiten. Wichtig ist dabei die Unterscheidung von Vulgär- und Fachsprache. Der notwendigen Sensibilität im Umgang mit solchen Inhalten lässt sich auch dadurch Rechnung tragen, dass Anlässe situationsbezogen aufgegriffen, Unterrichtsthemen um Fragen der Kinder zentriert und Intimgrenzen gewahrt werden.
Bestimmend ist die Frage nach dem anthropologischen Ort der Sexualität: Sie wird als zum Menschen gehörend begriffen, d.h. Sexualerziehung grenzt die Sexualität nicht als einen Sonderbereich ab, sondern integriert sie in die gesamte Erziehung und Persönlichkeitsentwicklung.
Eingang in alle Schulstufen fand dieser Auftrag aufgrund der „Empfehlungen zur Sexualerziehung" der Ständigen Konferenz der Kultusminister (KMK) von 1968. Dort heißt es:

> „In der Schule sollen die Schülerinnen und Schüler zu den Fragen der menschlichen Sexualität ein sachlich begründetes Wissen erwerben. Dieses Wissen soll es ihnen ermög-

416 Vorschläge nach Maßgabe der Prinzipien des entdeckenden Lernens und des offenen Unterrichts haben E. Klewitz und H. Mitzkat vorgelegt: In: Die Grundschule, 6. Jg. 1974, S. 356–365 (Skelett des Menschen) und 8. Jg. 1976, S. 675–681 (Sinnesorgane).

lichen, auf diesem Gebiet Zusammenhänge zu verstehen, sich angemessen sprachlich auszudrücken und sich ein Urteil auch über schwierige und ungewöhnliche Erlebnisse zu bilden. Sexualerziehung soll dazu beitragen, daß die jungen Menschen ihre Aufgaben als Mann und Frau erkennen, ihr Wertempfinden und Gewissen entwickeln und die Notwendigkeit einer sittlichen Entscheidung einsehen."

Nach dieser Maßgabe ist eine Reduktion auf biologische Tatsachenvermittlung nicht ausreichend. Vielmehr müssen neben biologischen und medizinischen Gesichtspunkten auch psychologische, soziologische, ethische und juristische, u.U. aber auch weltanschauliche Berücksichtigung finden. In der Grundschule geht es schwerpunktmäßig

- um eine natürliche und angstfreie Beziehung zum eigenen Körper,
- um die altersentsprechende Beantwortung der Fragen von Kindern, z.B. nach der körperlichen Ausstattung von Jungen und Mädchen oder nach der Herkunft und Entstehung von Kindern,
- um die Vorbereitung auf die körperlichen und seelischen Umstellungen in der Pubertät.

Wichtige Themenbereich sind demnach
- Unterschiede der Geschlechter, Mann und Frau,
- geschlechtliche Reifung,
- Zeugung, Schwangerschaft und Geburt, Mutterschaft,
- Ehe, Partnerschaften und Familie,
- Verhalten gegenüber Außenstehenden, auch aus dem Bekanntenkreis.

Der Unterricht muss in jedem Fall der geistigen, körperlichen, psychischen und moralischen Entwicklung der Kinder angemessen sein und mit pädagogischem Takt geführt werden. Zugleich muss jede Information sachlich korrekt sein, sodass das Kind selbst und das weiterführende Lernen auf den erarbeiteten Grundlagen aufbauen können, ohne sie inhaltlich revidieren zu müssen. Auch die Auswahl der *Medien* (Texte, Fotos, Zeichnungen, Filme) muss diesen Kriterien entsprechen. Von besonderer Bedeutung ist in diesem Zusammenhang die *Sprache*. Vielen Kindern (und manchen Erwachsenen) sind für den Sexualbereich nur Ausdrücke der Vulgärsprache bekannt. Hier ist es Aufgabe der Schule, den Kindern die Fähigkeit zu vermitteln, sich situationsgerecht sprachlich zu äußern (z.B. beim Arzt).
Sexualerziehung in der Schule wurde von einer Minderheit der Eltern immer abgelehnt und z.T. auch politisch missverstanden. Das Bundesverfassungsgericht hat 1977 festgestellt, dass Sexualerziehung als Teil der schulischen Erziehung anzusehen ist und als „fächerübergreifender Unterricht nicht von der Zustimmung der Eltern abhängig" ist. Zugleich hat das Gericht jede Indoktrinierung verboten. In einer pluralistischen Gesellschaft dürfen im Unterricht der Pflichtschulen wissenschaftlich gesicherte Fakten nicht einseitig interpretiert werden; Normen sexuel-

len Verhaltens bleiben in der Entscheidungsfreiheit der Einzelnen. Die Lehrenden haben nach diesem Urteil Freiheit in der Wahl der Methoden und Medien. Die Eltern haben einen Anspruch auf rechtzeitige Information über geplante Unterrichtsinhalte und -verfahren. „Eine Mitbestimmung der Eltern bei der Ausgestaltung der schulischen Sexualerziehung aufgrund Art. 6 Abs. 2 GG ist jedoch zu verneinen." (Urteil BVG vom Dezember 1977)
Die Erziehung der Kinder ist primär eine Aufgabe der Eltern; die Schule wirkt dabei aufgrund ihres Erziehungsauftrages unterstützend und ergänzend mit. Ein *tragfähiges Vertrauensverhältnis* ist von entscheidender Bedeutung für den Erziehungserfolg. Gerade in jenen Bereichen, die in einem gewissen Sinn weltanschaulich bedeutsam sind, ist eine kritische Solidarität zwischen Elternhäusern und Schule im Interesse der Kinder erstrebenswert.

9 Kinder und Umwelt: die ökologische Dimension

9.1 Ökologie, Nachhaltigkeit und Langzeitverantwortung

Mit *Ökologie* (*oikos*: Haus, Haushalt; *logos*: Lehre) ist zunächst die Lehre vom „Haushalt der Natur" als Teildisziplin der Biologie bezeichnet; heute umfasst der Begriff die gesamte Wissenschaft von den Wechselwirkungen der Organismen mit ihrer Außenwelt, eingeschlossen der Stoff- und Energiehaushalt der Biosphäre. In dem Maße, in dem der *Mensch* als Kulturwesen, als Nutzer und Gestalter seiner Umwelt einbezogen wurde, verlor die Ökologie den Charakter einer rein naturwissenschaftlichen Disziplin und nahm verstärkt Erkenntnisse der Philosophie (Ethik) sowie der Sozialwissenschaften auf. Damit kommen Wertvorstellungen, -begriffe und -kriterien ins Spiel, also normativ begründete Forderungen, die nicht nur an den (gegenwärtigen) Bedürfnissen des Menschen orientiert sind, sondern nach den Grenzen unserer Freiheit im Umgang mit der Natur fragen, und die verlangen, dass sich der Mensch durch maßvollen Ressourcengebrauch in das ökologische Gleichgewicht einfügt.
Zentrale Probleme beziehen sich auf die ökologische Vielfalt, das Verhältnis von Vielfalt und Stabilität sowie – davon abhängig – die Erhaltung der natürlichen Lebensgrundlagen. Eng damit verbunden sind Fragestellungen aus dem Natur- und Artenschutz, der ökonomischen Bedeutung von Ökosystemen sowie aus der Land- und Forstwirtschaft. Gewicht bekam der Gedanke, dass die Idee von einem unbegrenzten Wachstum korrekturbedürftig sei und dass die Natur Belastungen nur in begrenztem Maße vertrage ohne irreversible Schäden zu nehmen. International in das Bewusstsein einer breiteren Öffentlichkeit gedrungen sind solche

Gesichtspunkte durch die Warnung der amerikanischen Biologin Rachel Carson vor einem ungehemmten Pestizid-Einsatz und insbesondere durch das vom *Club of Rome* herausgegebene Buch *„Die Grenzen des Wachstums"* (Meadows u.a. 1973).[417] Seither tragen politische Aktivitäten wesentlich dazu bei, den Begriff der Ökologie generell in umweltpolitischen Zusammenhängen zu verwenden und mit pädagogischen Intentionen zu verbinden. Eine Leitfunktion hat dabei der Begriff der *Nachhaltigkeit (sustainability)* bzw. der *nachhaltigen Entwicklung (sustainable development)* gewonnen.

Meadows u.a. nannten fünf Entwicklungsbereiche mit globalen Folgen: die beschleunigte Industrialisierung, die Ausbeutung der Rohstoffreserven, die Zerstörung von Lebensräumen, das rapide Bevölkerungswachstum sowie die Unterernährung in vielen Ländern. Die Untersuchungen zeigten ein exponentielles Wachstum in diesen Bereichen seit dem Anfang des 20. Jahrhunderts. Dem stellten die Autoren, gestützt auf 99 miteinander verkettete Regelkreise, ein Modell des langfristigen Gleichgewichts gegenüber. Als Mindestanforderungen für ein globales *Gleichgewicht* sollten gelten:

1. „Kapital und Bevölkerung bleiben zeitlich konstant. Die Geburtenrate ist gleich der Sterberate, die Rate der Kapitalerzeugung gleich der Rate der Kapitalabnutzung.
2. Alle Zugangs- und Abgangsraten wie Geburten, Todesfälle, Investitionen und Verschleißwerte werden auf ein Mindestmaß beschränkt.
3. Die Größen von Kapital und Bevölkerung und das Verhältnis dieser beiden Größen sind den Wertmaßstäben der Gesellschaft angepaßt. Diese Größen können abgeändert und langsam sich den ergebenden neuen technologischen Möglichkeiten angepaßt werden." (Meadows u.a. 1973, S. 155 f.)

Mit Nachdruck betonten die Autoren, dass ein Gleichgewichtszustand dieser Art nicht Stagnation bedeute, vielmehr soll technologischer und gesellschaftlicher Fortschritt dazu beitragen Ungleichheit und Ungerechtigkeit mit dem Ziel eines sozialen Gleichgewichtes zu überwinden. Gleichwohl erschien die Aussicht auf ein „Nullwachstum" und auf tiefgreifende ökonomische Veränderungen unter unsicheren Prognosen wenig verheißungsvoll. Aber es war wohl dieses Buch, das trotz aller Kritik der Überzeugung von der Notwendigkeit eines weltweiten Umweltschutzes zum Durchbruch im öffentlichen Bewusstsein verholfen hat.

Mit dem Postulat der *Nachhaltigkeit* kommt ein gesellschaftliches Interesse ins Spiel, das wirtschaftlich und ebenso ethisch motiviert sein kann. Es bezieht sich zunächst darauf, dass regenerierbare Ressourcen nur in dem Maße genutzt werden dürfen, in dem Bestände nachwachsen. Das ursprüngliche Beispiel ist wohl die auf Dauerhaftigkeit angelegte Nutzung des Waldes. Im forstwirtschaftlichen Nachhaltigkeitsdenken kommen unmittelbar der ökonomische und der ökologische Aspekt zur Geltung: Bestände sollen zur kontinuierlichen Nutzung erhal-

---

417 R. Carson: Silent Spring (1962), Der stumme Frühling. München 1963 – Der genannte Bericht von Meadows u.a. ist die für ein breiteres Publikum herausgegebene Zusammenfassung der Studie Dynamics of growth in a finite world.

ten und zum Wohl künftiger Generationen bewahrt werden. Nachhaltigkeit als ökologisches Prinzip bedeutet, mögliche Probleme, die aus gegenwärtigem Handeln entstehen können, mitzudenken und schädliche Folgen zu vermeiden. Das Prinzip der Nachhaltigkeit gründet in der Sorge und in der Verantwortung für die Zukunft. Es öffnet den ethischen Bereich des Zwischenmenschlichen für die Bedürfnisse und Interessen späterer Generationen und erweitert die Verantwortlichkeit auf die gesamte Biosphäre.

Nachhaltigkeit als Prinzip des Umweltschutzes, der Generationengerechtigkeit und des globalen Ausgleichs wurde zu einem weltweiten Anliegen; der Begriff bekam eine universalisierende Leitfunktion. Bei international besetzten Gremien und Konferenzen[418] sowie in der öffentlichen Diskussion wurden zunehmend Probleme der Umweltbelastung und des drohenden Klimawandels einbezogen. Vor allem aber traten neben ökologische und ökonomische Zukunftsaspekte auch soziale: Ausgleichende Gerechtigkeit verlangt eine gleichberechtigte Teilhabe aller Mitglieder der Weltgemeinschaft unter dem Ziel einer auf Dauer zukunftsfähigen Gesellschaft. Notwendig wird dann für eine „gemeinsame Zukunft" nicht nur die „nachhaltige Nutzung" (Brundtland-Bericht 1987) erneuerbarer Ressourcen, sondern auch – insbesondere in den fortgeschrittenen Industrieländern – eine die gesamte Zivilisation betreffende Veränderung des Lebensstils, geleitet durch neue Wertvorstellungen. In der Schule soll eine *„Bildung für nachhaltige Entwicklung"* (BNE) einen umfassenden mentalen und kulturellen Wandel unterstützen.

„Nachhaltigkeit" ist seit Anfang der neunziger Jahre international der Leitbegriff der Umweltpolitik, wird aber seither in inflationärer Weise auf immer weitere Lebensbereiche bezogen. Gethmann/ Mittelstraß merken zu Recht an, dass man im Bereich der Holzwirtschaft gut nachvollziehen kann, was eine „nachhaltige" Wiederaufforstung bedeutet, dass es aber z.B. „kaum vorstellbar [ist], was ein nachhaltiger Energieverbrauch sein könnte" (2008, S. 8). Der weithin metaphorische Gebrauch des Begriffes verliere seine Anschaulichkeit, wo es nicht mehr um die

---

418 Zu nennen sind vor allem der Bericht der *Brundtland-Kommission* „Our common future" (1987); das *Kyoto-Protokoll* (1997), in dem völkerrechtlich verbindlich Zielwerte für den Ausstoß von Treibhausgasen festgelegt sind, und das 2005 in Kraft trat und bis 2012 bindend ist; die *UN-Konferenz über „Umwelt und Entwicklung"* in Rio de Janeiro (1992), auf der die „Agenda 21" zur Sicherung einer lebenswerten Welt beschlossen wurde (vgl. dazu de Haan 1999, bes. S. 81 ff.); der *UN-Weltgipfel für nachhaltige Entwicklung* in Johannesburg (2002), bei dem u.a. die Bedrohung der Artenvielfalt, die Überfischung der Meere, die Erhöhung des Anteils erneuerbarer Energien sowie die Entwicklung „nachhaltiger" Konsum- und Produktionsmuster zentrale Bedeutung hatte. Außerdem wurde beschlossen, die Bildungsanstrengungen zur Umsetzung von Nachhaltigkeitskonzepten zu verstärken. Mit diesem Ziel wurden die Jahre 2005 bis 2014 zur Weltdekade für nachhaltige Entwicklung erklärt. – Bei der *UN-Klimakonferenz in Kopenhagen* (2009) gelang es nicht, ein verbindliches Regelwerk für den Klimaschutz nach 2012 zu beschließen. Dabei geht es wesentlich um die Begrenzung der Erderwärmung auf 2°C im Vergleich zum vorindustriellen Niveau.

Restituierung eines stofflich gebundenen Verbrauchs geht. Dann läge es nahe, die normative Kernbedeutung des Nachhaltigkeitsbegriffs durch *„Langzeitverantwortung“* wiederzugeben (ebd.). Langzeitverantwortung verweist (z.B. in der Frage der atomaren Endlagerung) auf eine kollektive Langzeitverpflichtung der Gesellschaft, und sie stellt damit fortwirkende ethische Entscheidungen in den Mittelpunkt. Das betrifft auch die sog. intergenerationelle Gerechtigkeit und damit die Frage nach der Verpflichtung gegenüber fernen Generationen, mit denen kein reelles Austauschverhältnis besteht. Die Akzentuierung eines verpflichtungsethischen Paradigmas gegenüber einem nutzenethischen, das primär auf ökologische Lebensbedingungen und auf Ökonomie gerichtet ist, bedeutet z.B., dass Verpflichtungen „unbestimmt fortgelten, solange Wesen existieren, die Träger moralischer Berechtigungen sind“ (Gethmann in Gethmann/ Mittelstraß 2008, S. 13).

> Es kann nicht übersehen werden, dass mit der Forderung nach Langzeitverantwortung spezifische Schwierigkeiten verbunden sind. Sie bestehen zunächst darin, dass das Erkennen möglicher Probleme, die aus gegenwärtigen Handlungen entstehen können, umso schwieriger wird, je weiter Ursache und Folgen auseinanderliegen. Wir sind weit davon entfernt, die Natur als Ganze und vollständig zu verstehen. Deshalb überblicken wir auch nicht die Kaskaden von Folgen und Nebenfolgen unserer Eingriffe. Für eine Prognose künftiger Risiken gibt es keine sicheren Verfahren, und je weniger erprobt z.B. technische Lösungen sind, desto größer ist die Unsicherheit. Hinzu kommt, dass Langzeitprobleme zumeist ohnehin keine eindeutige Lösung haben, weil sich die Bedingungen und Bedürfnisse über die zu berücksichtigenden Zeitspannen hinweg in ebenfalls schwer überschaubarer Weise verändern (vgl. Duddeck in Gethmann/ Mittelstraß 2008).
> Außerdem bleiben Verpflichtungen, die mit Langzeitverantwortung verbunden sind, inhaltlich und adressatenbezogen diffus. Die Übernahme von Verantwortung für Zukünftiges schließt die Bereitschaft ein, für die Erfüllung oder Nichterfüllung entsprechender Pflichten Rechenschaft zu geben. Dabei können die zu realisierenden oder zu vermeidenden Fernfolgen in so weiter Zukunft liegen, dass die „Verursacher“ und die Betroffenen keine Möglichkeit haben, in realen Kontakt zu treten und einen Interessenausgleich vorzunehmen. Beide Seiten bleiben anonym, und Formeln wie „die gegenwärtige Generation“ benennen nicht eindeutig die Träger dieser Verantwortung. Auch die Nennung konkreter Inhalte stößt auf Schwierigkeiten, die sich schon in unserem begrenzten Wissen um zukünftige zivilisatorische und vor allem technische Entwicklungen zeigen (Birnbacher in Gethmann/ Mittelstraß, a.a.O., S. 26).[419]

Entsprechend geht es nicht um die Wahrung von Rechten zukünftiger Personen, sondern „um die Entwicklung und Erhaltung von zumutbaren ökonomischen, sozialen und kulturellen Bedingungen für die menschliche Lebensform“ (Sturma in Gethmann/ Mittelstraß, a.a.O., S. 49). Außerdem kommt es nicht darauf an,

---

419 Es muss hier nicht diskutiert werden, ob der Staat als Subjekt der Verantwortung für die langfristigen Folgen menschlicher Handlungen in Anspruch genommen werden kann.

dass Schäden sicher prognostiziert werden können. Verantwortung ist schon gefordert, wenn durch gegenwärtiges Handeln oder unterlassene Vorsorge irreversible Risiken für die Zukunft entstehen (z.B. durch den Verlust biologischer Arten).

> Langzeitverantwortung richtet sich demnach „einerseits auf die Unterlassung von irreversiblen Gefährdungen der Lebensgrundlagen der zukünftigen Menschheit, andererseits auf die Bereitstellung (...) wissenschaftlicher, technischer und kultureller Ressourcen, die es der zukünftigen Menschheit erlauben, heute im einzelnen noch nicht vorhersehbare mögliche Krisen zu bewältigen, sich aus ökologischen und ökonomischen Zwangslagen zu befreien und sich Freiräume in der Gestaltung ihrer Lebensumstände zu erhalten" (Birnbacher, a.a.O., S. 27).

Jede Generation ist Erbe der vorausgegangenen, und dem geforderten (Konsum-) Verzicht steht der Wert des Empfangenen gegenüber. Gegenwärtige Handlungspflichten entstehen wo es darum geht, die Nutzung von Ressourcen mit potenziell irreversiblen Risiken durch zukunftsverträglichere Technologien zu ersetzen sowie Minderungen der Qualität von Böden, des Trinkwassers und der Atemluft zu verhindern. Positiv gewendet erfordert das Investitionen in die Erforschung und Implementation von Verfahren, die bleibende Schäden vermeiden und Rohstoffquellen erhalten, darüber hinaus aber die Etablierung von Umweltstandards. Auch wenn damit der Blick auf einen utopisch erscheinenden Horizont gerichtet wird: Die Verankerung eines Konzepts von Langzeitverantwortung im Bewusstsein der Menschen ist ein Projekt nachhaltiger kultureller Entwicklung, das auch durch institutionelle Stützen abgesichert werden muss.
Die pädagogische Aufgabe besteht unter dem Postulat der Langzeitverantwortung vor allem darin, der jungen Generation jene Kenntnisse, Einsichten und Verhaltensweisen zu vermitteln, die erforderlich sind, um den Blick für die Notwendigkeit einer Zukunftsfürsorge zu öffnen sowie eine Bereitschaft für die Anerkennung gegenwärtiger, auf die Zukunft gerichteter Pflichten und für ihre Befolgung zu erzeugen.

9.2 Ökologische Imperative

Nachdrücklich für einen modernen Umweltschutz unter globalen Gesichtspunkten plädiert Ernst Ulrich v. Weizsäcker seit Ende der achtziger Jahre (v. Weizsäcker 1992). Sein zentraler Gesichtspunkt ist, dass einem Jahrhundert der Ökonomie ein „Jahrhundert der Ökologie" folgen müsse und dass die „Erdpolitik" heute einen tiefgreifenden ökologischen, auf den Schutz der Lebensgrundlagen gerichteten Strukturwandel zum Inhalt haben muss. Insbesondere die Industrieländer sollten den „Imperativ eines international kopierfähigen Lebensstils ernst nehmen" (S. 210) um einen „ökologischen Kollaps" zu verhindern. Notwendig seien

ein „deutlich tiefergreifendes Umdenken und Umsteuern unserer Kultur und unserer Wirtschaftsweise" (S. 9) und ein „Abschied von der Raubbaumentalität" (S. 12). Damit wird der Blick von der Bedrohung auf die Hoffnung gewendet, mit Modernisierungen im Bereich der Ökonomie, der Technik, des Sozialen und der Haltung der Menschen ließe sich ein humanes Leben für alle in einer Umwelt des Gleichgewichts sichern.
Als Voraussetzung für einen „Aufbruch ins Jahrhundert der Umwelt" fordert v. Weizsäcker einen Wandel des Bewusstseins, d.h. vor allem

- den Schutz und die Sanierung der Umwelt ursächlich zu betreiben, also nicht an Symptomen zu kurieren oder Probleme geografisch zu verschieben,
- angesichts der wachsenden Weltbevölkerung eine Wirtschaftspolitik zu entwickeln, die mit einem neuen Wohlstandsmodell verbunden ist,
- in umweltbelastenden Bereichen (z.B. Energie, Rohstoffe, Verkehr, Landwirtschaft) die Verbrauchsraten zu senken, statt allein den „Bedarf" zu befriedigen (S. 12).

Institutionell gestützt werden sollte ein umweltverträglicher Lebensstil vorrangig durch eine ökologische Steuerreform, durch handelbare Emissionslizenzen und eine Stärkung des Verursacherprinzips, insbesondere bei der Nutzung der Umwelt als vermeintlich frei verfügbares Allgemeingut mit der Folge der Verschmutzung von Boden, Luft und Wasser. Wir sollten bei solchen Problemen immer denken, „daß unsere Enkel und Urenkel mit am Verhandlungstisch sitzen. Und mit ihnen die Natur." (S. 13)
Das jüngste Buch E.U. v. Weizsäckers beginnt mit einem dramatischen Appell: Über die Sorge um Korallenriffe, Luftqualität, Gewässer und Boden hinaus gehe es heute darum, „die Umwelt als Grundlage des Lebens zu retten, und das weltweit, bis in die Stratosphäre und in die Tiefsee hinein". Es besteht die Gefahr, dass die Ökosysteme – begleitet von Umweltkatastrophen – bis zu einem Punkt degenerieren, aus dem eine Erholung nicht mehr möglich ist (v. Weizsäcker u.a. 2010, S. 10 f.).

> „Entweder lernt die Menschheit, ihr Wissen und ihre Fähigkeiten dieser Begrenzung (der Biokapazität der Erde, W.K.) anzupassen und *nachhaltig* mit der Erde umzugehen, oder die ‚Umwelt' schlägt zurück und lässt das Menschengeschlecht zugrunde gehen." (a.a.O., S. 11)

Die Aussicht, die eröffnet wird, besteht darin, dass es möglich erscheint, die Umweltbelastung entscheidend zu verringern:

> „In diesem Buch behaupten wir, dass eine Reduzierung der Umweltbelastung um den Faktor Fünf ein vernünftiges und realistisches mittelfristiges Ziel ist, das gleichwohl zu äußerst tief greifenden Veränderungen quer durch alle Industrien, Gesellschaften und Kulturen führen würde. Veränderungen, die nicht nur lebensrettend wären, sondern

zugleich die Lebensqualität und aller Wahrscheinlichkeit nach das soziale Miteinander und die Gerechtigkeit erheblich verbessern würden." (a.a.O., S. 12)

Für die wichtigsten Bereiche der Wirtschaft sowie für institutionelle staatliche und überstaatliche Regelungen werden detaillierte Vorschläge für einen ökologischen Umbau gemacht, die insgesamt zu einer „Effizienzrevolution" führen und zeigen sollen, „dass der Faktor Fünf, also eine 80%ige Reduktion der Umweltbelastungen ... möglich ist" (S. 14). Dabei wird deutlich, dass eine „nachhaltige Zivilisation" nicht ohne Verzicht und Rücksichtnahme und auch nicht ohne rechtliche und moralische Rahmenbedingungen für die Wirtschaft auskommen kann. Die Hoffnung der Autoren richtet sich darauf, dass den fünf Wachstums- und Innovationszyklen seit Beginn der industriellen Revolution[420] ein sechster folgen wird, der nicht mehr mit einem zusätzlichen Verbrauch natürlicher Ressourcen verbunden sein wird, sondern – im Zuge einer ökologischen Umgestaltung der Produktion und des Konsums – durch eine „radikale Erhöhung der Ressourcenproduktivität" ausgezeichnet ist.
Die zahlreichen Innovationen, die dazu führen, dass Ressourcen effizienter genutzt, Emissionen entsprechend vermindert und endliche Rohstoffe zunehmend durch regenerative Energien und nachwachsende Materialien substituiert werden, sind nur die eine Seite einer strategischen Ökologisierung. Hinzukommen muss „die uralte kulturelle Einsicht in die Möglichkeit von viel Glück mit wenig Verbrauch von Waren". *Genügsamkeit* ist das Stichwort. „Die Zeit ist gekommen, da die Gesellschaften der Welt die Genügsamkeit alter Kulturen wiederentdecken müssen." (S. 355 f.) Notwendig ist es, das Prinzip *Nachhaltigkeit* im täglichen Konsumverhalten zu verwirklichen, z.B. bei der Wahl langlebiger Güter, im Abschied von Verschwendung, materiellem Wachstum und Gewinnmaximierung, in der Hinwendung zu kulturellen Glückskomponenten. Dabei geht es nicht um einen ärmlichen Lebensstil, sondern um „Lebensqualität als Ziel".
„Genügsamkeit" verweist auf den Unterschied zwischen Lebensqualität und Lebensstandard. Lebensqualität ist eine Frage der individuellen und gesellschaftlichen Gestaltung, der Überzeugungen und des Wertesystems, d.h. des Menschenbildes und damit auch der Aufklärung und Bildung.
Untersuchungen zur Bedrohung der Umwelt (Meadows) oder zur ökologischen Umgestaltung der Ökonomie (v. Weizsäcker) sind nicht Gegenstand des Sachunterrichts, sondern Teil des Hintergrundes, auf dem die Planung und inhaltli-

420 Die angegebenen Wachstums- und Innovationszyklen (Kondratjew-Zyklen) sind wesentlich gekennzeichnet durch die dominante Bedeutung von 1. (ab etwa 1780) Wasserkraft, Mechanisierung, Handel, Eisen, Textilien; 2. (ab etwa 1840) Dampfmaschine, Eisenbahn, Stahl, Baumwolle; 3. (ab etwa 1880) Elektrizität, Verbrennungsmotor, Chemie; 4. (ab etwa 1940) Petrochemie, Flugzeug, Elektronik, Raumfahrt; 5. (ab etwa 1980) Biotechnologie, digitale Netze, Informationstechnologie.

che Akzentuierung von Unterrichtsvorhaben erfolgen sollte. Für ältere Grundschulkinder fasslich erscheint eine zentrale Überlegung (die der Ökonom Hans Christoph Binswanger in einem Zeitungsbeitrag formuliert hat): Wirtschaftliche Produktion ist nicht eine Schöpfung aus dem Nichts, sondern eine Umformung von Rohstoffen, die man der Umwelt entnimmt und ihr schließlich als Abfälle wieder zurückgibt. Sowohl die Vorräte an Rohstoffen wie auch die Fähigkeit der Natur, Abfälle ohne Schaden aufzunehmen und zu verarbeiten, sind begrenzt. Ein Grundsatz ökologischen Wirtschaftens muss deshalb sein: (1.) Rohstoffe sind wertvoller als Abfälle. (2.) Jede hochwertige Primärenergie wird durch Nutzung minderwertige gebundene Energie. (3.) Jede Ressource wird durch Förderung, Verarbeitung und Verbrauch in Abfall verwandelt.

9.3 Bildung für nachhaltige Entwicklung

[1] Probleme durch übermäßige Belastung der Umwelt sind einer breiteren Öffentlichkeit in den achtziger Jahren bewusst geworden. Die Verschmutzung und Aufheizung von Flüssen durch Industrieabwässer, „saurer Regen“, „Waldsterben“ und „Treibhauseffekt“ waren und sind Stichwörter gesellschaftlicher Diskurse und des politischen Handelns. Globale Fixpunkte bekam die Krise durch die Reaktorunfälle bei Harrisburg (Kernkraftwerk Three Mile Island 1979) und Tschernobyl (1986); zu neuen Erkenntnissen und Optionen wird die Katastrophe bei Fukushima (2011) zwingen.
Parallel zur öffentlichen Aufmerksamkeit für zerstörerische Umweltbelastungen entstanden pädagogische Ansätze mit dem Ziel, Kinder und Jugendliche mit ökologischem Denken vertraut zu machen und sie mit entsprechendem Wissen auszustatten. „*Umwelterziehung*“ (enviromental education) mit dem Ziel ein umweltbewusstes Verhalten anzubahnen, wurde zu einem Auftrag der Schule.[421]
Ein entscheidender Schritt ökologisch-pädagogischer Bemühungen war der mit kritisch aufklärenden Intentionen verbundene Rekurs auf den *Bildungsbegriff*. Wolfgang Klafki nennt im Rahmen seines Allgemeinbildungskonzeptes „die Umweltfrage oder die ökologische Frage“ als eines von sechs „epochaltypischen Schlüsselproblemen“ einer zukunftsbezogenen Bildung. Es ist die „Frage nach der Zerstörung oder Erhaltung der natürlichen Grundlagen menschlicher Existenz und damit nach der Verantwortbarkeit und der Kontrollierbarkeit wissenschaftlich-technologischer Entwicklung“ (Klafki 1992, S. 19; vgl. Teil IV; 1.4). Die Frage bezieht sich auf ein Strukturproblem von gesamtgesellschaftlicher, weltumspannender Bedeutung, das gleichwohl jeden einzelnen Menschen zentral betrifft

421 Einen Überblick über die aufeinander folgenden Konzepte geben u.a. Mitzlaff (1997) und Hauenschild (2005), bes. S. 23 ff.

(a.a.O., S. 21) und deshalb als ein Paradigma allgemeiner Bildung akzentuiert wird.

[2] Entwicklungspsychologische Aspekte der Beziehung von Kindern zu ihrer natürlichen Umwelt referiert Rainer Dollase (1997) unter Rückgriff auf einschlägige Studien. Danach hat landschaftsbezogene Naturnähe in der mittleren Kindheit, wenn sie ein gewisses Maß von Freizügigkeit und Spielmöglichkeiten bietet, einen positiven Einfluss auf Phantasie, Kreativität und Ausgeglichenheit. Natur erscheint für Kinder als ein eigenständiges und herausforderndes Gegenüber, das Raum für vielfältige Aktivitäten bietet, aber auch bedrohlich sein kann. Nahezu alle Studien finden bei Kindern (stärker als bei älteren Menschen) eine besondere Zuneigung zu natürlichen Umwelten, und so sei es die „ziemlich eindeutige Botschaft der Entwicklungspsychologie ..., daß Kinder natürliche Umwelten lieber mögen als artifizielle“ (Dollase 1997, S. 33). Berichtet wird aber auch über Ängste von Kindern vor Umweltzerstörung. Insgesamt werden gute Voraussetzungen für eine Motivation zum Umweltschutz festgestellt. Allerdings stehe der „Generalthese von der sanften ökologischen Natur des Kindes“ die Gefahr gegenüber, dass diese Haltung „durch eine konventionelle Sozialisation verschüttet wird“ (S. 34). Umweltprobleme sind zumeist durch eine Vielzahl der beteiligten Komponenten charakterisiert. Deshalb ist die sich im Grundschulalter erweiternde Fähigkeit, Sachverhalte unter verschiedenen Gesichtspunkten aufzugreifen und diese miteinander in Verbindung zu bringen, für ökologisches Denken eine wichtige Voraussetzung. Neben anderen Komponenten des Entwicklungsfortschritts ist hier besonders die wachsende Fähigkeit zur sozialen Perspektivenübernahme (Richter 2004, S. 196 ff.) von Bedeutung, außerdem das Bedürfnis nach moralischen Orientierungen und das Interesse an Fragen des Umweltschutzes, speziell des Schutzes und der Pflege von Tieren und Pflanzen (vgl. Gebauer 2005).

[3] In Haltungen von Kindern deutet sich die Stellung des Menschen als „Teil und Gegenüber der Natur“ (Kattmann) schon an, die auch in der Debatte, ob eher der Begriff *Umwelt* oder der Begriff *Mitwelt* den Weltbezug des Menschen angemessen charakterisiert, zum Ausdruck kommt. Ulrich Gebhard erinnert daran, dass sich das menschliche Subjekt stets selber – bewusst oder unbewusst – mitreflektiert, wenn es über seinen Bezug zur Welt nachdenkt. In unseren Weltdeutungen sind unsere Selbstverständnisse enthalten. „Umwelt oder Mitwelt sind keine Begriffe über die Welt als vielmehr Begriffe des menschlichen Bezuges zu ihr.“ (Gebhard 1999, S. 33) Bei der Wahl der Begriffe sind in der Ökologiedebatte normative Folgen mitgedacht.

Zunächst ist der Begriff „Umwelt“ als Terminus der naturwissenschaftlichen Ökologie ohne normative Implikationen.[422] Jakob v. Uexküll, der diesen Begriff maßgeblich eingeführt hat, spricht von der spezifischen Umwelt der einzelnen Lebewesen, der sie evolutionär angepasst sind. Umwelt ist die jeweilige natürliche Umgebung, die in Wechselwirkung mit den einzelnen Lebewesen und Arten steht. Für den Menschen ist seine Umweltbezogenheit anthropozentrisch.

Die Sonderstellung des Menschen zeigt sich darin, dass er nicht in eine spezifische Umwelt eingepasst ist, sondern – wie Gehlen (1986) hervorgehoben hat – sich seine Umwelt selbst schafft. „Umwelt“ schließt dann die Gesamtheit der natürlichen, kulturellen und gesellschaftlichen Faktoren der jeweiligen Umgebung ein. In der Perspektive des forschenden, schaffenden und seine Sphäre verändernden Menschen erscheint die Welt als Umwelt. Wo er sich dagegen selbst als Teil der Natur und als Gattung im Bereich des Lebendigen erkennt, ist er Teil der Mitwelt.
Frühzeitig argumentierte Klaus Michael Meyer-Abich im Rahmen seiner Naturphilosophie, das Wort „Umwelt“ sei Ausdruck eines anthropozentrischen Weltbildes unserer Industriegesellschaft und beziehe sich auf die Welt als Ressource. Wir dürften aber die übrige Welt nicht anders als unsere Mitmenschen behandeln, weil wir selbst Teil der Natur sind. Vielmehr sei die „natürliche Mitwelt“ in einer über die Menschheit hinausgehenden natürlichen Gemeinschaft zu sehen (Meyer-Abich 1984).

Wo es um Nachhaltigkeit, um Langzeitverantwortung für den Erhalt der Biosphäre und der Artenvielfalt geht, um „Ehrfurcht vor dem Lebendigen“ (Albert Schweizer), bezieht sich die normative Konnotation von *„Mitwelt“* auf den Eigenwert von Pflanzen und Tieren und die uns aufgegebene Sorge um deren Lebensbedingungen. *„Umwelt“* ist dann die Welt, in der der Mensch im Zentrum steht, die er sich zu eigen macht und die er – gemäß seines eigenen Interesses – auch schützt.

[4] Mit der Forderung, dass der Unterricht der Idee einer „zukunftsfähigen Entwicklung“ folgen soll, die Ökologie, Ökonomie und den sozialen Bereich umfasst und die sich in der Konzeption einer *„Bildung für Nachhaltigkeit“* ausformt, greift Gerhard de Haan Inhalte der „Agenda 21“[423] als „Aufgabenprogramm für das 21.

---

422 Die Forderung nach einem „Erhalt der Natur“, der ökologische Imperativ, ist nicht unmittelbar aus der Naturwissenschaft begründet, sondern durch kulturell gestützte Werte und Normen. Naturwissenschaft kann Entwicklungsverläufe erforschen und Hypothesen über mögliche Fortgänge unter gegebenen oder angenommenen Bedingungen formulieren. Sie kann Chancen der Realisierung gesellschaftlicher Optionen sowie Handlungsmöglichkeiten und aus ihnen resultierende Folgen untersuchen. Aber die Optionen selbst sind Produkte des kulturellen Diskurses und politischer Prioritätensetzung. Die gesellschaftliche Verantwortung und Verpflichtung der Natur- und Technikwissenschaften liegt zunächst darin, dass sie im Verbund mit den Sozialwissenschaften erkennbare Risiken und Chancen benennen, die Gesellschaft und insbesondere die politisch Verantwortlichen beraten und an Problemlösungen entsprechend ihrer Kompetenz mitwirken.

423 Auf der UN-Konferenz über „Umwelt und Entwicklung“ in Rio de Janeiro (1992) wurde ein weltweites Programm zur Verbesserung der Lebensbedingungen gegenwärtiger und künftiger Generationen und zur Schonung der natürlichen Lebensgrundlagen beschlossen. Deshalb wird die-

Jahrhundert" auf. Er stützt sich dabei auf die von E.U. v. Weizsäcker genannten Möglichkeiten einer Effizienzsteigerung in der Nutzung von Ressourcen, der Umweltverträglichkeit der Produktion und der Produkte sowie der Wiederentdeckung von Genügsamkeit (de Haan 1999, S. 80 ff.; 2001).

De Haan sieht das Anliegen einer nachhaltigen Entwicklung in der Grundschule bis in die neunziger Jahre vor allem durch jeweils aktuelle „grüne", d.h. biologienahe Themen verankert: Sensibilisierung für Naturphänomene, Waldsterben, Übernutzung der Umweltressourcen, Verschmutzung von Boden, Luft und Wasser (Abwasserreinigung und geordnete Abfallentsorgung), Pflege von Biotopen und Arbeit im Schulgarten. Besser berücksichtigt werden sollte nach Maßgabe des Konzeptes der Nachhaltigkeit die „kulturelle Seite" der Ökologie, also neben dem Thema „Müll" auch die Thematisierung von Mustern des Konsums und der Ernährung, der damit verbundenen Warenströme, des Freizeitverhaltens, der (städtischen) Wohnstruktur und des Verkehrs. Hinzukommen sollten soziale Fragen der weltweiten wirtschaftlichen Entwicklung und der globalen Gerechtigkeit bei der Verteilung von Gütern und Lebenschancen. Mit dem Programm einer „Bildung für Nachhaltigkeit" wird also „nicht nur ein zukunftsfähiger Umgang mit Natur gefordert, sondern auch eine entsprechende Form des Wirtschaftens und eine zukunftsfähige Gestaltung des Sozialen" (1999, S. 82). Damit treten gegenüber „Bedrohungsszenarien" Gestaltungs- und Problemlösungsmöglichkeiten in den Vordergrund: „Nachhaltigkeit, das ist auch die Aufforderung zum Erfinden von neuen Dingen und zum Konzipieren neuer Formen des Sozialen, der Gemeinschaftlichkeit." (S. 85)

In den Mittelpunkt rücken demnach funktionale Bereiche („Syndrome"), die durch ihre inhaltliche Relevanz in mehrfacher Hinsicht bedeutsam und ergiebig sind. Solche Inhalte betreffen dann in der Regel mehrere Dimensionen des Sachunterrichts; sie müssen aber auch didaktisch operationalisierbar sein und für die Lernenden zugänglich gemacht werden können. Hinzukommen sollte zu den inhaltlichen Momenten der Aufbau von Problemlösungskompetenz. Ein Beispiel ist das Problem der Wasserverschmutzung. Wenn wir nicht nur an unsere eigenen Gewohnheiten im täglichen Umgang denken, sondern globale Aspekte einbeziehen, dann kommt der Bedarf an Wasser für die Rohstoffgewinnung sowie für die Herstellung oder den Anbau von Produkten in den Blick, die wir aus anderen Ländern beziehen und hier konsumieren. In ähnlicher Weise gilt das für Spielzeug, das in sog. Billiglohnländern produziert wird. Dabei sind menschenwürdige Produktionsbedingungen ein zentrales Kriterium für Nachhaltigkeit. Außerdem könnte man prüfen, ob die Herstellung insgesamt (Rohstoffe, Energieeinsatz, Transportwege) umweltverträglich ist und die Produkte frei von belastenden Chemikalien sind.

---

ser „Erdgipfel" gemeinhin als die Geburtsstunde der Bemühungen um nachhaltige Entwicklung (sustainable development) betrachtet (vgl. Hauenschild/ Bolscho 2005, S. 114).

Bedeutung für die Stoffauswahl und für die inhaltliche Akzentuierung von Unterrichtseinheiten und Themen gewinnen damit Kriterien wie *globale Relevanz* und *Dauerhaftigkeit der Problematik*. Auf Überzeugungen gegründete Haltungen wie Solidarität, die über den Nahbereich hinausgreifen, müssen sich vielleicht auf eine weitgreifende mitmenschliche Empathie stützen, wenn sie zu einem längerfristigen Engagement führen sollen. Der Weg zu solchen Zielen, die nicht nur auf Wissen und Können gerichtet sind, sondern ebenso auf stabile Haltungen und Handlungsimperative, auf Partizipation und Gestaltungskompetenz[424], ist gekennzeichnet durch einen offenen Unterrichtsstil und durch Unterrichtsformen, welche den Einsatz und die kreative Beteiligung der Lernenden einfordern, nicht nur im Unterrichtsgeschehen selbst, sondern auch bei der Planung von Unterrichtsvorhaben und ihrer Gestaltung, z.B. in Form von Projekten.

[5] Eine aktuelle und für die Grundschule differenzierter ausgearbeitete Konzeption einer „Bildung für Nachhaltige Entwicklung" (BNE) haben Dietmar Bolscho und Katrin Hauenschild vorgestellt (Hauenschild/Bolscho 2005; Bolscho/ Hauenschild 2008; Hauenschild/v. Monschaw 2009). Auffallendes inhaltliches Charakteristikum dieses Ansatzes ist der enge gegenseitige Bezug von Ökologie und Ökonomie unter soziokulturellem Vorzeichen. Ausdrücklich werden Ökologie und Ökonomie nicht originär und in der Fülle ihrer je vielfältigen Bezüge thematisiert, sondern fast ausschließlich nur in ihrer gegenseitigen Verweisung (Hauenschild/Bolscho 2005, S. 7; Bolscho/ Hauenschild 2008, S. 8; 11 ff.; 229). Durch diese Akzentuierung eines gesellschaftlichen Leitbildes bleiben Kernbereiche der ökologischen, aber auch der ökonomischen Dimension des Sachunterrichts außer Betracht.

Der Fokus der Aufmerksamkeit richtet sich auf den Zusammenhang zwischen Ökonomie, Ökologie und sozialen Systemen; das Stichwort für die Vernetzung dieser drei Bereiche ist *Retinität* (Hauenschild/ Bolscho 2005, S. 34; 114). Diese Vernetzung – unter Einschluss der globalen und der zeitlichen Perspektive – steht für den „innovativen Anspruch" der Konzeption (S. 58). Dabei richtet sich die ökologische Komponente primär auf die begrenzte Belastbarkeit der Ökosysteme, die ökonomische auf eine nachhaltige wirtschaftliche Entwicklung und die soziokulturelle auf Gerechtigkeit in der Verteilung der Ressourcen zwischen den

424 Mit „Gestaltungskompetenz" bezeichnet de Haan die Fähigkeit und Fertigkeit, die es ermöglicht, „in Zukunft Formen der Produktion, des Konsums, der Distribution, des Wohnens und der Freizeit, der Kommunikation und des Sozialen so zu gestalten, dass diese sowohl den Kriterien der Nachhaltigkeit genügen wie auch dem Bedürfnis nach Expression", d.h. nach Individualität und einem befriedigenden Leben (de Haan 2001, S. 208). „Wenn sich schon Grundschulkinder mit Stadtplanung beschäftigen und ihr Interesse an sicheren Schulwegen, Spielplätzen und einer wohnlichen Lebenswelt entwickeln und begründen können, so ist dies ein entscheidender Schritt in Richtung Partizipation an kommunalen Agenda-Prozessen." (S. 210) Vgl. Bolscho/ Hauenschild 2007, S. 202 f.

Generationen und den Regionen der Erde. Formale Leitziele sind auch hier der „Aufbau von Gestaltungskompetenz" (S. 109; 117) und „die langfristige Sicherung umweltverträglicher Lebensstile" (Bolscho/ Hauenschild 2007, S. 201).
Als inhaltliche Aufgabe der BNE wird ein „wirksame(r) Beitrag zur Umsetzung des Sustainability-Gedankens auf der Ebene individueller Bewusstseins- und Verhaltensänderungen sowie innovativer Strukturen des Bildungswesens" gesehen (Hauenschild/Bolscho 2005, S. 43), denn es genüge nicht, durch technischen Fortschritt Umweltbelastungen zu reduzieren, vielmehr sei auch „der Einzelne in seinem Verhalten nicht von der Verpflichtung entbunden, schonend mit Ressourcen umzugehen" (S. 113). Die Autoren folgen damit einer Vorgabe der Bundesregierung:

> „Bildung für eine nachhaltige Entwicklung soll zur Realisierung des gesellschaftlichen Leitbildes einer nachhaltigen Entwicklung im Sinne der Agenda 21 beitragen und hat zum Ziel, die Menschen zur aktiven Gestaltung einer ökologisch verträglichen, wirtschaftlich leistungsfähigen und sozial gerechten Umwelt unter Berücksichtigung globaler Aspekte zu befähigen." (BMBF 2002, S. 4; zit. n. Hauenschild/ Bolscho 2005, S. 43)[425]

Hier zeigt sich tendenziell ein instrumentelles Verständnis von Bildung, und es besteht die Gefahr ihrer Partikularisierung[426] und Verzweckung für (gesellschafts-) politische Ziele, auch wenn diese gerechtfertigt erscheinen. Die Autoren setzen dieser Gefahr unter Bezugnahme auf v. Hentig und Klafki wesentliche Merkmale des Bildungsbegriffs entgegen: die mit ihm verbundenen „aufklärerischen und kritischen Intentionen", die Kraft zu reflexiver Distanz und Selbstbestimmung sowie die Einsicht in gesellschaftliche Mitverantwortlichkeit (S. 52 f.).
Grundschulkinder werden als „potenzielle Akteure der Gesellschaft" gesehen (S. 72), die „Gestaltungskompetenz" für nachhaltige Entwicklung gewinnen sollen. Hervorgehoben wird ihr Interesse und ihre Aufgeschlossenheit für entsprechende Inhalte; dabei werden besondere Lernchancen im Handeln in lokalen Kontexten gesehen, die dann auch in ihren Bezügen zu globalen Zusammenhängen verfolgt werden können, „indem Handlungsketten durchschaubar gemacht und das individuelle Handeln in weitere Kontexte eingebunden" wird (S. 75). Die Autoren verweisen auf die umfassende Anschlussfähigkeit der inhaltlichen Akzentuierungen von BNE in allen Dimensionen und Inhaltsbereichen des Sachunterrichts und auf die damit gegebenen Chancen für die Grundlegung allgemeiner Kompetenzen, z.B. im Hinblick auf Wahrnehmungsfähigkeit, wertbezogenes Orientierungswissen und Urteilsfähigkeit.

---

425 BMBF – Bundesministerium für Bildung und Forschung (2002): Bericht der Bundesregierung zur Bildung für eine nachhaltige Entwicklung. Berlin

426 Deutlich wird das in Wortprägungen, die nur einzelne Aspekte von Bildung kennzeichnen: „Umweltbildung", „ökonomische", „ökologische", „entwicklungspolitische", „transkulturelle" Bildung.

Im Anschluss an das „BLK-Programm ‚21'" werden vier allgemeine Kriterien für die Themenauswahl angegeben:

- *Zentrales lokales oder globales Thema:* Erschließt der Inhalt die Notwendigkeit, die Bedingungen und Perspektiven zukunftsfähiger Entwicklungen?
- *Längerfristige Bedeutung:* Wodurch ist die längerfristige Bedeutung gesichert oder doch anzunehmen?
- *Differenziertes Wissen:* Werden verschiedene Wissensdomänen, unterschiedliche Erfahrungen und Auffassungen einbezogen?
- *Handlungspotenzial:* Werden Handlungsmöglichkeiten aufgezeigt oder eröffnet und Grenzen der Gestaltung thematisiert? (BLK „21" (2003), S. 15; nach Hauenschild/ Bolscho 2005, S. 78)

Nachhaltiges Wirtschaften im Rahmen von BNE können Kinder in einem Projekt *„Schülerladen"* erfahren. Hauenschild/ v. Monschaw (2009) sehen Schülerläden als einen grundschulspezifischen, handlungsorientierten Ansatz einer Bildung für nachhaltige Entwicklung und zugleich für den Aufbau ökonomischer Kompetenz, insbesondere mit Bezug auf betriebswirtschaftliche Rationalität unter ethischen Kriterien, zuverlässige Kooperation und vorausschauende Planung (vgl. Kap. 4.3).[427] Kinder stehen in solchen Projekten vor der Herausforderung, in gegenseitigem Austausch Gestaltungssituationen zu erkennen, die Relevanz unterschiedlicher Aspekte und Ziele zu bewerten, Lösungsansätze zu entwickeln und das gemeinsame Vorhaben mitzugestalten. Der Aufbau der generellen Fähigkeit, Handlungsoptionen zu erkennen („Bewertungskompetenz"), Entscheidungen zu treffen („Entscheidungskompetenz") und mit der Komplexität von Problemen gestaltend umzugehen („Gestaltungskompetenz") ist zugleich ein allgemeiner Beitrag zur Befähigung zu demokratischer Partizipation.[428] So bietet ein Schülerladen für die Beteiligten Gelegenheiten, in wechselseitiger Verständigung und Rücksichtnahme ein Bewusstsein der gegenseitigen Ergänzung sowie der Förderung von Interessen und Fähigkeiten zu entwickeln. Damit wird dann auch deutlich, dass der Ansatz gemäß seinem allgemeinbildenden Anspruch und der naheliegenden Verbindungen mit allen Dimensionen des Sachunterrichts als eine zeitgemäße inhaltliche und methodische Bereicherung in curriculare Konzepte integriert werden sollte.

427 Für die Praxis ausgearbeitete Beispiele und Hinweise vgl. Hauenschild/ v. Monschaw 2009 sowie die Arbeitsmaterialien von Meike Wulfmeyer/ Katrin Hauenschild: Ökonomische Bildung in der Grundschule. Wie Kinder handlungsorientiert Wirtschaft machen! Didaktische Perspektiven und Beispiele für die Praxis. Hannover 2008.

428 Vgl. Susanne Bögeholz: Bewertungskompetenz im Kontext Nachhaltiger Entwicklung: Ein Forschungsprogramm. In: D. Höttecke (Hrsg.): Naturwissenschaftliche Bildung als Beitrag zur Gestaltung partizipativer Demokratie. Berlin: Lit 2011, S. 32–46.

[6] Ökologisches Denken und Handeln bedeutet nicht ein „Zurück zur Natur“ (Rousseau) in der Weise, wie dieses Schlagwort oft missverstanden worden ist. Aber man kann das Leben in vielfacher Hinsicht naturverträglich gestalten, z.B. im Städtebau, im Verkehr, in der Nutzung langlebiger Güter und sicherlich auch in der Arbeitswelt und im privaten Haushalt. Das erfordert vorausschauendes fürsorgliches und politisches Handeln, damit es in der Zukunft besser gelingt, Schäden zu vermindern und die Lebensqualität zu steigern.
Über vorliegende Studien und Dokumentationen gelungener Projekte hinaus bleibt zu prüfen, in welcher Weise Kinder dabei unterstützt werden können, auch unökologische Zustände und ihre Ursachen zu erkennen und ihnen entgegenzuwirken.
Joachim Kahlert weist zu Recht darauf hin, dass im Hinblick auf Bildung für Nachhaltigkeit einzelnen Domänen zugehöriges Wissen und Können zwar eine notwendige, jedoch keine hinreichende Voraussetzung ist. Das Programm der Nachhaltigkeit selbst hat einen vielperspektivischen Zuschnitt, und es verlangt von den Lernenden *Vielperspektivität* zu bewältigen, um seine Komplexität zu erschließen. Deshalb muss die ökologische Sicht, nämlich dass alles in der Natur und in der sozialen Welt des Menschen Wechselwirkungen unterliegt, d.h. das Denken in Zusammenhängen, eigens gefördert und entwickelt werden. Wie das geschehen kann, zeigt Kahlert an einem in neun Perspektiven des Zugriffs ausdifferenzierten Beispiel zur Thematik „Wasser und Wasserbelastung“. Wichtig ist, dass die einzelnen Perspektiven nach Maßgabe der Thematik inhaltlich aufgeschlüsselt und dann nach einem Modell „didaktischer Netze“ zusammengeführt werden. Das Zusammenführen und Bewerten ist eine herausfordernde Leistung für Lehrende und Lernende. Durch solche gemeinsame Konstruktionsleistungen wird zugleich das für ökologisches Verstehen notwendige *systemische Denken* vorbereitet (Kahlert 2007, S. 219 ff.).

Die Heranführung an ein „Systemdenken“ (z.B. am Ökosystem „Teich“, an dem sich Formen der ökologischen Interaktion erkennen lassen; vgl. Kap. 8.3) ist eine Aufgabe, die in der Grundschule an die Grenzen der Möglichkeiten führt (vgl. Doll u.a. 2007). Systemdenken erfordert Wissen zu Zusammenhängen im System, ein hinreichendes Verständnis der Funktionsweise von Systemen und ist darauf gerichtet, Probleme zu erkennen und Lösungen zu finden. Es wird angebahnt, wenn die Kinder

- eine Vermutung über gegenseitige Abhängigkeiten gewinnen und diese überprüfen,
- Elemente oder Teile des Systems (die ihrerseits Systemeigenschaften haben können) identifizieren und ein Sachwissen über diese Teile erwerben,
- Beziehungen zwischen Teilsystemen erkennen und Aussagen über systemische Zusammenhänge und deren Zwecke machen können,
- Grenzen des Systems erkennen.

9.4 Ausgewählte Akzentuierungen für den Sachunterricht

Die mitverantwortliche Wahrnehmung der Aufgabe, den vielseitigen Bedrohungen zuträglicher Lebensbedingungen dauerhaft entgegenzuwirken, setzt öko-systemisches Wissen, die Ausbildung von Urteilskraft, den Willen zu umweltbewusstem Handeln und die Orientierung auf eine lebensfreundliche Gestaltung der Zukunft voraus. Die lernende Auseinandersetzung mit der Umweltproblematik ist zu einer übergreifenden Zielperspektive allgemeiner grundlegender Bildung und damit zu einer Aufgabe der Schule geworden. *Bildung* ist an Erkenntnisarbeit als eigene Tätigkeit gebunden.

Für die Wiederentdeckung ästhetischer Naturerfahrungen als Weg zur Achtung vor der Mitwelt plädiert seit Langem Helmut Schreier (vgl. bes. Schreier 1992). Angeboten werden Beispiele und Entwürfe über die Arbeit an außerschulischen Lernorten, über anregende Aktivitäten von Kindern zur Initiation von Lernprozessen sowie Berichte von fruchtbar gestalteten Aufenthalten in Wald und Flur, von Projekten, von der Verarbeitung von Eindrücken in Texten und Bildern, von Schulen, die in der Großstadt ihr Gelände nach ökologischen Gesichtspunkten gestalten und dabei Ökologie mit Ethik und Ästhetik verbinden. Beziehungen zu einem Tier, zu einem Stück des Baches, zu einem Erfahrungsraum im Stadtpark, gestaltende Arbeit im Schulgarten und Untersuchungen an Gewässern können zu Bausteinen eines nachhaltigen Engagements für den Schutz der Mitwelt werden. Es ist die durch Beispiele gestützte Vermutung Schreiers, „daß positive Bilder der Wirklichkeit als Grundlage der Bildung notwendig sind" (a.a.O., S. 8).

Von Hannah Arendt nimmt Schreier den Gedanken auf, „daß die Erscheinungen, aus denen unsere Welt besteht, den eigentlichen Sinn dieser Welt darstellen" (S. 202). Es ist zugleich ein Grundgedanke des genetischen Unterrichts, dass es die *Phänomene* sind, die nicht nur unsere Vorstellungen, sondern auch unsere Willensimpulse evozieren und als Anstoß aller suchenden Bemühungen unentbehrlich sind.

Ein unerlässliches Komplement zur notwendigen Orientierung auf das Handeln ist der Impuls, dass wir über das, was wir tun und beobachten, auch nachdenken müssen. Diese *reflexive Arbeit* beginnt mit dem vom Denken geführten Handeln der Kinder; das elementare Voraus- und Nachdenken kann zugleich Ansatz einer die Eigenwelt der Natur einbeziehenden Sichtweise und des Philosophierens sein (vgl. Schreier 1999). Sie führt darüber hinaus zu einer vielperspektivischen Sachbetrachtung, die insbesondere im ökologischen Bereich als ein intellektuelles Grundmuster kultiviert werden sollte (vgl. Mitzlaff 1997, S. 188).

Hartmut Mitzlaff macht darauf aufmerksam, dass ein vielperspektivisches Erfassen von Umweltproblemen immer wieder die Brücke vom wichtigen Handlungsraum des „kleinen Milieus" zum Blick auf unseren „blauen Planeten" schlägt und ein

Bewusstsein von der Verknüpfung zwischen „lokalem Handeln“ und „globalem Denken“ anregt. Eine Verbindung des ökologischen zum historischen Denken ergibt sich, wenn die Kinder erkennen, dass die Umwelt, so wie sie jetzt von ihnen erlebt oder erlitten wird, nicht immer so war und auch nicht so bleiben wird. Insbesondere in Erzählungen lassen sich unterschiedliche Muster der Beziehung zwischen Mensch und Natur thematisieren, die in der Kulturgeschichte wirksam waren (Mitzlaff 1997, S. 189). Andere Beispiele betreffen etwa den Umgang mit Mobilität (Wahl der Verkehrsmittel) oder das Einkaufsverhalten (Auswahl der Waren unter Berücksichtigung der Transportwege und der Bedingungen ihrer Herstellung). Das Erkunden von Handelswegen („wo die Dinge herkommen“, z.B. Früchte, Blumen, Baumwolle, Kaffee, Holz) verbindet das ökologische Nachhaltigkeitsparadigma mit geografischen und wirtschaftlichen Bezügen. Dabei liegt dann auch die Frage nach dem fairen Preis der Dinge, nach Moral und gerechtem Ausgleich nahe.[429]

Die Lernenden können durch solche Thematisierungen „für Alternativen zum technologisch-utilitaristischen Vernutzungsdenken“ sensibilisiert werden. Denn gerade in der Grundschule geht es um die Freisetzung von „Phantasie und Kreativität zur Planung und Gestaltung alternativer Szenarien“ (Mitzlaff 1997, S. 189).

> „Dem ‚Traum‘ von der anderen, schöneren, besseren, gerechteren Mit- und Umwelt sollte in der zukünftigen Umweltbildung – gerade auf der Grundstufe – weit mehr Raum und Zeit als bisher gegeben werden. ... Die Kraft des ‚kreativen Träumens‘, die Utopien und alternative Zukunftsentwürfe generiert, dürfte überhaupt die wichtigste Quelle zur Lösung der sozio-politischen wie ökologischen Probleme und Gefahren sein. Die Grundschule wird allerdings unter ökologischen und sozial-politischen Gesichtspunkten auch den kritischen Diskurs über die Produkte aus dieser Quelle aufnehmen müssen, denn viele Kinderträume von der Zukunft sind heute eher systemkonform und trendverschärfend.“ (ebd.)

Der kritische Diskurs, der dem Lernen (ebenso wie das „kreative Träumen“) motivierende Anstöße gibt, ist auf Prüfung von Risiken wie auch auf alternative Möglichkeiten gerichtet und sucht nach (gesellschaftlicher) Verständigung. Allerdings ist es Aufgabe der Umweltpolitik, nicht der Schule, einen gesellschaftlichen Konsens darüber anzustreben, wie und in welchem Maße naturgegebene Ressourcen genutzt werden müssen und dürfen. Dabei wird deutlich, dass handelnde Menschen in der Regel nicht sämtliche Bedingungen und Folgen ihres Tuns überschauen können und oftmals in Zielkonflikte geraten. Schon deshalb sind pauschale Urteile, die Unsicherheiten, gesellschaftliche, ökonomische und technische Voraussetzungen des Handelns überspringen, unangemessen. In der Regel stehen dem erwarteten Nutzen umweltbezogener Maßnahmen diverse „Kosten“

---

429 Vgl. das Themenheft von *weltwissen Sachunterricht* („Wo die Dinge herkommen“), Heft 3, 2010.

gegenüber, die ins Kalkül zu ziehen sind und deren Verteilung dem Prinzip der Gerechtigkeit genügen muss.
Schnell zeigt sich, dass die Komplexität der interdependenten Sachverhalte und Handlungsoptionen die in der Grundschule gegebenen Möglichkeiten der Recherche, Analyse und des Verstehens übersteigt. Auch das ist eine wichtige Einsicht, die Motivation und Verhalten auf überschaubare Möglichkeiten zentriert. Keinesfalls aber sollte die Schule der Versuchung nachgeben, ihre Grenzen durch unbedachte oder unausgewogene Schuldzuschreibungen zu vernebeln. Die ihr aufgegebene Stärkung der Nachdenklichkeit und Sachlichkeit steht gegen das Drängen der Emotionen. Schule hat nicht den Auftrag die Welt zu verändern, sondern sie für junge Menschen verständlich zu machen.
Gleichwohl sind pädagogisch durchdachte, auf ökologische Erkenntnisse und auf Nachhaltigkeit (die jeweils inhaltlich zu bestimmen ist) ausgerichtete Aktivitäten angebracht, auch wenn einzelnes lokales Handeln im globalen Maßstab nicht ins Gewicht fällt und individuelles Bemühen für sich gesehen wenig verändert. Von pädagogischer Bedeutung sind das durch das Tun geförderte Lernen, das Gewinnen von Einsichten in Zusammenhänge und ökologische Wechselwirkungen an überschaubaren Beispielen und – damit verbunden – der Aufbau von Haltungen, die sich auf Kenntnisse stützen. Schulisches Lernen ist ein Faktor im kulturellen Prozess, und die Überzeugungen von Vielen schaffen längerfristig einen gesellschaftlichen Druck, der veränderte Normen hervorbringt und sich schließlich in gesetzlichen Regelungen auswirken wird.

Schluss: Aisthesis, Verstehen und Bildung

Sachunterricht ist wesentlich ein propädeutisches, welterschließendes Realienfach; es eröffnet Kindern Zugänge zu wissenschaftsbezogenen Auseinandersetzungen mit der Welt und schafft Grundlagen, auf denen sicher weitergebaut werden kann. Sein zentraler Auftrag ist grundlegende Bildung durch klärende Auseinandersetzung mit Sachen. In seiner Ausrichtung auf Bildung erhält das Lernen einen über den Aufbau von Wissen, Können und Leistungsfähigkeit hinausreichenden Sinn, der sich wesentlich auf das Werden der Persönlichkeit und die Befähigung zu verantwortlichem Handeln bezieht. Fruchtbar für Bildung wird das Sachlernen durch Prozesse des Verstehens, also durch das Nachkonstruieren von Sachverhalten in Gedanken und das Erkennen von Zusammenhängen.

Zentral für die hier verfolgte didaktische Theorie ist das *genetische Prinzip,* insbesondere die Kontinuität der Lehr- und Lernprozesse in der Weise, dass bei den Lernenden das *Verstehen,* das Gewinnen und Einordnen von Einsichten, nicht zerbricht, sondern als ein Wachsen und Werden erlebt wird. Dabei liegt die besondere Aufmerksamkeit bei den Anfängen, bei der Annäherung an Unbekanntes, der Öffnung von Denkräumen, also der Initiation von Ideen, Fragen, Vermutungen und Vorstellungen in exemplarischen Auseinandersetzungen mit Phänomenen. Erste Erkenntnisse entstehen in erkundendem Handeln, in der unmittelbaren Wahrnehmung von Qualitäten, Formen und Funktionen; sie bekommen Gestalt im Austausch mit anderen und Gültigkeit durch Bewährung im weiteren Lernen. Das sokratische *Gespräch* als gemeinsames Bemühen um Erkenntnisse überwindet Befangenheiten des Denkens und stärkt im Zuge der Auseinandersetzung mit Sachen die produktive Findigkeit der Kinder und ihr kritisches Urteilsvermögen. Exemplarische Vertiefungen sind auf das *Elementare* gerichtet, auf das für viele Fälle Gültige, und seine Verankerung im Denken der Kinder.

Exemplarische Konzentration und sokratisches Fragen charakterisieren den genetischen Ansatz, wie er von Wagenschein konzipiert wurde. Hinzu kommen das konstruktive Moment im eigenen Denken der Kinder und der für das Sachlernen notwendige vielperspektivische Zugriff auf die Domänen der Natur- und Sozialwissenschaften. Exemplarität, sokratisches Suchen, Konstruktivität und Vielperspektivität sind die aufeinander bezogenen grundlegenden Merkmale einer genetischen Konzeption des Sachunterrichts. Ansatzpunkte des Wissens entstehen durch eigene Untersuchungen und authentische Erfahrungen der Lernenden in einem Unterricht, der offen ist für ihre Interessen und Fragen und zentriert auf elementare und fundamentale Einsichten.

Die *Sachwissenschaften,* die uns helfen die Welt zu begreifen und in ihr kompetent zu handeln, sind inhaltliche Referenzbereiche des sachunterrichtlichen Lernfeldes. Wissenschaften generieren und bewahren gesellschaftlich relevantes, geprüftes und bewährtes Wissen, das auch dem Unterricht inhaltliche Substanz gibt. Oftmals ging es in den frühen Anfängen wissenschaftlicher Untersuchungen um Phänomene und Probleme, die heute auch Kindern zugänglich sind, und so enthalten die Genese der Wissenschaften wie auch die in ihnen systematisierten Wissensbestände Ansatzpunkte für die didaktische Rekonstruktion und die curriculare Verknüpfung elementarer Einsichten sowie Hinweise auf Wege erfolgreichen Suchens.
Eine Didaktik enthält Kriterien der Stoffauswahl, und das Curriculum zeichnet einen Weg des Aufstiegs unter dem Gesichtspunkt der Zugänglichkeit. Dabei sollte den Lernenden immer wieder im Voraus ein Blick auf das Weiterlernen möglich sein (wie Moses in das gelobte Land), denn die Motivation und die Kontinuität des Verstehens leiden, wenn Kinder unvorbereitet mit Gewalt (wie die Gefangenen in Platons Höhlengleichnis) in das Licht fertigen Wissens gezerrt werden. Vielmehr muss ihnen der Unterricht die Zuversicht geben, dass sie die anstehenden Herausforderungen in gemeinsamer Arbeit bewältigen können und neue Einsichten sich eröffnen werden. Der Bezug auf Sachwissenschaften ist ein doppelter: Er betrifft die Ausrichtung des Lehrens und Lernens auf die Wissenschaften und damit ein Überschreiten der Grenzen einer kleinen Eigenwelt in eine größere Gemeinwelt weiterreichender, für die Teilhabe an Kultur und Gesellschaft bedeutsamer Zusammenhänge (was gewöhnlich als Wissenschaftsorientierung bezeichnet wird) sowie den Rückgriff auf Muster der Entstehung elementarer Erkenntnisse als Anregung für didaktische Gestaltung.
Die Aufbereitung grundlegender Einsichten und die Planung des Unterrichts selbst greifen zurück auf ein Sachwissen, das sich in den Dimensionen lebensweltlicher, historischer, geografischer, ökonomischer, gesellschaftlicher, physikalischer und chemischer, technischer, biologischer und ökologischer Bezüge darstellen lässt. Dimensionen durchdringen sich, und so zerfällt der Sachunterricht nicht in divergierende Perspektiven, sondern bewahrt konzeptionell seine *Einheit* im übergreifenden Leitprinzip des Genetischen, insbesondere in der Kontinuität der didaktischen Führung des Lernens sowie in der Vernetzung der Inhalte und der methodischen Zugriffe. Zudem entsteht in einem genetischen Sachunterricht kein Gegensatz zwischen lebensweltlichem Umgang in einer vorausgesetzten Wirklichkeit und dem konstruktiven Aufbau von methodisch gewonnenem Wissen. Lebenswelt bekommt durch Wissen Struktur und wird durchschaubar; elaboriertes Wissen bleibt in lebensweltlichen Erfahrungen verankert. Zugriffsweisen auf „Welt“ sind in dieser wie in jener Hinsicht abhängig von Interessen, Fragestellungen und der Bearbeitung von Problemen.

Wissenschaftsbezogenes Sachlernen ist kein abgehobenes Programm, sondern führt in verlässliches Wissen, das auch lebensweltliche Wissensformen bereichert. Es ist rückgebunden an eine bunte Fülle oftmals individuell bedeutsam gewordener Wahrnehmungen, virulenter Bilder, Vorstellungen, Sinnzuweisungen und Interessen. Im Sachunterricht sollten wir die Bedeutung dieses mentalen Hintergrundes für Motivation, Prozesse des Verstehens und stimmige Einordnung neuen Wissens nicht unterschätzen. Kinderphilosophie ist ein vorzüglicher Ort, an dem sich daraus ergebende Fragen, Überlegungen und Wünsche der Kinder offen zur Sprache kommen und dann auch – von den Lehrenden produktiv aufgenommen – in anderen Gegenstandsbezügen in einer für die Lernenden befriedigenden Weise wirksam werden können. Philosophie ist das Konzentrierende, in dem sich der Mensch nicht nur die Wirklichkeit der Dinge, sondern auch sein eigenes Denken bewusst macht.

Aisthesis ist aufmerksame und gegenstandsbezogene, mit Reflexion verbundene und auf Erkenntnis gerichtete Wahrnehmung; sie bezieht sich nicht nur auf Sachen der äußeren Welt, sondern auch auf innere Zustände wie Stimmungen und Gefühle. Freude, Lust, Angst, Neugier, Vertrauen betreffen aber nicht nur die eigene Person; wir können sie benennen, beschreiben und mitteilen. Wir können sie reflektieren und kontrollieren, aber auch mit anderen teilen, weil sie nicht nur ursprünglich, sondern auch kulturell vermittelt und überformt sind und intelligible Gründe haben. Kinder lernen (vorzüglich im Gespräch und durch Lektüre) Wahrnehmungen auf Begriffe zu beziehen, ästhetische Kategorien wie Stimmigkeit, Harmonie, Passung, Klarheit und Ordnung in ihr Bewusstsein aufzunehmen und als Bereicherung zu erfahren. Aisthetische Verarbeitung der Wahrnehmung als bedeutungserschließender Prozess bewahrt den Sachunterricht vor einer Engführung auf den Gewinn von Kompetenzen und dient der Überwindung von vermeintlichen Gegensätzen zwischen Sinnlichkeit und Vernunft, Gefühl und Ratio, Fantasie und Kalkül, Ästhetik und Pragmatik. Am ehesten gelingt das immer wieder in der Offenheit für selbstbestimmtes Tun, in Gespräch und Reflexion, aber auch in gemeinsamen Projekten und in der Freude am Gelingen. Aisthesis ist damit auch Ausdruck einer Lernkultur und der Gestaltung von Lernumgebungen, die Freiraum für individuelle Ideenfindung und geistige Produktivität geben. Notwendig erscheint gegenwärtig ein Widerstand gegen eine zunehmende Beschleunigung des Lernens. Pädagogen müssen Zeit geben für differenzierte Phänomenwahrnehmung, für produktive Einfälle und kritische Prüfung, für das konstruktive Finden von Zusammenhängen und die Überwindung falscher Konzepte. Sachunterricht hat viele Freiheitsgrade; seine Vielgestaltigkeit erleichtert es, die Heterogenität von Unterrichtsgegenständen und Lernzielen aufzuheben. Selbstbestimmung wie auch die Evidenz eigener Einsichten wird für die Lernenden erfahrbar in der weiten Spanne zwischen harter Arbeit und der Freiheit im Spiel.

Generell ist die Konzeption des genetischen Lehrens und Lernens darauf gerichtet, die aisthetische Wahrnehmung mit dem Sachdenken zu verbinden, die Entdeckung von Denk- und Handlungsmöglichkeiten anzuregen, das Verstehen nachhaltig zu fördern und schließlich die subjektive Bedeutung des Wissens und wachsender Fähigkeiten bewusst zu machen. Dabei sollte es dann auch gelingen, eine Entfremdung des Unterrichts von der Befindlichkeit und den Strebungen der Persönlichkeiten zu vermeiden und die bei jungen Kindern auffallende Lust am Erkunden des Neuen zu erhalten und zu stärken.

Bemühungen um eine didaktische Theoriebildung zum Lernfeld Sachunterricht sind auf eine konsistente Darstellung des Aufgabenfeldes und auf Möglichkeiten seiner Bearbeitung gerichtet. Dazu gehören die Beschreibung und Analyse der Problemstellungen, das begriffliche Erfassen von strukturellen Zusammenhängen, die kritische Reflexion von maßgeblichen Normen und Zielen und schließlich die Benennung anstehender Desiderata als Impuls für weiterführende (empirische) Forschung. Die Theorie gibt einer Disziplin eine Gestalt, in der sie wahrnehmbar und kritisierbar, vor allem aber ausbau- und entwicklungsfähig wird und in der ihre Funktion für die Gesellschaft, speziell für Schule und Unterricht, zum Ausdruck kommt. Die Aussagen in einem Theorieentwurf bleiben gleichwohl hypothetisch, auch wenn sie sich auf elaboriertes Wissen stützen, und sie sind offen für Überformung oder Revision durch neue Erkenntnisse.

Die Ausarbeitung einer Konzeption stellt einen Gesamtentwurf dar, der von philosophischen Prämissen, vom Korpus pädagogischer und (fach-)didaktischer Forschungserträge und von Bedürfnissen der Praxis geleitet ist. Die empirische Forschung, immer darauf gerichtet, Aussagen zu prüfen, zu relativieren, zu revidieren oder auch zu erhärten, wird zahlreiche Ansatzpunkte für weiterführende Untersuchungen finden und im Wechselspiel zwischen theoretischem Entwurf und empirischer Erkenntnis vorgängige Annahmen stimmiger und das Wissen für die Praxis genauer, verlässlicher und verbindlicher machen können. Denn auch Konzeptionen und Prinzipien müssen immer wieder geprüft und dabei gestärkt, relativiert oder verworfen werden. Es gibt keine abschließenden Antworten. Deshalb bleibt die Untersuchung, auf welchen Wegen Kindern Sachverhalte so fasslich gemacht werden können, dass sie schließlich in der Lage sind, aus tragfähigen Vorstellungen hinreichende Erklärungen zu rekonstruieren, eine Daueraufgabe sachunterrichtsdidaktischer Forschung.

Theoriearbeit dient dem Aus- und Weiterbau der Disziplin. Diese selbst aber als eine erziehungswissenschaftliche hat ihr Pendant in der pädagogischen Praxis, vornehmlich in den Schulen. Schulen sind staatlich gelenkte und gesellschaftlich verantwortete Einrichtungen. Für empirische Erkenntnisbildung sind sie das entscheidende Forschungs- und Erprobungsfeld; für die Theoriebildung ist der Unterricht die Wirklichkeit, auf die sie sich erklärend und fördernd bezieht. Stärker als bisher sollte die Kooperation ausgebaut, institutionell gestützt und dauerhaft abgesichert werden.

Die didaktische Arbeit – Theorie und Empirie in Wechselwirkung – sollte schließlich dem Ziel dienen, an dem schon Comenius seine Große Didaktik ausgerichtet hat: das Lernen in den Schulen angenehmer, ertragreicher und nachhaltiger zu machen.

Literaturverzeichnis

Ackermann, Paul (1976): Einführung in den sozialwissenschaftlichen Sachunterricht. München: Kösel

Adamina, Marco (2009): Vorstellungen von Schülerinnen und Schülern zu raum-, zeit- und geschichtsbezogenen Themen in der Primarstufe. In: Z. f. Grundschulforschung, 2. Jg., H.1, S. 77–90

Aebli, Hans (1980): Denken: das Ordnen des Tuns. Bd. I. Stuttgart: Klett-Cotta

Aebli, Hans (1981): Denken: das Ordnen des Tuns. Bd. II. Stuttgart: Klett-Cotta

Aebli, Hans (1983): Zwölf Grundformen des Lehrens. Stuttgart: Klett

Aissen-Crewett, Meike (1997): Ästhetische Zugänge zur Welterkenntnis bei Kindern – Überlegungen zum natur- und naturwissenschaftsbezogenen Sachunterricht. In: Köhnlein, W. u.a. (Hrsg.): Kinder auf dem Wege zum Verstehen der Welt. A.a.O., S. 144–177

Arbeitsgruppe für Unterrichtsforschung (1971): Weg in die Naturwissenschaft. Ein verfahrensorientiertes Curriculum im 1. Schuljahr. Stuttgart: Klett

Aufenanger, Stefan/ Hamburger, Franz/ Ludwig, Luise/ Tippelt, Rudolf (Hrsg.) (2010): Bildung in der Demokratie. Beiträge zum 22. Kongress der Deutschen Gesellschaft für Erziehungswissenschaft. Opladen: Budrich

Bacon, Francis (1990): Neues Organon. Hrsgeg. und mit einer Einleitung von W. Krohn. Darmstadt: Wissenschaftliche Buchgesellschaft

Baier, Hans/ Gärtner, Helmut/ Marquardt-Mau, Brunhilde/ Schreier, Helmut (Hrsg.) (1999): Umwelt, Mitwelt, Lebenswelt im Sachunterricht. Bad Heilbrunn: Klinkhardt

Baier, Hans/ Wittkowske, Steffen (Hrsg.) (2001): Ökologisierung des Lernortes Schule. Bad Heilbrunn: Klinkhardt

Banholzer, Agnes (2008): Die Auffassung physikalischer Sachverhalte im Schulalter. Inaugural-Dissertation, Universität Tübingen. Stuttgart: Widmann 1936 – neu herausgegeben und eingeleitet von Bernd Feige und Hilde Köster: Bad Heilbrunn: Klinkhardt

Bauer, Herbert F. (1984): Das Thermometer. In: Bauer, H.F./ Köhnlein, W. (Hrsg.): Problemfeld Natur und Technik. A.a.O., S. 42–64

Bauer, Herbert F. (1988): Grundlegende Bildung und Fachpropädeutik. In: Schorch, G. (Hrsg.): Grundlegende Bildung. Bad Heilbrunn: Klinkhardt, S. 85–106

Bauer, Herbert F./ Köhnlein, W. (Hrsg.) (1984): Problemfeld Natur und Technik. Bad Heilbrunn: Klinkhardt

Beck, Gertrud (1972): Politische Sozialisation und politische Bildung in der Grundschule. Frankfurt a.M.: Hirschgraben

Beck, Gertrud/ Claussen, Claus ([2]1979): Einführung in Probleme des Sachunterrichts. Kronberg/ Ts.: Scriptor

Beck, Gertrud/ Scholz, Gerold (1995): Soziales Lernen – Kinder in der Grundschule. Reinbek: Rowohlt

Beilner, Helmut (2007): Historische Aspekte. In: Kahlert, J. u.a. (Hrsg.): Handbuch Didaktik des Sachunterrichts. A.a.O., S. 168–174

Beinbrech, Christina/ Kleickmann, Thilo/ Tröbst, Steffen/ Möller, Kornelia (2009): Wissenschaftliches Begründen durch Schülerinnen und Schüler und die Rolle der Lehrkraft. In: Zeitschrift f. Grundschulforschung, 2. Jg., H. 2, S. 139 –155

Benner, Dietrich (1997): Umgang und Wissen als Horizont einer Bildungstheorie für die Schule. In: Neue Sammlung, 37. Jg., S. 547–561

Benner, Dietrich (1999): „Der Andere" und „Das Andere" als Problem und Aufgabe von Erziehung und Bildung. In: Z. f. Pädagogik, 45. Jg., H. 3, S. 315–327

Benner, Dietrich (2005): Schulische Allgemeinbildung versus allgemeine Menschenbildung? Von der doppelten Gefahr einer wechselseitigen Beschädigung beider. In: Z. f. Erziehungswissenschaft, 8. Jg., H. 4, S. 563–575
Bernstein, Basil (1971): Klassifikation und Vermittlungsrahmen im schulischen Lernprozess. In: Z. f. Pädagogik, 17. Jg., H. 2, S. 145–173
Biester, Wolfgang (1981): Sachunterricht. Ideen, Modelle, Methoden, Material für die Unterrichtspraxis. Freiburg: Herder
Biester, Wolfgang (1989): Bewegung als Merkmal kognitiver Prozesse im Grundschulalter. In: Wiebel, K.H. (Hrsg.): Zur Didaktik der Physik und Chemie. Alsbach: Leuchtturm, S. 116–118
Biester, Wolfgang (1991): Denken über Natur und Technik. Bad Heilbrunn: Klinkhardt
Bildungskommission NRW (1995): Zukunft der Bildung – Schule der Zukunft. Denkschrift der Kommission „Zukunft der Bildung – Schule der Zukunft" beim Ministerpräsidenten des Landes Nordrhein-Westfalen. Berlin: Luchterhand
Birnbacher, Dieter/ Krohn, Dieter (2002) (Hrsg.): Das sokratische Gespräch. Stuttgart: Reclam
Bischof, Norbert (1977): Verstehen und Erklären in der Wissenschaft vom Menschen. In: Lohmann, M. (Hrsg.): Wohin führt die Biologie? Ein interdisziplinäres Kolloquium. München: dtv, S. 175–211
Blankertz, Herwig (1965): Die Menschlichkeit der Technik. In: Blankertz, H./ Hochheimer, W./ Weber, E./ Jaide, W.: Technik – Freizeit – Politik. Essen: Neue Deutsche Schule Verlagsgesellschaft
Blumberg, Eva (2008): Multikriteriale Zielerreichung im naturwissenschaftsbezogenen Sachunterricht der Grundschule – Eine Studie zum Einfluss von Strukturierung in schülerorientierten Lehr-Lernumgebungen auf das Erreichen kognitiver, motivationaler und selbstbezogener Zielsetzungen. Inauguraldissertation, Universität Münster
Blumberg, Eva/ Hardy, Ilonca/ Möller, Kornelia (2008): Anspruchsvolles naturwissenschaftsbezogenes Lernen im Sachunterricht der Grundschule – auch für Mädchen? In: Z. f. Grundschulforschung, 1. Jg., H. 2, S. 59–72
Blumenberg, Hans (1965): Die kopernikanische Wende. Frankfurt a.M.: Suhrkamp
Blumenberg, Hans (1975): Die Genesis der kopernikanischen Welt. Frankfurt a.M.: Suhrkamp
Blumenberg, Hans (2010): Theorie der Lebenswelt. Hrsgeg. von Manfred Sommer. Berlin: Suhrkamp
Bollnow, Otto Friedrich (1978): Vom Geist des Übens. Eine Rückbesinnung auf elementare didaktische Erfahrungen. Freiburg: Herder
Bollnow, Otto Friedrich ([5]1984): Mensch und Raum. Stuttgart: Kohlhammer
Bolscho, Dietmar/ Hauenschild, Katrin (2007): Bildung für nachhaltige Entwicklung. In: Kahlert, J. u.a.: Handbuch Didaktik des Sachunterrichts. A.a.O., S. 200–205
Bolscho, Dietmar/ Hauenschild, Katrin (Hrsg.) (2008): Ökonomische Bildung mit Kindern und Jugendlichen. Frankfurt a.M. u.a.: Lang
Breitschuh, Gernot (1981): „Mit dem Kind von der Sache aus, die für das Kind die Sache ist". In: Schreier, H. (Hrsg.): Sachunterricht – Vorschläge und Beispiele. Paderborn u.a.: Schöningh, S. 13–19
Bruner, Jerome S. (1966): Toward a Theory of Instruction. New York: Norton
Bruner, Jerome S. (1970): Der Prozeß der Erziehung. Berlin: Berlin Verlag
Bruner, Jerome S. (1974): Entwurf einer Unterrichtstheorie. Berlin: Berlin Verlag
Bruner, Jerome S./ Olver, Rose R./ Greenfield Patricia M. u.a. (1971): Studien zur kognitiven Entwicklung. Stuttgart: Klett
Büchel, Wolfgang (1975): Gesellschaftliche Bedingungen der Naturwissenschaft. München: Beck

Cassirer, Ernst ([5]1989): Zur Logik der Kulturwissenschaften. Fünf Studien. Darmstadt: Wissenschaftliche Buchgesellschaft
Cech, Diethard/ Feige, Bernd/ Kahlert, Joachim/ Löffler, Gerhard/ Schreier, Helmut/ Schwier, Hans-Joachim/ Stoltenberg, Ute (Hrsg.) (2001): Die Aktualität der Pädagogik Martin Wagenscheins für den Sachunterricht. Bad Heilbrunn: Klinkhardt

Cech, Diethard/ Schwier, Hans-Joachim (Hrsg.) (2003): Lernwege und Aneignungsformen im Sachunterricht. Bad Heilbrunn: Klinkhardt

Cech, Diethard/ Fischer, Hans-Joachim/ Holl-Giese, Waltraud/ Knörzer, Martina/ Schrenck, Marcus (Hrsg.) (2006): Bildungswert des Sachunterrichts. Bad Heilbrunn: Klinkhardt

Claußen, Bernhard (1976): Zur Theorie der politischen Erziehung im Elementar- und Primarbereich. Eine Analyse neuerer Konzeptionen. Frankfurt a.M.: Haag + Herchen

Claußen, Bernhard (1997): Politische Bildung. Lernen für die ökologische Demokratie. Darmstadt: Wissenschaftliche Buchgesellschaft

Comenius, Johann Amos (^{2}1960): Große Didaktik. Übersetzt und herausgegeben von Andreas Flitner. Düsseldorf und München: Küpper

Comenius, Johann Amos (1978): Orbis sensualium pictus. Dortmund: Harenberg

Dahrendorf, Ralf (1965): Bildung ist Bürgerrecht. Plädoyer für eine aktive Bildungspolitik. Bramsche: Nannen

Daum, Egbert (2007): Geographische Aspekte. In: Kahlert, J. u.a. (Hrsg.): Handbuch Didaktik des Sachunterrichts. A.a.O., S. 144–149

Deutscher Bildungsrat (1970): Empfehlungen der Bildungskommission: Strukturplan für das Bildungswesen. Bonn

Dewey, John (1951): Wie wir denken. Eine Untersuchung über die Beziehung des reflektiven Denkens zum Prozeß der Erziehung (engl. 1910). Zürich: Morgarten

Dewey, John (^{3}1964): Demokratie und Erziehung (engl. 1916, deutsch von Erich Hylla). Braunschweig: Westermann

Dienes, Zoltan P./ Golding, E.W. (1967): Die Entdeckung des Raumes und praktische Meßübungen. Freiburg, Basel, Wien: Herder

Dolch, Josef (1982): Lehrplan des Abendlandes. Darmstadt: Wissenschaftliche Buchgesellschaft

Doll, Jörg/ Rieck, Karen/ Fischer, Miriam (2007): Zur Vermittlung von systemischen Zusammenhängen im naturwissenschaftlichen Sachunterricht der Grundschule. In: Unterrichtswissenschaft, 35. Jg., H. 3, S. 214–226

Dollase, Rainer (1997): Entwicklungspsychologische Grundlagen des kindlichen Weltverstehens. In: Köhnlein, W. u.a. (Hrsg.): Kinder auf dem Wege zum Verstehen der Welt. A.a.O., S. 16–38

Donaldson, Margaret (1991): Wie Kinder denken. München: Piper

Dubs, Rolf (1995): Konstruktivismus: Einige Überlegungen aus der Sicht der Unterrichtsgestaltung. In: Z. f. Pädagogik, 41. Jg., H. 6, S. 889–903

Duit, Reinders (1995): Zur Rolle der konstruktivistischen Sichtweise in der naturwissenschaftsdidaktischen Lehr-Lernforschung. In: Z. f. Pädagogik, 41. Jg., H. 6, S. 905–923

Duit, Reinders (1997): Alltagsvorstellungen und Konzeptwechsel im naturwissenschaftlichen Unterricht – Forschungsstand und Perspektiven für den Sachunterricht der Primarstufe. In: Köhnlein, W. u.a. (Hrsg.): Kinder auf dem Wege zum Verstehen der Welt. A.a.O., S. 233–246

Duit, Reinders (1999): Conceptual change approaches in science education. In: Schnotz, W./ Vosniadou, S./ Carretero, M. (Eds.): New Perspectives on conceptual change. Amsterdam, New York, Oxford: Pergamon, S. 263–282

Duncker, Ludwig (1994): Lernen als Kulturaneignung. Schultheoretische Grundlagen des Elementarunterrichts. Weinheim u. Basel: Beltz

Duncker, Ludwig (1996a): Zeigen und Handeln. Studien zur Anthropologie der Schule. Langenau-Ulm: Vaas

Duncker, Ludwig (1996b): Bildung in europäischer Sicht. Perspektiven für die Pädagogik der Grundschule. Langenau-Ulm: Vaas

Duncker, Ludwig (2007): Die Grundschule. Schultheoretische Zugänge und didaktische Horizonte. Weinheim und München: Juventa

Duncker, Ludwig/ Popp, Walter (Hrsg.) ([3]1998): Kind und Sache. Zur pädagogischen Grundlegung des Sachunterrichts. Weinheim und München: Juventa

Duncker, Ludwig/ Scheunpflug, Annette/ Schultheis, Klaudia (2004): Schulkindheit. Anthropologie des Lernens im Schulalter. Stuttgart: Kohlhammer

Einsiedler, Wolfgang (1985): Problemlösen als Ziel und Methode des Sachunterrichts der Grundschule. In: Einsiedler, W./ Rabenstein, R. (Hrsg.): Grundlegendes Lernen im Sachunterricht. Bad Heilbrunn: Klinkhardt, S. 126–146

Einsiedler, Wolfgang (1994): Der Sachunterricht in der Grundschule als Voraussetzung für Allgemeinbildung. In: Grundschulmagazin, 9. Jg., H. 2, S. 38–42 (abgedruckt in: Hinrichs, W./ Bauer, H.F.: Zur Konzeption des Sachunterrichts. A.a.O., S. 68–80)

Einsiedler, Wolfgang (1996): Wissensstrukturierung im Unterricht. Neuere Forschung zur Wissensrepräsentation und ihre Anwendung in der Didaktik. In: Z. f. Pädagogik, 42. Jg., H. 2, S. 167–191

Einsiedler, Wolfgang (1997): Unterrichtsqualität und Leistungsentwicklung. In: Weinert, F. E./ Helmke, A. (Hrsg.): Entwicklung im Grundschulalter. Weinheim: Beltz/PsychologieVerlagsUnion, S. 225–240

Einsiedler, Wolfgang (1998): Aufgreifen von Problemen – Gespräche über Probleme – Problemorientierter Sachunterricht in der Grundschule. In: Duncker, L./Popp, W. (Hrsg.): Kind und Sache. A.a.O., S. 199–212

Einsiedler, Wolfgang (2000): Bildung grundlegen und Leisten lernen in der Grundschule. In: Kahlert, J./ Inckemann, A./Speck-Hamdan, A. (Hrsg.): Grundschule: Sich Lernen leisten. Neuwied: Luchterhand, S. 37–49

Einsiedler, Wolfgang (2001): Begabung, Lernen und Unterrichtsforschung. In: Köhnlein, W. /Schreier, H. (Hrsg.): Innovation Sachunterricht. A.a.O., S. 257–273

Einsiedler, Wolfgang (2002): Empirische Forschung zum Sachunterricht – ein Überblick. In: Spreckelsen, K./ Möller, K./ Hartinger, A. (Hrsg.): Ansätze und Methoden empirischer Forschung zum Sachunterricht. Bad Heilbrunn: Klinkhardt, S. 17–38

Einsiedler, Wolfgang (2003):Unterricht in der Grundschule. In: Cortina, K./ Baumert, J./ Leschinsky, A./ Mayer, K.U./ Trommer, L. (Hrsg.): Das Bildungswesen in der Bundesrepublik Deutschland. Reinbek: Rowohlt, S. 285 –341

Einsiedler, Wolfgang (2009): Neuere Ergebnisse der entwicklungs- und der kognitionspsychologischen Forschung als Grundlage der Didaktik des Sachunterrichts. In: Z. f. Grundschulforschung, 2. Jg., H. 1, S. 61–76

Einsiedler, Wolfgang (Hrsg.) (2011): Unterrichtsentwicklung und Didaktische Entwicklungsforschung. Bad Heilbrunn: Klinkhardt

Einsiedler, Wolfgang (2011): Was ist Didaktische Entwicklungsforschung? In: Ders.: Unterrichtsentwicklung und Didaktische Entwicklungsforschung. A.a.O., S. 41–70

Einsiedler, Wolfgang/ Rabenstein, Rainer (Hrsg.) (1985): Grundlegendes Lernen im Sachunterricht. Bad Heilbrunn: Klinkhardt

Einstein, Albert (1982): Galileo Galilei. In: Galilei, G.: Dialog über die beiden hauptsächlichsten Weltsysteme (1632). Hrsgeg. von R. Sexl und K. v. Meyenn. A.a.O., S. VII–XII

Elschenbroich Donata (2002): Weltwissen der Siebenjährigen. Wie Kinder die Welt entdecken können. München: Goldmann

Engelen, Achim/ Jonen, Angela/ Möller, Kornelia (2002): Lernforschrittsdiagnosen durch Interviews – Ergebnisse einer Pilotstudie zum „Schwimmen und Sinken“ im Sachunterricht der Grundschule. In: Spreckelsen. K./ Möller, K./ Hartinger, A. (Hrsg.): Ansätze und Methoden empirischer Forschung zum Sachunterricht. Bad Heilbrunn: Klinkhardt, S. 155–173

Engelhardt, Wolf (Bearb.) (1978): Erdkunde in der Grundschule. Bad Heilbrunn: Klinkhardt

Engelhardt, Wolf/ Glöckel, Hans (Bearb.) (1977): Wege zur Karte. Bad Heilbrunn: Klinkhardt

Ensberg, Claus/ Wittkowske, Steffen (Hrsg.) (2010): Fachdidaktiken als praktische Wissenschaften. Grundlagen – Positionen – Perspektiven. Bad Heilbrunn: Klinkhardt

Eschenhagen, Dieter (1979): Zur Situation der Grundschulbiologie in der Bundesrepublik Deutschland. In: Knoll, J. (Bearbeiter): Biologieunterricht in der Grundschule. Bad Heilbrunn: Klinkhardt 1979, S. 90 –112

Faraday, Michael (1979): Naturgeschichte einer Kerze. Mit einer Einleitung und Biografie von Peter Buck. Bad Salzdetfurth: Franzbecker

Fauser, Peter (2002): Lernen als innere Wirklichkeit. Über Imagination, Lernen und Verstehen. In: Neue Sammlung, 42. Jg., H. 2, S. 39–68

Faust, Wolfgang (1984): Camera obscura. In: Bauer, H.F./ Köhnlein, W. (Hrsg.): Problemfeld Natur und Technik. A.a.O., S. 155–163; abgedruckt in Wagenschein, M. (2003): Kinder auf den Wege zur Physik. A.a.O., S. 181–189

Feige, Bernd (1998): Historisches Lernen im Sachunterricht der Grundschule. In: Grundschule, 30. Jg., H.11, S. 10–13

Feige, Bernd (2000): Integrativer und fächerübergreifender Sachunterricht – historische, fachdidaktische und allgemeindidaktische Orientierungen. In: Löffler, G./ Möhle, V./ v. Reeken, D./ Schwier, V. (Hrsg.): Sachunterricht – zwischen Fachbezug und Integration. Bad Heilbrunn: Klinkhardt, S. 63 –79

Feige, Bernd (2001): Historisches Lernen in der Grundschule und im Sachunterricht und seine exemplarische Orientierung. In: Cech, D. u.a.: Die Aktualität der Pädagogik Martin Wagenscheins für den Sachunterricht. A.a.O., S. 157–167

Feige, Bernd (2004): „Zeit“ und „Geschichte“: Die Entwicklung des Lebens am Beispiel des Urvogels Archaeopteryx. In: Michalik, K. (Hrsg.): Geschichtsbezogenes Lernen im Sachunterricht. A.a.O., S. 191–206

Feige, Bernd (2007): Vielperspektivischer Sachunterricht. In: Kahlert, J. u.a. (Hrsg.): Handbuch Didaktik des Sachunterrichts. Bad Heilbrunn: Klinkhardt 2007, S. 266–275

Fiege, Hartwig ([4]1976): Sachunterricht in der Grundschule. Bad Heilbrunn: Klinkhardt

Fischer, Hans-Joachim (2002): Grundschule – Vermittlungsschule zwischen Kind und Welt. Bad Heilbrunn: Klinkhardt

Fischer, Hans-Joachim (2004): Zur ästhetischen Dimension handelnden Lernens. In: Köhnlein, W./ Lauterbach, R. (Hrsg.): Verstehen und begründetes Handeln. Bad Heilbrunn: Klinkhardt, S. 117–129

Fischer, Klaus (1983): Galileo Galilei. München: Beck

Fölling-Albers, Maria (2001): Veränderte Kindheit – revisited. Konzepte und Ergebnisse sozialwissenschaftlicher Kindheitsforschung der vergangenen 20 Jahre. In: Fölling-Albers, M./ Richter, S./ Brügelmann, H./ Speck-Hamdan, A. (Hrsg.): Jahrbuch Grundschule III. Seelze/Velber: Kallmeyer, S. 10–51

Foerster, Heinz v. ([3]1997): Entdecken oder Erfinden. Wie läßt sich Verstehen verstehen? In: Ders.: Einführung in den Konstruktivismus. München, Zürich: Piper, S. 41– 88

Freeß, Doris (2008): Das Wiegen der Bäume im Wind – ästhetisches Lernen im fächerübergreifenden Sachunterricht. In: Wittkowske, S./ Giest, H. (Hrsg.): Naturbezogenes und naturwissenschaftliches Lernen im Sachunterricht. A.a.O., S. 181–191

Freiesleben, Hans Chr. (1968): Galilei als Forscher. Darmstadt: Wissenschaftliche Buchgesellschaft

Freudenthal, Hans (1973): Mathematik als pädagogische Aufgabe. 2 Bde. Stuttgart: Klett

Freudenthal, Hans (1978): Vorrede zu einer Wissenschaft vom Mathematikunterricht. München: Oldenbourg

Gadamer, Hans-Georg (1999): Der Anfang des Wissens. Stuttgart: Reclam

Gagné, Robert M. (1969): Die Bedingungen des menschlichen Lernens. Hannover: Schroedel

Galilei, Galileo (1973): Unterredungen und mathematische Demonstrationen über zwei neue Wissenszweige, die Mechanik und die Fallgesetze betreffend (1638). Hrsgeg. von A. v. Oettingen. Darmstadt: Wissenschaftliche Buchgesellschaft

Galilei, Galileo (1982): Dialog über die beiden hauptsächlichsten Weltsysteme (1632). Hrsgeg. von R. Sexl und K. v. Meyenn. Darmstadt: Wissenschaftliche Buchgesellschaft

Gansen, Peter (2011): Figurative Sprach- und Wissensformen im Kindesalter. Ein neues Forschungsfeld der Grundschulpädagogik. In: Z. f. Grundschulforschung, 4. Jg., H. 2, S. 60–69

Ganter, Martin (1997): Philosophieren im Sachunterricht. In: Köhnlein, W./ Marquardt-Mau B./ Schreier, H. (Hrsg.): Kinder auf dem Wege zum Verstehen der Welt. A.a.O., S. 128–143

Gebauer, Michael (2005): Naturkonzeptionen und Naturerfahrungen bei Kindern im Grundschulalter – Ergebnisse einer empirischen Studie. In: Hartinger, A./ Kahlert, J. (Hrsg.): Förderung des wissenschaftlichen Nachwuchses im Sachunterricht. A.a.O., S. 151–169

Gebhard. Ulrich (1997): Naturbeziehung und Naturerfahrung bei Kindern: In: Köhnlein, W./ Marquardt-Mau, B./ Schreier, H. (Hrsg.): Kinder auf dem Wege zum Verstehen der Welt. A.a.O., S. 55–75

Gebhard, Ulrich (1999): Weltbezug und Symbolisierung. In: Baier, H. u.a. (Hrsg.): Umwelt, Mitwelt, Lebenswelt im Sachunterricht. A.a.O., S. 33–53

Gehlen, Arnold (1957): Die Seele im technischen Zeitalter. Sozialpsychologische Probleme in der industriellen Gesellschaft. Hamburg: Rowohlt

Gehlen, Arnold ([13]1986): Der Mensch. Seine Natur und seine Stellung in der Welt. Wiesbaden: Aula

George, Siegfried/ Prote, Ingrid (Hrsg.) (1996): Handbuch zur politischen Bildung in der Grundschule. Schwalbach: Wochenschau

Gesellschaft für Didaktik des Sachunterrichts (GDSU) (2002): Perspektivrahmen Sachunterricht. Bad Heilbrunn: Klinkhardt

Gethmann, Carl Friedrich/ Mittelstraß, Jürgen (Hrsg.) (2008): Langzeitverantwortung. Ethik, Technik, Ökologie. Darmstadt: Wissenschaftliche Buchgesellschaft

Giel, Klaus (1994): Versuch über den pädagogischen Ort des Sachunterrichts. Ein philosophischer Beitrag zum Curriculum Sachunterricht. In: Lauterbach, R./ Köhnlein, W./ Koch, I./ Wiesenfarth G. (Hrsg.): Curriculum Sachunterricht. Kiel: IPN, S. 18–50

Giel, Klaus (1998): Die ästhetische Darstellung der Welt im naturwissenschaftlichen Unterricht. In: Duncker, L./ Popp, W. (Hrsg.): Kind und Sache. A.a.O., S. 163 –177

Giel, Klaus (2000a): Lernen – Erweiterung des Sinnhorizonts. In: Duncker, L./ Hanisch, H. (Hrsg.): Sinnverlust und Sinnorientierung in der Erziehung. Bad Heilbrunn: Klinkhardt, S. 51–88

Giel, Klaus (2000b): Heimatkunde – heute. Versuch über die Topik des gelebten Lebens. In: Hinrichs, W./ Bauer, H. F. (Hrsg.): Zur Konzeption des Sachunterrichts. Donauwörth: Auer, S. 95–124

Giel, Klaus (2001): Zur Revision des „Mehrperspektivischen Unterrichts“ (MPU). In: Köhnlein, W./ Schreier, H. (Hrsg.): Innovation Sachunterricht. A.a.O., S. 201–216

Giel, Klaus (2007): „Bildung“ – wie der Verstand zur Vernunft kommt. In: Berendes, J. (Hrsg.): Autonomie durch Verantwortung. Impulse für die Ethik in den Wissenschaften. Paderborn: mentis, S. 253–283

Giel, Klaus/ Hiller, Gotthilf G./ Krämer, Hermann (1974): Stücke zu einem mehrperspektivischen Unterricht. Aufsätze zur Konzeption 1. Stuttgart: Klett

Giel, Klaus u.a. (1975): Stücke zu einem mehrperspektivischen Unterricht. Aufsätze zur Konzeption 2. Stuttgart: Klett

Gierer, Alfred (1977): Die physikalischen Grundlagen der Biologie und das Selbstverständnis des Menschen. In: Lohmann, M. (Hrsg.): Wohin führt die Biologie? Ein interdisziplinäres Kolloquium. München: dtv, S. 57–84

Giest, Hartmut (2007): Kulturhistorische Theorie/ Tätigkeitsansatz im Sachunterricht. In: www.widerstreit-sachunterricht.de/ Ausgabe Nr. 8/ März 2007

Giest, Hartmut (2009): Zur Didaktik des Sachunterrichts. Aktuelle Probleme, Fragen und Antworten. Potsdam: Universitätsverlag

Giest, Hartmut/ Wiesemann, Jutta (Hrsg.) (2008a): Kind und Wissenschaft. Bad Heilbrunn: Klinkhardt

Giest, Hartmut/ Hartinger, Andreas/ Kahlert, Joachim (Hrsg.) (2008b): Kompetenzniveaus im Sachunterricht. Bad Heilbrunn: Klinkhardt

Gläser, Eva (2006): Unterrichtssprache und Unterrichtsqualität. Fallstudien zu Klassengesprächen aus fachdidaktischer Sicht. In: Cech, D. u.a. (Hrsg.): Bildungswert des Sachunterrichts. A.a.O., S. 263–278

Glasersfeld, Ernst v. (1999): Konstruktivismus und Unterricht. In: Z. f. Erziehungswissenschaft, 2. Jg., H. 4, S. 499–506

Glöckel, Hans (1964): Volkstümliche Bildung? Versuch einer Klärung. Weinheim: Beltz

Glöckel, Hans (1988): Was ist „Grundlegende Bildung"? In: Schorch, G. (Hrsg.): Grundlegende Bildung. Erziehung und Unterricht in der Grundschule. Bad Heilbrunn: Klinkhardt, S. 11–33

Glöckel, Hans (^{2}1992): Vom Unterricht. Bad Heilbrunn: Klinkhardt

Glumpler, Edith (1996): Interkulturelles Lernen im Sachunterricht. Bad Heilbrunn: Klinkhardt

Göbel, R. (1976): Immanente Festigung – ein aktuelles Problem effektiver Unterrichtsgestaltung. In: Physik in der Schule, 14. Jg., S. 148–160

Götz, Margarete (1989): Die Heimatkunde im Spiegel der Lehrpläne der Weimarer Republik. Frankfurt a.M.: Lang

Graeser, Andreas (1994): Die Vorsokratiker. In: Höffe, O. (Hrsg.): Klassiker der Philosophie. Erster Bd. München: Beck, S. 13–37

Grittner, Frauke (2010): Der Informationsgehalt von Portfolio-Arbeit für die Leistungsbewertung aus der Sicht von Schülerinnen und Schülern sowie Eltern. In: Z. f. Grundschulforschung, 3. Jg., H.1, S. 142–154

Grüner, Gustav (1967): Die didaktische Reduktion als Kernstück der Didaktik. In: Die Deutsche Schule, 59. Jg., S. 414–430

Grygier, Patricia (2008): Wissenschaftsverständnis von Grundschülern im Sachunterricht. Bad Heilbrunn: Klinkhardt

Haan, Gerhard de (1999): Von der Umweltbildung zur Bildung für Nachhaltigkeit. In Baier, H. u.a. (Hrsg.): Umwelt, Mitwelt, Lebenswelt im Sachunterricht. A.a.O., S. 75–102

Haan, Gerhard de (2001): Bildung für nachhaltige Entwicklung. In: Baier, H./ Wittkowske, S. (Hrsg.): Ökologisierung des Lernortes Schule. A.a.O., S. 197–217 :

Habermas, Jürgen (1973): Erkenntnis und Interesse. Frankfurt a.M.: Suhrkamp (stw 1)

Habermas, Jürgen (1985): Die Neue Unübersichtlichkeit. Frankfurt a.M.: Suhrkamp

Habermas, Jürgen (2004): Wahrheit und Rechtfertigung. Philosophische Aufsätze. Erweiterte Ausgabe. Frankfurt a.M.: Suhrkamp (stw 1723)

Halbfas, Hubertus/ Maurer, Friedemann/ Popp, Walter (Hrsg.) (1976): Neuordnung des Primarbereichs. Bd. 4: In Modellen denken. Stuttgart: Klett

Halbfas, Hubertus/ Maurer, Friedemann/ Popp, Walter (Hrsg.) (1976): Neuordnung des Primarbereichs. Bd. 6: Spielen, Handeln und Lernen. Stuttgart: Klett

Hantsche, Irmgard/ Schmid, Hans-Dieter (Hrsg.) (1981): Historisches Lernen in der Grundschule. Stuttgart: Klett

Hartinger, Andreas (1997): Interessenförderung. Eine Studie zum Sachunterricht. Bad Heilbrunn: Klinkhardt

Hartinger, Andreas (2005): Verschiedene Formen der Öffnung von Unterricht und ihre Auswirkung auf das Selbstbestimmungsempfinden von Grundschulkindern. In: Z. f. Pädagogik, 51. Jg., H. 3, S. 397–414

Hartinger, Andreas/ Fölling-Albers, Maria (2002): Schüler motivieren und interessieren – Ergebnisse aus der Forschung, Anregungen für die Praxis. Bad Heilbrunn: Klinkhardt

Hartinger, Andreas/ Mörtl-Hafizović Dženana (2004): Situiertes Lernen – ein aktuelles Thema der Lehr-Lernforschung und seine Relevanz für den Sachunterricht. In: Hempel, M. (Hrsg.): Sich bilden im Sachunterricht. A.a.O. S. 61–78

Hartinger, Andreas/ Kahlert, Joachim (Hrsg.) (2005): Förderung des wissenschaftlichen Nachwuchses im Sachunterricht. Perspektiven fachdidaktischer Forschung. Bad Heilbrunn: Klinkhardt

Hasselhorn, Marcus/ Mähler, Claudia (1998): Wissen, das auf Wissen baut: Entwicklungspsychologische Erkenntnisse zum Wissenserwerb und zum Erschließen von Wirklichkeit im Grundschulalter: In: Kahlert, J. (Hrsg.): Wissenserwerb in der Grundschule. A.a.O., S. 73–89

Hauenschild, Katrin/ Bolscho, Dietmar(2005): Bildung für Nachhaltige Entwicklung in der Schule. Frankfurt a.M. u.a.: Lang

Hauenschild, Katrin/ v. Monschaw, Beatrice (Hrsg.) (2009): Kinder erfahren nachhaltiges Wirtschaften. Frankfurt a.M.: Lang

Heimpel, Hermann (1956): Kapitulation vor der Geschichte? Göttingen: Vandenhoeck & Ruprecht

Heisenberg, Werner (1955): Das Naturbild der heutigen Physik. Hamburg: Rowohlt (rde 8)

Hemmer, Michael (2008): Kompetenzen und Standards geographischer Bildung – Eckpfeiler eines Kompetenzentwicklungsmodells. In: Giest, H./ Hartinger, A./ Kahlert, J. (Hrsg): Kompetenzniveaus im Sachunterricht. A.a.O., S. 87–99

Hempel, Marlies: (Hrsg.) (2004): Sich bilden im Sachunterricht. Bad Heilbrunn: Klinkhardt

Hempel, Marlies/ Wittkowske, Steffen (Hrsg.) (2011): Entwicklungslinien Sachunterricht. Einblicke in die Geschichte einer Fachdidaktik. Bad Heilbrunn: Klinkhardt

Hengelbrock, Jürgen (2003): Das „sokratische“ und das philosophische Gespräch. Nelson/ Heckmann und die Platonischen Dialoge. In: Päd. Rundschau, 57. Jg., H. 2, S. 213–223

Hentig, Hartmut v. (1985): Die Menschen stärken, die Sachen klären. Stuttgart: Reclam

Hentig, Hartmut v. (1996): Bildung. München, Wien: Hanser

Heran-Dörr, Eva/ Rachel, Alexander/ Waltner, Christine (2011): Didaktische Entwicklungsforschung im naturwissenschaftlichen Sachunterricht – Theoriegeleitete Entwicklung und Evaluation einer Lehr-Lernumgebung zur Einführung einer Modellvorstellung zum Magnetismus. In: Einsiedler, W. (Hrsg.): Unterrichtsentwicklung und Didaktische Entwicklungsforschung. A.a.O., S. 144–161

Herbart, Johann Friedrich (1964): Umriß pädagogischer Vorlesungen. Besorgt von J. Esterhues. Paderborn: Schöningh

Herbart, Johann Friedrich (o.J./1971): Allgemeine Pädagogik aus dem Zweck der Erziehung abgeleitet. Hrsgeg. von H. Holstein. Bochum: Kamp

Hiller, Gotthilf G./ Popp, Walter (1998): Unterricht als produktive Irritation – oder: Zur Aktualität des Mehrperspektivischen Unterrichts. In: Duncker, L./ Popp, W. (Hrsg.): Kind und Sache. A.a.O., S. 93–115

Hinrichs, Wolfgang/ Bauer, Herbert F. (Hrsg.) (2000): Zur Konzeption des Sachunterrichts. Donauwörth: Auer

Hoffmann, Lore (1993): Mädchen und Naturwissenschaften/Technik – eine schwierige Beziehung. In: Pfister, G./ Valtin, R. (Hrsg.): MädchenStärken. Probleme der Koedukation in der Grundschule. Frankfurt a.M.: Grundschulverband, S. 114–123

Huber, Günter L. (2000): Was wird aus dem situativen Wissen, wenn die Situation sich ändert. Z. f. Päd. Psychologie, 14. Jg., S. 8–9

Huber, Ludwig (2001): Stichwort: Fachliches Lernen. Das Fachprinzip in der Kritik. In: Z. f. Erziehungswissenschaft, 4. Jg., H. 3, S. 307–331

Hund, Friedrich (1969): Grundbegriffe der Physik. Mannheim u. Zürich: Bibliographisches Institut

Hunger, Edgar (^{4}1964): Von Demokrit bis Heisenberg. Braunschweig: Vieweg

Ihmig, Karl-Norbert (2001): Grundzüge einer Philosophie der Wissenschaften bei Ernst Cassirer. Darmstadt: Wiss. Buchgesellschaft

Janich, Peter (2010): Der Mensch und andere Tiere. Das zweideutige Erbe Darwins. Berlin: Suhrkamp

Jaspers, Karl (1955): Die geistige Situation der Zeit. Berlin: de Gruyter (Sammlung Göschen)

Jonas, Hans (1984): Das Prinzip Verantwortung. suhrkamp taschenbuch

Jonas, Hans (1994): Philosophische Untersuchungen und metaphysische Vermutungen. suhrkamp taschenbuch

Jung, Johannes (2006): „Vom Nutzen und Nachtheil der Historie für das Leben" – zum Bildungswert geschichtlichen Lernens im Sachunterricht. In: Cech, D. u.a. (Hrsg.): Bildungswert des Sachunterrichts. A.a.O., S. 93–102

Jung, Walter (1968): Das Nuffield Junior Science Projekt. In: Die Grundschule (Beiheft zu Westermanns Pädagogischen Beiträgen), Heft 3: Sachunterricht in der Grundschule, S. 45–50 .

Jung, Walter (1970): Beiträge zur Didaktik der Physik. Frankfurt a.M. u.a.: Diesterweg

Jung, Walter (1979): Aufsätze zur Didaktik der Physik und Wissenschaftstheorie. Frankfurt a.M. u.a.: Diesterweg

Junge, Friedrich (1985): Der Dorfteich als Lebensgemeinschaft. Unveränd. Nachdr. d. bebilderten Ausg. 1907 mit e. Vorw. von W. Janssen u. Einf. d. Hrsg. W. Riedel u. G. Trommer. St. Peter-Ording: Lühr und Dircks

Kahlert, Joachim (Hrsg.) (1998): Wissenserwerb in der Grundschule. Perspektiven erfahren, vergleichen, gestalten. Bad Heilbrunn: Klinkhardt

Kahlert, Joachim (2004): Achtsamkeit und Anerkennung als Leitbild für soziales Lernen. In: Hempel, M: (Hrsg.): Sich bilden im Sachunterricht. A.a.O., S. 35–48

Kahlert, Joachim (2005): Zwischen Grundlagenforschung und Unterrichtspraxis – Erwartungen an die Didaktik (nicht nur) des Sachunterrichts. In: Cech, D./ Giest, H. (Hrsg.): Sachunterricht in Praxis und Forschung. Bad Heilbrunn: Klinkhardt, S. 37–56

Kahlert, Joachim (2007): Bildung für Nachhaltigkeit. In: Richter, D. (Hrsg.): Politische Bildung von Anfang an. A.a.O., S. 215–228

Kahlert, Joachim ([3]2009): Der Sachunterricht und seine Didaktik. Bad Heilbrunn: Klinkhardt

Kahlert, Joachim (2010): Sachunterrichtsplanung als begründungspflichtige Anforderung an professionelles Lehrerhandeln. In: Tänzer, S./ Lauterbach, R. (Hrsg.) Sachunterricht begründet planen. A.a.O., S. 263–278

Kahlert, Joachim/ Lieber, Gabriele (2005): Ästhetisch(es) Lernen. In: Neue Sammlung, 45. Jg., H. 1, S. 105–124

Kahlert, Joachim/ Lieber, Gabriele/ Binder, Sigrid (Hrsg.) (2006): Ästhetisch bilden. Begegnungsintensives Lernen in der Grundschule. Braunschweig: Westermann

Kahlert, Joachim/ Fölling-Albers, Maria/ Götz, Margarete/ Hartinger, Andreas/ v. Reeken, Dietmar/ Wittkowske, Steffen (Hrsg.) (2007): Handbuch Didaktik des Sachunterrichts. Bad Heilbrunn: Klinkhardt

Kahlert, Joachim/ Zierer, Klaus (2011): Didaktische Entwicklungsforschung aus Sicht der pragmatischen Entwicklungsarbeit. In: Einsiedler, W. (Hrsg.): Unterrichtsentwicklung und Didaktische Entwicklungsforschung. A.a.O., S. 71–87

Kahlert, Joachim/ Richter, Dagmar (2011): Sozialwissenschaftlicher Lernbereich. In: Einsiedler, W./ Götz, M./ Hartinger, A./ Heinzel, F./ Kahlert, J./ Sandfuchs, U. (Hrsg.): Handbuch Grundschulpädagogik und Grundschuldidaktik. Bad Heilbrunn: Klinkhardt, S. 518–523

Kambartel, Friedrich (1973): Die Integration der Naturwissenschaften auf der Grundlage ihrer theoriebildenden Methoden I. Der methodische Aufbau der Naturwissenschaft und sein Zusammenhang mit der lebensweltlichen Praxis. In: Frey, K./ Häußler, P. (Hrsg.): Integriertes Curriculum Naturwissenschaft: Theoretische Grundlagen und Ansätze. Weinheim und Basel: Beltz, S. 101–116

Kaminski, Hans (2008): Die ökonomische Domäne im Rahmen des Sachunterrichts – Überlegungen zur Entwicklung eines Referenzsystems als Hilfe zur Generierung von Kompetenzmodellen. In: Giest, H./ Hartinger, A./ Kahlert, J. (Hrsg.): Kompetenzniveaus im Sachunterricht. A.a.O., S. 47–71

Kamlah, Wilhelm/ Lorenzen, Paul (1967): Logische Propädeutik. Mannheim: Bibliographisches Institut

Kant, Immanuel (1968): Werke in zehn Bänden. Herausgegeben von Wilhelm Weischedel. Darmstadt: Wiss. Buchgesellschaft

Kant, Immanuel (1968a): Über Pädagogik. In: Kant, I.: Werke in zehn Bänden, a.a.O., Bd. 10, S. 693–761

Karnick, Rudolf ([31-35]1966): „Redet um Sachen!". Beiträge für den Unterricht im 2. Schuljahr. Weinheim: Beltz

Kerschensteiner, Georg ([1914] [6]1963): Wesen und Wert des naturwissenschaftlichen Unterrichts. München: Oldenbourg und Stuttgart: Teubner

Klafki, Wolfgang ([3/4]1964): Das pädagogische Problem des Elementaren und die Theorie der kategorialen Bildung. Weinheim: Beltz

Klafki, Wolfgang ([5/7]1965): Studien zur Bildungstheorie und Didaktik. Weinheim: Beltz

Klafki, Wolfgang (1985): Neue Studien zur Bildungstheorie und Didaktik. Weinheim und Basel: Beltz

Klafki, Wolfgang (1992): Allgemeinbildung in der Grundschule und der Bildungsauftrag des Sachunterrichts. In: Lauterbach, R./ Köhnlein, W./ Spreckelsen, K./ Klewitz, E.: Brennpunkte des Sachunterrichts. Kiel: IPN 1992, S. 11–31

Klauer, Karl J. (2001): Situiertes Lernen. In: Rost, D. H. (Hrsg.): Handwörterbuch Pädagogische Psychologie. Weinheim: Beltz, S. 635–641

Klewitz, Elard (1991): Kinder bauen Brücken – Erkenntnisprozesse beim Konstruieren. In: Lauterbach, R./ Köhnlein, W./ Spreckelsen, K./ Bauer, H.F. (Hrsg.): Wie Kinder erkennen. Kiel: IPN und GDSU, S. 137–146

Klewitz, Elard (2001): Die englische Primarstufenreform und die Anfänge des offenen Unterrichts. In: W. Köhnlein/ H. Schreier (Hrsg.): Innovation Sachunterricht. A.a.O., S. 217–234

Klewitz, Elard/ Mitzkat, Horst (1977): Entdeckendes Lernen und offener Unterricht. Braunschweig: Westermann

Klewitz, Elard/ Mitzkat, Horst (Hrsg.) (1979): Praxis des naturwissenschaftlichen Unterrichts. Protokolle aus den Klassen 1–6. Stuttgart: Klett

Klieme, Eckhard/ Funke, J./ Leutner, D./ Reimann, P./ Wirth, J. (2001): Problemlösen als fächerübergreifende Kompetenz. In: Z. f. Pädagogik, 47. Jg., H. 2, S. 179–200

Köck, Helmuth (Hrsg.) (1987): Mensch und Raum. Hildesheim, Zürich, New York: Olms

Koerber, Susanne/ Sodian, Beate/ Thoermer, Claudia/ Grygier, Patricia (2008): Wissen über Wissenschaft als Teil der naturwissenschaftlichen Bildung. In: Giest, H. u.a. (Hrsg.): Kompetenzniveaus im Sachunterricht. A.a.O., S. 135–153

Köhnlein, Walter (1984): Die Hinwendung zu einem naturwissenschaftlich orientierten Sachunterricht in der Grundschule. In: Bauer, H.F./ Köhnlein, W. (Hrsg.): Problemfeld Natur und Technik. A.a.O., S. 23–37

Köhnlein, Walter (1987): Raumerfahrungen und räumliche Orientierungen im Grundschulalter. In: Köck, H. (Hrsg.): Mensch und Raum. A.a.O. S. 64–76

Köhnlein, Walter (1990): Grundlegende Bildung und Curriculum des Sachunterrichts. In: Wittenbruch, W./ Sorger, P. (Hrsg.): Allgemeinbildung und Grundschule. Münster: Lit, S. 107–125

Köhnlein, Walter (1991): Werterziehung im Sachunterricht. In: Rekus, J. (Hrsg.): Schulfach und Ethik. Hildesheim, Zürich, New York: Olms, S. 69–87

Köhnlein, Walter (1992): Wege des Ordnens: Zusammenhänge herstellen. In: Lauterbach, R. u.a. (Hrsg.): Wege des Ordnens. A.a.O., S. 9–28

Köhnlein, Walter (1996): Leitende Prinzipien und Curriculum des Sachunterrichts. In: Glumpler, E./ Wittkowske, S. (Hrsg.): Sachunterricht heute. Bad Heilbrunn: Klinkhardt, S. 46–76
Köhnlein, Walter (Hrsg.) (1998): Der Vorrang des Verstehens. Beiträge zur Pädagogik Martin Wagenscheins. Bad Heilbrunn: Klinkhardt
Köhnlein, Walter (1999): Vielperspektivität und Ansatzpunkte naturwissenschaftlichen Verstehens. Analysen von Unterrichtsbeispielen unter dem Gesichtspunkt des Verstehens. In: Köhnlein. W./ Marquardt-Mau, B./ Schreier, H. (Hrsg.): Vielperspektivisches Denken im Sachunterricht. A.a.O., S. 88–124
Köhnlein, Walter (2000): Vielperspektivität, Fachbezug und Integration. In: Löffler, G./ Möhle, V./ v. Reeken, D./ Schwier, V. (Hrsg.): Sachunterricht – Zwischen Fachbezug und Integration. Bad Heilbrunn: Klinkhardt, S. 134–146
Köhnlein, Walter (2001): Innovation Sachunterricht – Auswahl und Aufbau der Inhalte. In: Köhnlein, W. /Schreier, H. (Hrsg.): Innovation Sachunterricht. A.a.O., S. 299–329
Köhnlein, Walter (2004): Verstehen und begründetes Handeln im Sachunterricht In: Köhnlein, W./ Lauterbach, R. (Hrsg.): Verstehen und begründetes Handeln. A.a.O., S. 9–32
Köhnlein, Walter (2006a): Thesen und Beispiele zum Bildungswert des Sachunterrichts. In: Cech, D. u.a. (Hrsg.): Bildungswert des Sachunterrichts. A.a.O., S. 17–38
Köhnlein, Walter (2006b): Ansatzpunkte und Spielräume des Denkens. In: Kahlert, J. u.a. (Hrsg.): Ästhetisch bilden. A.a.O., S. 122–148
Köhnlein, Walter (2007): Sache als didaktische Kategorie. In: Kahlert, J. u.a. (Hrsg.): Handbuch Didaktik des Sachunterrichts. A.a.O., S. 41–46
Köhnlein, Walter (2010): Planung von Sachunterricht aus dem didaktischen Primat der Sache. In: Tänzer, S./ Lauterbach, R. (Hrsg.): Sachunterricht begründet planen. A.a.O., S. 165–178
Köhnlein, Walter (2011): Aufgaben und Ziele des Sachunterrichts. In: Einsiedler, W. u.a. (Hrsg.): Handbuch Grundschulpädagogik und Grundschuldidaktik. Bad Heilbrunn: Klinkhardt, S. 494–503
Köhnlein, Walter/ Marquardt-Mau, Brunhilde/ Schreier, Helmut (Hrsg.) (1997): Kinder auf dem Wege zum Verstehen der Welt. Bad Heilbrunn: Klinkhardt
Köhnlein, Walter/ Marquardt-Mau, Brunhilde/ Schreier, Helmut (Hrsg.) (1999): Vielperspektivisches Denken im Sachunterricht. Bad Heilbrunn: Klinkhardt
Köhnlein, Walter/ Schreier, Helmut (Hrsg.) (2001): Innovation Sachunterricht – Befragung der Anfänge nach zukunftsfähigen Beständen. Bad Heilbrunn: Klinkhardt
Köhnlein, Walter/ Lauterbach, Roland (Hrsg.) (2004): Verstehen und begründetes Handeln. Studien zur Didaktik des Sachunterrichts. Bad Heilbrunn: Klinkhardt
Kroh, Oswald (1955): Diskussionsbemerkung. In: Bildung und Erziehung, 8. Jg., H. 8/9, S. 537
Kuhn, Hans-Werner (Hrsg.) (2003): Sozialwissenschaftlicher Sachunterricht. Herbolzheim: Centaurus
Kuhn, Thomas S. (1973): Die Struktur wissenschaftlicher Revolutionen. Frankfurt a.M.: stw 25
Kuhn, Thomas S. (1977): Die Entstehung des Neuen. Studien zur Struktur der Wissenschaftsgeschichte. Hrsgeg. von L. Krüger. Frankfurt a.M.
Künzli, Rudolf (2001): Schule als Ort des Wissens und seiner Bewertung. In: Z. f. Erziehungswissenschaft, 4. Jg., S. 405–414

Langeveld, Martinus J. (1956): Studien zur Anthropologie des Kindes. Tübingen: Niemeyer
Langeveld, Martinus J. (1960): Die Schule als Weg des Kindes. Braunschweig: Westermann
Langeveld, Martinus J. (1981): Das Ding in der Welt des Kindes. In: Z. f. Pädagogik: Pädagogische Impulse 1955–1980 (hrsg. von R. Fatke), Weinheim und Basel: Beltz, S. 131–145 (zuerst in Z. f. Pädagogik 1. Jg. (1955), S. 69–83)

Lauterbach, Roland (2001): „Science – A Process Approach“ revisited – Erinnerungen an einen „Weg in die Naturwissenschaft“. In: Köhnlein, W./ Schreier, H. (Hrsg.): Innovation Sachunterricht. A.a.O., S. 103–131

Lauterbach, Roland (2004): Kulturtechniken im Sachunterricht. In: Hempel, M. (Hrsg.): Sich bilden im Sachunterricht. A.a.O., S. 163–186

Lauterbach, Roland G. (2009): Weltwissen: ‚Alles und Jedes‘ – oder Strukturelement grundlegender Bildung? In: Lauterbach, R. u.a. (Hrsg.): Lernen und kindliche Entwicklung. A.a.O., S. 69–76

Lauterbach Roland G. (2011): Vom Einzug der Wissenschaft in den Sachunterricht – Ein Beitrag zur unendlichen Geschichte grundlegender Bildung. In: Hempel, M./ Wittkowske, S. (Hrsg.): Entwicklungslinien Sachunterricht. A.a.O., S. 101–119

Lauterbach, Roland/ Köhnlein, Walter/ Spreckelsen, Kay/ Klewitz, Elard (Hrsg.) (1992): Wege des Ordnens. Kiel: IPN

Lauterbach, R./ Giest, H./ Marquardt-Mau, B. (Hrsg.) (2009): Lernen und kindliche Entwicklung. Elementarbildung und Sachunterricht. Bad Heilbrunn: Klinkhardt

Lichtenstein-Rother, Ilse (1963): Der Zusammenhang zwischen Unterrichtsstil und Leistungsbereitschaft. In: Die Deutsche Schule, 55. Jg., H. 3, S. 120–141

Lichtenstein-Rother, Ilse (1970): Inhalte grundlegender Bildung – Curriculum-Forschung und Richtlinien. In: Schwartz, E. (Hrsg.): Inhalte grundlegender Bildung. Frankfurt a.M.: Arbeitskreis Grundschule, S. 13–27

Lichtenstein-Rother, Ilse (1980): Inhalte grundlegender Bildung zwischen Fachanspruch und Erziehungsauftrag. In: Haarmann, D. (Hrsg.): Die Grundschule der achtziger Jahre. Bilanz und Perspektiven. Frankfurt a.M.: Arbeitskreis Grundschule, S. 185–195

Liebau, Eckart/ Zirfas, Jörg (2006): Erklären und Verstehen. In: Scheunpflug, A./ Wulf, Ch. (Hrsg.): Biowissenschaft und Erziehungswissenschaft. A.a.O., S. 231–244

Litt, Theodor (1952): Naturwissenschaft und Menschenbildung. Heidelberg: Quelle & Meyer

Litt, Theodor (1956): Die Erziehung im Zeitalter der Organisation. In: Erziehung wozu? Stuttgart: Kröner, S. 7–17

Litt, Theodor (o.J./1961): Das Bildungsideal der deutschen Klassik und die moderne Arbeitswelt. Bochum: Kamp

Loch, Werner (1979): Curriculare Kompetenzen und pädagogische Paradigmen. Zur anthropologischen Grundlegung einer biographischen Erziehungstheorie. In: Bildung und Erziehung, 32. Jg., H. 3, S. 241–266

Loch, Werner (1996): Forschungen zur Anthropologie des Kindes. In: Bartmann, T./ Ulonska, H. (Hrsg.): Kinder in der Grundschule. Bad Heilbrunn: Klinkhardt, S. 147–179

Löffler, Gerhard (1988): Die Gegenständlichkeit von „warm“ und „Wärme“ als Beispiel für Strukturen lebensweltlicher Erfahrung. In: Soostmeyer, M. (Hrsg.): Erfahrungserschließung in Sachbegegnungen. Essen: GDSU, S. 36–50

Löffler, Gerhard (2001): Kritik der Anfänge des Sachunterrichts – Fragen zu seinen Grundlagen. In: Köhnlein, W./ Schreier, H. (Hrsg.) : Innovation Sachunterricht, S. 167–180

Löffler, Gerhard (2011): Über die Verknüpfung fachlichen Wissens im Themenbereich „warm und kalt“ unter dem Gesichtspunkt „Sache“. In: Hempel, M./ Wittkowske, S. (Hrsg.): Entwicklungslinien Sachunterricht. A.a.O., S. 187–199

Lompscher, Joachim/ Nickel, Horst/ Ries, Gerhild/ Schulz, Gudrun (Hrsg.) (1997): Leben, Lernen und Lehren in der Grundschule. Neuwied: Luchterhand

Lorenz, Konrad (1973): Die Rückseite des Spiegels. Versuch einer Naturgeschichte des menschlichen Erkennens. München: Piper

Lorenz, Konrad (1982): Vergleichende Verhaltensforschung. Grundlagen der Ethologie. München: dtv

Lorenz, Konrad (1984): Über tierisches und menschliches Verhalten. Aus dem Werdegang der Verhaltenslehre. Gesammelte Abhandlungen, Bd. II. München: Piper

Lorenz, Konrad (2003): Eigentlich wollte ich Wildgans werden. Aus meinem Leben. Mit Essays von Irenäus Eibl-Eibesfeldt und Wolfgang Schleidt. München: Piper

Lorenzen, Paul (1960): Die Entstehung der exakten Wissenschaften. Berlin u.a.: Springer

Lorenzen, Paul (1968): Methodisches Denken. Frankfurt a.M.: Suhrkamp

Lück, Gisela/ Köster, Hilde (Hrsg.) (2006): Physik und Chemie im Sachunterricht. Bad Heilbrunn: Klinkhardt und Braunschweig: Westermann

Luhmann, Niklas (1978): Handlungstheorie und Systemtheorie: In: Kölner Zeitschrift f. Soziologie und Sozialpsychologie, 30. Jg., S. 211–227

Luhmann, Niklas (2002): Das Erziehungssystem der Gesellschft. Hrsgeg. von Dieter Lenzen. Frankfurt a.M.: Suhrkamp

Mach, Ernst (1976): Die Mechanik. Historisch-kritisch dargestellt. Unveränderter reprographischer Nachdruck der 9. Aufl., Leipzig 1933. Darmstadt: Wissenschaftliche Buchgesellschaft

Mähler, Claudia (1995): Weiß die Sonne, daß sie scheint? Eine experimentelle Studie zur Deutung des animistischen Denkens bei Kindern. Münster, New York: Waxmann

Mandl, Heinz/ Reinmann-Rothmeier, Gudrun (1995): Unterrichten und Lernumgebungen gestalten: In: Weidenmann, B./ Krapp, A./ Hofer, M./ Mandl, H. (Hrsg.): Pädagogische Psychologie. Weinheim: Beltz

Martschinke, Sabine (1996): Der Aufbau mentaler Modelle durch bildliche Darstellungen. Eine experimentelle Studie über die Bedeutung der Merkmalsdimensionen Elaboriertheit und Strukturiertheit im Sachunterricht der Grundschule. In: Z. f. Pädagogik, 42. Jg., S. 215–232

Mason, Stephen F. (1961): Geschichte der Naturwissenschaft in der Entwicklung ihrer Denkweisen. Stuttgart: Kröner

Max, Charel (1997): Verstehen heißt Verändern. ‚Conceptual Change' als didaktisches Prinzip des Sachunterrichts. In: Meier, R./ Unglaube, H./ Faust-Siehl G. (Hrsg.): Sachunterricht in der Grundschule. Frankfurt a.M.: Arbeitskreis Grundschule, S. 62–89

Meadows, Dennis/ Meadows, Donella/ Zahn, Erich/ Milling, Peter (1973): Die Grenzen des Wachstums. Bericht des Club of Rome zur Lage der Menschheit. Reinbek: Rowohlt (The Limits to Growth. New York 1972)

Meyer-Abich, Klaus Michael (1984): Wege zum Frieden mit der Natur. Praktische Naturphilosophie für die Umweltpolitik. München: Hanser

Michalik, Kerstin (Hrsg.) (2004): Geschichtsbezogenes Lernen im Sachunterricht. Bad Heilbrunn und Braunschweig: Klinkhardt und Westermann

Michalik, Kerstin/ Schreier, Helmut (2006): Wie wäre es, einen Frosch zu küssen? Philosophieren mit Kindern im Grundschulunterricht. Braunschweig: Westermann

Mittelstraß, Jürgen (Hrsg.) (2004): Enzyklopädie Philosophie und Wissenschaftstheorie. Bände I – IV. Stuttgart und Weimar: Metzler

Mitzlaff, Hartmut (1997): Zur Situation der Umweltbildung in der Grundschule. In: Meier, R./ Unglaube, H./ Faust-Siehl, G. (Hrsg.): Sachunterricht in der Grundschule. Frankfurt a.M.: Arbeitskreis Grundschule, S. 171–193

Mollenhauer, Klaus (1988): Ist ästhetische Bildung möglich. In: Z. f. Pädagogik, 34. Jg., H. 4, S. 443–461

Möller, Kornelia (1991): Handeln, Denken und Verstehen. Untersuchungen zum naturwissenschaftlich-technischen Sachunterricht in der Grundschule. Essen: Westarp

Möller, Kornelia (1998): Technische Bildung im Sachunterricht der Grundschule. In: Duncker, L./ Popp, W. (Hrsg.): Kind und Sache. A.a.O., S. 225–242

Möller, Kornelia (1999): Konstruktivistisch orientierte Lehr-Lernprozessforschung im naturwissenschaftlich-technischen Bereich des Sachunterrichts. In: Köhnlein, W./ Marquardt-Mau B./ Schreier, H. (Hrsg.): Vielperspektivisches Denken im Sachunterricht. A.a.O., S. 125–191

Möller, Kornelia (2000): Kinder auf dem Wege zum Verstehen von Technik – Zur Förderung technikbezogenen Denkens im Sachunterricht. In: Hinrichs, W./ Bauer, H.F. (Hrsg.): Zur Konzeption des Sachunterrichts. A.a.O., S, 328–348

Möller, Kornelia (2001a): Wissenserwerb und Wissensqualität im naturwissenschaftsbezogenen Sachunterricht. In: Kahlert, J./ Inckemann, E. (Hrsg.): Wissen, Können und Verstehen – über die Herstellung ihrer Zusammenhänge im Sachunterricht. Bad Heilbrunn: Klinkhardt, S. 115–126

Möller, Kornelia (2001b): Konstruktivistische Sichtweisen für das Lernen in der Grundschule? In: Roßbach, H.-G./ Nölle, K./ Czerwenka K. (Hrsg.): Forschungen zu Lehr- und Lernkonzepten für die Grundschule. Opladen: Leske + Budrich, S.16–31

Möller, Kornelia (2001c): Genetisches Lehren und Lernen – Facetten eines Begriffs. In: Cech, D. u.a. (Hrsg.): Die Aktualität der Pädagogik Martin Wagenscheins für den Sachunterricht. A.a.O., S. 15-30

Möller, Kornelia (2001d): Lernen im Vorfeld der Naturwissenschaften – Zielsetzungen und Forschungsergebnisse. In: Köhnlein, W./ Schreier, H. (Hrsg.): Innovation Sachunterricht. A.a.O., S. 275 –298

Möller, Kornelia (2002): Anspruchsvolles Lernen in der Grundschule – am Beispiel naturwissenschaftlich-technischer Inhalte. In: Pädagogische Rundschau, 56. Jg., H. 4, S. 411– 435

Möller, Kornelia (2004): Naturwissenschaftliches Lernen in der Grundschule – Welche Kompetenzen brauchen Grundschullehrkräfte? In: Merkens, H.: (Hrsg.): Lehrerbildung: IGLU und die Folgen. Opladen: Leske + Budrich, S. 65–84

Möller, Kornelia (Hrsg.) (2005 ff.): Die KiNT-Boxen. – Kinder lernen Naturwissenschaft und Technik. Klasse(n)kisten für den Sachunterricht. Essen: Spectra. Erschienen sind
Jonen, A./ Möller, K. (2005): Schwimmen und Sinken
Möller, K./ Baumann, S./ Nachtigäller, I./ Henry, W. (2007): Luft und Luftdruck
Jonen, A./ Nachtigäller, I./ Baumann, S./ Möller, K. (2008): Schall – Was ist das?
Lemmen, K./ Möller, K./ Zolg, M. (2009): Brücken – und was sie stabil macht

Möller, Kornelia (2007a): Genetisches Lernen und Conceptual Change. In: Kahlert, J. u.a. (Hrsg.): Handbuch Didaktik des Sachunterrichts. A.a.O., S. 258–266

Möller, Kornelia (2007b): Handlungsorientierung im Sachunterricht. In: Kahlert, J. u.a. (Hrsg.): Handbuch Didaktik des Sachunterrichts. A.a.O., S. 411–416

Möller, Kornelia (2007c): „Primary Science" – ein internationaler Überblick. In: Höttecke: D. (Hrsg.): Naturwissenschaftlicher Unterricht im internationalen Vergleich. Berlin: Lit, S. 98–121

Möller, Kornelia/ Wiesenfarth, Gerhard (1992): Werkstatt „Technik". In: Hameyer, U./ Lauterbach, R./ Wiechmann, J. (Hrsg.): Innovationsprozesse in der Grundschule. Bad Heilbrunn: Klinkhardt, S. 168–178

Möller, Kornelia/ Tenberge, Claudia (1997): Handlungsintensives Lernen und Aufbau von Selbstvertrauen im Sachunterricht. In: Marquardt-Mau, B./ Köhnlein, W./ Lauterbach, R. (Hrsg.): Forschung zum Sachunterricht. Bad Heilbrunn: Klinkhardt, S. 134–168

Möller. Kornelia/ Jonen, Angela/ Hardy, Ilonca/ Stern, Elsbeth (2002): Die Förderung von naturwissenschaftlichem Verständnis bei Grundschulkindern durch Strukturierung der Lernumgebung. In: Z. f. Pädagogik, 45. Beih., hrsg. v. M. Prenzel u. J. Doll, S. 176–191

Montessori, Maria (1980): Kinder sind anders. Frankfurt a.M. u.a.: Ullstein TB

Müller, Hans-Joachim (2007): Sachgerechtes Urteilen. In: Kahlert, J. u.a. (Hrsg.): Handbuch Didaktik des Sachunterrichts. A.a.O., S. 113–118

Neuhaus, Elisabeth ([5]1991): Reform der Grundschule. Bad Heilbrunn: Klinkhardt

Nießeler, Andreas (2007a): Reflektiertes Verstehen. In: Kahlert, J. u.a. (Hrsg.): Handbuch Didaktik des Sachunterrichts. A.a.O., S. 104–108

Nießeler, Andreas (2007b): Erinnerungsräume und Bildungsorte: Theorie und Relevanz des kulturellen Lernens. In: Vierteljahresschr. f. wiss. Pädagogik, 83. Jg., H. 2, S. 127–143

Nießeler, Andreas (2008): Bildungszeit der Grundschule – Pädagogisch-anthropologische Befunde und Ergebnisse der Zeitforschung. In: Z. f. Grundschulforschung, 1. Jg., H.1, S. 11–22

Nießeler, Andreas (2010): Weltbücher und Herzensschriften. Zur Geburt des Sachlernens aus dem Geist der Hermeneutik. Berlin: Lit

Nohl, Herman (1949): Die pädagogische Bewegung in Deutschland und ihre Theorie. Frankfurt a.M.: Klostermann

Oelkers, Jürgen ([2]1992): Reformpädagogik. Eine kritische Dogmengeschichte. Weinheim und München: Juventa

Olbertz, Jan-Hendrik (2003): An den Dingen lernen – authentisches Wissen als „Rohstoff" für Bildung. In: Cech, D./ Schwier, H.-J. (Hrsg.): Lernwege und Aneignungsformen im Sachunterricht. Bad Heilbrunn: Klinkhardt, S. 27–36

Petillon, Hanns (1993): Soziales Lernen in der Grundschule. Anspruch und Wirklichkeit. Frankfurt a.M.: Diesterweg

Petillon, Hanns (2010): Editorial: Soziales Lernen im Primarbereich. In: Z. f. Grundschulforschung (ZfG), 3. Jg., H. 2, S. 7–20

Piaget, Jean (1964): Die Genese der Zahl beim Kind. In: Piaget, J./ Resag, K./ Fricke, A./ van Hiele, P.M./ Odenbach, K.: Rechenunterricht und Zahlbegriff. Braunschweig: Westermann TB, S. 50–72

Piaget, Jean (1973a): Die Entwicklung des Erkennens II – Das physikalische Denken. Stuttgart: Klett

Piaget, Jean (1973b): Einführung in die genetische Erkenntnistheorie. Frankfurt a.M.: Suhrkamp (stw 6)

Piaget, Jean (1974): Theorien und Modelle der modernen Erziehung. Frankfurt a.M.: Fischer TB

Piaget, Jean (1978): Das Weltbild des Kindes. Stuttgart: Klett

Piaget, Jean (1981): Urteil und Denkprozeß des Kindes. Berlin, Wien: Ullstein

Piaget, Jean/ Inhelder, Bärbel (1969): Die Entwicklung der physikalischen Mengenbegriffe beim Kinde. Erhaltung und Atomismus. Stuttgart: Klett

Piaget, Jean/ Inhelder, Bärbel (1981): Die Psychologie des Kindes. Frankfurt a.M.: Fischer TB

Pollex, Wilhelm (Hrsg.) (1979): Grundschulgeographie. Braunschweig: Westermann

Popper, Karl R. ([3]1995): Wissenschaftslehre in entwicklungstheoretischer und in logischer Sicht. In: Ders: Alles Leben ist Problemlösen. München: Piper, S. 15–45

Popper, Karl R. (1998): Die Welt des Parmenides. Der Ursprung des europäischen Denkens. München, Zürich: Piper

Popper, Karl R./ Eccles, John C. ([2]1982): Das Ich und sein Gehirn. München und Zürich: Piper

Portmann, Adolf (1966): Um das Menschenbild. Biologische Beiträge zu einer Anthropologie. Stuttgart: Reclam

Rabenstein, Rainer/ Haas Fritz (1965): Erfolgreicher Unterricht durch Handlungseinheiten. Das methodische Modell der „Handlungseinheit" im Sachunterricht der Unterstufe. Bad Heilbrunn: Klinkhardt

Rauschenberger, Hans (1998): Über das Fremde beim Lernen und das Verfremden beim Lehren. In: Duncker, L./ Popp, W.: Kind und Sache. A.a.O., S. 81–91

Reeken, Dietmar v. (1996): Sachunterrichtsdidaktik und Geschichtsdidaktik: Bestandsaufnahme und Kritik eines Unverhältnisses. In: Geschichte in Wissenschaft und Unterricht. 47. Jg., H. 5/6, S. 349–365

Reeken, Dietmar v. (1997): Historisches Lernen im Sachunterricht. Bestandsaufnahme und Perspektiven der Forschung. In: Marquardt-Mau, B./ Köhnlein, W./ Lauterbach, R. (Hrsg.): Forschung zum Sachunterricht. Bad Heilbrunn: Klinkhardt, S. 208–224

Reeken, Dietmar v. (1999): Historisches Lernen im Sachunterricht. Didaktische Grundlegungen und unterrichtspraktische Hinweise. Seelze: Kallmeyer

Reeken, Dietmar v. (2004): Methodenorientierung im Sachunterricht – Überlegungen am Beispiel des historischen Lernens. In: Hempel, M. (Hrsg.): Sich bilden im Sachunterricht. A.a.O., S. 153–162

Reeken, Dietmar v. (2007): Politisches Lernen im Sachunterricht. Didaktische Grundlagen und methodische Hinweise. Baltmannsweiler: Schneider

Reeken, Dietmar v. (2008): Kompetenzen und historisches Lernen – Grundlagen und Konsequenzen für den Sachunterricht. In: Giest, H./ Hartinger, A./ Kahlert, J. (Hrsg.): Kompetenzniveaus im Sachunterricht. A.a.O., S. 15–29

Reeken, Dietmar v./ Schwier, Volker/ Hoppe, Claudia (2000): Kinder und Konsum. Dimensionen der Integration im Sachunterricht und einige Konsequenzen für die Lehrerausbildung. In: Löffler, G./ Möhle, V./ v. Reeken, D./ Schwier, V. (Hrsg.): Sachunterricht – Zwischen Fachbezug und Integration. Bad Heilbrunn: Klinkhardt, S. 185 – 200

Renkl, Alexander (2000): Weder Paradigmenwechsel noch alter Wein! In: Z. f. Pädagogische Psychologie, 14. Jg., S. 5–7

Reusser, Kurt: (2006): Konstruktivismus – ein epistemologischer Leitbegriff zur Erneuerung der didaktischen Kultur. In: Baer, M./ Fuchs, M./ Füglister, P./ Reusser, K./ Wyss, H. (Hrsg.): Didaktik auf psychologischer Grundlage. Von Hans Aeblis kognitionspsychologischer Didaktik zur modernen Lehr- und Lernforschung. Bern: h.e.p. Verlag, S. 151–168

Reusser, Kurt (2011): Von der Unterrichtsforschung zur Unterrichtsentwicklung – Probleme, Strategien, Werkzeuge. In: Einsiedler, W. (Hrsg.): Unterrichtsentwicklung und Didaktische Entwicklungsforschung. A.a.O., S. 11–40

Richter, Dagmar (1997): Kinder und politische Bildung. In: Köhnlein, W. u.a. (Hrsg.): Kinder auf dem Wege zum Verstehen der Welt. A.a.O., S. 76–89

Richter, Dagmar (2004): Soziale und gesellschaftliche Zusammenhänge verstehen. Wie kann der Sachunterricht zur nötigen hermeneutischen Kompetenz anleiten? In: Köhnlein, W./ Lauterbach, R. (Hrsg.): Verstehen und begründetes Handeln. A.a.O., S. 187–202

Richter, Dagmar (^{2}2005): Sachunterricht – Ziele und Inhalte. Hohengehren: Schneider

Richter, Dagmar (Hrsg.) (2007): Politische Bildung von Anfang an. Demokratie-Lernen in der Grundschule. Bonn: Bundeszentrale für politische Bildung

Rinke, Eckhard (1990): Entstehung des Lebens – Entwicklung des Vogeleies als Thema im Sachunterricht. Unveröffentlichte Examensarbeit. Universität Hildesheim

Robinsohn, Saul B. (1967): Bildungsreform als Revision des Curriculum. Neuwied: Luchterhand

Roth, Heinrich (^{4}1960): Pädagogische Psychologie des Lehrens und Lernens. Hannover u.a.: Schroedel

Roth, Heinrich (1963): Die realistische Wendung in der Pädagogischen Forschung. In: Die Deutsche Schule, 55. Jg., H. 3, S. 109–119

Roth, Heinrich (^{4}1965): Kind und Geschichte. Psychologische Voraussetzungen des Geschichtsunterrichts in der Volksschule. München: Kösel (1955)

Roth, Heinrich (1966; 1971): Pädagogische Anthropologie. Bd. I: Bildsamkeit und Bestimmung; Bd. II: Entwicklung und Erziehung. Hannover: Schroedel

Roth, Heinrich ([1968] ^{8}1972): Begabung und Lernen (= Deutscher Bildungsrat: Gutachten und Studien der Bildungskommission, Bd. 4). Stuttgart: Klett

Rother, Ilse (^{4}1961): Schulanfang. Ein Beitrag zur Arbeit in den ersten beiden Schuljahren. Frankfurt a.M. u.a.: Diesterweg

Rousseau, Jean-J. (1955): Emile oder über die Erziehung. Hrsgeg. von M. Rang. Stuttgart: Reclam

Rumpf, Horst (2002): Sich einlassen auf Unvertrautes. In: Neue Sammlung, H. 1, S. 13–29

Rustemeyer, Dirk (1999): Stichwort: Konstruktivismus. In: Z. f. Erziehungswissenschaft, 2. Jg., H. 4, S. 467–484

Sautermeister, Gert (1993): Georg Christoph Lichtenberg. München: C.H. Beck
Schäfer, Gerd E. (Hrsg.) (1994): Soziale Erziehung in der Grundschule. Rahmenbedingungen, soziales Erfahrungsfeld, pädagogische Hilfen. Weinheim und München: Juventa
Schaub, Horst (2002): Zeit und Geschichte erleben. Berlin: Cornelsen
Schaub, Horst (2004): Entwicklungspsychologische Grundlagen für historisches Lernen in der Grundschule. In: Schreiber, W. (Hrsg.): Erste Begegnungen mit Geschichte. A.a.O., Bd. 1, S. 215 –251
Scheuerl. Hans (1958): Die exemplarische Lehre. Sinn und Grenzen eines didaktischen Prinzips. Tübingen: Niemeyer
Scheunpflug, Annette/ Wulf, Christoph (Hrsg.) (2006): Biowissenschaft und Erziehungswissenschaft (= Z. f. Erziehungswissenschaft, 9.Jg., Beiheft 5). Wiesbaden
Schietzel, Carl (1968): Technik, Natur und exakte Wissenschaft. Braunschweig: Westermann
Schietzel, Carl (1984): Exakte Naturwissenschaft in der Grundschule? In: Bauer, H.F./ Köhnlein, W. (Hrsg.): Problemfeld Natur und Technik. A.a.O., S. 114 –133 (Erstveröffentlichung in: Die Grundschule, 5. Jg. (1973), S. 153–164)
Schiller, Friedrich (o.J.): Über die ästhetische Erziehung des Menschen in einer Reihe von Briefen (1793/94). In: Schillers sämtliche Werke. Dritter Band, siebenter Teil, S. 166 –278. Leipzig: Reclam
Schleiermacher, Friedrich (1957): Pädagogische Schriften. Hrsgeg. von E. Weniger unter Mitwirkung von Th. Schulze. Erster Band: Die Vorlesungen aus dem Jahre 1826. Düsseldorf und München: Küpper
Schorch, Günther (1982): Kind und Zeit. Entwicklung und schulische Förderung des Zeitbewußtseins. Bad Heilbrunn: Klinkhardt
Schorch, Günther ([2]2006): Die Grundschule als Bildungsinstitution. Leitlinien einer systematischen Grundschulpädagogik. Bad Heilbrunn: Klinkhardt
Schreiber, Waltraud (Hrsg.) ([2]2004): Erste Begegnungen mit Geschichte. Grundlagen historischen Lernens. 2 Bde. Neuried: Ars una
Schreier, Helmut (1982): Die Sache des Sachunterrichts. Entwurf einer Didaktik auf der Grundlage der Erfahrungspädagogik. Paderborn u.a.: Schöningh
Schreier, Helmut (1992): Kinder auf dem Wege zur Achtung vor der Mitwelt. Heinsberg: Dieck
Schreier, Helmut (1993): Himmel, Erde und ich. Geschichten zum Nachdenken über den Sinn des Lebens, den Wert der Dinge und die Erkenntnis der Welt. Heinsberg: Dieck
Schreier, Helmut (1994): Der Gegenstand des Sachunterrichts. Bad Heilbrunn: Klinkhardt 1994
Schreier, Helmut (1998): Aufgaben des Sachunterrichts im Lichte konstruktivistischen Denkens. In: Kahlert, J. (Hrsg.): Wissenserwerb in der Grundschule. A.a.O., S. 29–46
Schreier, Helmut (Hrsg) (1999): Nachdenken mit Kindern. Aus der Praxis der Kinderphilosophie in der Grundschule. Bad Heilbrunn: Klinkhardt
Schreier, Helmut (2001): Was ist sokratisch? In: Cech, D. u.a. (Hrsg.): Die Aktualität der Pädagogik Martin Wagenscheins für den Sachunterricht. A.a.O., S. 81–94
Schubert, Venanz (Hrsg.) (1987): Der Raum. Raum des Menschen – Raum der Wissenschaft. St. Ottilien: EOS
Schwab, Joseph J. (1972a): Die Struktur der Wissenschaften: Sinn und Bedeutung. In: Ford, G.W./ Pugno, L. : Wissensstruktur und Curriculum. Düsseldorf: Schwann, S. 27–54
Schwab, Joseph J. (1972b): Die Struktur der Naturwissenschaften. In: Ford, G.W./ Pugno, L. : Wissensstruktur und Curriculum. Düsseldorf: Schwann, S. 55–76
Schwedes, Hannelore (Hrsg.) (1976): Naturwissenschaftlicher Unterricht Primarstufe – Bausteine für ein offenes Curriculum: Lernziele/ Erste Erfahrungen. Stuttgart: Klett
Schwedes, Hannelore (2001): Das Curriculum Science 5/13 – Sein Konzept und seine Bedeutung. In: Köhnlein, W./ Schreier, H. (Hrsg.): Innovation Sachunterricht. A.a.O., S. 133 –152
Serres, Michel (Hrsg.) (1994): Elemente einer Geschichte der Wissenschaften. Frankfurt/M.: Suhrkamp

Siemsen, Fritz/ Görnitz, T. (1994): Gespräch mit C. F. v. Weizsäcker. Unveröffentlichtes Manuskript

Simonyi, Károly ([3]2001): Kulturgeschichte der Physik. Frankfurt a.M.: Deutsch

Sodian, Beate ([4]1998): Entwicklung bereichsspezifischen Wissens. In: Oerter, R./ Montada, L. (Hrsg.): Entwicklungspsychologie. Weinheim: Beltz/ PsychologieVerlagsUnion, S. 622–653

Sodian, Beate/ Koerber Susanne (2007): Entwicklung des naturwissenschaftlichen Denkens. In: Kahlert u.a. (Hrsg.): Handbuch Didaktik des Sachunterrichts. A.a.O., S. 348–353

Sommer, Cornelia (2006): Systemkompetenz von Grundschülern. In: IPN Blätter. Informationen aus dem Leibniz-Institut für die Pädagogik der Naturwissenschaften, 23. Jg., H. 1, S. 6

Soostmeyer, Michael (1978): Problemorientiertes Lernen im Sachunterricht. Paderborn u.a.: Schöningh

Soostmeyer, Michael ([3]1998a): Zur Sache Sachunterricht. Begründung eines situations-, handlungs- und sachorientierten Unterrichts in der Grundschule. Frankfurt a.M. u.a.: Lang

Soostmeyer, Michael (1998b): Einzelkristalle des Verstehens und kumulative Konstruktion. In: Köhnlein, W. (Hrsg.): Der Vorrang des Verstehens. A.a.O., S. 37–57

Soostmeyer, Michael (2001): Lernen durch Erfahren, Experimentieren und Sprechen. Feuer machen und Feuer löschen. In: Cech, D./ Feige, B. u.a.: Die Aktualität der Pädagogik Martin Wagenscheins für den Sachunterricht. A.a.O., S. 111–134

Soostmeyer, Michael (2002): Genetischer Sachunterricht. Unterrichtsbeispiele und Unterrichtsanalysen zum naturwissenschaftlichen Denken bei Kindern in konstruktivistischer Sicht. Baltmannsweiler: Schneider

Spranger, Eduard (1958): Der geborene Erzieher. Heidelberg: Quelle & Meyer

Spranger, Eduard ([3]1962): Der Bildungswert der Heimatkunde. Stuttgart: Reclam

Spreckelsen, Kay (1971): Naturwissenschaftlicher Unterricht in der Grundschule. 1. Schuljahr: Stoffe und ihre Eigenschaften. Frankfurt a.M.: Diesterweg (erschienen sind alle Bände für den Grundschulbereich)

Spreckelsen, Kay (1984): Strukturorientierung in der Didaktik des physikalischen Lernbereichs. In: Bauer, H.F./ Köhnlein, W. (Hrsg.): Problemfeld Natur und Technik. A.a.O., S. 100–104

Spreckelsen, Kay (1997): Phänomenkreise als Verstehenshilfe. In: Köhnlein, W. u.a. (Hrsg.): Kinder auf dem Wege zum Verstehen der Welt. A.a.O., S. 111–127

Spreckelsen, Kay (2001): SCIS und das Konzept eines strukturbezogenen naturwissenschaftlichen Unterrichts in der Grundschule. In: Köhnlein, W./ Schreier, H. (Hrsg.): Innovation Sachunterricht – Befragung der Anfänge nach zukunftsfähigen Beständen. A.a.O., S. 85–102

Spreckelsen, Kay (2004): Phänomenkreise als Entwicklungskerne für das Verstehen-Lernen. In: Köhnlein, W./ Lauterbach, R. (Hrsg.): Verstehen und begründetes Handeln. A.a.O., S. 133 –144

Spreckelsen, Kay (2011): Curriculumentwicklung für den Physikunterricht in der Grundschule. In: Hempel, M./ Wittkowske, S. (Hrsg.): Entwicklungslinien Sachunterricht. A.a.O., S. 139–152

Spreckelsen, Kay/ Möller, Kornelia/ Hartinger, Andreas (Hrsg.) (2002): Ansätze und Methoden empirischer Forschung zum Sachunterricht. Bad Heilbrunn: Klinkhardt

Ständige Konferenz der Kultusminister der Länder der Bundesrepublik Deutschland (KMK) (1985): Tendenzen und Auffassungen zum Sachunterricht in der Grundschule (Bericht des Schulausschusses). In: Einsiedler, W./ Rabenstein, R. (Hrsg.): Grundlegendes Lernen im Sachunterricht. Bad Heilbrunn: Klinkhardt, S. 117–125

Stern, Elsbeth (2002): Wie abstrakt lernt das Grundschulkind? Neuere Ergebnisse entwicklungspsychologischer Forschung. In: Petillon, Hanns: Individuelles und soziales Lernen in der Grundschule – Kinderperspektive und pädagogische Konzepte (= Jahrbuch Grundschulforschung, Bd. 5). Opladen: Leske + Budrich, S. 27–42

Stern, Elsbeth (2003): Kompetenzerwerb in anspruchsvollen Inhaltsgebieten bei Grundschulkindern. In: Cech, D./ Schwier, H.J. (Hrsg.): Lernwege und Aneignungsformen im Sachunterricht. A.a.O., S. 37–58

Stückrath, Fritz (1955): Kind und Raum. Psychologische Voraussetzungen der Raumlehre in der Volksschule. München, Kösel

Tänzer, Sandra/ Lauterbach, Roland (Hrsg.) (2010): Sachunterricht begründet planen. Bedingungen, Entscheidungen, Modelle. Bad Heilbrunn: Klinkhardt

Tenorth, Heinz-Elmar (1994): „Alle alles zu lehren". Möglichkeiten und Perspektiven allgemeiner Bildung. Darmstadt: Wissenschaftliche Buchgesellschaft

Terhart, Ewald (1999): Konstruktivismus und Unterricht. Gibt es einen neuen Ansatz in der Allgemeinen Didaktik? In: Z. f. Pädagogik, 45. Jg., H. 5, S. 629–647

Thiel, Siegfried (1984): Kinder sprechen über Naturphänomene. „Kann Wasser auch den Berg hinauffließen?" In: Bauer, H.F./ Köhnlein, W. (Hrsg.): Problemfeld Natur und Technik. A.a.O., S. 88–99

Thiel, Siegfried (2001): Sachunterricht genetisch. In: Köhnlein, W./ Schreier, H. (Hrsg.): Innovation Sachunterricht. A.a.O., S. 181–199

Thiel, Siegfried (2003a): Grundschulkinder zwischen Umgangserfahrung und Naturwissenschaft. In: Wagenschein, M.: Kinder auf dem Wege zur Physik. A.a.O., S. 90–180

Thiel, Siegfried (2003b): Rückblick 1989. In: Wagenschein, M.: Kinder auf dem Wege zur Physik. A.a.O., S. 190–205

Thomas, Bernd (³2009): Der Sachunterricht und seine Konzeptionen. Bad Heilbrunn: Klinkhardt

Tuchel, Klaus (1967): Herausforderung der Technik. Bremen

Tütken, Hans/ Spreckelsen, Kay (1970): Zielsetzung und Struktur des Curriculum. Frankfurt a.M.: Diesterweg

Tütken, Hans/ Spreckelsen, Kay (1973): Konzeptionen und Beispiele des naturwissenschaftlichen Unterrichts. Frankfurt a.M.: Diesterweg

Ullrich, Heiner/ Hamburger, Franz (Hrsg.) (1991): Kinder am Ende ihres Jahrhunderts. Pädagogische Perspektiven. Langenau - Ulm: Vaas

Ullrich, Heinz/ Klante, Dieter (³1973): Technik im Unterricht der Primarstufe. Ravensburg: Maier

Velthaus, Gerhard (2002): Bildung als ästhetische Erziehung. Bad Heilbrunn: Klinkhardt

Vico, Gian Battista (1974): De nostri temporis studiorum ratione / Vom Wesen und Weg der geistigen Bildung. Lateinisch-deutsche Ausgabe. Darmstadt: Wissenschaftliche Buchgesellschaft

Voit, Hartmut (Bearb.) (1980): Geschichtsunterricht in der Grundschule. Bad Heilbrunn: Klinkhardt

Wagenschein, Martin (³1965): Die Erde unter den Sternen. Weinheim: Beltz

Wagenschein, Martin (²1970a): Ursprüngliches Verstehen und exaktes Denken. Bd. I. Stuttgart: Klett

Wagenschein, Martin (1970b): Ursprüngliches Verstehen und exaktes Denken. Bd. II. Stuttgart: Klett

Wagenschein, Martin (1973): Der Vorrang des Verstehens. Pädagogische Anmerkungen zum mathematisierenden Unterricht. In: Der mathematische und naturwissenschaftliche Unterricht (MNU), 26. Jg., S. 385–392

Wagenschein, Martin (1975): Natur physikalisch gesehen. Didaktische Beiträge zum Vorrang des Verstehens. Braunschweig: Westermann

Wagenschein, Martin ([1962] ⁴1976): Die Pädagogische Dimension der Physik. Braunschweig: Westermann

Wagenschein, Martin (²1988): Naturphänomene sehen und verstehen. Genetische Lehrgänge. Hrsgeg. von H. Chr. Berg. Stuttgart: Klett

Wagenschein, Martin (²1989): Erinnerungen für morgen: Weinheim und Basel: Beltz (Taschenbuch 2002)

Wagenschein, Martin (²1989): Rettet die Phänomene! (Der Vorrang des Unmittelbaren) (1975). In: Ders. Erinnerungen für morgen. A.a.O., S. 135 –153

Wagenschein, Martin (¹¹1997): Verstehen lehren. Weinheim und Basel: Beltz

Wagenschein, Martin ([1973] 2003): Kinder auf dem Wege zur Physik. Weinheim: Beltz
Weinert, Franz E./ Helmke, Andreas (Hrsg.) (1997): Entwicklung im Grundschulalter. Weinheim: Beltz/PsychologieVerlagsUnion
Weinert, Franz E. (Hrsg.) (1998): Entwicklung im Kindesalter. Weinheim: Beltz/PsychologieVerlags-Union
Weinrich, Harald (2007): Wie zivilisiert ist der Teufel? Kurze Besuche bei Gut und Böse. München: Beck
Weizsäcker, Carl Friedrich v. ([11]1970): Zum Weltbild der Physik. Stuttgart: Hirzel
Weizsäcker, Carl Friedrich v. ([4]1973): Die Tragweite der Wissenschaft. Erster Band. Stuttgart: Hirzel
Weizsäcker, Carl Friedrich v. (1974): Die Einheit der Natur. München: dtv
Weizsäcker, Carl Friedrich v. ([3]1977): Der Garten des Menschlichen. München, Wien: Hanser
Weizsäcker, Carl Friedrich v. (1985): Aufbau der Physik. München, Wien: Hanser
Weizsäcker, Carl Friedrich v. (1991): Der Mensch in seiner Geschichte. München, Wien: Hanser
Weizsäcker, Carl Friedrich v. (1992): Zeit und Wissen. München, Wien: Hanser
Weizsäcker, Ernst Ulrich v. ([3]1992): Erdpolitik. Ökologische Realpolitik an der Schwelle zum Jahrhundert der Umwelt. Darmstadt: Wissenschaftliche Buchgesellschaft
Weizsäcker, Ernst Ulrich v./ Hargroves, Karlson/ Smith, Michael (2010): Faktor Fünf. Die Formel für nachhaltiges Wachstum. München: Droemer
Welsch, Wolfgang (1990): Ästhetisches Denken. Stuttgart: Reclam
Wertheimer, Max (1957): Produktives Denken. Frankfurt a.M.: Kramer
Witte, Rainer (1966): Naturwissenschaftlicher Unterricht in der Grundschule. In: Westermanns Pädagogische Beiträge, 18. Jg., S. 320–327
Wittkowske, Steffen/ Giest, Hartmut (Hrsg.) (2008): Naturbezogenes und naturwissenschaftliches Lernen im Sachunterricht. Bad Heilbrunn: Klinkhardt und Braunschweig: Westermann
Wittmann, Johannes ([1929] [4]1967): Theorie und Praxis eines ganzheitlichen Unterrichts. Bearbeitet und hrsgeg. von W. Müller. Dortmund: Crüwell

Zietz, Karl (1955): Kind und physische Welt. Psychologische Voraussetzungen der Naturlehre in der Volksschule. München: Kösel

Sachregister